AF608608

Alles ist Landschaft
Der sorbische Maler Jan Buck

Wšo je krajina
Serbski moler Jan Buk

Wšykno jo krajina
Serbski mólaŕ Jan Buk

Wszystko jest pejzażem
Serbołużycki malarz Jan Buck

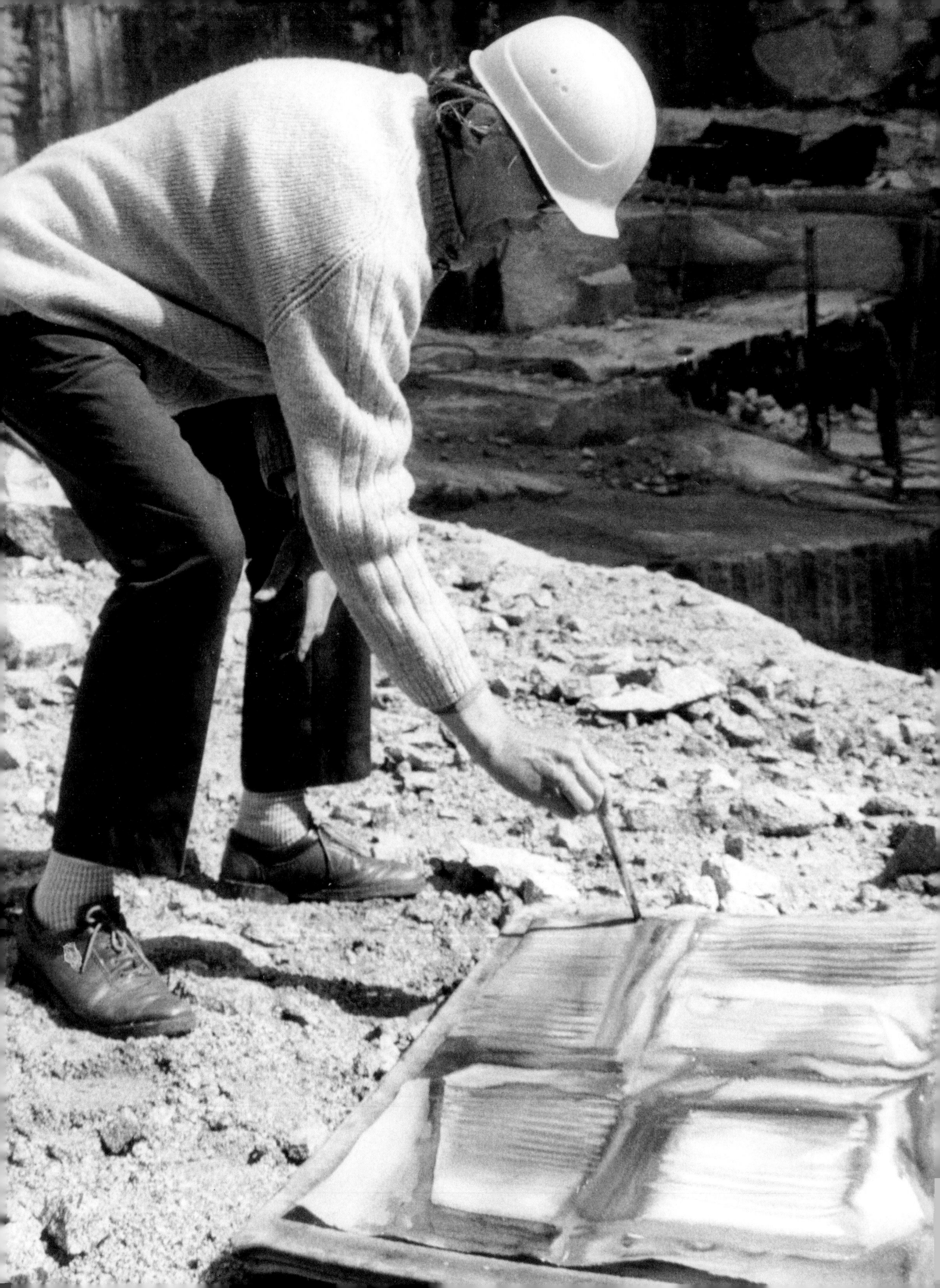

Alles ist Landschaft

Der sorbische Maler Jan Buck

Herausgegeben von Christina Bogusz | Christina Boguszowa

Sorbisches Museum | Serbski muzej
Sandstein Verlag

Grußworte | Postrowy | Póstrowne słowa | Słowa wstępne

Essays | Eseje | Eseje | Eseje

Werke | Twórby | Twóŕby | Dzieła

Biografie | Biografija | Biografija | Biografia

Anhang | Přiwěšk | Pśidank | Aneks

Grußwort des Ministerpräsidenten des Freistaates Sachsen

Gerade läuft im Mitteldeutschen Rundfunk die Serie »Straight Outta Crostwitz«, in der die Heldin die vertrauten Wege der sorbischen Folklore verlässt und ihre traditionell geprägte Familie mit sorbischem Rap konfrontiert. Der in Crostwitz vor nunmehr drei Jahren verstorbene Jan Buck hat mit seinem Œuvre etwas ganz Ähnliches bewirkt: Er holte die sorbische Malerei aus der Folkloreecke und entwickelte eine moderne Bildsprache.

Dabei musste Jan Buck den Vergleich mit anderen zeitgenössischen Malern nie scheuen, denn immer wieder experimentierte er mit Farben und Formen, verstand sich auf die konkrete Darstellung genauso wie auf die Abstraktion. Tief in der sorbischen Tradition beheimatet, fand er einen neuen Blick auf die Selbst- und Fremdbilder seiner Kultur.

Im Werk des Künstlers spiegeln sich die Einflüsse zweier bedeutender europäischer Kunststädte – Dresden und Wrocław –, an deren Kunstakademien Jan Buck studiert hat. Im Schnittpunkt ihrer Einflusssphären lag und liegt Jan Bucks Lausitzer Heimat. So erzählen seine Bilder von Heimatverbundenheit, der Verwurzelung in der Lausitz, und zeigen zugleich den unromantisch-kühlen Blick der Moderne.

Das Sorbische Museum in Bautzen und seine Partner legen nun mit diesem Katalogband einen Überblick über Jan Bucks Werk vor. Gerne habe ich für das Katalog- und Ausstellungsprojekt die Schirmherrschaft übernommen. Allen Beteiligten sage ich herzlichen Dank für ihre akribische Arbeit und ihr Herzblut, das man dem Katalog anmerkt! Vor allem aber wünsche ich mir, dass diese Werkschau viele Kunstinteressierte mit dem Schaffen von Jan Buck bekannt macht, einem bedeutenden sächsisch-sorbischen Maler.

Michael Kretschmer
Ministerpräsident des Freistaates Sachsen

Postrow ministerskeho prezidenta Swobodneho stata Sakskeje

Sćelak MDR wusyła runje seriju »Straight Outta Crostwitz«, w kotrejž protagonistka znate šćežki serbskeje folklory wopušća a swoju tradicije zwučenu swójbu ze serbskim rapom konfrontuje. Jan Buk, kotryž je před třomi lětami w Chrósćicach zemrěł, bě ze swojim oeuvre něšto dosć podobneho wuskutkował: Wuwiwawši modernu rěč wobrazow, je serbske molerstwo z kućika folklory zwjedł.

Přirunowanja z druhimi molerjemi swojeje doby so Jan Buk bojeć njetrjebaše, wšako spochi z barbami a formami eksperimentowaše, wustaješe so na konkretne zwobraznjowanje runje tak kaž na abstrakciju. W swojej serbskej tradiciji cyle zadomjeny, namaka nowy wid na to, kak Serbja sebje samych a kak druzy serbsku kulturu widźa.

W twórbach wuměłca so wliwy dweju wuznamneju europskeju městow wuměłstwa wotbłyšćuja – Drježdźan a Wrócławja, w kotrymajž bě Jan Buk na akademiji wuměłstwa studował. Křižnišćo jeju sferow wliwa je Jana Bukowa domizna Łužica. Tak powědaja jeho wobrazy wo zwjazanosći z domiznu, wo zakorjenjenju we Łužicy a wotkrywaja zdobom njeromantiskostrózby wid moderny.

Serbski muzej w Budyšinje a jeho partnerojo předpołoža z tutym katalogom nětko přehlad wo Jana Bukowym tworjenju. Rady sym za projekt kataloga a wustajeńcy patronat přewzał. Wšěm wobdźělenym wuprajam wutrobny dźak za jich ze zapalom zdokonjane akribiske dźěło, kotrež katalog wuprudźa. Předewšěm pak sej přeju, zo bychu tworjenje Jana Buka, wuznamneho sasko-serbskeho molerja, mnozy za wuměłstwo so zajimowacy zeznali.

Michael Kretschmer
ministerski prezident Swobodneho stata Sakskeje

Póstrowne słowo ministaŕskego prezidenta Lichotnego stata Sakskeje

W Srjejźnonimskem rozgłosu běžy rowno serija »Straight Outta Crostwitz«, w kótarejž ryśaŕka spušćijo derje znate drogi serbskeje folklory a swóju tradicionelnu familiju ze serbskim rapom konfrontěrujo. W Chróśćicach něnto južo pśed tśimi lětami zamrěty Jan Buk jo ze swójim twórjenim něco kradu pódobnego wustatkował: Wón jo holił serbske mólaŕstwo ze folklornego roga a jo wuwił modernu wobrazowu rěc.

Pśi tom njejo se Jan Buk pśirownanja z drugimi modernymi wumětcami bójał, dokulaž jo pśecej zasej z nowymi barwami a tonami eksperimentěrował, jo se wuznawał w konkretnych pśedstajenjach ako teke w abstrakciji. Dłymoko w serbskej tradiciji doma, jo wón namakał nowe póglědnjenje na to, kak Serby sami sebje a druge serbsku kulturu wiźe.

W twóŕbach mólarja wótbłyšćuju se wliwy dweju bytostneju europskeju wumětskeju městowu – Drježdźany a Wrocław –, na kótarymaž wumětskima akademijoma jo Jan Buk studěrował. W zrězku jeju wliwoweju sferowu jo lažała a laży łužyska domownja Jana Buka. Toś jogo wobraze wulicuju wót zwězanosći z domownju, zakórjenjonosći we Łužycy, a pokazuju rownocasnje njeromantisko-chłodny póglěd na modernu.

Serbski muzej w Budyšynje a jogo partnarje pśedpołožyju něnto z teju katalogoweju zběrku pśeglěd wó twórjenju Jana Buka. Rad som patronatstwo nad katalogowym a wustajeńcowym projektom pśewzeł. Wšym wobźělonym gronim wutšobny źěk za jich akribiske źěło a jich wutšobinu kšěj, kótarejž dajotej se na katalogu spóznaś! Pśedewšym pak žycym sebje, až se wjele zajmowanych wumětstwa z twórjenim znatego sakso-serbskego mólarja Jana Buka pśez tu twóŕbowu pśeglědku wopóznajo.

Michael Kretschmer
ministaŕski prezident Lichotnego stata Sakskeje

Słowo wstępne Premiera Wolnego Kraju Saksonia

W emitowanej właśnie w Mitteldeutscher Rundfunk serii audycji radiowych »Straight Outta Crostwitz«, główna bohaterka opuszcza znane ścieżki serbołużyckiego folkloru i konfrontuje swoją tradycyjną rodzinę z serbołużyckim rapem. Zmarły trzy lata temu w Crostwitz (Chróśćicy) Jan Buck poprzez swą twórczość dokonał czegoś bardzo podobnego – wydobył malarstwo serbołużyckie z folklorystycznej niszy, tworząc nowoczesny język obrazowy.

Jan Buck nigdy nie musiał obawiać się porównań z innymi współczesnymi malarzami, gdyż ciągle eksperymentował z nowymi barwami i formami, tworząc równie udane przedstawienia konkretu, jak i abstrakcje. Głęboko zakorzeniony w serbołużyckiej tradycji, wskazał nowe spojrzenie tak na rodzime, jak i obce obrazy swej kultury.

Twórczość Jana Bucka odzwierciedla wpływy dwóch ważnych europejskich ośrodków artystycznych – Drezna i Wrocławia – i ich akademii, na których studiował. Na przecięciu sfer ich wpływów znajdowała się i nadal się znajduje jego łużycka ojczyzna. Obrazy Bucka opowiadają więc o związku z nią, o zakorzenieniu na Łużycach, a jednocześnie ujawniają aromantyczną, chłodną perspektywę nowoczesności.

Muzeum Serbołużyckie w Budziszynie i jego partnerzy prezentują oto w niniejszym katalogu przegląd twórczości Jana Bucka. Z przekonaniem objąłem patronat nad tą publikacją i nad projektem wystawienniczym. Wszystkim zaangażowanym wyrażam serdeczne podziękowania za skrupulatną pracę i pasję, których wyrazem jest katalog! Przede wszystkim jednak mam nadzieję, że obecna wystawa przybliży wielu miłośnikom sztuki twórczość Jana Bucka – ważnego malarza saksońsko-łużyckiego.

Michael Kretschmer
Premier Wolnego Kraju Saksonia

Grußwort des Ministerpräsidenten des Landes Brandenburg

Mit einer großen, grenzüberschreitenden Wanderausstellung würdigen wir in diesem Jahr den sorbischen/wendischen Maler Jan Buck. Gebührender Anlass ist sein 100. Geburtstag, den der 2019 verstorbene Künstler leider nicht mehr mit uns feiern kann. Gleichwohl erfüllt dieses Unternehmen ein Vermächtnis von Jan Buck, indem dessen ausdrücklicher Wunsch nach einer bis zu seinen künstlerischen Wurzeln reichenden Werkschau im Jahr des runden Jubiläums Wirklichkeit wird.

Jan Buck gilt als bedeutendster sorbischer/wendischer Maler des 20. Jahrhunderts. Er öffnete die Kunst seiner Heimat weg von den lange vorherrschenden folkloristischen Motiven hin zur Moderne. Sein Schaffen umfasst farbintensive Stillleben und Landschaften, im Spätwerk wendete er sich dem Abstrakten zu. So wandlungsfähig die Ausdrucksform des Künstlers war, einem Sujet blieb er stets treu: seiner Lausitzer Heimat. Besonders setzte er sich mit den Eingriffen in die Landschaft durch den Kohleabbau auseinander. Aber auch der einzigartige Spreewald war ein bevorzugtes Motiv. Aus vielen Werken spricht die tiefe Verbundenheit des Malers mit der Lausitz.

Herausragende Bedeutung gewinnt das Ausstellungsprojekt durch die Kooperation mit dem Freistaat Sachsen und den polnischen Woiwodschaften Niederschlesien und Lebus. Schon die Studienzeit in Wrocław in den frühen Nachkriegsjahren hatte Jan Buck künstlerisch sehr geprägt. Dieser Vielschichtigkeit in Leben und Werk will die Ausstellung an fünf Standorten beiderseits der deutsch-polnischen Grenze gerecht werden.

Geehrt wird Jan Buck zudem mit einer einzigartigen Monografie in vier Sprachen. Auch sie ist ein deutsch-polnisches Gemeinschaftswerk, das es so bisher nicht gab. Ich danke allen beteiligten Einrichtungen für diese künstlerisch wie kulturpolitisch wichtige Schau und wünsche ihr viele interessierte Gäste.

Dr. Dietmar Woidke
Ministerpräsident des Landes Brandenburg

Postrow ministerskeho prezidenta Kraja Braniborskeje

Z wulkej, mjezy překročacej pućowacej wustajeńcu česćujemy lětsa serbskeho molerja Jana Buka. Jeho stoćiny su hódna přičina. Bohužel je Jan Buk wjace z nami swjećić njemóže – 2019 je zemrěł. Tola projekt spjelnja jeho wotkazanje w tym zmysle, zo so jeho wurazne přeće – wustajeńca twórbow, kotraž saha hač k jeho wuměłskim korjenjam – w lěće tutoho kulojteho jubileja zwoprawdźi.

Jan Buk płaći jako najwuznamniši serbski moler 20. lětstotka. Wuměłstwo swojeje domizny je wotewrěł do směra moderny, preč wot dołho dominowacych folkloristiskich motiwow. Jeho tworjenje wopřija ćišna w intensiwnych barbach a krajiny; w pózdnich lětach so abstraktnemu zwobraznjowanju přiwobroći. Byrnjež jemu wšelakore formy zwuraznjowanja leželi, wosta jednomu sujetej swěrny: swojej domiznje, Łužicy. Ze zasahowanjom brunicoweho hórnistwa do krajiny so wosebje rozestaješe. Ale tež jónkrótne Błóta běchu motiw, kotryž lubowaše. Z mnohich twórbow prudźi jeho hłuboka zwjazanosć z Łužicu.

Wusahowacy wuznam projekta wustajeńcy tči w kooperaciji ze Swobodnym statom Sakskeje a pólskimaj województwomaj Delnja Šleska a Lubuskie. Hižo studijny čas we Wrócławju w powójnskich lětach bě Jana Buka wuměłsce jara wowliwował. Na tutu splećenosć w jeho žiwjenju a tworjenju wustajeńca na pjećoch městnach po woběmaj bokomaj němsko-pólskeje mjezy skedźbnja.

Wopokaz česće Janej Bukej je nimo toho wulkotna monografija w štyrjoch rěčach. Tež to je zhromadny němsko-pólski skutk, kajkehož dotal hišće njeběše. Dźakuju so wšěm wobdźělenym institucijam za tutu wuměłsce a kulturnopolitisce wažnu přehladku a přeju jej mnohich zajimowanych hosći.

dr. Dietmar Woidke
ministerski prezident Kraja Braniborskeje

Póstrowne słowo ministaŕskego prezidenta Kraja Bramborskeje

Z wjelikeju, granicu pśestupujuceju drogowańskeju wustajeńcu cesćimy lětosa serbskego mólarja Jana Buka. Spócetna pśicyna jo jogo 100. narodny źeń, kótaryž njamóžo w lěśe 2019 zamrěty mólaŕ wěcej z nami wóswěśiś. Rownocasnje dopołnijo projekt wótkaz Jana Buka, pó kótaremž se jogo wurazne žycenje za jadneju až do jogo wuměłskich zachopkow segajuceju pśeglědku jogo twóŕbow w lěśe kulowatego jubileja zwopšawdnijo.

Jan Buk płaśi ako jaden z nejwuznamnjejšych serbskich mólarjow 20. stolěśa. Wón jo wótwórił wuměłstwo swójeje domownje zwenka dłujko kněžecych folkloristiskich motiwow až k modernje. Jogo twórjenje zapśimujo śichowobraze a krajiny z intensiwnymi barwami, w póznem twóriśelskem casu jo se wón abstraktnym motiwam pśiwobrośił. Teke gaž jo forma wuraza wuměłca wjelgin pśeměnliwa była, jo wón jadnej temje zwěrny wóstał: swójej łužyskej domowni. Wósebnje jo se wón ze změnami krajiny pśez wudobywanje wugla rozestajał. Teke jadnorazne Błota su jogo woblubowany motiw. Z wjelich twóŕbow póznajoš dłymoku zwězanosć mólarja z Łužycu.

Wustajeńca dobydnjo wusegujucy wóznam pśez kooperaciju ze Lichotnym statom Sakskeju, pólskim wójwodstwom Dolnošlazyńska a Lubuskim krajom. Južo studijny cas we Wrocławje we pówójnskich lětach jo zawóstajił trajuce wuměłske slědy pla Jana Buka. Tym wjelim warstwam w jogo žywjenju a twórjenju pósćijo se wustajeńca na pěś stojnišćach.

Cesćony bužo Jan Buk z jadneju jadnorazneju monografiju w styrich rěcach. Teke wóna jo nimskopólske zgromadne źěło, kótarež doněnta njejo było. Źěkuju se wšym wobźělonym institucijam za tu wuměłsku, ako teke kulturnopolitisku wažnu pśeglědku a žycym jej wjele zajmowanych gósći.

dr. Dietmar Woidke
ministaŕski prezident Kraja Bramborskeje

Słowo wstępne Premiera Kraju Związkowego Brandenburgia

W tym roku uhonorujemy serbołużyckiego malarza Jana Bucka istotną, transgraniczną wystawą objazdową. Stosowną okazją ku temu są jego setne urodziny, których zmarły w 2019 r. artysta niestety nie może już z nami świętować. Jednocześnie przedsięwzięcie to jest spełnieniem woli Jana Bucka, by w roku, na który przypada ta rocznica, urzeczywistnić retrospektywny przegląd jego twórczości ze wskazaniem na jej artystyczne korzenie.

Jan Buck uchodzi za najważniejszego malarza serbołużyckiego XX wieku. Sztuce swojej ojczyzny, w której od dawna dominowały motywy folklorystyczne, otworzył on drogę do nowoczesności. Jego dorobek obejmuje intensywne kolorystycznie martwe natury i pejzaże. W późnej twórczości zwrócił się ku abstrakcji. Jakkolwiek wszechstronna była forma wypowiedzi artysty, zawsze pozostawał wierny jednemu motywowi: swojej ojczyźnie – Łużycom. Szczególnie frapowały go ingerencje w krajobraz spowodowane wydobyciem węgla brunatnego. Jego ulubionym tematem była jednak również niepowtarzalna aura Szprewaldu. Wiele prac tego malarza wyraża jego głęboką więź z Łużycami.

Wyjątkową rangę aktualne przedsięwzięcie wystawiennicze zyskuje dzięki współpracy z Wolnym Krajem Saksonia oraz polskimi województwami: Dolnośląskim i Lubuskim. Już studia Jana Bucka we Wrocławiu we wczesnych latach powojennych wywarły silny wpływ na jego dalszą drogę artystyczną. Wyrazem złożoności życia i pracy artysty ma stać się wystawa w pięciu miejscach po obu stronach polsko-niemieckiej granicy.

Hołdem dla Jana Bucka jest również wyjątkowa monografia w czterech językach. Także ona to efekt polsko-niemieckiej współpracy, w formie dotąd niespotykanej. Wszystkim zaangażowanym instytucjom dziękuję za tę ważną w sensie artystycznym i polityczno-kulturowym wystawę, życząc jej wielu zainteresowanych zwiedzających.

dr Dietmar Woidke
Premier Kraju Związkowego Brandenburgia

Grußwort des Marschalls der Woiwodschaft Niederschlesien

In seiner Jugend war Jan Buck eng mit dem nachkriegszeitlichen Wrocław und Niederschlesien verbunden. Ich bin sehr froh, dass wir in der Hauptstadt der Region eine Ausstellung seiner Werke zu Gast haben werden, zumal es der ausdrückliche Wunsch des Künstlers mit Blick auf seinen 100. Geburtstag war.

Die Zeit, die er in Wrocław verbrachte, war ein äußerst wichtiger Abschnitt in seinem Leben. Als Student an der nachkriegszeitlichen Staatlichen Hochschule für Bildende Künste in Wrocław wurde er von polnischen und europäischen Malern der Moderne inspiriert. In der niederschlesischen Hauptstadt lebend, erlernte er die polnische Sprache und wurde sich dessen bewusst, wie wichtig seine Muttersprache, das Sorbische, für ihn selbst war. Über vierzig Jahre lang lebte er mit seiner Familie in Bautzen, kehrte jedoch gern in unser Land zurück.

Der Künstler lehnte politische und soziale Kontexte ab. Er wollte sich nicht an der Förderung der Ideologie des sozialistischen Systems beteiligen. Die in Polen verbrachten Jahre vermittelten ihm ein Gefühl der Weltoffenheit und das Bedürfnis nach künstlerischer Freiheit. Als Kunstlehrer in Bautzen brachte er jungen Menschen bei, dass die Welt der Kunst ein Raum ist, in dem man sich eigene Urteile bilden kann. Als Mensch und Künstler, der in der lokalen und europäischen Welt lebte, förderte er die sorbische Malerei.

Mit einer Reihe von Arbeiten, die sich mit dem ökologischen Diskurs der verwüsteten Bergbaufolgelandschaften in der Mittel- und Niederlausitz befassen, leistete er einen Beitrag zum Schutz der natürlichen Schönheit der Lausitz und warnte vor dem, was die Lausitz in Zukunft verlieren könnte.

In seiner Arbeit schätzte Jan Buck die bilateralen Kontakte zu den Künstlerkreisen in Niederschlesien. Die Präsentation seines Schaffens im Stadtmuseum von Wrocław ist ein Dank für die Pflege des polnisch-lausitzischen Dialogs in einem grenzüberschreitenden Kontext. Ich bin dem Sorbischen Museum in Bautzen dankbar für die zahlreichen Initiativen, die die jahrhundertealten nachbarschaftlichen Beziehungen pflegen und wiederbeleben.

Ich lade Sie herzlich ein, das Werk dieses herausragenden Künstlers kennenzulernen und die Ausstellung zu besuchen.

Cezary Przybylski
Marschall der Woiwodschaft Niederschlesien

Postrow maršala województwa Delnja Šleska

Za swoje młode lěta běše Jan Buk z powójnskim Wrócławjom a Delnjej Šleskej wusko zwjazany. Jara so wjeselu, zo přińdźe wustajeńca jeho twórbow k nam do stolicy regiona, wšako bě to wurazne přeće wuměłca hladajo na jeho 100ćiny.

Čas, kotryž wón we Wrócławju přeživi, běše přewšo wažny wotrězk w jeho žiwjenju. Jako studenta Statneje wysokeje šule za tworjace wuměłstwo we Wrócławju w prěnich powójnskich lětach běchu jeho pólscy a europscy molerjo moderny inspirowali. W delnjošleskej stolicy bydlo, wón pólšćinu nawukny a sej wuwědomi, kak wažna jemu samomu jeho serbska maćeršćina je. Dobrych 40 lět ze swojej swójbu w Budyšinje bydleše, rady pak do našeho kraja jězdźeše.

Politiske a socialne konteksty wuměłc wotpokazowaše. Na spěchowanju ideologije socialistiskeho systema so wobdźěleć nochcyše. Lěta, kotrež w Pólskej přeživi, sposrědkowachu jemu začuće swětawotewrjenosće a potrjebu wuměłskeje swobody. Jako wučer za wuměłske kubłanje w Budyšinje młodym ludźom pokaza, zo je swět wuměłstwa rum, w kotrymž móžeš sej swójski posudk tworić. Jako čłowjek a wuměłc, bydlacy w lokalnym a europskim swěće, wón serbske molerstwo spěchowaše.

Z rjadom twórbow, kotrež so z diskursom nastupajo zapusćenu krajinu po hórnistwje w srjedźnej a Delnjej Łužicy zaběraja, přinošowaše sobu k škitej přirodneje rjanosće Łužicy a před tym warnowaše, što móhła Łužica w přichodźe zhubić.

Wažne w jeho dźěle běchu Janej Bukej bilateralne kontakty ke kruham wuměłcow w Delnjej Šleskej. Prezentacija jeho tworjenja w Měšćanskim muzeju Wrócławja njech je dźak za hajenje pólsko-łužiskeho dialoga w mjezy překročacym kontekśće. Serbskemu muzejej w Budyšinje sym dźakowny za mnohe iniciatiwy, z kotrymiž lětstotki trajace poćahi mjez susodami haji a znowa wožiwja.

Wutrobnje Was přeprošuju, tworjenje tutoho wusahowaceho wuměłca zeznać a sej wustajeńcu wobhladać.

Cezary Przybylski
maršal województwa Delnja Šleska

Póstrowne słowo maršala wójwodstwa Dolnošlazyńska

W swójej młodośći jo Jan Buk wusko zwězany był z pówójnskim Wrocławom a Dolnošlazyńskeju. Wjelgin se wjaselim, až w głownem měsće regiona mamy jadnu góstnu wustajeńcu jogo twóŕbow, wósebnje teke dokulaž jo to wurazne žycenje wuměłca z póglědnjenim na jogo 100. narodny źeń było.

Cas, kótaryž jo wón we Wrocławje pśepórał, jo był jaden wósebnje wažny wótrězk w jogo žywjenju. Ako student na pówójnskej Statnej wusokej šuli za twórjece wuměłstwo we Wrocławje jo był wót pólskich a europskich mólarjow moderny inspirěrowany. W dolnošlazyńskem głownem měsće pśebywajucy, jo wón se pólsku rěc pśiswójł a jo se tak wuwědobnił, kak wažna jo jogo mamina rěc, serbska rěc, za njogo była. Wěcej ako 40 lět dłujko jo bydlił ze swójeju familiju we Budyšynje, jo se wrośił weto do našogo kraja slědk.

Wuměłc jo wótpokazał politiske a socialne konteksty. Njejo kśěł se na spěchowanju ideologije socialistiskego systema wobźěliś. W Pólskej pśepórane lěta su jomu pósrědnili zacuśe wótwórjonośći za swět a pótrjebu za wuměłskeje lichoty. Ako ceptaŕ wuměłstwa w Budyšynje jo wón młodym lužam wucył, až swět wuměłstwa jo rum, w kótaremž swójske pósuźenja twóriš. Ako luź a wuměłc, kótaryž jo w lokalnem a europskem swěśe žywy był, jo spěchował serbske mólaŕstwo.

Z rědom twóŕbow, kótarež su se zaběrali z ekologiskim diskursom zapušćonych pógórnistwowych krajinow w srjejźnej a Dolnej Łužycy, jo pśinosował k šćitoju pśirodneje rědnosći Łužyce a jo warnował, co móžo Łužyca zgubiś.

W swójom źěle jo gódnośił Jan Buk bilateralne kontakty ku wuměłskim kołam w Dolnošlazyńskej. Prezentacija jogo twórjenja w Měsćańskem muzeju we Wrocławje jo źěk za wótwardowanje pólsko-łužyskego dialoga w jadnom granicu pśestupujucem konteksće. Som Serbskemu muzejoju w Budyšynje źěkowny za wjelerake iniciatiwy, kótarež woplěwaju a zasej wóžywjaju stolěśow stare a susedne póśěgi.

Pśepšosyju wutšobnje Was, twórjenje togo wuznamnego wuměłca póznaś a wustajeńcu se woglědaś.

Cezary Przybylski
maršal wójwodstwa Dolnošlazyńska

Słowo wstępne Marszałka Województwa Dolnośląskiego

W młodości Jan Buck był ściśle związany z powojennym Wrocławiem i Dolnym Śląskiem, dlatego bardzo się cieszę, że w stolicy regionu możemy gościć ekspozycję jego dzieł. Szczególnie dlatego, że wyraźnym życzeniem artysty była organizacja wystawy z okazji jego setnych urodzin w miejscu, w którym rozkwitała jego twórczość.

Czas spędzony we Wrocławiu stanowił niezwykle istotny etap jego życia. Jako student wrocławskiej powojennej Państwowej Wyższej Szkoły Sztuk Plastycznych inspirował się dorobkiem polskich i europejskich malarzy I połowy XX wieku. Mieszkając w stolicy Dolnego Śląska bardzo dobrze opanował język polski uświadamiając sobie, jak ważny jest dla niego język ojczysty – serbołużycki. Przez prawie czterdzieści lat wraz z z rodziną żył w Budziszynie, jednak chętnie powracał do naszego kraju.

W swej twórczości Buck odrzucał konteksty polityczne i społeczne, nie chcąc uczestniczyć w promowaniu ideologii systemu socjalistycznego. Lata spędzone w Polsce dały mu poczucie otwartości na świat i potrzebę wolności artystycznej. W Budziszynie, będąc nauczycielem przedmiotów artystycznych, uczył młodzież, że świat sztuki to przestrzeń do kształtowania niezależnych poglądów. Jako człowiek i artysta żyjący w kontekście zarówno lokalnym, jak i europejskim, rozpropagował malarstwo serbołużyckie.

Cykl prac, które wpisują się w ekologiczny dyskurs na temat zdewastowanych terenów pokopalnianych na Środkowych i Dolnych Łużycach to jego wkład w obronę naturalnego piękna rodzimego regionu i ostrzeżenie przed jego degradacją.

Jan Buck cenił kontakty ze środowiskiem artystycznym Dolnego Śląska. Prezentacja jego twórczości w Muzeum Miejskim Wrocławia to podziękowanie za pielęgnację dialogu polsko-łużyckiego w kontekście transgranicznym. Jestem wdzięczny Muzeum Serbołużyckiemu za liczne inicjatywy, które podtrzymują i ożywiają wielowiekowe stosunki sąsiedzkie.

Serdecznie zachęcam do zapoznania się z twórczością tego wybitego artysty oraz zwiedzania wystawy.

Cezary Przybylski
Marszałek Województwa Dolnośląskiego

Grußwort der Marschallin der Woiwodschaft Lebus

Seit Jahrhunderten trägt Kunst dazu bei, nicht nur Verbindungen zwischen Generationen, sondern auch zwischen Nationen zu schaffen. Sie fördert eine Haltung der Partizipation und Zusammenarbeit, die im Falle von Nachbarländern von unschätzbarem Wert ist. Die Aktivitäten kreativer Kreise sind unter anderem ein Ausdruck der Sorge um unsere Zukunft. Sie betonen die Einigkeit, die Achtung des kulturellen Erbes und das Streben nach gemeinsamen Zielen. Sie bringen unterschiedliche Traditionen und Weltanschauungen näher, helfen dabei, andere zu verstehen, sie inspirieren.

Der Werkkatalog und die Gemäldeausstellung anlässlich des 100. Geburtstages des sorbischen Malers Jan Buck sind ein hervorragendes Beispiel für interkulturelle Zusammenarbeit. Ich hoffe, dass die Präsentation der Werke dieses herausragenden Künstlers die Bewohner der Region beiderseits der Grenze in ihrer Überzeugung bestärkt, dass die Kunst ein enormes Potenzial in sich birgt, das, wenn es gut genutzt wird, zur Stärkung der Zusammenarbeit in verschiedenen Tätigkeitsbereichen beitragen kann.

Das kulturelle Erbe ist die Essenz der materiellen und geistigen Errungenschaften, die von Generation zu Generation weitergegeben werden. Es schafft ein Image, ist Ausdruck der Pflege der wichtigsten Werte und trägt zum Verständnis der Identität bei – sowohl der lokalen als auch der nationalen. Das Wort, das die Sorben und uns, die Lebuser, auf zwiespältige Weise verbindet, ist »Identität«. Wir sind eine junge Woiwodschaft und bauen unsere Region und unsere Gemeinschaft noch auf. Die Sorben hingegen – die kleinste slawische Nation mit einer reichen Kultur – haben es trotz der historischen und geopolitischen Wirren geschafft, ihre nationale und religiöse Kultur zu pflegen und weiterzugeben.

Ich freue mich, dass die künstlerischen Initiativen, die den grenzüberschreitenden Dialog unterstützen und sich gleichzeitig mit der für uns alle so wichtigen Identität auseinandersetzen, mit dieser Publikation eine erfolgreiche Fortsetzung finden.

Elżbieta Anna Polak
Marschallin der Woiwodschaft Lebus

Postrow maršalki województwa Lubuskie

Lětstotki wuměłstwo tomu přinošuje, zo njezwjazuje jenož generacije, ale tež narody. Spěchuje nastajenje participacije a zhromadneho dźěła, kotrež ma za krajej, kotrejž stej susodaj, njesměrnu hódnotu. Aktiwity kreatiwnych kruhow su mjez druhim wuraz starosće wo naš přichod. Wuzběhuja přezjednosć, česćownosć před kulturnym herbstwom a prócowanje wo zhromadne cile. Zbližuja rozdźělne tradicije a swětonahlady, pomhaja při tym, druhich zrozumić, inspiruja.

Katalog twórbow a wustajeńca mólbow składnostnje 100ćin serbskeho molerja Jana Buka stej wulkotny přikład za interkulturelne zhromadne dźěło. Nadźijam so, zo budźe prezentacija twórbow tutoho wusahowaceho wuměłca wobydlerjow regiona na kóždym boku hranicy w přeswědčenju posylnjeć, zo tči we wuměłstwje hoberski potencial. A hdyž jón čłowjek derje wužije, móže wone k sylnjenju zhromadneho dźěła we wšelakich wobłukach přinošować.

Kulturne herbstwo je wutk materielnych a duchownych wudobyćow, kotrež so wot generacije generaciji dale dawaja. Twori image, je wuraz hajenja najwažnišich hódnotow a přinošuje k zrozumjenju identity – lokalneje kaž tež narodneje. Serbow a nas, Lubuskich, na ambiwalentne wašnje zwjazowace słowo je »identita«. Smy młode województwo a naš region a našu zhromadnosć hišće natwarjamy. Serbam – najmjeńšemu słowjanskemu narodej z bohatej kulturu – porno tomu je so njedźiwajo historiskich a geopolitiskich šmjatkow radźiło, swoju narodnu a nabožnu kulturu hajić a dale dawać.

Wjeselu so, zo so wuměłske iniciatiwy, kotrež mjezy překročacy dialog podpěruja a so zdobom z nam wšěm tak ważnej identitu rozestajeja, z tutej publikaciju wuspěšnje pokročuja.

Elżbieta Anna Polak
maršalka województwa Lubuskie

Póstrowne słowo maršalki Lubuskego wójwodstwa

Stolěša dłujko wuměłstwo njepśinosujo jano k tomu, až se stwóriju zwiski mjazy generacijami, ale teke mjazy ludami. Wóno spěchujo woplěwanje participacije a zgromadnego źěła, kótarež ma w paźe susednych krajow mimoměrnje wjeliku gódnotu. Aktiwity kreatiwnych krejzow su mjazy drugim wuraz starosći wó naš pśichod. Wóni wuzwiguju jadnotu, glědanje na kulturne derbstwo a procowanje wó zgromadne cile. Wóni pśibližuju ze sobu rozdźělne tradicije a swětonaglědy, pomagaju, druge rozměś a jich inspirěrowaś.

Katalog twórbow a wustajeńca mólbow ku góźbje 100. narodnego dnja serbskego mólarja Jana Buka su wuběrny pśikład za interkulturelne zgromadne źěło. Naźejam se, až prezentacija twórbow togo wósebnego mólarja wobydlarjow regiona na wobyma bokoma granice w jich pśeznanjenju zmócnijo, až nosy wuměłstwo wjelicki potencial, kótaryž – gaž se derje wužywa – k zmócnjenju zgromadnego źěła w rozdźělnych wobłukow statkowanja pśinosowaś móžo.

Kulturne derbstwo jo esenca materielnych a duchnych wudobyśow, kótarež se wót generacije na generaciju dalej dawaju. Wóno stwórijo image, jo wuraz woplěwanja wažnych gódnotow a pśinosujo k rozměśu identity – na lokalnej ako teke na statnej rowninje. Słowo, kenž Serby a nas, Lubusarje, na dwójaku wašnju zwězujo, jo »identita«. My smy młode wójwodstwo a natwarjamy naš region a našo zgromaźeństwo hyšći. Serby nawopak – su nejmjeńšy słowjański lud z bogateju kulturu – jo se jim mimo stawizniskich a geopolitiskich mušenjow raźiło – swóju ludowu a nabóžninsku kulturu woplěwaś a dalej daś.

Wjaselim se, až wuměłske iniciatiwy, kótarež pódpěraju pśezgranicny dialog a se rownocasnje ze za nas wšyknych tak wažneju identitu rozestajaju, z toś teju publikaciju wuspěšne dalejpóranje namakaju.

Elžbieta Anna Polak
maršalka Lubuskego wójwodstwa

Słowo wstępne Pani Marszałek Województwa Lubuskiego

Sztuka od wieków pomaga tworzyć więzi nie tylko między pokoleniami, lecz również między narodami. Kształtuje postawy współuczestnictwa i współdziałania, co w przypadku państw sąsiadujących ze sobą stanowi wartość nie do przecenienia. Działania środowisk twórczych są między innymi wyrazem troski o naszą przyszłość. Podkreślają jedność, szacunek do spuścizny kulturowej, dążenie do wspólnych celów. Przybliżają różne tradycje, postrzeganie świata, ale też pomagają zrozumieć innych, inspirują...

Katalog prac oraz wystawa malarstwa przygotowane z okazji setnej rocznicy urodzin serbołużyckiego malarza Jana Bucka są doskonałym przykładem międzykulturowej współpracy. Mam nadzieję, że prezentacja dzieł wybitnego Serbołużyczanina sprawi, iż mieszkańcy regionu po obu stronach granicy utwierdzą się w przekonaniu, że sztuka skrywa w sobie ogromy potencjał, który dobrze wykorzystany, służyć może zacieśnieniu współpracy na różnych polach działania.

Dziedzictwo kulturowe to kwintesencja materialnego i duchowego dorobku przekazywanego z pokolenia na pokolenie. To ono buduje wizerunek, jest wyrazem kultywowania najważniejszych wartości i pozwala zrozumieć tożsamość – zarówno tę lokalną, jak i narodową. Słowo, które przewrotnie łączy Serbołużyczan i nas, Lubuszan, to właśnie »tożsamość«. My jesteśmy młodym województwem – ciągle budującym nasz region i naszą wspólnotowość. Serbołużyczanie natomiast – ten najmniejszy naród słowiański o bogatej kulturze mimo zawirowań historycznych i geopolitycznych, wyjątkowo skutecznie pielęgnują i przekazują kolejnym pokoleniom swoją kulturę narodową i religijną.

Cieszę się, że artystyczne przedsięwzięcia, które wspierają dialog transgraniczny, a jednocześnie odnoszą się do tak ważnej dla nas wszystkich tożsamości, mają udaną kontynuację w postaci niniejszej publikacji.

Elżbieta Anna Polak
Marszałek Województwa Lubuskiego

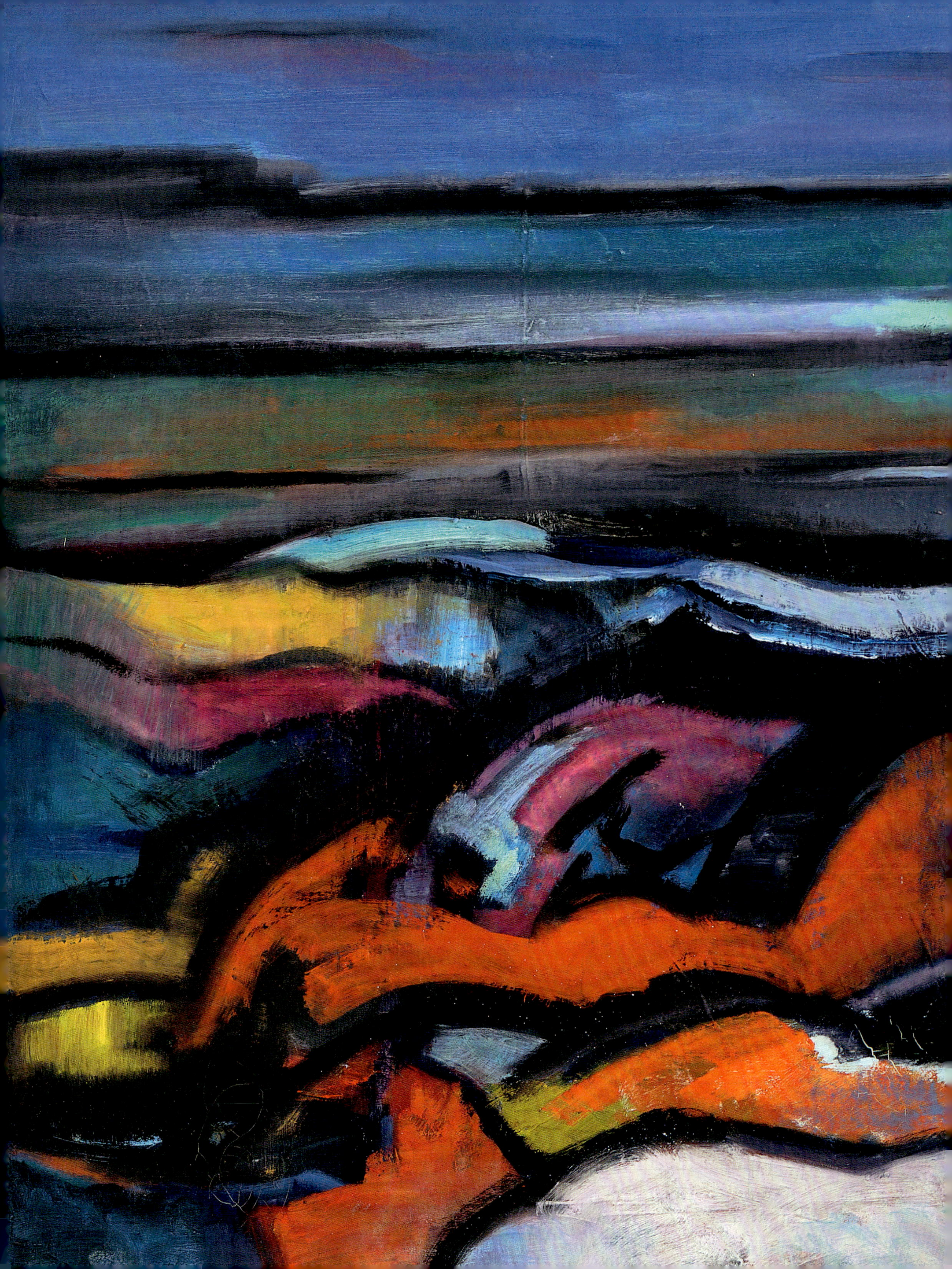

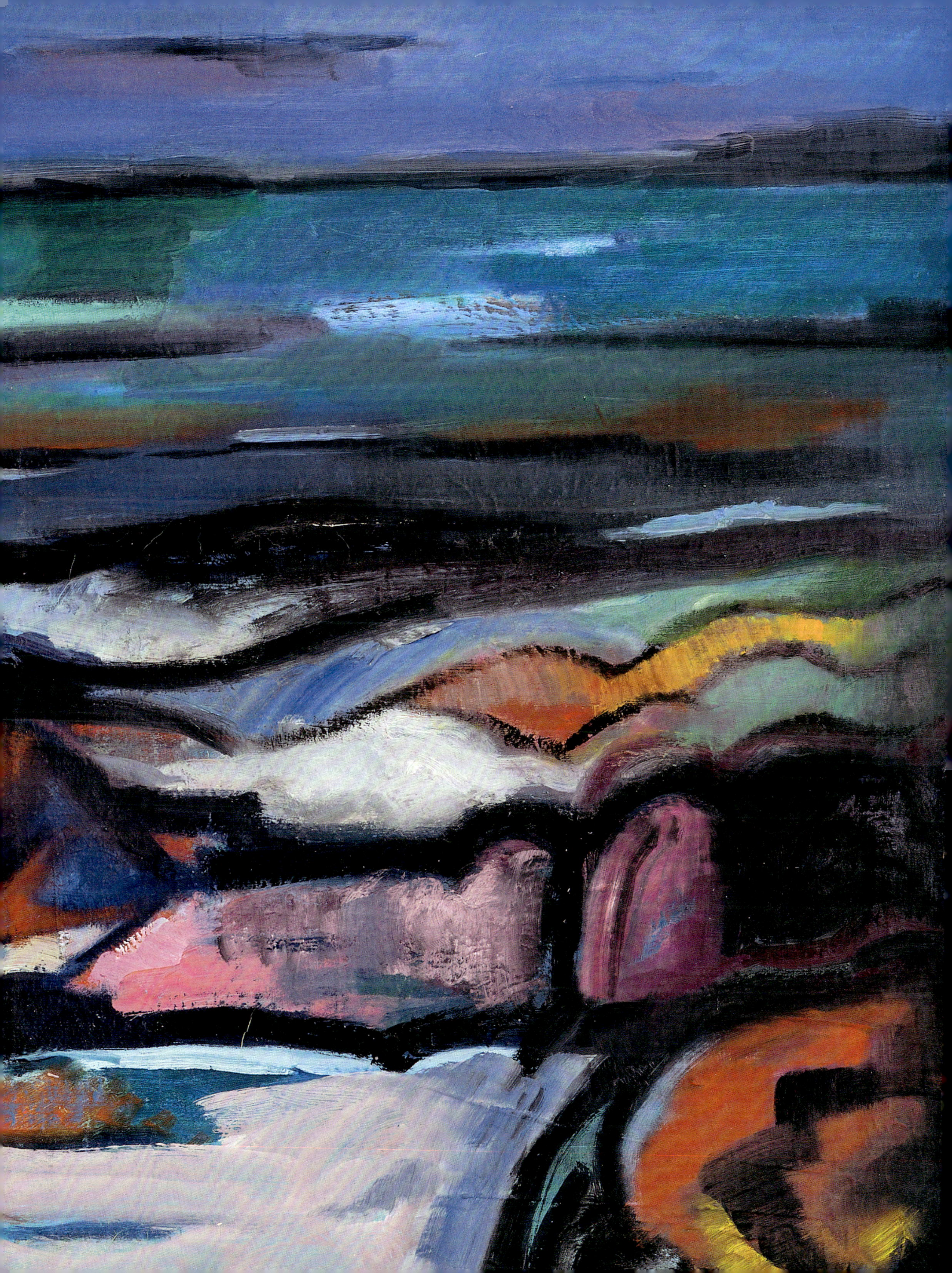

Ein stetes Suchen

Zu Leben und Schaffen des sorbischen Malers Jan Buck

Christina Bogusz

Spochi pytacy

Wo žiwjenju a tworjenju molerja Jana Buka

Christina Boguszowa

Als Jan Buck geboren wurde, waren die Wunden des Ersten Weltkrieges noch nicht verheilt, gleichzeitig warfen die Abgründe der finstersten Zeit des 20. Jahrhunderts bereits ihre nachtschwarzen Schatten voraus. Als er hochbetagt im Alter von 96 Jahren starb, war Deutschland ein freies Land und Mitglied der Europäischen Union. Der Staat, in dem er die längste Zeit seines Lebens verbracht hatte, die Deutsche Demokratische Republik, existierte schon nicht mehr.

Zeit und Herkunft lenken, prägen und formen die Lebenswege eines Menschen. So spiegelt die Biografie des Malers Jan Buck die Strömungen und den Zeitgeist des jeweils vorherrschenden politischen und gesellschaftlichen Systems wider, in erster Linie jedoch zeigt sie die Geschichte eines Menschen, der berufen war zu einem Leben für die Kunst.

Jako so Jan Buk narodźi, rany Prěnjeje swětoweje wójny hišće zažite njeběchu. Bjezdno najćěmnišeje doby 20. lětstotka pak so hižo w kołmazčornych sćinach wotrysowaše. Jako Buk w žohnowanej starobje 96 lět zemrě, bě Němska swobodny kraj a z čłonom Europskeje unije. Stat, w kotrymž běše Buk wjetšinu swojeho žiwjenja žiwy, Němska demokratiska republika, hižo njeeksistowaše.

Doba a pochad čłowjeka wjedźetej, postajatej a formujetej puće jeho žiwjenja. Tež biografija molerja Jana Buka wotbłyšćuje prudy a duch časa konkretneho politiskeho a towaršnostneho systema. Předewšěm pak je wona stawizna čłowjeka, kotryž bě powołany k žiwjenju za wuměłstwo.

Dźěćatstwo a čas młodosće

Jan Michał Buk narodźi so 2. awgusta 1922 w Njebjelčicach jako najmłódše z třoch dźěći dźěłaćerja Jana Buka a jeho mandźelskeje Hany. Nan, lětnik 1891, tehdy w bliskim Hlinowcu w cyhelnicy dźěłaše, doniž wot lěta 1939 jako barbjer w suknjerni w Bambruchu pola Kamjenca njedźěłaše.[1] Pochadźeše z Měrkowa pola Radworja. Pozdźišo bě sej jeho swójba žiwnosć w Miłoćicach kupiła. Jana Bukowa mać Hana, rodźena Wochec, bě so 1892 w Njebjelčicach narodźiła. Niski, pod wosadnej cyrkwju w Njebjelčicach stejacy tykowany domčk, w kotrymž Jan Buk swětło swěta wuhlada, běše tež jeje ródny dom. Jeje nan Michał Woch bě wjele lět kantor Njebjelčanskeje wosady a tež kantor Njebjelčanskich křižerjow. Jana Bukowy bratr Jurij a sotra Hańža narodźištaj so 1914 resp. 1916. Socialny status swójby bě typiski za serbsku dźěłaćersku swójbu w małoburskim wjesnym miljeju w katolskich Serbach. Farar Michał Mič, kotryž wot 1918 w Njebjelčicach skutkowaše,[2] hólca 6. awgusta 1922 w romsko-katolskej wěrje wukřći.[3] Wěrje wosta Jan Buk čas žiwjenja swěrny, swój nabožny a serbski pochad ženje njezapřěješe. Jeho mać chodźeše serbska, kaž bě tehdy w serbskich katolskich wsach a wosadach z wašnjom. (wobr. 1) Ewangelskich ludźi abo Němcow bydleše we wsy jenož horstka.[4]

Po wšěm zdaću je z pisanymi barbami wumolowana barokna cyrkej Jana Buka hižo w dźěćatstwje fascinowała a jeho fantaziju pozbudźowała. Wo nowe

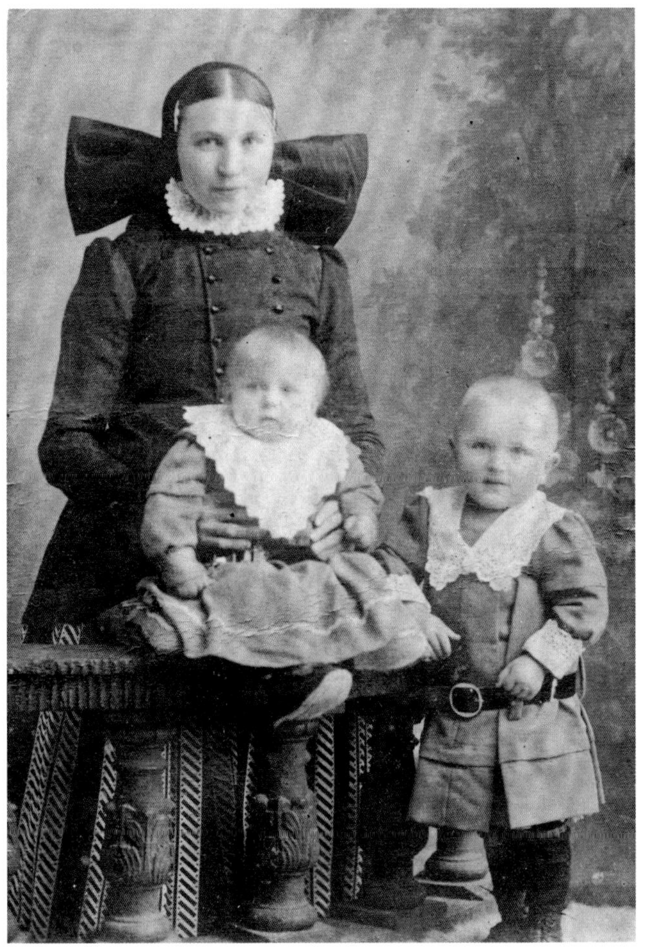

Abb. 1 Mutter Anna Buck, geborene Woch, mit den beiden Kindern Georg und Agnes, vermutlich 1917

wobr. 1 Mać Hana Bukowa, rodźena Wochec, ze swojimaj dźěsćomaj Jurjom a Hańžu, drje 1917

wobr. 1 Maś Anna Bukowa, rożona Wochojc, z góleśoma Juro a Hańžu, zazdaśim w lěśe 1917

il. 1 Matka Anna Buck, z domu Woch, z dwójką dzieci, Georgiem i Agnes, prawdopodobnie w 1917 r.

Kindheit und Jugend

Johann Michael Buck wurde am 2. August 1922 in Nebelschütz als jüngstes von drei Kindern des Arbeiters Johann Buck und dessen Ehefrau Anna geboren. Sein Vater, Jahrgang 1891, war zu jener Zeit in der nahe gelegenen Tonberger Ziegelei tätig, bevor er ab 1939 als Färber in einer Tuchfabrik in Bernbruch bei Kamenz arbeitete.[1] Ursprünglich stammte er aus Merka bei Radibor. Später erwarb seine Familie eine kleine Wirtschaft in Miltitz. Jan Bucks Mutter Anna, geborene Woch, kam 1892 in Nebelschütz zur Welt. Das kleine Fachwerkhaus unterhalb der Nebelschützer Pfarrkirche, in dem Jan Buck das Licht der Welt erblickte, war ihr Elternhaus. Ihr Vater Michael Woch wirkte lange Jahre als Kantor der Nebelschützer Pfarrgemeinde und der Osterreiterprozession.

Bucks Geschwister, sein Bruder Georg und seine Schwester Agnes, wurden 1914 beziehungsweise 1916 geboren. Der soziale Status der Familie entsprach dem Bild einer sorbischen Arbeiterfamilie innerhalb des kleinbäuerlichen dörflichen Milieus im sorbisch-katholischen Siedlungsgebiet. Der ab 1918 an der Nebelschützer Pfarrkirche tätige sorbische Pfarrer Michael Mitsch (Michał Mič)[2] taufte den Jungen am 6. August 1922 in römisch-katholischem Glauben.[3] Diesem blieb Jan Buck zeitlebens treu und verleugnete nie seine religiöse oder nationale Herkunft. Seine Mutter trug, wie die meisten Frauen des Dorfes und der umliegenden Pfarrgemeinden, täglich die Tracht der katholischen Sorbinnen. (Abb. 1) Evangelische und deutschsprachige Bewohner gab es nur wenige.[4]

Bereits in Kindheitstagen scheint die farbenfrohe Ausmalung im Inneren der barocken Kirche Jan Buck fasziniert und seine Fantasie beflügelt zu haben, deren Neugestaltung unter Pfarrer Gustav Kubasch (Gustaw Kubaš) 1907 in Auftrag gegeben worden war.[5] Immer wieder betonte Buck, dass Farbe und Malerei bereits sehr früh eine starke Anziehungskraft auf ihn ausgeübt hätten. Zu Ostern 1929 trat Jan Buck in die nahe dem Elternhaus gelegene Volksschule in Nebelschütz ein (Abb. 2), die er am 12. März 1937 nach achtjähriger Schulpflicht wieder verließ. Seine schulischen Leistungen waren gut, wobei durch den Schulleiter insbesondere sein offener, freundlicher Charakter und seine sportliche Begabung hervorgehoben wurden.[6] Am 1. April 1937 nahm Jan Buck eine Lehre als Dekorationsmaler bei Malermeister Paul Petraschke in Kamenz

wuhotowanje cyrkwje bě so farar Gustaw Kubaš 1907 postarał.[5] Pozdźišo Buk wospjet rjekny, zo su barby a molerstwo jeho hižo jara zahe wabili. Jutry 1929 Jan Buk do ludoweje šule w Njebjelčicach zastupi, kotraž blisko ródneho domu stoješe. (wobr. 2) Po wosom lětach šulskeje winowatosće wón 12. měrca 1937 šulu zakónči. Běše dobry šuler, a šulski nawoda wuzběhny wosebje jeho wotewrjenu, přećelnu powahu a jeho sportowskosć.[6] 1. apryla 1937 započa Jan Buk pola molerskeho mištra Paula Petraschke w Kamjencu wukubłanje na dekoraciskeho molerja. Po tym, zo bu mišter w septembru 1939 do wehrmachty zwołany, wuknješe pola molerskeho mištra Bruna Ballacka dale. Tež bratr Jurij bě hižo na molerja wuknył. Rjemjeslniske pruwowanje złoži Jan Buk spočatk měrca 1940 a z tym 15. měrca 1940 swoje wukubłanje wuspěšnje zakónči. Jako Druha swětowa wójna wudyri, bě Jan Buk runje hakle 17 lět stary. Jenož skrótka móžešе w swojim powołanju dźěłać, doniž jeho hrózba wójny ze wšej mocu njetrjechi – runja mnohim jeho rowjenkam. W februaru 1941 jeho do dźěłoweje słužby zwołachu. Bě zamołwity za zastaranje a za twar pućow zady fronty. Tak dósta so hač do juha Ukrainy. Tam so jemu wobrazy smjerće a zapusćenja hłuboko do

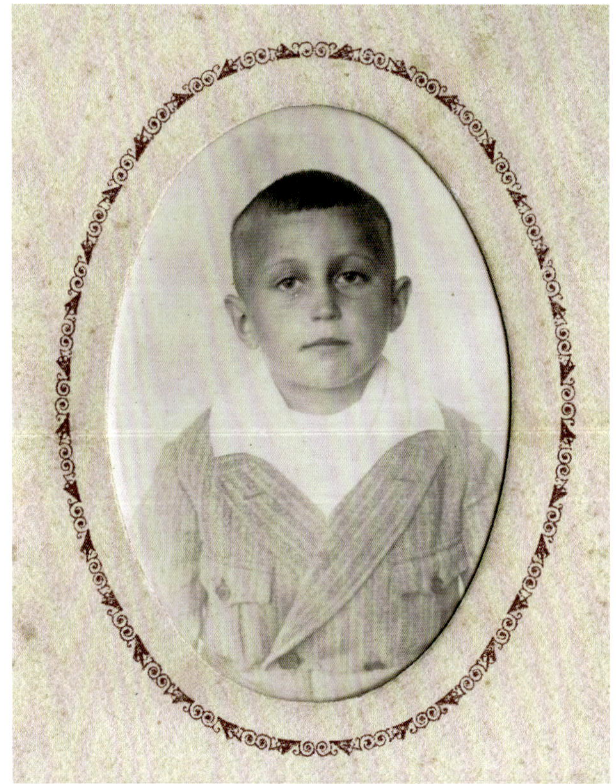

Abb. 2 Jan Buck im Alter von sieben Jahren, 1929

wobr. 2 Jan Buk sydomlětny, 1929

wobr. 2 Sedymlětny Jan Buk, 1929

il. 2 Jan Buck w wieku siedmiu lat, 1929 r.

auf, die er nach dessen Einberufung zur Wehrmacht im September 1939 bei Malermeister Bruno Ballack fortsetzte. Bereits sein Bruder Georg hatte den Beruf des Dekorationsmalers erlernt. Seine Gesellenprüfung legte er Anfang März 1940 ab und beendete damit am 15. März 1940 erfolgreich seine Malerausbildung. Als der Zweite Weltkrieg ausbrach, war Jan Buck gerade 17 Jahre alt. Nur kurze Zeit konnte er als Dekorationsmaler arbeiten, bevor auch ihn, wie Millionen seiner Zeitgenossen, die Grausamkeit dieses Krieges mit aller Wucht traf. Im Februar 1941 wurde er zum Arbeitsdienst eingezogen. Verantwortlich für Versorgung und Wegebau im Hinterland der Front, verschlug es ihn bis in den Süden der Ukraine. Tief gruben sich ihm dabei die Bilder von Tod und Verwüstung ein. Obwohl er den Krieg zutiefst verabscheute, blieb ihm keine andere Wahl, als dem Einberufungsbefehl zur Deutschen Kriegsmarine, der ihn zu Maria Lichtmess 1942 erreichte, zu folgen. Kriegsverweigerer wurden mit dem sofortigen Tod durch Erschießen bestraft. Die kommenden Jahre führten Jan Buck kreuz und quer durch das kriegsgeschundene Europa: von Skandinavien in das Baltikum, von Südtirol nach Ostpreußen, von der Adria bis an die Memel.[7] Das Kriegsende erlebte Jan Buck in Flensburg, seinem Heimathafen, wo er am 30. September 1945 aus der britischen Kriegsgefangenschaft entlassen wurde. Danach arbeitete er bei einem Bauern in Schleswig-Holstein für Unterkunft und Lebensmittel. Im Spätherbst 1945 kehrte er unversehrt aus dem Krieg zurück nach Nebelschütz. »Die Erinnerungen bewegen mich tief [...] Gott sei Dank brauchte ich keine Waffen einzusetzen und ich besaß auch keine. Ich kann dem Herrgott nicht genug dankbar sein, dass er mich in dieser Zeit begleitet und behütet hat. Am Eingang der Nebelschützer Friedhofskapelle ist eine Tafel zur Erinnerung an die im Zweiten Weltkrieg Gefallenen angebracht. Von meinen Mitschülern und Freunden bin ich einer der wenigen, die den grausamen Krieg überlebt haben.«[8]

In den ersten beiden Nachkriegsjahren ging Jan Buck seinem erlernten Beruf als Dekorationsmaler nach. Nebenher bereitete er sich auf seine Meisterprüfung zum Malermeister vor.[9] In der freien Zeit widmete er sich dem künstlerischen Zeichnen und Malen, wovon vor allem Zeichnungen und Aquarelle erhalten geblieben sind. Meist sind es Pflanzenstudien und Motive nahe gelegener Landschaften und Dörfer.

pomjatka zarychu. Byrnjež wójnu z hłubokeje duše hidźił, jemu ničo njezwosta, hač so podwolić přikazej, z kotrymž jeho Swěčk Marje 1942 do Němskeje wójnskeje mariny zwołachu. By-li wójnsku słužbu zapowědźił, bychu jeho hnydom zatřělili. Slědowace lěta ćěrjachu Jana Buka prěki a podłu po Europje, kotraž bě wot wójny domapytana: ze Skandinawiskeje do Baltikuma, z Južneho Tirola do Wuchodneje Pruskeje, wot Jadrana hač nad rěku Memel.[7] Kónc wójny doživi Jan Buk w Flensburgu, hdźež bě přistaw jeho jednotki. Tam jeho 30. septembra 1945 z britiskeje wójnskeje jatby pušćichu. Po tym za nócłěh a jědź pola bura w Schleswigsko-Holsteinskej dźěłaše. Pózdnju nazymu 1945 so do Njebjelčic strowy nawróći.

»Dopomnjenki mje hłuboko jimaja [...] Bohudźak njejsym brónje zasadźić trjebał, bróń ani njeměјach. Njemóžu so Bohu dodźakować za jeho přewod a škit w tutym času. Při zachodźe do Njebjelčanskeje ćěłownje je tafla, kiž dopomina na padnjenych w Druhej swětowej wójnje. Sym jedyn wot mało z nas, šulskich towaršow a přećelow, kotřiž su hrózbnu wójnu přežiwili.«[8]

Prěnjej dwě lěće po wójnje dźěłaše Jan Buk w powołanju, kotrež bě nawuknył. Připódla so na pruwowanje molerskeho mištra přihotowaše.[9] We wólnym času so z wuměłskim rysowanjom a molowanjom zaběraše; zachowali su so z tutoho časa předewšěm rysowanki a akwarele. Zwjetša su to studije wo rostlinach a motiwy z bliskich krajin a wsow.

Studijne lěta we Wróclawju a Drježdźanach

Běše zbožowny připad, zo hospoza tehdyšeho fararja Jurja Handrika, Cecilija Nawkec, k fararjowym połstaćinam w měrcu 1947 pola wobdarjeneho młodeho muža w susodstwje wobraz skaza. Wolijomólbu, zwobraznjowacu kropačk, tež gratulantomaj Janej Cyžej a Pawołej Nedźe pokazachu. Wonaj běštaj wažnej wosobinje při noworjadowanju serbskeho žiwjenja w powójnskim času. Spóznaštaj Bukowy talent a poskićištaj jemu městno wolontara w grafiskim wotrjedźe Domowiny – Zwjazka Łužiskich Serbow.[10] Jan Buk je hišće w měrcu nastupi a tam hač do oktobra 1947 wosta. W meji 1947 bě Hanka Krawcec, prěnja profesionalna serbska grafikarka, z wotrjada wotešła, zo by swojeho choreho nana, komponista a hudźbneho wědomostnika Bjarnata Krawca, we Warnoćicach hladała.[11] Z Hanku Krawcec haješe Jan Buk čas žiwjenja wuski zwisk.

Studienjahre in Wrocław und Dresden

Eine glückliche Fügung des Schicksals wollte es, dass die Haushälterin des damaligen Nebelschützer Pfarrers Georg Handrick (Jurij Handrik), Cäcilia Nauke (Cecilia Nawkec), anlässlich dessen 50. Geburtstages im März 1947 ein Bild bei dem talentierten jungen Mann aus der Nachbarschaft in Auftrag gab. Das kleine Ölbild, das eine Primel zeigt, wurde auch den Geburtstagsgästen Johann Ziesche (Jan Cyž) und Paul Nedo (Pawoł Nedo) vorgestellt, die in der Neuordnung des sorbischen Lebens nach Kriegsende eine wichtige Rolle spielten. Beide erkannten das Talent Bucks und boten ihm eine Stelle als Volontär in der grafischen Abteilung der Domowina, des Bundes Lausitzer Sorben in Bautzen, an.[10] Diese trat Jan Buck noch im März an und blieb bis Oktober 1947. Im Mai 1947 verließ Hannah Schneider (Hanka Krawcec), die erste professionelle sorbische Grafikerin, die Abteilung, in der sie seit Januar 1946 gearbeitet hatte, um in Varnsdorf (Warnsdorf) ihren kranken Vater, den Komponisten und Musikwissenschaftler Bernhard Schneider (Bjarnat Krawc), zu pflegen.[11] Zu Hannah Schneider hielt Jan Buck zeit seines Lebens engen Kontakt. Die Aufgabe, die Jan Buck übertragen wurde, bestand hauptsächlich darin, Plakate und Werbemittel für sorbische Veranstaltungen zu entwerfen. Hinter dieser Art Förderung seitens der Domowina standen die Bestrebungen, sorbische Jugendliche mithilfe eines akademischen Studiums zur künftigen Intelligenz zu formen, und zwar in einem breiten Berufsspektrum. Das galt ebenso für den Bereich der Künste. Dafür bemühte man sich sowohl auf staatlicher als auch privater Ebene, im benachbarten slawischen Ausland Studienplätze an Universitäten und Hochschulen zu schaffen und Stipendien zu sichern.[12] Neben der fachlichen Ausbildung lag das Augenmerk der Funktionäre der Domowina und anderer proslawischer Vereinigungen, die das Vorhaben unterstützten, auf der Ausprägung und Stärkung eines sorbischen Nationalbewusstseins, das unter dem Einfluss eines slawischen Umfeldes geformt werden sollte. So wurden sorbische Jugendliche in die Tschechoslowakei – nach Prag wurde die größte Gruppe entsendet –, nach Polen und nach Jugoslawien delegiert.[13] An der Kunstakademie in Gdańsk-Oliwa (Danzig-Oliva) waren zunächst zwei Plätze vorgesehen, die Jan Buck und Nikolaus Schuster (Mikławš Šewc) einnehmen sollten,[14] wozu es aber nicht kam. Bucks Wunsch, nach Kraków (Krakau) zu gehen, konnte aufgrund der wenigen dort verfügbaren Studienplätze nicht verwirklicht werden.[15] Tatsächlich wurde er am 10. Oktober 1947 als außerordentlicher Schüler am Staatlichen Gymnasium für Bildende Künste

Bukowy nadawk předewšěm běše, plakaty a wabjenske srědki za serbske zarjadowanja naćisnyć. Pozadk tajkeho spěchowanja ze stron Domowiny bě, serbskich młodostnych po puću akademiskeho studija do přichodneje inteligency sformować, a to w šěrokim spektrumje powołanjow. To płaćeše tež za wobłuk wuměłstwa. Z tutym zaměrom so Domowina na statnej runinje kaž tež priwatnicy prócowachu, w susodnym słowjanskim wukraju studijne městna na uniwersitach a wysokich šulach stworić a stipendije wobstarać.[12] Nimo fachoweho wukubłanja funkcionaram Domowiny a dalšich prosłowjanskich zjednoćenstwow, kotrež předewzaće podpěrowachu, tež wo to dźěše, zo młodźi ludźo pod wliwom słowjanskeje wokoliny serbske narodne wědomje wuwiwaja a skruća. Tak delegowachu serbskich młodostnych do Čěskeje – najwjetša skupina bě w Praze –, do Pólskeje a Juhosłowjanskeje.[13] Na akademiji wuměłstwa w Gdańsku-Oliwje běštej najprjedy dwě městnje předwidźanej. Jan Buk a Mikławš Šewc měještaj so tam podać,[14] k tomu pak njedóńdźe. Buk chcyše poprawom do Krakowa hić, ale tam njebě dosć studijnych městnow.[15] Skónčnje jeho 10. oktobra 1947 jako wosebiteho šulerja na Statnym gymnaziju tworjaceho wuměłstwa (Państwowy Liceum Sztuk Plastycznych) we Wrócławju přiwzachu, kotryž wón w aprylu 1949 z maturu wuspěšnje wotzamkny. Jeho wukubłanje na specialnym gymnaziju z wuměłskim profilom bě Ministerstwo kultury a wuměłstwa Ludoweje Pólskeje wosebje wukazało.[16]

Zo běše wučba w pólšćinje za Buka najprjedy wobćežna, pokazuja jeho kónčlětne znamki w přirodo- a duchownowědnych předmjetach; wuběrne pak su jeho wukony na wuměłskim polu.[17] Tehdyši direktor a zdobom załožićel gymnazija bě moler Stanisław Kopystyński, absolwent Krakowskeje akademije rjaneho wuměłstwa, kotryž so předewšěm molerstwu a akwarelej wěnowaše. Wón bě Jana Bukowy přeni wažny wučer. Kopystyński swojim šulerjam tež wuměłstwo Jana Matejka a Piotra Michałowskeho spřistupni, identitu spožčaceju ikonow pólskeho narodneho wuměłstwa. Nětko nastawaše wjele akwarelow a pjerokrjesbow, kotrež z wólnym, ale koncentrowanym wodźenjom linijow na wuwiwacy so wuměłski rukopis Jana Buka pokazuja. (wobr. 3, 4) Spočatk julija 1949 požada so Jan Buk w Ministerstwje kultury a wuměłstwa we Waršawje wo imatrikulaciju na Statnej wysokej šuli tworjaceho wuměłstwa (Państwowa Wyższa Szkoła Sztuk Plastycznych) we Wrócławju, dyrbješe pak so hišće raz znowa požadać, dokelž so na přijimanskim pruwowanju wobdźělić njemóžeše.[18] Jeho požadanje Domowina a Słowjanski komitej (Komitet Słowianski) podpěrowaštej, wothłosowawši so z Ministerstwom kultury a wuměłstwa Ludoweje republiki Pólskeje,

Abb. 3 ***Barockaltar in der Universitätskirche Wrocław***
1949, Feder und Pinsel auf Papier, 63,5 × 45,4 cm
Privatbesitz

wobr. 3 ***Barokny wołtar uniwersitneje cyrkwje we Wrócławju***
1949, pjero a seršćowc na papjerje, 63,5 × 45,4 cm
priwatne wobsydstwo

wobr. 3 ***Barokowy hołtaŕ w Uniwersitnej cerkwi we Wrocławje***
1949, pjero a šćotka na papjerje, 63,5 × 45,4 cm
priwatne wobsejźeństwo

il. 3 ***Ołtarz barokowy w Kościele Uniwersyteckim we Wrocławiu***
1949 r., piórko i pędzel na papierze, 63,5 × 45,4 cm
własność prywatna

(Państwowe Liceum Sztuk Plastycznych) in Wrocław (Breslau) aufgenommen, das er erfolgreich im April 1949 mit dem Abitur abschloss. Seine Ausbildung am Spezialgymnasium mit künstlerischem Profil erfolgte auf besondere Anordnung des Ministeriums für Kultur und Kunst Volkspolens.[16] Dass ihm der Unterricht in polnischer Sprache zunächst Schwierigkeiten bereitete, spiegeln seine Jahresnoten in den natur- und geisteswissenschaftlichen Fächern wider, hervorragend sind hingegen seine Leistungen auf künstlerischem Gebiet.[17] Der damalige Direktor und zudem Begründer des Gymnasiums war der Maler Stanisław Kopystyński, ein Absolvent der Krakauer Akademie der schönen Künste, der sich vor allem der Malerei und dem Aquarell widmete. Er wurde zum ersten wichtigen Lehrer für Jan Buck. Kopystyński führte seine Schüler auch an die Kunst eines Jan Matejko und Piotr Michałowski heran, beide identitätsstiftende Ikonen der polnischen Nationalkunst. Nun entstanden zahlreiche Aquarelle und Federzeichnungen, die mit einer freien, aber konzentrierten Linienführung auf eine sich entwickelnde künstlerische Handschrift Bucks hindeuten. (Abb. 3, Abb. 4) Anfang Juli 1949 stellte Jan Buck an das Ministerium für Kultur und Kunst in Warschau einen Antrag auf Immatrikulation an der Staatlichen Hochschule für Bildende Künste (Państwowa Wyższa Szkoła Sztuk Plastycznych) in Wrocław, den er wiederholt einreichen musste, da er nicht an den Aufnahmeprüfungen teilnehmen konnte.[18] Seine Bewerbung unterstützten die Domowina und das Slawische Komitee (Komitet Słowiański) in Abstimmung mit dem Ministerium für Kultur und Kunst Volkspolens und sicherten ihm gleichzeitig ein monatliches Stipendium in Höhe von 7 000 Złoty zu.[19] Ab 30. November 1949 war er regulär an der Hochschule unter der Matrikelnummer 256 als Student eingeschrieben und erhielt eine breit gefächerte Ausbildung, unter anderem in den Fächern Zeichnung, Malerei, Bildhauerei, Komposition, Typografie, Anatomie, aber auch in Kunstgeschichte und Länderkunde.[20] Zu seinen wichtigsten Lehrern dort zählten Künstlerinnen und Künstler aus dem engeren Umkreis des ersten Rektors der Einrichtung, Eugeniusz Geppert, wie Hanna Krzetuska-Geppert, Emil Krcha, Halina Jastrzębowska und Antoni

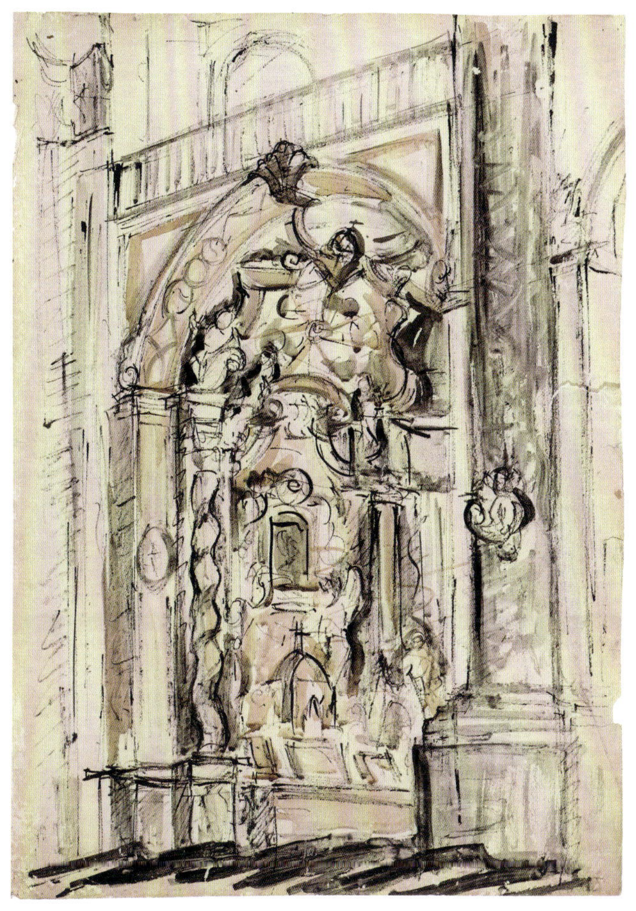

a přilubištej jemu 7.000 złotych jako měsačny stipendij.[19] Wot 30. nowembra 1949 bě wón na tutej wysokej šuli pod čisłom 256 jako regularny student zapisany a dósta šěroke wukubłanje mjez druhim w předmjetach rysowanje, molerstwo, rězbarstwo, kompozicija, typografija, anatomija, ale też w stawiznach wuměłstwa a krajowědźe.[20] Do jeho najwažnišich wučerjow słušachu tam wuměłcy wokoło prěnjeho rektora kubłanišća Eugeniusza Gepperta, kaž Hanna Krzetuska-Geppert, Emil Krcha, Halina Jastrzębowska a Antoni Mehl. Wosebje Emil Krcha, po wuměłskim stilu postimpresionist, kotryž Jana Buka w molerstwje a rysowanju wuwučowaše, jeho wočiwidnje wowliwowaše. Tež w tutym času nastawachu přewažnje akwarele, při čimž jeho rozbity Wrócław ze swojimi bicarnymi strukturami a skrjeslenje skutkowacymi perspektiwami k mnohim rysowankam z pjerom

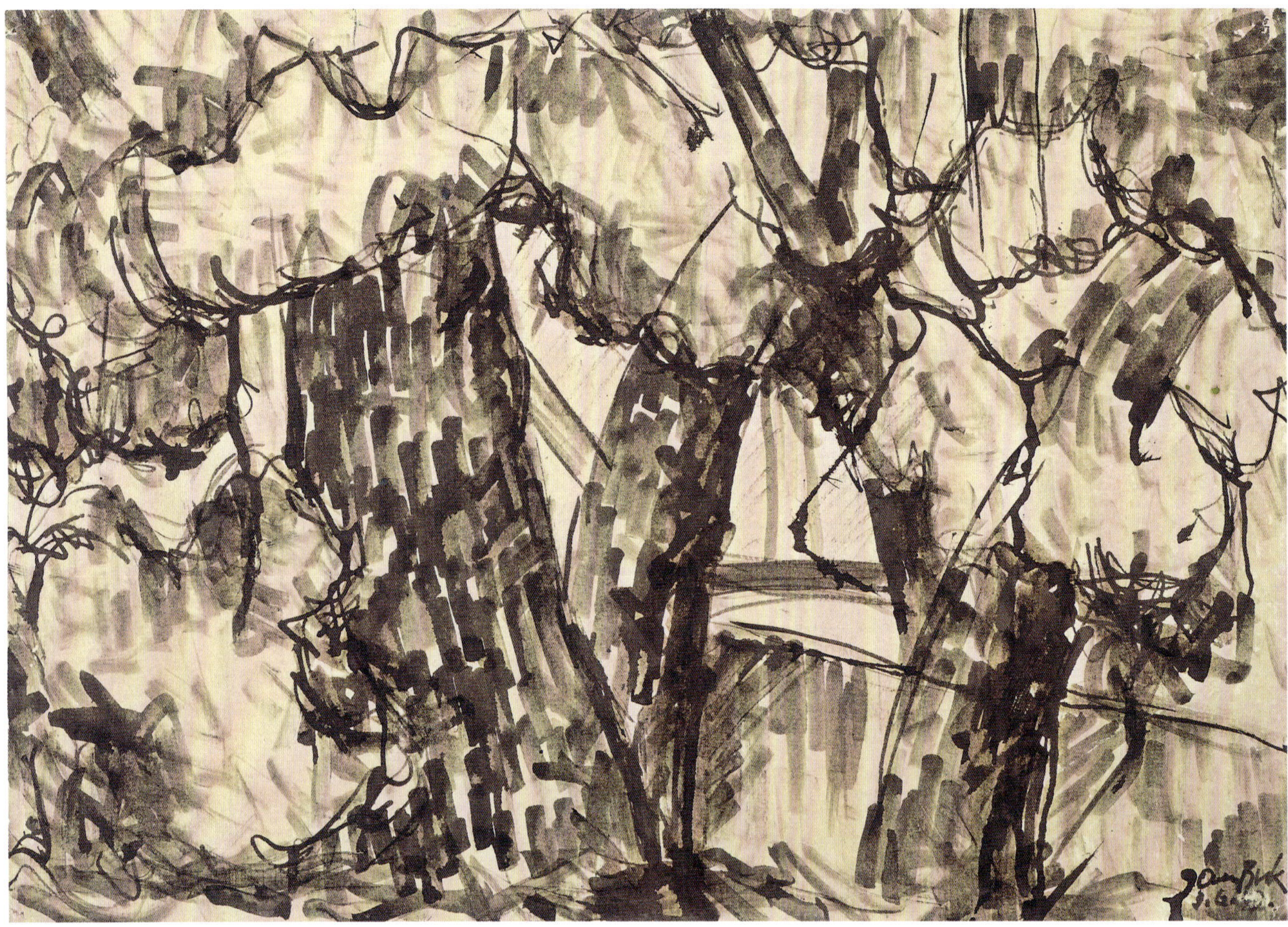

Mehl. Vor allem Emil Krcha, von seinem künstlerischen Stil dem Postimpressionismus verpflichtet, der Jan Buck in Malerei und Zeichnung unterrichtete, beeinflusste ihn sichtlich. Auch in dieser Zeit entstanden vorwiegend Aquarelle, wobei ihn die zerbombte Stadt mit ihren bizarren Strukturen und verzerrt wirkenden Perspektiven zu zahlreichen Feder- und Tuschzeichnungen anregte. Durch Krcha, einen hervorragenden Kenner der französischen Malerei vom ausgehenden 19. bis in die erste Hälfte des 20. Jahrhunderts, erhielt der junge Sorbe Zugang zur Malerei der Klassischen Moderne und deren philosophischem und ästhetischem Gedankengut sowie zum polnischen Kolorismus der Zwischenkriegszeit um Jan Cybis. Hier öffneten die Professoren dem jungen Kunststudenten eine neue Welt und ermutigten ihn zu stilistischen Experimenten

a tušu animěrowaše. Krcha, wuběrny znajer francoskeho molerstwa doby kónc 19. lětstotka hač do prěnjeje połojcy 20. lětstotka, spřistupni młodemu Serbej molerstwo Klasiskeje moderny a jeje filozofiske a estetiske ideje kaž tež pólski kolorizm wokoło Jana Cybisa z časa mjez wójnomaj. Tu wotewrěchu profesorojo młodemu studentej wuměłstwa nowy swět a jeho do stilistiskeho eksperimentowanja a dódnjenja molerskich dimensijow pozbudźowachu. Zetkanje z twórbami sławnych Francozow, předewšěm Henryja Matissea a Paula Cézannea, kaž tež Polaka Jana Cybisa na Buka na přeco skutkowaše. Nastachu přećelstwa z pólskimi komilitonami, kiž čas žiwjenja wobstachu a zhromadne płody njesechu. Jan Buk bě tež z čłonom skupiny serbskich studentow Lusatia, kotraž so z dźesać dalšich we Wrócławju studowacych Serbow

Abb. 4 ***Bäume im Schatten, Wrocław***
1949, Feder und Pinsel auf Papier, 33,0 × 47,6 cm
Privatbesitz

wobr. 4 ***Štomy w chłódku, Wrócław***
1949, pjero a seršćowc na papjerje, 33,0 × 47,6 cm
priwatne wobsydstwo

wobr. 4 ***Bomy we sni, Wrocław***
1949, pjero a šćotka na papjerje, 33,0 × 47,6 cm
priwatne wobsejźeństwo

il. 4 ***Drzewa w cieniu, Wrocław***
1949 r., piórko i pędzel na papierze, 33,0 × 47,6 cm
własność prywatna

und zum Ausloten malerischer Dimensionen. Die Begegnung mit den Werken der großen Franzosen, insbesondere von Henry Matisse und Paul Cézanne, aber auch des Polen Jan Cybis wirkte anhaltend auf Jan Buck. Zudem entstanden Freundschaften zu polnischen Mitstudenten, die zeitlebens bestehen bleiben sollten und später gemeinsame künstlerische Früchte trugen. Jan Buck war zudem Mitglied der sorbischen Studentengruppe Lusatia, die sich vor Ort aus zehn weiteren dort studierenden Sorben konstituiert hatte. (Abb.5) Unter ihnen waren auch der spätere Literaturwissenschaftler Georg Möller (Jurij Młynk), der Musikpädagoge Achim Brankatschk (Achim Brankačk) und der Chemiker Reinhard Kuschk (Reinhard Kušk). Jan Bucks emotionale Verbundenheit mit Polen, dem Land, in dem er seine erste künstlerische Prägung erfuhr, hielt ein Leben lang an. »Mir erschloss sich in Wrocław zumindest eine völlig neue Welt. Ich wollte gern in Polen bleiben und mich zum weiteren Studium nach Krakau begeben, was mir aber leider seitens der damaligen Funktionäre der Domowina nicht erlaubt wurde.«[21] Seine Liebe zu Polen zeigte sich neben den bleibenden Künstlerfreundschaften in zahlreichen Studienaufenthalten und dortigen Ausstellungsreihen.

Aus einem Schreiben des Sorbischen Volksbildungsamtes, Abteilung Wissenschaft und Hochschulen, vom August 1950 an die Hochschule für Bildende Künste in Dresden geht hervor, dass Jan Buck einen Antrag auf Umschreibung von der Kunsthochschule Wrocław an die Dresdener Hochschule stellte.[22] Jan Buck wurde zum 4. Oktober 1950 an der Hochschule für Bildende Künste immatrikuliert und führte sein Studium nun maßgebend bei den Professoren Rudolf Bergander und Fritz Dähn im Fachbereich Malerei fort. Auch in Dresden erhielt Jan Buck aufgrund seiner Herkunft Unterstützung seitens des Sorbischen Volksbildungsamtes bei der Erlangung eines monatlichen Stipendiums, das ihm in Höhe von 130 DM, später von 180 DM gewährt wurde.[23] Während seines Studiums bezog Jan Buck ein möbliertes Zimmer in Dresden-Hellerau, Grüne Telle 3, wo er für 25 DM zur Untermiete lebte. An der Hochschule lehrten zu jener Zeit Künstler, die in der Tradition des deutschen Expressionismus standen und deren Werke durch die Nationalsozialisten zur »entarteten Kunst« deklariert worden waren, wie beispielsweise Hans Grundig und Wilhelm Lachnit. Zunächst ging es darum, das Erbe der abstrakten Moderne in der Nachkriegszeit zu etablieren.[24] Zu Beginn der 1950er Jahre setzte sich jedoch die Doktrin des Sozialistischen Realismus in Übereinstimmung mit der sowjetischen Kultur- und Kunsttheorie mehr und mehr durch. Der Arbeiter- und

skonstituowa. (wobr. 5) Mjez nimi běchu pozdźiši literarnowědnik Jurij Młynk, hudźbny pedagog Achim Brankačk a chemikar Reinhard Kušk. Bukowa zwjazanosć z Pólskej, z krajom, w kotrymž dósta swoje prěnje formowanje jako wuměłc, je čas jeho žiwjenja wostała. »Mi so we Wrocławju znajmjeńša cyle nowy swět wotkry. Chcych w Pólskej rady wostać a so do Krakowa na dalše studije podać, štož pak so mi bohužel ze stron našich tehdyšich Domowinskich funkcionarow njedowoli.«[21]

Jeho lubosć k Pólskej jewješe so nimo w trajnych přećelstwach z wuměłcami w mnohich studijnych přebytkach a wustajeńcach w Pólskej. Z lista Serbskeho zarjada, wotrjada wěda a wysoke šulstwo, w awgusće 1950 Wysokej šuli tworjaceho wuměłstwa w Drježdźanach wuchadźa, zo bě Jan Buk wo přepisanje z Wróctawskeje wysokeje šule wuměłstwa na Drježdźanske kubłanišćo prosył.[22] 4. oktobra 1950 bu Jan Buk tam na Wysokej šuli tworjaceho wuměłstwa imatrikulowany; swój studij pokročowaše nětko předewšěm pola profesorow Rudolfa Bergandera a Fritza Dähna w fachowym wobłuku molerstwo. Tež w Drježdźanach dósta Jan Buk dźakowano swojemu pochadej podpěru ze stron Serbskeho zarjada nastupajo měsačny stipendij, kotryž bu jemu we wysokosći 130 hriwnow, pozdźišo 180 hriwnow schwaleny.[23] Za čas studija bydleše Jan Buk w meblěrowanej stwě w Drježdźanach-Hellerauwje, na dróze Grüne Telle 3, za 25 hriwnow měsačneje podruže. Na wysokej šuli wučachu tehdy wuměłcy, kotrež stejachu w tradiciji němskeho ekspresionizma a kotrychž twórby běchu nacionalsocialisća jako »entartet« deklarowali, kaž na přikład Hans Grundig a Wilhelm Lachnit. Najprjedy dźěše wo to, herbstwo abstraktneje moderny w dobje po wójnje etablěrować.[24] Spočatk 1950tych lět pak so přiběrajcy doktrina socialistiskeho realizma w přezjednosći ze sowjetskej kulturnej teoriju a teoriju wuměłstwa přesadźowaše. Stat dźěłaćerjow a ratarjow wuměłcam nětko spochi předpisowaše, što maja tworić a što nic.[25] Tež statne wukubłanje nětko spěšnje na nowu doktrinu přeńdźe. »Drježdźany su mje absolutnje porazyli. [...] Formaty wobrazow bywachu dale a wjetše, studij přirody porno tomu woteběraše«, Jan Buk tutón čas swojeho studija reflektowaše.[26]

To bě tež při wuběrje diplomowych temow w kónčnym lěće 1953 – tež Jana Bukoweje – wočiwidne. Title, kaž *Młodźina je za škit domizny přihotowana*, *Nan powěda wo dźěłaćerskim hibanju* abo *Młodźi pioněrojo přihotuja demonstraciju*, wotbłyšćuja, na čo so wučbny nadawk wusměrjowaše. W Bukowym lětniku studowachu mjez druhim Jutta Damme, Friedrich Kracht, Harald Metzkes, Helmut Hartung a Jürgen Böttcher (Strawalde).[27] Jan Buk je sej za diplomowe

Abb. 5 Mitglieder der akademischen Vereinigung der Lausitzer Sorben Lusatia, Januar 1950. Obere Reihe von links: Ota Jurak, Beno Buk, Kurt Sykora, Jan Buk, Jan Korjeńk, Alfred Měškank; untere Reihe von links: Achim Jurš, Sigmar Kowar, Marja Rječkec, Gerhard Albinus, Hinc Šewc

wobr. 5 Čłonojo akademiskeho zjednoćenstwa Łužiskich Serbow Lusatia, januar 1950. Horjeka wotlěwa: Ota Jurak, Beno Buk, Kurt Sykora, Jan Buk, Jan Korjeńk, Alfred Měškank; deleka wotlěwa: Achim Jurš, Sigmar Kowar, Marja Rječkec, Gerhard Albinus, Hinc Šewc

wobr. 5 Cłonki akademiskego zjadnośeństwa Łužyskich Serbow Lusatia, januar 1950. Górjejce wótlěwa: Ota Jurak, Beno Buk, Kurt Sykora, Jan Buk, Jan Korjeńk, Alfred Měškank; dołojce wótlěwa: Achim Jurš, Sigmar Kowar, Marja Rječkec, Gerhard Albinus, Hinc Šewc

il. 5 Członkowie Koła Naukowego Serbołużyczan Lusatia, styczeń 1950 r. W górnym rzędzie od lewej: Ota Jurak, Beno Buk, Kurt Sykora, Jan Buk, Jan Korjeńk, Alfred Měškank; dolny rząd od lewej: Achim Jurš, Sigmar Kowar, Marja Rječkec, Gerhard Albinus, Hinc Šewc

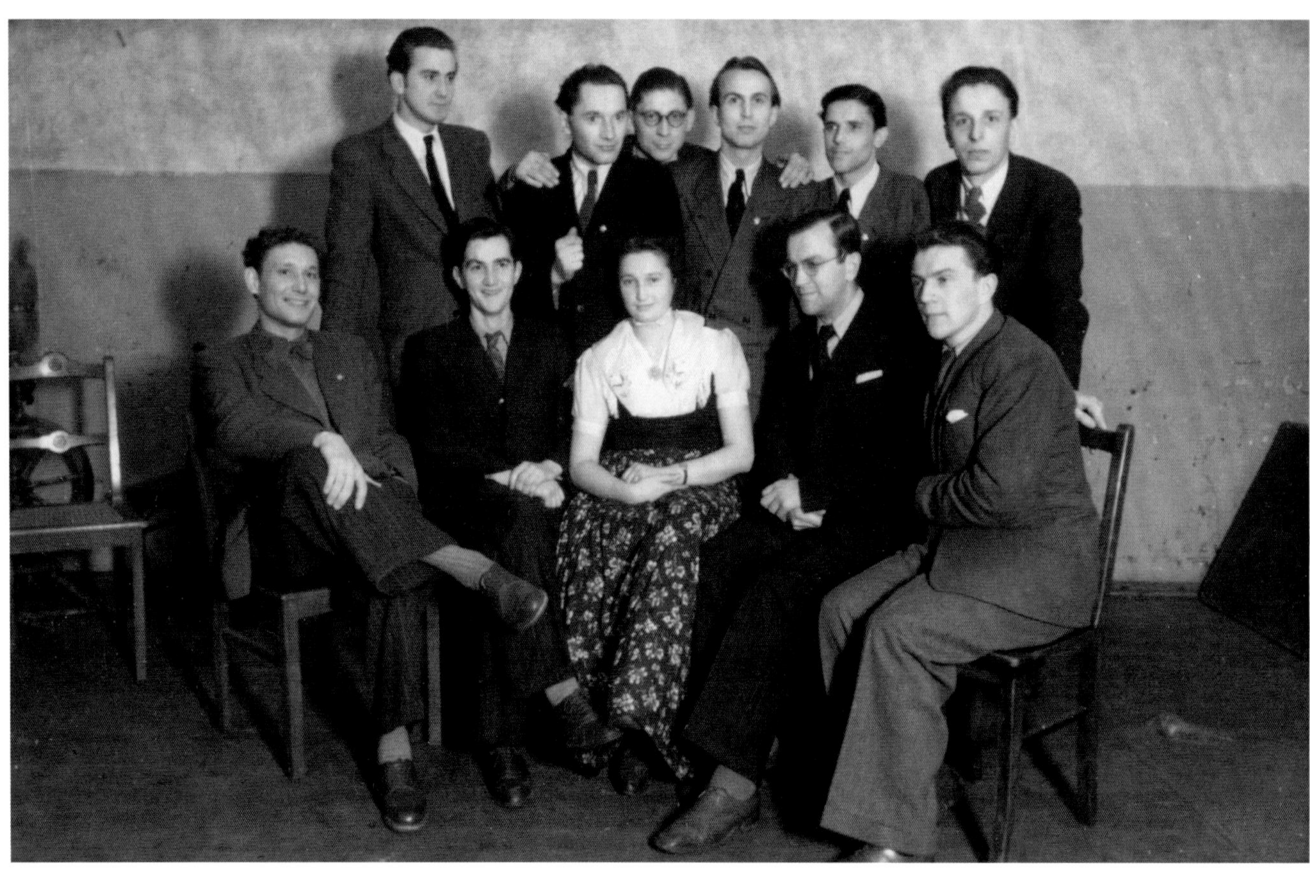

Bauernstaat schrieb den Künstlerinnen und Künstlern nun unaufhaltsam vor, wie sie zu arbeiten hatten und wie nicht.[25] Auch der staatliche Ausbildungsbetrieb wurde nun zügig auf die neue Kunstdoktrin umgestellt. »Dresden war für mich der absolute Tiefpunkt. [...] Die Formate der Bilder wurden immer größer, das Naturstudium immer weniger«, reflektierte Jan Buck seine dortige Studienzeit.[26] Das wird auch bei der Themenwahl für die Diplomarbeiten im Abschlussjahr 1953, das auch Jan Bucks war, sichtbar. Titel wie *Die Jugend ist bereit, ihre Heimat zu schützen, Der Vater erzählt aus der Arbeiterbewegung* oder *Junge Pioniere bei der Vorbereitung der Demonstration* widerspiegeln die Ausrichtung des Lehrauftrags. Zu seinen Mitstudierenden in seiner Jahrgangsklasse gehörten unter anderem Jutta Damme, Friedrich Kracht, Harald

dźěło motiw *Chemikarka* wuzwolił, wolijomólbu, a měješe tež skicy wo idejach, naćiski a studije wo detailach zapodać. Za to je z modelom dźěłał – młoda žona je do wysokeje šule k njemu přišła; utensilije labora je sej Buk w chemiskim zawodźe skicěrował.[28] Motiw, kotryž bě sej Buk wuzwolił, wotpowědowaše politiskim předstawam doby. Wšako znazornjowaše na jednej stronje politiku runoprawosće žony w NDR a na druhej stronje hospodarsko-wědomostnu wukonliwosć młodeho stata, w kotrymž bě chemiska industrija wažna hospodarska hałžka a wuraz postupa.[29] Samsnemu motiwej so dalši student jeho diplomoweho lětnika wěnowaše: Erwin Jamus.[30] Tež tema Bukoweho teoretiskeho diplomoweho dźěła *Znazornjowanje typiskosće – hłowny problem realistiskeho dźěła*[31] reflektuje kruty wukubłanski program wysokeje šule jako swěrneje

Metzkes, Helmut Hartung und Jürgen Böttcher (Strawalde).[27] Jan Buck wählte für seine Diplomarbeit das Motiv *Die Chemikerin*, ein Werk in Öl, wofür auch Ideenskizzen, Entwurfsarbeiten und Detailstudien vorzulegen waren. Dafür arbeitete er mit einem Modell, das in die Hochschule kam, und skizzierte Laborutensilien in einem Chemiebetrieb.[28] Das gewählte Motiv entsprach den politischen Zeichen der Zeit, versinnbildlichte es doch einerseits die Gleichstellungspolitik der Frau in der DDR und andererseits die ökonomisch-wissenschaftliche Leistungsfähigkeit des jungen Staates, in dem die Chemieindustrie ein wichtiger Wirtschaftszweig und Ausdruck von Fortschritt war.[29] Neben Jan Buck widmete sich ein weiterer Student seines Diplomjahrganges, Erwin Jarmus, diesem Motiv.[30] Auch das Thema seiner theoretischen Diplomarbeit, *Die Darstellung des Typischen – das Hauptproblem der realistischen Arbeit*,[31] reflektierte das feste Ausbildungsprogramm der Hochschule als getreue Kaderschmiede innerhalb einer parteipolitisch vorgegebenen Staatskunst. Sein Abschlussdiplom erhielt Jan Buck am 24. Juli 1953, gezeichnet von Rudolf Bergander, seinem Mentor und Fachprofessor.[32] (Abb. 6, Abb. 7)

Schwieriger Neubeginn in Bautzen

Ausgestattet mit dem Diplom der Hochschule für Bildende Künste wurde Jan Buck, inzwischen fast 31-jährig, als akademischer Maler in das Berufsleben entlassen. Zunächst kehrte er in seinen Heimatort Nebelschütz zurück, bevor es ihm gelang, eine Einzimmerwohnung in Bautzen zu erhalten.[33] Zuvor waren Jan Buck und Antonia Röschke (Antonija Rěškec) am 9. November 1954 durch Pfarrer Georg Handrick in der Nebelschützer Pfarrkirche getraut worden.[34] Seine Ehefrau arbeitete als Sekretärin beim Sorbischen Volksbildungsamt, später am Institut für sorbische Volksforschung in Bautzen. 1955 verbesserten sich ihre Wohnverhältnisse mit dem Bezug einer Dreiraumwohnung, wo Jan Buck nun auch die Möglichkeit zum Malen gegeben war.[35] Bereits 1953 war er dem 1948 gegründeten Arbeitskreis sorbischer bildender Künstler beigetreten. Dort wurde er zwar als sorbischer Nachwuchskünstler unterstützt, spürte gleichzeitig

kadrownje za stronskopolitisce předpodate statne wuměłstwo. Swój kónčny diplom dósta Jan Buk dnja 24. julija 1953 z podpismom Rudolfa Bergandera, jeho mentora a fachoweho profesora.[32] (wobr. 6, 7)

Ćežke lěta započatka w Budyšinje

Z diplomom Wysokeje šule tworjaceho wuměłstwa poda so Jan Buk, mjeztym nimale 31lětny, do powołanskeho žiwjenja. Najprjedy wróći so do Njebjelčic, doniž so jemu njeporadźi, w Budyšinje bydlenje z jednej stwu dóstać.[33] Do toho bě farar Jurij Handrik jeho a Antoniju Rěškec 9. nowembra1954 w Njebjelčanskej wosadnej cyrkwi zwěrował.[34] Jeho mandźelska dźěłaše w Budyšinje jako sekretarka w Serbskim zarjedźe, pozdźišo w Instituće za serbski ludospyt. 1955 so bydlenske wobstejnosće polěpšichu: Mandźelskaj dóstaštaj bydlenje z třomi stwami, hdźež móžeše Jan Buk nětko scyła hakle molować.[35] Hižo 1953 bě Kołu serbskich tworjacych wuměłcow přistupił, kotrež bu 1948 założene. Jako młodeho wuměłca drje jeho w kole podpěrowachu, zdobom pak začuwaše wón ćišć etablěrowanych elitow – w prěnim rjedźe rysowarja a molerja Měrćina Nowaka-Njechorńskeho, kotryž jako předsyda měnjenje w kole postajowaše. Dosć rigoroznje zwuraznjowaše swój wid na funkciju a nadawk serbskeho tworjaceho wuměłstwa, kiž wón hižo wot 1920tych lět programatisce zastupowaše. Po jeho předstawach měješe so serbske wuměłstwo wobsahowje a formalnje

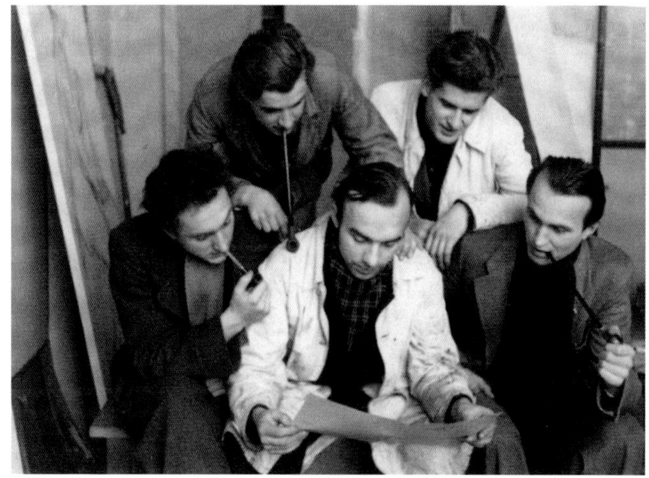

Abb. 6 Jan Buck (vorn rechts) mit seinen Komilitonen an der Hochschule für Bildende Künste in Dresden, zwischen 1950 und 1953

wobr. 6 Jan Buk (prědku naprawo) ze swojimi komilitonami na Wysokej šuli tworjaceho wuměłstwa w Drježdźanach, mjez 1950 a 1953

wobr. 6 Jan Buk (prězy napšawo) ze swójimi komilitonami na Wusokej šuli za twórjece wuměłstwa w Drježdźanach, mjazy 1950 a 1953

il. 6 Jan Buck (z przodu po prawej) z kolegami z Wyższej Szkoły Sztuk Plastycznych w Dreźnie, w latach 1950–1953

Abb. 7 *Selbstporträt*
1951, Bleistift auf Papier,
51,7 × 37,4 cm
Privatbesitz

wobr. 7 *Sebjeportret*
1951, wołojnik na papjerje,
51,7 × 37,4 cm
priwatne wobsydstwo

wobr. 7 *Sebjeportret*
1951, wołojnik na papjerje,
51,7 × 37,4 cm
priwatne wobsejźeństwo

il. 7 *Autoportret*
1951 r., ołówek na papierze,
51,7 × 37,4 cm,
własność prywatna

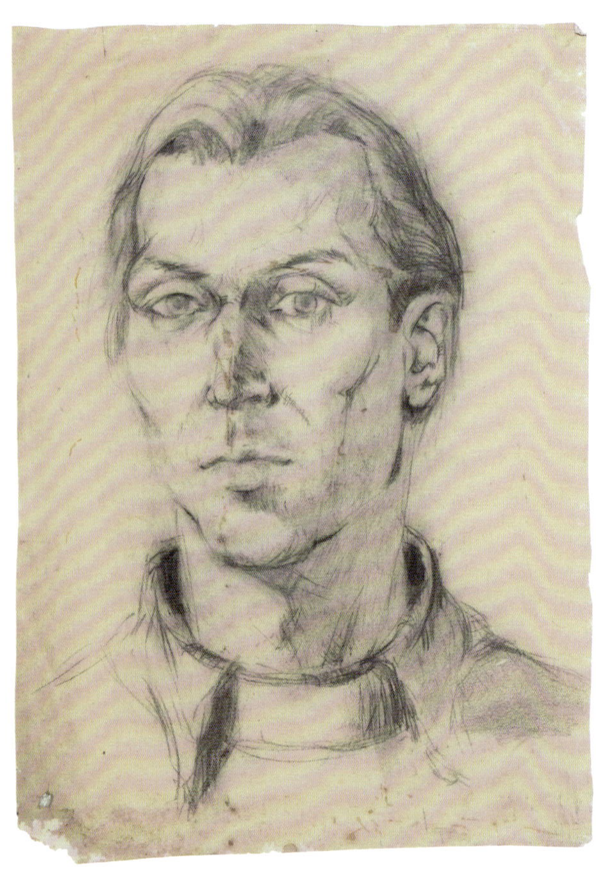

jedoch den Druck der etablierten Eliten, allen voran des Zeichners und Grafikers Martin Nowak-Neumann (Měrćin Nowak-Njechorński), der als Vorsitzender des Kreises zu den Meinungsmachern zählte. Dieser vermittelte recht rigoros seine Sicht auf die Funktion und den Auftrag der sorbischen bildenden Kunst, die er bereits seit den 1920er Jahren programmatisch vertrat. Nach seiner Vorstellung sollte die sorbische Kunst in Inhalt und Form einem eng gefassten Zeichen- und Wertesystem unterliegen, um sich explizit als sorbische Nationalkunst gegenüber anderen Kunstpositionen abzugrenzen. Diese Auslegung, wie eine sorbische nationale Kunst zu sein habe, brachte Jan Buck bereits zu Beginn seiner Arbeit in schöpferische Konflikte, wobei Konzessionen seinerseits nicht ausblieben. Gleichzeitig waren diese Kontroversen auch Spiegelbild eines Generationskonfliktes innerhalb der Vereinigung. Darüber hinaus war Martin Nowak-Neumann ein überzeugter Verfechter der Idee der slawischen Wechsel-

po wusce zrozumjenym systemje znakow a hódnotow měć, zo by so jako serbske narodne wuměłstwo wot druhich wuměłskich pozicijow wotmjezowało. Tute wułožowanje dowjedźe Jana Buka hižo na spočatku jeho skutkowanja do tworićelskich konfliktow, při čimž koncesije z jeho strony njewuwostachu. Zdobom wotbłyšćowachu tute kontrowersy tež generaciski konflikt w kole. Nimo toho Měrćin Nowak-Njechorński ideju słowjanskeje wzajomnosće přeswědčeny zakitowaše, kotraž bazowaše – nic bjez neoromantiskeho zabarbjenja – na idealach 19. lětstotka. Zdobom wón w serbskej kulturnej scenje, sowjetske wuměłstwo nastupajo, k najwjetšim horliwcam słušeše. Jeho wid, koplowany na statnje wukazane zawjazki wuměłcow napřećo statej a stronje, tworjachu w 1950tych lětach hač do 1960tych lět fundament tematiskeje a stilistiskeje orientacije w Kole serbskich tworjacych wuměłcow, kotrymž bě Jan Buk chcyjo nochcyjo wustajeny. (wobr. 8)

W tutym času njebě Jan Buk hišće z čłonom Zwjazka tworjacych wuměłcow Němskeje (VBKD). Zo by scyła jako swobodny wuměłc skutkować móhł, zo by zjawne nadawki dóstawał a swoje twórby w galerijach Statneho wikowanja z wuměłstwom předawać móhł, pak bě čłonstwo w VBKD trěbne wuměnjenje.[36] Hižo nazymu 1955 je so tuž pola zwjazka VBKD, wobwodne wjednistwo Drježdźany, wo přistup požadał. Próstwa bu wotpokazana.

Rudolfej Berganderej, swojemu něhdyšemu profesorej, so Jan Buk wuskorži, zo VBKD a Koło serbskich tworjacych wuměłcow jeho wuměłske wuwiće přemało podpěrujetej, a skedźbni na prekernu hospodarsku situaciju, kotraž jemu z toho nastawa.[37] W korespondency w tutej naležnosći mjez Berganderom a Achimom Handrikom, nawodu hłowneho wotrjada za serbske prašenja w nutřkownym ministerstwje, so Handrik wo móžnych přičinach wotpokazanja wupraja: »Sydom posudźowarjow je próstwu ze šěsć napřećiwnymi hłosami wotpokazało. Přičina za to bě: Hišće njedosahace wuměłske wukony. [...] Předsyda posudźowanskeje komisije, prof. Heinz Lohmar, k tomu wuwjedźe: ›Wón (Jan Buk; přisp. C. B.) bu do akademije jenož přiwzaty, dokelž je Serb.‹ Na prašenje Šlosarja [Horst Šlosar, čłon Zwjazka serbskich tworjacych wuměłcow a čłon wobwodneho předsydstwa VBKD – C. B.], hač drje bě

seitigkeit, die – nicht vollkommen ohne neoromantische Verklärung – auf Idealen des 19. Jahrhunderts fußte. Gleichzeitig war er einer der eifrigsten Fürsprecher sowjetischer Kunst in der sorbischen Kulturszene. Diese seine Sichtweisen, gekoppelt an die staatlich verordneten Verpflichtungen der Künstlerinnen und Künstler gegenüber Staat und Partei, bildeten in den 1950er bis in die 1960er Jahre hinein das Fundament der thematischen und stilistischen Orientierung innerhalb des Kreises sorbischer bildender Künstler, denen Jan Buck unweigerlich ausgesetzt war. (Abb. 8)

Zu diesem Zeitpunkt war Jan Buck noch kein Mitglied des Verbandes Bildender Künstler Deutschlands (VBKD). Um überhaupt freischaffend arbeiten zu können, öffentliche Aufträge zu erhalten und die eigene Kunst in den Galerien des Staatlichen Kunsthandels verkaufen zu können, war eine Mitgliedschaft im Verband jedoch zwingend erforderlich.[36] Bereits im Herbst 1955 hatte er sich deshalb beim Verband des VBKD, Bezirksleitung Dresden, um die Aufnahme beworben. Der Antrag wurde abgelehnt.

wón jenož z tuteje přičiny tež swój diplom dóstał, jemu z mjelčenjom wotmołwichu. [...] W zwisku z prjedawšimi podawkami we mni samym měnjenje nasta, zo pokazuja nic naposledk tež wliwne wosobiny z kruhow tworjacych wumělcow we wobwodźe Drježdźany za wotewrjene prócowanje serbskich tworjacych wumělcow, tež w tutym wobłuku dalšemu wuwiću serbskeje kultury słužić, njezrozumjenje a zo tute prócowanja kaž z narodneje nadutosće jako mjenjehódne a diletantiske pospyty wotbywaja. [...] Do kotreje měry so na tajke zjawy tež wočiwidne zawistne počinanja Budyskich łužiskich wumělcow napřećo wumělcam serbskeho koła sobu wuskutkuja, njemóžu posudźować, ale mam to za dosć prawdźepodobne.«[38] Hakle 1960 su Jana Bukowu próstwu wo přiwzaće hišće raz pruwowali; w lěće na to su jeho jako kandidata a 1966 skónčnje jako čłona Zwjazka tworjacych wumělcow NDR přiwzali.[39]

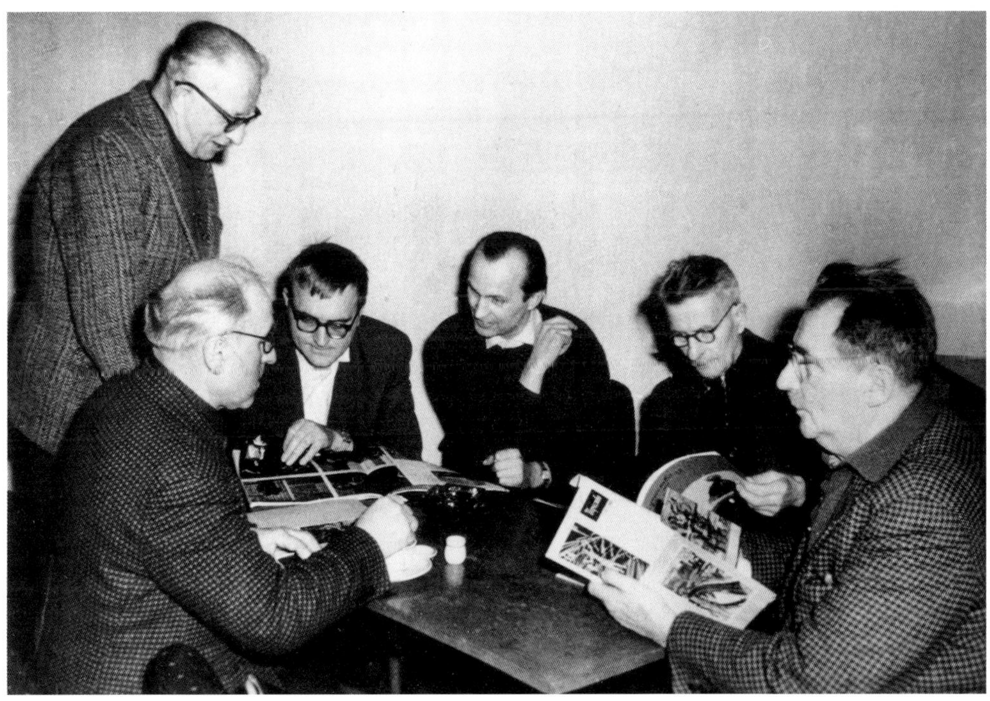

Abb. 8 Mitglieder des Arbeitskreises sorbischer bildender Künstler, vermutlich Anfang der 1960er Jahre. Von links nach rechts: Otto Garten, Martin Nowak-Neumann (stehend), Steffen Lange, Jan Buck, Wilhelm Schieber und Fritz Kittler

wobr. 8 Čłonojo Koła serbskich tworjacych wumělcow, drje spočatk 1960tych lět. Wotlěwa: Ota Garten, Měrćin Nowak-Njechorński (stejo), Steffen Langa, Jan Buk, Wylem Šybař a Fryco Kitlař

wobr. 8 Cłonki Koła serbskich twórjecych wumělcow, zazdašim zachopjeńk 1960tych lět. Wótlěwa napšawo: Ota Garten, Měrćin Nowak-Njechorński (stojecy), Steffen Langa, Jan Buk, Wylem Šybař a Fryco Kitlař

il. 8 Członkowie Grupy Roboczej Serbołużyckich Artystów Plastyków, prawdopodobnie na początku lat 60. XX w. Od lewej: Otto Garten, Martin Nowak-Neumann (stojący), Steffen Lange, Jan Buck, Wilhelm Schieber i Fritz Kittler

Bei Rudolf Bergander, seinem ehemaligen Professor, beklagte sich Jan Buck über die mangelnde Unterstützung seiner künstlerischen Entwicklung seitens des VBKD und des Kreises sorbischer bildender Künstler und verwies auf seine prekäre wirtschaftliche Lage, die sich aus dieser Situation ergebe.[37] In einem in diesem Zusammenhang geführten Briefwechsel zwischen Bergander und Achim Handrick, dem Leiter der Hauptabteilung für Sorbenfragen beim Ministerium des Inneren, äußerte sich Handrick über die möglichen Ursachen der Ablehnung: »Von sieben Gutachtern wurde der Antrag mit sechs Gegenstimmen abgelehnt. Der Grund dafür war: Noch ungenügende künstlerische Leistungen. [...] Der Vorsitzende der Gutachterkommission, Prof. Heinz Lohmar, erklärte dazu: Er (Jan Buck) ist in die Akademie nur aufgenommen worden, weil er Sorbe ist. Auf die Gegenfrage Schlossars [Horst Schlossar, Mitglied des Kreises sorbischer bildender Künstler und Mitglied des Bezirksvorstandes des VBKD, Bezirksleitung Dresden – C. B.], ob er dann aus diesen Gründen wohl auch nur das Diplom erhalten habe, wurde ihm mit Schweigen geantwortet. [...] Im Zusammenhang mit früheren Ereignissen habe ich selbst die Ansicht gewonnen, dass nicht zuletzt auch einflussreiche Persönlichkeiten aus den Kreisen der bildenden Künstler im Bezirk Dresden auch offen Bestrebungen der sorbischen bildenden Künstler, auch auf diesem Gebiet der weiteren Entwicklung der sorbischen Kultur zu dienen, Unverständnis entgegenbringen und in einem Anflug von nationaler Überheblichkeit diese Bemühungen als minderwertige und dilettantische Versuche abtun. [...] Inwieweit sich auf solche Erscheinungen auch die offensichtlichen Eifersüchteleien der Bautzener Lausitzer Künstler gegenüber den Künstlern des sorbischen Kreises mit auswirken, kann ich nicht beurteilen, halte es aber dennoch für recht wahrscheinlich.«[38] Erst 1960 wurde der Aufnahmeantrag von Jan Buck erneut geprüft, im Folgejahr wurde er als Kandidat und 1966 endgültig in den Verband der Bildenden Künstler der DDR aufgenommen.[39]

Lehrtätigkeit

Von einer freien künstlerischen Tätigkeit allein konnte Jan Buck zunächst nicht leben. 1957 wurde sein Sohn Peter geboren und es galt nun, die kleine Familie zu versorgen. Bereits auf einer Sitzung des Kreises sorbischer bildender Künstler 1955 war darüber beraten worden, wie Jan Buck als Nachwuchskünstler am besten zu fördern wäre, »a) ihm einen Förderungsauftrag seitens der HA Sorbische Volksbildung zu erteilen und

Dźěło jako wučer

Jenož jako swobodny wuměłc so Jan Buk najprjedy njeje žiwić móhł. 1957 narodźi so jemu syn Pětr, tak zo dyrbješe Buk nětko tež mału swójbu zastarać. Hižo na jednym z posedźenjow Koła serbskich tworjacych wuměłcow lěta 1955 je wo to šło, kak móhli Jana Buka jako dorostoweho wuměłca najlěpje spěchować: »a) jemu spěchowacy nadawk ze stron hłowneho wotrjada Serbskeho zarjada dać a b) spytać, jeho jako wučerja za rysowanje w někajkim instituće abo w šuli zasadźić.«[40] Nadawki wšelakich zjawnych zarjadow, w prěnim rjedźe serbskich, drje jemu dochody přinjesechu, ale nic dosć.[41] Tuž bu Jan Buk w nazymskim semestrje 1957 hóstny připosłuchar na Karla Marxowej uniwersiće w Lipsku, fachowy wobłuk wuměłske kubłanje. Zakładne pedagogiske wukubłanje wotzamkny 1962 na Pedagogiskim instituće Karl Friedrich Wilhelm Wander w Drježdźanach.[42] Do šulskeje słužby pak je hižo 1956 zastupił; za to jemu – hač do pedagogiskeho wotzamknjenja – jeho diplom Wysokeje šule tworjaceho wuměłstwa Drježdźany připóznachu. Wot 1957 dźěłaše Buk jako wučer za wuměłske kubłanje na Serbskej polytechniskej wyšej šuli w Budyšinje a wot 1963 na Serbskej rozšěrjenej wyšej šuli w Małym Wjelkowje. Nimo toho nawjedowaše kružki šulerjow a lajskich wuměłcow.[43]

W běhu lět so Jan Buk dale a bóle pačeny čuješe mjez brěmjenjom winowatosćow jako wučer a swójskim narokom jako wuměłc. Mjeztym je so jako připóznaty wuměłc etablěrował. Wot 1964 so na wšěch wustajeńcach Zwjazka tworjacych wuměłcow wobwoda Drježdźany wobdźěleše. Wažny měznik na puću k připóznatemu wuměłcej bě, zo jeho twórbu *Koš z płodami* (1967, wolij na płatnje) do VI. wustajeńcy wuměłstwa w Drježdźanach zapřijachu.[44] Wotnětka jeho tež na wšě dalše wustajeńcy wuměłstwa NDR přeprošowachu – zdźěla bě wón jenički Serb. (wobr. 9) Z Kołom serbskich tworjacych wuměłcow wustajowaše w tu- a wukraju, pokaza prěnje personalne wustajeńcy, wobdźěleše so na studijnych jězbach a dźěłowych seminarach, angažowaše so w Kulturnym zwjazku, w Zwjazku tworjacych wuměłcow NDR a we wobłuku ludoweho kubłanja a dźěławosće lajskich wuměłcow. Jeho wuměłstwo žněješe widźomnje zjawne připóznaće. 1970 dósta Buk wuměłske myto Domowiny 1. rjadownje za swoju kedźbyhódnu twórbu *Syčomłóćawa E 512 při dźěle*. Wuměłstwowa wědomostnica Marija Měrćinowa k tomu přispomnja: »Jan Buk je najpozdźišo wot sydomdźesatych lět we wuměłskej scenje NDR znaty.«[45]

Abb. 9 *Korb mit Früchten*
1967, Öl auf Leinwand,
67,4 × 97,5 cm,
Inv.-Nr. SM VI-003350 K1
Sorbisches Museum

wobr. 9 *Koš z płodami*
1967, wolij na płatnje,
67,4 × 97,5 cm,
inwentarne čo. SM VI-003350 K1
Serbski muzej

wobr. 9 *Kórb z płodami*
1967, wólej na płaśe,
67,4 × 97,5 cm,
inwentarny nr. SM VI-003350 K1
Serbski muzej

il. 9 *Kosz z owocami*
1967 r., olej na płótnie,
67,4 × 97,5 cm,
nr inw. SM VI-003350 K1
Muzeum Serbołużyckie

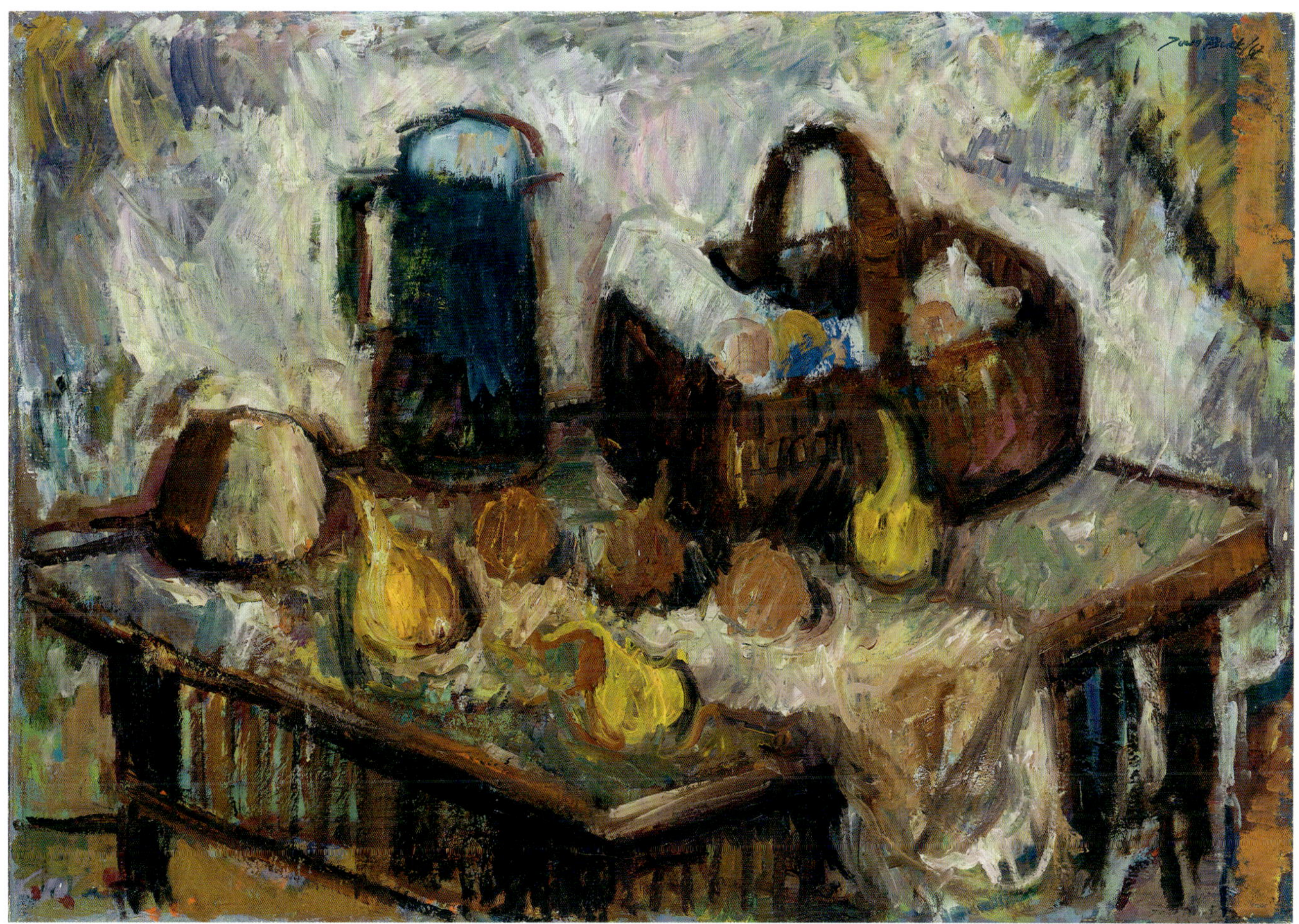

b) zu versuchen, ihn als Zeichenlehrer an einem Institut oder einer Schule einzusetzen«.[40] Aufträge verschiedener öffentlicher Stellen, vornehmlich sorbischer, brachten zwar Einnahmen, aber nicht genug.[41] Mit dem Herbstsemester 1957 nahm Jan Buck deshalb eine Gasthörerschaft an der Karl-Marx-Universität Leipzig im Fachbereich Kunsterziehung auf. Seine pädagogische Grundausbildung schloss er 1962 am Pädagogischen Institut Karl-Friedrich-Wilhelm-Wander in Dresden ab.[42] In den Schuldienst konnte er aber bereits 1956 eintreten, wofür bis zu seinem pädagogischen Abschluss sein Diplom der Kunsthochschule in Dresden anerkannt wurde. Ab 1957 arbeitete er als Kunsterzieher an der Sorbischen Polytechnischen Oberschule und ab 1963 an der Sorbischen Erweiterten Oberschule in Kleinwelka. Nebenher leitete er Zir-

1975 pisaše Jan Buk za kulturu zamołwitemu statnemu sekretarej NDR Kurtej Löfflerej: »Hdyž so jako wuměłc towaršnostnym realitam našeho časa wustajiš, wuwědomiš sej předewšěm dwaj aspektaj: Sprěnja trěbnosć, zwisk ze žiwjenjom spochi pohłubšeć a so z kopicu nowych wuměnjenjow a ze stupacymi narokami wuměłsce rozestajeć. Zdruha – a tole je za mnje w tutym zwisku bytostny dypk – něhtko swójske wuměłske rozwiće zakitować. Mi je so jedna wěc wuwědomiła: Nadawki same na sebi su jara wažne, za towaršnosć kaž tež za wuměłca; štož pak ma za wuměłca samoho potom tola raz prioritu, je dopóznaće, zo dyrbi so wón zas a zaso znowa namakać, so rozestajeć a so dale wuwiwać. Runje tež situacija serbskeho wuměłstwa mje w tutym wotmysle skruća. Hdyž wo wšěm tym rozmysluju, dóndu k rezultatej, zo měło

kel für Schüler und Laienkünstlerinnen.[43] Im Laufe der Jahre verspürte Jan Buck mehr und mehr den Zwiespalt zwischen der Last seiner schulischen Verpflichtungen und dem eigenen künstlerischen Anspruch. Inzwischen hatte er sich als anerkannter Künstler etabliert. Ab 1964 nahm er an allen Kunstausstellungen des Verbandes Bildender Künstler des Bezirkes Dresden teil. Ein wichtiger Meilenstein seiner künstlerischen Anerkennung war die Aufnahme seines Werkes *Korb mit Früchten* (1967, Öl auf Leinwand) in die VI. Kunstausstellung in Dresden.[44] Von nun an wurde der Künstler zu allen weiteren Kunstausstellungen der DDR eingeladen – mitunter auch als einziger Sorbe. (Abb. 9) Mit dem Kreis sorbischer bildender Künstler stellte er im In- und Ausland aus, zeigte erste Personalausstellungen, beteiligte sich an Studienreisen und Arbeitsseminaren, engagierte sich im Kulturbund, im VBK DDR und im Bereich der Volksbildung und künstlerischen Laientätigkeit. Seine Kunst erfuhr zunehmend eine sichtbare öffentliche Würdigung. 1970 erhielt der Maler den Kunstpreis der Domowina 1. Grades für sein viel beachtetes Werk *Mähdrescher E 512 im Einsatz*. Die Kunstwissenschaftlerin Maria Mirtschin merkt dazu an: »Jan Buck hat spätestens seit den siebziger Jahren in der Kunstlandschaft der DDR einen Namen.«[45] 1975 schrieb Jan Buck an den Kulturstaatssekretär der DDR Kurt Löffler: »Wenn man sich als Künstler den gesellschaftlichen Realitäten unserer Zeit stellt, wird man sich vor allem zweierlei Aspekte bewußt: erstens ist es die Notwendigkeit, die Verbindung mit dem Leben laufend zu vertiefen und sich zahlreichen neuen Bedingungen und wachsenden Ansprüchen künstlerisch zu stellen. Zweitens – und dies ist für mich in diesem Zusammenhang der wesentliche Punkt – nun auch sich über sein eigenes künstlerisches Wachstum Rechenschaft ablegen können. Mir ist eins klar geworden: Aufträge haben an sich eine große Bedeutung, sowohl für die Gesellschaft, als für den Künstler, was für den Letzteren selbst aber eines Tages im Vordergrund steht, ist die Erkenntnis, daß er sich wieder und wieder neu finden, auseinandersetzen und weiterentwickeln muß. Gerade auch die Lage der sorbischen Kunst bestärkt mich in dieser Absicht. Wenn ich über all diese Dinge nachdenke, komme ich zu dem Resultat, daß in meiner persönlichen Lage etwas geändert werden müßte.«[46] 1976 schied Jan Buck schließlich aus dem Schuldienst aus, was ihm nicht leicht gemacht wurde. Nun konnte er sich vollständig dem widmen, worin er seine Berufung sah – der Malerei.

so na mojim wosobinskim położenju něšto změnić.«[46] 1976 Jan Buk skónčnje ze šulskeje służby wustupi, štož jemu instancy njejsu lochko činili. Někto móžeše so cyle tomu wěnować, čemuž so powołany čuješe: molerstwu.

Jeho tworjenje

»Za mnje je wuměłstwo nutřkowne duchowne rozestajenje z realitu«, Jan Buk raz w interviewje rozjasni.[47] Z tutoho dopóznaća je wón w swojim tworjenju za serbskich tworjacych wuměłcow nowy počah wuměłstwa k woprawdźitosći stworił. Buk wuzběhowaše samostatnosć wobraza jako duchowny wupłód wuměłca: Wobraz njeje kopija realneje přirody, ale eksistuje w prěnim rjedźe ze swójskeho bytostneho wuprajenja. Zhromadna měra zakładnych zakonitosćow w přirodźe a wuměłstwje bě Janej Bukej z wuchadźišćom jeho molerstwa. Z tym zawjedźe cyle nowy přistup do serbskeho tworjaceho wuměłstwa, kotrež so w dosć wuskim, folkloristisce přewyšenym a prowincionalnje wobmjezowanym radiusu hibaše. Ze swojeho nazhonjenja, zo přitomnosć nimaš ze srědkami zańdźenosće předstajeć, dokelž wona za načasnej rěču formow a nowym intelektualnym rozestajenjom žada, wón wospjet za to pledowaše, zo so serbske wuměłstwo duchownje wotewrje. »Tež ja sym toho měnjenja, zo wosebje serbski wuměłc dyrbi nutřkownje swoju serbskosć začuwać a so k njej wuznać, ma serbsku narodnosć widźeć jako swoju, ale tak, kajkaž je wona dźensa. [...] Njemóžemy dźensa jenož widźeć problem narodnosće we wobsahu. Wuměłska twórba dyrbi měć wothladujo wot wobsaha płaćiwy wuměłski wukon. [...] Njesměmy widźeć jenož folkloru a ludowe wuměłstwo jako serbske; jeli to tak činimy, potom so sami izolujemy. Dyrbimy cyły problem šěršo widźeć a tež wuměłcam dać šěrši wid z tym, zo překročimy teritorialnu wobmjezowanosć. Zaleži stajnje na tym, kak to činimy, z kajkej nutřkownosću [...] serbskosć předstajamy. Jenož tak budźe móžno, naš lud duchownje pozběhnyć, a wón budźe hordy na swoju kulturu.«[48]

Swójsku maksimu Jan Buk 1990 takle sformulowa: »Credo mojeho dźěła je Łužica ze wšěmi swojimi mjezyzwukami. Při kóždym motiwje, kotryž moluju, serbsce začuwam.«[49] Do jeho serbskeho wuznaća słušeše tež stajne prócowanje wo wysoki wuměłski niwow z tym, zo so duchownje dale wuwiwaše – a to hač do wysokeje staroby.

Jan Buk bě w prěnim rjedźe moler. Nimo wolijomólby preferowaše akwarel, guaš a tempera. Techniku akwarela předewšěm na mnohich swojich studijnych

Sein Werk

»Für mich ist Kunst die innere geistige Auseinandersetzung mit der Realität«, erklärte Jan Buck in einem Interview.[47] Geleitet von dieser Erkenntnis, hat er in seinem Werk eine für sorbische bildende Künstler neue Beziehung der Kunst zur Wirklichkeit geschaffen. Buck betonte die Eigenständigkeit des Bildes als geistige Schöpfung des Künstlers, das nicht durch die Ähnlichkeit seines Abbildes mit der realen Natur verglichen werden könne, sondern in erster Linie durch seinen substanziellen Wesensgehalt Bestand habe. Das gemeinsame Maß der grundlegenden Gesetzmäßigkeiten in der Natur und in der Kunst betrachtete Jan Buck als Ausgangspunkt seiner Malerei. Damit brachte er einen völlig neuen Ansatz in die sorbische bildende Kunst, die sich in einem recht engen, folkloristisch übersteigerten und provinziell begrenzten Radius bewegte. Aus seiner Erfahrung heraus, dass die Gegenwart nicht mit Mitteln der Vergangenheit darzustellen sei, sondern nach neuer zeitgemäßer Formensprache und intellektueller Auseinandersetzung verlange, plädierte er wiederholt für eine geistige Öffnung der sorbischen Kunst. »Auch ich bin der Meinung, daß vor allem der sorbische Künstler innerlich seine sorbische Eigenart empfinden und sich zu ihr bekennen soll, seine sorbische Nationalität als seine sehen sollte, aber so, wie sie heute ist. [...] Wir können heute nicht nur das Problem der Nationalität im Inhalt sehen. Das Kunstwerk sollte abgesehen vom Inhalt eine gültige künstlerische Leistung sein. [...] Aber wir dürfen nicht nur die Folklore und die Volkskunst als das Sorbische betrachten, wenn wir es so machen, dann isolieren wir uns selbst. Wir sollten das ganze Problem breiter sehen und auch den Künstlern eine breitere Sicht geben, nur damit überschreiten wir die territoriale Beschränktheit. Es kommt immer darauf an, wie wir es machen, mit welcher Verinnerlichung [...] wir das Sorbische darstellen. Nur so wird es möglich sein, unser Volk geistig zu erheben und es wird stolz auf seine Kultur sein.«[48] Seine eigene Maxime formulierte Jan Buck 1990 so: »Das Credo meiner Arbeit ist die Lausitz mit allen ihren Zwischentönen. Bei jedem Motiv, das ich male, fühle ich sorbisch.«[49] Für Jan Buck zählte zu seinem Bekenntnis als Sorbe auch immer das Ringen um ein hohes künstlerisches Niveau durch geistige Fortentwicklung – und das bis ins hohe Alter.

jězbach a pleinairach nałožowaše. Hižo wot zažnych studijnych lět rady z pjerom a seršćowcom rysowaše, grafisce porno tomu porědšo dźěłaše. (wobr. 10) Wot pózdnich 1960tych lět a w 1970tych lětach zaběraše so ze sgrafitom, mozaikom a z wuhotowanjom ze škleńcu. Nimo toho je dwaj pomnikaj naćisnył.[50] Tematisce hibaše so Jan Buk na šěrokim terenje; wěnowaše so ćišnu, krajinje – tež napohladam městow a wsow – kaž tež portretej. W jeho pózdnich twórbach přiběrajcy zaznawamy, kak jednotliwe sužety do cyłka spłunu, temy su hustodosć filozofisce konotěrowane. Přikłady toho su jeho serija *Camprowarjo* (1989) abo wobrazaj *Třeće wóčko* (1992) a *Komediant* (2003). Wobrazy *Camprowarjo* běchu za Jana Buka wědome kritiske rozestajenje ze serbskimi nałožkami, kotrež wuměłc přiběrajcy jako znjewužiwanje folklory w zmysle wěsteje politiskeje propagandy widźeše.[51] W jeho oeuvre wujewjeja so motiwy, kotrymž je so Jan Buk wospjet přiwobroćał a z kotrymiž so intensiwnje rozestaješe.

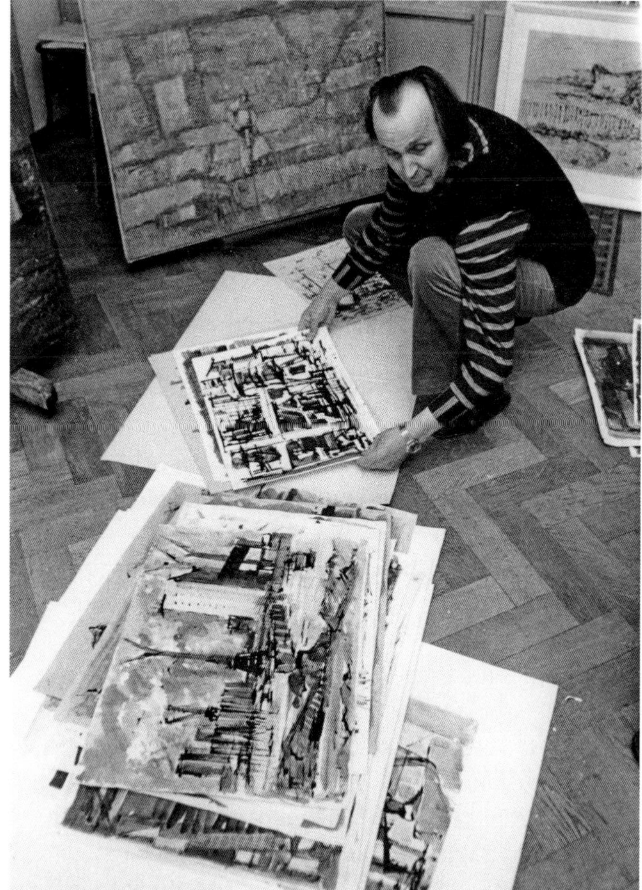

Abb. 10 Jan Buck im Atelier seiner Bautzener Wohnung auf der Martin-Hoop-Straße, 1979

wobr. 10 Jan Buk w ateljeju swojeho bydlenja na Martina Hoopowej w Budyšinje, 1979

wobr. 10 Jan Buk w ateljeju swójogo budyšyńskego bydlenja na droze Martina Hoopa, 1979

il. 10 Jan Buck w swym mieszkaniu-pracowni w Budziszynie przy Martin-Hoop-Straße, 1979 r.

Abb. 11 Jan Buck während eines Gespräches mit dem Kunstwissenschaftler Dr. Herbert Schirmer im Sorbischen Museum, Bautzen, anlässlich der Jubiläumsausstellung zu seinem 85. Geburtstag, 2007

wobr. 11 Jan Buk w rozmołwje z wuměłstwowym wědomostnikom dr. Herbertom Schirmerom w Budyskim Serbskim muzeju składnostnje jubilejneje wustajency k swojim 85ćinam, 2007

wobr. 11 Jan Buk w běgu rozgrona z wuměłstwowym wědomnostnikom dr. Herbertom Schirmerom w Serbskem muzeju, Budyšynje, ku góźbje jubilejneje wustajeńce k swójomu 85. narodnemu dnju, 2007

il. 11 Jan Buck podczas rozmowy z historykiem sztuki dr. Herbertem Schirmerem w Muzeum Serbołużyckim w Budziszynie z okazji jubileuszowej wystawy w swoje 85. urodziny, 2007 r.

Jan Buck war in erster Linie Maler. Neben der Ölmalerei bevorzugte er das Aquarell, die Gouache- und Temperamalerei. Die Technik des Aquarells wendete er vor allem während seiner zahlreichen Studienreisen und Pleinairs an. Seit frühen Studienjahren zeichnete Buck gern mit Feder und Pinsel, grafisch arbeitete er dagegen seltener. (Abb. 10) Ab den späten 1960er und in den 1970er Jahren befasste er sich mit Sgraffiti, Mosaiken und Glasgestaltung. Darüber hinaus entwarf er zwei Denkmäler.[50] Thematisch bewegte sich Jan Buck auf breitem Terrain, widmete sich dem Stillleben, der Landschaft – auch Stadt- und Dorfansichten – sowie dem Porträt. In seinem Spätwerk ist zunehmend ein fließendes Verschmelzen der einzelnen Sujets zu einem Ganzen wahrnehmbar, die Themen sind vielfach philosophisch konnotiert. Beispiele sind seine Werkserie *Zamperer* (1989) oder die Bilder *Drittes Auge* (1992) und *Komödiant* (2003). Die Entstehung der *Zamperer*-Bilder bedeutete für Jan Buck eine bewusst kritische Auseinandersetzung mit den sorbischen Bräuchen, die der Künstler zunehmend zur Folklore im Sinne einer gewissen politischen Propaganda verkommen sah.[51] Innerhalb seines Œuvres treten Motivgruppen hervor, denen sich Jan Buck wiederholt zuwandte und mit denen er sich intensiv auseinandersetzte. Zu diesen zählen Tagebau- und Agrarlandschaften, das Motiv des Steinbruches und die Darstellung seiner Mutter. Im Prozess des zunehmenden Abstrahierens des Bildes auf die elementarsten Formen veränderte sich auch das Verhältnis des Malers zu den naheliegenden sorbischen und Lausitzer Themen, denen er durch Verzicht auf präzise topografische Zuordnung und plakative volkstümliche Attribute eine Art Universalität verlieh. In einem Brief äußerte sich Jan Buck zu seinen Empfindungen in den Tagebaulandschaften: »Ich habe diesen Landstrich viele Male auf Energiepleinairs durchschritten, ihren Wandel und die neue Struktur miterlebt. Gedacht habe ich dabei an die sorbischen Holzfäller, vor allen Dingen aber an Kito, den Geiger. Er spielt noch in meinen Werken die Lieder dieser Heide, die uns noch verblieben sind. [...] Aus dieser meiner Meditation heraus sind meine Arbeiten entstanden. Alles andere überlasse ich der Phan-

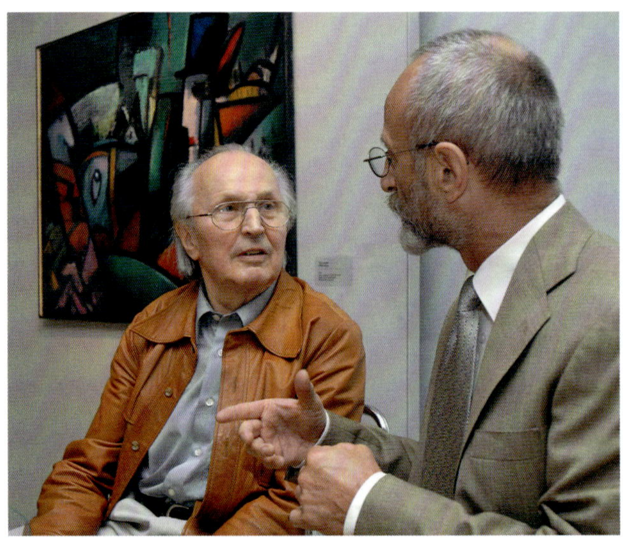

K tomu słušeja krajiny brunicowych jamow a agrarne krajiny, motiw skały a zwobraznjenje jeho maćerje. W procesu přiběraceho abstrahowanja wobraza na najelementarniše formy so tež poměr molerja k znatym serbskim a łužiskim temam změni, kotrymž spožča, wzdawajo so precizneho topografiskeho přirjadowanja a plakatiwnych ludowych atributow, wěstu uniwersalnosć. W jednym lisće pisaše Jan Buk wo swojich začućach w brunicowych krajinach: »Ja sym tutu zemju mnohe razy na energijowych plenerach překročił, jeje přetworjenje a nowu strukturu dožiwił. Myslił sym sej při tym na serbskich drjewarjow, wosebje pak na Kita husličkarja. Wón hišće w mojich twórbach hraje pěsnički tuteje hole, kiž su nam hišće zawostajili [...] Z tuteje mojeje meditacije su dźěła nastali. Wšo dalše přewostaju fantaziji wobdźiwarja a jeho wotkryću.«[52] Ćišna zaběraja w Bukowym tworjenju wot spočatka sem eksponowane městno. Wobhladuješ-li sej wuwiće jeho rukopisa w tutym wobłuku, widźiš, kak Bukowy temperament při wodźenju seršćowca, kak šěrokosć palety jeho barbow a jeho poćah k perspektiwje, płoninje a kompoziciji wariěruja. Přiběrajcy sćěhuje wón molerskemu principej Paula Cézannea a jeho přeswědčenju, zo ma wšo a wšitko swoju nutřkownu harmoniju, kotraž wjedźe do noweje wuměłskeje woprawdźitosće. Pólski moler Jan Cybis, kotrehož tworjenje sej Jan Buk z časa

tasie des Betrachters und seinen Entdeckungen.«[52] Stillleben nehmen innerhalb seines Werkes von Anfang an eine exponierte Stellung ein. Betrachtet man die Entwicklung seiner Handschrift innerhalb dieser Themengruppe, so wird sichtbar, wie Bucks Temperament bei der Pinselführung, die Breite seiner Farbpallette und sein Bezug zu Perspektive, Fläche und Komposition variierten. Er folgte zusehends dem malerischen Prinzip eines Paul Cézanne und dessen Überzeugung, dass allen Dingen eine eigene innere Harmonie zugrunde liege, die zu einer neuen künstlerischen Wirklichkeit führe. Der polnische Maler Jan Cybis, dessen Werk Jan Buck seit seinen Studienjahren besonders verehrte, formulierte das folgendermaßen: »Daher ist das Gemälde nicht ein Dokument der Ähnlichkeit, sondern ein Spiel der künstlerischen Beziehungen und Handlungen, die uns die Natur zu begreifen ermöglicht. [...] Auf der Leinwand existiert eine Farbe nur durch den Kontrast mit anderen Farben. Konzepte für Farben stammen aus dem erwarteten Spiel miteinander, da Farben, die versuchen, die Natur zu simulieren, nicht in die Dimension eines Bildes passen.«[53] Jan Buck spiegelte die Auffassung seiner künstlerischen Vorbilder so: »Ich verwende geistig durchlebte Farben, mit denen ich meine Gefühle ausdrücke.«[54] (Abb. 11)

Wichtige Wegmarken seiner Entwicklung, die oft stilistische Wendepunkte markieren, sind beispielsweise *Korb mit Früchten* (1967, Öl auf Leinwand), *Mähdrescher E 512 im Einsatz* (1969, Öl auf Leinwand), *Kraftwerk Boxberg* (um 1969, Öl auf Leinwand), *Osternacht in der Lausitz* (1973, Öl auf Leinwand), *Meine Mutter* (1973, Öl auf Leinwand), *Samarkand* (1973, Öl auf Leinwand), *Der Besuch* (1978, Öl auf Leinwand), *Steinbruch* (1979, Öl auf Leinwand), *Stillleben mit Gefäßen* (1980, Öl auf Leinwand), *Drittes Auge* (1992, Öl auf Leinwand), *Ende des Weges* (1993, Öl auf Leinwand), *Smoljan* (1995, Öl auf Leinwand) und *Roter Baum* (1998, Tempera).

Studienreisen und Künstlerfreundschaften

Die zahlreichen Studienreisen und Pleinairs spielten im Schaffen von Jan Buck eine wichtige Rolle, waren sie doch hinsichtlich des künstlerischen Austausches unter Kolleginnen und Kollegen und als Quelle der Inspiration gewinnbringende Orte. Die Schauplätze wechselten im Lauf der Jahre und führten ihn von den Großbaustellen der Lausitz bis in die großen Kunstmetropolen Europas wie beispielsweise nach Leningrad, Moskau oder Paris. Wiederholt bemühte sich Jan Buck über den VBK DDR um individuelle Studienauf-

swojich studijnych lět wosebje wažeše, to takle zwurazni: »Tohodla mólba njeje dokument podobnosće, ale hraje sej z wuměłskimi poćahami a jednanjemi, kotrež nam přiroda zrozumić zmóžnja. [...] Na płatnje eksistuje wěsta barba jenož přez kontrast z druhimi barbami. Koncepty za barby pochadźeja z wočakowaneje hry mjez barbami, přetož barby, kotrež přirodu simulować spytaja, so do dimensije wobraza njehodźa.«[53] Jan Buk špihelowaše zrozumjenje swojich wuměłskich přikładow takle: »Zwuraznjam swoje začuća z barbami, kotrež sym w duchu přežiwił.«[54] (wobr. 11)

Wažne mězniki jeho wuwića, kotrež njerědko cyle nowe stilistiske wusměrjenje markěruja, su na přikład *Koš z płodami* (1967, wolij na płatnje), *Syčomłóćawa E 512 při dźěle* (1969, wolij na płatnje), *Milinarnja w Hamorje* (wokoło 1969, wolij na płatnje), *Jutrowna nóc w Serbach* (1973, wolij na płatnje), *Moja mać* (1973, wolij na płatnje), *Samarkand* (1973, wolij na płatnje), *Wopyt* (1978, wolij na płatnje), *Skała* (1979, wolij na płatnje), *Ćišno ze sudobjemi* (1980, wolij na płatnje), *Třeće wóčko* (1992, wolij na płatnje), *Kónc puća* (1993, wolij na płatnje), *Smoljan* (1995, wolij na płatnje) a *Čerwjeny štom* (1998, tempera).

Studijne jězby a přećelstwa z wuměłcami

Cyły rjad studijnych jězbow a pleinairow bě za tworjenje Jana Buka jara wažny, přetož běchu jemu bohate žórło inspiracije a wuměny z kolegami-wuměłcami. Městna podawkow so w běhu lět měnjachu a wjedźechu jeho wot hoberskich twarnišćow we Łužicy hač do wulkich metropolow wuměłstwa w Europje, kaž na přikład do Leningrada, Moskwy abo do Parisa. Přeco zaso so Jan Buk přez Zwjazk tworjacych wuměłcow NDR wo indiwidualny studijny přebytk prócowaše, štož bě jemu swojeho dźěła jako wučer dla jenož za čas lětnich prózdnin móžno. Wospjet poda so moler k Baltiskemu morju, do Pólskeje a Bołharskeje kaž tež do Madźarskeje, Francoskeje a Italskeje. Drje najwažniša studijna jězba dowjedźe jeho 1973 do Uzbekistana.[55] Z jeho zapiskow wuchadźa, zo je po puću do Uzbekistana w Moskwje pozastał a sej Galeriju Tretjakowa a Muzej Puškina wobhladał. Twórby italskeho molerja Giorgia Morandija su wosebje na njeho skutkowali. Tute dožiwjenje njezwosta bjez sćěhow za jeho tworjenje, štož so w jeho monochromych ćišnach a aktach wot srjedź 1970tych lět wotbłyšćuje.[56] Srjedźna Azija je molerja wočiwidnje zahoriła: šěroka paleta barbow a intensita swětła, pisana drasta domoródnych ludźi, typiske twarjenja ze swojej bohatej ornamentiku. »Tuta bohatosć barbow, to je něšto za wóčko wuměłca«, wón pozdźišo w rozprawje wo swojej jězbje pisaše.[57]

enthalte, die für ihn aufgrund seines Schuldienstes nur in den Sommerferien möglich waren. Mehrfach reiste der Maler an die Ostseeküste, nach Polen und Bulgarien sowie nach Ungarn, Frankreich und Italien. Seine wohl wichtigste Studienreise unternahm er 1973 nach Usbekistan.[55] Aus seinen Aufzeichnungen geht hervor, dass er während seines Zwischenstopps in Moskau die Tretjakow-Galerie und das Puschkin-Museum besuchte. Besonderen Eindruck hinterließen die Werke des italienischen Malers Giorgio Morandi. Diese Begegnung blieb nicht ohne Einfluss auf seine Malerei, was sich in seinen monochromen Stillleben und Aktdarstellungen ab Mitte der 1970er Jahre widerspiegelt.[56] Mittelasien begeisterte den Maler sichtlich: die Farbvielfalt und Lichtintensität, die bunte Tracht der Einheimischen, die landestypischen Bauten mit ihrer reichen Ornamentik. »So eine Farbenpracht, das ist etwas für das Auge des Künstlers«, schrieb er später in seinem Reisebericht.[57] (Abb. 12) Auch die Licht- und Farbverhältnisse anderer Landstriche finden sich in der stilistischen Handschrift des Malers wieder, betrachtet man etwa die poetische Stimmung, die von seinen pastellfarbigen Aquarellen der Küstenlandschaften aus den späten 1980er Jahren ausgeht. Licht war für ihn Ausgangspunkt seiner Malerei,[58] auch in seiner heimatlichen Umgebung. »Ich male zurzeit in den Steinbrüchen von Horka, auch Granit ist grün, wenn auf ihn besonderes Licht fällt. Da haben die Steinbrucharbeiter nicht schlecht gestaunt, aber es ist so. Das ist eine Frage des Lichtes.«[59]

Nach seiner Studienzeit in Wrocław pflegte Jan Buck, wie angemerkt, enge Kontakte zu ehemaligen Mitstudenten. Zu ihnen gehörten die Maler Józef Sumera aus Kraków, Franciszek Pikuła aus Nysa sowie Stanisław Zima und der Bildhauer Władysław Tumkiewicz aus Wrocław. Auch zu ehemaligen Lehrerinnen und Lehrern der Staatlichen Hochschule für Bildende Künste in Wrocław hatte Jan Buck weiterhin Kontakt, so zu Eugenius Geppert und Halina Jastrzębowska.[60] Gemeinsam mit Władysław Tumkiewicz entwarf Buck das Grabmal für den katholischen Geistlichen und Begründer der sorbischen Dramatik Jakub Bart-Ćišinski. Es wurde an der Pfarrkirche in Ostro am 19. Oktober 1969 unter großer Anteilnahme der Öffentlichkeit feierlich eingeweiht.[61] Jan Buck unterhielt zahlreiche weitere Künstlerfreundschaften, so zu dem Bildhauer Jürgen von Woyski, den Dresdener Kunstschaffenden Fritz Tröger, Jutta Damme, Jürgen Seidel und Günter Thiedeken, seinen Bautzener Kolleginnen und Kollegen Marianne Britze, Hans Kutschke, Lutz Jungrichter und Horst Bachmann sowie dem Görlitzer Maler Rudi Wünsche.[62] Anfangs stand Jan Buck innerhalb des

(wobr. 12) Tež hinaše swětło a barby druhich kónčin so w stilistiskim rukopisu molerja zaso namakachu, widźiš-li na přikład poetisku naladu, kotruž jeho akwarele pózdnich 1980tych lět wo přibrjóžnych krajinach w pastelojtych barbach wuprudźeja. Swětło bě Bukej wuchadźišćo jeho molerstwa,[58] tež w jeho domjacej wokolinje. »Moluju tuchwilu w Hórčanskich skałach, tež zornowc je zeleny, hdyž na njón wěste swětło pada. To su so mi skałarjo dźiwali, ale to je tak. To je prašenje swětła.«[59]

Z časa swojeho studija we Wrócławju haješe Jan Buk, kaž hižo prajene, wuski zwisk ze swojimi něhdyšimi sobustudentami. K nim słušachu moler Józef Sumera z Krakowa, Franciszek Pikuła z Nysy kaž tež Stanisław Zima a rězbar Władysław Tumkiewicz z Wrócławja. Tež k swojim něhdyšim wučerkam a wučerjam Statneje wysokeje šule tworjaceho wuměłstwa we Wrócławju měješe Jan Buk dale kontakt, tak k Eugeniuszej Geppertej a Halinje Jastrzębowskej.[60] Zhromadnje z Władysławom Tumkiewiczom naćisny narowny pomnik za katolskeho duchowneho a załožićela serbskeje dramatiki Jakuba Barta-Ćišinskeho. Dnja 19. oktobra 1969 bu při wosadnej cyrkwi we Wotrowje swjatočnje poswjećeny, na čimž so šěroka zjawnosć wobdźěli.[61] Tež w domiznje zwjazowaše Jana Buka z mnohimi dalšimi wuměłcami přećelstwo, tak z Jürgenom von Woyskim, z Drježdźanskimi wuměłcami Fritzom Trögerom, Juttu Damme, Jürgenom Seidelom a Günterom Thiedekenom, ze swojimi Budyskimi kolegami Mariannu Britze, Hansom Kutschke, Lutzom Jungrichterom a Horstom Bachmannom kaž tež ze Zhorjelskim molerjom Rudijom Wünsche.[62] W Kole serbskich tworjacych wuměłcow čuješe so Jan Buk na spočatku předewšěm Wylemej Šybarjej bliski – wobaj dźě wosebje molowanje akwarelow lubowaštaj. Z tohorunja z Njebjelčic pochadźacym molerjom Janom Hanskim, kotryž tež nałožowanu grafiku tworješe a kiž wot srjedź 1950tych lět w Eisenhüttenstadće bydleše, Jan Buk tohorunja trajny zwisk pěstowaše. Z hudźbnym wědomostnikom a komponistom Janom Rawpom haješe Jan Buk wosebity přećelski zwisk; na jeho hudźbu wón při dźěle rady słuchaše, wona jeho inspěrowaše.[63] Jako so koło w 1970tych a 1980tych lětach stilistisce a intelektualnje nowym pozicijam wuměłstwa wotewrě, po tym zo běchu jemu młodźi absolwenća wysokich šulow wuměłstwa přistupili, běše to wosebje Jan Buk, kotryž jim poboku steješe. K nim słušachu jeho něhdyše šulerki, wuměłče Božena Nawka-Kunysz, Iris Brankačkowa a Maja Nagelowa[64] kaž tež wuměłstwowa wědomostnica Marija Měrćinowa. (wobr. 13) Dom Bukec mandźelskeju bě wotewrjeny a hospodliwy – hosćo, mjez nimi mnozy serbscy intelektualni kaž tež kulturnicy a wuměłcy, běchu w nim přeco wutrobnje witani.

Abb. 12 *Basar in Buchara*
1973, Öl auf Leinwand,
99,4 × 85,8 cm, Inv.-Nr.
SM VI-006272 K1
Sorbisches Museum

wobr. 12 *Bazar w Bucharje*
1973, wolij na płatnje,
99,4 × 85,8 cm, inwentarne čo.
SM VI-006272 K1
Serbski muzej

wobr. 12 *Bazar w Bucharje*
1973, wólej na płaśe,
99,4 × 85,8 cm, inwentarny nr.
SM VI-006272 K1
Serbski muzej

il. 12 *Bazar w Bucharze*
1973 r., olej na płótnie,
99,4 × 85,8 cm,nr inw. SM VI-006272 K1
Muzeum Serbołużyckie

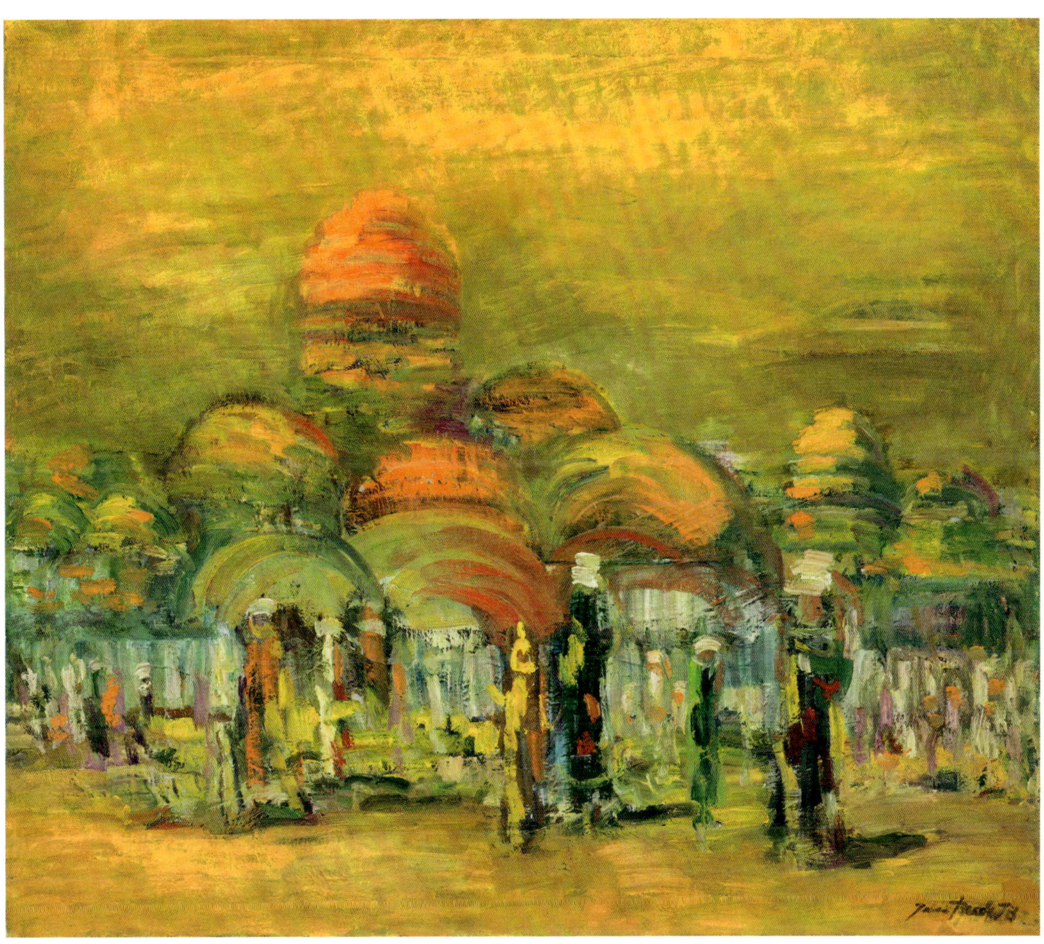

Arbeitskreises sorbischer bildender Künstler besonders Wilhelm Schieber (Wylem Šybaŕ) nahe, teilten doch beide die Neigung zur Aquarellmalerei. Mit dem ebenfalls aus Nebelschütz stammenden Gebrauchsgrafiker und Maler Johannes Hansky (Jan Hanski), der ab Mitte der 1950er Jahre in Eisenhüttenstadt lebte, blieb Jan Buck ebenfalls dauerhaft verbunden. Auch zu dem sorbischen Musikwissenschaftler und Komponisten Jan Raupp (Jan Rawp), dessen Musik er gern während seiner Arbeit hörte und die ihn inspirierte, pflegte Jan Buck eine besonders freundschaftliche Verbindung.[63] Als sich in den 1970er und 1980er Jahren der Arbeitskreis durch den Beitritt junger Absolventinnen und Absolventen der Kunsthochschulen stilistisch und intellektuell neuen Kunstpositionen gegenüber öffnete, war es vor allem Jan Buck, der ihnen zur Seite stand. Zu ihnen zählten

Pózdnje lěta

Doba politiskeho přewróta bě za Jana Buka tež čas wosobinskeho a wuměłskeho přewróta, kotryž zakónči njewšědne a wulce wobkedźbowane tworjenje jeho poslednich lět. W lěće zjednoćenja Němskeje bě Jan Buk hižo wosrjedź sedmeho lětdźesatka swojeho žiwjenja. Přetwari sej swój ródny dom w Njebjelčicach a ćehnješe 1996 – po dobrych 40 lětach w Budyšinje – ze swojej mandźelskej Antoniju na wjes, tam, hdźež bě so puć jeho žiwjenja započał. Wjesna wokolina jeho domizny a mały ateljej pod třěchu tykowaneho domčka jemu dosahaštej, zo móžeše so nětko na to bytostne w swojim molerstwje koncentrować. A přiwšěm: Nowa swoboda jemu nowe rumy skutkowanja wotwěraše, kotrež zrodźichu nowe formy zwuraznjenja. »Swět je za mnje nětko prosće pisaniši«, štož so tež widźomnje

seine ehemaligen Schülerinnen, die Künstlerinnen Božena Nawka-Kunysz, Iris Brankatschk (Iris Brankačkowa) und Maja Nagel (Maja Nagelowa),[64] sowie die Kunstwissenschaftlerin Maria Mirtschin (Marija Měrćinowa). (Abb. 13) Antonia und Jan Buck führten ein offenes, gastfreundliches Haus, in dem Besucherinnen und Besucher – darunter zahlreiche sorbische Intellektuelle und Kultur- und Kunstschaffende – stets herzlich willkommen waren.

Die späten Jahre

Die Zeit der politischen Wende war für Jan Buck auch die Zeit eines persönlichen und künstlerischen Umbruchs, an dessen Ende ein außergewöhnliches und viel beachtetes Alterswerk steht. Im Jahr der deutschen Wiedervereinigung stand Buck bereits inmitten seines siebenten Lebensjahrzehnts. Er baute sein Elternhaus in Nebelschütz um und zog 1996 – nach einer mehr als vierzig Jahre währenden Zeit in Bautzen – gemeinsam mit seiner Ehefrau Antonia aufs Land, dorthin, wo einst sein Lebensweg begann. Die dörfliche, heimatliche Umgebung und das kleine Atelier unterm Dach des Fachwerkhauses genügten ihm, um sich fortan auf das Wesentliche in seiner Malerei zu konzentrieren. Und dennoch: Die neue Freiheit öffnete ihm neue Wirkungsräume, die neue Ausdrucksformen hervorbrachten. »Die Welt ist für mich jetzt einfach bunter«, was sich auch sichtbar in der verwendeten Farbpallette niederschlug.[65] Das nun mögliche freie Reisen nutzte Jan Buck in erster Linie für den Besuch großer, wichtiger Museen mit ihren Meisterwerken der Klassischen Moderne und zeitgenössischer Kunst. Bereits 1991 stellte er an den Sorbischen Künstlerbund einen Antrag zur Bewilligung einer Studienreise nach Köln, um das dortige Wallraff-Richartz-Museum zu besuchen. Er wolle Erkenntnis über die großen Zusammenhänge der Kunst gewinnen und Werke seiner Künstlerkollegen Georg Baselitz und Gerhard Richter im Original betrachten, heißt es in seiner Begründung.[66]

w palećе barbow wotbłyšćowaše, kotrež wužiwaše.[65] Nowe móžnosće wólneho pućowanja wuži Jan Buk w prěnim rjedźe za to, zo sej wulke, wažne muzeje z jich mišterskimi twórbami Klasiskeje moderny a načasneho wuměłstwa wobhlada. Hižo 1991 staji w Zwjazku serbskich wuměłcow próstwu wo schwalenje studijneje jězby do Kölna, zo by sej tam Muzej Wallraffa-Richartza wobhladał. Chcyše dopóznaća wo wulkich zwiskach we wuměłstwje zdobyć a twórby swojich kolegow-wuměłcow Georga Baselitza a Gerharda Richtera w originalu wobdźiwać, kaž wón we wopodstatnjenju piše.[66] Hač do něhdźe 80teho žiwjenskeho lěta bě Janej Bukej spožčene molować, pozdźišo wón barby hižo wjace njespóznawaše.[67] Njewuhojomna chorosć woči jeho tworjenje jako moler skónči. 16. februara 2008 zemrě jemu mandźelska Antonia, najwažniša a často prěnja kritikarka a k tomu spušćomna akterka w pozadku.

1. apryla 2019 Jan Buk w žohnowanej starobje 96 lět w starowni swj. Ludmile w Chróšćicach zemrě, hdźež bě poslednje lěta swojeho žiwjenja přežiwił. 4. apryla 2019 bu na pohrjebnišću Njebjelčanskeje wosady poboku swojeje mandźelskeje pochowany. Zboka jeho kašća na marach stejеše jeho twórba *Rozžohnowanje*, kotruž bě Jan Buk po smjerći swojeje maćerje 1981 molował – symbol rozžohnowanja a zdobom hłuboke wuznaće k swojim korjenjam.[68]

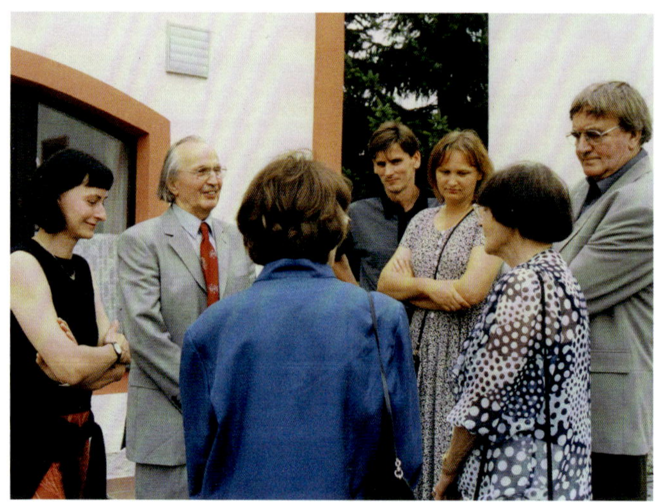

Abb. 13 Jan Buck im Kreis einiger Kolleginnen und Kollegen anlässlich seines 80. Geburtstages in Nebelschütz. Von links nach rechts: Prof. Lucia Heine (von hinten), Iris Brankatschk, Jan Buck, Edward und Christina Bogusz sowie Steffen und Eva-Ursula Lange

wobr. 13 Jan Buk mjez někotrymi swojimi koleginami a kolegami składnostnje swojich 80ćin w Njebjelčicach. Wotlěwa: prof. Lucija Hajnec (z chribjetom), Iris Brankačkowa, Jan Buk, Edward Bogusz a Christina Boguszowa kaž tež Steffen Langa a Wórša Lanzyna

wobr. 13 Jan Buk w kole někotarych kolegowkow a kolegow ku góźbje jogo 80. narodnego dnja w Njebjelčicach. Wótlěwa: prof. Lucia Hajnec (wótslědka), Iris Brankačkec, Jan Buk, Edward a Christina Boguszojc ako teke Steffen a Eva-Ursula Langojc

il. 13 Jan Buck w kręgu koleżanek i kolegów przy okazji 80. urodzin w Nebelschütz. Od lewej: prof. Lucia Heine (tyłem), Iris Brankatschk, Jan Buck, Edward i Christina Boguszowie oraz Steffen i Eva-Ursula Lange

Abb. 14 Überreichung des Preises der Europäischen Union für Kunst für sein künstlerisches Lebenswerk durch Dr. Petr Vašiček im Sorbischen Museum, Bautzen, 2011

wobr. 14 Dr. Petr Vašiček přepoda Janej Bukej w Budyskim Serbskim muzeju Myto Europskeje unije za jeho wumělski žiwjenski skutk, 2011

wobr. 14 Pśepódaśe myta Europskeje unije za wumětstwo za jogo wumětske žywjeńske źěło z boka dr. Petra Vašičeka w Serbskem muzeju, Budyšyn, 2011

il. 14 Wręczenie Nagrody Artystycznej Unii Europejskiej za całokształt twórczości artystycznej przez dr. Petra Vašičeka w Muzeum Serbołużyckim, Budziszyn, 2011 r.

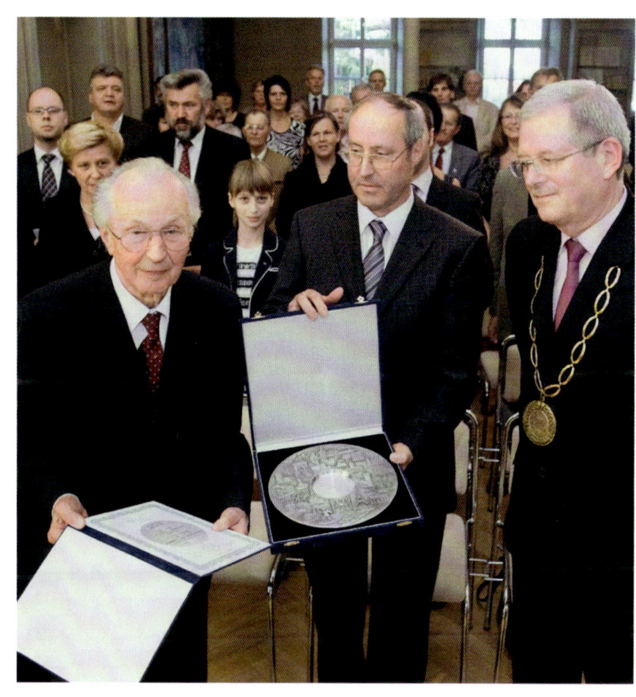

Bis etwa zum 80. Lebensjahr war es Jan Buck vergönnt zu malen, danach konnte er jedoch keine Farben mehr erkennen.[67] Ein irreparables Augenleiden beendete sein malerisches Schaffen. Am 16. Februar 2008 starb seine Ehefrau Antonia, wichtigste und oft erste Kritikerin, dazu zuverlässige Akteurin im Hintergrund. Am 1. April 2019 folgte Jan Buck ihr im hohen Alter von 96 Jahren im sorbischen Altersheim St. Ludmilla in Crostwitz, in dem er seine letzten Lebensjahre verbracht hatte. Er wurde am 4. April 2019 auf dem Friedhof der Nebelschützer Pfarrgemeinde an der Seite seiner Ehefrau beerdigt. Neben seinem aufgebahrten Sarg stand sein Werk *Abschied*. Jan Buck hatte es anlässlich des Todes seiner Mutter 1981 gemalt, ein Sinnbild für das Abschiednehmen und zugleich tiefes Bekenntnis zu seinen Wurzeln.[68]

Das künstlerische Wirken Jan Bucks wurde mit zahlreichen Auszeichnungen und Ehrungen gewürdigt. 1986 erhielt er die höchste Auszeichnung im Bereich der sorbischen Kultur, den Ćišinski-Preis. Auf Initiative des Museums des Oppelner Schlesiens wurde ihm 2004 die Jan-Cybis-Medaille verliehen. Beide, der sorbische Dichter und der polnische Maler, zählten zu den prägendsten Leitbildern, denen sich Jan Buck verbunden fühlte. Für »das beeindruckende Lebenswerk eines sorbischen Künstlers, das von sorbischen und deutschen Bürgern dieser Stadt gleichermaßen gewürdigt und bewundert wird«, zeichnete ihn 2007 die Stadt Bautzen mit der Ehrenbürgerschaft aus.[69] Diese hohe Ehrung ging zum ersten Mal überhaupt an einen Sorben und Künstler. Auch sein Heimatort Nebelschütz ehrte Jan Buck 2012 mit der Ehrenbürgerschaft. Eine weitere bedeutsame Anerkennung erfuhr Buck 2011 mit der Verleihung des Preises der Europäischen Union für Kunst, den er aus den Händen des Präsidenten Dr. Petr Vašiček für sein künstlerisches Lebenswerk entgegennehmen konnte.[70] (Abb. 14)

Jan Buck gehört zu den sorbischen bildenden Künstlern, deren Arbeiten durch zahlreiche Personal- und Gruppenausstellungen über die Grenzen der Lausitz hinaus breite Anerkennung erfuhren. Die Werke von Jan Buck sind in namhaften öffentlichen Sammlungen als auch in Privatsammlungen in ganz Deutsch-

Za swoje wumělske skutkowanje dósta Jan Buk mnohe wuznamjenjenja a počesćenja. 1986 přija najwjetše serbske wuznamjenjenje we wobłuku serbskeje kultury – Myto Ćišinskeho. Na iniciatiwu Muzeja Opolskeje Šleskeje spožči so jemu 2004 medalja Jana Cybisa. Z woběmaj, ze serbskim basnikom a pólskim molerjom, je so Buk po duchu jara zwjazany čuł, štož jeho tworiwosć bytostnje wowliwowaše. Za »impozantny žiwjenski skutk serbskeho wumělca, kiž sej serbscy kaž němscy wobydlerjo waža a kotryž wobdźiwuja«, jeho město Budyšin 2007 jako čestneho wobydlerja wuznamjeni.[69] Wón bě prěni Serb a wumělc, kotryž tute wysoke wuznamjenjenje dósta. Tež jeho ródna wjes Njebjelčicy počesći Jana Buka 2012 z titlom čestneho wobydlerja. Dalše wuznamne připóznaće bě spožčenje Myta Europskeje unije wumělstwa, kotrež Buk z rukow prezidenta dr. Petra Vašičeka za swój wumělski žiwjenski skutk přija.[70] (wobr. 14)

Jan Buk słuša do serbskich tworjacych wumělcow, kotrychž twórby přez mnohe personalne a skupinske wustajeńcy mjezy Łužicy přesahujo wulke připóznaće žnějachu. Twórby Jana Buka su we wuznamnych

land sowie im europäischen Ausland vertreten. Eines seiner Bilder ging Ende der 1970er Jahre, durch Vermittlung des Staatlichen Kunsthandels der DDR, bis nach Japan.[71] Im Sorbischen Museum in Bautzen befindet sich die umfassendste Sammlung seiner Werke, die exemplarisch die unterschiedlichen stilistischen Schaffensperioden des Künstlers präsentiert.

In seinen letzten Lebensjahren verstärkte sich der Wunsch des Künstlers nach einer umfassenden Ausstellung anlässlich seines 100. Geburtstages. Sein Anliegen schloss die ausdrückliche Bitte ein, sein Werk auch an dem Ort zu zeigen, wo seine künstlerische Entfaltung einst ihren Anfang nahm – in Wrocław.

»Leben ist doch stets ein neues Suchen, sich neu bewegen lassen. Dann ist alles frisch, lebendig; dann kann man mit 80 Jahren auch noch etwas Neues machen. Es kommt darauf an, daß man ergriffen wird und sich dem Neuen aussetzt, indem man es zeichnet und malt.«[72] Daran hat sich Jan Buck – als Mensch wie als Künstler – im Leben immer wieder neu gehalten.

zjawnych kaž tež priwatnych zběrkach po wšej Němskej a w europskim wukraju zastupjene. Jedyn z jeho wobrazow bu kónc 1970tych lět z posrědnistwom Statneho wikowanja z wumělstwom NDR do Japanskeje předaty.[71] W Serbskim muzeju w Budyšinje je najwobšěrniša zběrka jeho twórbow, kotraž eksemplarisce wšelake stilistiske periody Bukoweho tworjenja prezentuje.

W poslednich lětach swojeho žiwjenja sej wumělc spochi přeješe, zo so składnostnje jeho 100ćin wobšěrna wustajeńca zarjaduje. Jeho přeće bě zwjazane z wuraznej próstwu, zo so jeho twórby tež tam pokazaja, hdźež je so jeho wumělski puć něhdy rozwiwać započał – we Wróctawju. »Žiwjenje je tola spochi nowe pytanje za tym, štož će přeco zaso jima. Potom je wšitko čerstwe, čiłe; potom móžeš jako 80lětny tež hišće něšto noweho činić. Rozsudne je, zo će něšto jima a zo so nowemu wotewriš z tym, zo moluješ a rysuješ.«[72] Tak je to Jan Buk – jako čłowjek a jako wumělc – w žiwjenju přeco zaso a wotnowoty činił.

1 Achim Brankačk: Swojeje zamołwitosće sej wědomy moler, in: Rozhlad 32 (1982), Nr. 7/8, S. 295–298.

2 Michał Anders: Njebjelčanska wosada, in: Wosady našeje domizny. Krajan 3. Čitanka za křesćanski dom, hrsg. von Měrćin Salowski, Leipzig 1984.

3 Katholisches Pfarramt St. Martin, Nebelschütz, Testimonium baptismi vom 27. Februar 2022.

4 Ebd.

5 An der Decke sind die wichtigsten Szenen aus der biblischen Geschichte dargestellt, an den Wänden zwölf Heilige. Hervorzuheben sind in diesem Zusammenhang die sich darunter befindlichen Darstellungen der sorbischen katholischen Volkstrachten in ihrem Variantenreichtum. Als Kind sah Jan Buck einem Restaurator bei der Arbeit an den Fresken zu.

6 Entlassungszeugnis der Volksschule Nebelschütz, Privatarchiv Peter Buck.

7 Sein Bruder Georg fiel am 10. März 1944 an der russischen Front. Zum letzten Mal sah ihn Jan Buck Weihnachten 1943 in einem Rigaer Lazarett, in dem sich Georg aufgrund einer Verletzung befand. Der Tod seines Bruders traf ihn schwer. Laut Selbstauskunft von Jan Buck, Privatarchiv Peter Buck.

8 Nach dem Krieg schrieben ihm ehemalige Kameraden, mit denen er bei der Kriegsmarine gedient hatte, und schlugen vor, gemeinsam in Düsseldorf eine Tauchschule aufzubauen. Jan Buck hat diesen Brief nie erhalten. Seine Mutter hatte ihn geöffnet und sofort verbrannt, aus Angst, ihr Sohn könnte seine Heimat wieder verlassen. Viele Jahre schwieg sie darüber. Laut freundlicher Auskunft von Peter Buck.

9 Brankačk: Swojeje zamołwitosće sej wědomy moler (wie Anm. 1).

10 Ebd. »Dieser junge Mensch sollte sich ausbilden lassen. Einmal werden wir eine Kulturautonomie haben, aber wir haben dazu noch nicht genügend fähige Leute.« Za mnje je wumělstwo nutřkowne duchowne rozestajenje z realitu. Interview z Janom Bukom, in: Rozhlad 52 (2002), Nr. 6, S. 217–220, hier S. 217.

1 Achim Brankačk: Swojeje zamołwitosće sej wědomy moler. W: Rozhlad 32 (1982), čo. 7/8, str. 295–298.

2 Michał Anders: Njebjelčanska wosada, we: Wosady našeje domizny. Krajan 3. Čitanka za křesćanski dom. Wud. Měrćin Salowski, Lipsk 1984.

3 katolska fara swj. Měrćina, Njebjelčicy, Testimonium baptismi z dnja 27. 2. 2022.

4 ibid.

5 Na wjerchu su zwobraznjene najwažniše sceny z bibliskich stawiznow a na sćěnach dwanaće swjatych. Wosebje skedźbnić chcu tutym zwisku na zwobraznjenja najwšelakorišich wariantow serbskeje drasty. Jako dźěćo bě Jan Buk restawratorej při dźěle na freskach přihladował.

6 Kónčne wuswědčenje Njebjelčanskeje ludoweje šule; priwatny archiw Pětra Buka.

7 Jeho bratr Jurij bě 10. měrca 1944 na ruskej fronće padnył. Posledni raz widźałoj staj so hody 1943 w lacarećе w Rize, w kotrymž Jurij Buk zranjeny ležeše. Smjerć bratra bě Jana Buka jara trjechiła, kaž wón praji, priwatny archiw Pětra Buka.

8 Po wójnje su jemu kameradźa, z kotrymiž bě pola wójnskeje mariny słužił, pisali a namjetowali, w Düsseldorfje zhromadnje nurjensku šulu natwarić. Tónle list Jan Buk ženje dóstał njeje. Jeho mać bě jón wočiniła a hnydom spaliła, dokelž je so bojała, zo syn domiznu hišće raz wopušći. Wjele lět je wo tym mjelčała. Po informaciji Pětra Buka.

9 Brankačk: Swojeje zamołwitosće sej wědomy moler (kaž přisp. 1).

10 ibid. »Tutón młody čłowjek dyrbjał so wukubłać dać. Jónu změjemy kulturnu awtonomiju, ale nimamy k tomu hišće dosć kmanych ludźi.« W: Za mnje je wumělstwo nutřkowne duchowne rozestajenje z realitu. Interview z Janom Bukom, w: Rozhlad 52 (2002), čo 6. str. 217–220, tu str. 217.

11 Christina Boguszowa: Hanka Krawcec, w: Rozhlad 51 (2001), čo. 3, str. 82–88.

11 Christina Boguszowa: Hanka Krawcec, in: Rozhlad 51 (2001), Nr. 3, S. 82–88.

12 Sorbisches Kulturarchiv am Sorbischen Institut, Bautzen (= SKA Bautzen), SKA_D_III_6-6-B_123, SKA_D_III_6-6-6-B_125, SKA_D_III_6-6-6-B_133.

13 SKA Bautzen, SKA_D_III_6-6-A-II_121 und SKA_D_III_6-6-A-II_122: Posedźenje KPNSS dnja 12.8.47.

14 Ebd.

15 Ursula Haller/Anna Krone: Notizen eines Interviews mit Jan Buck vom 18. 1. 2018. Untersuchungsdokumentation Hochschule für Bildende Künste Dresden. Gemälderestaurierung *Junge Chemielaborantin* – Jan Buck – 1953, Hochschule für Bildende Künste Dresden, Archiv und Kustodie (= HfBK Dresden).

16 Zaswiadczenie Państwowe Liceum Sztuk Plastycznych, Wrocław 22. VI. 1948, Privatarchiv Peter Buck.

17 Ebd.

18 Aus dem wiederholten Antrag vom 7. Oktober 1949 geht hervor, dass Jan Buck nicht teilnehmen konnte, da er zum Zeitpunkt der Prüfungen kein Visum zur Ausreise nach Polen von der Sowjetischen Militäradministration erhalten hatte, Privatarchiv Peter Buck.

19 Państwowa Wyższa Szkoła Sztuk Plastycznych w Wrocławiu. Karta wpisowa, Privatarchiv Peter Buck.

20 Państwowa Wyższa Szkoła Sztuk Plastycznych w Wrocławiu. Książka ewidencyjna L. 208 1949/50, Privatarchiv Peter Buck.

21 Za mnje je wuměłstwo nutřkowne duchowne rozestajenje z realitu (wie Anm. 10), S. 218.

22 Schreiben des Sorbischen Volksbildungsamtes, Abteilung Wissenschaft und Hochschulen, vom 19. 8. 1950 an die Staatliche Hochschule für Bildende Künste Dresden, Privatarchiv Peter Buck.

23 Eine Vereinbarung zur Stipendieneinstufung für sorbische Studenten wurde zwischen dem Ministerium für Volksbildung des Landes Sachsen, Abteilung Studienreferat, und dem Sorbischen Volksbildungsamt getroffen. Diese Regelung war notwendig, »da sich die Studienkommission beim sorbischen Volksbildungsamt für die Entwicklung der künftigen sorbischen Intelligenz verantwortlich fühlt und somit auch auf die wirtschaftliche Unterstützung seitens der jeweiligen Universität oder Hochschule Einfluß haben möchte«. HfBK Dresden, HfBK_DD_AR_Sta_Buck_Johann_0034.

24 www.ostwestkunst.de [abgerufen am 2. 2. 2022].

25 Aus dem Beschluss der SED vom März 1951: »Formalismus bedeutet Zersetzung und Zerstörung der Kunst selbst. [...] Überall wo die Frage der Form selbständige Bedeutung gewinnt, verliert die Kunst ihren humanistischen und demokratischen Charakter.«; www.ostwestkunst.de [abgerufen am 2. 2. 2022].

26 Maria Mirtschin/Hans Mirtschin: Der Maler Jan Buck, hrsg. vom Sorbischen Künstlerbund e.V., 1992, S. 5.

27 HfBK Dresden: Liste-der-Absolvent_innen-1947–1990_final.pdf.

28 Haller/Krone: Notizen eines Interviews mit Jan Buck vom 18. 1. 2018 (wie Anm. 15).

29 Ebd.

30 Ebd.

31 Die Arbeit befindet sich im Archiv der Hochschule, HfBK Dresden.

32 HfBK Dresden, HfBK_DD_AR_StA_Buck_Johann_0007.

33 Diese befand sich auf der Dr.-Peter-Jordan-Str. 18 (bei Künast), Privatarchiv Peter Buck.

34 Privatarchiv Peter Buck.

12 Serbski kulturny archiw w Serbskim instituće Budyšin (= SKA Budyšin), SKA_D_III_6-6-B_123, SKA_D_III_6-6-6-B_125, SKA_D_III_6-6-6-B_133.

13 SKA Budyšin, SKA_D_III_6-6-A-II_121 a SKA_D_III_6-6-A-II_122: Posedźenje KPNSS dnja 12.8.47

14 ibid.

15 Ursula Haller/Anna Krone: noticy interviewa z Janom Bukom dnja 18.01.2018. Dokumentacija přepytowanja Wysokeje šule tworjaceho wuměłstwa Drježdźany. Restawrowanje mólby *Młoda laborantka w chemiskim laborje* – Jan Buk – 1953, Wysoka šula tworjaceho wuměłstwa Drježdźany. Archiw. Kustodija (= WŠTW Drježdźany)

16 Zaswiadczenie Państwowe Liceum Sztuk Plastycznych, Wrocław 22. VI. 1948 priwatny archiw Pětra Buka.

17 ibid.

18 Z druheje próstwy, kotruž bě Jan Buk 7. oktobra 1949 zapodał, wuchadźa, zo wón přijimanske pruwowanje njemóžeše złožić, dokelž jemu Sowjetska wojerska administracija njebě wizum dała, zo móhł so do Pólskeje podać; priwatny archiw Pětra Buka.

19 Państwowa Wyższa Szkoła Sztuk Plastycznych w Wrocławiu. Karta wpisowa; priwatny archiw Pětra Buka.

20 Państwowa Wyższa Szkoła Sztuk Plastycznych w Wrocławiu. Książka ewidencyjna L. 208 1949/50; priwatny archiw Pětra Buka.

21 Za mnje je wuměłstwo nutřkowne duchowne rozestajenje z realitu (kaž přisp. 10), str. 218.

22 List Serbskeho zarjada, wotrjada wěda a wysoke šulstwo, z dnja 19. awgusta 1950 Statnej wysokej šuli tworjaceho wuměłstwa Drježdźany; priwatny archiw Pětra Buka.

23 Dojednanje wo wysokosći stipendija stej Ministerstwo ludoweho kubłanja kraja Sakskeje, wotrjad studijny referat, a Serbski zarjad wujednałoj. Rjadowanje bě trěbne, »dokelž so za studij zamołwita komisija w Serbskim zarjedźe za wuwiwanje přichodneje serbskeje inteligency zamołwita čuje a chce tuž tež hospodarsku podpěru ze stron konkretneje uniwersity abo wysokeje šule wowliwować.« WŠTW Drježdźany, HfBK_DD_AR_Sta_Buck_Johann_0034.

24 www.ostwestkunst.de, [wotwołała 2. 2. 2022].

25 Z wobzamknjenja SED w měrcu 1951: »Formalizm woznamjenja rozpušćenje a zničenje wuměłstwa samoho. [...] Hdźežkuli nabywa prašenje formy samostatneho woznama, wuměłstwo swój humanistiski a demokratiski raz přisadźi.«; www.ostwestkunst.de [wotwołała 2. 2. 2022].

26 Maria Mirtschin/Hans Mirtschin. Der Maler Jan Buck, wudał Zwjazk serbskich wuměłcow z. t. 1992, str. 5.

27 WŠTW Drježdźany: Liste-der-Absolvent_innen-1947-1990_final.pdf.

28 Haller/Krone. Noticy interviewa z Janom Bukom dnja 18. 1. 2018 (kaž přisp. 15).

29 ibid.

30 ibid.

31 Dźěło je w archiwje WŠTW Drježdźany.

32 WŠTW Drježdźany, HfBK_DD_AR_StA_Buck_Johann_0007.

33 Běše na Dr. Pětra Jordanowej čo. 18 (pola Künastoweje) w Budyšinje; priwatny archiw Pětra Buka.

34 Priwatny archiw Pětra Buka.

35 Die zweite in Bautzen zugewiesene Wohnung befand sich in der Martin-Hoop-Str. 3, wo die Familie bis 1996 wohnte. Jan Buck nutzte das Wohnzimmer mit der sich anschließenden Veranda als Atelier. Immer wieder bemühte er sich um bessere Atelierverhältnisse und stellte Anträge zur Unterstützung durch kommunale Wohnungsbaueinrichtungen, jedoch ohne Erfolg. Schriftwechsel zwischen Jan Buck und dem Rat des Kreises Bautzen, dem Ministerium des Inneren, Fachgebiet Sorbenfragen, und dem Rat des Kreises Hoyerswerda zwischen 1959 und 1969, Privatarchiv Peter Buck.

36 Martin Damus: Malerei der DDR. Funktionen der bildenden Kunst im Realen Sozialismus, Hamburg 1991, S. 78.

37 HfBK Dresden, HfBK_DD_AR_sign-03_0823-01 bis HfBK_DD_AR_sign-03_0823-01 09.

38 Schreiben von Achim Handrick, Hauptabteilungsleiter Ministerium des Inneren, Hauptabteilung Sorbenfragen vom 17. 1. 1957, HfBK Dresden, HfBK_DD_AR_sign_03_0823-03.

39 Schreiben von Jan Buck an die Zentralleitung des VBKD Berlin vom 15. 8. 1956, Privatarchiv Peter Buck.

40 SKA Bautzen, Nachlass Měrćin Nowak-Njechorński, Fragmente aus der Tätigkeit des Arbeitskreises sorbischer bildender Künstler, SKA_MNN N_VII_40-3.

41 Schreiben von Achim Handrick, Hauptabteilungsleiter Ministerium des Inneren, Hauptabteilung Sorbenfragen vom 17. 1. 1957, HfBK Dresden, HfBK_DD_AR_sign_03_0823_05.

42 Karl-Marx-Universität Leipzig, Hörerschein Herbstsemester 1957, Bescheinigung über den Abschluss der externen pädagogischen Grundausbildung vom 2. 11. 1962, Privatarchiv Peter Buck.

43 Ab 1968 leitete er den Mal- und Zeichenzirkel im Kreiskulturhaus und ab 1969 den Mal- und Zeichenzirkel in Trebendorf.

44 Za mnje je wumělstwo nutřkowne duchowne rozestajenje z realitu (wie Anm. 10), S. 217.

45 Maria Mirtschin: Der Maler Jan Buck, in: Jan Buck: Aquarelle. Gemälde. Zeichnungen, Ausstellungskatalog Kreismuseum Senftenberg, Kunstsammlung Lausitz, 1989.

46 Schreiben von Jan Buck an den Kulturstaatssekretär Kurt Löffler vom 15. 6. 1975, Privatarchiv Peter Buck.

47 Za mnje je wumělstwo nutřkowne duchowne rozestajenje z realitu (wie Anm. 10), S. 217.

48 Zweiseitiges Manuskript, o. J. (vermutlich Mitte der 1970er Jahre), Privatarchiv Peter Buck.

49 Zitiert aus dem Film »Ja to takle widźu«, Sorabia Film Studio Bautzen, 1990, Regie: Toni Bruk.

50 1969 wurde in Ostro das Grabmal für Jakub Bart-Ćišinski eingeweiht, das Jan Buck gemeinsam mit dem polnischen Bildhauer Władysław Tumkiewicz geschaffen hatte. 1978 entwarf er in Zusammenarbeit mit dem Hoyerswerdaer Bildhauer Jürgen von Woyski die Grabstätte für die niedersorbische Dichterin Mina Witkojc in Burg.

51 Za mnje je wumělstwo nutřkowne duchowne rozestajenje z realitu (wie Anm. 10), S. 219.

52 Brief von Jan Buck an Max Schurmann, Dezember 1990, Privatarchiv Peter Buck.

53 Jan Cybis in: »Głos Plastyków«, 1931, Nr. 12; https://de.wikipedia.org.wiki. Jan_Cybis [abgerufen am 24. 2. 2022].

54 Alfons Wićaz-Lehmann: Harmonie der Formen. Maler Jan Buck stellt Auswahl seiner Bilder in Opole aus, in: Serbske Nowiny, Mai/Juni 2004, Monatliche Ausgabe in deutscher Sprache.

55 Die 17-tägige Reise, die vom Ministerium für Kultur der DDR bewilligt worden war, trat Jan Buck am 18. Juni 1973 an. Begleitet wurde er von einem Vertreter des Ministeriums für Kultur der UdSSR. In Moskau traf Jan Buck zu Gesprächen mit dem Vorsitzenden des Verbandes

35 Druhe, w Budyšinje připokazane bydlenje bě na Martina Hoopowej čo. 3, hdźež swójba hač do 1996 bydleše. Bydlensku z werandu wužiwaše Buk jako ateljej. Wospjet so wo lěpše wuměnjenja za ateljej prócowaše a komunalnym bydlenjotwarskim zarjadam próstwy wo podpěru zapodawaše, ale podarmo. Listowanje Jana Buka z radu wokrjesa Budyšina, nutřkownym ministerstwom/wobłuk serbske prašenja a z radu wokrjesa Wojerecy mjez 1959 a 1969; priwatny archiw Pětra Buka.

36 Martin Damus: Malerei der DDR. Funktionen der bildenden Kunst im Realen Sozialismus, Hamburg 1991, str. 78.

37 WŠTW Drježdźany, HfBK_DD_AR_sign-03_0823-01 bis HfBK_DD_AR_sign-03_0823-01 09.

38 List Achima Handrika, hłowneho wotrjadnika w nutřkownym ministerstwje/hłowny wotrjad serbske prašenja z dnja 17. 1. 1957, WŠTW Drježdźany, HfBK_DD_AR_sign_03_0823-03.

39 List Jana Buka centralnemu wjednistwu Zwjazka tworjacych wumělcow Němskeje w Berlinje z dnja 15. 8. 1956; priwatny archiw Pětra Buka.

40 SKA Budyšin, zawostajenstwo Měrćina Nowaka-Njechorńskeho, fragmenty z dźěławosće Koła serbskich tworjacych wumělcow, SKA_MNN N_VII_40-3.

41 List Achima Handrika, hłowneho wotrjadnika w nutřkownym ministerstwje/hłowny wotrjad serbske prašenja z dnja 17. 1. 1957, WŠTW Drježdźany, HfBK_DD_AR_sign_03_0823_05.

42 Karla Marxowa uniwersita Lipsk, wupokaz hóstneho studenta za nazymski semester 1957, wopismo wo wotzamknjenju eksterneho pedagogiskeho zakładneho wukubłanja z dnja 2.11.1962; priwatny archiw Pětra Buka.

43 Wot 1968 Jan Buk molerski a rysowanski kružk wokrjesneho Kulturneho domu w Budyšinje a wot 1969 molerski a rysowanski kružk w Trjebinje wuspěšnje nawjedowaše.

44 Za mnje je wumělstwo nutřkowne duchowne rozestajenje z realitu (kaž přisp. 10), str. 217.

45 Maria Mirtschin: Der Maler Jan Buck, in: Jan Buck: Aquarelle. Gemälde.Zeichnungen, katalog wustajeńcy we wokrjesnym muzeju Zły Komorow, Wumělska zběrka Łužica, 1989.

46 List Jana Buka statnemu sekretarej za kulturu Kurtej Löfflerej z dnja 15. 6. 1975; priwatny archiw Pětra Buka.

47 Za mnje je wumělstwo nutřkowne duchowne rozestajenje z realitu (kaž přisp. 10), str. 217.

48 Dwustronski manuskript, bjez lěta (drje srjedź 1970tych lět); priwatny archiw Pětra Buka.

49 Citat z filma »Ja to takle widźu«, Filmowe studio SORABIA Budyšin, 1990, režija: Toni Bruk.

50 1969 bu we Wotrowje narowny pomnik za Jakuba Barta-Ćišinskeho poswjećeny, kotryž bě Jan Buk zhromadnje z pólskim rězbarjom Władysławom Tumkiewiczom stworił. 1978 naćisny w zhromadnym dźěle z Wojerowskim rězbarjom Jürgenom von Woyskim narowny pomnik za delnjoserbsku basnicu Minu Witkojc w Bórkowach.

51 Za mnje je wumělstwo nutřkowne duchowne rozestajenje z realitu (kaž přisp. 10), str. 219.

52 List Jana Buka Maksej Šurmanej, december 1990; priwatny archiw Pětra Buka.

53 Jan Cybis w: »Głos Plastyków«, 1931, čo. 12; https://de.wikipedia.org.wiki. Jan_Cybis [wotwowała dnja 24. 2. 2022].

54 Alfons Wićaz-Lehmann: Harmonie der Formen. Maler Jan Buck stellt Auswahl seiner Bilder in Opole aus, w: Serbske Nowiny, meja/junij 2004, měsačne wudaće w němčinje, originalny citat: »Ich verwende geistig durchlebte Farben, mit denen ich meine Gefühle ausdrücke.«

55 17dnjowsku jězbu, kotruž bě jemu Ministerstwu kultury NDR schwaliło, Jan Buk dnja 18. junija1973 nastupi. Zastupjer ministerstwa kultury ZSSR jeho přewodźeše. W Moskwje so Jan Buk z předsydu Zwjazka

Bildender Künstler der UdSSR, Tair Salachow, zusammen. Reise in die UdSSR. Reisebericht von Jan Buck, Privatarchiv Peter Buck.

56 Ebd.

57 Ebd.

58 Achim Brankačk: Jan Buck w Drježdźanach wustajał, in: Rozhlad 32 (1982), Nr. 9, S. 345.

59 Gerat Libš: Moler serbskeje družki, in: Płomjo 19/1978, S. 1 [»moluju tuchwilu w Hórčanskich skałach, tež zornowc je zeleny, hdyž na njón wěste swětło pada. To su so mi skalarjo dźiwali, ale to je tak. To je prašenje swětła.«].

60 Halina Jastrzębowska besuchte 1969 als Mitglied des Präsidiums des Verbandes polnischer bildender Künstler im Rahmen eines Arbeitsbesuches auch das Atelier von Jan Buck. Vgl. Rozhlad XIX (1969), Nr. 6, S. 235.

61 In Vorbereitung hatte sich bereits Anfang Januar 1968 ein Ausschuss zur Errichtung des Denkmals unter dem Vorsitz des Sdierer Pfarrers Pater Stanislaus Maria Nauke gebildet. Für das Denkmal engagierten sich zudem der Lehrer Johann Meschgang (Jan Meškank) sowie der Ostroer Pfarrer Paul Graf (Pawoł Grofa). Schriftwechsel zwischen Jan Buck, den beiden Geistlichen, Pfarrer Graf und Pater Nauke, sowie Johann Meschgang vom 6. 1. 1968 bis zum 7. 10. 1969, Privatarchiv Peter Buck.

62 Horst Bachmann schrieb Jan Buck Anfang des Jahres 1971 in einem Brief: »Ich bin davon überzeugt, eigentlich nach dem letzten Gespräch noch deutlicher als vorher, daß du einen ehrlichen Weg als Künstler und Mensch gehst. Davon aber gibt es wenige und deshalb sollten wir wohl öfter zusammenkommen. Wir haben es da alle nicht leicht.« Brief vom 3. 1. 1971, Privatarchiv Peter Buck.

63 Na wopyće pola molerja Jana Buka. Interview 1975, Archiv des Sorbischen Rundfunks.

64 Von 1976 bis 1996 war Jan Buck Leiter des Abendstudiums der Hochschule für Bildende Künste Dresden, Außenstelle Bautzen, an der er ab dem Schuljahr 1972/73 unterrichtete. Laut Lehrauftrag vom 1. November 1972 zwischen Jan Buck und der Hochschule für Bildende Künste Dresden, unterzeichnet von Prof. Gerhard Kettner, Rektor der HfBK Dresden, Privatarchiv Peter Buck.

65 Za mnje je wumělstwo nutřkowne duchowne rozestajenje z realitu (wie Anm. 10), S. 219.

66 Schreiben an den Sorbischen Künstlerbund, Oktober 1991, Privatarchiv Peter Buck.

67 Haller/Krone: Notizen eines Interviews mit Jan Buck vom 18. 1. 2018 (wie Anm. 15).

68 Za mnje je wumělstwo nutřkowne duchowne rozestajenje z realitu (wie Anm. 10), S. 219.

69 Grußwort des Oberbürgermeisters Christian Schramm, in: Amtsblatt, Jg. 17, Nr. 14, 11. 8. 2007.

70 Die Europäische Union für Kunst (EUU) ist eine internationale Vereinigung engagierter Persönlichkeiten in den Bereichen Kunst und Kultur. Sie wurde 1999 in Brüssel gegründet und hat inzwischen ihren Sitz in Prag. Seit Beginn ihrer Tätigkeit verleiht sie den Europäischen Kunstpreis für herausragende künstlerische und kulturelle Leistungen; www.euu-cz.org [abgerufen am 1. 4. 2022].

71 Im Jahr 1978 kaufte der Staatliche Kunsthandel der DDR bei Jan Buck das Werk *Zwei weibliche Akte* (Öl auf Hartfaser, 1976) mit der Vorgabe, in Tokio und anderen Städten Japans eine Ausstellung der Künstler der DDR zu präsentieren, wozu es aber nicht kam. Die bisherige Angabe, das Werk befinde sich in den Beständen des Museums für Moderne Kunst in Tokio, konnte nach aktueller Anfrage im September 2021 seitens des Museums nicht bestätigt werden.

72 Zitiert nach Martin Schmidt, in: Faltblatt zur Ausstellung Jan Buck, Kleine Galerie Hoyerswerda, 1982.

tworjacych wumělcow ZSSR Tairom Salachowom k rozmołwam zetka. Jězba do ZSSR. Jana Bukowa rozprawa wo jězbje; priwatny archiw Pětra Buka.

56 ibid.

57 ibid.

58 Achim Brankačk: Jan Buk w Drježdźanach wustajał, w: Rozhlad 32 (1982), čo. 9, str. 345.

59 Gerat Libš: Moler serbskeje družki, w: Płomjo 19/1978, str. 1.

60 Halina Jastrzębowska jako čłonka prezidija Zwjazka pólskich tworjacych wumělcow na dźěłowym wopyće lěta 1969 tež ateljej Jana Buka wopyta. Přir. Rozhlad XIX (1969), čo. 6, str. 235.

61 Hižo spočatk januara 1968 bě so wuběrk za postajenje pomnika wutworił, kotrehož předsyda bě Zdźěrjanski farar pater Stanisław Nawka. Za pomnik zasadźowaštaj so nimo toho wučer Jan Meškank kaž tež Wotrowski farar Pawoł Grofa. Listowanje Jana Buka z mjenowanymi wosobami z časa wot 6. januara 1968 do 7. oktobra 1969; priwatny archiw Pětra Buka.

62 Horst Bachmann pisaše Janej Bukej w lisće spočatk lěta 1971: »Sym wo tym přeswědčeny, po poslednjej rozmołwje poprawom hišće bóle hač prjedy, zo kročiš sprawny puć jako wumělc a čłowjek. Tajkich pak je mało, a tohodla dyrbjałoj so mój tola časćišo zetkawać. W tym so nichtó z naju nima lochko.« List z dnja 3. januara 1971; priwatny archiw Pětra Buka.

63 Na wopyće pola molerja Jana Buka. Interview 1975, archiw Serbskeho rozhłosa.

64 Wot 1976 do 1996 nawjedowaše Jan Buk wječorny studij na Budyskej wotnožce Wysokeje šule tworjaceho wumělstwa Drježdźany, hdźež dźěłaše wot šulskeho lěta 1972/1973 na zakładźe wučbneho nadawka z dnja 1. nowembra 1972 mjez Janom Bukom a Wysokej šulu tworjaceho wumělstwa Drježdźany, kotryž bě rektor šule prof. Gerhard Kettner podpisał; priwatny archiw Pětra Buka.

65 Za mnje je wumělstwo nutřkowne duchowne rozestajenje z realitu (kaž přisp. 10), str. 219.

66 List Zwjazkej serbskich wumělcow, oktober 1991; priwatny archiw Pětra Buka.

67 Interview z Janom Bukom, 18. 1. 2018. (kaž přisp. 15)

68 Za mnje je wumělstwo nutřkowne duchowne rozestajenje z realitu (kaž přisp. 10), str. 219.

69 Postrow wyšeho měšćanosty Christiana Schramma, w: Amtsblatt, lětn. 17, čo. 14, 11. 8. 2007.

70 Europska unija wumělstwa (EUU) je mjezynarodne zjednoćenstwo angažowanych wosobinow we wobłukomaj wumělstwo a kultura. Załožena bu 1999 w Brüsselu a mjeztym ma swoje sydło w Praze. Wot spočatka swojeje dźěławosće spožča unija Europske myto wumělstwa za wusahowace wumělske a kulturne wukony; http://www.euu-cz.org [wotwołała dnja 1. 4. 2022].

71 1978 wotkupi Statne wikowanje z wumělstwom NDR Janej Bukej jeho twórbu *Žónskej aktaj* (wolij na twjerdej włokninje, 1976) z wotpohladom, zo budźe w Tokiju a druhich městach Japanskeje wustajeńcu wumělcow NDR prezentować, k čemuž pak njedóńdźe. Dotalnu informaciju, zo je twórba we wobstatku Muzeja moderneho wumělstwa w Tokiju, muzej na aktualne naprašowanje w septembru 2021 wobkrućił njeje.

72 Citowała po Martin Schmidt, w: Faltblatt zur Ausstellung Jan Buck, Mała galerija Wojerecy, 1982.

Resümee

Ein stetes Suchen. Zu Leben und Schaffen des sorbischen Malers Jan Buck
Christina Bogusz

Johann Michael Buck wurde am 2. August 1922 in Nebelschütz als jüngstes von drei Kindern des Arbeiters Johann Buck und dessen Ehefrau Anna geboren. Der soziale Status der Familie entsprach dem Bild einer sorbischen Arbeiterfamilie innerhalb des kleinbäuerlichen dörflichen Milieus im sorbisch-katholischen Siedlungsgebiet. Nach der Schulzeit ließ er sich zum Dekorationsmaler ausbilden. Der Ausbruch des Zweiten Weltkrieges bedeutete auch für ihn einen großen Einschnitt mit der Einberufung zum Militärdienst. Nach dem Krieg wurde er mithilfe der Domowina, des Bundes Lausitzer Sorben, an das Staatliche Gymnasium für Bildende Künste (Państwowe Liceum Sztuk Plastycznych) nach Wrocław vermittelt, wo er 1949 sein Abitur ablegte. Danach studierte er an der dortigen Staatlichen Hochschule für Bildende Künste (Państwowa Wyższa Szkoła Sztuk Plastycznych), wo er eine breit gefächerte Ausbildung genoss. Emil Krcha, der Jan Buck hier in Malerei und Zeichnung unterrichtete, ebnete ihm den Zugang zur Malerei der Klassischen Moderne und zum polnischen Kolorismus der Zwischenkriegszeit um Jan Cybis. Auf Wunsch sorbischer Kulturfunktionäre führte er sein Studium jedoch an der Hochschule für Bildende Künste in Dresden bei Rudolf Bergander und Fritz Dähn fort. Nach seinem Studienabschluss 1953 und der Rückkehr in seine Heimat trat Jan Buck in den Arbeitskreis sorbischer bildender Künstler ein. Dort spürte er den Druck der etablierten kulturellen Eliten, allen voran des Vorsitzenden Martin Nowak-Neumann (Měrćin Nowak-Njechorński), der entschieden seine Auslegung von sorbischer Nationalkunst propagierte. Eine Mitgliedschaft im Verband Bildender Künstler Deutschlands, der eine wirtschaftliche Grundsicherung im Hinblick auf Aufträge und den Verkauf in den Galerien des Staatlichen Kunsthandels bedeutet hätte, wurde zunächst abgelehnt. Erst 1961 wurde Jan Buck als Kandidat und 1966 endgültig in den Verband aufgenommen. 1957 begann er ein Fernstudium im Fachbereich Kunsterziehung, das er 1962 abschloss. Parallel dazu arbeitete er bereits im Schuldienst, aus dem er 1976 ausschied, um fortan freiberuflich zu arbeiten. Ab 1964 nahm Jan Buck an allen Kunstausstellungen des Verbandes Bildender Künstler des Bezirkes Dresden teil. Ein wichtiger Meilenstein seiner künstlerischen Anerkennung war die Aufnahme eines seiner Werke in die VI. Kunstausstellung in Dresden, auch zu allen weiteren Kunstausstellungen der DDR wurde er nun eingeladen. Dadurch gewann seine Kunst deutlich an öffentlicher Wahrnehmung. Spätestens Anfang der 1970er Jahre hatte Jan Buck in der Kunstlandschaft der DDR einen Namen.

Innerhalb seines Œuvres stechen als Motive Tagebau- und Agrarlandschaften sowie Steinbrüche und die Darstellung seiner Mutter hervor. Eine exponierte Stellung nehmen zudem Stillleben ein. Die zahlreichen Studienreisen und Pleinairs spielten für den Künstler eine wichtige Rolle. Seine wohl bedeutendste Reise führte ihn 1973 nach Usbekistan, wo ihn die Farbenvielfalt und Lichtintensität stilistisch nachhaltig beeinflussten. Die Zeit nach der politischen Wende 1989 öffnete dem Künstler neue Wirkungsräume, die moderne Ausdrucksformen hervorbrachten. Es entstand ein beachtenswertes Alterswerk.

Innerhalb der sorbischen bildenden Kunst steht das Werk von Jan Buck für einen völlig neuen geistigen Ansatz. Er verließ den bis dahin eng gesteckten, folkloristisch überfrachteten und provinziell begrenzten Radius, indem er seinen Bildern im Laufe seines Schaffens durch sichtbar zunehmende Abstrahierung des Bildes auf elementare Formen eine Art Universalität verlieh. Damit ebnete Jan Buck der sorbischen bildenden Kunst den Weg in die europäische Moderne.

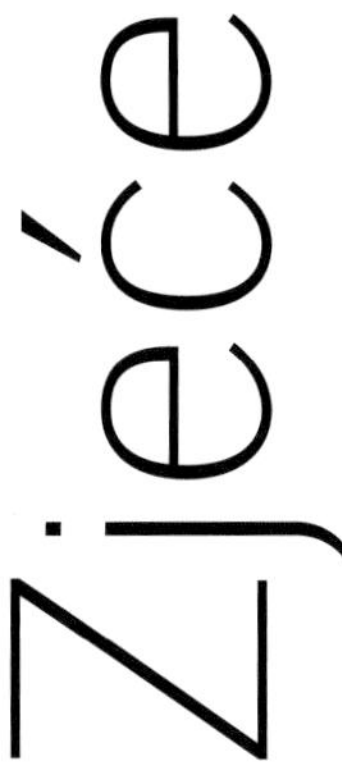

Spochi pytacy. Wo žiwjenju a tworjenju molerja Jana Buka

Christina Boguszowa

Jan Michał Buk narodźi so 2. awgusta 1922 w Njebjelčicach jako najmłódše z třoch dźěći dźěłaćerja Jana Buka a jeho mandźelskeje Hany. Socialny status swójby je typiski za dźěłaćersku swójbu w małoburskim serbsko-katolskim wjesnym milieju. Po šuli a wukubłanju na dekoraciskeho molerja a po wojerskej słužbje pola Němskeje wójnskeje mariny poda so z podpěru Domowiny – Zwjazka Łužiskich Serbow – 1947 na Statny gymnazij tworjaceho wuměłstwa (Państwowy Liceum Sztuk Plastycznych) do Wrócławja, hdźež 1949 maturowaše. Tam potom na Statnej wysokej šuli tworjaceho wuměłstwa (Państwowa Wyższa Szkoła Sztuk Plastycznych) studowaše a bu w šěrokim spektrumje wukubłany. Emil Krcha, kotryž Jana Buka w molerstwje a rysowanju wuwučowaše, wotewrě jemu přistup k molerstwu Klasiskeje moderny a k pólskemu kolorizmej časa mjez swětowymaj wójnomaj wokoło Jana Cybisa. Z Pólskej wosta Jan Buk čas žiwjenja wosebje zwjazany. Na ćišć serbskich kulturnych funkcionarow pokročowaše swój studij na Wysokej šuli tworjaceho wuměłstwa w Drježdźanach pola Rudolfa Bergandera a Fritza Dähna. 1953 studij zakónčiwši a do domizny so nawróćiwši, přistupi Kołu serbskich tworjacych wuměłcow. Tam začuwaše ćišć etablěrowaneje kulturneje elity, předewšěm ze stron Měrćina Nowaka-Njechorńskeho, kotryž swoje wosobinske wukładowanje serbskeho narodneho wuměłstwa jara propagowaše. Jeho nahlady, nawjazowace na statnje wukazane zawjazki wuměłcow napřećo statej a stronje, tworjachu w 1950tych lětach hač do 1960tych lět fundament tematiskeho a stilistiskeho wusměrjenja Koła serbskich tworjacych wuměłcow. Tomu bě tež Jan Buk chcyjo nochcyjo wustajeny. Čłonstwo w Zwjazku tworjacych wuměłcow Němskeje, kotrež by zakładne hospodarske zawěsćenje přez nadawki a předań w galerijach Statneho wikowanja z wuměłstwom woznamjenjało, so jemu najprjedy zapowě. Hakle 1961 bu Jan Buk kandidat, doniž jeho 1966 skónčnje do Zwjazka tworjacych wuměłcow NDR njepřiwzachu. 1957 nastupi Buk dalokostudij w fachowym wobłuku wuměłske kubłanje, kotryž 1962 zakónči. Paralelnje dźěłaše hač do 1976 jako wučer w šulskej słužbje. Wot 1964 wobdźěleše so na wšěch wustajeńcach Zwjazka tworjacych wuměłcow wobwoda Drježdźany. Wažny mězník w jeho wuměłskim tworjenju bě zapřijeće jedneje z jeho mólbow do VI. wustajeńcy wuměłstwa w Drježdźanach. A tež na wšitke dalše wustajeńcy wuměłstwa NDR jeho přeprošowachu. Přez to bu jeho tworjenje w zjawnosći widźomne a znaćiše. Najpozdźišo spočatk 1970tych lět mjeno Jana Buka w krajinje wuměłstwa NDR znaja.

We wobłuku jeho oeuvre wusahuja motiwy hórnistwowych a agrarnych krajin, motiw skały a zwobraznjenje jeho maćerje, při čimž ma motiw ćišna w jeho tworjenju wot spočatka sem eksponowane městno. Cyły rjad studijnych jězbow a pleinairow hraješe za wuměłca wažnu rólu. Najwažniša jězba dowjedźe jeho 1973 do Uzbekistana, hdźež jeho bohatosć barbow a intensita swětła trajnje stilistisce wowliwowaše. Čas po politiskim přewróće 1989 wotewrě jemu nowe rumy skutkowanja, z čehož so nowe formy zwuraznjenja wuwiwachu. Nasta kedźbyhódne tworjenje w pózdnich lětach jeho žiwjenja.

W serbskim tworjacym wuměłstwje prezentuje tworjenje Jana Buka cyle nowy duchowny přistup. Wón wopušći wuski, folkloristisce přewyšeny a prowincionelnje wobmjezowany radius z tym, zo spožči swojim wobrazam w běhu swojeho tworjenja přez hladajcy přiběrace abstrahowanje wobraza na elementarne formy wěstu uniwersalnosć. Z tym runaše Jan Buk serbskemu tworjacemu wuměłstwu puć do europskeje moderny.

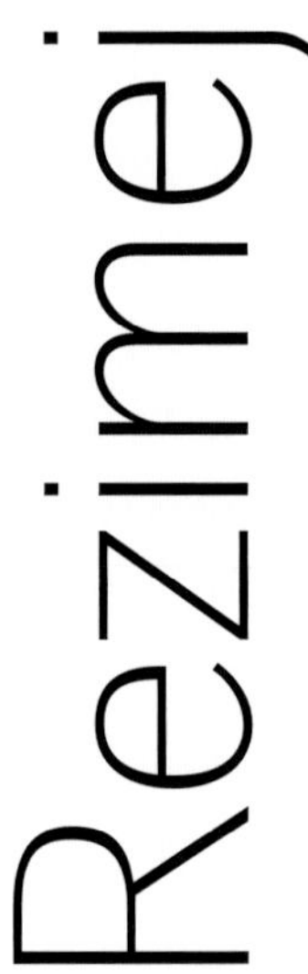

Stawne pytanje. K žywjenju a twórjenju serbskego mólarja Jana Buka
Christina Boguszowa

Jan Michał Buk (Johann Michael Buck) jo se narožił 2. awgusta 1922 w Njebjelčicach ako nejmłodše wót tśich źiśi źěłaśerja Jana Buka (Johann Buck) a jogo žeńskeje Anna. Socialny status familije jo wótpowědował wobrazoju serbskeje źěłaśeŕskeje familije w ramiku małoburskego wejsańskego miljeja w serbsko-katolskem sedleńskem rumje.

Pó šulskem casu jo se dał ako dekoraciski mólaŕ wukubłaś. Wuderjenje Drugeje swětoweje wójny jo była za njogo wjelika žywjeńska cezura ze zwołanim do wójaŕskeje słužby. Pó wójnje jo Domowina, Zwězk Łužyskich Serbow, jogo Statnemu gymnaziumoju za twórjece wuměłstwo (Państwowy Liceum Sztuk Plastycznych) do Wrocława pósrědniła, źož jo 1949 swóju abituru złožył.

Za tym jo studěrował na tamnej Wusokej šuli za twórjece wuměłstwo (Akademia Sztuk Pięknych), źož jo šyroko rozrědowane wukubłanje póžywał. Emil Krcha, kótaryž jo Janoju Bukoju how mólaŕstwo a kreslenje wucył, jo jomu zmóžnił pśistup k mólaŕstwu klasiskeje moderny a pólskemu kolorizmoju mjazywójnskego casa wokoło Jana Cybisa. Na žycenje serbskich kulturnych funkcionarjow jo wón studium weto na Wusokej šuli za twórjece wuměłstwa w Drježdźanach pla Rudolfa Berganndera a Fritza Dähna dalej wjadł. Pó studijnem wótzamknjenju 1953 a wrośenju do swójeje domowny jo zastupił Jan Buk do Koła serbskich twórjecych wuměłcow. Tam jo zacuł šišć etablěrowanych kulturnych elitow, pśedewšym nejwěcej pśedsedarja Měrćina Nowaka-Njechorńskego, kótaryž jo swójo wułoženje serbskego narodnego wuměłstwa rozsudnje propagěrował. Cłonkojstwo w Zwězku twórjecych wuměłstwow Nimskeje, což by pśinjasło góspodaŕske zakładne zawěsćenje w zwisku nadawkow a pśedani w galerijach Statnego wuměłskego wikowanja, jo se nejpjerwjej wótpokazało. Akle 1961 jo Jan Buk był ako kandidat a 1966 dopołnje do Zwězka pśewzety. 1957 jo zachopił dalokostudium we fachowem wobłuku wuměłskeje pedagogiki, kótaryž jo 1962 wótzamknuł. Paralelnje k tomu jo źěłał južo w šulskej słužbje, kótaruž jo 1976 spušćił, aby dalej ako licho statkujucy źěłał. Wót 1964 jo se Jan Buk wobźělił na wšych wuměłskich wustajeńcach Zwězka twórjecych wuměłcow Drježdźańskego wobwoda.

Wažny mrocnik jogo wuměłskego pśipóznaśa jo było pśewześe jadneje jogo twóŕbow do VI. Wuměłskeje wustajeńce w Drježdźanach, a teke do wšyknych dalšnych wuměłskich wustajeńcow DDR jo wordował wótněnta pśepšosony. Pśez to jo zjawnosć jogo wuměłstwo bejnje wumarkowała. Nejpózdźej zachopjeńk 1970tych lět jo Jan Buk měł swójo mě we wuměłskej krajinje DDR.

Mjazy jogo twóŕbami wuznamjenjuju se ako motiwy wótwórjone jamy a rolnikaŕske krajiny ako teke skały a pśedstajenje jogo maśerje. Eksponěrowanu poziciju zabjeru k tomu jogo śichowobraze. Wšake studijne drogowanja a pleinairy su grali za wuměłca ważnu rolu. Jogo napšawdu nejwuznamnjejše drogowanje jo wjadło jogo 1973 do Usbekistana, źož stej wjelerakosć barwow a intensita swětła jogo stilistiski trajnje wobwliwowałej. Cas pó politiskem pśewrośenju 1989 jo wótwórił wuměłcoju nowe statkowańske rumy, kótarež su sobu pśinjasli moderne formy zwuraznjenja. Jo nastała późiwabna licba twóŕbow až do wušego starstwa wuměłca.

W serbskem twórjecem wuměłstwje stoj twórjenje Jana Buka za jaden dopołnje nowy duchny pśistup. Wón jo spušćił ten až dotychměst wusko stajony, folkloristiski pśekopjony a prowincielnje wobgranicowany radius, z tym až jo swójim wobrazam w běgu swójogo twórjenja pśez widobnje pśiběrajuce abstrahěrowanje wobraza na elementarne formy wěstu uniwersalnosć pósćił. Z tym jo Jan Buk serbskemu twórjecemu wuměłstwu drogu do europskeje moderny wótwórił.

Streszczenie

Ciągłe poszukiwania. Życie i twórczość serbołużyckiego malarza Jana Bucka
Christina Bogusz

Johann Michael Buck (Jan Buk/Jan Buck) urodził się 2 sierpnia 1922 r. w Nebelschütz (Njebelčicy) jako najmłodsze z trójki dzieci robotnika Johanna Bucka i jego żony Anny. Status społeczny jego rodziny był typowy dla serbołużyckiej rodziny robotniczej w środowisku wiejskim chłopów małorolnych na łużycko-katolickim obszarze osadniczym.

Ukończywszy szkołę podstawową, uzyskał wykształcenie jako malarz dekoracyjny. Wybuch II wojny światowej stanowił – także dla niego – punkt zwrotny, gdyż powołano go do służby wojskowej. Po wojnie, przy wsparciu Związku Serbołużyczan Domowina, zarekomendowany do Państwowego Liceum Sztuk Plastycznych we Wrocławiu, uzyskał tam maturę w 1949 roku. Następnie studiował w tamtejszej Państwowej Wyższej Szkole Sztuk Plastycznych, gdzie zdobył wszechstronne wykształcenie. Emil Krcha, który uczył tam Bucka malarstwa i rysunku, utorował mu drogę do malarstwa klasycznego modernizmu i do polskiego koloryzmu okresu międzywojennego, ukształtowanego w środowisku wokół Jana Cybisa. Zgodnie z wolą serbołużyckich funkcjonariuszy kulturalnych studia kontynuował jednak w Wyższej Szkole Sztuk Plastycznych w Dreźnie u Rudolfa Bergandera i Fritza Dähna. Ukończywszy je w 1953 r., Buck powrócił do ojczyzny i dołączył do kręgu Grupy Roboczej Serbołuzyckich Artystów Plastyków. Tam odczuł presję ze strony uznanych elit kulturalnych, przede wszystkim przewodniczącego Martina Nowaka-Neumanna (Měrćin Nowak-Njechorński), który zdecydowanie propagował swoją własną interpretację serbołużyckiej sztuki narodowej. Akces Bucka do Związku Artystów Plastyków Niemiec, będący perspektywą podstawowego zabezpieczenia ekonomicznego, w postaci zamówień i sprzedaży w galeriach państwowego handlu sztuką, został początkowo odrzucony. Dopiero w 1961 r. został do niego przyjęty jako kandydat, a ostatecznie – w 1966 r. – jako pełnoprawny członek. W 1957 r. podjął studia zaoczne na kierunku edukacja artystyczna, które ukończył w 1962 roku. Jednocześnie pracował już w szkolnictwie, z którego odszedł w 1976 r., by odtąd pracować jako niezależny artysta.

Od 1964 r. Buck brał udział we wszystkich wystawach sztuki Związku Artystów Plastyków Okręgu Drezdeńskiego. Kamieniem milowym na drodze do uznania jego dokonań było włączenie jednego z jego dzieł do VI Wystawy Sztuki w Dreźnie. Odtąd zapraszano go na wszystkie kolejne ekspozycje sztuki w NRD. Dzięki temu zyskał znaczące uznanie opinii publicznej. Najpóźniej na początku lat 70. XX w. jego nazwisko było już dobrze rozpoznawalne na scenie artystycznej NRD.

W dorobku Bucka wyróżniają się motywy pejzaży kopalń odkrywkowych i terenów rolniczych, a także kamieniołomów oraz wizerunki jego matki. Ponadto istotną rangę zyskała w nim martwa natura. Do jego rozwoju twórczego znacząco przyczyniły się liczne wyjazdy studyjne i udział w plenerach. Bodaj najważniejszą podróżą okazała się ta z 1973 r. – do Uzbekistanu. Tamtejsze bogactwo barw i natężenie światła na trwałe wpłynęły na jego styl malarski. Po przemianach ustrojowych 1989 r. artysta wkroczył w nowe obszary aktywności, wypracowując nowoczesne formy wyrazu. Pod koniec życia stworzył dzieła prawdziwie imponujące.

Na tle sztuki serbołużyckiej dorobek Jana Bucka wyróżnia wyjątkowe nowatorstwo perspektywy intelektualnej. W swej twórczości przekroczył typowe dla niej dotąd wąskie ramy przeładowanego folkloryzmem i prowincjonalnie ograniczonego spektrum tematycznego, zaś w toku swego twórczego rozwoju – poprzez wyraźnie postępującą redukcję obrazu do abstrakcyjnych, elementarnych form – nadał jej uniwersalny charakter. W ten sposób utorował sztuce serbołużyckiej drogę do europejskiego modernizmu.

Das Phänomen Wrocław

Jan Bucks Verbindungen zur polnischen Kunstszene

Lidia Głuchowska, Sylwia Świsłocka-Karwot

Fenomen Wrocławia

i związki Jana Bucka z polską sceną artystyczną

Lidia Głuchowska, Sylwia Świsłocka-Karwot

Jan Buck in Wrocław

Zwei Jahre nach dem Zweiten Weltkrieg, im Herbst 1947, kam der 25-jährige Jan Buck (der auch als Johann Buck und Jan Buk signierte) nach Wrocław (Breslau). (Abb. 1) Bis Juni 1950 lernte er hier zunächst als einer der ersten Schüler des örtlichen Staatlichen Gymnasiums für Bildende Künste (Państwowe Liceum Sztuk Plastycznych) und anschließend als Student des vierten Studienjahrganges an der Staatlichen Hochschule für Bildende Künste (Państwowa Wyższa Szkoła Sztuk Plastycznych) – der heutigen Eugeniusz-Geppert-Akademie der Bildenden Künste (Akademia Sztuk Pięknych im. Eugeniusza Gepperta).[1] Damit trat er in den Einflussbereich des polnischen Künstlermilieus, was nicht ohne Wirkung auf seinen weiteren Schaffensweg blieb. In der Geschichtsschreibung der lokalen Kunstszene fand Jan Buck bislang keine Berücksichtigung. Umso wichtiger ist es nun, im Zeitalter der Globalisierung und im transnationalen Kontext, einen ersten – notwendigerweise fragmentarischen – Versuch zu unternehmen, dem nachzugehen, was er hier erlebte, was ihn faszinierte und wie er dazu beitrug, die Ausstrahlung der Kunstszene in Wrocław nicht nur im grenzübergreifenden Kontext – was naheliegend erscheint –, sondern auch im ganzpolnischen Zusammenhang zu verstärken. Die Nachverfolgung seiner Kontakte und Kunstinitiativen erweist sich als wichtige Ergänzung des bestehenden Forschungsstandes und dokumentiert – auf Mikroebene – das Schicksal der ersten Adepten des Staatlichen Kunstgymnasiums und der Staatlichen Kunsthochschule in Wrocław – zweier Kunsteinrichtungen, die in den schwierigen Jahren der »Völkerwanderung« nach dem Zweiten Weltkrieg gegründet wurden.

Der Mikrokosmos Wrocław

Bis 1932, als der Einfluss der Nationalsozialisten zu groß wurde, gab es in Breslau eine der leistungsstärksten Kunsthochschulen Deutschlands, deren fortschrittliches Bildungsprogramm stark von Impulsen des Expressionismus, der Neuen Sachlichkeit und der breiter verstandenen Avantgarde, unter anderem des

Jan Buck we Wrocławiu

Dwa lata po II wojnie światowej, jesienią 1947 r., 25-letni Jan Buck (podpisujący się także jako Johann Buck i Jan Buk) trafił do Wrocławia. (il. 1) Do czerwca 1950 r. kształcił się tu najpierw jako jeden z pierwszych uczniów Państwowego Liceum Sztuk Plastycznych (PLSP), a nastepnie jako adept czwartego rocznika studentów Państwowej Wyższej Szkoły Sztuk Plastycznych – obecnej Akademii Sztuk Pięknych im. Eugeniusza Gepperta (ASP)[1]. Tym samym wkroczył w obszar wpływów polskiego środowiska artystycznego, co nie pozostało bez wpływu na jego dalszą drogę twórczą.

W historiografii tutejszej sceny artystycznej Jan Buck nie był dotąd uwzględniany. Tym bardziej istotna jest obecnie – w czasach globalizacji i w ponadnarodowym kontekście – pierwsza – fragmentaryczna z konieczności – próba rekonstrukcji tego, czego tu do-

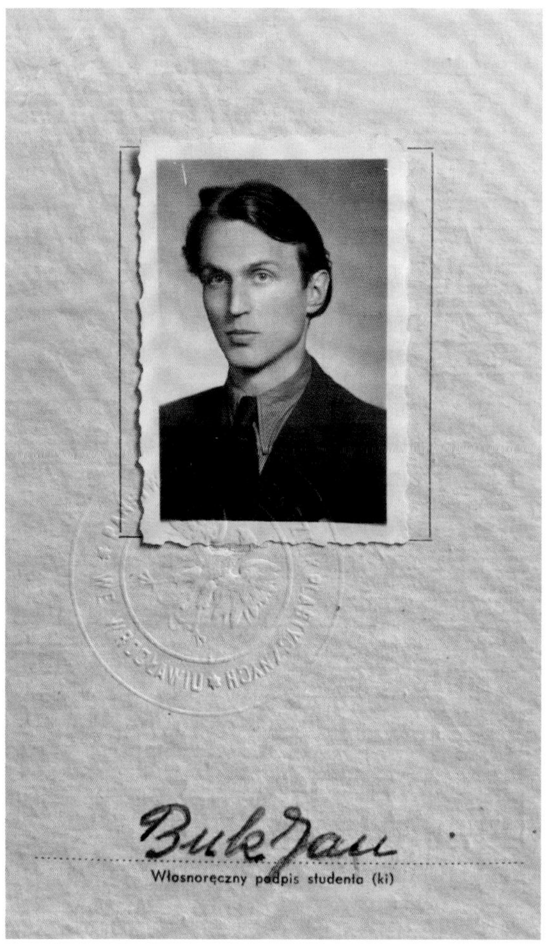

Abb. 1 Erste Seite des Studienbuches von Jan Buck, Staatliche Hochschule für Bildende Künste in Wrocław, 1949

wobr. 1 Prěnja strona studijneho wupokaza Jana Buka, Statna wysoka šula tworjaceho wuměłstwa we Wróclawju, 1949

wobr. 1 Prědny bok studijnych knigłow Jana Buka, Statna wusoka šula za twórjece wuměłstwa we Wrocławje, 1949

il. 1 Pierwsza strona indeksu Jana Bucka, Państwowa Wyższa Szkoła Sztuk Plastycznych we Wrocławiu, 1949 r.

Bauhauses, geprägt war. Dies war die Wirkungsstätte solch namhafter Künstler wie Otto Mueller und Oskar Schlemmer, die hier als Dozenten tätig waren und neben männlichen auch zahlreiche weibliche Studierende ausbildeten. Eine wichtige Rolle spielten auch polnische Professoren und Dozentinnen wie Fryderyk Pautsch und Wanda Bibrowicz. Letztere arbeitete als Dozentin für Weberei mit Max Wislicenus zusammen. Ihre Leistungen sind beispielhaft für eine lokale Förderung und Profilierung der angewandten Kunst. In Wrocław realisierten bedeutende Architekten wie Max Berg und Hans Poelzig ihre monumentalen Bauprojekte.[2] Im Jahr 1929 präsentierte eine große Ausstellung zum Neuen Bauen Postulate und Errungenschaften des Funktionalismus, wie Projekte zu Wohnsiedlungen und öffentlichen Bauten, die zu einem festen Bestandteil des Stadtbildes geworden waren und die Baudenkmäler des Mittelalters, Barocks und des Jugendstils ergänzten. Bewohnt von Deutschen, Polen, Schlesiern, Böhmen und Juden, besaß Wrocław einen ausgeprägten multikulturellen Genius Loci, der die Historiker Norman Davies und Roger Moorhouse dazu bewog, die Stadt als »Blume Europas« und als »Mikrokosmos« zu bezeichnen, ein Ort, an dem sich in besonderem Maße eine mitteleuropäische Identität herausbilden konnte.[3] Diese multikulturelle Aura wurde durch das nationalsozialistische Regime zerstört. Am Ende des Zweiten Weltkrieges wurde aus dem kulturellen Zentrum die »Festung Breslau«. Als Schauplatz blutiger Kämpfe verwandelte sie sich in ein Trümmerfeld. Die nachkriegszeitliche Aufteilung Europas führte zur Vertreibung der deutschen Einwohnerschaft und zur sogenannten Repatriierung der polnischen Bevölkerung, vor allem aus den nunmehr von der UdSSR besetzten früheren polnischen Ostgebieten, sowie zu einer Migrationswelle aus Zentralpolen. Wrocław sollte nun zu einem Zentrum der »wiedergewonnenen Gebiete« werden, in denen nach der offiziellen Ideologie, die von einem slawischen Ursprung dieser Regionen ausging,[4] ein neues – polnisches – Bewusstsein geschaffen werden sollte. Ein Heimatgefühl entwickelte sich unter den ehemaligen Bewohnerinnen und Bewohnern der Ost- und Zentralgebiete jedoch nur schwerlich. Das Ausmaß der Zerstörungen in Wrocław und in ganz Schlesien war zermürbend, und das erste Abkommen über die Anerkennung der neuen Grenzen durch die BRD wurde erst 1970 unterzeichnet.

świadczył, co go zafascynowało i jak przyczynił się do intensyfikacji promieniowania wpływów środowiska wrocławskiego nie tylko w kontekście transgranicznym – co bardziej oczywiste – lecz i ogólnopolskim. Prześledzenie jego związków i inicjatyw twórczych okazuje się istotnym aneksem do istniejącego stanu badań i – w skali mikro – dokumentuje losy pierwszych adeptów PLSP i PWSSP we Wrocławiu – instytucji sztuki powstałych w trudnych latach »wędrówki ludów« po II wojnie światowej.

Mikrokosmos Wrocław

Do 1932 r., aż do czasu, gdy wpływy narodowych socjalistów nazbyt się nasiliły, we Wrocławiu (ówcześnie Breslau) istniała jedna z najprężniejszych niemieckich uczelni artystycznych, w której postępowym programie nauczania zaznaczyły się wpływy ekspresjonizmu, Nowej Rzeczowości i szerzej rozumianej awangardy, w tym Bauhausu. To tu jako wykładowcy działali tak uznani artyści jak Otto Mueller i Oskar Schlemmer, a oprócz mężczyzn kształcono liczne studentki. Istotną rolę odgrywali również profesorowe i wykładowcy polscy, tacy jak Fryderyk Pautsch i Wanda Bibrowicz, współpracująca z Maxem Wislicenusem jako nauczycielka tkactwa. Jej dokonania wymienić można jako tutejszy przykład promocji i nobilitacji sztuk użytkowych. To we Wrocławiu swe monumentalne realizacje tworzyli tak wybitni architekci, jak Max Berg i Hans Poelzig[2]. W 1929 r. na wielkiej wystawie nowoczesnego budownictwa zaprezentowano tu postulaty i osiągnięcia funkcjonalizmu, np. projekty osiedli i obiektów użyteczności publicznej, które na stałe wpisały się w krajobraz miasta pełnego zabytków architektury średniowiecznej, barokowej i secesyjnej. W pełni rozkwitu Wrocław zamieszkiwany przez Niemców, Polaków, Ślązaków, Czechów i Żydów, posiadał wyrazisty multikulturowy »genius loci«, co sprawiło, że historycy Norman Davies i Roger Moorhouse określili je jako »kwiat Europy« czy »Mikrokosmos«, miejsce, gdzie w niepowtarzalny sposób ukształtować się mogła tożsamość środkowoeuropejska[3]. Tę wielokulturową aurę zaburzył reżim faszystowski. U schyłku II wojny światowej silny ośrodek kulturalny przekształcono w twierdzę – »Festung Breslau«. Jako scena krwawych walk miasto legło w ruinach. Powojenny podział Europy oznaczał wysiedlenia ludności niemieckiej i tzw. repatriacje ludności polskiej, w znacznym stopniu z przedwojennych wschodnich terenów II Rzeczypospolitej zajętych przez ZSRR, a także migrację z centralnej Polski. Wrocław stać się miał oto jednym z centrów tzw. Ziem Odzyskanych, na których, zgodnie z ofi-

Die Ausbildung von Jan Buck in Wrocław und ihr Nachhall in seinen Werken

Jan Buck kam nach Wrocław, als sich das polnische Künstlermilieu, umgeben von Trümmern, unter den Mangelbedingungen der frühen Nachkriegszeit und in einer allgemeinen Ungewissheit über die Perspektiven der Integration der »wiedergewonnenen Gebiete«, in das polnische Kernland konsolidierte. Aus Kraków (Krakau), Warschau und Lwów (heute Lviv, ehem. Lemberg) in die Stadt strömende Künstler trafen hier auf ehemalige Gefangene aus deutschen Kriegsgefangenenlagern. Am 15. Oktober 1946 wurde das akademische Jahr 1946/47 eröffnet und es erfolgte die Immatrikulation der ersten Studierenden an der Staatlichen Hochschule für Bildende Künste. 91 Bewerber begannen ihr Studium, von denen jedoch nur 44 das Abitur nachweisen konnten.[5] Die übrigen 47 wurden in den sogenannten Null-Kurs geschickt (einen Gymnasialkurs, dem ein sommerliches Plenair-Treffen vorausging). Neben den Fächern Zeichnen und Bildhauerei erhielten die Teilnehmenden auch Unterricht in allgemeinbildenden Fächern, um in einem Jahr die Abiturprüfung ablegen zu können. Die Leitung des Kurses wurde Stanisław Kopystyński anvertraut.[6] Im darauffolgenden Jahr erfolgte die Umwandlung des »Null-Kurses« in einen regulären zweijährigen Kurs (der 1948/49 zunächst auf vier Jahre und dann auf fünf Jahre verlängert wurde) am Staatlichen Gymnasium für Bildende Künste. Buck begann den Kurs auf Empfehlung des Ministeriums für Kultur und Kunst – in einem außerordentlichen Modus – und seine Leistungen in den künstlerischen Fächern wurden als sehr gut eingestuft.[7] Wahrscheinlich nahm er, wie andere Schüler auch, vor Beginn des Kurses an den Reinigungs- und Renovierungsarbeiten teil, mit denen die Schule auf ihre Eröffnung vorbereitet wurde, und lernte zusammen mit so bedeutenden Vertreterinnen und Vertretern der schlesischen Nachkriegskunst wie Waldemar Cwenarski, Ryszard Gachowski, Anna Szpakowska, Zbigniew Paluszak, Stanisław Zima, Władysław Tumkiewicz und Franciszek Pikuła.[8] Die Freundschaften mit den drei Letztgenannten blieben noch viele Jahre bestehen. (Abb. 2) Nach dem Abitur 1949[9] wurde Buck an der Staatlichen Hochschule für Bildende Künste aufgenommen.[10] Zu dieser Zeit war ihr Profil im Sinne der neuen Politik bereits ausgeformt. Im Jahr 1947 war sie auf Beschluss der kommunistischen Behörden zur Zusammenarbeit mit der Industrie verpflichtet worden. Auf diese Weise versuchte man, die Ambitionen der Dozentinnen und Dozenten, die Studierenden in »reiner« Kunst auszubilden, einzuschränken, und folgte dem Gedanken, die kreative Gemein-

cjalną ideologią, budowaną w nawiązaniu do ich słowiańskości[4], ukonstytuować się miała nowa – polska – świadomość związku dawnych mieszkańców ziem wschodnich i centralnych z zasiedlanymi terenami. Atmosferę zadomowienia kształtowano jednak z trudem. Skala zniszczeń we Wrocławiu i na całym Śląsku była porażająca, a pierwsze porozumienie o uznaniu nowych granic przez RFN podpisano dopiero w 1970 roku.

Wrocławska edukacja Jana Bucka i jej echa w jego twórczości

Jan Buck trafił do Wrocławia, gdy pośród ruin, w warunkach powszechnego niedostatku i niepewności co do perspektyw integracji Ziem Odzyskanych z terenami rdzennie polskimi w mieście tym konsolidowało się jeszcze nowe środowisko artystyczne. Przybywający tu choćby z Krakowa, Warszawy i Lwowa twórcy dołączyli do byłych więźniów niemieckich obozów jenieckich. 15 października 1946 r. zainaugurowano rok akademicki 1946/47, dokonując immatrykulacji pierwszych studentów PWSSP. Naukę rozpoczęło 91 kandydatów, z czego tylko 44 posiadało maturę[5]. Pozostałych 47 skierowano na tzw. kurs zerowy (kurs licealny poprzedzony letnim plenerem). Jego słuchacze oprócz rysunku i rzeźby pobierali naukę przedmiotów ogólnokształcących, by uzyskać świadectwo dojrzałości w trybie rocznym. Kierownictwo kursu powierzono Stanisławowi Kopystyńskiemu[6]. W następnym roku kurs przekształcono w regularny system nauczania w ramach zajęć prowadzonych przez dwa lata (w l. 1948/49 rozszerzony do czterech, a następnie do pięciu lat) w Państwowym Liceum Sztuk Plastycznych. Buck rozpoczynał naukę w trybie nadzwyczajnym, z polecenia Ministerstwa Kultury i Sztuki. Jego osiągnięcia w zakresie przedmiotów artystycznych sklasyfikowano jako bardzo dobre[7]. Jak inni adepci przed podjęciem nauki Buck prawdopodobnie brał udział w pracach porządkowych i remontowych przygotowujących szkołę do rozpoczęcia działalności, kształcąc się z tak ważnymi przedstawicielami powojennej sztuki wrocławskiej i śląskiej jak Waldemar Cwenarski, Ryszard Gachowski, Anna Szpakowska, Zbigniew Paluszak, Stanisław Zima, Władysław Tumkiewicz i Franciszek Pikuła[8]. Przyjaźnie z trzema ostatnimi przetrwały wiele lat. (il. 2)

W 1949 r., gdy Buck uzyskał maturę[9], przyjęto go do PWSSP[10]. Trafił na uczelnię, gdy jej profil był już ukształtowany, bowiem w 1947 r. w duchu systemu komunistycznego została zobowiązana do współpracy z przemysłem. Ograniczano w ten sposób ambicje wykładowców do kształcenia artystów w zakresie sztuk »czystych«, kierując się też ideą angażowania

Abb. 2 Jan Buck (rechts) mit Studienkollegen, Wrocław, um 1949/50

wobr. 2 Jan Buk (naprawo) ze studijnymi kolegami, Wrócław, wokoło 1949/50

wobr. 2 Jan Buk (napšawo) ze studijnymi kolegami, Wrocław, wokoło 1949/50

il. 2 Jan Buck (z prawej) z kolegami ze studiów, Wrocław, ok. 1949/50 r.

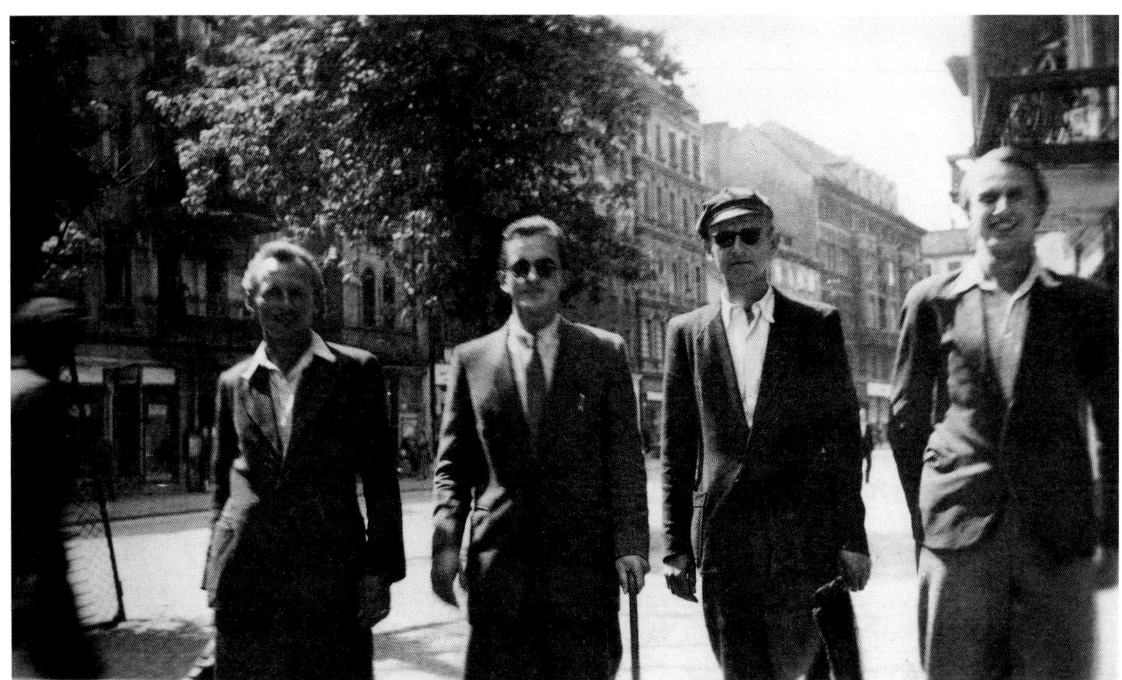

schaft in den Wiederaufbau der zerstörten Stadt miteinzubeziehen. Trotzdem wurde die Werkstattmalerei an der Hochschule nicht aufgegeben, zumal ihr erster Rektor – Eugeniusz Geppert,[11] der mit seiner späteren Ehefrau Hanna Krzetuska nach Wrocław gekommen war – ein anerkannter Vertreter dieser Kunstdisziplin war. Buck gehörte zur kleinen Studentengruppe der Kunsthochschule mit Sonderstatus, die trotz einschränkender politischer Anweisungen zu Kunstmalern ausgebildet wurden. Bereits 1948 hatten sich seine älteren Kommilitonen in Zusammenarbeit mit der Lehrerschaft der Hochschule mit einer Petition an den Minister für Kultur und Kunst gewandt und die Erlaubnis erhalten, einen Studiengang für Malerei und Bildhauerei mit einem eigenen Leiter, Emil Krcha,[12] unter der Bedingung einzurichten, dass die Zahl der Studierenden darin 20 Prozent der Gesamtstudentenzahl nicht übersteigen durfte. Der Architekt Marian Steczowicz leitete die Fakultät für Raumkunst, die in die Abteilungen Keramik und Glas, Metall und Holz, Plastik und Architektur sowie Malerei und Architektur untergliedert war, unter der jeweiligen Führung von Stanisław Dawski, Steczowicz selbst, Stanislaw Rzecki und Leon Dołżycki. Buck wurde in eine der drei Klassen für Malerei aufgenommen, die von Krcha geleitet

społeczności twórczej w odbudowę zrujnowanego miasta. Mimo to na uczelni nie zarzucono malarstwa warsztatowego, tym bardziej że pierwszym jej rektorem został pochodzący z Krakowa uznany przedstawiciel tej dyscypliny sztuki Eugeniusz Geppert[11], który przybył do Wrocławia ze swą przyszłą żoną Hanną Krzetuską.

Buck należał do wąskiego grona studentów PWSSP o szczególnym statusie, których mimo ograniczających dyrektyw politycznych kształcono na malarzy. Jeszcze w 1948 r. jego starsi koledzy we współpracy z kadrą uczelni złożyli bowiem petycję do Ministra Kultury i Sztuki, w rezultacie uzyskując zgodę na utworzenie studium malarstwa i rzeźby z osobnym kierownikiem – Emilem Krchą[12], z zastrzeżeniem, że liczba jego adeptów nie może przekroczyć 20 procent ogółu studiujących. Architekt Marian Steczowicz kierował Wydziałem Plastyki Przestrzennej – z zakładami Ceramiki i szkła, Metalu i drewna, Rzeźby i architektury, Malarstwa i architektury – prowadzonymi odpowiednio przez Stanisława Dawskiego, samego Steczowicza, Stanisława Rzeckiego i Leona Dołżyckiego. Bucka przyjęto do jednej z trzech pracowni malarskich – pod kierownictwem Krchy. Pozostałe dwie prowadzili Geppert i Dołżycki. Najczęściej stosowanymi techni-

wurde. Die beiden anderen wurden von Geppert und Dołżycki geführt. Die am häufigsten verwendeten Techniken waren die Aquarellmalerei, Tuschzeichnungen und Ölstudien. Assistenzprofessuren in den Malereiklassen hatten Maria Dawska, Andrzej Will und Hanna Krzetuska inne, an deren Unterricht – der auch Zeichenunterricht umfasste – Buck teilnahm. (Abb. 3) Darüber hinaus besuchte er die Vorlesungen zur Kunstwissenschaft von Professor Cieński und die Kurse von Halina Jastrzębowska über Schriftkunst und Flächengestaltung. Komposition von geometrischen Körpern lernte er bei Steczowicz, Bildhauerei bei Antoni Mehl, Perspektive und darstellende Geometrie sowie Propädeutik der Architektur bei Tadeusz Broniewski und Anatomie bei Czesław Niżankowski.[13]

Buck stand wohl nicht nur mit den Dozentinnen und Dozenten in Kontakt, deren Namen in seinem Studienbuch aufgeführt sind, sondern auch mit den meisten anderen an der Kunsthochschule tätigen Pädagogen. Kenner der Avantgardekunst der Zwischenkriegszeit – auch derjenigen, die in Polen und Deutschland entstand – muss an den Werken, die sie damals schufen, der Traditionalismus verwundern.[14] Lediglich Dołżycki knüpfte in gewisser Weise an die Traditionen des Formismus an – die Krakauer Version einer Synthese aus gemäßigtem Kubismus, Futurismus und Expressionismus,[15] die, anders als in Deutschland, in Polen – ebenso wie der Konstruktivismus[16] – keine Anerkennung der Behörden genoss. Der Formismus wurde zwischen 1918 und 1939 zu einem offiziellen Nationalstil im Geiste der Retour à l'ordre[17], der in gewisser Weise mit der deutschen Neuen Sachlichkeit verwandt, jedoch von volkstümlichen Motiven geprägt war, daher eher mit dem Art déco identifiziert wurde und sich parallel zu anderen Formen des Neoklassizismus und Realismus entwickelte.[18] Andere Professoren aus Wrocław pflegten in Anknüpfung an ihr früheres Schaffen den postimpressionistischen Kolorismus, der in Polen vor dem Krieg von mehreren Künstlergruppen vertreten worden war, unter anderem von den Mitgliedern des sogenannten Pariser Komitees (Komitet Paryski), die in den 1920er Jahren bei Józef Pankiewicz französische Malerei studiert hatten.[19] Jan Cybis war einer von ihnen – zuvor, zwischen 1919 und

kami były akwarela, tusz oraz studia olejne. Asystentury w pracowniach malarskich objęli Maria Dawska, Andrzej Will oraz Hanna Krzetuska, w której zajęciach – obejmujących również naukę rysunku – brał udział Buck. (il. 3) Nadto uczestniczył w wykładach profesora Cieńskiego z wiedzy o sztuce, a także zajęciach z liternictwa oraz kompozycji płaszczyzn Haliny Jastrzębowskiej. Kształtowania brył uczył go Steczowicz, rzeźby – Antoni Mehl, perspektywy i geometrii wykreślnej oraz propedeutyki architektury – Tadeusz Broniewski, zaś anatomii – Czesław Niżankowski[13].

Buck miał zapewne kontakt nie tylko z wykładowcami, których nazwiska figurują w jego indeksie, lecz również z większością innych czynnych na PWSSP pedagogów. W pracach, które tworzyli,

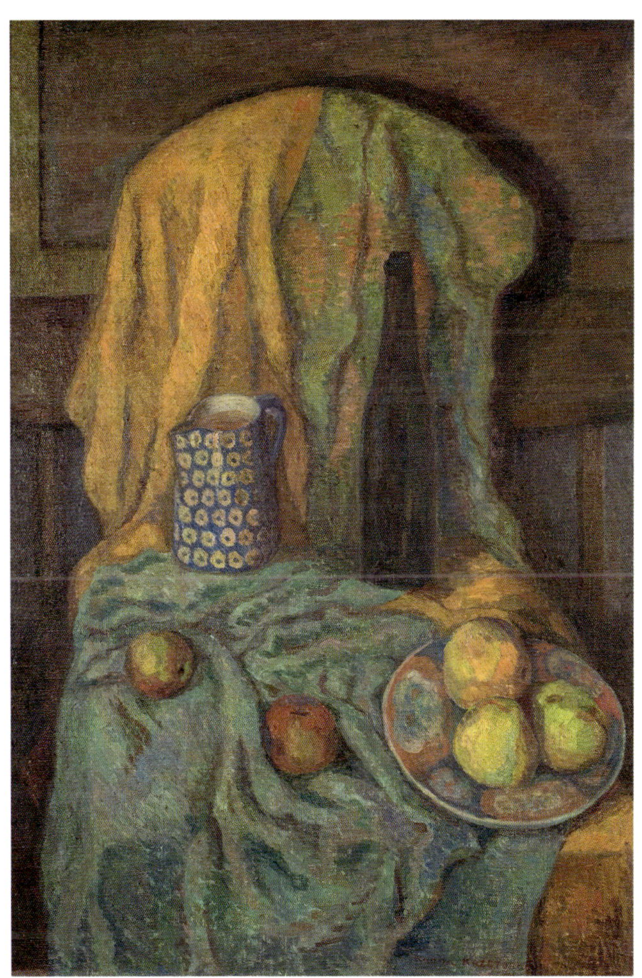

Abb. 3 Hanna Krzetuska
Stillleben
1946, Öl auf Leinwand,
100,0 × 68,0 cm,
Inv.-Nr. MNWr-XVII-7
Nationalmuseum in Wrocław

wobr. 3 Hanna Krzetuska
Ćišno
1946, wolij na płatnje,
100,0 × 68,0 cm,
inwentarne čo. MNWr-XVII-7
Narodny muzej we Wrócławju

wobr. 3 Hanna Krzetuska
Šichowobraz
1946, wólej na płaśe,
100,0 × 68,0 cm,
inwentarny nr. MNWr-XVII-7
Narodny muzeum we Wrocławje

il. 3 Hanna Krzetuska
Martwa natura
1946 r., olej na płótnie,
100,0 × 68,0 cm,
nr inw. MNWr-XVII-7
Muzeum Narodowe we Wrocławiu

1921, Student der Akademie für Kunst und Kunstgewerbe in Breslau, unter anderem in der Meisterklasse von Otto Mueller.[20] Nach 1945 wurde der nach Wrocław übertragene Kolorismus zu einem dauerhaften Erbe des lokalen Künstlermilieus. Im Laufe der Zeit wandelte er sich und koexistierte mit anderen, experimentelleren und individuelleren Formen des künstlerischen Ausdrucks. In Bucks letztem Studienjahr in Wrocław wurde die Doktrin des Sozialistischen Realismus in den Ländern des Ostblocks eingeführt. Infolgedessen waren die Dozentinnen und Dozenten von Kunsthochschulen beispielsweise dazu verpflichtet, Porträts von Vorarbeitern und hohen Parteimitgliedern anzufertigen, während die Studierenden für die Dekorationen der Feierlichkeiten zum 1. Mai und zum Jahrestag der Oktoberrevolution zuständig waren. Bucks Professorinnen und Professoren in Wrocław versuch-

znawców sztuki awangardowej okresu międzywojennego – w tym tej powstającej w Polsce i w Niemczech – zdumiewać musi ich tradycjonalizm[14]. Jedynie Dołżycki kontynuował w pewnym stopniu tradycje formizmu, krakowskiej wersji syntezy umiarkowanego kubizmu, futuryzmu i ekspresjonizmu[15] (inaczej niż w Niemczech, w Polsce – podobnie jak konstruktywizm[16] – niecieszącego się uznaniem władz), który w latach 1918–1939 ewoluował w kierunku oficjalnego stylu narodowego w duchu »retour à l'ordre«[17], nieco pokrewnego niemieckiej Nowej Rzeczowości, lecz nasyconego motywami folklorystycznymi i utożsamianego raczej z art deco, rozwijającego się paralelnie do innych form neoklasycyzmu i realizmu[18]. Inni wrocławscy profesorowie, nawiązując do swej wcześniejszej twórczości, kultywowali koloryzm w wersji postimpresjonistycznej, który przed wojną reprezentowało

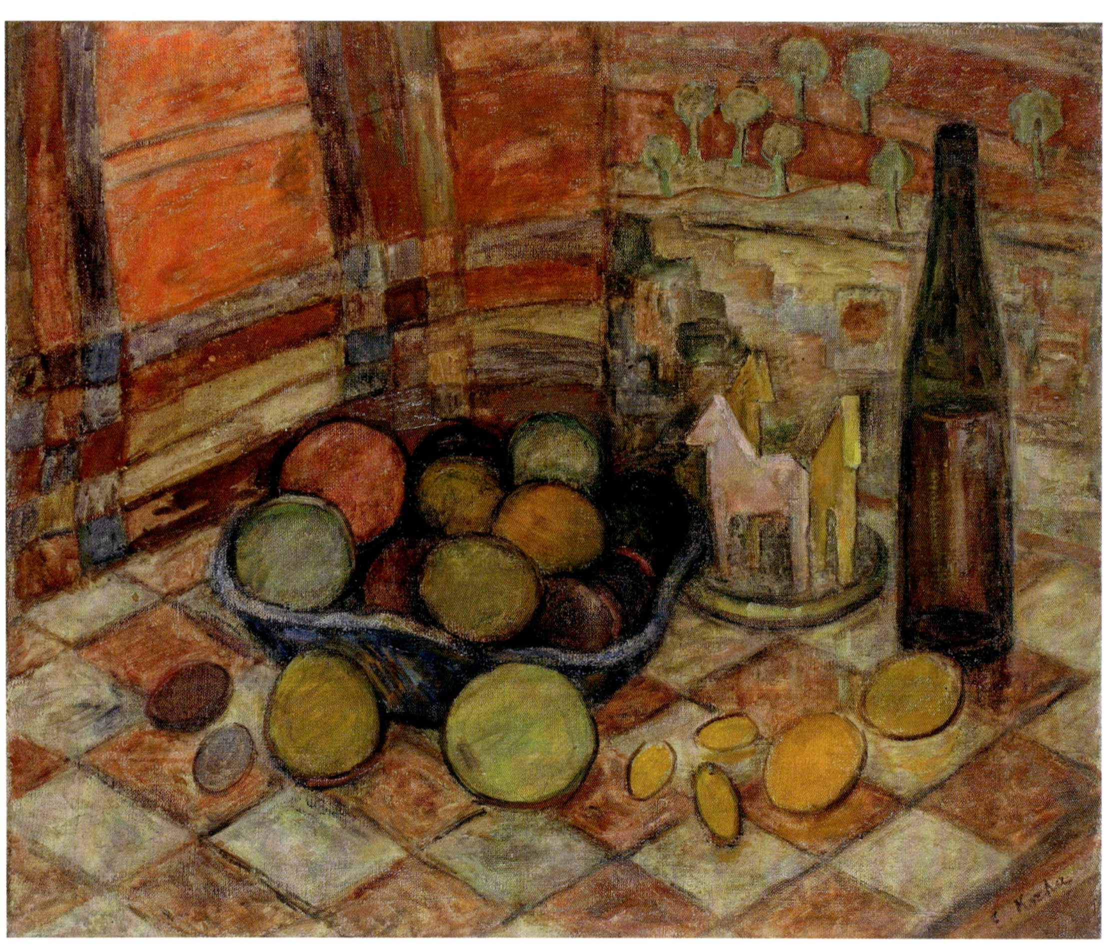

Abb. 4 Emil Krcha
Stillleben mit Pferden
1949, Öl auf Leinwand,
60,0 × 73,0 cm,
Inv.-Nr. MNWr-XVII-14
Nationalmuseum in Wrocław

wobr. 4 Emil Krcha
Ćišno z konikami
1949, wolij na płatnje,
60,0 × 73,0 cm,
inwentarne čo. MNWr-XVII-14
Narodny muzej we Wróćławju

wobr. 4 Emil Krcha
Śichowobraz z kónikami
1949, wólej na płaśe,
60,0 × 73,0 cm,
inwentarny nr. MNWr-XVII-14
Narodny muzeum we Wrocławje

il. 4 Emil Krcha
Martwa natura z konikami,
olej na płótnie
1949 r., 60,0 × 73,0 cm,
nr inw. MNWr-XVII-14
Muzeum Narodowe we Wrocławiu

ten jedoch, ihre künstlerische Autonomie zu bewahren, und betitelten manchmal lediglich ihre Werke so, dass sie den Vorgaben der Behörden entsprachen. Inwieweit hatten ihr Schaffen und die Korrekturen, die sie zu Bucks Arbeiten äußerten, einen Einfluss auf ihn? Was hatte er von ihnen lernen können?

Bucks Werke aus seiner Studienzeit in Wrocław sind kaum erhalten. Ein frühes Zeugnis seines Talents sind architektonische und anatomische Zeichnungen in drei sorgfältig gebundenen und kalligrafisch beschrifteten Heften für die Fächer Anatomie und Kunstgeschichte aus seinem ersten Jahr am Staatlichen Kunstgymnasium, datiert in die Jahre 1947 und 1948. Sein späteres Schaffen, hauptsächlich aus der Zeit nach 1955, weist eine gewisse Anlehnung an die Kunst des Milieus in Wrocław auf. Neben den damaligen Lehrstandards – der klassischen französischen Moderne mit einer Vorliebe für raffinierte Farben-, Licht- und Schattennuancen, wie man sie aus der Malerei der Synthetisten und Koloristen kennt – bezeugen seine Werke eine Affinität für die Vitalität und Farbigkeit der Volkskultur und enthalten Komponenten des ästhetisierenden Expressionismus. Doch während in den Werken der Künstlerinnen und Künstler aus Wrocław der Folklorismus nur aufgrund der Direktive, Werke zu schaffen, die »national in der Form und sozialistisch im Inhalt« sind, weiterexistierte, ist er in Bucks Schaffen vor allem ein Zeugnis authentischer sorbischer Selbstidentifikation und einer Heraushebung lokaler Motive in stilistisch innovativen Ansätzen. Auch die in den Werken seiner Lehrer und Kolleginnen häufig anzutreffenden Bergbau-, Stadt- und Industriemotive, welche die langsame Aneignung der fremden Landschaft dokumentieren, die anders als diejenige im Osten war, resultieren in Bucks Fall aus der Beobachtung dessen, was ihm von Kindheit an vertraut und kulturell am nächsten war.

Einige der kompositorischen und technologischen Lösungen in Bucks Werken erinnern an die expressivlyrischen Arbeiten des vor allem mit Kraków verbundenen Krcha, unter anderem an die Tuschezeichnung *Die Universitätskirche in Wrocław* oder das *Stillleben mit Pferden* von 1949. (Abb. 4) Aufgrund der thematischen Verbindung zur Volkskunst könnten ihn auch die Bilder *Das Abendmahl*, *Das Wiegenlied* oder auch das von zahlreichen Deformationen geprägte Gemälde *Goralenmusik* inspiriert haben.

Bucks Zeichnungen weisen eine erstaunlich flüchtige Leichtigkeit auf, die mit den Werken seines Kommilitonen Gachowski verwandt ist. In seinen Stillleben und Landschaften brachte er das Studium von Licht und Farbe zu einer wahren Finesse. Sind dies Spuren seiner Ausbildung unter dem wachsamen Auge

w Polsce kilka grup artystycznych, m.in. członkowie tzw. Komitetu Paryskiego, w latach 20. XX w. studiujący malarstwo francuskie pod kierunkiem Józefa Pankiewicza[19]. Należał do nich Jan Cybis – wcześniej, w latach 1919–1921, student Akademii Sztuki i Rzemiosła w Breslau, m.in. w pracowni Ottona Muellera[20]. Przeniesiony po 1945 r. na grunt wrocławski koloryzm stał się trwałym dziedzictwem tutejszego środowiska. Z czasem ulegał transformacji, koegzystując z innymi, bardziej eksperymentalnymi i zindywidualizowanymi formami artystycznej ekspresji.

W ostatnim roku edukacji Bucka we Wrocławiu w krajach bloku wschodniego wprowadzono doktrynę socrealistyczną w sztuce. W konsekwencji wykładowcy wyższych uczelni artystycznych zobligowani byli do wykonywania m.in. portretów przodowników pracy i dygnitarzy politycznych, a studenci – dekoracji na obchody świąt 1. Maja czy rocznicy rewolucji październikowej. Wrocławscy profesorowie Bucka starali się jednak zachować autonomię artystyczną, niekiedy tylko opatrując swe prace tytułem odpowiadającym wytycznym władz. Na ile ich twórczość i udzielane mu korekty wywarły na niego wpływ? Czego mógł się od nich nauczyć?

Prace Bucka z lat nauki we Wrocławiu prawie się nie zachowały. Wczesnym dokumentem jego talentu są rysunki architektoniczne i anatomiczne w trzech starannie oprawionych i opatrzonych kaligraficznym liternictwem zeszytach z zaliczeń z przedmiotów anatomia i historia sztuki z pierwszej klasy liceum, datowane na rok 1947/48. Twórczość Bucka z czasów późniejszych, głównie po 1955 r., wykazuje pewne związki ze sztuką wrocławską. Poza ówczesnym standardem nauczania – klasyką nowoczesnej sztuki francuskiej z predylekcją do wytwornego niuansowania barw i światłocienia, znaną z obrazów syntetystów i kolorystów – w jego pracach ujawniają się fascynacja witalnością i barwnością kultury ludowej oraz elementy estetyzującego ekspresjonizmu. O ile jednak w twórczości wrocławian folkloryzm uległ degradacji i utrzymywał się jedynie z respektu dla dyrektywy wykonywania dzieł »narodowych w formie i socjalistycznych w treści«, o tyle w dorobku Bucka jest on przede wszystkim świadectwem autentycznej serbołużyckiej autoidentyfikacji i nobilitacji lokalnych motywów w nowatorskich stylistycznie ujęciach. Analogicznie – częste w pracach jego nauczycieli i kolegów motywy kopalniane, miejskie i industrialne, będące dokumentem oswajania odmiennego niż na Wschodzie krajobrazu, u niego są wynikiem obserwacji przemian tego, co znane od dzieciństwa i najbliższe kulturowo.

Niektóre kompozycyjne i technologiczne rozwiązania w dziełach Bucka przywodzą na myśl ekspresyjno-liryczne prace związanego zasadniczo z Krakowem

des ersten Meisters – Kopystyński? Als Pädagoge legte dieser großen Wert auf das Erlernen der Zeichenkunst und die Vervollkommnung der Fähigkeit, die substanziellen Eigenschaften von Wasser, Himmel, Erde und von Objekten mit differenzierter Materialität wiederzugeben. (Abb. 5) Bucks Ähnlichkeiten zu Kopystyńskis die Pinselführung zeigender, koloristischer Maltechnik, die er mit einer pointillistischen – wenn auch mithilfe von Linien modulierten – Malweise kombinierte, sind unverkennbar. Diese war aber auch bei anderen Professoren aus Wrocław beliebt. Sicherlich besuchte Buck ebenfalls die unter Schwierigkeiten eingerichtete Grafikwerkstatt der Hochschule. Auch die in Wrocław stattfindenden Ausstellungen dürften einen Einfluss auf die Entwicklung von Bucks Sensibilität und seinen Stil gehabt haben – die der tschechischen und jugoslawischen Kunst, eine didaktisch-popularisierende Präsentation von Reproduktionen der Werke Rembrandts, Ausstellungen von Künstlerinnen und Künstlern aus Kraków, Katowice (Kattowitz) und Poznań (Posen), aber auch von Architekten, sowie die »Ausstellung der wiedergewonnenen Gebiete« (Wystawa Ziem Odzyskanych) und die sie begleitende »Ausstellung der bildenden Kunst der wiedergewonnenen Gebiete« (Wystawa Sztuk Pieknych Ziem Odzyskanych) im Jahr 1948.

Die Schule von Wrocław und die Entwicklung der polnischen Kunst nach 1953

Buck verließ Wrocław im Jahr 1950, um sein Studium drei Jahre später an der Hochschule für Bildende Künste in Dresden abzuschließen, wo er – ähnlich wie seine Kommilitonen aus Wrocław – im Geiste der Doktrin des Sozialistischen Realismus ausgebildet worden war. Während jedoch einige von ihnen in Wrocław und in anderen polnischen Städten unter staatlicher Schirmherrschaft zahlreiche monumentale Werke im öffentlichen Raum schufen – Glasmalereien, Mosaike und Denkmäler, bilden Arbeiten dieser Art in Bucks Schaffen in der Lausitz zahlenmäßig die Minderheit.[21]

Spätestens ab Mitte der 1950er Jahre hob sich das lokale Künstlermilieu in Wrocław von der restlichen polnischen Kunstszene ab. Aus diesem Milieu heraus gründete sich 1962 die »Gruppe von Wrocław« (Grupa Wrocławska), die ab 1967 als »Schule von Wrocław« (Szkoła Wrocławska) apostrophiert wurde. Das Spektrum der in diesem Kreis praktizierten Kunst erweiterte sich um den immer stärker werdenden Einfluss der Neoavantgarde. Happenings der sogenannten Sensibilisten, metaphorische Strö-

Krchy, m.in. rysunek tuszem *Kościół uniwersytecki we Wrocławiu* czy *Martwa natura z konikami* z 1949 roku. (il. 4) Ze względu na tematyczne związki ze sztuką ludową inspirować go mogły także *Wieczerza Pańska*, *Kołysanka* czy pełen deformacji obraz *Góralska muzyka*. Rysunki Bucka cechuje zjawiskowa ulotność pokrewna pracom licealnego kolegi Gachowskiego. W martwych naturach i pejzażach studium światła i koloru doprowadziło do prawdziwej finezji. Czy są to ślady nauki pod czujnym okiem pierwszego mistrza, Kopystyńskiego? Jako pedagog nacisk kładł on na naukę rysunku i doskonalenie umiejętności oddania substancjalnych jakości wody, nieba, ziemi i zróżnicowanych materiałowo obiektów. (il. 5) Pokrewna śladom jego pędzla kolorystyczna, łączona z puentylistyczną – choć modulowana za pomocą kreski – technika Bucka popularna była i wśród innych wrocławskich profesorów. Zapewne otarł się też o organizowaną z trudem pracownię grafiki. Także odbywające się we Wrocławiu wystawy sztuki czeskiej czy jugosłowiańskiej, dydaktyczno-popularyzatorska prezentacja reprodukcji dzieł Rembrandta, pokazy prac środowisk krakowskiego, katowickiego, poznańskiego oraz realizacji architektów, a także »Wystawa Ziem Odzyskanych« i towarzysząca jej »Wystawa Plastyki Ziem Odzyskanych« w 1948 r. musiały wywrzeć wpływ na kształtowanie się jego wrażliwości i stylu.

Szkoła Wrocławska i rozwój sztuki polskiej po 1953 roku

Buck opuścił Wrocław w 1950 r., by trzy lata później zakończyć studia malarskie w Wyższej Szkole Sztuk Plastycznych w Dreźnie, gdzie podobnie jak jego wrocławscy koledzy kształcony był zgodnie z doktryną socrealizmu. Podczas jednak, gdy część z nich w stolicy Dolnego Śląska i w innych miastach Polski w ramach mecenatu państwowego tworzyła liczne monumentalne realizacje w przestrzeni publicznej – witraże, mozaiki i pomniki – w jego dorobku tego typu realizacje na Łużycach są w sensie ilościowym raczej marginalne[21].

W latach 50. XX w., zwłaszcza od 1955 r., środowisko twórcze stolicy Dolnego Śląska zaczęło wyróżniać się na tle Polski. W 1962 r. zawiązało ono Grupę Wrocławską, którą pięć lat później okrzyknięto Szkołą Wrocławską. Spektrum twórczości uprawianej w jej kręgu poszerzało się o coraz silniejsze wpływy neoawangardy. Happeningowe działania tzw. sensybilistów, nurt metaforyczny, abstrakcja organiczna i liryczna, eksperymenty z malarstwem materii, strukturalizm, tendencje minimalistyczne i redukcjonizm

Abb. 5 Stanisław Kopystyński
Die Landschaft von Wrocław im Winter
1953, Öl auf Leinwand,
65,0×80,0 cm,
Inv.-Nr. MNWr-XVII-14
Nationalmuseum in Wrocław

wobr. 5 Stanisław Kopystyński
Wrócław w zymje
1953, wolij na płatnje,
65,0×80,0 cm,
inwentarne čo. MNWr-XVII-14
Narodny muzej we Wrócławju

wobr. 5 Stanisław Kopystyński
Krajina Wrocława we zymje
1953, wólej na płaśe,
65,0×80,0 cm,
inwentarny nr. MNWr-XVII-14
Narodny muzeum we Wrocławje

il. 5 Stanisław Kopystyński
Wrocławski pejzaż zimą
1953 r., olej na płótnie,
65,0×80,0 cm,
nr inw. MNWr-XVII-14
Muzeum Narodowe we Wrocławiu

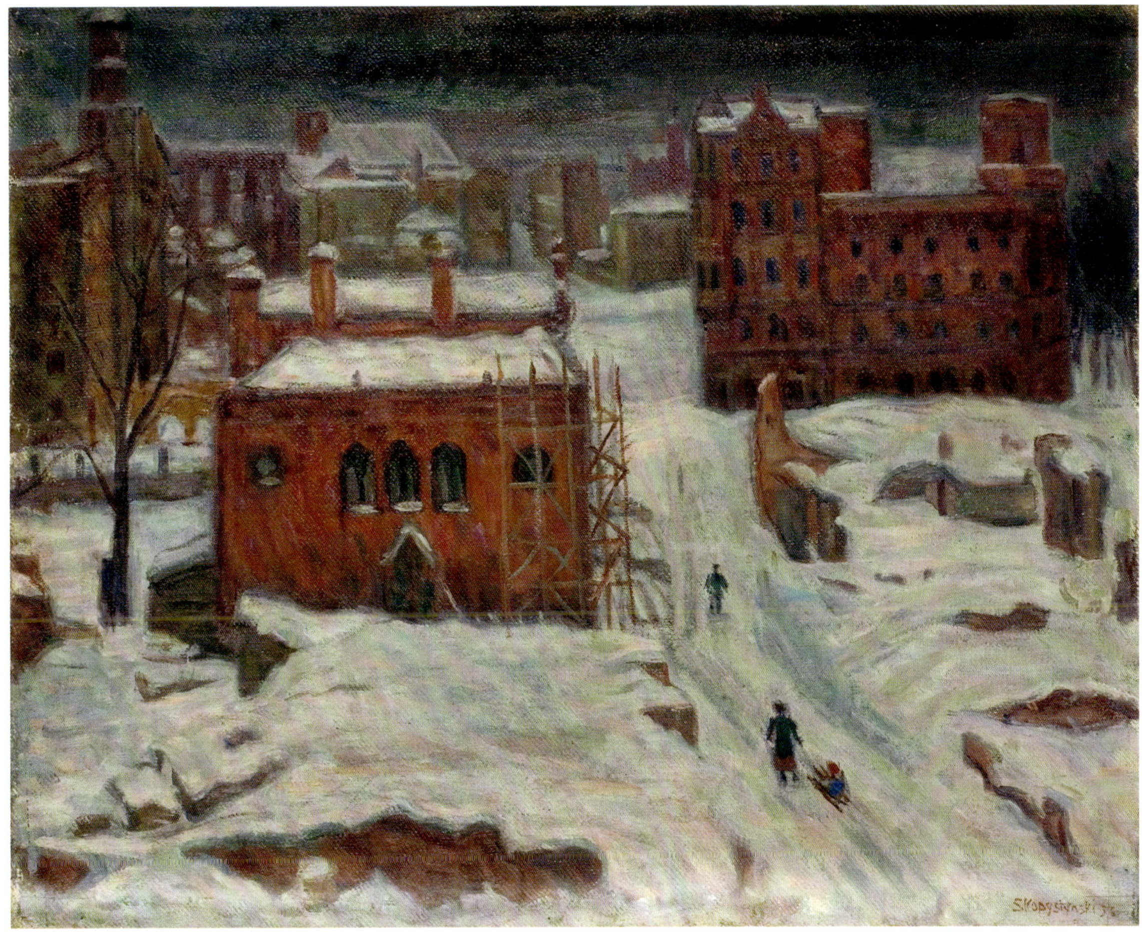

mungen, organische und lyrische Abstraktion, Experimente mit der Materienmalerei, Strukturalismus, minimalistische Tendenzen und Reduktionismus führten schließlich zu einer Entmaterialisierung des Kunstwerkes/Kunstobjektes zugunsten einer Privilegierung der Idee, was bei den Pionieren der Nachkriegskunst in Wrocław, wie zum Beispiel Geppert, jedoch kein Verständnis fand. Des Weiteren entwickelten sich hier innovative Kunstgattungen wie der Fotomedialismus oder die Konkrete Poesie. Die zahlreichen Verbindungen von Kunst mit Wissenschaft und Industrie in der Zeit zwischen 1955 und 1981 führten zu ihrer Prozessualisierung, Konzeptualisierung und Intellektualisierung. Nach der durch das Kriegsrecht verursachten Destabilisierung, die zur Entstehung einer »Untergrund«-Bewegung in Polen führte, aber auch

doprowadziły ostatecznie do dematerializacji dzieła-obiektu na rzecz uprzywilejowania idei-konceptu, co jednak nie znajdowało zrozumienia w oczach pionierów powojennej sztuki wrocławskiej, takich jak Geppert. Nadto rozwijały się tu nowatorskie gatunki sztuk, takie jak fotomedializm czy poezja konkretna. Liczne w latach 1955–1981 mariaże sztuki z naukami ścisłymi i przemysłem przyniosły efekt w postaci jej procesualizacji, konceptualizacji oraz intelektualizacji. Jakby dla równowagi w latach 80. XX w., po wymuszonej stanem wojennym destabilizacji skutkującej powstaniem »podziemnego« ruchu, a wzorem tendencji zapoczątkowanych przez międzynarodowy ruch Fluxusu, pojawiły się we Wrocławiu ugrupowania, których członkowie należący do formacji Luxus i kręgu wrocławskich neoekspresjonistów – Nowych Dzikich – odwoływali się do

in Anlehnung an die internationale Fluxus-Bewegung bildeten sich in den 1980er Jahren in Wrocław Künstlergruppen, deren Mitglieder der Formation Luxus und dem Kreis der örtlichen Neoexpressionisten – den Neuen Wilden – angehörten und sich auf die intuitiv-instinktiven Quellen des Schaffens zurückbesannen. Nicht selten suchten sie im Gegensatz zur von den staatlichen Behörden bekämpften »Untergrundkunst«, die sich häufig um kirchliche Einrichtungen herum konzentrierte, nach alternativen Ausdrucksformen, die zum Beispiel von westlichen Trends oder vom östlichen Spiritualismus inspiriert waren. Mit der Zeit wurden neue Medien in den Bereich der bildenden Kunst eingeführt, die immer leichter zugänglich waren. Eine ähnliche Entwicklung der Kunst vollzog sich in ganz Polen.

Trotz des wachsenden Einflusses neuer Technologien setzten die Maler, die der konstruktivistisch-intellektuellen Strömung folgten und in Richtung Objektkunst oszillierten, ihre Stiltendenz fort, verlagerten ihren Schwerpunkt auf Installationen und den für Wrocław charakteristischen und am stärksten in der Tradition verwurzelten Neokolorismus, zu dessen Vertretern auch Jan Buck gehörte.

Weitere Verbindungen von Jan Buck zur polnischen Kunstszene

Dass Buck von dem Kreis der ersten Studierenden in Wrocław geschätzt worden sein muss, zeigt sich in deren Bemühen, ihre Bekanntschaft mit ihm zu erneuern, als er bereits Mitglied des Arbeitskreises sorbischer bildender Künstler (ab 1992: Sorbischer Künstlerbund e.V.) und des Verbandes Bildender Künstler der DDR war.

Dem überlieferten Archivmaterial zufolge war es Józef Sumera, damals noch Student der Kunsthochschule in Wrocław, der 1954 als Erster – über Dresden – Kontakt zu Buck aufnahm. In seinem Brief berichtete er über den Werdegang ihrer Kommilitonen vom Staatlichen Kunstgymnasium – über Józef Dombrowski, der sein Studium abgeschlossen hatte, und Józef Jarnicki, der – entsprechend seiner für die Akademie in Wrocław typischen Spezialisierung – eine Arbeit in einer Glashütte angenommen hatte. Er erwähnte auch den frühen Tod von Waldemar Cwenarski im Jahr 1953.[22] Der aus Lwów stammende Cwenarski war dafür bekannt, dass er trotz des offiziellen Studienprogramms außergewöhnlich expressive, pessimistisch wirkende Gemälde »für den Schrank« schuf, die ein Echo seiner Kriegsirrfahrten sowie des Todes seiner Geschwister und seines Vaters waren.

intuicyjno-instynktownych źródeł kreacji. Niekiedy też w kontrze do nieoficjalnego i zwalczanego przez władze państwowe tzw. drugiego obiegu sztuki, skoncentrowanego nierzadko wokół kościołów, poszukiwali alternatywnych form wypowiedzi, inspirując się modnymi wówczas trendami zachodnimi oraz wschodnim spirytualizmem. Z czasem do obszaru twórczości plastycznej wprowadzano coraz łatwiej dostępne nowe media. Podobną ewolucję przechodziła sztuka w całej Polsce.

Mimo naporu nowych technologii malarze – kontynuatorzy nurtu o proweniencji konstruktywistyczno-intelektualnej, przesuwający akcent w stronę »object art« oraz instalacji, nie porzucili charakterystycznego dla Wrocławia i najsilniej osadzonego w tradycji neokoloryzmu, do którego interpretatorów zaliczyć należy również Jana Bucka.

Dalsze związki Bucka z polskim środowiskiem artystycznym

O tym, iż w środowisku pierwszych wrocławskich studentów Buck musiał być ceniony, świadczy fakt, że zabiegali oni o odświeżenie znajomości z nim, gdy był już członkiem Grupy Roboczej Artystów Serbołużyckich (od 1992 r. – Związku Artystów Serbołużyckich) oraz Związku Artystów Plastyków NRD.

Zgodnie z zachowanym materiałem archiwalnym, pierwszym, który nawiązał kontakt z Buckiem w 1954 r. poprzez Drezno był Józef Sumera, podówczas jeszcze student PWSSP. W swym liście donosił o losach kolegów z liceum plastycznego – Józefa Dombrowskiego, który ukończył studia, a także Józefa Jarnickiego, który zgodnie ze swoją typową dla wrocławskiej uczelni specjalizacją podjął pracę w hucie szkła. Wspominał też o przedwczesnej śmierci Waldemara Cwenarskiego w 1953 roku[22]. Przybyły tu ze Lwowa, zasłynął on z tego, że wbrew oficjalnemu programowi studiów tworzył »do szafy« pesymistyczne prace o wyjątkowej ekspresji, będące echem wojennej tułaczki oraz śmierci jego rodzeństwa i ojca. Poświadczają one też najpewniej recepcję dokonań niemieckiej graficzki Käthe Kollwitz, prezentowanych w Warszawie i we Wrocławiu w 1951 roku[23]. Pośmiertna wystawa obrazów Cwenarskiego (il. 6) wywołała sensację i oddziałała inspirująco nawet na jego profesorów[24]. Sam Sumera przyjechał do Wrocławia po tym jak ze względu na prześladowania przez komunistyczne służby bezpieczeństwa (jako były żołnierz Armii Krajowej) zmuszony był przerwać rozpoczęte w Krakowie studia. Dopiero po śmierci Stalina mógł je wznowić na PWSSP. Kształcił się w katedrach Gepperta, Dawskiego i Karola Estreichera, debiutując w 1955 r. w warszawskiej

Sie zeugen mit hoher Wahrscheinlichkeit auch von seiner Rezeption des 1951 in Warschau und Wrocław vorgestellten Schaffens der Grafikerin Käthe Kollwitz.[23] Die posthume Ausstellung von Cwenarskis Gemälden (Abb. 6) erregte großes Aufsehen und wirkte sogar inspirierend auf seine Professoren.[24] Sumera war nach Wrocław gekommen, nachdem er sein in Kraków begonnenes Studium wegen der Verfolgung durch den kommunistischen Sicherheitsdienst als ehemaliger Soldat der antikommunistisch geprägten polnischen Befreiungsarmee »Armia Krajowa« hatte abbrechen müssen. Erst nach Stalins Tod konnte er sein Studium an der Kunsthochschule in Wrocław wieder aufnehmen und studierte bei Geppert, Dawski und Karol Estreicher. 1955 debütierte er in der Warschauer Galerie Zachęta und machte ein Jahr später seinen Abschluss. Er spezialisierte sich in den Bereichen Ölmalerei, Zeichnung, Mosaik und Glasmalerei und schuf beeindruckende, auf nassem Büttenpapier gemalte Aquarelle. Er griff häufig Motive der winterlichen Beskidenlandschaft auf. Als Kunstrestaurator erneuerte er Polychromien und schuf Glasfenster für südpolnische Kirchen. Er erhielt wichtige Auszeichnungen im In- und Ausland, darunter 2005 die »Gloria-Artis-Medaille für kulturelle Verdienste«.[25] Aus Wrocław zog er nach Nowa Huta (Kraków), wohin er Buck 1964 einlud. Er selbst besuchte den sorbischen Künstler in Bautzen.[26] In seinem ersten Brief erwähnte er, dass ihr gemeinsamer Freund Stanisław Zima sein Studium in Prag abgeschlossen habe.

Zima – während des Krieges von der Gestapo verhaftet, in Kraków inhaftiert und später zur Zwangsarbeit nach Deutschland verbracht – studierte ab 1949 an der Kunsthochschule in Wrocław bei Dawski und Geppert. Von 1950 bis 1952 war er Vorsitzender des Verbandes der polnischen akademischen Jugend. Er setzte seine Ausbildung an der Akademie der Bildenden Künste in Prag am Institut für Restaurierungstechniken fort und erwarb 1955 sein Diplom in Monumentalmalerei. In demselben Jahr kehrte er nach Wrocław zurück und präsentierte in einer Ausstellung anlässlich des »3. Internationalen Treffens junger Friedenskämpfer« in Berlin ein großformatiges figürliches Gemälde über die Freundschaft zwischen der

Zachęcie i rok później uzyskując dyplom. Specjalizował się w technice olejnej, rysunku, mozaice i witrażu oraz w malowanych na mokrym papierze czerpanym pracach akwarelowych. Często odwoływał się do motywu beskidzkiego pejzażu zimowego. Jako konserwator sztuki odnawiał polichromie i realizował witraże w kościołach południowej Polski. Otrzymał istotne wyróżnienia w kraju i za granicą, w tym w 2005 r. medal »Zasłużony Kulturze Gloria Artis«[25]. Z Wrocławia przeniósł się do Krakowa-Nowej Huty, dokąd w 1964 r. zaprosił Bucka, sam zaś odwiedził go w Budziszynie[26]. W swoim pierwszym liście wspominał, że ich wspólny kolega Stanisław Zima ukończył studia w Pradze.

Zima – podczas wojny aresztowany przez Gestapo, więziony w Krakowie, a później zesłany do Niemiec do pracy przymusowej – od 1949 r. w PWSSP uczył się u Dawskiego i Gepperta, a w latach 1950–1952 był

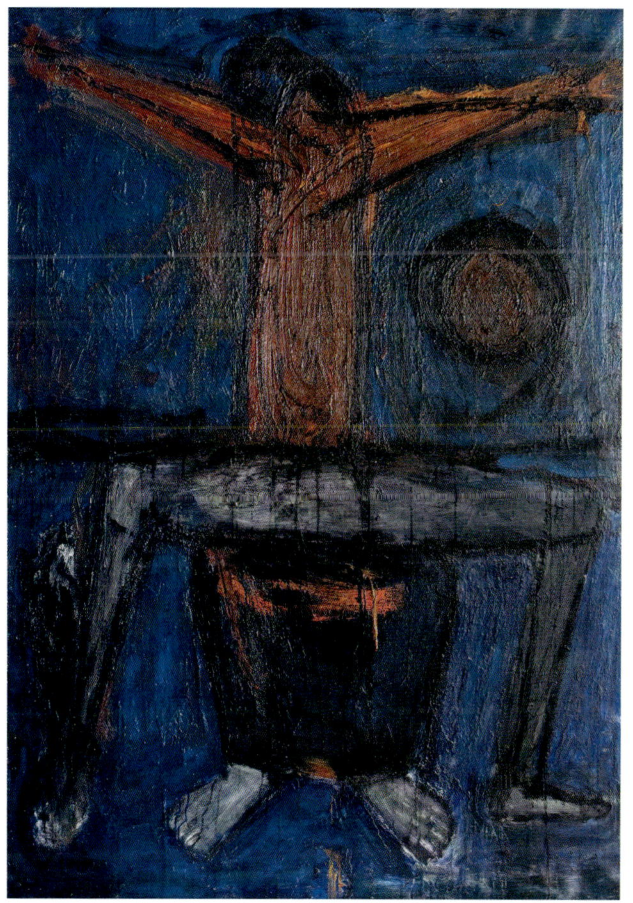

Abb. 6 Waldemar Cwenarski
Pieta
1951, Öl auf Leinwand,
150,0 × 110,0 cm,
Inv.-Nr. XVII-0149
Nationalmuseum in Wrocław

wobr. 6 Waldemar Cwenarski
Pieta
1951, wolij na płatnje,
150,0 × 110,0 cm,
inwentarne čo. XVII-0149
Narodny muzej we Wróctawju

wobr. 6 Waldemar Cwenarski
Pieta
1951, wólej na płaśe,
150,0 × 110,0 cm,
inwentarny nr. XVII-0149
Narodny muzeum we Wrocławje

il. 6 Waldemar Cwenarski
Pieta
1951 r., olej na płótnie,
150,0 × 110,0 cm,
nr inw. XVII-0149
Muzeum Narodowe we Wrocławiu

Abb. 7 Jan Buck (links) mit Stanisław Zima, 1960er Jahre

wobr. 7 Jan Buk (nalěwo) ze Stanisławom Zimu, 1960te lěta

wobr. 7 Jan Buk (nalěwo) ze Stanisławom Zimu, 1960te lěta

il. 7 Jan Buck (z lewej) ze Stanisławem Zimą, lata 60. XX w.

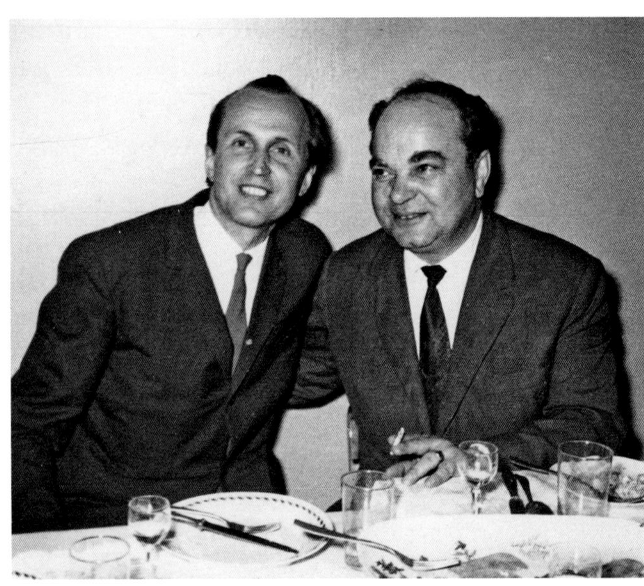

polnischen und deutschen Jugend. Als Assistent in der Meisterklasse für Wandmalerei von Stanislaw Pękalski unterstützte er diesen bei der Realisierung von monumentalen Wandmalereien und Glasfenstern, unter anderem für den Warschauer Dom. Er selbst war ebenfalls in diesem Bereich erfolgreich und schuf auch Mosaike. Er war Mitbegründer der »Malereigruppe« (Grupa Malarska, 1953) und der »Schule von Wrocław«. Ab 1967 unterrichtete er Zeichnen in der Meisterklasse Gepperts.[27] Bis 1991 leitete er die Abteilung für Maltechniken und -technologien und genoss die Wertschätzung vieler Generationen von Studierenden, heutiger Professorinnen und Professoren, die ihn 2021 mit der Ausstellung »Winter des Jahrhunderts« (Zima Stulecia – ein Wortspiel, da »zima« auf Deutsch »Winter« bedeutet) ehrten.[28] Zima lud Jan Buck 1962 und 1969 nach Wrocław ein. (Abb. 7) Ebenso wie Sumera erinnerte er sich in seinen Briefen an Cwenarski, berichtete über seinen eigenen Werdegang, teilte mit, dass Dombrowski nach seinem Abschluss in seine Heimatstadt Ełk (Lyck) zurückgekehrt sei, bat um die Zusendung von Glutolinleim und Schlagmetall. Des Weiteren brachte er seine Sorge darüber zum Ausdruck, dass die von ihm und seinen Kollegen in Bautzen geplante Ausstellung (initiiert von Buck?) nicht stattfinden würde, da sie zu »formalistisch« sei.[29]

przewodniczącym Związku Akademickiej Młodzieży Polskiej. Edukację kontynuował na Akademii Sztuk Pięknych w Pradze w Pracowni Technik Konserwatorskich, uzyskując dyplom z malarstwa monumentalnego w 1955 r., po czym wrócił do Wrocławia. Na wystawie towarzyszącej »III Światowemu Zlotowi Młodych Bojowników o Pokój« w Berlinie zaprezentował wielką kompozycję figuralną dotyczącą przyjaźni młodzieży polskiej i niemieckiej. Jako asystent w pracowni malarstwa ściennego Stanisława Pękalskiego wspierał go w realizacji monumentalnych polichromii i witraży, m.in. do katedry w Warszawie. Sam też odnosił sukcesy w tej dziedzinie, tworząc także mozaiki. Był współzałożycielem Grupy Malarskiej (1953) oraz Szkoły Wrocławskiej. Od 1967 r. uczył rysunku w pracowni Gepperta[27]. Do 1991 r. kierował Zakładem Technik i Technologii Malarstwa, ciesząc się uznaniem wielu pokoleń uczniów, obecnych profesorów, którzy w 2021 r. uhonorowali go wystawą »Zima Stulecia«[28]. Jana Bucka zapraszał do Wrocławia w 1962 i 1969 r. (il. 7), podobnie jak Sumera, wspominał Cwenarskiego, donosząc o swej karierze, informując, że Dombrowski po studiach wyjechał do rodzinnego Ełku, prosząc o przesłanie kleju do liternictwa na szkle i substytutu złota płatkowego, a nadto wyrażając obawy, że planowana w Budziszynie wystawa jego i kolegów (inicjowana przez Bucka?) nie dojdzie do skutku jako zbyt »formalistyczna«.[29]

W tej samej klasie liceum plastycznego co Buck i Zima uczył się pochodzący z Wołynia Franciszek Pikuła, w trakcie wojny wysiedlony, zesłany do obozu w Dachau, a następnie na roboty przymusowe do Ingolstadt, gdzie pracując w cementowni, w wolnych chwilach malował. Niemcy, dostrzegłszy jego talent, zaproponowali mu w zamian za przyjęcie niemieckiego obywatelstwa kształcenie artystyczne we Włoszech. Ten jednak odmówił. Jak donosił w swym liście z 1962 r. Zima, rozpoczęte w PWSSP studia malarskie Pikuła ukończył w Krakowie i trafił do Opola w ramach przyznanego mu po otrzymaniu dyplomu w 1954 r. przez Ministerstwo Kultury i Sztuki stypendium osiedleńczego i pracował w Państwowym Ognisku Plastycznym. Z powodu trudności finansowych i mieszkaniowych w 1957 r. przeprowadził się do Nysy, gdzie także uczył w Państwowym Ognisku Plastycznym

Dieselbe Klasse des Staatlichen Kunstgymnasiums wie Buck und Zima besuchte auch der aus Wolhynien stammende Franciszek Pikuła, der während des Krieges deportiert worden war, ins Lager Dachau kam und anschließend zur Zwangsarbeit nach Ingolstadt verbracht wurde, wo er in einer Zementfabrik arbeitete und in freien Momenten malte. Als man in Deutschland sein Talent erkannte, bot man ihm eine künstlerische Ausbildung in Italien an, doch unter der Voraussetzung, dass er die deutsche Staatsbürgerschaft annehme. Dies lehnte er jedoch ab. Wie Zima in seinem Brief aus dem Jahr 1962 berichtete, hatte Pikuła sein Malereistudium schließlich an der Staatlichen Hochschule für Bildende Künste in Kraków abgeschlossen und war im Rahmen eines Niederlassungsstipendiums des Ministeriums für Kultur und Kunst nach Opole (Oppeln) gekommen. Dort arbeitete er im Staatlichen Zentrum für Bildende Künste. Aufgrund von finanziellen Schwierigkeiten und Wohnungsnöten zog er 1957 nach Nysa (Neiße), wo er auch am Staatlichen Zentrum für Bildende Kunst und an einem Wirtschaftsgymnasium unterrichtete. Zugleich gründete er eine Zweigstelle des Verbandes der polnischen bildenden Künstler im Bezirk Katowice (Kattowitz). 1967 übernahm er die Leitung des Museums in Nysa, worüber er Jan Buck 1969 in einem Brief informierte. Er lud ihn zugleich ein, die von ihm gestaltete Ausstellung polnischer und ausländischer Malerei des 19. und 20. Jahrhunderts zu besuchen. Des Weiteren informierte er Buck über seine Reisen nach Potsdam und Dresden. Pikuła schuf unter anderem ein monumentales Wandgemälde an der Fassade des Museums in Nysa, Kopien von Gemälden für die Dauerausstellung des Museums in Brzeg (Brieg), in dem später auch Bucks Einzelausstellung stattfand, Entwürfe von Innenraumgestaltungen für die Museen in Grodków (Grottkau) und Głogówek (Klein Glogau) sowie zahlreiche Wandmalereien, wobei er auch mit Staffeleimalerei und grafischen Techniken experimentierte. Er beaufsichtigte zudem den Wiederaufbau des Herrenhauses in Frączków (Franzdorf) in Oberschlesien. Für seine Arbeiten, von denen viele in die Sammlungen der Nationalmuseen in Warschau und Wrocław sowie anderer Museen in Polen und im Ausland aufgenommen wurden, bekam er mehrere Auszeichnungen – und er hielt noch lange Zeit Kontakt zu Buck.[30] Es ist nicht genau bekannt, wann Irena Tumkiewicz (geb. Śnitek) mit dem sorbischen Künstler Kontakt aufnahm. Sie hatte gemeinsam mit ihrem künftigen Ehemann ein Jahr früher als Buck begonnen, das Staatliche Kunstgymnasium zu besuchen. In ihrem ersten, undatierten Brief schrieb sie, dass sie im Jugendkulturhaus in Wrocław (Młodzieżowy Dom

i w Liceum Ekonomicznym, będąc również założycielem oddziału Związku Polskich Artystów Plastyków przy Okręgu w Katowicach. W 1967 r. przejął kierownictwo muzeum w Nysie, o czym w 1969 r. informował w swym liście Jana Bucka, zapraszając go do zwiedzenia autorskiej ekspozycji malarstwa polskiego i obcego XIX/XX wieku. Donosił mu również o swych podróżach do Poczdamu i Drezna. Pikuła wykonał m.in. monumentalne malowidło na fasadzie muzeum w Nysie, kopie obrazów na stałą ekspozycję muzeum w Brzegu (w którym później odbyła się indywidualna wystawa Bucka), projekty wnętrz muzeów w Grodkowie i Głogówku oraz wiele polichromii, eksperymentując też z technikami malarstwa sztalugowego i grafiki. Nadzorował również odbudowę pałacu we Frączkowie. Za swe prace, z których wiele trafiło do muzeów narodowych w Warszawie i Wrocławiu, a także do innych muzeów w Polsce i zagranicą, otrzymał kilka nagród, a kontakt z Buckiem utrzymywał jeszcze długo[30].

Nie wiadomo dokładnie, kiedy kontakt z serbołużyckim artystą nawiązała Irena Tumkiewicz (z domu Śnitek), rozpoczynająca wraz z przyszłym mężem naukę w liceum plastycznym o rok wcześniej niż on. W pierwszym, niedatowanym liście pisała, że pracuje w Młodzieżowym Domu Kultury we Wrocławiu (MDK), »amatorsko« zajmując się ceramiką. Odwiedziwszy Dom Młodego Pioniera (DMP) w Budziszynie, dowiedziała się, że jest tam zatrudniony. Władysław Tumkiewicz – po tym jak z powodu wojny zmuszony był przerwać edukację artystyczną w Wilnie i uciec na Łotwę, skąd został wywieziony na roboty przymusowe do Niemiec – ukończył studia w pracowni rzeźby PWSSP i prowadził zajęcia z rzeźby oraz kompozycji przestrzennej na Wydziale Architektury Politechniki Wrocławskiej. Jego prace wystawiano m. in. w Dreźnie. Znany był z realistycznych prac malarskich, które tak jak jego rysunki ujawniają skłonność do monumentalizacji postaci ludzkiej. Przejawiała się ona również w socrealistycznych pomnikach, które zrealizował we Wrocławiu. Zasadniczo poświęcił się rzeźbie, z czasem tworząc także nowatorskie, nierzadko ażurowe formy w kamieniu i w drewnie, uzyskując liczne wyróżnienia – o czym, podobnie jak o wyjazdach zagranicznych męża, donosiła Buckowi Irena Tumkiewicz. On zaś wysyłał jej materiały plastyczne, prosząc Tumkiewicza o innowacyjne przepisy na gruntowanie płócien.

Władysław Tumkiewicz zdobył uznanie jako członek pierwszego zarządu Szkoły Wrocławskiej, krytyk sztuki, apologeta malarstwa młodych oraz animator życia artystycznego, m.in. dorocznych wystaw lokalnego środowiska artystycznego. W liście sprzed 1966 r. jego żona pisała, że proponuje on Buckowi organizację współpracy między związkami artystów

Kultury, MDK) arbeite und »amateurhaft« Keramik herstelle. Als sie das Pionierhaus in Bautzen besuchte, erfuhr sie, dass Buck dort beschäftigt war. Zu dieser Zeit hatte Władysław Tumkiewicz – der seine künstlerische Ausbildung in Wilno (Vilnius) wegen des Krieges hatte unterbrechen müssen, nach Lettland geflohen und zur Zwangsarbeit nach Deutschland verbracht worden war – sein Studium in der Meisterklasse für Bildhauerei der Kunsthochschule in Wrocław abgeschlossen und lehrte Bildhauerei und Raumkomposition an der Fakultät für Architektur der Technischen Universität in Wrocław. Seine Werke wurden auch in Dresden ausgestellt. Bekannt wurde er durch seine realistischen Gemälde, die (wie seine Zeichnungen) eine Tendenz zur Monumentalisierung der menschlichen Figur erkennen lassen. Dies zeigte sich auch in den sozrealistischen Denkmälern, die er in Wrocław schuf. Er widmete sich grundsätzlich der Bildhauerei, gestaltete mit der Zeit auch raumoffene Stein- sowie Holzskulpturen und erhielt zahlreiche Auszeichnungen – worüber Irena Tumkiewicz Buck ebenso informierte wie über die Auslandsreisen ihres Mannes. Buck schickte ihr wiederum Kunstmaterialien und fragte Tumkiewicz nach innovativen Ideen für die Grundierung von Leinwänden.

Władysław Tumkiewicz wurde als Mitglied des ersten Vorstandes der »Schule von Wrocław«, als Kunstkritiker und Verfechter der jungen Malerei sowie als treibende Kraft des künstlerischen Lebens in der Stadt, einschließlich der jährlichen Ausstellungen des örtlichen Künstlermilieus, anerkannt. In einem Brief aus der Zeit vor 1966 schreibt seine Frau, dass er Buck vorgeschlagen habe, eine Zusammenarbeit zwischen den Künstlerverbänden der Lausitz und der Stadt Wrocław zu organisieren. Dies führte in den Jahren 1966 bis 1970 zunächst zu einem Austausch von Ausstellungen zwischen dem Jugendkulturhaus in Wrocław und dem Pionierhaus in Bautzen sowie zu gegenseitigen Besuchen zwischen den Bucks und den Tumkiewiczs, die unter anderem 1969 an der Enthüllung des Denkmals für Jakub Bart-Ćišinski in Ostro teilnahmen – einem Gemeinschaftswerk von Buck und Tumkiewicz.[31] Ein Ergebnis ihrer gemeinsamen Bemühungen war sicherlich auch die Unterzeichnung eines Kooperationsabkommens zwischen der Abteilung des Verbandes der polnischen bildenden Künstler (ZPAP) in Wrocław und dessen Partnerverband (VBK) in Dresden im Jahr 1973.[32]

Buck unterhielt auch Kontakte zu Künstlerinnen und Künstlern aus anderen polnischen Kunstzentren. Ab 1963 wurde er wiederholt von den Vorständen verschiedener Zweigstellen des Verbandes der polnischen bildenden Künstler eingeladen – nach Warschau, zu Plenair-Workshops nach Zakopane, nach Łużyc i Wrocławia. Zaowocowało to wymianą wystaw między MDK i DMP w latach 1966–1970, a także wizytami i rewizytami Bucków i Tumkiewiczów, którzy pojechali m.in. na odsłonięcie pomnika Jakuba Bart-Ćišinskiego w Ostro (Wotrow) – wspólnej pracy Bucka i Tumkiewicza – w 1969 roku[31]. Zapewne efektem wspólnych wysiłków było też podpisanie porozumienia o kooperacji między Związkiem Polskich Artystów Plastyków (ZPAP) we Wrocławiu i partnerskim związkiem w Dreźnie (VBK) w 1973 roku[32].

Buck utrzymywał kontakty także z artystami z innych polskich ośrodków artystycznych. Od 1963 r. wielokrotnie zapraszany był przez władze różnych okręgów ZPAP do Warszawy, na plenery w Zakopanem, w bieszczadzkiej Solinie i trzy razy w Świnoujściu. Ich tematyka dotyczyła często ekologii, korespondując z duchem jego własnej twórczości. Efektem jednego z plenerów była wystawa w Muzeum Narodowym w Szczecinie w 1970/71 r., po której jeden z obrazów Bucka trafił do tamtejszych zbiorów. W wyniku współinicjowanej przez niego kooperacji odbyła się m. in. wspólna wystawa artystów z Drezna i Wrocławia w Riesie w 1986 roku[33]. W renomowanych galeriach stolicy Dolnego Śląska pokazano dwie indywidualne ekspozycje dzieł Bucka: pierwszą wiosną 1978 r. w Galerii u Dziennikarzy (il. 8),[34] drugą pod koniec 1982 r. w Galerii Awangarda. Wernisaż tej ostatniej – z udziałem władz ZPAP we Wrocławiu i Wydziału Kultury Urzędu Wojewódzkiego oraz Konsulatu NRD – relacjonowano nawet w telewizji. O zainteresowaniu, jakie wzbudziła, świadczy fakt, że przedłużono ją o trzy tygodnie i komentowano w kilku recenzjach[35].

Wrocław Jana Cybisa i Jana Bucka – wspólne dziedzictwo

Najważniejszym wydarzeniem artystycznym we Wrocławiu wtedy, gdy kształcił się tam Buck, była »Wystawa Ziem Odzyskanych« w 1948 r., w której przygotowaniach być może nawet uczestniczył. Do prezentowanowanych wówczas prac należały wielkoformatowe obrazy Jana Cybisa *Rodzina*, *Żniwa* i *Port* (il. 9). Zapewne właśnie to wydarzenie zainicjowało zainteresowanie Bucka jego twórczością, którą jeszcze w 2004 r. podczas wizyty w Muzeum Śląska Opolskiego przy okazji własnej wystawy zaliczał do swych najistotniejszych inspiracji[36]. Dorobek Cybisa fascynował go prawdopodobnie jako synteza niemieckiego ekspresjonizmu i polskiego koloryzmu. Biografia tego uznanego w Polsce twórcy wykazywała analogie do jego własnej. Cybis – z pochodzenia Ślązak – używał pierwotnie niemieckiej formy swego nazwiska Johannes

Solina im Gebirgszug der Bieszczady und dreimal nach Świnoujście (Swinemünde). Die Veranstaltungen hatten oft einen Bezug zu ökologischen Themen, was dem Geist seiner eigenen Arbeit entsprach. Im Zusammenhang mit einem der Plenairs stellte Buck in den Jahren 1970/71 im Nationalmuseum in Szczecin (Stettin) aus. Im Anschluss wurde eines seiner Gemälde in die dortige Sammlung aufgenommen. Als Ergebnis der von ihm mitinitiierten Zusammenarbeit fand 1986 in Riesa eine gemeinsame Ausstellung von Künstlerinnen und Künstlern aus Dresden und Wrocław statt.[33] In Wrocław waren zwei Einzelausstellungen von Bucks Werken in renommierten Galerien zu sehen – die erste im Frühjahr 1978 in der Galerie bei den Journalisten (Galeria u Dziennikarzy, Abb. 8)[34] und die zweite Ende 1982 in der Galerie Awangarda. Die Eröffnung der Letzteren, an der der Vorstand der Abteilung des Verbandes der polnischen bildenden Künstler in Wrocław und die Kulturabteilung des Woiwodschaftsamtes sowie das Konsulat der DDR teilnahmen, wurde sogar im Fernsehen übertragen. Von dem großen Interesse, mit dem die Ausstellung angenommen wurde, zeugt die Tatsache, dass sie um drei Wochen verlängert und in mehreren Rezensionen besprochen wurde.[35]

Jan Cybis' und Jan Bucks Wrocław – ein gemeinsames Erbe

Das wichtigste künstlerische Ereignis in Wrocław zu der Zeit, als Buck dort studierte, war die bereits erwähnte »Ausstellung wiedergewonnener Gebiete« im Jahr 1948, an deren Vorbereitung er möglicherweise sogar beteiligt war. Zu den damals ausgestellten Werken zählten drei großformatige Gemälde – *Familie*, *Ernte* und *Hafen* (Abb. 9) – von Jan Cybis. Wahrscheinlich hat dieses Ereignis Bucks Interesse an Cybis' Schaffen geweckt, das er auch noch 2004, als er anlässlich seiner eigenen Ausstellung das Museum des Oppelner Schlesiens (Muzeum Śląska Opolskiego) besuchte, zu seinen wichtigsten Inspirationen zählte.[36] Die Werke von Cybis faszinierten ihn womöglich als eine Art Synthese aus deutschem Expressionismus und polnischem Kolorismus. Die Biografie dieses in Polen anerkannten Künstlers weist Analogien zu

Cibis, a jego droga do polskości była nieoczywista[37]. Buck – przynależący do mniejszości serbołużyckiej w Niemczech i wykształcony częściowo w Polsce – również musiał doświadczać napięć w związku ze swą dwojaką tożsamością. Poznanie losów Cybisa i sceny artystycznej Wrocławia było najpewniej katalizatorem tego procesu. Wrocław jako wspólnota artystyczna wielokrotnie re/konstruował swoją tożsamość; najpierw w okresie powojennym, gdy do jego niegdysiejszej niemieckiej tradycji sztuki nowoczesnej odnoszono się rzadko, najintensywniej przyswajając sobie twórczość Käthe Kollwitz, oficjalnie odczytywaną w duchu socrealizmu, później w czasie erozji systemu totalitarnego, gdy tutejsi Nowi Dzicy odkrywali m.in. niemiecki

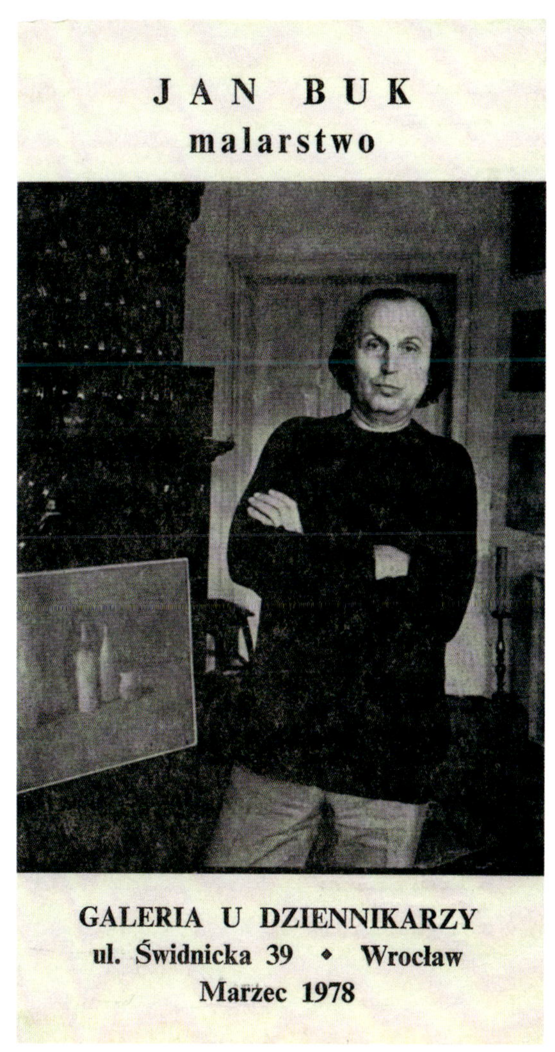
JAN BUK
malarstwo

GALERIA U DZIENNIKARZY
ul. Świdnicka 39 • Wrocław
Marzec 1978

Abb. 8 Jan Buck. Malerei, Wrocław, Galerie bei den Journalisten, Świdnickastr. 39, März 1978, Titelbild des Faltblattes zur Ausstellung

wobr. 8 Jan Buk. Molerstwo. Wrócław, Galerija pola žurnalistow, Świdnicka dróha čo. 39, měrc 1978, titulny wobraz lětaka k wustajeńcy

wobr. 8 Jan Buk. Mólaŕstwo. Wrocław, Galerija pla žurnalistow, droga Świdnicka 39, měrc 1978, titelowy wobraz złožonego łopjena k wustajeńcy

il. 8 Jan Buck. Malarstwo. Wrocław, Galeria u Dziennikarzy, ul. Świdnicka 39, marzec 1978 r., okładka folderu towarzyszącego wystawie

Abb. 9 Jan Cybis
Hafen
1948, Öl auf Leinwand,
249,0 × 313,0 cm,
Inv.-Nr. XVII-2
Nationalmuseum in Wrocław

wobr. 9 Jan Cybis
Přistaw
1948, wolij na płatnje,
249,0 × 313,0 cm,
inwentarne čo. XVII-2
Narodny muzej we Wrócławju

wobr. 9 Jan Cybis
Pśistaw
1948, wólej na płaśe,
249,0 × 313,0 cm,
inwentarny nr. XVII-2
Narodny muzeum we Wrocławje

il. 9 Jan Cybis
Port
1948 r., olej na płótnie,
249,0 × 313,0 cm,
nr inw. XVII-2
Muzeum Narodowe we Wrocławiu

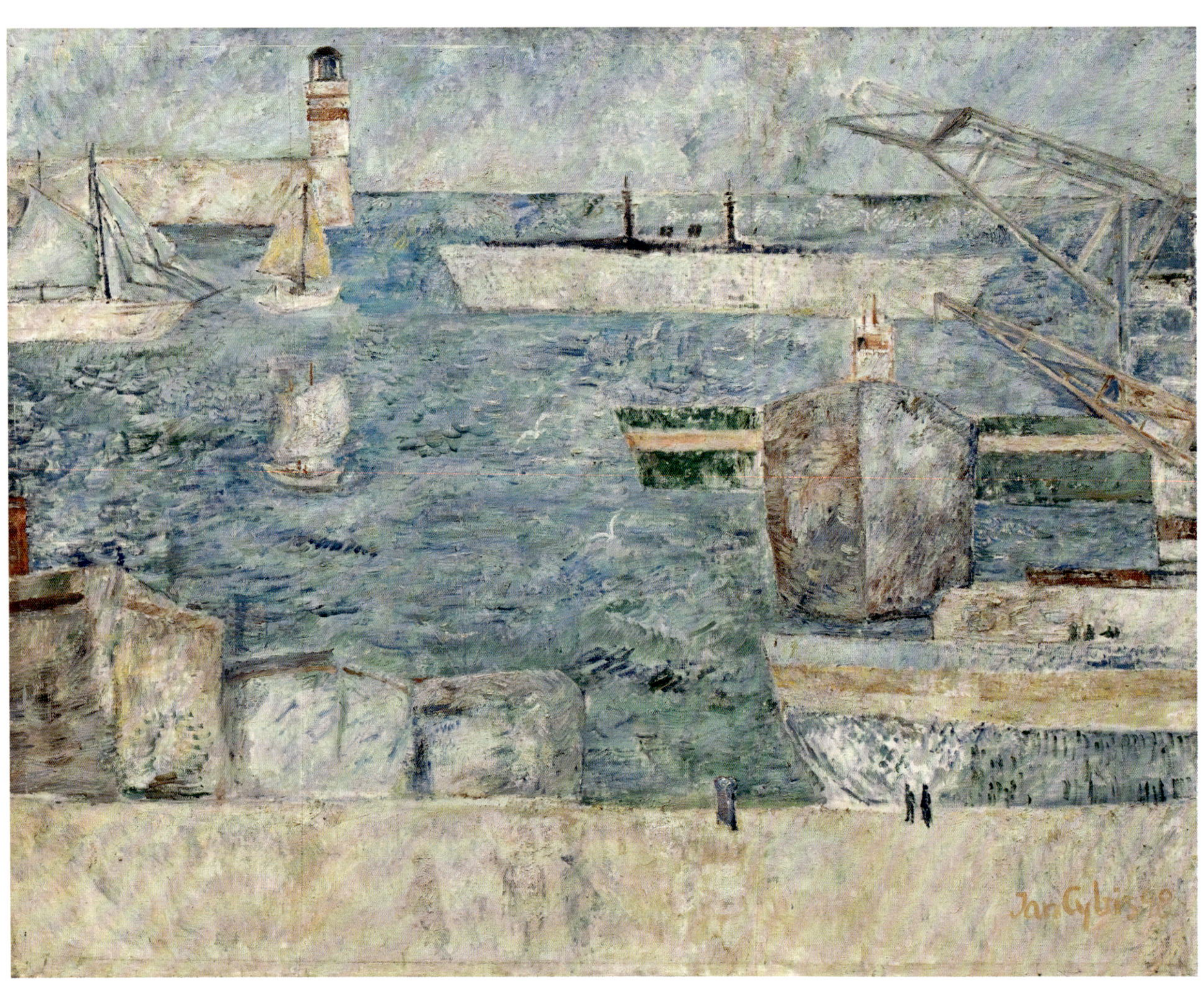

seiner eigenen auf. Als gebürtiger Schlesier benutzte Cybis ursprünglich die deutsche Form seines Namens, Johannes Cibis, und sein Weg zum Polentum war nicht selbstverständlich.[37] Buck, zur Minderheit der Sorben gehörend und teilweise in Polen ausgebildet, musste sich ebenfalls mit der Frage seiner Doppelidentität befassen. Die Auseinandersetzung mit Cybis' Schaffen und dem Künstlerleben der Stadt Wrocław fungierte sicherlich als Katalysator dieses Prozesses. Wrocław als künstlerische Gemeinschaft (re)konstruierte mehrfach seine Identität: zunächst in der Nachkriegszeit, als man sich nur selten auf die einstige deutsche Tradition der modernen Kunst bezog – am

ekspresjonizm[38], i wreszcie wtedy, gdy w latach 2003 i 2019 w Muzeum Narodowym zaprezentowano monumentalne wystawy poświęcone przedwojennej niemieckiej Akademii[39] oraz w 2016 r., gdy miasto celebrowano jako Europejską Stolicę Kultury. Przedśmiertne życzenie Bucka, by w stulecie jego urodzin wystawa jego twórczości odbyła się w mieście, które uważał za jej kolebkę, można zatem uznać za symboliczne. Podobnie symboliczny jest pomost między koloryzmem Cybisa jako jednego z jego inicjatorów a koloryzmem Bucka, który poznaną w Polsce stylistykę przeniósł do swej ojczyzny i której – mimo licznych modyfikacji – pozostał wierny do końca życia.

intensivsten noch durch die Rezeption des Schaffens von Käthe Kollwitz, das offiziell im Geiste des Sozialistischen Realismus interpretiert wurde; später während der Erosion des totalitären Systems, als die sogenannten Neuen Wilden unter anderem den deutschen Expressionismus entdeckten;[38] und schließlich in den 2000er Jahren, als das Nationalmuseum 2003 und 2019 monumentale Ausstellungen der deutschen Akademie der Vorkriegszeit präsentierte[39] und 2016 Wrocław als Kulturhauptstadt Europas gefeiert wurde. Bucks vor seinem Tod geäußerter Wunsch, zu seinem 100. Geburtstag eine Ausstellung seiner Werke in der Stadt zu veranstalten, die er als die Wiege seines Schaffens betrachtete, kann daher als symbolisch angesehen werden. Ebenso symbolträchtig ist die Brücke zwischen dem Kolorismus von Cybis als einem seiner Initiatoren und dem Kolorismus von Buck, der den ihm in Polen vertraut gewordenen Stil in sein Heimatland übertrug und ihm, obwohl er ihn ständig modifizierte, bis zu seinem Lebensende treu blieb.

1 Im vorliegenden Aufsatz wird die bisherige Forschungsliteratur notwendigerweise kurz dargestellt. Die wichtigsten Informationsquellen zur Geschichte der Akademie der Bildenden Künste in Wrocław nach 1945 sind die folgenden Publikationen: Sylwia Świstocka-Karwot: Sztuka we Wrocławiu w latach 1945–1970. Artyści, dzieła, krytycy, Wrocław 2016; Andrzej Saj (Hrsg.): Wrocław sztuki. Sztuka i środowisko artystyczne we Wrocławiu 1946–2006, Wrocław 2006; Gerd Biegel/ Konrad Jarodzki (Hrsg.): Szkoła plastyczna we Wrocławiu – tradycja i teraźniejszość – 1791–1994. Die Kunstschule Breslau – Tradition und Gegenwart – 1791–1994, Wrocław 1994.

2 Dagmar Schmengler/Agnes Kern/Lidia Głuchowska (Hrsg.): Maler. Mentor. Magier. Otto Mueller und sein Netzwerk in Breslau, Heidelberg 2018 (PL: 2019); Johanna Brade/Tobias Weger (Hrsg.): Kunst zur Kriegszeit. Künstler aus Schlesien zwischen Hurrapatriotismus und Friedenssucht/Sztuka czasu wojny 1914–1918/Artyści ze Śląska między hurrapatriotyzmem i pragnieniem pokoju, Görlitz/Zittau 2015, S. 36, 37, 43, 57, 168.

3 Norman Davies/Roger Moorhouse: Mikrokosmos. Portret miasta środkowoeuropejskiego: Vratislavia – Breslau – Wrocław, Kraków 2002; dies.: Breslau – die Blume Europas. Die Geschichte einer mitteleuropäischen Stadt, München 2005.

4 Die Begründung dafür lag in den mittelalterlichen und renaissancezeitlichen Traditionen der schlesischen Piasten-Dynastie.

5 Aufgrund nachträglicher Anmeldungen wurden zusätzliche Prüfungen organisiert, in deren Zuge weitere acht Personen zum Studium zugelassen wurden.

6 Andrzej Krawczyk: Stanisław Kopystyński (1893–1969). Artysta i pedagog, Magisterarbeit, betreut von Dr. Michał Domański am Kunstpädagogischen Institut der Marie-Curie-Skłodowska-Universität Lublin, Lublin 1983; Dagmara Rajewska: Stanisław Kopystyński (1893–1969).

1 W niniejszym tekście dokumentacja bibliograficzna z konieczności uwzględniona jest skrótowo. Głównymi źródłami informacji na temat historii ASP we Wrocławiu po 1945 r. są następujące publikacje: Sylwia Świstocka-Karwot: Sztuka we Wrocławiu w latach 1945–1970. Artyści, dzieła, krytycy, Wrocław 2016; Wrocław sztuki. Sztuka i środowisko artystyczne we Wrocławiu 1946–2006, red. Andrzej Saj, Wrocław 2006; 1791–1994. Szkoła plastyczna we Wrocławiu – tradycja i teraźniejszość – 1791–1994/Die Kunstschule Breslau – Tradition und Gegenwart – 1791–1994, red. Gerd Biegel/Konrad Jarodzki, Wrocław 1994.

2 Malarz. Mentor. Mag. Otto Mueller a środowisko artystyczne Wrocławia, red. Lidia Głuchowska/Dagmar Schmengler/Agnes Kern, Heidelberg 2019; Kunst zur Kriegszeit. Künstler aus Schlesien zwischen Hurrapatriotismus und Friedenssucht/Sztuka czasu wojny 1914–1918/Artyści ze Śląska między hurrapatriotyzmem i pragnieniem pokoju, red. Johanna Brade/Tobias Weger, Görlitz/Zittau 2015, s. 36, 37, 43, 57, 168.

3 Norman Davies/Roger Moorhouse: Mikrokosmos. Portret miasta środkowoeuropejskiego: Vratislavia – Breslau – Wrocław, Kraków 2002; Idem: Breslau – die Blume Europas. Die Geschichte einer mitteleuropäischen Stadt, München 2005.

4 W oparciu o średniowieczne i renesansowe tradycje dynastii Piastów Śląskich.

5 Po otwarciu I roku akademickiego 7. 10. 1946 r. ze względu na dalsze zgłoszenia zorganizowano dodatkowe egzaminy, przyjmując kolejnych 8 osób.

6 Andrzej Krawczyk: Stanisław Kopystyński (1893–1969). Artysta i pedagog, praca magisterska napisana pod kier. dr. Michała Domańskiego w Instytucie Wychowania Artystycznego, Uniwersytet Marii Curie-Skłodowskiej, Lublin 1983; Dagmara Rojewska: Stanisław Kopystyński (1893–1969). Twórczość artystyczna i działalność pedagogiczna, praca magisterska napisana pod kier. prof. dr hab. Zofii Ostrowskiej-Kębłowskiej, Instytut Historii Sztuki, Uniwersytet Wrocławski, Wrocław 2001.

7 Z powodu ograniczonej znajomości języka polskiego w I klasie Buck nie był klasyfikowany z przedmiotów ogólnokształcących. Por. Zaświadczenie PLSP, Wrocław, 22. 6. 1948 r.; Jan Buck: Świadectwo dojrzałości, 21. 5. 1949 r., archiwum prywatne Petera Bucka.

8 Lista absolwentów roczników 1947–1949, https://web.archive.org/web/20130617011938/http://www.zsp.wroclaw.pl/lp/absolwenci_do_50.php (dostęp: 30. 3. 2022).

9 Jan Buck: Świadectwo dojrzałości, 21. 5. 1949 r. (por. przyp. 7).

10 Immatrykulacja: 30. 11. 1949 r., nr indeksu: 208, nr legitymacji: 256, archiwum prywatne Petera Bucka.

11 Dominika Kowalewska: Eugeniusz Geppert. W nierzeczywistość, Wrocław 2013.

12 Światosław Lenartowicz: Emil Krcha, https://culture.pl/pl/tworca/emil-krcha (dostęp: 30. 3. 2022).

13 Buck uczęszczał też na zajęcia z wiedzy o Polsce i świecie współczesnym oraz zagadnień marksizmu i leninizmu prof. Henryka Panasa współpracującego z Przemysławem Kocowskim.

14 Jeszcze w 1948 r. promowano w Polsce sztukę abstrakcyjną. Por. Wystawa sztuki nowoczesnej zorganizowana przez Klub Artystów w Krakowie, Warszawa 1948.

15 Bunt – Ekspresjonizm – Transgraniczna awangarda. Prace z berlińskiej kolekcji prof. St. Karola Kubickiego/Bunt – Expressionismus – Grenzübergreifende Avantgarde. Werke aus der Berliner Sammlung von Prof. St. Karol Kubicki, red. Lidia Głuchowska, Poznań 2015.

16 Andrzej Turowski: Budowniczowie świata. Z dziejów radykalnego modernizmu w sztuce polskiej, Kraków 2000.

Twórczość artystyczna i działalność pedagogiczna, Masterarbeit, betreut von Prof. Zofia Ostrowska-Kębłowska am Institut für Kunstgeschichte der Universität Wrocław, Wrocław 2001.

7 Aufgrund seiner eingeschränkten Kenntnisse der polnischen Sprache wurde Buck in der ersten Klasse in den allgemeinbildenden Fächern nicht bewertet, vgl. Bescheinigung des Staatlichen Gymnasiums für Bildende Künste, Wrocław, 22. 6. 1948; Jan Buk, Świadectwo dojrzałości [Jan Buck, Abiturzeugnis], 21. 5. 1949, Privatarchiv Peter Buck.

8 Absolventenliste der Jahrgänge 1947–1949; https://web.archive.org/web/20130617011938/http://www.zsp.wroclaw.pl/lp/absolwenci_do_50.php [abgerufen am 30. 3. 2022].

9 Jan Buk, Świadectwo dojrzałości [Jan Buck, Abiturzeugnis] (wie Anm. 7).

10 Immatrikuation: 30. 11. 1949, Studienbuchnr.: 208, Studentenausweisnr.: 56, Privatarchiv Peter Buck.

11 Dominika Kowalewska: Eugeniusz Geppert. W nierzeczywistość, Wrocław 2013.

12 Światosław Lenartowicz: Emil Krcha; https://culture.pl/pl/tworca/emil-krcha [abgerufen am 30. 3. 2022].

13 Buck besuchte auch Vorlesungen in den Fächern Wissen über Polen und die gegenwärtige Welt sowie Marxismus und Leninismus bei Prof. Henryk Panas, der mit Przemyslaw Kocowski zusammenarbeitete.

14 Noch 1948 wurde in Polen die abstrakte Kunst propagiert. Vgl. Wystawa sztuki nowoczesnej zorganizowana przez Klub Artystów w Krakowie, Warszawa 1948.

15 Lidia Głuchowska (Hrsg.): Bunt – Ekspresjonizm – Transgraniczna awangarda. Prace z berlińskiej kolekcji prof. St. Karola Kubickiego/Bunt – Expressionismus – Grenzübergreifende Avantgarde. Werke aus der Berliner Sammlung von Prof. St. Karol Kubicki, Poznań 2015.

16 Andrzej Turowski: Budowniczowie świata. Z dziejów radykalnego modernizmu w sztuce polskiej, Kraków 2000.

17 Iwona Luba: Dialog nowoczesności z tradycją. Malarstwo polskie dwudziestolecia międzywojennego, Warszawa 2004; dies.: Duch romantyzmu i modernizacja. Sztuka oficjalna Drugiej Rzeczypospolitej, Warszawa 2012; Irena Kossowska (Hrsg.): Reinterpreting the Past: Traditionalist Artistic Trends in Central and Eastern Europe of the 1920s and 1930s, Warszawa 2010; Lidia Głuchowska: The Great World and the New Art in Poland. Between the Patriotic Ethos, the Nationalisation of the Modernism and the International Attempts in Aesthetics, in: dies./ Vojtěch Lahoda (Hrsg.): Nationalism and Cosmopolitanism in the Avant-Garde and Modernism: The Impact of WWI, Praha 2022, S. 216–247.

18 Joanna Pollakówna: Malarstwo polskie między wojnami 1918–1939, Warszawa 1982; Małgorzata Omilanowska/Tomasz Torbus (Hrsg.): Tür an Tür. Polen – Deutschland: 1000 Jahre Kunst und Geschichte, Köln 2011.

19 Stanisław Stopczyk: Koloryzm, Warszawa 1987; Magdalena Czapska-Michalik: Kapiści, Warszawa 2007.

20 Iwona Luba: Ein später Widerhall früher Inspirationen. Über das Schaffen des polnischen Schülers von Otto Mueller: Jan Cybis, in: Schmengler/Kern/ Głuchowska: Maler. Mentor. Magier (wie Anm. 2), S. 296–303.

21 Zu den von Buck (mit)gestalteten Glasmalereien, Sgraffiti, Mosaiken und Denkmälern siehe die Aufsätze von Christina Bogusz, Christina Kliem und vor allem von Silke Wagler im vorliegenden Band.

22 Józef Sumera an Jan Buck, Brief vom 25. 11. 1954; Cwenarskis Tod erwähnt auch Stanisław Zima. Vgl. auch Stanisław Zima an Jan Buck, Brief vom 14. 6. 1962, Privatarchiv Peter Buck.

23 Sylwia Świsłocka-Karwot: Malarstwo we Wrocławiu, in: Saj: Wrocław sztuki (wie Anm. 1), S. 68f.

24 Małgorzata Kitowska-Łysiak: Waldemar Cwenarski; https://culture.pl/pl/tworca/waldemar-cwenarski [abgerufen am 30. 3. 2022].

17 Iwona Luba: Dialog nowoczesności z tradycją. Malarstwo polskie dwudziestolecia międzywojennego, Warszawa 2004; eadem: Duch romantyzmu i modernizacja. Sztuka oficjalna Drugiej Rzeczypospolitej, Warszawa 2012; Reinterpreting the Past: Traditionalist Artistic Trends in Central and Eastern Europe of the 1920s and 1930s, red. Irena Kossowska Warszawa 2010; Lidia Głuchowska: The Great World and the New Art in Poland. Between the Patriotic Ethos, the Nationalisation of the Modernism and the International Attempts in Aesthetics, w: Nationalism and Cosmopolitanism in the Avant-Garde and Modernism: The Impact of WWI, red. eadem/Vojtěch Lahoda, Praga 2022, s. 216–247.

18 Joanna Pollakówna: Malarstwo polskie między wojnami 1918–1939, Warszawa 1982; Obok. Polska – Niemcy. 1000 lat historii w sztuce, red. Małgorzata Omilanowska/Tomasz Torbus, Kolonia 2011.

19 Stanisław Stopczyk: Koloryzm, Warszawa 1987; Magdalena Czapska-Michalik: Kapiści, Warszawa 2007.

20 Iwona Luba: Poźne echo wczesnych inspiracji.Twórczość Jana Cybisa, polskiego ucznia Ottona Muellera, w: Malarz. Mentor., Mag., (por. przyp. 2), s. 296–303.

21 Na temat witraży, mozaik, sgraffito i pomników (współ)realizowanych przez Bucka por. teksty Christiny Bogusz, Christiny Kliem i przede wszystkim Silke Wagler w niniejszym tomie.

22 Józef Sumera do Jana Bucka (JB), list z 25. 11. 1954; o śmierci Cwenarskiego wspomina też Stanisław Zima. Por. Stanisław Zima do Jana Bucka, list z 14. 6. 1962, archiwum prywatne Petera Bucka.

23 Sylwia Świsłocka-Karwot: Malarstwo we Wrocławiu, w: Wrocław sztuki (por. przyp. 1), s. 68–69.

24 Małgorzata Kitowska-Łysiak: Waldemar Cwenarski, https://culture.pl/pl/tworca/waldemar-cwenarski (dostęp: 30. 3. 2022).

25 Sumerę w trakcie wojny wysiedlono z rodzinnego Mucharza przyłączonego do Niemiec i skierowano do obozu pracy »Baudienst«, https://pl.wikipedia.org/wiki/J%C3%B3zef_Sumera; Józef Sumera, http://katalog.bip.ipn.gov.pl/informacje/125089 (dostęp: 30. 3. 2022).

26 Józef Sumera do Jana Bucka, list z 23. 3. 1964; Jan Buck do Józefa Sumery, list z 17. 4. 1964, archiwum prywatne Petera Bucka.

27 Stanisław Zima – Malarstwo. BWA, Wrocław 1967.

28 Paweł Lewandowski-Palle: *Zima Stulecia*, https://www.asp.wroc.pl/pl/aktualnosci/zima-stuleciastanislaw-pamieci-stanislawa-zimy (dostęp: 30. 3. 2021).

29 Stanisław Zima do Jana Bucka, list z 14. 6. 1962 i 27. 1. 1969, archiwum prywatne Petera Bucka.

30 Stanisław Zima do Jana Bucka, list z 14. 6. 1962; Franciszek Pikuła do Jana Bucka, 20. 6. 1969, archiwum prywatne Petera Bucka; Franciszek Pikuła, https://jezowe.fandom.com/wiki/Franciszek_Piku%C5%82a; Olga Sarzyńska: Intrygujące monotypie Franciszka Pikuły; https://naszemiasto.pl/intrygujace-monotypie-franciszka-pikuly/ar/c13-4452752 (dostęp: 30. 3. 2022); Zofia i Franciszek Pikułowie do Jana Bucka, list z 20. 12. 1974 r., archiwum prywatne Petera Bucka..

31 Por. Listy Ireny i Władysława Tumkiewiczów do Jana Bucka, 1 niedatowany, 3. 11. 1966, 11. 5. 1968, 3. 12. 1970; archiwum prywatne Petera Bucka; Maria Jeżewska: Na pograniczu abstrakcji i realności. O Władysławie Tumkiewiczu, Odra 38/3 (1998), s. 131–132.

32 Notatka o spotkaniu przedstawicieli ZPAP we Wrocławiu i VBK, 24. 4. 1973, archiwum prywatne Petera Bucka.

33 Der Maler Jan Buck, red. Maria Mirtschin/Hans Mirtschin, Sorbischer Künstlerverbund e.V., 1992, s. 78.

34 Klub Dziennikarza, Wrocław, do Jana Bucka, list z 27. 1. 1978: zaproszenie do wystawienia prac w terminie 15–30. 3. 1978, archiwum prywatne Petera Bucka.

35 Galeria Awangarda, Wrocław do Jana Bucka, 10. 1. 1983: protokół ze zwrotu 22 prac olejnych, 23 akwarel i rysunków, archiwum prywatne Petera Bucka.

25 Während des Krieges wurde Sumera aus seiner Heimatstadt Mucharz, die von Deutschland annektiert worden war, vertrieben und in das Arbeitslager »Baudienst« geschickt; vgl. https://pl.wikipedia.org/wiki/J%C3%B3zef_Sumera; Józef Sumera http://katalog.bip.ipn.gov.pl/informacje/125089 [abgerufen am 30. 3. 2022].

26 Józef Sumera an Jan Buck, Brief vom 23. 3. 1964; Jan Buck an Józef Sumera, Brief vom 17. 4. 1964, Privatarchiv Peter Buck.

27 Stanisław Zima – Malarstwo. BWA, Wrocław 1967.

28 Paweł Lewandowski-Palle: Zima Stulecia; https://www.asp.wroc.pl/pl/aktualnosci/zima-stuleciastanislaw-pamieci-stanislawa-zimy [abgerufen am 30. 3. 2021].

29 Stanisław Zima an Jan Buck, Brief vom 14. 6. 1962 und 27. 1. 1969, Privatarchiv Peter Buck.

30 Stanisław Zima an Jan Buck, Brief vom 14. 6. 1962; Franciszek Pikuła an Jan Buck, Brief vom 20. 6. 1969, Privatarchiv Peter Buck; Franciszek Pikuła, https://jezowe.fandom.com/wiki/Franciszek_Piku%C5%82a; Olga Sarzyńska: Intrygujące monotypie Franciszka Pikuły; https://naszemiasto.pl/intrygujace-monotypie-franciszka-pikuly/ar/c13-4452752 [abgerufen am 30. 3. 2022]; vgl. auch Zofia und Franciszek Pikuła an Jan Buck, Brief vom 20. 12. 1974, Privatarchiv Peter Buck.

31 Vgl. die Briefe von Irena und Władysław Tumkiewicz an Jan Buck: erster Brief undatiert, 3. 11. 1966, 11. 5. 1968, 3.12.1970; Das Jugendkulturhaus (MDK), Wrocław, an Jan Buck, 25. 1. 1967, 29. 4. 1968, Privatarchiv Peter Buck; Maria Jeżewska: Na pograniczu abstrakcji i realności. O Władysławie Tumkiewiczu, Odra 33/3 (1998), S. 131 f.

32 Notiz zu einem Treffen von Vertretern der Abteilung des ZPAP Wrocław und des VBK der DDR, 24. 4. 1973, Privatarchiv Peter Buck.

33 Maria Mirtschin/Hans Mirtschin (Hrsg.): Der Maler Jan Buck, hrsg. vom Sorbischen Künstlerverbund e.V., 1992, S. 78.

34 Der Journalistenklub in Wrocław an Jan Buck, 27. 1. 1978: Einladung zur Ausstellung seiner Arbeiten in der Zeit vom 15.–30. 3. 1978, Privatarchiv Peter Buck.

35 Galerie Awangarda, Wrocław an Jan Buck, 10. 1. 1983: Bericht über die Rückgabe von 22 Ölgemälden, 23 Aquarellen und Zeichnungen, Privatarchiv Peter Buck.

36 Freundlicher Hinweis von Christina Bogusz. Die Ausstellung wurde auch in der Galerie des Verbandes der polnischen bildenden Künstler Erster Stock (Pierwsze Piętro) in Opole, im Museum der schlesischen Piasten in Brzeg und im Gerhart-Hauptmann-Haus in Jelenia Góra (Hirschberg) gezeigt. Vgl. Christina Bogusz (Hrsg.): Jan Buck. Malerei, Bautzen/Jelenia Góra 2004, unpaginiert.

37 Jacek Cybis, Johannes Cibis – pierwsze ćwierćwiecze Jana Cybisa, Referat auf der Tagung »Facetten der Expression – Zwischen Wrocław und Berlin 1919–2019«, 20. 5. 2019, Nationalmuseum (in Zusammenarbeit mit der Kunstakademie Wrocław, dem Institut für Visuelle Künste der Universität Zielona Góra und der Camaro Stiftung Berlin), Organisatoren: Lidia Głuchowska, Dagmar Schmengler, Marek Śnieciński, autorisiertes Typoskript im Archiv von Lidia Głuchowska. Vgl. Dorota Seweryn-Puchalska: Od Johannesa Cibisa do Jana Cybisa, in: Waldemar Odorowski/Dorota Seweryn-Puchalska (Hrsg.): Jan Cybis. Kapista na terytorium wroga, Kazimierz Dolny 2012, S. 34 f.

38 Marek Śnieciński: Kontinuität und neue Impulse. Zeitgenössische künstlerische Dialoge mit der Malerei der Moderne, in: Schmengler/Kern/Głuchowska: Maler. Mentor. Magier (wie Anm. 2), S. 360–365.

39 Hela Baudis (Hrsg.): Von Otto Mueller bis Oskar Schlemmer. Künstler der Breslauer Akademie, Schwerin/Hamburg 2002. Die Ausstellung wurde zuerst im Museum Ostdeutsche Galerie in Regensburg und im Staatlichen Museum Schwerin gezeigt; »Maler. Mentor. Magier« – die Ausstellung wurde zuvor in der Neuen Nationalgalerie/Hamburger Bahnhof in Berlin präsentiert.

36 Informacja od Christiny Bogusz. Wystawę pokazano też w Galerii ZPAP Pierwsze Piętro w Opolu, w Muzeum Piastów Śląskich w Brzegu i w Domu Gerharta Hauptmanna w Jeleniej Górze. Por. Jan Buck. Malarstwo, red. Christina Bogusz, Bautzen/Jelenia Góra 2004, n.p.

37 Jacek Cybis: Johannes Cibis – pierwsze ćwierćwiecze Jana Cybisa, referat na konferencji »Oblicza ekspresji – między Wrocławiem a Berlinem 1919–2019«, 20. 5. 2019, Muzeum Narodowe (we współpracy z ASP we Wrocławiu, ISW Uniwersytetu Zielonogórskiego i Camaro Stiftung, Berlin), organizatorzy: Lidia Głuchowska, Dagmar Schmengler, Marek Śnieciński; autoryzowany maszynopis w zbiorach Lidii Głuchowskiej; Por. Dorota Seweryn-Puchalska, Od Johannesa Cibisa do Jana Cybisa, w: Jan Cybis. Kapista na terytorium wroga, red. Waldemar Odorowski/Dorota Seweryn-Puchalska, Kazimierz Dolny 2012, s. 34–35.

38 Marek Śnieciński: Kontynuacja i nowe impulsy – współczesne dialogi artystyczne z malarstwem modernizmu, w: Malarz. Mentor. Mag (por. przyp. 2), s. 360–365

39 Od Otto Muellera do Oskara Schlemmera. Artyści Wrocławskiej Akademii, red. Hela Baudis, Schwerin/Hamburg 2002. Wystawę pokazano najpierw w Museum Ostdeutsche Galerie w Regensburgu i w Staatliches Museum Schwerin; »Malarz. Mentor. Mag.« – wystawę prezentowano wcześniej w Neue Nationalgalerie/Hamburger Bahnhof w Berlinie.

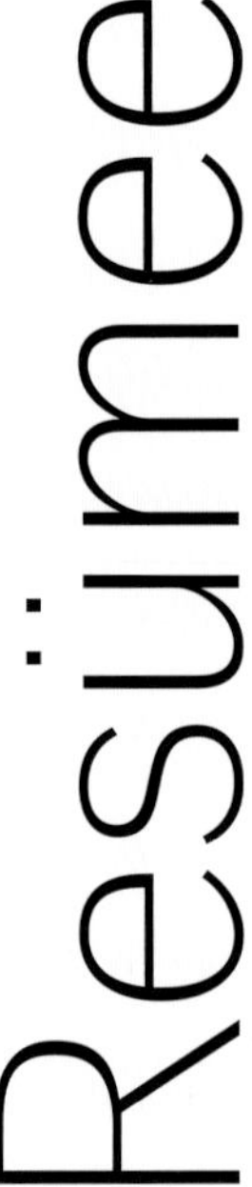

Das Phänomen Wrocław. Jan Bucks Verbindungen zur polnischen Kunstszene
Lidia Głuchowska, Sylwia Świsłocka-Karwot

In den Jahren 1947–1950 setzte Jan Buck seine in Kamenz begonnene künstlerische Ausbildung in Wrocław (Breslau) fort – einer Stadt mit starken multikulturellen Traditionen. Vor dem Krieg wirkte hier die leistungsstarke Staatliche Akademie für Kunst und Kunstgewerbe mit solch prominenten avantgardistischen Malern wie Otto Mueller und Oskar Schlemmer sowie mit polnischen Professoren und Dozentinnen wie Fryderyk Pautsch und Wanda Bibrowicz. Architekten wie Max Berg und Hans Poelzig prägten das moderne Antlitz der Stadt.

Bucks Schaffen wurde stark von den Lehrenden der kurz nach dem Krieg in Wrocław gegründeten polnischen Kunsteinrichtungen beeinflusst – Stanisław Kopystyński vom Staatlichen Gymnasium für Bildende Künste sowie Emil Krcha, Hanna Krzetuska und Eugeniusz Geppert von der Staatlichen Hochschule für Bildende Künste. Sie alle waren Vertreter des postimpressionistisch-realistischen Kolorismus. Nachdem Buck sein Studium an der Dresdener Hochschule für Bildende Künste abgeschlossen hatte, wo er – ähnlich wie seine Kommilitonen aus Wrocław, unter ihnen Stanisław Zima, Władysław Tumkiewicz, Franciszek Pikuła und Józef Sumera – im Geiste des Sozialistischen Realismus ausgebildet worden war, nahmen einige von ihnen Kontakt zu ihm auf. Ihre Zusammenarbeit trug zum Austausch von Ausstellungen zwischen den Künstlerkreisen von Wrocław, Dresden und der Lausitz bei.

Des Weiteren nahm Buck auch an wichtigen Pleinair-Workshops und Ausstellungen teil, die von dem Verband der polnischen bildenden Künstler organisiert wurden. In den Jahren 1978 und 1982 fanden seine Einzelausstellungen in renommierten Galerien in Wrocław statt.

Als Katalysator für die Auseinandersetzung des zur Minderheit der Sorben gehörenden Buck mit seiner Doppelidentität fungierte, neben seinen Kontakten zu Künstlerinnen und Künstlern, die aus Zentralpolen und den ehemaligen, nun von der UdSSR besetzten polnischen Ostgebieten nach Wrocław gekommen waren, auch die Konfrontation mit der Biografie und dem Werk eines der bedeutendsten Vertreter der polnischen Vor- und Nachkriegskunst – des Schlesiers Jan Cybis. Dessen Schaffen stellt eine Synthese aus deutschem Expressionismus und polnischem Kolorismus dar – ein Stil, dem Buck trotz seiner Individualisierung bis zu seinem Lebensende treu blieb. Die Rekonstruktion von Jan Bucks Erfahrungen in Wrocław bildet einen wichtigen Beitrag zur Geschichtsschreibung der dortigen Kunstszene.

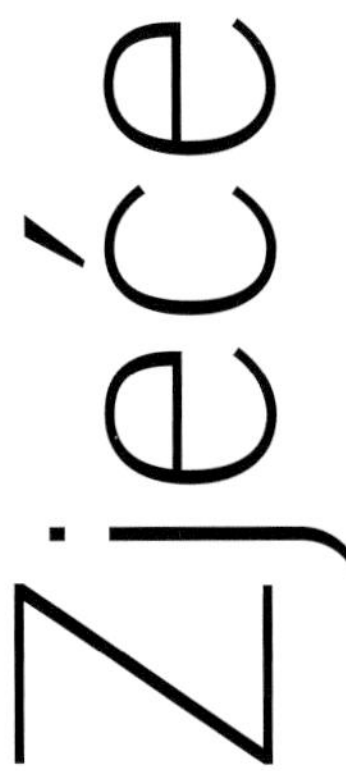

Fenomen Wrócławja. Jana Bukowe zwiski do pólskeje wumělskeje sceny
Lidia Głuchowska, Sylwia Świsłocka-Karwot

Po powołanskim wukubłanju w Kamjencu poda so Jan Buk wot 1947 do 1950 na wumělske wukubłanje do Wrócławja – města z wulkej multikulturnej tradiciju. Do wójny běše tu skutkowała wukonliwa Statna akademija wumělstwa a wumělskeho přemysła z prominentnymi awantgardistiskimi molerjemi, kaž Ottom Muellerom a Oskarom Schlemmerom, a z pólskimi profesorami a docentkami kaž Fryderykom Pautschom a Wandu Bibrowicz. Architekća kaž Max Berg a Hans Poelzig starachu so wo moderne wobličo města.

Bukowe tworjenje wowliwowachu wučerjo na pólskich zarjadnišćach wumělstwa, kotrež buchu krótko po wójnje we Wrócławju założene: na Statnym gymnaziju tworjaceho wumělstwa Stanisław Kopystyński a na Statnej wysokej šuli tworjaceho wumělstwa Emil Krcha, Hanna Krzetuska a Eugeniusz Geppert. Kóždy z nich zastupowaše postimpresionistisko-realistiski kolorizm. Po tym, zo bě Buk swój studij na Drježdźanskej Wysokej šuli tworjaceho wumělstwa dokónčił, hdźež bu – podobnje swojim Wrócławskim komilitonam, mjez nimi Stanisław Zima, Władysław Tumkiewicz, Franciszek Pikuła a Józef Sumera – w duchu socialistiskeho realizma wukubłany, někotři z nim dale zwisk pěstowachu. Jich zhromadne dźěło dowjedźe k wuměnje wustajeńcow mjez kruhami wumělcow we Wrócławju, Drježdźanach a Łužicy.

Buk wobdźěleše so nimo toho tež na wažnych dźěłarničkach we wobłuku pleinairow a na wustajeńcach, kotrež Zwjazk pólskich tworjacych wumělcow organizowaše. W lětomaj 1978 a 1982 wotměštej so wustajeńcy Bukowych twórbow w renoměrowanymaj galerijomaj we Wrócławju.

Jako katalyzator za rozestajenje z dwójnej identitu słužachu Serbej Bukej jeho kontakty k wumělčam a wumělcam, kotřiž běchu z centralneje Pólskeje a něhdyšich, nětko wot ZSSR wobsadźenych wuchodnych pólskich kónčin do Wrócławja přišli, ale tež rozestajenje ze žiwjenjom a tworjenjom Šlezičana Jana Cybisa, jednoho z najwuznamnišich zastupjerjow pólskeho wumělstwa w do- a powójnskim času. Cybisowe tworjenje – synteza němskeho ekspresionizma a pólskeho kolorizma – je Jana Buka, byrnjež swójski rukopis měł, hač do posledka w jeho tworjenju wowliwowało. Rekonstruowanje Jana Bukowych nazhonjenjow we Wrócławju je wažny přinošk za stawiznopis tamnišeje wumělskeje sceny.

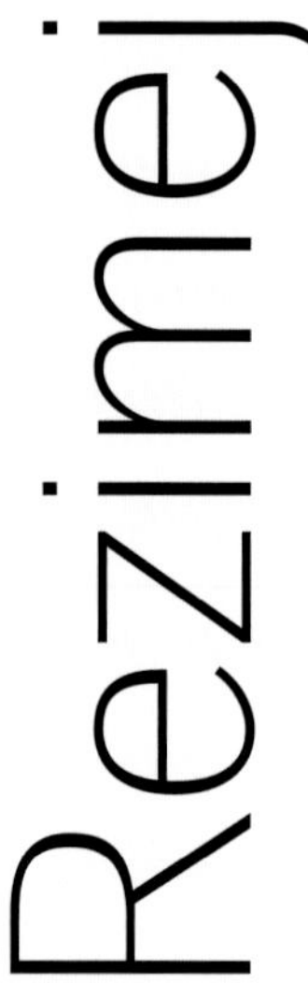

Fenomen Wrocław. Zwiski Jana Buka k pólskej wumětskej scenje

Lidia Głuchowska/Sylwia Świsłocka-Karwot

W lětach 1947–1950 jo Jan Buk dalej pórał swójo wumětske wukubłanje we Wrocławje – městno z mócnymi wěcejkulturnymi tradicijami –, kótarež jo se zachopiło w Kamjeńcu. Do wójny jo eksistěrowała jadna kwiśeca Nimska akademija wumětstwow, w kótarejž su renoměrowane mólarje awantgardy aktiwnje statkowali ako Otto Mueller a Oskar Schlemmer ako teke pólske docenty Fryderyk Pautsch a Wanda Bibrowicz. Architekty ako Max Berg a Hans Poelzig su póscili městu modernistiske woblico.

Docenty tych krotko pó wójnje nastatych pólskich institucijow su mócnje wobwliwowali Bukowe źěło, na pśikład Stanisław Kopystyński ze Statnego gymnazija za twórjece wumětstwa a Emil Krcha, Hanna Krzetuska a Eugeniusz Geppert ze Statneje wusokeje šule za twórjece wumětstwa – zastupniki postimpresionistisko-realistiskego kolorizma. Buk jo swój studium na Wusokej šuli twórjecych wumětstwow w Drježdźanach wobzamknuł, źož jo se dał w duchu socialistiskego realizma wukubłaś, rowno tak ako jogo wrocławske kolegi, mjazy drugim Stanisław Zima, Władysław Tumkiewicz, Franciszek Pikuła a Józef Sumera. Jich mjazsobne zwiski pó pśewrośenju su wjadli k wuměnje wustajeńcow mjazy mjazy krejzami wumětcow Wrocława, Drježdźan a Łužyce.

Buk jo se teke na wažnych pleinairach a wustajeńcach Zwězka pólskich wumětcow a designerow wobźělił. Mjazy 1978 a 1982 wótměli su se we Wrocławje jogo indiwiduelne wustajeńce jogo twórbow w renoměrowanych galerijach. Katalyzator za wójowanje w Nimskej bydlecego Serba Buk z jogo dwójneju identitu, mimo kontaktow z wumětcami ze srjejźneje a něgajšneje pódzajtšneje Pólskeje (něnto wobsajźona wót Sowjetskego zwězka), kótarež su do Wrocława pśišli, jo była konfrontacija z biografiju a wudobyśami jadnogo z nejwuznamnjejšych zastupnikow pólskego pśedwójnskego – a pówójnskego wumětstwa – Šlazyngarja Jana Cybisa. Pśiswójźbnemu stiloju, kótaryž jo synteza nimskego ekspresionizma a pólskego kolorizma był, jo wóstał teke Buk až do kóńca swójogo žywjenja zwěrny. Rekonstrukcija nazgónjenjow wumětca we Wrocławje jo wažny pśinosk ku historiografiji lokalnego kreatiwnego wobswěta.

Streszczenie

Fenomen Wrocławia i związki Jana Bucka z polską sceną artystyczną
Lidia Głuchowska, Sylwia Świsłocka-Karwot

W latach 1947–1950 Jan Buck kontynuował rozpoczętą w Kamieńcu (Kamenz, Kamjenc) edukację artystystyczną we Wrocławiu – mieście o silnych wielokulturowych tradycjach. Przed wojną istniała tu prężna niemiecka Akademia Sztuki i Rzemiosła, na której działali tak uznani awangardowi malarze jak Otto Mueller i Oskar Schlemmer, a także polscy profesorowie i wykładowcy – Fryderyk Pautsch i Wanda Bibrowicz. Architekci tacy jak Max Berg i Hans Poelzig nadali miastu modernistyczne oblicze.

Na twórczość Bucka silnie wpłynęli profesorowie utworzonych tu tuż po wojnie polskich instytucji – Stanisław Kopystyński z Państwowego Liceum Sztuk Plastycznych oraz Emil Krcha, Hanna Krzetuska i Eugeniusz Geppert z Państwowej Wyższej Szkoły Sztuk Plastycznych – przedstawiciele postimpresjonistyczno-realistycznego koloryzmu. Gdy ukończył już naukę w Wyższej Szkole Sztuk Plastycznych w Dreźnie, gdzie kształcony był w duchu socrealizmu, podobnie jak jego wrocławscy koledzy – m.in. Stanisław Zima, Władysław Tumkiewicz, Franciszek Pikuła i Józef Sumera – niektórzy z nich odnowili z nim kontakt. Ich współpraca zaowocowała wymianą wystaw między środowiskiem twórczym Wrocławia oraz Drezna i Łużyc.

Buck uczestniczył również w istotnych plenerach i wystawach Związku Polskich Artystów Plastyków. We Wrocławiu w latach 1978 i 1982 odbyły się indywidualne ekspozycje jego prac w renomowanych galeriach.

Katalizatorem zmagań należącego do mniejszości serbołużyckiej w Niemczech Bucka ze swą dwojaką tożsamością, oprócz kontaktów z przybyłymi do Wrocławia artystami z centralnej Polski i jej byłych wchodnich kresów (zajętych przez ZSRR), była także konfrontacja z biografią i dorobkiem jednego z najwybitniejszych przedstawicieli przedwojennej i powojennej sztuki polskiej – Ślązaka Jana Cybisa. Jego twórczość stanowi syntezę niemieckiego ekspresjonizmu i polskiego koloryzmu. Stylowi, który wytyczył, Buck mimo jego indywidualizacji pozostał wierny do schyłku swego życia. Rekonstrukcja wrocławskich doświadczeń artysty jest istotnym przyczynkiem do historiografii tutejszego środowiska twórczego.

Niederlausitzer Ansichten

Christina Kliem

Póglědnjenja na Dolnu Łužycu

Christina Kliemowa

Mit der Ausstellung »Jan Buck – Niederlausitzer Ansichten« von 1999 fand im Wendischen Museum in Cottbus/Chóśebuz eine erste umfassende Auseinandersetzung mit dem Werkschaffen des Künstlers statt, vor allem bezüglich seiner Verbindung zur Niederlausitzer Landschaft und zu regionalen ethnografischen Sujets. Die Anregung dazu hatte der Maler mit dem Angebot einer Personalausstellung selbst gegeben. Als Vertreter der sorbischen[1] Moderne ist Buck seit der Eröffnung des Hauses 1994 in der kleinen integrierten Galerie sorbischer bildender Künstler mit den Gemälden *Förderbrücke im Tagebau bei Cottbus* und *Steinbruch* ausgestellt. Sein Wunsch war es jedoch, seinen Niederlausitzer Landsleuten Zugang zu weiteren Werkserien zu verschaffen, die bei den internationalen Energie-Pleinairs entstanden waren. Jan Buck wollte dabei nichts dem Zufall überlassen, wählte die Bilder selbst aus, wies auf mögliche Ausleihen bei Museen hin und empfahl für die Laudatio den Kurator der Senftenberger Kunstsammlung Lausitz, Bernd Gork. Den Museumsräumen in Cottbus/Chóśebuz entsprechend wurden die Ölgemälde *Ende des Weges* (1993), *Tagebauhalde* und *Tagebau II* (beide 1988) für die Hauptwand und Grafikblätter aus den Serien *Devastierte Dörfer, Cottbus – Alte Häuser* und *Spreewaldlandschaften* für kleinere Räume ausgewählt. Einige Bilder kamen direkt von einer Exposition in Hannover[2] nach Cottbus/Chóśebuz in die Ausstellung. Bei einem Künstlergespräch mit Cottbuser Pädagogen berichtete Buck über seine Erfahrungen bei den Pleinairs und bedeutete, dass er mit der Arbeit in den Tagebauen etwas Wesentliches entdeckt habe: »Malen ist Leistung und Spiel und Freude. [...] So wie ich die Landschaft empfunden habe, habe ich sie gemalt.«[3] Im Nachgang der erfolgreichen Ausstellung konnte das Museum einige Bilder mit Motiven der Cottbuser Altstadt ankaufen. Im Jahr 2012 bot Jan Buck im Zuge seiner Vorlassregelung zwanzig Tagebaulandschaften an, deren Erwerb dank Unterstützung des Domowina-Regionalverbandes Niederlausitz e.V. finanziert werden konnte. Fünf Blätter davon gingen als Schenkung ein, weitere kamen als Dauerleihgabe in die Kunstsammlung, die insgesamt ein Konvolut von vierzig Arbeiten aus den Jahren 1977 bis 1990 umfasst.

Als die Neuerwerbungen im Jahr 2015 präsentiert wurden, konnte Jan Buck noch persönlich an der Vernissage teilnehmen, es war sein letzter öffentlicher Auftritt in Cottbus/Chóśebuz, wenngleich der Kontakt bis zum Lebensende nicht abriss. In den zahlreichen Begegnungen und Gesprächen mit dem Künstler im Museum oder auch bei ihm zu Hause in Nebelschütz kristallisierte sich heraus, dass Eindrücke aus der Niederlausitz einen bedeutenden Teil seines Schaffens prägten.

Z wustajeńcu »Jan Buk – Zglědy na Dolnu Łužycu« wót 1999 jo se w Serbskem muzeju w Chóśebuzu prědne wobšyrne rozestajanje z twórbami wuměłca wótmělo, pśedewšym glědajucy na jogo zwězanje z dolnołužyskeju krajinu a regionalnymi etnografiskimi sujetami. Póstark k tomu jo dał mólaŕ z pśiraźenim k jadnej wósobinskej wustajeńcy sam. Ako zastupnik serbskeje moderny jo Buk wót wótwórjenja domu 1994 sem w małej integrěrowanej galeriji serbskich[1] twórjecych wuměłcow z mólboma *Pśewózny móst we wótwórjonej jamje pla Chóśebuza* a *Skała* wustajony. Jogo žycenje jo weto było, swójim krajanam z Dolneje Łužyce pśistup k dalšnym źěłowym serijam zmóžniś, kótarež su na mjazynarodnych Energijowych pleinairach nastali. Jan Buk njejo kśěł nic pśipadoju pśewóstajiś, toś jo wobraze sam wubrał, jo pokazał na móžne wupóžyconki pla muzejow a jo pórucył za lawdaciju kuratora Złykomorojskeje wuměłstwoweje zběrki Łužyca Bernda Gorka. Wótpowědujucy muzeumowym rumnosćam w Chóśebuzu su se wuzwólili wólejowe mólby *Kóńc drogi* (1993), *Nasypanišćo wótwórjoneje jamy* a *Wótwórjona jama II* (wobej 1988) za głownu sćěnu a grafikowe łopjena ze serijow *Dewastěrowane jsy, Chóśebuz – Stare domy* a *Błośańske krajiny* za małe rumy. Někotare wobraze su tegdy direktnje z jadneje ekspozicije w Hannoverje[2] hyšći k tomu pśišli. Pśi pózdźejšem wuměłskem rozgronje z chóśebuskimi pedagogami jo Buk wulicował wó swójich nazgónjenjach pla pleinairow a jo wuzwignuł, až jo ze źěłom we jamach něco bytostnego namakał: »Mólowanje jo wugbaśe a graśe a wjasele. [...] Tak ako som zacuwał krajinu, som ju mólował.«[3] W dodanku wuspěšneje wustajeńce jo mógał muzej někotare motiwy chóśebuskego starego města nakupiś. Někotare lěta pózdźej, w lěśe 2012 jo Jan Buk w běgu swójogo rědowanja wobrazowego zawóstajeństwa dwaźasća krajinow wótwórjonych jamow póbitował, kótarychž nakup jo se źěk pódpěrje Župy Dolna Łužyca z.t. financěrowaś mógał. Pěś łopjenow z togo jo dojšło ako dar, dalšne su pśišli ako trajne wupóžyconki do wuměłskeje zběrki, kótaraž zapśimujo dogromady konwolut wót 40 źěłow z casa 1977 do 1990.

Ako su se nowe nakupy 2015 pśedstajili, jo se mógał Jan Buk hyšći na wernisažy wósobinski wobźěliś, to jo był jogo slědny zjawny wustup w Chóśebuzu, ale kontakt njejo se do kóńca žywjenja pśetergnuł. We wjelich zmakanjach a rozgronach z wuměłcom w muzeju abo pla njogo doma w Njebjelčicach jo se wukristalizěrowało, až su zašiśće z Dolneje Łužyce wuznamny źěl jogo twórjenja wordowali.

Wón jo póznał Dolnu Łužycu w 1950tych lětach pśez aktiwity we wobłuku Koła serbskich twórjecych wuměłcow a jo wugótował zgromadnje z jogo wuměł-

Er lernte die Niederlausitz in den 1950er Jahren durch Aktivitäten im Rahmen des Arbeitskreises sorbischer bildender Künstler kennen und bestückte gemeinsam mit seinen Künstlerkollegen die Jahresausstellungen, die an verschiedenen Orten der Niederlausitz gezeigt wurden, so 1954 in Burg/Bórkowy, Peitz/Picnjo und Cottbus/Chóśebuz, 1955 in Lübben/Lubin, 1956 in Cottbus/Chóśebuz und in Forst/Baršć, 1957 in Drachhausen/Hochoza, 1958 in Spremberg/Grodk und 1959 in Guben/Gubin.[4] Die lokale Presse von Lübben/Lubin berichtete, dass neben »herrlichen Ölgemälden, Federzeichnungen, Scherenschnitten [...] über die Vergangenheit und Zukunft des Spreewaldes« Bucks Werke für »das Neue in der bildenden Kunst [...] stehen« und dabei besonders die Ölgemälde *Thälmannpioniere* und *Mein Vater nach der Arbeit* hervorzuheben seien.[5] In der sorbischen Kulturzeitschrift Rozhlad schrieb Ernst Schmidt (Arnošt Kowaŕ) zur Kunstausstellung in der Sorbischen Oberschule in Cottbus/Chóśebuz 1956, dass sie das Ziel habe, das Interesse auch an den Ergebnissen dieses Bereiches des kulturellen Lebens bei den Niedersorben zu wecken. Der Vorsitzende des Arbeitskreises sorbischer bildender Künstler, Martin Nowak-Neumann (Měrćin Nowak-Njechorński), erklärte auf der Ausstellung, dass die sorbische Kunst das ganze neue Leben beinhalten solle,[6] zu dem der Arbeiter und der Bauer in den Gemälden von Horst Schlossar (Horst Šlosar), Scherenschnitt-Sprüche von Fritz Kittler (Fryco Kitlaŕ), Haine und Hügel in Landschaftsbildern von Otto Garten (Ota Garten) oder ein gedeckter Tisch als Stillleben von Jan Buck gehörten.[7]

In den 1960er Jahren unterstützte Jan Buck verschiedene Volkskunstausstellungen. Gemeinsam mit der sorbischen Volkskundlerin und Slawistin Hannelore Faßke (Hanka Fascyna) kam er zum Beispiel nach Burg, um die von Bautzen beauftragte Ausstellung mit vorzubereiten. Er fuhr mit dem Kunsterziehungslehrer Benno Pötschke (Beno Pětška) zu ausgewählten Volkskünstlern, gab Kommentare zu Stil und Arbeitsweise, bewunderte die unterschiedlichen Grüntöne für Spreewaldmotive – im Unterschied zu Nowak-Neumanns Auffassung, dass man den Spreewald im Sommer nicht malen könne – und war erstaunt, dass sich so viele Laien mit Malerei beschäftigten.[8]

Buck selbst fand erst im Rahmen der Energie-Pleinairs seine Niederlausitzer Motive und blieb der Landschaft und den Menschen durch private Kontakte und Begegnungen auf Exkursionen und Weiterbildungen verbunden. (Abb. 1) Besonders schätzte er Fritz Kittler und Wilhelm Schieber (Wylem Šybaŕ), Letzteren behielt er als humorvollen Künstlerkollegen in Erinnerung. Buck bewahrte die Briefe und Karten mit Kariskimi kolegami lětne wustajeńce, kótarež su se na rozdźělnych městnach w Dolnej Łužycy pokazali, ako na pśikład 1954 w Bórkowach, Picnju a Chóśebuzu, 1955 w Lubinje, 1956 w Chóśebuzu a w Baršću, 1957 w Hochozy, 1958 w Grodku a 1959 w Gubinje.[4] Lokalny casnik z Lubina jo tegdy rozpšawił, až mimo »pśekšasnych wólejowych mólbow, pjerowych kreslankow, wustśigankow [...] wó zachadnośći a pśichod Błotow« Bukowe twórby za »to nowe w twórjecem wuměłstwje [...] stoje« a pśi tom wósebnje wólejowej mólbje *Thälmannowe pioněry* a *Mój nan pó źěle* matej se wuzwignuś.[5] W serbskem kulturnem casopisu Rozhlad jo napisał Arnošt Kowaŕ k wuměłskej wustajeńcy w Serbskej wušej šuli w Chóśebuzu 1956, až wóna ma cil, zajm teke na rezultatach toś togo wobłuka kulturnego žywjenja pla Dolnych Serbow wubuźiś. Pśedsedaŕ Koła serbskich twórjecych wuměłcow, Měrćin Nowak-Njechorński, jo wujasnił na wustajeńcy, až by serbske wuměłstwo to cело nowe žywjenje zapśimjeś dejało,[6] k comuž su bur a źěłaśeŕ w mólbach Horsta Šlosarja, wustśigane gronka wót Fryca Kitlarja, gaje a górki na krajinowych wobrazach wót Oty Gartena abo kšyte blido ako śichowobraz Jana Buka słušali.[7]

W 1960tych lětach jo Jan Buk wšake wustajeńce ludowego wuměłstwa pódpěrał. Zgromadnje ze serbskeju ludowědnicu a slawistku Hanku Fascyneju jo na pśikład do Bórkow pśišeł z Budyšyna kazanu wustajeńcu sobu pśigótowat. Wón jo jěł ze ceptarjom wuměłstwa Benom Pětšku k wuzwólonym ludowym wuměłcam, jo komentěrował stil a źěłowu wašnju, jo wobźiwował rozdźělne tony zeleneje barwy za błośańske motiwy – na rozdźěl wót měnjenja Nowaka-Njechorńskego, až w Błotach w lěśu mólowaś njamóžoš – a jo był pśechwatany, až tak wjele lajkow se z mólowanim zaběra.[8]

Buk sam jo akle w ramiku Energijowych pleinairow swóje dolnołužyske motiwy namakał, ale jo krajinje a luźam pśez priwatne kontakty a zmakanja na ekskursijach a dalejkubłanjach zwěrny wóstał. Wósebnje jo se wón sebje wažył Fryca Kitlarja a Wylema Šybarja, ten slědny jo se w jogo spomnjeśu ako kradu humorny wuměłski kolega zaśćěpił. (wobr. 1) Buk jo wobchował listy a kórty z karikaturami wětošojskego mólarja a jo gronił w jadnom póznjejšem rozgronje: »Wón jo za mnjo rozměše mět, až něco hynakšego gótuju. [...] Šybaŕ jo mě tegdy ako młodego mólarja akceptěrował a sebje wažył. Wón jo mě wjele pisał. W spomnjeśu mam jadnu kórtu z pjacu, kak jo se wón w zymje žywił, sejźiš pśi kachlach, se šopliš a cakaš na nalěśe, aby zasej do krajiny mógł.«[9] Snaź jo Buk wótegronił ze samowugótowaneju kórtu z póstrowami, pódobnje nowolětnemu póstrowoju Frycoju Kitlarjeju, ako drjeworězba z lěta 1973 pokazujo.[10]

Abb. 1 Exkursion des Kreises sorbischer bildender Künstler nach Neschwitz, 1962.
Von links nach rechts: Jan Buck, Otto Garten, Fritz Kittler, Martin Nowak-Neumann, Wilhelm Schieber

wobr. 1 Ekskursija Koła serbskich tworjacych wumělcow do Njeswačidła, 1962.
Wotlěwa naprawo: Jan Buk, Ota Garten, Fryco Kitlaŕ, Měrćin Nowak-Njechorński, Wylem Šybaŕ

wobr. 1 Ekskursija Koła serbskich twórjecych wumělcow do Njeswačidła, 1962.
Wótlěwa napšawo: Jan Buk, Ota Garten, Fryco Kitlaŕ, Měrćin Nowak-Njechorński, Wylem Šybaŕ

il. 1 Wycieczka Grupy Roboczej Serbołużyckich Artystów Plastyków do Neschwitz, 1962 r. Od lewej do prawej: Jan Buck, Otto Garten, Fritz Kittler, Martin Nowak-Neumann, Wilhelm Schieber

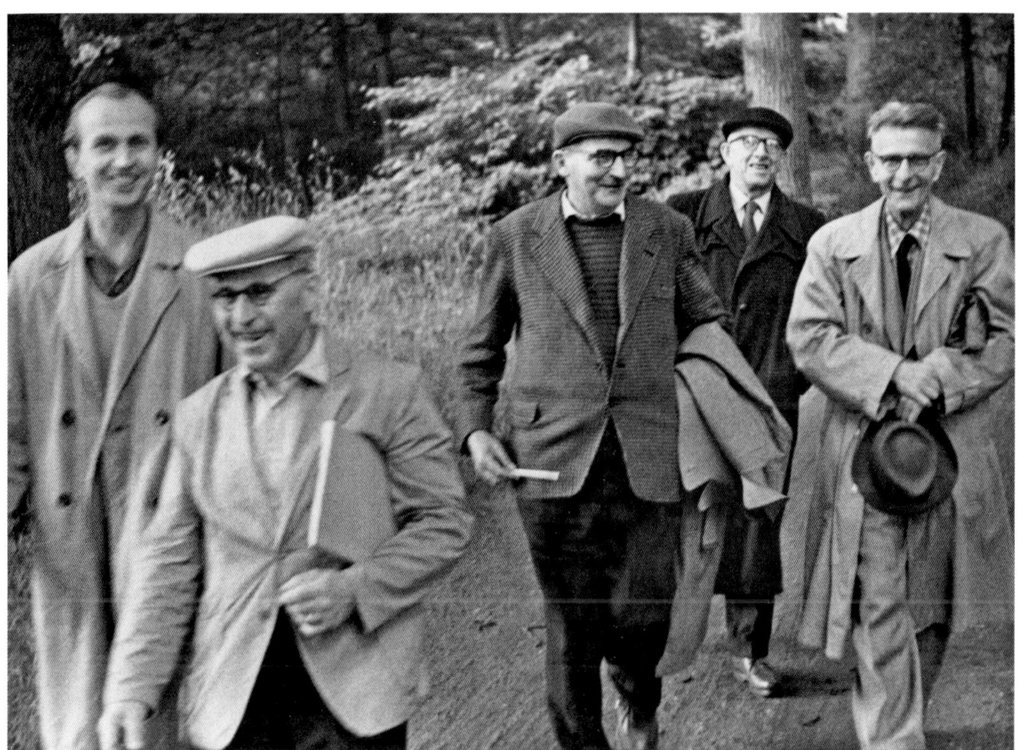

katuren des Vetschauer Malers auf und erklärte in einem späteren Gespräch: »Er hatte Verständnis für mich, dass ich etwas anderes machte. [...] Schieber hat mich als jungen Künstler damals akzeptiert und geschätzt. Er hat mir viel geschrieben. In Erinnerung ist mir eine Karte mit Ofen, wie er über den Winter gekommen ist, man sitzt am Ofen und wärmt sich und wartet auf den Frühling, damit man wieder in die Landschaft kann.«[9] Vielleicht erwiderte Buck mit gestalteten Karten die Grüße, so wie ein Neujahrsgruß mit Holzschnitt von 1973 an Fritz Kittler zeigt.[10]

Jan Buck setzte sich in seiner Kunst mit den Veränderungen in der Lausitz auseinander. Es war für ihn keine aufgezwungene Aufgabe. Als Vertreter einer Generation mit der Möglichkeit einer akademischen Ausbildung und von Auslandserfahrungen, hatte er einen völlig anderen Fokus erlangt als seine Vorgänger. Bei den Betrachterinnen und Betrachtern, die in der Kunst eher die Sehnsucht des Menschen nach Schönem und Gefälligem stillen wollten, die eine realistische, folkloristische Malerei als schön empfanden,

Jan Buk jo se we swójom wumělstwje ze změnami w Łužycy rozestajał. Za njogo to njejo był žeden nanuzkany nadawk. Ako zastupnik jadneje generacije z móžnosću akademiskego wukubłanja a nazgónjenjow we wukraju, jo wón měł jaden ceło hynakšy fokus ako jogo pśedchadniki. Pla wobglědaŕkow a wobglědarjow, kótarež su we wumělstwje lubjej za rědnotu a lubosćiwosću póžedali, kótarež su realistiske a folkloristiske mólaŕstwo za rědne měli, jo jogo mólaŕska wašnja wótpokazana była. Lěcrownož jo Buk ludowe wumělstwo lubował, jo měnił: »Cogodla dejm to same cyniś, [...] wopšawdna realita jo mój cel.«[11] Teke jo wón póznał: »Som Serb, [...] wšo, což móluju, jo serbske.« – Kwalita jo był prědny zaměr w jogo twórjenju. Na pšašanje za jogo pśikładami jo Buk gronił. »Som se wjelgin na francojskich impresionistow źaržał, nic na nimskich, ale na Francozarjowu Matisse, Gauguin a na van Gogh. Matisse jo mě zajmował z jogo barwami. My njamamy žednu tradiciju w folklorje, how jo Měrćin Nowak-Njechorński, tola to su kreslanki, [...] žedno mólaŕstwo. Wóstali su kreslanki, kótarež njewótpowěduju

stieß seine Malweise jedoch auf Ablehnung. Obwohl Buck die Volkskunst liebte, meinte er: »Warum soll ich dasselbe machen, [...] die wahre Realität ist mein Ziel.«[11] Auch bekannte er: »Ich bin Sorbe, [...] alles, was ich male, ist sorbisch.« – Qualität war das erste Ziel in seinem Schaffen. Zur Frage nach seinen Vorbildern sagte Buck: »Ich habe mich sehr an französische Impressionisten gehalten, nicht so sehr an die deutschen, sondern an die Franzosen Matisse, van Gogh, Gauguin. Matisse hat mich interessiert mit seinen Farben. Wir haben keine Tradition in der Folklore, da ist Martin Nowak-Neumann, doch das sind Zeichnungen, [...] keine Malerei. Es sind Zeichnungen geblieben, die nicht der Realität entsprechen. Aber die Kunst wurzelt auf alten Traditionen bis in die Gegenwart. Nowak hat das versucht zu stilisieren, seine Figuren sind stilisiert, das ist ein Schema, und danach sind sie alle gleich. Die bildende Kunst braucht Entwicklung und nicht Stagnation in eine Richtung. Ich kann nicht so malen, wie ich vor 70 Jahren oder 17 Jahren gemalt habe, und die Folklore, die stagniert.«[12]

Jan Buck blieb zeit seines Schaffens der Lausitz verpflichtet und malte sorbische Motive, die sein stetiges Aufbrechen, aber auch die Wiederkehr zu seinen Wurzeln zeigen. Im sorbischen Milieu aufgewachsen, kannte er den Volksglauben und die gelebten Traditionen. In diesem Zusammenhang sind seine *Volkstypen* zu nennen, die 1977 als Atelierbilder in Aquarell, Tusche und Tempera entstanden. Im Blatt *Zampern* bezieht sich Buck auf dieses traditionelle Winteraustreiben, das noch in der Gegenwart in den Lausitzer Dörfern gefeiert wird. Nur ziehen im Bild die typischen Figuren Hahn, Schimmelreiter und Strohbär durch eine Tagebaulandschaft, über der ein Geist schwebt. (Abb. 2) Wo bleiben die Traditionen, wenn die Dörfer abgebaggert sind? Buck macht sie mit den Worten: »Geist über dem Tagebau schwebend« für die verschwundenen Orte wieder sichtbar. Für das Blatt *Musikanten* von 1977 gilt das Gleiche. Buck stellte sorbische Volksmusikanten mit der dreisaitigen Fidel und Tarakawa[13] in der Braunkohlegrube dar; dazu gesellen sich eine Tänzerin und ein Geist, der über ihnen schwebt. Die Musiker stehen symbolisch für die Volkslieder, die zu Festen und Bräuchen im Jahres- und Lebenslauf dort ehemals erklangen. Buck verweist auf Ursprünge und Wurzeln sorbischer Volkslieder, die in variantenreichen Abwandlungen in Dörfern entstanden und von Volksforschern in Spinnstuben von den Vorsängerinnen, den Kantorkas, gesammelt und notiert wurden. Die Lieder sind bis heute bekannt, einige ihrer Ursprungsorte aber sind überbaggert worden. Im Jahr 1988 führte Buck diese figurative Malerei im *Zapust*-Triptychon in Öl als eine intensive Ausein-

realiśe. Ale wuměłstwo jo w starych tradicijach až do pśibytnosći zakórjenjone. Nowak jo wopytał stilizěrowaś, jogo figury su stilizěrowane, to jo jadna šema, a pó tom su wše jadnake. Twórjece wuměłstwo trjeba wuwijanje, njetrjeba stagnaciju w jadnom směrje. Njamógu tak mólowaś, ak som pśed 70 lětami abo 17 lětami mólował, a folklora, ta stagněrujo.«[12]

Jan Buk jo wóstał w běgu swójogo twórjenja Łužycy zwěrny a jo mólował serbske motiwy, kótarež jogo stawne wuderjenje, ale teke jogo wrośenje ku kórjenjam pokazuju. Dokulaž jo w serbskem miljeju narosł, jo znał ludowu wěru a woplěwane tradicije. W tom zwisku maju se jogo *Ludowe typy* pomjeniś, kótarež su 1977 ako ateljejowe wobraze w akwarelu, tušy a temperje nastali. We łopjenu *Camprowanje* póśěgujo se Buk na to tradicionelne wugónjenje zymy, kótarež se w łužyskich jsach hyšći w źinsajšnem casu swěśi. Jano śěgnu we wobrazu typiske figury kokot, rejtaŕ na šumjelu a słomjany mjadwjeź pó krajinje wótwórjoneje jamy, nad kótarejuž se duch znosujo. Źo wóstanu tradicije, gaž se wótbagruju jsy? Buk scynijo je ze słowami: »Duch nad jamu se zmawujo« za zminjone sedlišća zasej widobne. Za łopjeno *Muzikanty* wót 1977 płaśi to same. Buk jo pśedstajił serbskich ludowych muzikantow z tšojotšuninowymi fidlami a tarakawu[13] w brunicowej jamje; k tomu pśitowarišyjotej se rejowaŕka a duch, kótaryž se nad nimi zmawa. (wobr. 2) Muzikarje stoje symboliski za ludowe spiwy, kótarež su pśi swěźenjach a nałogach wob lěto w běgu žywjenja tam pjerwjej zazněwali. Buk pokazujo na spócetki a kórjenje serbskich ludowych spiwow, kótarež su we wjelerakich wariantach we jsach nastali a kótarychž su něga ludowědniki na pśězach wót kantorkow zezběrali a zapisali. Spiwy su až do źinsa znate, někotare jich spócetnych městnow z kótarychž pochadaju, su mjaztym pśebagrowane. W lěśe 1988 jo Buk wjadł toś to figuratiwne mólaŕstwo we wólejowem triptychonje *Zapust* ako intensiwne rozestajenje z ludowym derbstwom we wuměłstwje dalej. Wobraze su we wobsejźeństwje Župy Dolna Łužyca z.t. a su byli w Serbskem domje w Chóśebuzu wiźeś. Mólby ze šamnym zakładnym tonom a mócnymi barwnymi kontrastami pokazuju zwězanje mjazy krajinu a žyweju ludoweju kulturu ako powšyknopłaśecy fakt. Symboliski jo zespominał Buk ten póśěgowy konstrukt pózdźej teke we wólejowej mólbje *Tśeśe wócko* (1992); wóna pokazujo »wócko, kótarež zwěsćujo slědy, a kótarež na njestatkarjow a wusměršarjow pokazujo«.[14] Buk jo stwórił ze cysto mólaŕskimi srědkami spomnjeśe za serbsku ludowu kulturu, bźez togo až se z wuslědkom samym zaběra, a jo pózwignuł zdobydnjone znaśe wó tradicijach do sfery wuměłstwa. Pśirownujobne z kompoziciju Jura Mětška, kótaryž z tonami instrumentalnego

Abb. 2 Im Bautzener Atelier mit dem Gemälde *Geigenspieler* aus dem Triptychon zu sorbischen Volkstypen, 1988

wobr. 2 W Budyskim ateljeju z mólbu *Husličkar* z triptychona k serbskim ludowym typam, 1988

wobr. 2 W budyšyńskem ateljeju z mólbu *Fidlaŕ* z triptychona k serbskim ludowym typam, 1988

il. 2 W pracowni w Budziszynie z obrazem *Skrzypek* z tryptyku przedstawiającego serbołużyckie typy ludowe, 1988 r.

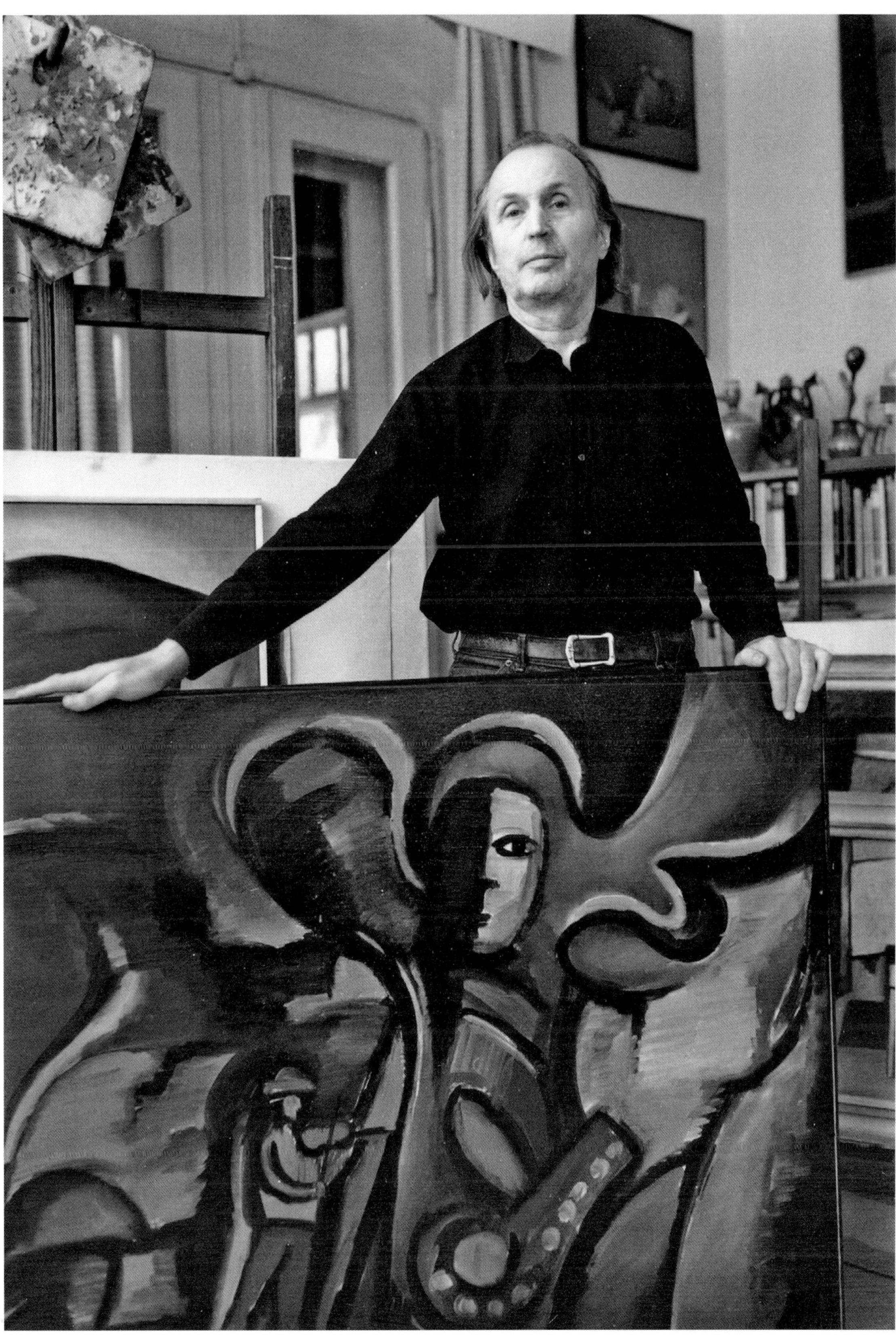

Abb. 3 *Strohbär*
Mosaikbild aus der Wandgestaltung *Zampern* in der Cottbuser Rathausgasse, 1986

wobr. 3 *Słomjany mjedwjedź*
Mozaikowy wobraz z wuhotowanja sćěny *Camprowanje* w Radniskej hasy w Choćebuzu, 1986

wobr. 3 *Słomjany mjadwjeź*
Mozaikowy wobraz ze sćěnoweje twórby *Camprowanje* w chóśebuskej Radnicowej gasy, 1986

il. 3 *Słomiany niedźwiedź,*
Mozaika z dekoracji naściennej *Camprowanje* (korowód przebierańców) ul. Rathausgasse w Chociebużu, 1986 r.

andersetzung mit dem Erbe in der Kunst weiter. Die Bilder sind im Besitz des Domowina-Regionalverbandes Niederlausitz e.V. und waren im Wendischen Haus in Cottbus zu sehen. Die in dunklem Grundton mit starken Farbkontrasten gehaltenen Gemälde zeigen die Verbindung zwischen Landschaft und gelebter Volkskultur als einen allgemeingültigen Fakt. Symbolhaft fasste Buck dieses Beziehungsgefüge später auch im Ölgemälde *Drittes Auge* (1992) zusammen; es zeigt das »spurensichernde Auge, das auf Täter und Töter hinweist«.[14] Buck schuf mit rein malerischen Mitteln ein Gedächtnis für die sorbische Volkskultur, ohne auf das Ereignis an sich einzugehen, und hob das erhaltene Wissen um die Traditionen in die Sphäre der Kunst. Vergleichbar mit der Komposition von Juro Mětšk, der in den Tönen der instrumentalen Grundierung seine tief reichenden Wurzeln ausdrückt, sind es für Buck die dunklen Farben in seinen Bildern.

In der Folge *Niederlausitz* mit der Serie *Cottbus – Alte Häuser* (1980) wird Bucks konstruktives Element wieder stärker bildwirksam. Obwohl die Straßen mit verwitterten Häusern, Giebelwänden und freigelegten Schornsteinen die geschichtsträchtige Tristesse des verfallenen Altstadtviertels widerspiegeln, bleibt das Betrachten ein sinnliches Erlebnis. Nach dem Abriss erfolgte der Neubau des Wendischen Viertels in Plattenbauweise mit altstadttypischer Fassadenstruktur. Im Rahmen der Förderung von Kunst am Bau erhielt Jan Buck den Auftrag zur Gestaltung niedersorbischer Bräuche und entwarf drei Mosaikbilder unter dem Titel *Zampern*. (Abb. 3)[15] Die Figuren Schimmelreiter, Strohbär und Hahn in kräftigem Ockergelb, Orange und Rot sind in diesem Fall als Zeichen für wiederbelebtes Brauchtum zu sehen, denn Schülerinnen und Schüler des Niedersorbischen Gymnasiums feiern seit 1986 den Zapust-Brauch mit einem Festumzug in der Innenstadt und im Cottbuser Ortsteil Ströbitz wird der Erntebrauch Hahnrupfen gepflegt.

Buck erhielt Aufträge zu unterschiedlichen Anlässen und erklärte dazu: »Ich arbeite gern nach Aufträgen. Auch Auftragswerke sind persönliche Arbeiten des Künstlers. Sicher, ich bin an das Thema gebunden, aber ich übernehme keinen Auftrag mit einem Thema, das mich nicht interessiert. [...] Ich habe auch die niedersorbische Hochzeit gemalt.«[16] Das Bild mit dem

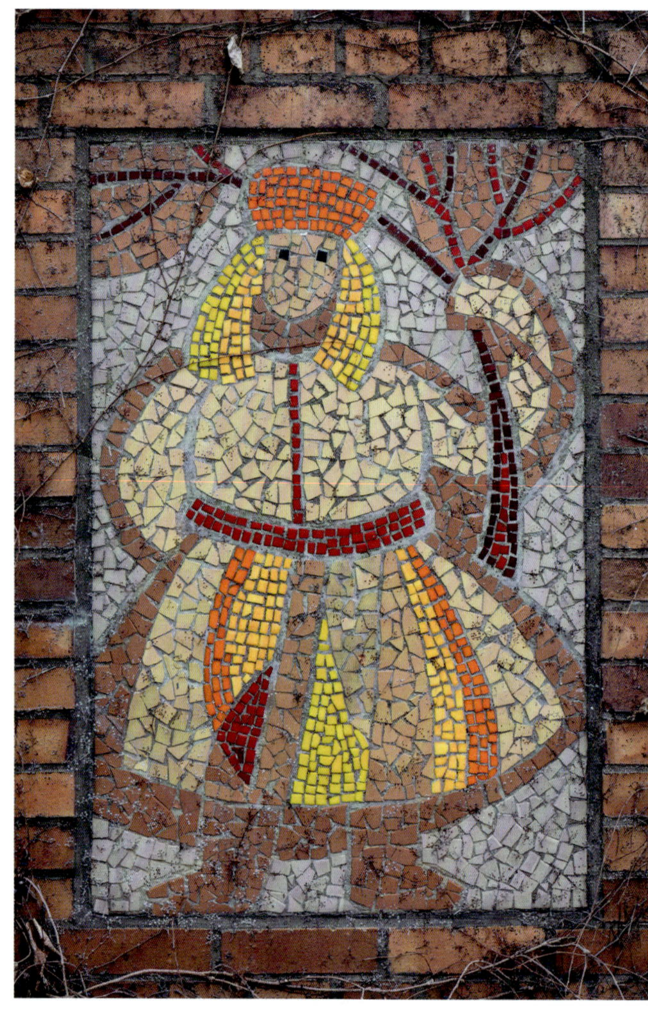

grunděrowanja swóje dłymoko segajuce kórjenje wugronijo, su za Buka śamne barwy w jogo wobrazach.

W rěże *Dolna Łužyca* ze seriju *Chóśebuz – Stare domy* (1980) bužo Bukowy konstruktiwny element zasej mócnjej statkowny we wobrazach. Lěcrownož drogi z rozprochnjonymi domami, pókóncami a wótekšytimi wugnjami stawizniski wuznamnu tristesu rozpadnjonego staroměsćańskego běrtyla wótbłyšćuju, pśejma śi pśi woglědanju wobrazow tola wěste dožywjenje. Pó wótterganju jo nastała nowotwaŕ Serbskego běrtyla w platowej twaŕskej wašni ze staroměsćańsko-typiskeju fasadoweju strukturu. We wobłuku »Wuměłstwo na twarje« jo był Jan Buk kazany, dolnoserbske nałogi pśedstajiś a jo nacerił tśi mozaikowe wobraze pód titelom *Zapust – camprowanje*.[15]

Titel *Magischer Kreis* von 1984 entstand im Auftrag der Domowina. Dafür hatte er sich für gut zehn Tage im Dorf Heinersbrück/Móst aufgehalten, um sich intensiv mit der dortigen Hochzeitszeremonie zu beschäftigen. Auf Gassans Hof neben der Kirche erhielt er Unterkunft. Das Haus steht heute noch wie zu Bucks Zeiten mit der typischen Vorlaube, die für die Aufführung des Hochzeitszuges den entsprechenden Rahmen bietet. Der stille Maler, so die Erinnerung der Familie, kam nur zum Schlafen ins Haus, da er tagsüber mit dem Fahrrad zu seinen Trachten-Motiven unterwegs gewesen sei.[17] In Aquarellskizzen hielt er die neben dem Brautpaar wichtigste Person einer traditionellen wendischen Hochzeit für das Tafelbild fest, den Hochzeitsbitter. Im Nachbarort Grötsch/Groźišćo malte er den Hochzeitsbitter mit kostbarer, handgestickter Hochzeitsbitterschärpe, mit am Gehrock angesteckten Brusttüchern, darüber das aus Papier gefertigte Ansteckstraußchen, ähnlich dem am Zylinder, mit vielen farbigen Bändern. Es sind Relikte einer alten wendischen Männertracht. Die erste Brautjungfer trägt festliche Kirchgangstracht mit einer kunstvoll gefertigten »Girlanda« auf der gebundenen Haube. Hochzeitsbitter und erste Brautjungfer hatten wichtige Aufgaben bei einer Hochzeit zu erfüllen, die von Ernsthaftigkeit und Festlichkeit geprägt waren. Neben dargebotenen Sprüchen und Festreden zieht der Hochzeitsbitter traditionell mit seinem Säbel den magischen Kreis um das Brautpaar. Gefühlte hundert Mal musste Fred Kaiser, der Hochzeitsbitter, diese Bewegung für den Maler wiederholen, damit er Rhythmik und Position der Teilnehmer verinnerlichen konnte, denn der magische Kreis ist das aktive Symbol einer Hochzeit, auf dass das Brautpaar ewig zusammenbleibe und vor Bösem beschützt sei. Ein alter Ritus und Herzenswunsch, den die Hochzeitsteilnehmer bei Jan Buck im Bildhintergrund andächtig verfolgen. Das Bild lebt von der Aktion des Hochzeitsbitters und vermittelt dem Betrachter die spezifische Form einer alten Tradition, über Generationen innerhalb der Dorfgemeinschaft bewahrt. Buck konzentrierte sich auf das Wesentliche und verdichtete das Geschehen zu einem Symbol. In der Heinersbrücker Heimatstube auf Handrekojc' Hof fand der Maler zudem ein Tischgedeck als Motiv für ein Stillleben, das er in Öl malte und das später von der Senftenberger Kunstsammlung erworben wurde.

Im Jahr 1985 entstanden weitere niedersorbi sche Trachtenporträts und Buck erinnerte sich, dass »mehrere Mitglieder des Arbeitskreises in Vorbereitung des Festivals Mitte der 1980er Jahre, ungefähr ein oder zwei Monate davor, in der Erweiterten Oberschule in Cottbus waren und Schülerinnen malten. Alles war sehr gut vorbereitet. Ursula Lange [Worša

(wobr. 3) Figury rejtaŕ na šumjelu, słomjany mjadwjeź a kokot w mócnej okerowo-žołtej, oranžowej a cerwjenej barwje su w tom paźe ako znamjenja nowo wóžywjonych nałogow wjeśe, dokulaž wukniki Dolnoserbskego gymnaziuma swěśe wót 1986 zapust ze swěźeńskim pśeśěgom w centrumje Města a w chóśebuskem měsćańskem źělu Strobice woplěwa se žnjowny nałog łapanje kokota.

Bukoju su dali nadawki pśi rozdźělnych góźbach a k tomu jo wujasnił: »Źěłam rad pó nadawkach. Teke nadawkowe twóŕby su wósobinske źěła wuměłca. Se wě, až som na temu wězany, ale ja njepśewzeju žeden nadawk z jadneju temu, kótaraž mě njezajmujo. [...] Som teke dolnoserbsku swajźbu mólował.«[16] Wobraz z titelom *Magiski krejz* wót 1984 jo nastał w nadawku Domowiny. Za to som dobrych źaseś dnjow w Mósće pśebywał, aby se z tamneju swajźbaŕskeju ceremoniju zaběrał. Na Gasanojc dwórje pódla cerkwje jo wón noclěg dostał. Dom stoj až do źinsa ako w Bukowem casu z typiskim pśiwjažkom, kótaryž bitujo wótpowědujucy rum a ramik za pśedstajenje swajźbaŕskego šěga.

Śichy mólaŕ, ako se familija dopomnjejo, jo jano spat pśišeł, dokulaž wódnjo jo pó kólasu k swójim drastwinym motiwam ducy był.[17] W akwarelowych skicach jo mimo njewjesćinskego pórika pódružbu ako nejwažnjejšu wósobu tradicionelneje serbskeje swajźby za taflowy wobraz na papjeru spórał. W susednej jsy Groźišćo jo mólował pódružbu z drogotneju rucnje wušywaneju pódružboweju twjelu, z na muskecej carnej sukni pśitkanyma cypjeloma, k tomu z papjery wugótowany pśitkany strus, pódobny tomu na cylindru, z wšakimi barwnymi bantami. To su zawóstanki jadneje starejc serbskeje muskeceje drastwy. Prědna pódružka nosy swěźeńsku cerkwinu drastwu z kradu wuměłski wugótowaneju ‚girlandu' na wězanej lapje. Pódružba a pódružka stej mětej ważne nadawki pla jadneje swajźby dopołniś, kótarež su z pówažnosću a swětosnosću charakterizěrowane.

Mimo pśednjasonych gronkow a swěźeńskich nagronow śěgnjo pódružba tradicionelnje ze swójeju zablu magiske koło wokoło njewjesćinskego pórika. Zacuwanych sto razow jo musał Fred Kaiser, pódružba, to gibanje za mólarja wóspjetowaś, aby wón rytmiku a poziciju wobźělnikow se pśiswójś mógał, dokulaž magiske koło jo aktiwny symbol jadneje swajźby, na kótaremž njewjesćinski pórik nimjernje gromaźe wóstanjo a pśed złosću šćitany bužo. Jaden stary rituс a wutšobine žycenje, kótaremuž swajźbaŕske wobźělniki pla Jana Buka we wobrazowej slězynje pobóžnje slěduju. Wobraz se žywi wót akcije póbratša a pósrědnja wobglědowarjeju specifisku formu jadneje stareje tradicije, kótaraž jo se pśez generacije we wejsnem zgromaźeństwje wobchowała. Buk jo se koncentrěrował na to bytostne a jo

Lanzyna] war damals Vorsitzende unseres Künstlerbundes. Die Mädchen, die Schülerinnen, waren in niedersorbischer Tracht ordentlich zurechtgemacht und saßen sozusagen Modell. Ich habe nicht nur ein Bild gemalt, ich würde sagen, es waren zwei Bilder von unterschiedlichen Mädchen. Und auf dem Festival war natürlich auch eine Ausstellung, wo unsere Bilder und Plastiken, Volkskunst verkauft wurden, auch Stickereien und anderes. Die Preise waren verhältnismäßig niedrig, sozusagen dem Festivalpublikum angemessen. Honorare haben wir keine erhalten, das war unser Beitrag zum Festival der sorbischen Kultur.«[18] Eines der Trachtenporträts wurde von Horst Sindermann, damals Präsident der Volkskammer der DDR, privat gekauft und gelangte später aus dem Familienbesitz als Dauerleihgabe ins Wendische Museum.

Ab 1977 wurden die internationalen Energie-Pleinairs im damaligen Bezirk Cottbus durchgeführt, an denen Maler aus dem regionalen Verband bildender Künstler und den Nachbarbezirken sowie aus den

zgusćił tšojenje do jadnogo symbola. W mósćańskej domowniskej śpě na Handrekojc dwórje jo namakał mólaŕ k tomu talaŕ z jěźnym rědom ako motiw za śichowobraz, kótaryž jo we wóleju mólował a kótaryž bu za złykomorojsku wuměłstwowu zběrku kupjony.

W lěśe 1985 su nastali dalšne dolnoserbske drastwine portrety a Buk jo se dopomnjeł, až »wšakorake cłonki źěłoweje kupki w pśigótowanju festiwala srjejź 1980tych lět, něźi jaden abo dwa mjaseca do togo, we Rozšyrjonej wušej šuli w Chóśebuzu běchu a wuknice mólowachu. Wšo jo było derje pśigótowane. Wórša Lanzyna jo była tegdy pśedsedaŕka našogo wuměłskego zwězka. Żowća, wuknice, su byli w dolnoserbskej drastwje pórědnje zwoblekane a su sedali ako modele. Njejsom jano jaden wobraz namólował, by ja gronił, ale stej byłej dwa wobraza wót rozdźělnych żowćow. A na festiwalu jo była se wě jadna wustajeńca, źož su se pśedawali naše wobraze a plastiki, ludowe wuměłstwo, wušywanki a druge. Płaśizny su byli pśiměrjone niske, tak gronjone pśipódobnjone publikumoju festiwala.

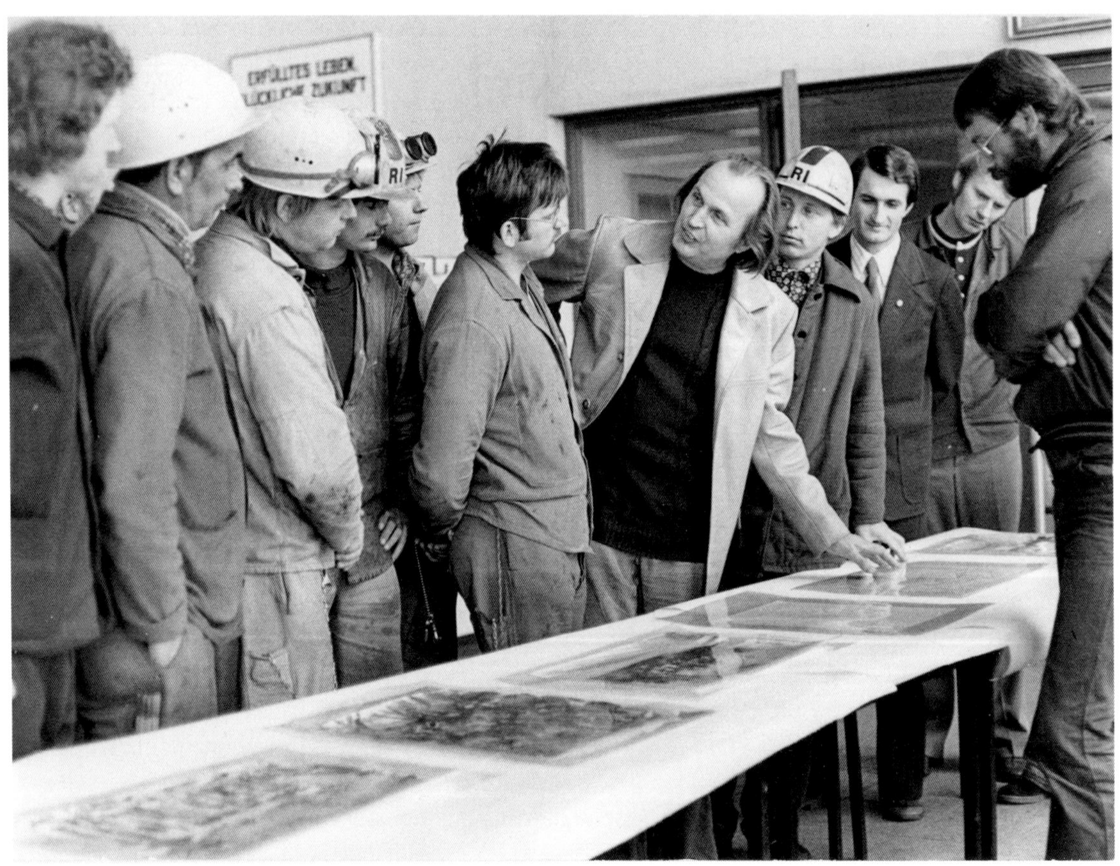

Abb. 4 Jan Buck im Gespräch mit Arbeitern des Kraftwerks Jänschwalde während seiner dortigen Ausstellung, 1978

wobr. 4 Jan Buk w rozmołwje z dźěłaćerjemi Janšojskeje milinarnje składnostnje swojeje wustajeńcy, 1978

wobr. 4 Jan Buk w rozgronje ze źěłaśerjami janšojskeje milinaŕnje w běgu swójeje tamneje wustajeńce, 1978

il. 4 Jan Buck podczas rozmowy z pracownikami elektrowni w Jänschwalde podczas swojej tamtejszej wystawy w 1978 r.

damals sozialistischen Ländern Polen, Sowjetunion, Tschechoslowakei, Bulgarien und Rumänien teilnahmen. Jan Buck war der einzige Sorbe und Vertreter aus dem Bezirk Dresden, der ab 1978 die vierwöchigen Treffen auf dem Kraftwerks- und Tagebaugelände besuchte und bei Exkursionsfahrten in den Spreewald, Muskauer Park oder nach Potsdam dabei war. (Abb. 4) Im Anschluss wurden die Ergebnisse in Ausstellungen[19] der Öffentlichkeit präsentiert und es erfolgten Ankäufe und Übernahmen für Sammlungen Lausitzer Museen und Kunstgalerien.

Für Bucks Arbeit war das extreme Spannungsverhältnis zwischen der traditionsreichen Niederlausitzer Kulturlandschaft mit dem Spreewald und der Industrielandschaft in ihrer rasanten Dynamik der Umwandlung impulsgebend.[20] Nach der Gründung der DDR wurde der Braunkohleabbau als Industriezweig stark ausgebaut, mit dem Ziel, durch eigene Energiegewinnung vom Weltmarkt unabhängig zu werden. Für die sorbische Lausitz war diese Entwicklung mit einem herben Verlust an Heimat und Kultur verbunden, vor allem durch die Abbaggerung von Orten und die damit einhergehende Umsiedlung der dort ansässigen Menschen. 136 Dörfer und Ortsteile wurden devastiert, die Umsiedler standen nach einem erzwungenen Abschied vor einem unfreiwilligen Neuanfang.[21] Mit dem Wissen um dieses Schicksal begann Jan Buck 1979, niedersorbische Dörfer künstlerisch umzusetzen, die dem Tagebau weichen mussten. Es entstand die Serie *Devastierte Dörfer* mit Ansichten der wendisch-deutschen Gemeinden Groß Lieskow/Liškow und Weißagk/Wusoka. (Abb. 5) Im Sommer 1979 malte Buck mit schwarzer Tusche die Groß Lieskower Dorfstraße mit dem typischen »A-Mast« für Stromleitungen, die zu den einzelnen Häusern führten, den Kirchturm mit Kreuz, eine stattliche Kastanie in voller Blüte und mitten auf der Straße Personen in Bewegung. Über dem Dorf am Himmel eine dunkle Wolke in Richtung Jänschwalde, wo das Kraftwerk seit 1976 aufgebaut wurde. Das zweite Tuscheblatt zeigt die Silhouette des Dorfes, wofür der Maler auf den »Weißen Bergen«, einem Hauptdünenrücken, gestanden haben muss. Mit dem farbigen Aquarell *Groß Lieskow* hielt der Maler das Dorf scheinbar in seiner Normalität fest. Beim Betrachten der Blätter entsteht so die verlorene Heimat neu: links im Bild die Kirche mit Kirchturm, davor das Schulhaus als roter Ziegelbau, am Straßenrand das große Wohnhaus von Kowalikojc mit angrenzender Scheune, daneben Klanicojc' Wirtschaft, rechts im Bild das zweisprachige Ortseingangsschild, auf der Straße Fußgänger mit typisch blauer Kleidung für Arbeit und Alltag und davor ein Gefährt. Ein Niederlausitzer Dorf an einem Sommertag. Die in schwa-

Njejsmy žednogo honorara dostali, to jo był naš pśinosk k festiwaloju serbskeje kultury.«[18] Jaden z drastwinych portretow jo był wót Horsta Sindermanna, tegdy prezident ludoweje komory DDR, priwatnje nakupjony a jo pśišeł pózdźej z familijowego wobsejźeństwa ako trajna wupóžyconka do Serbskego muzeja w Chóśebuzu.

Wót 1977 su se mjazynarodne Energijowe pleinairy w tegdejšem wobwoźe Chóśebuz pśewjadli, na kótarychž su se mólarje z regionalnego Zwězka twórjecych wumělcow a susednych wobwodow ako teke ze socialistiskich krajow Pólska, Sowjetski zwězk, Českosłowakska, Bulgaŕska a Rumuńska wobźělili. Jan Buk jo był jadnučki Serb a zastupnik z wobwoda Drježdźany, kótaryž se wót z lěta 1978 wobźělił na styrityźeńskich zmakanjach na terenje milinaŕnje a jamy a jo był pódla na ekskursiskich jězdach do Błotow, Mužakojskego parka abo Pódstupima. (wobr. 4) Pótom su byli wuslědki we wustajeńcach[19] zjawnosći pśedstajone a młoge twóŕby su se nakupili abo pśewzeli do zběrkow łužyskich muzeumow a wumělskich galerijow.

Za Bukowe źěło jo motiwěrujucy był ten ekstremnje napněty póśěg mjazy dolnołužyskeju kulturneju krajinu z Błotami, bogateju na tradicije, a industrielneju krajinu w jeje razantnej dynamice pśeměnjenja.[20] Pó załoženju DDR jo se wudobywanje brunice ako industrijowa branža mócnje wutwariło, ze cilom, pśez swójske wudobywanje miliny wót swětowych wikow njewótwisne wordowaś. Za serbsku Łužycu jo toś to wuwiśe z jěrym tšušim domownje a kultury zwězane, pśedewšym pśez wótbagrowanje jsow a z tym rezultěrujucym pśesedlenim tam bydlecych luźi. 136 jsow a wejsańskich źělow jo było dewastěrowanych, pśesedlarje su stojali pó nanuzkanem rozžognowanju pśed jadnym njedobrowólnym nowym zachopjeńkom.[21] Ze wědu wó tom pśisuźe jo Jan Buk 1979 zachopił, dolnoserbske jsy wumělski pśesajźowaś, kótarež su musali swój rum jamje wótstupiś. Jo nastała serija *Dewastěrowane jsy* z póglědami serbsko-nimskich gmejnow Liškow a Wusoka. (wobr. 5) W lěśu 1979 jo namólował Buk ze carneju tušu Liškowkojsku wejsnu drogu z typiskim »A-sćažorom« za milinowe pśewody, kótarež su k jadnotliwym domam wjadli, cerkwiny torm z kśicu, chytšu kastaniju w połnem kwišenju a srjejź drogi se pógibujuce wósoby. Nad jsu na njebju šamna mrokawa do směra Janšojc, źož jo milinaŕnja wót 1976 natwarjona była. Druge tušowe łopjeno pokazujo siluctu jsy, za což jo mólaŕ na »Běłych górach«, jadnom głownem změše pěska, stojaś musał. Z barwnym akwarelom *Liškowk* zapopadnjo mólaŕ wjas zazdaśim w jeje normalnosći. Pśi wobglědowanju wobrazow nastanjo tak spomnjeśe na zgubjonu domownju znowa: nalěwo we wobrazu jo cerkwja z cerkwinym tormom, pśed njeju šulski dom ako cerwjena cyglowa twaŕ,

Abb. 5 *Dorfstraße in Groß Lieskow*
1979, Tusche auf Papier,
49,0×63,0 cm,
Inv.-Nr. X9830/K1
Wendisches Museum Cottbus

wobr. 5 *Wjesny puć w Liškowje*
1979, tuša na papjerje,
49,0×63,0 cm,
inwentarne čo. X9830/K1
Serbski muzej Choćebuz

wobr. 5 *Wejsna droga w Liškowje*
1979, tuša na papjerje,
49,0×63,0 cm,
inwentarny nr. X9830/K1
Serbski muzej Chóśebuz

il. 5 *Wiejska ulica w Groß Lieskow*
1979 r., tusz na papierze,
49,0×63,0 cm,
nr inw. X9830/K1
Muzeum Serbołużyckie w Chociebużu

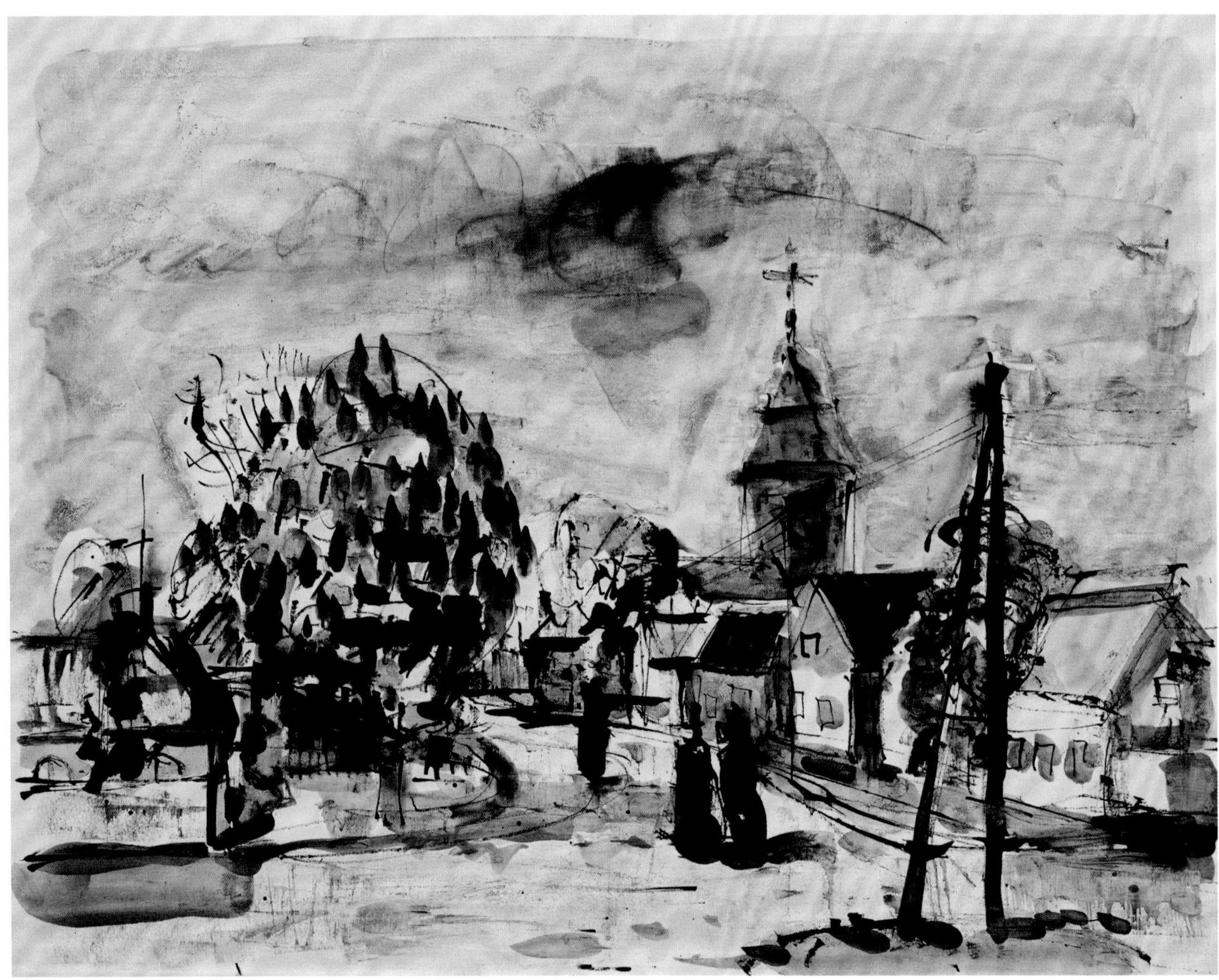

chem Violett gehaltene Dorfstraße vermittelt zwischen dem Blau des Himmels und dem Rot der Ziegel, und vielleicht kann sie auch schon als Farbe des Todes assoziiert werden. Denn dieser Ort wird wie die Nachbardörfer dem Braunkohletagebau geopfert werden.

1981 malte Buck das Dorf Weißagk/Wusoka, das bis 1986 aus der Landschaft verschwinden sollte. Buck erinnerte sich: »Ich habe der Leute Häuser gemalt, sie haben mich darum gebeten.«[22] Die Pastelle des Bildes beschreiben in impressionistischer Manier das grüne Dorf, das durch Obstplantagen weithin bekannt war. Die Häuser stehen giebelseitig zur Straße, davor große Bäume, die wie Wächter wirken.

na kšomje drogi wjeliki bydleński chrom wót Kowalikojc ze pśizamkujuceju brožnju, pśipódla Klanicojc žywnosć, napšawo we wobrazu dwójorěcna wejsna tofla we jsy, na droze pěškarje z typiski módrymi źěłowymi a wšednymi drastwami a pśed tym wózydło. Dolnołužyska wjas na jadnom lěśojskem dnju. We słabej wioletowej barwje pśedstajona wejsna droga pósrědnja mjazy módrosću njebja a cerwjenosću cygla, a snaź móžo teke ako barwa smjerśi asociěrowana byś. Pśeto tośto městno buźo rowno tak ako susedne jsy brunicowej jamje woprowane.

1981 jo Buk namólował wjas Wusoka, kótaraž jo dejała 1986 z krajiny se zgubiś. Buk jo se dopomnjeł: »Som luźam jich chromy mólował, wóni su mě wó to

Abb. 6 *Weißagk*
1981, Aquarell auf Papier,
49,0 × 63,0 cm,
Inv.-Nr. X9838/K1
Wendisches Museum Cottbus

wobr. 6 *Wusoka*
1981, akwarel na papjerje,
49,0 × 63,0 cm,
inwentarne čo. X9838/K1
Serbski muzej Choćebuz

wobr. 6 *Wusoka*
1981, akwarel na papjerje,
49,0 × 63,0 cm,
inwentarny nr. X9838/K1
Serbski muzej Chóśebuz

il. 6 *Weißagk*
1981 r., akwarela na papierze,
49,0 × 63,0 cm,
nr inw. X9838/K1
Muzeum Serbołużyckie
w Chociebużu

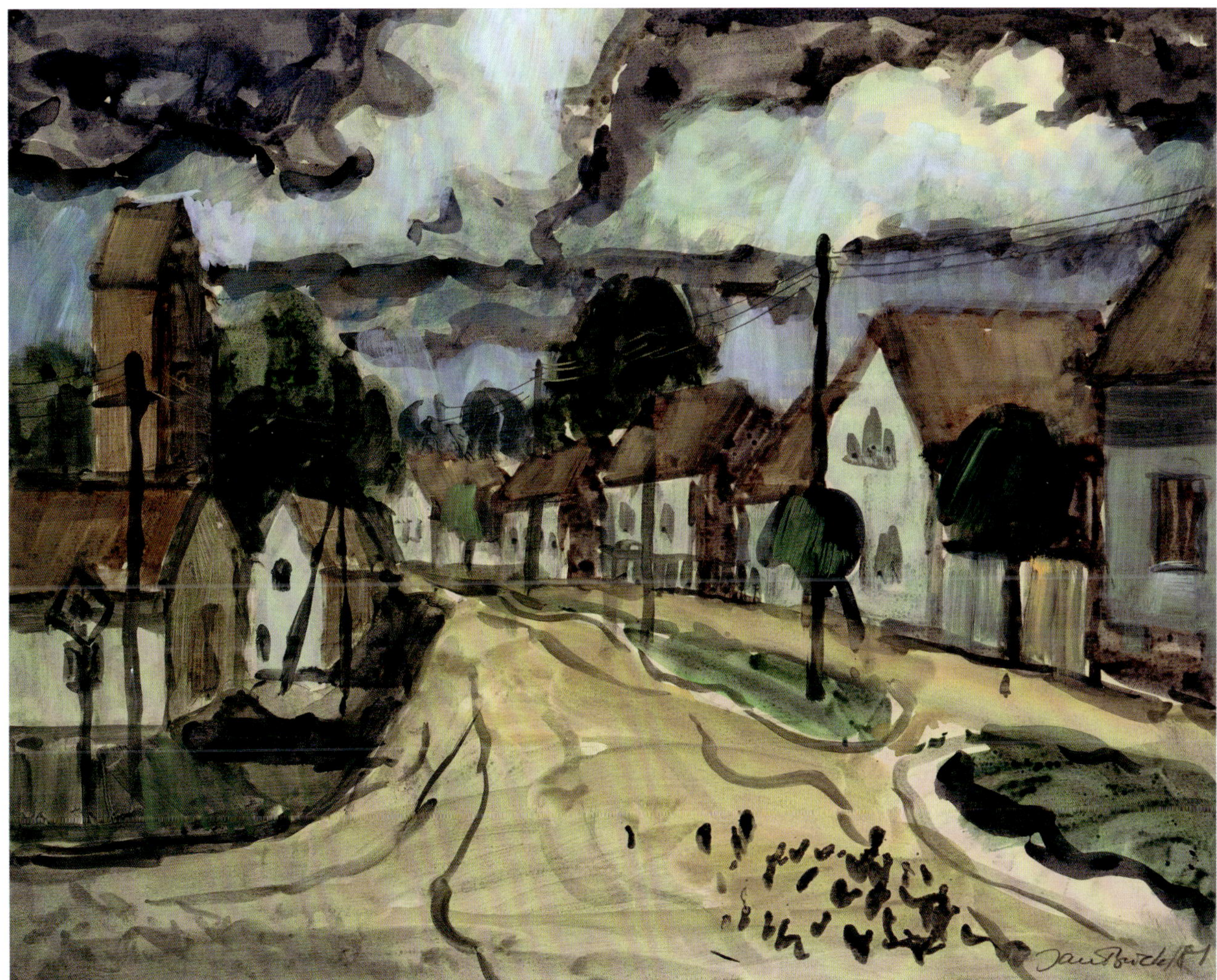

»Hier würde man gern wohnen«,[23] beschied eine ehemalige Weißagkerin, die nach Cottbus/Chóśebuz verzogen war. Weißagk/Wusoka befand sich auf einem etwa siebzig Meter hohen Hügel. Mehrere Aquarelle entstanden von der Spitze aus zwischen Forster- und Dorfstraße in Richtung Dorfmitte. Buck stand zunächst auf Höhe der Bäckerei Bräuer und ging dann immer einige Schritte weiter ins Dorf hinein. Auch in diesen Bildern sind am Himmel Rauchfahnen des Kraftwerks zu sehen, die Bedrohung ausdrücken. Das in Blaugrau gehaltene Bild *Weißagk* lenkt den Blick auf das Feuerwehrhäuschen mit dem Schlauchturm, das an der Straße in Richtung Gosda/Gózna steht.

pšosyli.«[22] Pastelowej wobraza wopisujotej na impresionistisku wašnju zelenu wjas, kótaraž jo dalocko pó swójich sadowych plantažach znata była. Domy stoje z pókóńcom k droze, pśed nim wjelike bomy, kótarež ako stražniki wuglědaju. »How by ty rad bydlił«,[23] jo se spokojała jadna něgajšna Wusokaŕka, kótaraž jo pśeśěgnuła do Chóśebuza. Wusoka jo lažała na jadnej něži sedymźaset mejtari wusokej górce. Wěcej akwarelow jo nastało na wjerašku mjazy Baršćańskeju a Wejsneju drogu do směra najsy. Buk jo nejpjerwjej stojał na wušynje pjakaŕnje Bräuer a jo stupał pón pśecej někotare kšace dalej do jsy nutś. Teke w tych wobrazach su na njebju smugi kurja wiźeś,

(Abb. 6) Die monochromen Blätter vermitteln eindrücklich Trauer und unwiederbringlichen Verlust. Auf der Rückseite aller Dorfporträts vermerkte Buck mit Bleistift: »Eingeebnet durch den Tagebau«.

Das Erschließen von Braunkohletagebauen ist ein Prozess in Etappen und bedeutet demnach auch ein Absterben in Etappen. Das hielt Buck zum Beispiel im Aquarell *Tagebau* von 1988 fest. Nach der Entwässerung sterben die Bäume ab, die Dörfer werden devastiert und im Anschluss erfolgt das Freilegen der Erdschichten bis zum Kohleflöz. Die Bewegung der Erdmassen, der Einsatz kolossaler, von Menschen erschaffener Technik, alles hatte Bucks Aufmerksamkeit. »Ich habe vor Ort gemalt, so wie das war. Man sieht die Mutter Erde und die vertrocknete Landschaft. Dann kommt der Bagger, und verschiedene Sande kommen zum Vorschein – sie ergeben die Farbe – und schwarzes Kohleflöz.«[24] Jan Buck spricht von einem Grau, von »schönem Grau«. Ihn hat die Farbigkeit der Tagebaue interessiert, die Eindrücke von der verdorrten Landschaft, von der Erde, wie die Erdmassen sich herauskristallisieren, die Struktur der Landschaft und wie die Bagger arbeiten. Im Ölgemälde *Tagebauhalde* von 1988 setzte sich der Maler sogar selbst ins Bild, als Beobachter, der sieht, wie der Bagger die Erde wieder zuschüttet. Rückblickend schrieb er für einen Katalog: »Als Maler am Cottbuser Energiepleinair teilzunehmen, ist etwas ganz Ungewöhnliches, zumal man in eine Landschaft hineingestellt wird, die dem menschlichen Auge gänzlich fremd ist. Unendliche Weiten von Erdmassen, in der Ferne die Silhouette des Kraftwerkes, das ist das Bild, das vor einem steht. Als ich das erste Mal in diesem Braunkohlenrevier verweilte, war das Kraftwerk erst im Entstehen. Ich konnte im Laufe der Zeit miterleben, wie es gewachsen ist und voller Achtung steht man nun vor den Erbauern und ihrem Werk. Tagtäglich bin ich, meine Malutensilien unter dem Arm, kilometerweit durch die mit Erdmassen gefüllte Landschaft gewatet. Es ist erstaunlich, wie viel Schönheit in Farbe und Form man in dieser strukturierten Landschaft entdecken kann. Eine Vielzahl von Aquarellen und später auch von Ölbildern sind Zeugen dessen. Unauslösliche Eindrücke hat diese in mir hinterlassen.«[25] (Abb. 7) An anderer Stelle erklärte er: »Der Tagebau ist für mich voller Dramatik, besonders, wenn man ihn im Winter erlebt – mit Nässe, Kälte, Sumpf und Schnee. Und dann diese Technik, die diese schwarze Erde erschüttert. Das ist für mich eine historische Welt, die sich mir da eröffnet. Eine Welt, die viele Tausend Jahre begraben war. Da will und kann ich nicht eine schöne Landschaft malen, ein gefälliges topografisches Abbild.«[26] Die Aufenthalte im romantischen

kótarež wobgrozenje wugroniju. W módrošerej barwje pśedstajony wobraz Wusoka wjeźo póglědnjenje k domcykoju wognjoweje wobory ze šlawchowym tormom, kótaryž na drogu do směra Gózda stoj. (wobr. 6) Monochromne łopjena pósrědnjaju mócnje tužycu a njewrośne tšuśe. Na slěznem boce wšych wejsańskich portretow jo zapisał Buk z wołojnikom: »Wurownane wót jamy«.

Pśizamknjenje brunicowych jamow jo proces w etapach a stakim wóznamjenijo teke wótemrěśe w etapach. To wugronijo Buk na pśikład w akwarelu *Wótwórjona jama* wót 1988. Za wóduwótpušćenim zginu bomy, jsy budu dewastěrowane a naslědku pśiźo wótekšywanje warstwow zemje až do wugloweje warstwy. Pógibowanje zeminych masow, zasajźenje kolosalneje, wót luźi stwórjoneje techniki, wšo jo zajmowanosć Buka pśiwabjało. »Som na městnje mólował, tak ako jo było. Wiźiš maś zemju a wusmagnjonu krajinu. Pón pśiźo bager, a wšake pěski se pokazuju – wóni wudaju barwu – a carnu warstwu wugla.«[24] Jan Buk powěda wó šerosći, wó »rědnej šerosći«. Jogo jo barwojtosć jamow zajmowała, zaśišće zeschnjoneje krajiny, zemje, kak se zemine mase wukristalizěruju, struktura krajiny a kak bagry źěłaju. We wólejowej mólbje *Nasypanišćo wótwórjoneje jamy* wót 1988 jo sebje mólaŕ sam do wobraza sajźił, ako wobglědowaŕ, kótaryž wiźi, kak bager zemju zasej zasypjo. Slědkoju jo wón za jaden katalog napisał: »Ako mólaŕ na chóśebuskem Energijowem pleinairu se wobźěliś, jo něco cele njewšednego, wósebnje dokulaž buźoš do jadneje krajiny nutś pśistajony, kótaraž jo cłowjeskemu wócku ceło cuza. Njeskóńcne daliny zeminych masow, w dali silueta milinaŕnje, to jo ten wobraz, kótaryž pśed nami stoj. Ako som prědny raz w tom brunicowem rewěrje pśebywał, jo milinaŕnja hyšći w nastawanju była. Som mógał w běgu casa sobu dožywiś, kak jo rosła a z cesću stojš něnto pśed natwarjarjami a jich wuźěłom. Wšednje som, z mójimi mólowańskimi utensilijami pód pažu, kilomejtarjow dłujko pśez ze zemineju masu napołnjonu krajinu, kšacał. Późiwabne jo, kak wjele rědnosći w barwje a formje w tych strukturěrowanych krajinach namakajoš. Wjelika licba akwarelow a pózdźej teke wólejowych wobrazow su znanki togo. Zaśišće, kótarež njedaju se zgubiś, jo wóna we mnjo zawóstajiła.«[25] (wobr. 7) Na drugem městnje jo wón wujasnił: »Jama jo za mnjo połna dramatiki, wósebnje, gaž ju w zymje dožywijoš – z mokšotu, zymu, bagno a sněg. A pón teke tos ta technika, kótaraž tu carnu zemju pśetśěso. To jo za mnjo historiski swět, kótaryž se mě how wócynja. Jaden swět, kenž jo wjele tysac lět zakopany był. How njok a njamógu rědnu krajinu namólowaś, jaden spódobny topografiski wobraz.«[26] Pśebywanja

Spreewald dienten ihm als Ausgleich. »Das Wasser der Fließe ist ein Zauber für das Aquarell, die Spiegelung der Bäume im Wasser wunderbares Motiv zum Aquarellieren. Kontrastreich die Wiesen mit hohen Heuschobern, vor allem frühmorgens, wenn sie noch im Hauch des Nebels liegen.«[27] Seine Spreewaldbilder wurden fast alle privat verkauft, nur einige wenige befinden sich in musealen Sammlungen. (Abb. 8)

Jan Buck war bis ins hohe Alter künstlerisch aktiv und beteiligte sich gern an den Ausflügen des Arbeitskreises. »Er hatte immer sein Malzeug mit dabei«, erinnerte sich sein Cottbuser Künstlerkollege Stephan Kaiser in einem Radiobeitrag und erzählt: »Da konnte es passieren, wenn ein Dorf in Ober- oder Niederlausitz besucht wurde, oder ein Park, dass Jan Buck plötzlich stehen blieb, seine Mappe herauspackt, sie auf den Erdboden legt, darauf ein Blatt Aquarellpapier, das erstmal mit einem großen Pinsel oder Schwamm feucht gemacht wurde, und losmalte. Wir Künstlerkollegen standen dann etwas verdruckst herum und

w romantiskich Błotach su jomu k wurownanju słužyli. »Wóda tšugow jo gusło za akwarel, glědałkowanje bomow we wóźe jo kšasny motiwy k akwarelěrowanju. Łuki bogate na kontrastach z wusokimi stogami, pśedewšym zajtša rano, gaž su wobdane z kurjawu.«[27] Jogo błośańske wobraze su byli pśisamem wšykne priwatnje pśedane, jano mało z nich jo w muzeumowych zběrkach namakaś. (wobr. 8)

Jan Buk jo był až do wusokego starstwa wuměłski aktiwny a jo se wobźělował rad na wulětach źěłowego koła. »Wón jo pśecej swój mólowański campor sobu měł«, dopomnjejo se jogo chóśebuski wuměłski kolega Stephan Kaiser w jadnom rozgłosowem wusćełanju a wulicujo: »Móžo se staś, až gaž se woglědajoš wjas w Górnej abo Dolnej Łužycy, abo jaden park, až Jan Buk njezjapki jo stojecy wóstał, jogo mapu wen wupakował, na zemju położył, na nju łopjeno akwareloweje papjery, kótaraž jo z wjelikeju šćotku abo gubicu namokśił, a zachopił mólowaś. My wuměłce kolegi smy tam stojali pón tšuchło wokoło a smy sebjekritiski

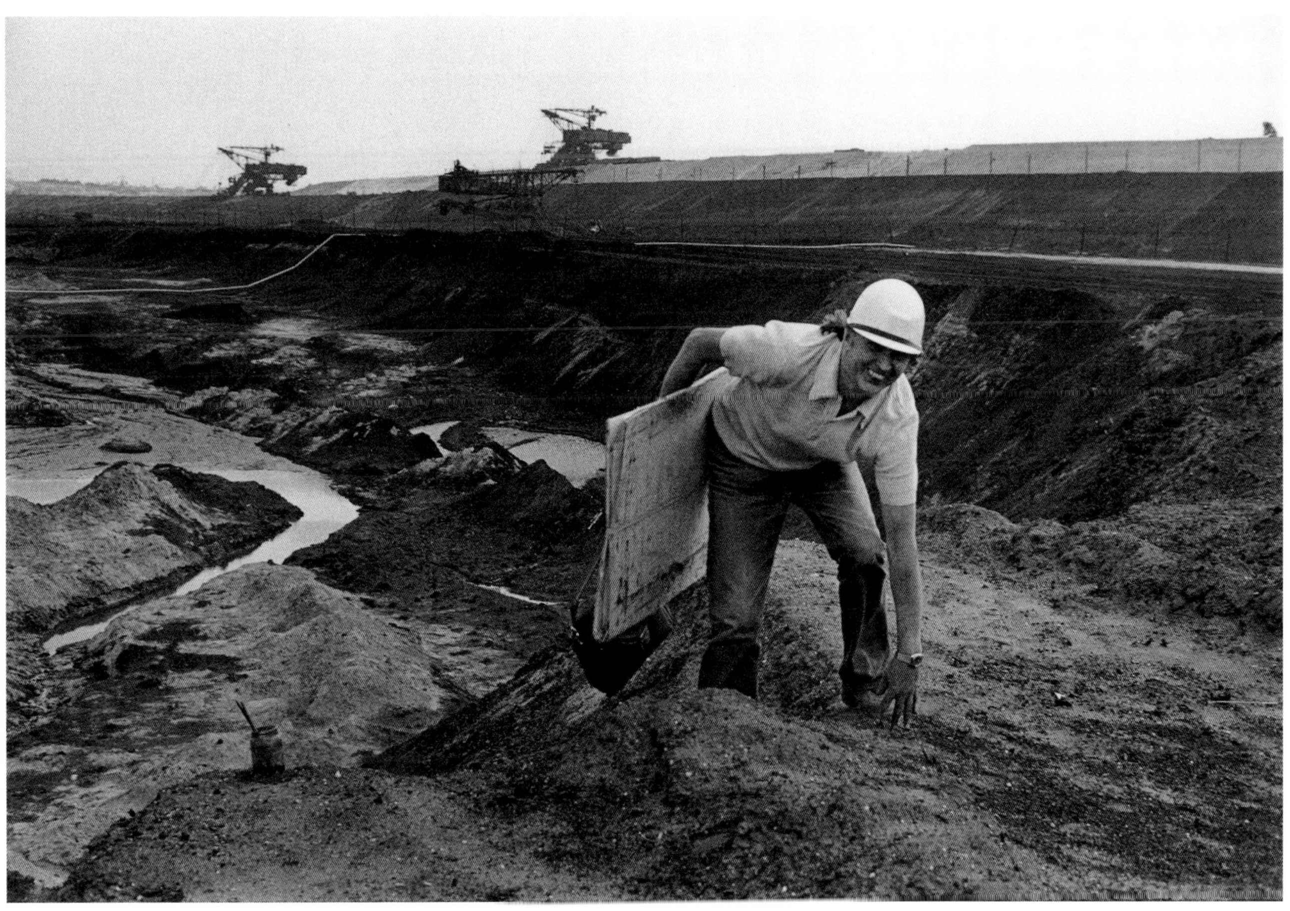

Abb. 7 Vor Ort im Tagebau, Energie-Pleinair in Cottbus, 1982

wobr. 7 W brunicowej jamje, Energijowy pleinair w Choćebuzu, 1982

wobr. 7 Na městnje we wótwórjonej jamje, Energijowy pleinair w Chóśebuzu, 1982

il. 7 W kopalni odkrywkowej, Plener energetyczny w Chociebużu, 1982 r.

Abb. 8 Im Spreewald, Energie-Pleinair in Cottbus, 1982

wobr. 8 W Błótach, Energijowy pleinair w Choćebuzu, 1982

wobr. 8 W Błotach, Energijowy pleinair w Chóśebuzu, 1982

il. 8 W Szprewaldzie, Plener energetyczny w Chociebużu, 1982 r.

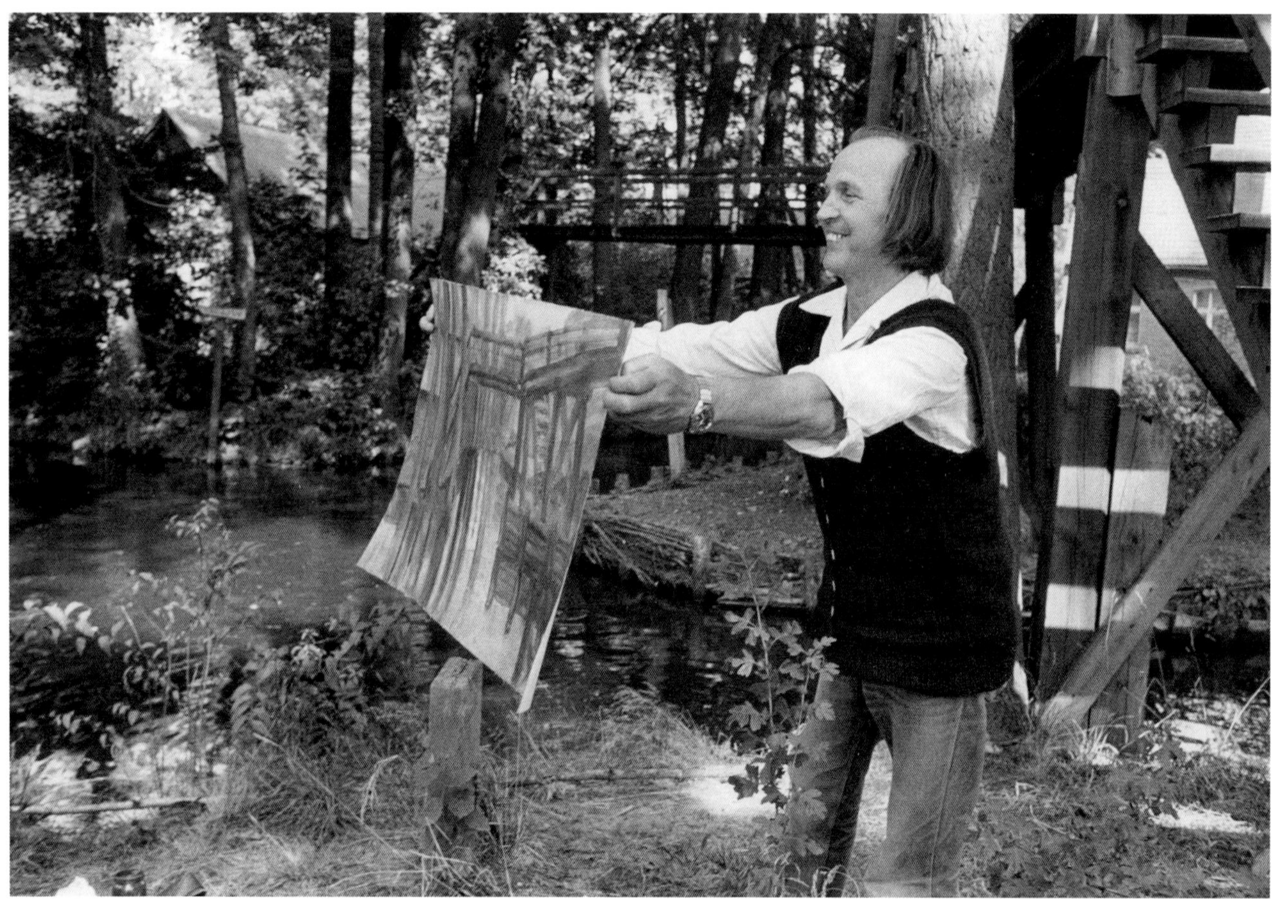

sagten selbstkritisch, dass wir es eigentlich ebenso wie Jan machen müssten, aber Jan hat es eben gemacht.«[28]

Seinen 95. Geburtstag feierte der Künstler bei guter Verfassung im Kreis seiner Familie, mit Freunden und Weggefährten. Zu dieser Gelegenheit verabredeten Verantwortliche der Sorbischen Museen in Bautzen und Cottbus/Chóśebuz zu Ehren seines 100. Geburtstages eine Retrospektive mit Monografie, worüber sich der Künstler sehr freute. 2019 starb Jan Buck mit 96 Jahren, seine Bilder aber werden bleiben.

gronili, až my smy teke pópšawem tak ako Jan cyniś musali, ale Jan jo to wšak gótował.«[28]

Swój 95. narodny źeń jo wóswěśił wumělc w dobrem stawje w krejzu swójeje familije, z pśijaśelami a towarišami. Pśi tej góźbje su dogronili zagronite Serbskeju muzejowu w Budyšynje a Chóśebuzu k cesći jogo 100. narodnego dnja retrospektiwu z monografiju, comuž jo se wumělc wjelgin wjaselił. 2019 jo Jan Buk zamrěł z 96 lětami, jogo wobraze pak wóstanu.

1 Das Begriffspaar Sorben/Wenden oder sorbisch/wendisch bezeichnet im Land Brandenburg gleichberechtigt die in der Lausitz seit Jahrhunderten lebende westslawische Bevölkerung. Zur besseren Lesbarkeit wird in dieser Publikation vorrangig die Bezeichnung Sorben oder sorbisch verwendet.

2 Galerie Christoph Kühl Hannover, Kunstgalerie für Gegenwartskunst.

3 Ulrike Elsner: Faszinierende Landschaften, in: Lausitzer Rundschau, Lokalteil Cottbuser Kultur, 13. 10. 1999.

4 Sorbische bildende Kunst 1923–1998, Bautzen 1998, S. 130–141.

5 Volkskorrespondent Hagen: Jeder sollte sich diese Ausstellung ansehen, in: Lausitzer Rundschau, Lokalteil Lübben, 31. 1. 1955.

6 Wustajeńca serbskego wuměłstwa w Chóśebuzu, in: Rozhlad VI (1956), Nr. 5, S. 157 f.

7 Martin Nowak-Neumann: Serbske narodne wuměłstwo wopśimjejo cełe žywjenje, in: Rozhlad VI (1956), Nr. 5, S. 145 f.

8 Beno Pětška: Pśigótowali smy wustajeńcu w Bórkowach, in: Nowy Casnik, 22. 8. 2012.

9 Gespräch mit Jan Buck, Nebelschütz, 27. 4. 2012, Christina Kliem.

10 Jan Buck: *Hahn*, Linolschnitt, 1973, Inv.-Nr. SM VI-002150 K2, Sorbisches Museum.

11 Gespräch mit Jan Buck (wie Anm. 9).

12 Gespräch mit Jan Buck, Nebelschütz, 2015.

13 Für die sorbische Volksmusik typisches zweiblättriges Blasinstrument.

14 Jurij Koch: Jubel und Schmerz der Mandelkrähe, hier zitiert nach Klaus Wilke: Das Dritte Auge, in: Hermann – das Magazin aus Cottbus, September 2016.

15 Vgl. Abbildung in: Lehrmaterial zur sorbischen Geschichte, Sek. 2, Hrsg. ABC, 2014, S. 39.

16 Heidrun Hanušec: Duchowne zadźerženje je to najwažniše, in: Serbske Nowiny, Předźenak, 25. 3. 1985.

17 Gespräch mit Giesela Stangel und Hannelore Handrekojc, Heinersbrück/Móst, 9. 11. 2021.

18 Jurij Łušćanski: Mólaŕ jo mólował wuknice Serbskeje rozšyrjoneje wušeje šule w měsće, in: Nowy Casnik, 5. 11. 2014.

19 Ausstellungsorte: Kraftwerk Jänschwalde, Galerie Carl Blechen, Staatliche Kunstsammlungen Cottbus.

20 Bernd Gork: Jan Buck, Niederlausitzer Ansichten, Faltblatt zur Ausstellung 1999, Wendisches Museum.

21 Vgl. Archiv verschwundener Orte; www.archiv-verschwundene-orte.de/de/ausstellung/themen/umsiedlung/67878 [abgerufen am 20. 1. 2022].

22 Gespräch mit Jan Buck (wie Anm. 9).

23 Gespräch mit Almut Frenzke, Cottbus, 2021.

24 Gespräch mit Jan Buck (wie Anm. 9).

25 Jan Buck in: Energiepleinair, Internationales Pleinair für Maler im Bezirk Cottbus, hrsg. von den Staatlichen Kunstsammlungen Cottbus, 1986, S. 9.

26 Zitiert nach Thomas Zunkel: Natur und Erlebnis, in: Katalog Jan Buck, hrsg. vom Kreismuseum Senftenberg, 1989, S. 6.

27 Gespräch mit Jan Buck (wie Anm. 9).

28 rbb, Sorbische Sendung, Beitrag von Gregor Kliem, 2015.

1 Zapśimjeśowy pór Sorben/Wenden abo sorbisch/wendisch wužywatej se w Kraju Bramborskej rownopšawnje za we Łužycy južo stolěśow se žywjece pódwjacornosłowjańske wobydlaŕstwo. Aby se tekst lěpjej cytał bužo se w publikaciji zapśimjeśe Sorben abo sorbisch w nimskej rěcy wužywaś.

2 Galerija Christoph Kühl Hannover, Wuměłska galerija za nacasne wuměłstwo.

3 Ulrike Elsner: Faszinierende Landschaften, w: Lausitzer Rundschau, Lokalteil Cottbuser Kultur, 13. 10. 1999.

4 Sorbische bildende Kunst 1923–1998, Budyšyn 1998, b. 130–141.

5 Ludowy korespondent Hagen (Volkskorrespondent Hagen), Jeder sollte sich diese Ausstellung ansehen, w: Lausitzer Rundschau, Lokalteil Lübben, 31. 1. 1955.

6 Wustajeńca serbskego wuměłstwa w Chóśebuzu, w: Rozhlad VI (1956), nr. 5, b. 157 sl.

7 Martin Nowak-Neumann: Serbske narodne wuměłstwo wopśimjejo cełe žywjenje, w: Rozhlad VI (1956), nr. 5, b. 145 sl.

8 Beno Pětška: Pśigótowali smy wustajeńcu w Bórkowach, w: Nowy Casnik, 22. 8. 2012.

9 Rozgrono z Janom Bukom, Njebjelčicy, 27. 4. 2012, Christina Kliemowa.

10 Jan Buck: Hahn, linolowa rězba, 1973, inwentarny nr. SM VI-002150 K2, Serbski muzej, Budyšyn.

11 Rozgrono z Janom Bukom (ako w pśispomnjeśu 9).

12 Rozgrono z Janom Bukom, Njebjelčicy, 2015.

13 Za serbsku ludowu muziku typski dwójołopjenowy dujaŕski instrument.

14 Jurij Koch: Jubel und Schmerz der Mandelkrähe, how citěrowany pó Klausu Wilke: Das Dritte Auge, w: Hermann – das Magazin aus Cottbus, september 2016.

15 Pśirownaj wobraz w: Lehrmaterial zur sorbischen Geschichte, Sek. 2, wud. ABC, 2014, b. 39.

16 Heidrun Hanušec: Duchowne zadźerženje je to najwažniše, w: Serbske Nowiny, Předźenak, 25. 3. 1985.

17 Rozgrono z Gieselu Stangeloweju a Hannelore Handrekojc, Heinersbrück/Móst, 9. 11. 2021.

18 Jurij Łušćanski: Mólaŕ jo mólował wuknice Serbskeje rozšyrjoneje wušeje šule w měsće, w: Nowy Casnik, 5. 11. 2014.

19 Wustajeńske městna: Jańšojska milinaŕnja, Galerija Carl Blechen, chóśebuske Statne wuměłske zběrki.

20 Bernd Gork: Jan Buck, Niederlausitzer Ansichten, złožone łopjeno k wustajeńcy 1999, Serbski muzej Chóśebuz.

21 Pśirownaj Archiw zgubjonych jsow; www.archiv-verschwundene-orte.de/de/ausstellung/themen/umsiedlung/67878 [wótwołane 20. 1. 2022].

22 Rozgrono z Janom Bukom (ako w pśispomnjeśu 9).

23 Rozgrono z Almut Frenzke, Chóśebuz, 2021.

24 Rozgrono z Janom Bukom (ako w pśispomnjeśu 9).

25 Jan Buk w: Energiepleinair, Internationales Pleinair für Maler im Bezirk Cottbus, wudawaŕ: Chóśebuske statne wuměłske zběrki, 1986, b. 9.

26 Citěrowane pó Thomasu Zunkelu: Natur und Erlebnis, w: Katalog Jan Buck, wudawaŕ: Wokrejsny muzej Zły Komorow, 1989, b. 6.

27 Rozgrono z Janom Bukom (ako w pśispomnjeśu 9).

28 rbb, Serbske wusćełanje, pśinosk Gregora Kliema, 2015.

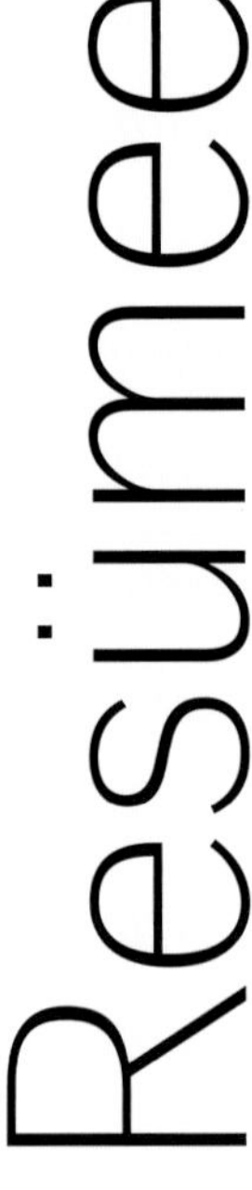

Niederlausitzer Ansichten

Christina Kliem

Der Maler Jan Buck widmete einen wesentlichen Teil seines Schaffens niedersorbischen Themen, die von den dramatischen landschaftlichen Veränderungen durch die Braunkohleindustrie zu DDR-Zeiten zeugen und den Folgen für die dort lebenden Menschen. Die Bilder entstanden im Rahmen der Internationalen Energie-Pleinairs des damaligen Bezirkes Cottbus zwischen 1978 und 1990 und lassen sich in den Serien *Tagebaulandschaften*, *Devastierte Dörfer*, *Cottbus – Alte Häuser* und *Spreewaldlandschaften* zusammenfassen.

Zu seinen Werken mit ethnografischen Motiven gehören Atelierbilder von 1977 mit Volkstypen zum Brauchtum, das Auftragswerk *Magischer Kreis* und Trachtenporträts aus den 1980er Jahren. Buck schuf damit malerisch ein Gedächtnis für die sorbische Volkskultur, ohne auf konkrete Ereignisse einzugehen, und erhob erhaltenes Wissen um sorbische/wendische Traditionen in die Sphäre der Kunst.

Im Beitrag werden ausgewählte Bilder der Kunstsammlung des Wendischen Museums in Cottbus/Chóśebuz betrachtet und interpretiert, gestützt von Zitaten des Malers und Erinnerungen von Zeitzeugen.

Rezimej

Póglědnjenja na Dolnu Łužycu

Christina Kliemowa

Mólaŕ Jan Buk jo bytostny žěl swójich twóŕbow dolnoserbskim temam pósćił, kótarež znanje wó dramatiskich krajinowych změnach w DDRskich casach brunicoweje industrije dla a wó slědach za tamnych wobydlarjow.

Wobraze su nastali w ramiku mjazynarodnych Energijowych pleinairow něgajšnego wobwoda Chóśebuz mjazy 1978 a 1990 a daju se do serijow *Krajiny wótwórjonych jamow, Dewastěrowane jsy, Chóśebuz – Stare domy a Błośańske krajiny* zebraś.

K jogo motiwam etnografiskego wopśimjeśa słušaju ateljejowe wobraze z 1977 z ludowymi družynami k nałogam, twóŕba nastata pó skazanju *Magiski krejz* a portrety w drastwach z 1980tych lět. Buk jo z tym rědnučke spomnješe za serbsku ludowu kulturu stwórił, bźez togo až se pśiwobrośijo konkretnym tšojenjam, a jo zdobydnjonu wědu wó serbskich tradicijach do sfery wuměłstwa pózwignuł.

W pśinosku se rozglěduju a interpretěruju wuzwólone wobraze wuměłstwoweje zběrki Serbskego muzeja w Chóśebuzu, kótarež su ze citatami mólarja a dopomnješami casowych znankow wudopołnjone.

Zjeće

Widy na Delnju Łužicu
Christina Kliemowa

Bytostny dźěl w swojim tworjenju wěnuje moler Jan Buk delnjoserbskim temam, kotrež swědča wo dramatiskej přeměnje krajiny přez brunicowu industriju NDR a tam bydlacych ludźoch. Wobrazy nastachu we wobłuku mjezynarodnych Energijowych pleinairow wobwoda Choćebuza mjez 1978 a 1990 direktnje w tutej krajinje a hodźa so zjeć do serijow *Hórnistwowe krajiny, Dewastowane wsy, Stare město Choćebuza* a *Krajiny w Błótach*.

Do jeho motiwow z etnografiskim wobsahom słušeja ateljejowe wobrazy z lěta 1977 z ludowymi typami serbskich nałožkow, nadawkowa mólba *Magiski kruh* a portrety žonow w narodnej drasće z 1980tych lět. Z ryzy srědkami molerstwa stwori Buk pomjatk za serbsku ludowu kulturu bjez toho, zo by so wuslědka samoho dótkał. A pozběhny nabytu wědu wo serbskich tradicijach do sfery wuměłstwa.

W přinošku awtorka wubrane wobrazy z wuměłskeje zběrki Choćebuskeho Serbskeho muzeja wopisuje a interpretuje, złožujo so na citaty molerja a dopomnjenki časowych swědkow.

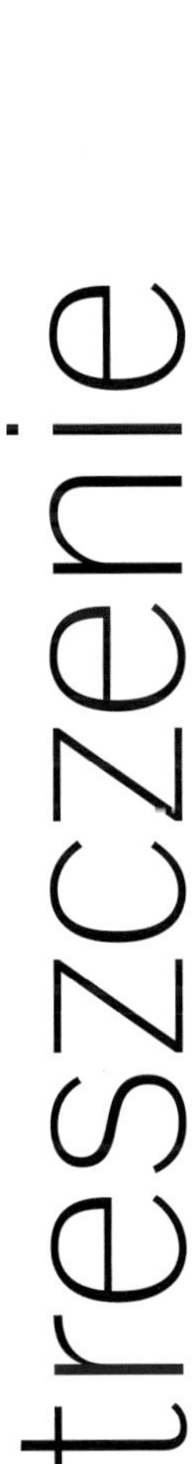

Krajobrazy dolnołużyckie
Christina Kliem

Malarz Jan Buck znaczną część swojej twórczości poświęcił tematyce dolnołużyckiej, dokumentując dramatyczne zmiany w krajobrazie, spowodowane przez ekstensywne wydobycie węgla brunatnego w czasach NRD i konsekwencje tego procesu dla ludzi żyjących na tych terenach. Obrazy z lat 1978–1990, powstałe w ramach międzynarodowych plenerów poświęconych energetyce w dawnym okręgu Chociebuż (Cottbus, Chóśebuz), można uporządkować w serie *Krajobrazy kopalni odkrywkowych*, *Zdewastowane wsie*, *Stare miasto w Chociebużu* i *Krajobrazy Szprewaldu*.

Etnograficzne motywy w twórczości Bucka pojawiają się na obrazach powstałych w jego atelier z lat 1977 r. (typy ludowe i obyczaje serbołużyckie), w wykonanej na zlecenie pracy *Magiczny krąg* oraz na powstałych w latach 80. XX w. portretach postaci w tradycyjnych strojach ludowych. Tak oto, z odwołaniem do środków malarskich, nie uwględniając konkretnych wydarzeń, Buck zachował pamięć o serbołużyckiej kulturze ludowej i wyniósł wiedzę o tradycjach serbołużyckich do rangi sztuki.

W niniejszym artykule wybrane obrazy z kolekcji sztuki Muzeum Serbołużyckiego w Chociebużu poddano analizie i interpretacji, popartej cytatami autorstwa samego malarza i wspomnieniami świadków z epoki.

Jan Bucks baugebundene Kunst

Silke Wagler

Twórby Jana Buka na a w twarjenjach

Silke Wagler

Jan Buck ist als Maler und Grafiker bekannt. Sein baugebundenes Schaffen, das er ausschließlich in seiner Lausitzer Heimat verwirklichte, fand bisher weder Betrachtung noch angemessene Aufmerksamkeit. Bucks architekturbezogene Werke sind zwar am jeweiligen Ort, bei seinen Wegbegleitern und den persönlich mit ihm verbundenen Künstlerkolleginnen und -kollegen durchaus ein Begriff, die kunsthistorische Wahrnehmung und Aufarbeitung ist jedoch bisher ausgeblieben. Von wenigen summarischen Erwähnungen und einer vergleichsweise frühen Ausnahme abgesehen, finden sich keine Besprechungen seiner architekturbezogenen Kunstwerke in der Fachliteratur.[1] Die folgende Betrachtung ist daher ein überfälliger Versuch, diesen Teil des künstlerischen Schaffens Bucks ins Gedächtnis zurückzuholen, es ein erstes Mal zu überblicken und einzuordnen. Sie kann aber keinen Anspruch auf Vollständigkeit erheben.

Zunächst erstaunt die mangelnde Wahrnehmung im Vergleich zur Rezeption seiner Malerei und Grafik, lassen sich doch im Zeitraum von 1965 bis 1990 mehr als zwanzig Aufträge an Jan Buck für meist großformatige baugebundene Werke nachweisen. Damit teilt dieses Œuvre das Schicksal mit dem breiten architekturbezogenen Schaffen anderer Künstler und Künstlerinnen aus der Zeit der DDR. Die Rezeption erfolgt in einer Sphäre, in der sich Methoden und Arbeitsweisen verschiedener Disziplinen überschneiden, was die verzögerte Erforschung zu begründen scheint. Die Aufarbeitung bau- und architekturbezogener Kunst ist gleichzeitig Arbeits- und Forschungsgebiet der Architekturgeschichte, Denkmalpflege, Kunst-, Sozial- und Zeitgeschichte. Begleitet wird sie eng von Fragen nach der Materialität der Werke und ihrer konkreten baulich-technologischen Integration in die Trägerarchitektur.

Klärungsbedarf ergab sich in der jüngeren Vergangenheit oft erst in dem Moment, wenn aufgrund von Baumaßnahmen unmittelbarer Verlust drohte und es um dringende Fragen des Erhalts ging. Als immobile Objekte konnten und können sie anders als bewegliche solitäre Objekte wie Gemälde, Grafiken und Plastiken nicht einfach sichergestellt oder versetzt werden, sondern sind unmittelbar mit dem Schicksal ihres Standorts verbunden. Kunstwerke an Bauten aus der DDR waren, sofern sie nicht bilderstürmerischen Aktionen oder Verwaltungsakten infolge des Epochenumbruchs anheimfielen, rasanten baulichen Veränderungen ausgesetzt, die nach 1990 eine bis dahin unbekannte Dynamik erreichten. Auch traten neue Auflagen zum Beispiel in Bezug auf energetische Sanierung in Konkurrenz um die bisher von der Kunst besetzten Flächen in der Architektur.

Jako molerja a grafikarja Jana Buka znajemy. Tola jeho wumělske tworjenje na a w twarjenjach, kotrež wón jeničce w swojej łužiskej domiznje zwoprawdźowaše, dotal nichtó ani wopisował ani na hódne wašnje zaňč měł njeje. Bukowe wumělske wupłody na a w twarjenjach drje su tam, hdźež su nastali, kaž tež mjez jeho rowjenkami a z nim wosobinsce zwjazanymi kolegami-wumělcami bjezdwěla znate, wumělsko-historisce pak dotal njebuchu zaznawane a analyzowane. Wothladajo wot rědkeho sumariskeho naspomnjenja a poměrnje zažneho wuwzaća njebuchu jeho wumělske twórby na a w twarjenjach w fachowej literaturje dotal wobjednane.[1] Slědowace pojednanje je tuž wjace hač dawno trěbny pospyt, sej tutón dźěl wumělskeho tworjenja Jana Buka do pomjatka zwołać, jón prěni raz pohódnoćić a zarjadować, byrnjež bjez naroka na dospołnosć.

Porno recepciji jeho molerstwa a grafiki tute słabe zaznawanje najprjedy překwapja, wšako je za dobu mjez 1965 a 1990 wjace hač dwaceći wudźělenych nadawkow za přewažnje wulkoformatne twórby dokładźenych. Z tym ma tutón oeuvre samsny wosud kaž wobšěrne z architekturu zwisowace tworjenje druhich wumělcow a wumělčow NDR. Recepcija wotměwa so w sferje, w kotrejž so metody a wašnje dźěła wšelakich disciplinow křižuja, štož móhło so komdźace přeslědźenje wujasnić. Přeslědźenje a pohódnoćenje z twarami a architekturu zwisowaceho wumělstwa je zdobom dźěłowy a slědźerski wobłuk stawiznow architektury, hladanja pomnikow, stawiznow wumělstwa kaž tež socialnych a načasnych stawiznow. Prašenja za materialitu twórbow a jich konkretnej twarsko-technologiskej integraciju do architektury nošerja z nim wusce zwisuja.

Potrjeba wujasnjenja nasta w njedawnej zašłosći často hakle we wokomiku, jako hrožeše twarskich naprawow dla bjezposrědni strach, zo so zhubja a hdyž dźěše wo nuzne prašenja zachowanja. Jako imobilne objekty wšak njehodźachu a njehodźa so prosće přeměstnić – porno pohibliwym objektam kaž wobrazam, grafikam a plastikam –, wšako su z wosudom městna zwjazane, na kotrymž su nastali. Na twarjenjach zhotowjene wumělske twórby z časa NDR běchu razantnym twarskim změnam wustajene, njebuchu-li z woporom wobrazyłamarskich akcijow abo zasahnjenja zarjadnistwow w zwisku z procesami politiskeho přewróta, kotrež mějachu po 1990 dynamiku, kiž bě tehdy bjez runjeća. Tež nowe předpisy, na přikład za energetiske saněrowanje, »konkurowachu« z płoninami w architekturje, kotrež hač do toho časa wumělstwu přistejachu. Dokelž faktisce njebě zrjadowane, štó je za zjawne wumělstwo něhdyšeje NDR (jako kolektiwne wumělske herbstwo w zjawnym rumje) zamołwity, pobrachowaše zakład za wukonjenje

Da die notwendige Zuständigkeitsklärung für diesen vormals öffentlichen Kunstbesitz aus der DDR (als kollektives Erbe im öffentlichen Raum) weitgehend ausblieb, fehlte die Voraussetzung für die Ausübung einer konkreten Verantwortung für die nunmehr herrenlosen Kunstwerke. So war lange Zeit auch keine aktive Fürsorge für eine Sicherung (oder zumindest angemessene Dokumentation) dieser Kunstwerke möglich.

Als hinderlich erweist sich bei der rückwirkenden Erfassung und Erschließung des ererbten baugebundenen Kunstbestandes nicht selten, dass bei Privatisierungen von Liegenschaften aus vormals öffentlicher Hand keine Inventare über bildkünstlerische Ausstattungen angelegt und eventuelle Auflagen zum Umgang, zu Sicherung und Erhalt vereinbart wurden. Das erschwert den (nachträglichen) Zugang zu den Kunstwerken und/oder die Sicherung ihrer Spuren unter Umständen deutlich. Von Vorteil erwies sich dagegen die handwerklich-solide und auf Langlebigkeit ausgerichtete Ausführung, die vielen dieser Kunstwerke einen Fortbestand bis heute selbst unter widrigen Umständen sicherte. Jenseits der urbanen Zentren war der bauliche Veränderungsdruck oft deutlich geringer. Auch gibt es viele Beispiele für eine ungebrochene Wertschätzung der jeweiligen Kunstwerke durch neue Nutzer und Besitzer, da sie als Alleinstellungsmerkmale gelten und ein hohes Identifikationspotenzial bergen.

Für Jan Buck sind vor allem Wandgestaltungen verschiedener Techniken nachzuweisen. Sie sind dem Repertoire des Wandbildes zuzuordnen, das als monumentale Ausprägung der Malerei als Königsdisziplin der bildenden Kunst in der DDR galt. Aufgrund seiner erzählerischen Möglichkeiten eignete es sich besonders als Instrumentarium der Kommunikation politisch-ideologischer Inhalte. Letztere waren auf dem Gebiet der Lausitz zusätzlich aufgeladen durch Aspekte der programmatischen Minderheitenförderung der Sorben. Es ist naheliegend, dass Jan Buck als renommierter, etablierter Künstler und Sorbe mit entsprechenden repräsentativen Aufträgen in seiner Region versehen wurde. Hinter nicht wenigen dieser Aufträge standen letztlich Mittel des Ministeriums für Kultur und dessen Abteilung für sorbische Angelegenheiten. Für Buck war es jedoch schlicht auch ein natürliches Anliegen als Künstler, auf diese Weise gesellschaftliche Verantwortung zu übernehmen. Seine Wandgestaltungen entstanden für verschiedene öffentliche Auftraggeber, vor allem als Mosaik und Sgraffito (Innen- wie Außenräume), als Glasfenster (auf der Grenze zwischen Innen- und Außenraum) sowie mit bemalter Keramik (für Innenräume).

konkretneje zamołwitosće za wumělske twórby, kotrež nětko nikomu njesłušachu. Tak so tež wo zawěsćenje (abo znajmjeńša wo přiměrjenu dokumentaciju) tutych wumělskich twórbow dołho nichtó aktiwnje starać njemóžeše.

Při dokumentowanju a wopisowanju zdźědźeneho wumělstwa na a w twarjenjach jewi so dźensa njerědko zadźěwk, zo wuhotowanje z wumělskimi wobrazami při priwatizowanju něhdyšich zjawnych płonin njebu inwentarizowane a zo žadanja nastupajo wobchadźenje z nimi kaž tež jich zawěsćenje a zachowanje dojednane njebuchu. Z tym bě a bywa nadal dosć ćežko, přistup k wumělskim twórbam dóstać resp. jich slědy zawěsćić. Jako lěpšina wopokazuje pak so rjemjeslnisce solidne a na dołhe traće wusměrjene wuwjedźenje, dźakowano kotremuž je někotražkuli twórba samo pod njedobrymi wuměnjenjemi hač do dźensnišeho přetrała. Zwonka urbanych centrow běše ćišć nastupajo twarske změny hustohdy wjele snadniši. Je tež tójšto přikładow za to, zo sej nowi wužiwarjo a wobsedźerjo tute wumělske twórby dale waža, dokelž su jónkrótne a w nich wulki identifikaciski potencial tči.

Nastupajo Jana Buka je předewšěm wuhotowanje sćěnow we wšelakej technice dokładźene. Hodźi so repertoirej nasćěnoweho wobraza přirjadować, kotryž bě jako monumentalna forma molerstwa w NDR kralowska disciplina tworjaceho wumělstwa. Ze swojimi móžnosćemi powědanja so jako instrumentarij za sposrědkowanje politisko-ideologiskich wobsahow wosebje derje hodźeše. Na teritoriju Łužicy běchu tute wobsahi přidatnje z aspektami programatiskeho spěchowanja Serbow napjelnjene. Tak njezadźiwa, zo Jan Buk – renoměrowany, etablěrowany wumělc a Serb – wotpowědne reprezentatiwne nadawki w swojim regionje dóstawaše. Njemało nadawkow financowaštej na kóncu ministerstwo kultury a jeho wotrjad za serbske prašenja. Bukej pak bě prosće tež cyle přirodna wěc, zo na tute wašnje jako wumělc towaršnostnu zamołwitosć přewozmje. Nasćěnowe twórby stwori za wšelakich zjawnych nošerjow předewšěm jako mozaik a sgrafito (nutřka a wonka), w podobje šklenčanych woknow (kotrež nutřka a wonka zwjazuja) kaž tež z pomolowanej keramiku (w rumnosćach).

60te lěta: Přěnje twórby na a w twarjenjach

Jako přěnja twórba w twarjenju nasta 1965 třidźělny mozaikowy wobraz za južny trakt twarjenja Serbskeho ludoweho ansambla.[2] Buk wužiwaše za to módru šklenču[3] w formaće trójce ca. 1,8 – 2 × 0,6 m na platach, wobraz direktnje na powjerchu sćěny pak hišće njestwori.[4] Tohorunja w mozaikowej technice a staru

Die Sechziger: erste baugebundene Arbeiten

Als erstes baugebundenes Werk entstand 1965 ein dreiteiliges Mosaikbild für den Südtrakt des Gebäudes des Staatlichen Ensembles für Sorbische Volkskultur.[2] Es wurde mit blauem Farbglas[3] im Format von dreimal ca. 1,8 – 2 × 0,6 Meter auf Plattengrund ausgeführt, aber noch nicht direkt auf die Wandoberfläche eingearbeitet.[4] Ebenfalls der Mosaiktechnik unter Einsatz von Altglas bediente sich Jan Buck 1968 bei der Wandgestaltung *Wir lernen und spielen* für die Eingangshalle der damals Neuen Schule am Auritzer Weg in Bautzen (heute Salvador-Allende-Schule) (Abb. 1), wobei das Glas in den Putz eingearbeitet wurde. Es ist davon auszugehen, dass Buck sich in seiner Lehre als Dekorationsmaler Fähigkeiten für die Gestaltung von Wandflächen angeeignet hatte. Für die Ausführung dieses ersten Großauftrags in der Mosaiktechnik holte

škleńcu wužiwajo wuhotowa Jan Buk 1968 sćěnu w foyeru tehdyšeje Noweje šule na Wuričanskim puću w Budyšinje (dźensa šula Salvadora Allende) (wobr. 1), při čimž zapołožowaše škleńcu do wobmjetka. Cyle wěsće bě sej Buk w swojim wukubłanju jako dekoraciski moler hotowosće za wuhotowanje płonin na sćěnje přiswojił. Za wuwjedźenje tutoho přenjeho wulkeho nadawka w mozaikowej technice dźěše sej k swojemu koleze-wuměłcej Peterej Rohnej[5] w Podstupimje po radu, wo kotrehož mozaiku w Falkenseeju pola Berlina běše w časopisu Bildende Kunst čitał. Listowanje w zawostajenstwje wuměłca swědči wo wuměnje mjez nimaj nastupajo prašenje, kak ma so při kładźenju škleńčanych mozaikowych dłóžbow direktnje na gipsowanu sćěnu postupować.[6] Tuž njedźiwa, zo je Bukowy škleńčany mozaikowy wobraz w Budyšinje Rohnowej twórbje formalnje jara podobny.[7] Wobaj stej zestajanej z poměrnje wulkich črjopow z barbneje potrjebaneje

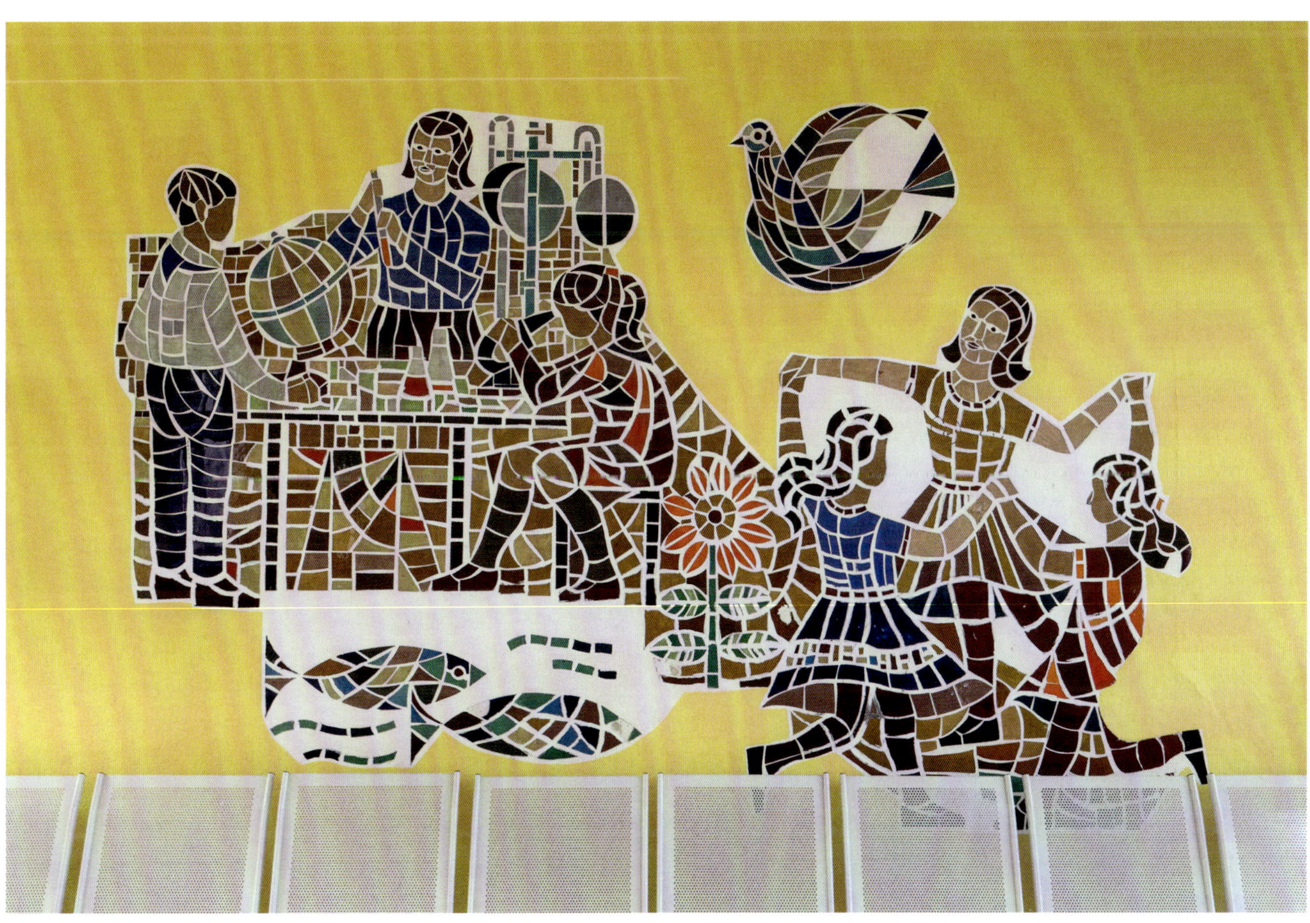

Abb. 1 *Wir lernen und spielen* Wandgestaltung, Eingangshalle der ehemaligen Schule am Auritzer Weg, heute Salvador-Allende-Schule, Bautzen, 1968

wobr. 1 *Wuknjemy a sej hrajemy* Mozaikowy wobraz na sćěnje, foyer něhdyšeje šule při Wuričanskim puću, dźensa šula Salvadora Allende, Budyšin, 1968

wobr. 1 *Wuknjomy a grajomy* Sćěnowa twórba, Zachodowa hala něgajšneje šule na Wuricowem pušu, źinsa šula Salvadora Allende, Budyšyn, 1968

il. 1 *Uczymy się i bawimy* Dekoracja naścienna, wejście do dawnej szkoły przy Auritzer Weg, dziś szkoły im. Salvadora Allende, Budziszyn, 1968 r.

Abb. 2 Mosaik am Kulturhaus in Sollschwitz, 1971

wobr. 2 Mozaik na kulturnym domje w Sulšecach, 1971

wobr. 2 Mozaik na kulturnem domje w Sulšecach, 1971

il. 2 Mozaika na fasadzie Domu Kultury w Sollschwitz, 1971 r.

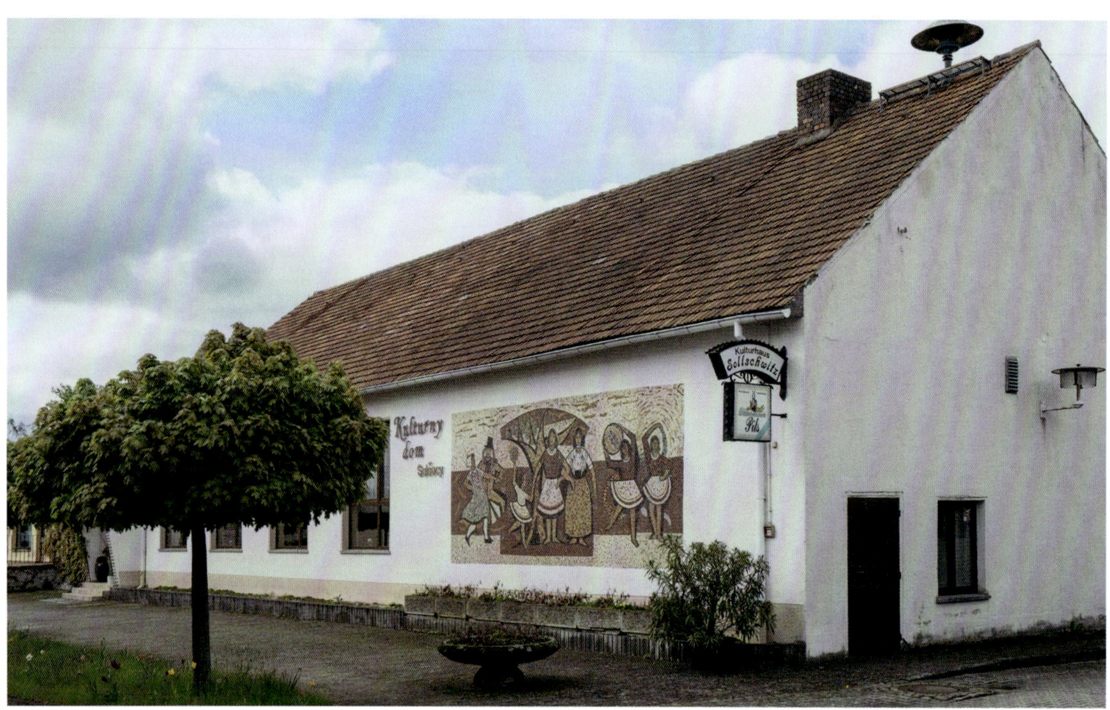

er sich Rat bei dem Künstlerkollegen Peter Rohn[5] in Potsdam, von dessen Mosaik in Falkensee bei Berlin Buck in der Zeitschrift Bildende Kunst gelesen hatte. Der im Nachlass des Künstlers erhaltene Briefwechsel belegt den Austausch über das detaillierte Vorgehen beim Verlegen der Glasmosaiksteine direkt auf den Gipsgrund an der Wand.[6] Es verwundert deswegen nicht, dass das daraufhin in Bautzen entstandene Glasmosaikbild Bucks dem von Rohn formal sehr ähnelt.[7] Beide sind aus unterschiedlich geformten, recht großen farbigen Altglasscherben zusammengesetzt. Besonders auffällig ist die gemeinsame Eigenheit, dass die Gesamtdarstellung keinerlei Rahmung oder motivisch definierten Bildgrund hat und an den unregelmäßigen Grenzen der Bildszenen direkt in die ungestaltete Wandfläche übergeht. Die erzählerisch-bewegte Komposition zeigt links um einen Tisch herum lernende Kinder, die sich ihren Gerätschaften nach mit den Naturwissenschaften Chemie, Physik und Biologie beschäftigen. Am Bildrand findet sich ein dezentes, aber typisches Motiv der politischen Ikonografie vor allem des frühen Sozialistischen Realismus: Der Jungpionier mit blauem Halstuch widmet seine Aufmerksamkeit dem Globus und damit der politischen

škleńcy we wšelakich formach. Wosebje napadnje zhromadna wosebitosć, zo je cyłkowny motiw wobraza cyle bjez ramika abo bjez motiwisce definowaneho pozadka a zo na njeprawidłownych mjezach scenow wobraza direktnje do njewuhotowaneje płoniny sćěny přechadźa. Powědarsce čiła kompozicija předstaja nalěwo za blidom wuknjace dźěći, kotrež so z přirodowědami chemiju, fyziku a biologiju zaběraja, kaž jich utensilije přeradźeja. Na kromje wobraza jewi so decentny, ale typiski motiw politiskeje ikonografije předewšěm zažneho socialistiskeho realizma: Młody pioněr w módrym rubišku so kedźbliwje globusej wěnuje a z tym politiskej geografiji – utopiji rozšěrjenja socializma po wšěm swěće. Wotdźělene přez symbole z přirody (ryby, kwětki a hołbja) zwobraznja Buk naprawo hrajkanje w podobje dźěći we wjesołej rejce. Byrnjež swětło přez barbnu škleńcu – na rozdźěl k škleńcy we woknje – njepadało, kuzła na sćěnje so wotražowace swětło tola błyšć na wobraz. Ani naročna technika škleńčaneho mozaika ani wólna kompozicija ze swojej wjesołej lochkosću so w Bukowym dalšim tworjenju na a w twarjenjach njewospjetuje, byrnjež w 1970tych a 1980tych lětach tójšto dalšich nadawkow slědowało.

Abb. 3 *Begrüßungsbrauch*
Mosaik, ehemals Wärmegerätewerk Dresden, Werk 4, Piskowitz, VEB Kombinat Ascobloc, Pförtnerhaus, 1974

wobr. 3 *Nałožk witanja*
Mozaik, něhdyši Zawod za ćopłotne nastroje Drježdźany, zawod 4, Pěskecy, Ludowy zawod kombinat Ascobloc, wrotarnja, 1974

wobr. 3 *Nałog pśiwitanja*
Mozaik, něga Zawod za śopłotne rědy w Drjeźdźanach, zawod 4, Pěskecy, Ludowy zawod kombinat Ascobloc, wrotaŕski dom, 1974

il. 3 *Zwyczaj powitalny*
Mozaika, dawna Fabryka Urządzeń Grzewczych w Dreźnie, zakład nr 4, Piskowitz, Kombinat VEB Ascobloc, portiernia, 1974 r.

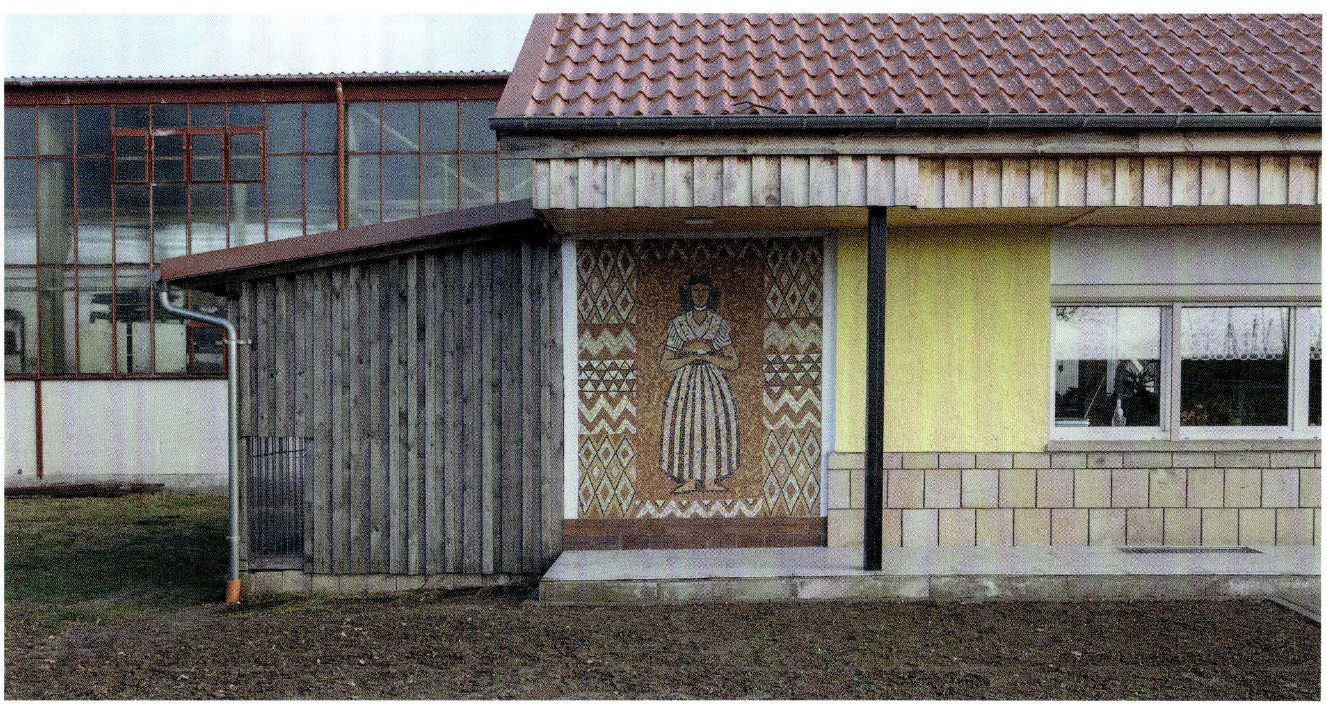

Geografie: der Utopie der weltweiten Ausbreitung des Sozialismus. Durch die Natursymbole (Fische, Blumen und Vogel) getrennt, findet sich rechts das Spiel im heiteren Ringelreihen dreier Kinder abgebildet. Auch wenn das Farbglas nicht wie beim Einsatz als Fenster vom Licht durchschienen wird, entfaltet sich mit dem auf der Wand auftreffenden Licht eine leuchtende Wirkung. Weder die aufwendige Glasmosaiktechnik noch die offene kompositorische Lösung mit der heiteren Leichtigkeit finden im weiteren baugebundenen Schaffen Bucks eine Wiederholung, auch wenn in den 1970er und 1980er Jahren zahlreiche weitere Aufträge folgten.

Die Siebziger: Mosaikbilder und Glasfenster

Zum 20. Jahrestag der Republik 1969 wurde in Sollschwitz zwischen Kamenz und Wittichenau ein Kulturhaus errichtet, das von Jan Buck mit einem Außenwandbild versehen werden sollte, um es »dauerhaft und wirkungsvoll zu verschönern«.[8] Die Ausführung, die sich letztlich bis 1971 hinzog, erfolgte auf Vorschlag des Künstlers in Mosaiktechnik mit gleichmäßig

70te lěta: Mozaikowe wobrazy a škleńčane wokna

K 20. róčnicy republiki lěta 1969 nasta w delnich Sulšecach kulturny dom. Jeho fasadu měješe Jan Buk z nasćěnowym wobrazom wuhotować, zo by dom z nim »trajnje a skutkownje porjeńšił«.[8] Za wuhotowanje, kotrež potom hač do 1971 traješe, bě wuměłc mozaikowu techniku ze stajnymi kwadratiskimi škleńčanymi dłóžbami a přirodnymi kamjenjemi přewažnje w barbach beige, oker a načerwjeń brune namjetował, kotrež tu a tam mjez druhim jasna žołta, čerwjena a swětła módra barba akcentowaše. (wobr. 2) Wobraz předstaja wot lěwa do prawa w trochu asymetriskim přirjadowanju rejowacy por w serbskej drasće, dźěćo z kwěćelom kaž tež holcy, kotrejž pod štomom w kole rejujetej a dwě dalšej holcy w rytmiskej reji z bulemi a seklemi. Jedna so wo sukcesiwnu kompoziciju a zdobom wo simultany wobraz, kotryž móžeš »cyłotnje abo jako jednotliwe sceny dožiwić«.[9] Horicontalnje sceny něšto kaž šěroki, wosrjedźa wuzběhnjeny bant zwjazuje, kiž płoninu wobraza rozčłonkuje a njebjo a zemju optisce dźěli. Na tute wašnje sugeruje so rumnostnosć, byrnjež wobraz płonina wostał. »Technika nuzuje Jana Buka k jednorym, přewažnje wulkopłoni-

quadratischen Glas- und Natursteinen vorwiegend in Tönen von Beige, Ocker und Rotbraun, vereinzeltet akzentuiert unter anderem in leuchtendem Gelb, Rot und hellem Blau. (Abb. 2) Dargestellt sind in Leserichtung und leicht asymmetrisch angeordnet ein tanzendes Paar in sorbischer Tracht, ein Kind mit Blumenstrauß sowie zwei Mädchen im Reigentanz unter einem Baum und zwei weitere Mädchen bei rhythmischem Tanz mit Bällen und Bändern. Es ist eine Sukzessiv-Komposition und gleichzeitig ein Simultanbild, das »sowohl ganzheitlich wie auch als Abfolge erlebt werden will«.[9] Die Szenen werden horizontal durch eine Art breites, in der Mitte betontes Band miteinander verbunden. Es gliedert die Bildfläche und trennt Himmel und Erde optisch voneinander. Dadurch wird Räumlichkeit suggeriert, auch wenn die Darstellung in der Fläche bleibt. »Die Technik zwingt Jan Buck zu einfachen Formen in weitgehender Großflächigkeit und allgemeinverständlichen Gestalten oder Symbolen.«[10] Baugebundene Kunstwerke weisen aufgrund der Gemengelage spezieller Anforderungen von Format, Baustoffen, Technologie, Standort und Ausrichtung einen relativen Abstraktionsgrad sowie eine mitunter statisch wirkende Vereinfachung auf. So wie bei dem 1974 für Nebelschütz geschaffenen Mosaik *Begrüßungsbrauch*, das die Figur von ikonenhafter Strenge und auf dekorativem, fast teppichmusterartigem Bildfeld zeigt. (Abb. 3)

Das Sollschwitzer Mosaik wurde damals als Durchbruch in Bucks Schaffen gesehen und als wichtiger Schritt für die weitere Profilierung seines Bilddenkens im Hinblick auf seine baugebundenen Arbeiten. Gleichzeitig wurde ihm ein gewachsenes Verantwortungsbewusstsein für diese Art gesellschaftlicher Aufträge zugeschrieben.[11] Beides lässt vermuten, dass diese Wandgestaltung die allgemeinen Erwartungen der Auftraggeber erfüllt hat.

Ab Mitte der 1970er Jahre folgten zahlreiche weitere öffentliche Aufträge an Jan Buck.[12] Es war für »die architekturbezogenen Genres der bildenden Kunst [...] ein Zeitabschnitt voller intensiver schöpferischer Tätigkeit«.[13] Ein vermehrtes Baugeschehen, das zunächst vor allem auf den Wohnungsbau ausgerichtet war und erst später auch auf den Wiederaufbau und die Rekonstruktion der urbanen Zentren und Altstädte, prägte die gesamte DDR.[14] Gemäß des ideologisch motivierten Anliegens, »die den bildenden und angewandten Künsten eigentümliche Wirkungs- und Ausdrucksmöglichkeiten zur Kommunikation, zur ästhetischen und ideellen-künstlerischen Bereicherung des Lebens der Menschen in ihrer sozialräumlichen Umwelt zu erschließen«,[15] wurde gesteigerter Wert auf das funktionale und ästhetische Niveau der Umweltgestaltung in allen

natym formam a powšitkownje zrozumliwym postawam a symbolam.«[10] Wumětske twórby na a w twarjenjach su dla swojich specielnych narokow nastupajo format, twaršćizny, technologiju a městnosć poměrnje mało abstraktne a skutkuja druhdy statisce a zjednorjowace. Tak tež 1974 za Njebjelčicy stworjeny mozaik *Nałožk witanja*, mjenujcy přez to, zo zwobraznja ikonje podobnu figuru z krutymi wobrysami na dekoratiwnym, nimale kaž z mustrom přestrjenca wuhotowanym pozadku. (wobr. 3)

Mozaik w Sulšecach hódnoćachu tehdy jako přełam w Bukowym tworjenju a jako ważnu kročel za dalše profilowanje jeho myslenja we wobrazach při twórbach na twarjenjach. Zdobom jemu wjetšu zamołwitosć za tutu družinu towaršnostnych nadawkow přisudźachu.[11] Z wobojeho hodźało so wotwodźeć, zo su jeho twórby powšitkowne wočakowanja wudźělerjow nadawkow spjelnjeli.

Wot srjedź 1970tych lět sem Jan Buk tójšto dalšich zjawnych nadawkow dóstawaše.[12] Za »žanry tworjaceho wumělstwa, kotrež z architekturu zwisowachu«, běše to »doba połna intensiwneje tworićelskosće«.[13] Po wšej NDR so spochi twarješe, předewšěm bydlenja, a pozdźišo buchu tež urbane centry a stare města znowa natwarjene a rekonstruowane.[14] Wotpowědnje ideologisce motiwowanemu wotpohladej, »wotkrywać specifiske móžnosće skutkowanja a zwuraznjowanja tworjaceho a nałožowaneho wumělstwa za komunikaciju, estetiske a ideelno-wumělske wobohaćenje žiwjenja ludźi w jich socialnym a rumnostnym wobswěće«,[15] přiběraše wuznam funkcionalneho a estetiskeho niwowa formowanja wobswěta we wšěch wobłukach žiwjenja – při wuknjenju, w dźěle, w žiwjenju. Tole bě přičina za wjele wjetšu potrjebu za nowotwarami, kotrež su z wumělskimi wobrazami wuhotowane. Dokelž tójšto nowych šulow k tomu słušeše,[16] njezadźiwa, zo je tež Jan Buk wotpowědne twórby stworił. Dohromady zhotowi za šulske twarjenja tři škleńčane wokna a jedne sgrafito. Zo so wobrazy w škleńcach woknow za šule poskićowachu, njezwisuje jenož z rumnostnymi móžnosćemi najrozšěrjenišeho typa šulow tuteje doby, přetož jich atriumowe wobłuki a chódby so jako elementy za wuhotowanje wosebje derje hodźachu.

Tak stwori Buk 1975 barbne wokna na temu *Łužica* a *Naša domizna* za dwě serbskej šuli: w Budyšinje za Hermanna Maternowu a w Ralbicach za šulu Maršala Konjewa. Wosebje markantne je wulke škleńčane wokno za 14. polytechnisku wyšu šulu (PWŠ) Jurija Gagarina w Budyskej Strowotnej studni z naročnej temu *Zdobywanje kosmosa*. (wobr. 4) Nadawk za to bě Buk 1977 dóstał a zasadźene bu wokno lěta 1983. 2 × 7 metrow wulka twórba

Lebensbereichen gelegt – Lernen, Arbeiten, Leben. Das begründet den deutlich gewachsenen Bedarf an bildkünstlerischen Ausstattungen bei Neubauvorhaben. Da sich darunter viele Schulneubauten befanden,[16] ist es nicht verwunderlich, dass auch Jan Buck Werke für deren Ausstattungen schuf. Insgesamt erarbeitete er drei Glasfenster und ein Sgraffito für Schulgebäude. Dass sich Fensterbilder für Schulbauten anboten, hat nicht zuletzt mit den räumlichen Möglichkeiten der am meisten verbreiteten Schultypen dieser Zeit zu tun, deren Atrium- und Übergangsbereiche sich als gestaltbare Elemente besonders eigneten.

So schuf Buck 1975 Farbglasfenster zum Thema *Lausitz* und *Unsere Heimat* für zwei sorbische Schulen, Hermann Matern in Bautzen und Marschall Konjew in Ralbitz. Besonders markant ist das 1977 beauftragte und 1983 schließlich eingesetzte große Glasfenster für die 14. Polytechnische Oberschule (POS) Juri Gagarin in Bautzen-Gesundbrunnen mit dem anspruchsvollen Thema *Das Vordringen im Kosmos schafft neue Funktionen zum Werk des Menschen.* (Abb. 4)

w sylnych barbach, mjez kotrymiž přewahuja žołte, čerwjene a módre, je ćiła, ale wuwažena kompozicija. W srjedźišću jara abstrahowaneho słónčneho systema steji zemja ze symbolisce znazornjenym wobsydlenjom z floru a fawnu, kotruž syć njeprawidłownych a přesunjenych wobkružnych čarow planetow wobdawa. Mjezyrumy syće su wot nutřka won z lila přez čerwjenu hač do oranžneje a ze wšelakimi wotsćinami žołteje barby wupjelnjene. Tole je najswobodniše a najabstraktniše škleńčane wokno Buka z wulkej wuměłskej kwalitu.

Po tym nasta hišće dalši, jeho posledni a najnjewšědniši škleńčany mozaikowy wobraz, *Serbske žiwjenje*, z folkloristiskimi motiwami wšědneho dnja. 3 × 4 metry wulki wobraz, kotryž bě Buk w nadawku dejneho kombinata w Budyšinku 1980 stworił, steji swobodnje. (wobr. 5) Zestajał bě jón z dźělčkow barbneje betonoweje škleńcy a wón ma solidny ramik z metala. Železne žerdki dźěła płoninu wobraza symetrisce do dźewjeć wobrazowych płoninow w třoch rynkach nad sobu. Srjedźny rynk je šěrši hač horni

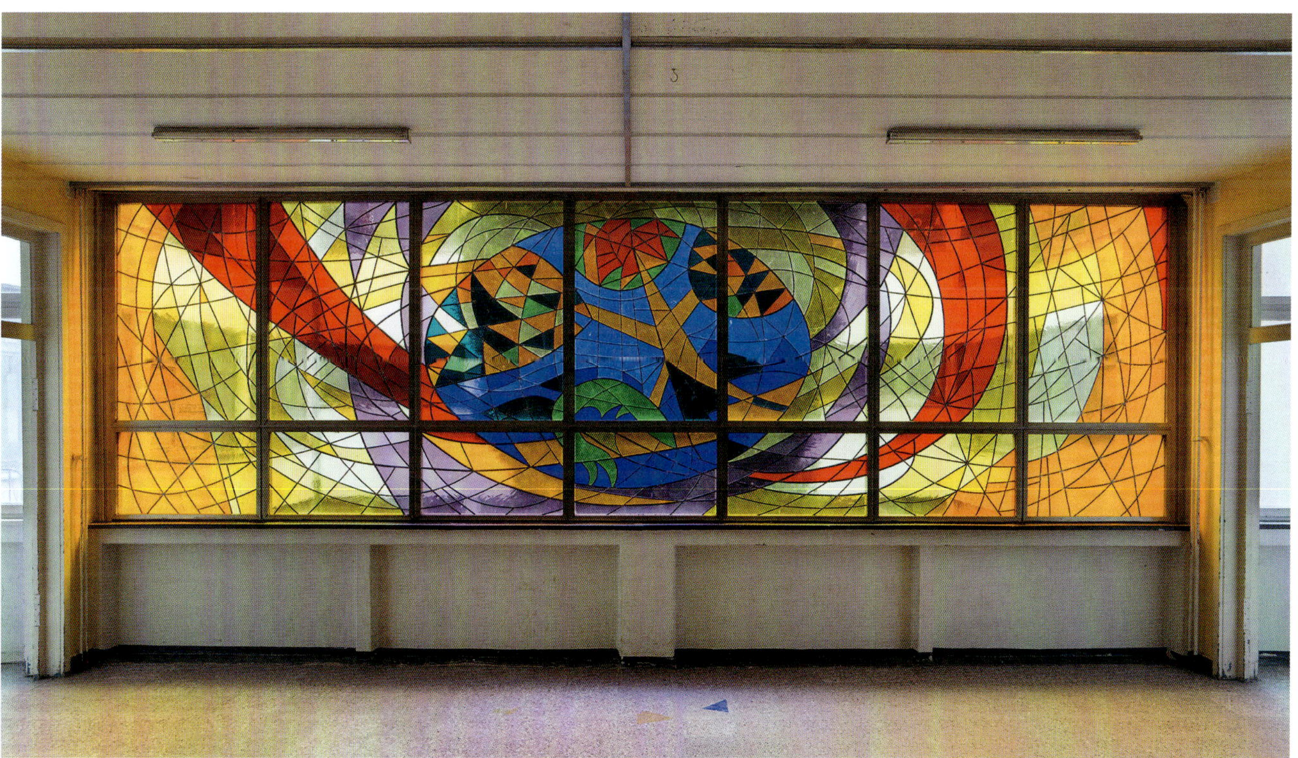

Abb. 4 *Das Vordringen im Kosmos schafft neue Funktionen zum Werk des Menschen* Glasfenster, ehemals 14. Polytechnische Oberschule Juri Gagarin, Bautzen-Gesundbrunnen, 1983

wobr. 4 *Zdobywanje kosmosa twori nowe funkcije za skutk čłowjeka* Škleńčane wokno, něhdyša 14. polytechniska wyša šula Jurija Gagarina, Budyšin-Strowotna studnja, 1983

wobr. 4 *Zadobywanje do kosmosa stwórijo nowe funkcije za statki luźa* Głažane wokno, něga 14. polytechniska wuša šula Jurija Gagarina, Budyšyn-Strowotna studnja, 1983

il. 4 *Dotarcie do kosmosu otwiera nowe obszary dla działalności człowieka* Witraż, dawne Technikum nr 14 im. Jurija Gagarina, Budziszyn-Gesundbrunnen, 1983 r.

Abb. 5 *Sorbisches Leben*
Glasmosaikbild, ehemals Milchviehanlage Kleinbautzen, heute Malschwitz, 1980

wobr. 5 *Serbske žiwjenje*
Škleńčany mozaik, něhdy při dejnym kombinaće Budyšink, dźensa Malešecy, 1980

wobr. 5 *Serbske žywjenje*
Głažany mozaikowy wobraz, něga pśi dojnem kombinaśe w Budyšynku, źinsa Malešecy, 1980

il. 5 *Serbołużyckie życie*
Mozaika ze szkła, dawna mleczarnia w Kleinbautzen, obecnie Malschwitz, 1980 r.

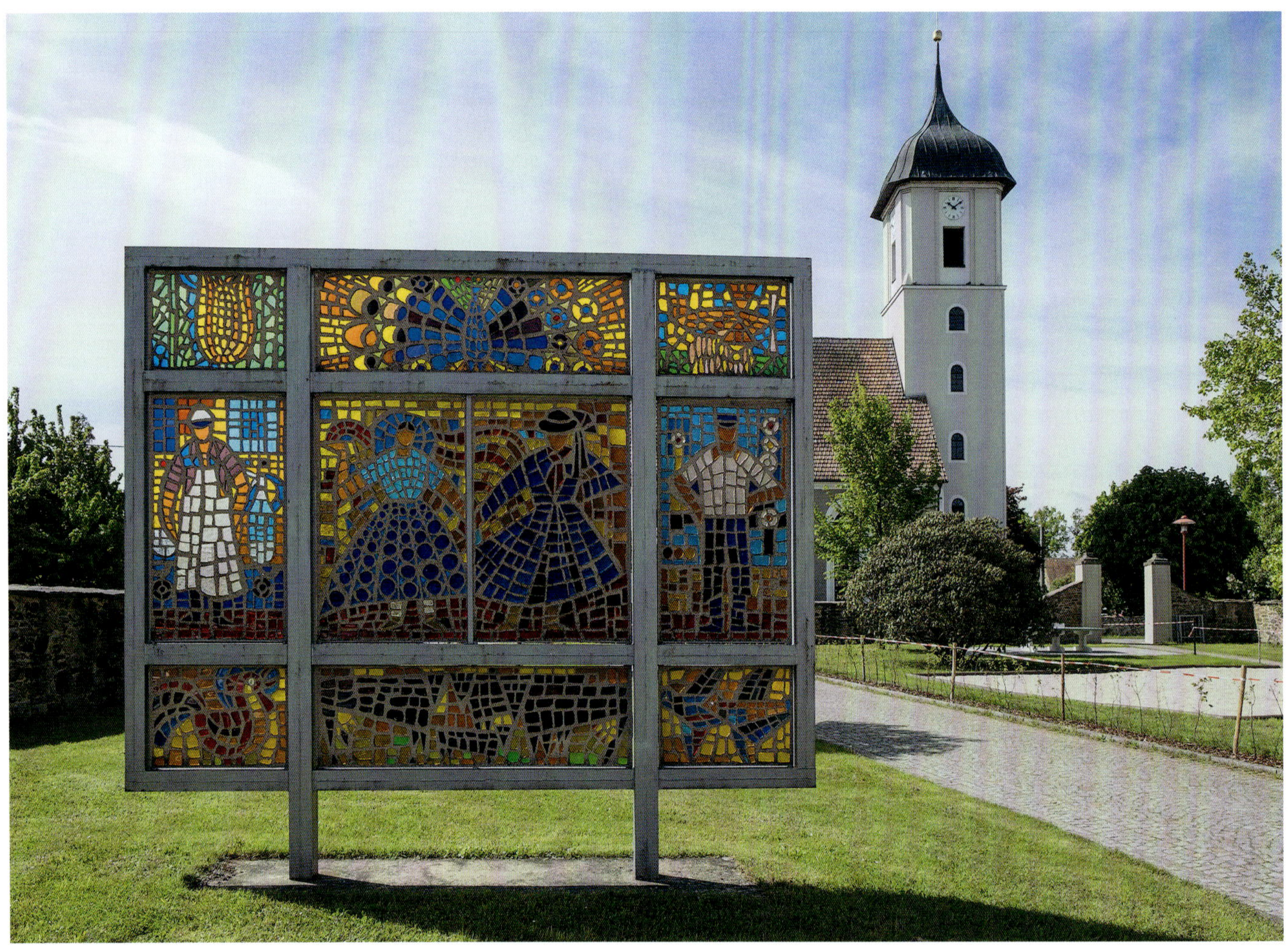

Das 2 × 7 Meter große, farbstarke Fensterbild mit vorherrschenden Gelb-, Rot- und Blautönen zeigt eine beschwingte, aber ausgewogene Komposition. Im Mittelpunkt des abstrahierten Sonnensystems steht die Erde mit symbolisch angedeuteter Besiedlung durch Flora und Fauna, um die sich ein Netz von unregelmäßigen und verschobenen Planetenumlaufbahnen entfaltet, deren Zwischenräume von innen nach außen von Lila über Rot zu Orange und mit verschiedenen Gelbtönen gefüllt sind. Es ist das freieste und abstrakteste der Glasbilder Bucks und von hoher künstlerischer Qualität.

Danach entstand noch ein weiteres, sein letztes und ungewöhnlichstes Glasmosaikbild mit dem Titel *Sorbisches Leben* mit folkloristischen Motiven aus dem Alltag. Das im Auftrag der Milchviehanlage

a delni a předstaja nalěwo dejerja, naprawo dźěłaćerja a srjedźa porik w narodnej drasće, kotrychž wuska žerdka přidatnje wot so wotdźěluje. Na mjeńšich płoninach su motiwy flory a fawny, při čimž je srjedźa w delnim rynku stadło kruwow předstajene. Dźakowano tomu, zo wokno swobodnje steji, móžeš wobě stronje derje widźeć, a přez wokno padace swětło da barbam škleńcy so błyšćić. Z objektom so wjesny wobswět na markantne wašnje punktuelnje akcentuje, byrnjež njeposrědni skutkował a, motiwiski poćah přesahujo, ze žanym twarjenjom njezwisował a přeswědčiwy architektoniski poćah njeměł.
W swojim dalšim tworjenju je so wuměłc potom druhim technikam přiwobroćił.

Kleinbautzen 1980 geschaffene, 3 × 4 Meter messende Bild steht frei. (Abb. 5) Es wurde aus kleinteiligem, farbigem Betonglas zusammengesetzt und mit einem soliden Metallrahmen ausgestattet. Metallstreben gliedern die Bildwand symmetrisch in neun Felder in drei Reihen übereinander. Die mittlere Reihe ist höher als der Kopf- und Fußstreifen und zeigt links einen Melker, rechts einen Arbeiter und in der Mitte, durch eine schmale Strebe zusätzlich voneinander getrennt, ein Paar in Tracht. Auf den kleineren Bildfeldern finden sich Motive aus Flora und Fauna, wobei im zentralen Fußfeld eine Herde Kühe dargestellt ist. Durch die freie Aufstellung sind beide Seiten gut sichtbar und die Durchlichtung bringt die Glasfarben zum Leuchten. Das Objekt setzt einen markanten Akzent in seinem dörflichen Umfeld, auch wenn es unvermittelt wirkt und über den motivischen Bezug hinaus keine bauliche Anbindung und keinen überzeugenden architektonischen Bezug aufweist. Im nachfolgenden Schaffen sollte sich der Künstler anderen Techniken zuwenden.

Die Achtziger: Sgraffito und Keramik

Im Jahrzehnt bis 1990 entstanden die Wandbilder von Jan Buck vor allem in Kratzputz und aus Keramik. Noch ins Jahr 1980 datiert eine großflächige Außenfassadengestaltung *Lernende Jugend*[17] an der POS in Gaußig, die in Sgraffitotechnik ausgeführt wurde, aber nach Sanierung der Schule nicht mehr erhalten ist. Dieses Schicksal teilen zwei weitere Auftragswerke dieser Technik: ein Doppelporträt von Hans und Sophie Scholl für die Mittelschule (spätere POS, 2011 abgerissen) Geschwister Scholl in Weißenberg von 1983 und eine dekorative Wandgestaltung zum Thema *Liebe zur Heimat*, die als vierfarbiges Sgraffito die Eingangshalle des Hauses der NVA in Löbau ausgestalten sollte. Erhalten ist das ebenfalls 1988 datierte, in seinen Dimensionen vergleichsweise kleine zweifarbige Sgraffito im Hof des Pfarramtes in Bucks Geburtsort Nebelschütz. (Abb. 6) Mit dem dekorativ ornamentalen und in seiner Form die Bogenabschlüsse der an der Fassade benachbarten Fenster und Türen aufgreifenden Kratzputzbild kehrte Jan Buck an den Ort seiner ersten künstlerischen Gehversuche zurück.

Wosomdźesate lěta: Sgrafito a keramika

W lětdźesatku hač do 1990 stwori Jan Buk nasćěnowe wobrazy předewšěm w technice škrabanja do wobmjetka a z keramiki. Hišće z lěta 1980 pochadźa wulkopłoninate wuhotowanje fasady *Młodźina wuknje*[17] na Polytechniskej wyšej šuli w Husce, kotrež Buk w technice sgrafita stwori. Při saněrowanju šule pak bu twórba zničena. Samsny dóńt potrjechi tež dwě dalšej nadawkowej twórbje: dwójny portret Hansa a Sophie Schollec za srjedźnu šulu Bratr a sotra Schollec (pozdźišo PWŠ, kotraž bu 2011 wottorhana) we Wósporku z lěta 1983 a dekoratiwne wuhotowanje sćěny na temu *Lubosć k domiznje*, kotrež bě Buk jako štyribarbne sgrafito w foyeru Domu Narodneje ludoweje armeje w Lubiju stworił. Zachowane je z lětoličbu 1988 datěrowane a po rozměrje poměrnje małe dwubarbne sgrafito na dworje fary Bukoweje ródneje wsy Njebjelčicy. (wobr. 6) Ze swojim wobrazom w technice škrabanja do wobmjetka, kotryž Buk z dekoratiwnej ornamentiku wuhotowa a po formje wobłukojtej kromje woknow a duri w fasadźe připodobni, wróći so Buk na městno swojich wuměłskich prěničkow. Hišće za lěto 1990 je w podłožkach nadawk za dalše »dekoratiwne

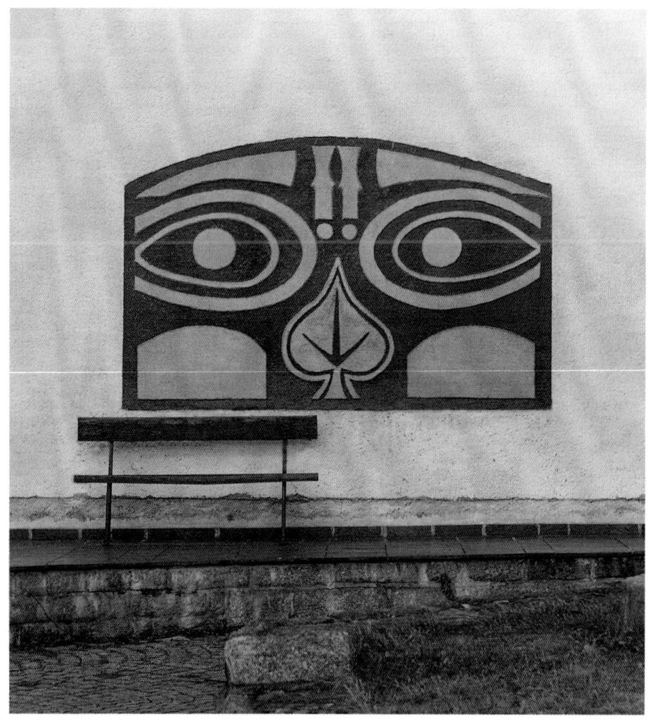

Abb. 6 Sgraffito am Pfarrgemeindehaus Bjesada der katholischen Pfarrgemeinde St. Martin in Nebelschütz, 1988

wobr. 6 Sgrafito na wosadnicy Bjesada katolskeje wosady swj. Měrćina w Njebjelčicach, 1988

wobr. 6 Sgrafito na wósadnem domje Bjesada katolskeje wósady Sw. Měrtyna w Njebjelčicach, 1988

il. 6 Sgraffito na ścianie plebanii Bjesada katolickiej parafii Św. Marcina w Nebelschütz, 1988 r.

Abb. 7a/7b *Mensch und Werk* und *Mensch und Heimat* Keramikbilder, ehemals Wärmegerätewerk Dresden, Werk 4, Piskowitz, VEB Kombinat Ascobloc, Sozialgebäude, 1982

wobr. 7a/7b *Čłowjek a skutk a Čłowjek a domizna* Wobrazaj z keramiki, něhdyši Zawod za ćopłotne nastroje Drježdźany, zawod 4, Pěskecy, Ludowy zawod kombinat Ascobloc, socialne twarjenje, 1982

wobr. 7a/7b *Luź a statki a Luź a domownja* Keramikowej wobraza, něga Zawod za śopłotne rědy w Drježdźanach, zawod 4, Pěskecy, Ludowy zawod kombinat Ascobloc, socialny dom, 1982

il. 7a/7b *Człowiek i praca* oraz *Człowiek i ojczyzna* Obrazy ceramiczne, dawna Fabryka Urządzeń Grzewczych w Dreźnie, zakład nr 4, Piskowitz, Kombinat VEB Ascobloc, budynek administracyjny, 1982 r.

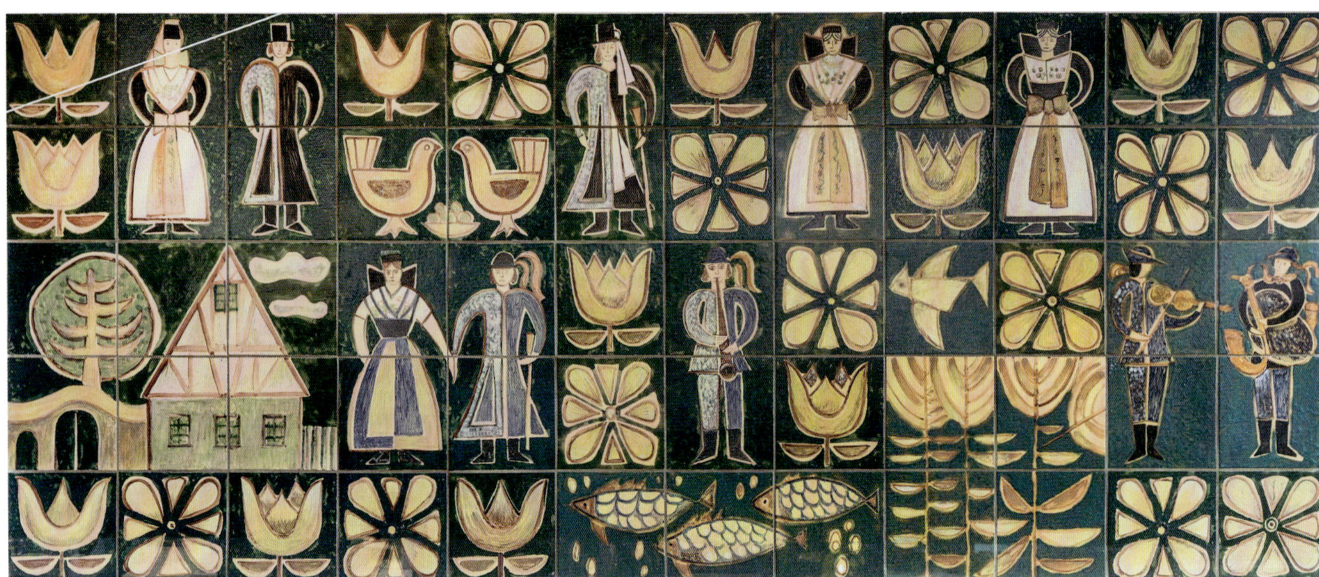

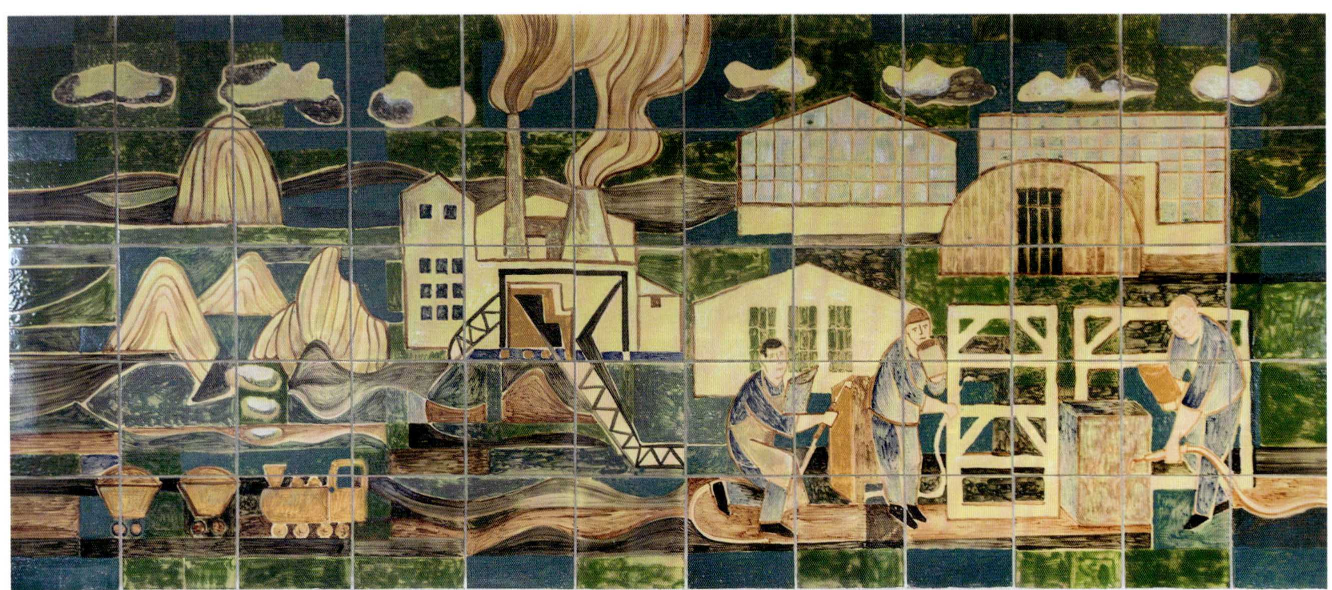

Abb. 8 *Frieden*
Wandbild, Konzert- und Ballhaus, Hochkirch, 1989

wobr. 8 *Měr*
Nasćěnowy wobraz, Koncertny a balowy dom, Bukecy, 1989

wobr. 8 *Měr*
Sćěnowy wobraz, Koncertowy a balowy dom, Bukecy, 1989

il. 8 *Pokój*
Obraz naścienny, Dom Koncertowo-Balowy, Hochkirch, 1989 r.

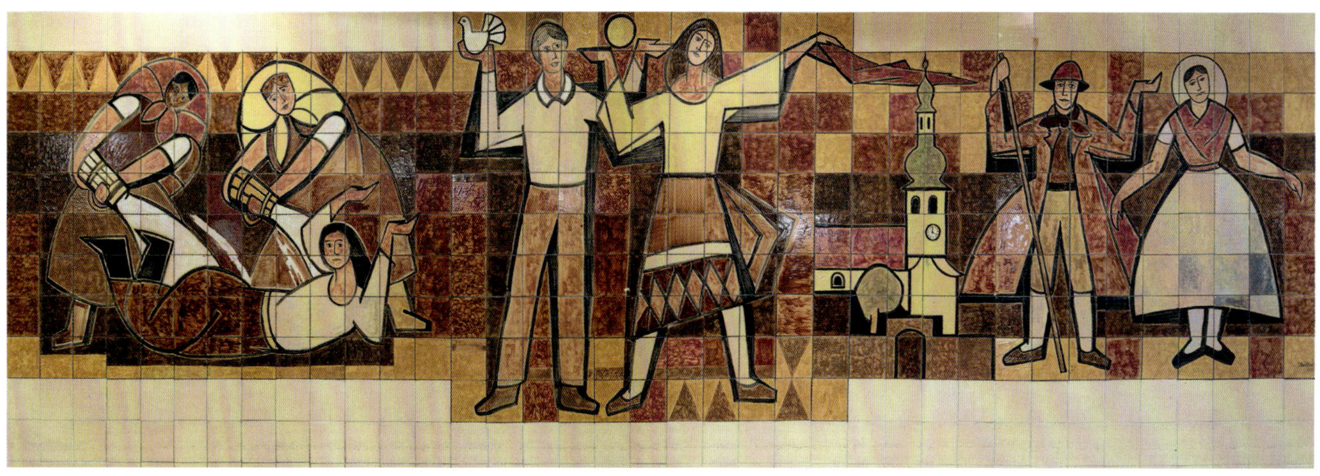

Noch für 1990 ist in den Unterlagen ein Auftrag für eine weitere »dekorative Gestaltung« an dem Giebel eines Wohngebäudes in Weißwasser registriert, der aber nicht mehr ausgeführt wurde. Ein Entwurf dazu hat sich in Privatbesitz erhalten.

Bereits 1982 hatte Buck ganz in der Nähe und im Auftrag des VEB Wärmegerätewerks Piskowitz (heute ein Ortsteil von Nebelschütz) zwei gleich große Keramikbilder für das Sozialgebäude des Betriebes geschaffen. (Abb. 7a/7b) Die Darstellungen zum Thema *Mensch und Werk* und *Mensch und Heimat* wurden von Buck auf je sechzig 20 × 20 Zentimeter große Keramikfliesen gemalt. Die unglasierten Kacheln hatte der Künstler 1981 aus dem Plattenwerk Max Dietel in Meißen bezogen. Sie wurden nach der Bemalung durch Buck von seinem Künstlerkollegen Jürgen von Woyski in Hoyerswerda gebrannt. Beide Bilder sind farblich in ähnlich reduzierter Palette gehalten, in Blau- und Grüntönen, die den Hintergrund bilden, und sanften Ockertönen, die ins Gelbliche und Bräunliche gehen, mit denen die Szenerie gemalt ist. Während *Mensch und Heimat* eine stärker zergliederte oder additive Zusammensetzung verschiedener floraler, piktogrammartig abstrahierter und mit Trachtenfiguren versehener Einzelbilder ist, zeigt *Mensch und Werk* eine narrative Darstellung der Lausitzer Produktionszweige Tagebau, Energie, Landwirtschaft und Glasproduktion. Bemalte Keramikfliesen kommen auch bei einem der letzten Aufträge baugebundener Kunst zum Einsatz, den

wuhotowanje« na swislach bydlenskeho domu w Bělej Wodźe registrowany, kotryž njebu wjace wuwjedźeny. Naćisk pak je so w priwatnym wobsydstwje zachował.

Hižo 1982 bě Buk cyle w bliskosći w nadawku Ludoweho zawoda za ćopłotne nastroje Pěskecy (wjes słuša dźensa do gmejny Njebjelčicy) hnydom dwaj wulkej wobrazaj z keramiki stworił. (wobr. 7a/7b) Zwobraznjenja na temje *Čłowjek a skutk* a *Čłowjek a domizna* molowaše Buk na 20 × 20 cm wulke keramiske kachlicy. Njeglazěrowane kachlicy bě sej wuměłc 1981 w platowni Max Dietel w Mišnje wobstarał. Po tym, zo bě je pomolował, je jeho kolega-wuměłc Jürgen von Woyski we Wojerecach paleše. Za wobaj wobrazaj nałožowaše Buk redukowanu paletu barbow w módrych a šěrych wotsćinach, kotrež pozadk tworja, kaž tež słabe okerowe barby, kotrež do žołteho a bruneho du, z kotrymiž molowaše sceneriju. Wobraz *Čłowjek a domizna* je skerje rozčłonkowana abo aditiwna zestawa wšelakich floralnych, piktogramojće abstrahowanych a z figurami w narodnych drastach wuhotowanych jednotliwych wobrazow. Porno tomu je *Čłowjek a skutk* powědace zwobraznjenje produkciskich hałužkow Łužicy: brunicowe hórnistwo, energija, ratarstwo a produkcija škleńcy. Pomolowane keramiske kachlicy wužiwa Buk tež za jedyn ze swojich poslednich nadawkow, štož nastupa wobrazy na twarjenjach, kotryž bě jemu kulturne ministerstwo 1987 składnostnje VII. festiwala serbskeje kultury wudźěliło. Za swjedźensku žurlu w Koncertnym a balowym domje w Bukecach měješe nasćěnowa mólba w rozměrje 9 × 2,2 m na temu *Měr* nastać.

Jan Buck 1987 vom Ministerium für Kultur anlässlich des VII. Festivals für sorbische Kultur erhielt. Für den Festsaal im Konzert- und Ballhaus in Hochkirch sollte ein Wandbild von 9 × 2,2 Meter Größe zum Thema *Frieden* entstehen. Obwohl im Vertrag ein farbiges Glas- und Keramikmosaik festgehalten war, bezog der Künstler 1988 noch einmal unglasierte Meißner Platten, die er anschließend mit folkloristischen Szenen bemalte. (Abb. 8) Auf einem Bildfeld mit einer flachen Betonung der Mitte, wie es als gestalterisches Moment schon aus dem Wandmosaik in Sollschwitz erinnerlich ist, sind drei Figurengruppen dargestellt. Links wird das Brauchtum (mit vermutlich dem Osterspritzen, das bis heute im slawischen Kulturraum verbreitet ist) thematisiert und rechts die Tradition der Religion und Trachten. Das junge Paar in der Mitte, das optisch in den Vordergrund gerückt erscheint, weist auf Gegenwart und in die Zukunft, die unter dem Schutz der hier recht klein und zurückhaltend dargestellten Friedenstaube steht, die das Auftragsthema reflektiert. Es ist davon auszugehen, dass auch diese bemalten Fliesen in der Werkstatt Woyskis gebrannt wurden. Mit diesem Künstler verband Buck auch schon an anderer Stelle eine Zusammenarbeit.

Der Sonderfall: Denk- und Grabmal

Eine formale, technische und materielle Besonderheit unter den Werken für den öffentlichen Raum stellen die beiden Grabdenkmäler dar, die Jan Buck im Rahmen der funktionalen und traditionellen Formen der Gedenk- und Erinnerungskultur konzipierte und gestaltete. Bei beiden handelt es sich um Ensemblelösungen. 1969 wurde Buck mit der Gestaltung des Denkmals für den katholischen Priester und sorbischen Dichter Jakub Bart-Ćišinski für den Kirchhof in Ostro (heute Gemeinde Panschwitz-Kuckau) vom zuständigen Katholischen Pfarramt beauftragt. Es besteht aus zwei Granitstelen und einem durch einen Stahlschmied gefertigten Kreuz auf einem flachen Granitsockel. Das Konterfei und die Beschriftung waren aus Bronze. Idee und Entwurf stammten von Jan Buck, die Ausführung erfolgte mit dem polnischen Bildhauer Władysław Tumkiewicz, den er aus Studienzeiten in Wrocław (Breslau) kannte, in vierwöchiger Zusammenarbeit in Ostro.

1978 wurde Buck dann zusammen mit Jürgen von Woyski vom Vorstand des Arbeitskreises sorbischer Schriftsteller im Bundesvorstand der Domowina mit der Denkmalgestaltung für die bedeutende niedersorbische Dichterin und Publizistin Mina Witkojc auf

Byrnjež w zrěčenju »mozaik ze škleńcy a keramiki« zapisany był, sej wumělc 1988 hišće raz njeglazěrowane platy z Mišna wobstara, kotrež z folkloristiskimi scenami pomolowa. (wobr. 8) Jedne polo wobraza, kotrehož srjedźiznu wumělc z tym wuzběhny, zo ju płonišu stwori, štož dopomina na nasćěnowy mozaik w Sulšecach, předstaja tři skupiny figurow. Nalěwo tematizuje nałožki (po wšěm zdaću pryskanje z jutrownej wodu, do dźensnišeho w słowjanskim kulturnym rumje rozšěrjeny nałožk) a naprawo tradiciju nabožiny a narodnych drastow. Młody porik wosrjedźa, kotryž kaž doprědka sunjeny skutkuje, sćelesnjuje přitomnosć a přichod, kotryž steji pod škitom tule dosć njenapadnje předstajeneho měroweho hołbika, z čimž so tema nadawkoweje twórby reflektuje. Móžemy z toho wuchadźeć, zo buchu tež tute pomolowane kachlicy w dźěłarni von Woyskeho palene. Z nim Buk tež hišće w dalšim wobłuku hromadźe dźěłaše.

Wosebity nadawk: Pomnik a narowny pomnik

Wosebity nadawk nastupajo formu, techniku a material mjez Bukowymi twórbami za zjawne rumy stej narownej pomnikaj, kotrejž bě wón we wobłuku funkcionalnych a tradicionalnych formow kultury spominanja a dopominanja koncipował a wuhotował. We woběmaj padomaj jedna so wo ansamblej. 1969 wudźěli Wotrowska katolska fara Bukej nadawk, wuhotować pomnik za katolskeho fararja a basnika Jakuba Barta-Ćišinskeho na pohrjebnišću we Wotrowje (dźensa gmejna Pančicy-Kukow). Wobsteji z dweju stelow ze zornowca a ze železneho křiža, kotryž bě kowar zhotowił, na płonym podstawje. Konterfaj a pismo stej z bronsy. Ideja a naćisk pomnika stej wot Jana Buka, zhotowił bě jón pólski rězbar Władysław Tumkiewicz w běhu štyrjoch njedźel zhromadneho dźěła we Wotrowje. Buk Tumkiewicza z časa studija we Wrócławju znaješe. 1978 dósta Buk hromadźe z Jürgenom von Woyskim wot předsydstwa Koła serbskich spisowaćelow w Zwjazkowym předsydstwje Domowiny nadawk, wuhotować pomnik za wuznamnu delnjoserbsku basnicu a publicistku Minu Witkojc na pohrjebnišću w jeje ródnej wsy Bórkowach.[18] Nasta ansambl, kiž wobsteji z narowneje stele a kamjentneje šklě za kwětki. Na steli stej dwě trochu so překrywacej a naboku přez stelu sahacej tafli z pismom přičinjenej, kotrejž buštej we Łukowje z bronsy latej. (wobr. 9) Na nimaj čitamy mjeno a žiwjenske daty Miny Witkojc kaž tež wuprajenje spisowaćelki, kotrež bě lyrikar a dramatikar Kito Lorenc wupytał.[19]

dem Friedhof ihres Heimatortes Burg/Bórkowy im Spreewald beauftragt.[18] Dafür entstand ein Ensemble bestehend aus einer Grabstele und einer Pflanzschale aus Stein. Auf der Stele sind zwei sich überlappende und seitlich überragende Schrifttafeln aus in Lauchhammer gefertigtem Bronzeguss angebracht. (Abb. 9) Diese tragen Namen und Lebensdaten Witkojc' sowie einen Ausspruch der Schriftstellerin, für dessen Auswahl wiederum der Lyriker und Dramatiker Kito Lorenc verantwortlich zeichnete.[19]

Es ist durchaus naheliegend, dass ein sorbischer Künstler mit der Realisierung für Denkmäler bedeutender sorbischer Literaten beauftragt wird. Dennoch ist es auch eine sichtbare Manifestation der engen Verbindung sorbischer Bildkunst und Literatur. Das betrifft sowohl die tiefe Verwurzelung der Themen in der Tradition der tausendjährigen Kulturlandschaft als auch die Unmittelbarkeit der Erfahrung des einfachen ländlichen Lebens nahe an der Natur. Die allegorische Verwendung von Naturbildern zur Erzählung über Wohl und Wehe des sorbischen Volkes ist nicht nur ein wichtiges Thema im Werk der beiden durch Bucks Grabdenkmäler geehrten Dichterpersönlichkeiten. Die Natur als Motiv ist tief verwurzelt in der sorbischen Überlieferung und auch in deren Bildkunst. Im Gegensatz zu Literatur und auch Musik, die mit der sorbischen Sprache als unverwechselbares Werkzeug arbeiten können, sind charakteristische Stilmittel und Erscheinungsformen einer spezifisch sorbischen bildenden Kunst, die über eine thematische Verbundenheit mit der Natur und die motivische Anbindung an folkloristische Motive hinausgehen, weniger eindeutig zu benennen.

Baugebundene Werke zwischen sorbischer Folklore und freier Kunst

Das führt zur Frage, was die baugebundenen Kunstwerke Bucks zu spezifisch sorbischer Kunst macht. In Bezug auf seine Malerei sagte Buck von sich selbst, dass er bei jedem Motiv sorbisch fühle.[20] Das bedeute, so die Kunstwissenschaftlerin Wally Poltiniak, dass es ihm um keine abbildhafte Schilderung der Realität, sondern vielmehr um die Versinnbildlichung von

Je cyle logiske, zo so nadawk za realizowanje pomnika za wuznamneho serbskeho literata serbskemu wumělcej wudźěli. Zdobom je to widźomna manifestacija wuskeje zwjazanosće mjez serbskim tworjacym wumělstwom a literaturu. To nastupa hłuboke zakótwjenje temow w tradiciji tysaclětneje kulturneje krajiny kaž też bjezposrědnosć nazhonjenja jednoreho wjesneho žiwjenja wosrjedź přirody. Alegoriske nałožowanje wobrazow přirody za powědanje wo byću a traću serbskeho ludu njeje jenož wažna tema w tworjenju wosobinow-basnikow, kotrejž Bukowej narownej pomnikaj česćujetej. Přiroda jako motiw je hłuboko zakótwjena w serbskim herbstwje powědanja a runje tak w serbskim zwobraznjowacym wumělstwje. Porno literaturje a też hudźbje, kotrejž móžetej ze serbskej rěču jako njezaměnliwym gratom dźěłać, hodźa so charakteristiske stilowe srědki a formy předstajenja specifisce serbskeho tworjaceho wumělstwa, kotrež tematiski zwisk z přirodu a motiwiske nawjazanje na folkloristiske motiwy přesahuja, mjenje jednozmyslnje zwuraznjeć.

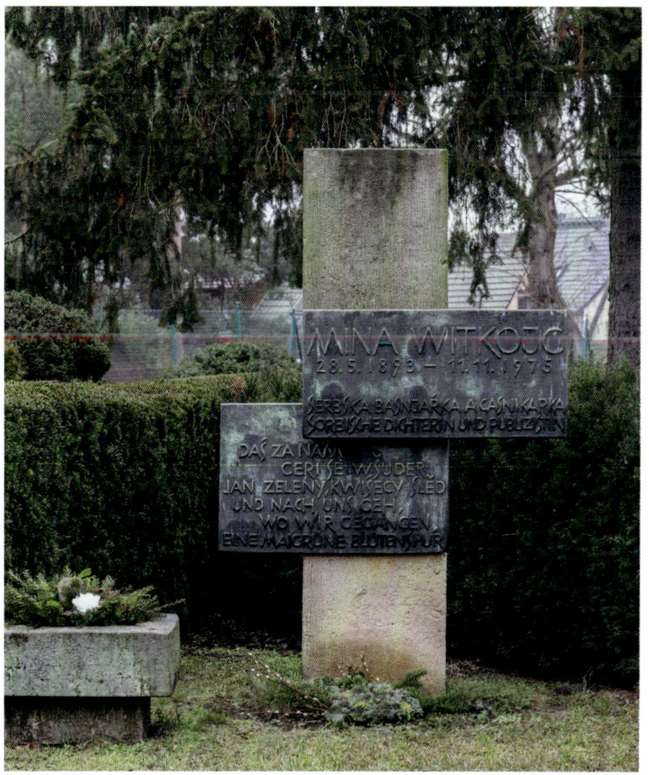

Abb. 9 Denkmal für die niedersorbische Dichterin und Publizistin Mina Witkojc, Burg/Spreewald, Friedhof, 1978

wobr. 9 Pomnik za delnjoserbsku basnicu a publicistku Minu Witkojc, Bórkowy/Błota, pohrjebnišćo, 1978

wobr. 9 Pomnik za serbsku basnikaŕku a publicistku Minu Witkojc, Bórkowy/Błota, kjarchob, 1978

il. 9 Pomnik serbołużyckiej poetki i publicystki Miny Witkojc, Burg/Szprewald, cmentarz, 1978 r.

Gedanken, Gefühlen und Vorstellungen gehe.[21] Buck sagte weiterhin, dass ihm die sorbische Malerei wenig künstlerische Anstöße gegeben habe, da sich darin kaum Traditionen ausmachen ließen, und benannte eher Cézanne, Picasso, Morandi und andere Vertreter der Klassischen Moderne als Vorbilder.[22] Jan Buck entwickelte daraus eine eigene Beziehung zur nationalen Tradition und eine Formensprache, die beides ist: der sorbischen Tradition verbunden und sich gleichzeitig aus ihr lösend, die »nicht wie bisher üblich in der sorbischen bildenden Kunst auf die sorbische Folklore eingeht, sondern naturverbundene und soziale Aspekte aufgreift«.[23]

Die baugebundene Kunst ist grundsätzlich von einer stärker dienenden Natur und weniger frei als Malerei und Grafik. Ihr sind aufgrund der Integration in das jeweilige Umfeld formal und stilistisch engere

Twórby na a w twarjenjach mjez folkloru a swobodnym wuměłstwom

Tole wuwabja prašenje, što Bukowe wuměłske twórby na a w twarjenjach jako serbske wuměłstwo wupokazuje. W zwisku z molerstwom Buk wo sebi praji, zo při kóždym motiwje serbsce začuwa.[20] Štož po měnjenju wuměłstwoweje wědomostnicy Wally Poltiniak rěka, zo njeńdźe wo napodobnjowace zwobraznjowanje reality, ale skerje wo znazornjenje myslow, začućow a předstawow.[21] A dale Buk praji, zo je jemu serbske molerstwo mało wuměłskich impulsow dawało, dokelž je w nim lědma tradicije, a wón skerje Cézannea, Picassa, Morandija a dalšich zastupjerjow Klasiskeje moderny swój přikład mjenowaše.[22] Z toho wuwiwaše wuski zwisk k narodnej tradiciji a rěči formow, kotraž je woboje: ze serbskej tradiciju zwjazana a zdobom wot njeje so wuswobodźaca,

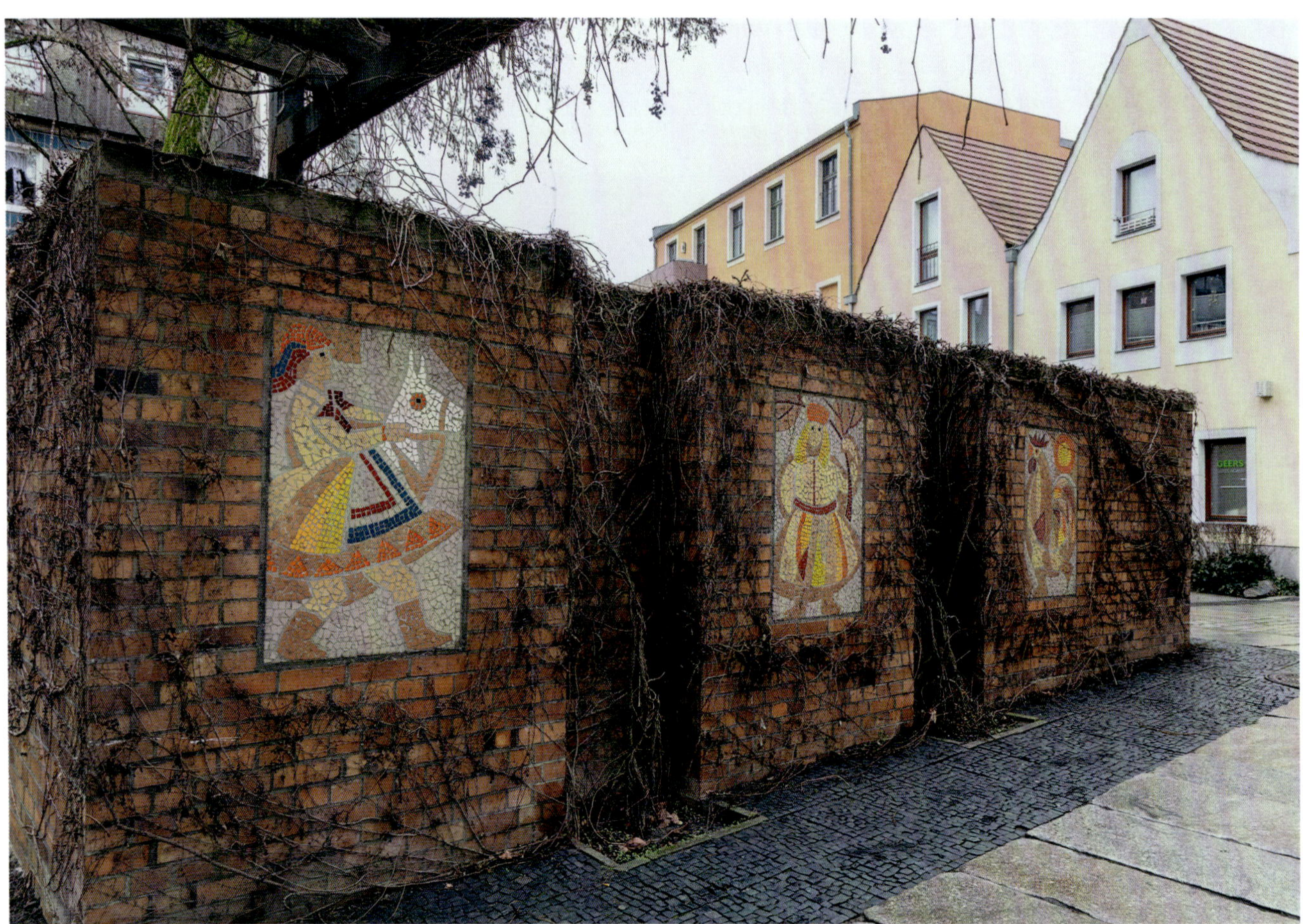

Abb. 10 *Zampern Schimmelreiter, Strohbär, Hahn* Wandgestaltung in drei Mosaiken, Cottbus, Rathausgasse, 1986

wobr. 10 *Camprowanje Jěchar na šumjelu, słomjany mjedwjedź, kokot* Tři mozaiki na sćěnje, Choćebuz, Radniska hasa, 1986

wobr. 10 *Camprowanje Rejtaŕ na šumjelu, słomjany mjadwjeź, kokot* Sćěnowa twórba w tśich mozaikach, Chóśebuz, Radnicowa gasa, 1986

il. 10 *Camprowanje* (korowód przebierańców) *Szary jeździec, słomiany niedźwiedź, kogut* Dekoracja ścienna złożona z trzech mozaik, Chociebuż, Rathausgasse, 1986 r.

Rahmenbedingungen gesteckt. Das Ausreifen einer Bildidee wird von den Besonderheiten der künstlerischen Technik und des Materials bestimmt.[24] Entwurf und Umsetzung erfordern somit ein hohes Maß an technischen Fähigkeiten und handwerklichen Fertigkeiten. Im Schaffensprozess lassen sich die ästhetischen und technischen Momente nicht trennen.[25] Bei der Realisierung architekturbezogener Bildwerke legte Buck einen sachkundigen, unprätentiösen und zielorientierten Pragmatismus an den Tag, der sich relativ unbeeindruckt vom politisch-ideologischen Anspruch an die sozialistische Auftragskunst zeigte. Er bediente sich gern einfacher traditioneller sorbischer Themen und Motivik für die oft monumentalen Auftritte, um deren identitätsstiftendes Moment zu nutzen. Wegen der Emblematik griff er in den baugebundenen Kunstwerken stärker auf entsprechende folkloristische Symbolik zurück als in seinem sonstigen Werk. Das zeigt, dass er sich seiner gesellschaftlichen Verantwortung als Künstler sowohl gegenüber den Auftraggebern als auch gegenüber seiner sorbischen Herkunft sehr bewusst war. Dahinter stand zudem ein sonstiges unaufgeregtes, selbstverständliches gesellschaftliches Engagement in seiner Heimat,[26] sowohl im Arbeitskreis sorbischer Künstler im Verband Bildender Künstler der DDR[27] als auch im Rahmen der Lehre als Kunsterzieher und Zirkelleiter, unter anderem im Bautzener Haus der Pioniere, für das er 1976/77 ebenfalls zwei Wandbilder schuf.[28]

Sowohl das Wirken Jan Bucks im Verband Bildender Künstler der DDR als auch die Bedeutung der künstlerischen Orientierung, die er der nächsten und übernächsten Generation bot, die überregionale Bekanntheit und sicheren Anschluss an die zeitgenössische Kunstszene außerhalb ihres heimischen Kulturkreises erlangten, wären dankbarer Gegenstand einer eigenen Untersuchung.

Buck ergänzte die Ikonografie der baugebundenen Kunst in der DDR souverän um eine Bandbreite traditioneller sorbischer Themen (wie zum Beispiel Trachten, Riten und Bräuche, Sagenfiguren) (Abb. 10), die sich nicht selten eingebettet finden in die von Natur und Landwirtschaft geprägte Lausitzer Landschaft. Der Anpassung auf die Gesetzmäßigkeiten an der Wand[29] und einer damit verbundenen relativen Abstraktion kommt die Symbolik vieler folkloristischer Motive und auch das grundsätzlich Statisch-Meditative, das Bucks Malerei durchgängig kennzeichnet, entgegen.[30] Der Künstler bewies eine erstaunliche Sicherheit und Bestimmtheit in der Ausführung der baugebundenen Werke mit verschiedenen Materialien und in unterschiedlichen Techniken. Der für Buck so bezeichnende Kolorismus zeigt sich auch in den

kotraž »njereaguje, kaž dotal w serbskim tworjacym wuměłstwje z wašnjom, na serbsku folkloru, ale so złožuje na z přirodu zwjazane a socialne aspekty«.[23]

Wuměłske twórby na a w twarjenjach su zasadnje skerje słužaceho razu a mjenje swobodne hač molerstwo a grafika. Dokelž so formalnje a stilistisce do konkretneho wobswěta intergruja, płaći za nje formalnje a stilistisce wobmjezowaniši ramik.

Wuzrawjenje ideje za wobraz postaja wosebitosće wuměłskeje techniki a materiala.[24] Naćisk a realizacija wužadujetej sej tuž wulke techniske kmanosće a rjemjeslnisku zručniwosć. W tworićelskim procesu njehodźa so estetiske a techniske momenty dźělić.[25] Při realizowanju wuměłskich twórbow na a w twarjenjach dopokazuje Buk wěcywustojny, njepretenciozny a na cil wusměrjeny pragmatizm, kotryž so poměrnje njewotwisny wot politisce-ideologiskeho naroka socialistiskeho nadawkoweho wuměłstwa jewi. Buk sahaše rady na jednore, tradicionalne serbske temy a motiwiku za často monumentalne wustupy, zo by jich identitu spožčacy moment wužił. Emblematiki dla zapřija do wuměłskich twórbow na a w twarjenjach wotpowědnu serbsku symboliku do wjetšeje měry hač w swojich druhich twórbach. To wo tym swědči, zo bě sej wudźělerjam nadawka napřećo swojeje towaršnostneje zamołwitosće jako wuměłc kaž tež swojeho serbskeho pochada jara wědomy. Tuta motiwacija tči tež w jeho hewak njenapadnym, samozrozumliwym towaršnostnym angažemenće za swoju domiznu,[26] tak w Kole serbskich wuměłcow w Zwjazku tworjacych wuměłcow NDR[27] kaž tež w dźěle jako wučer za wuměłske kubłanje a jako nawoda kružkow, mjez druhim w Budyskim Pioněrskim domje, za kotryž bě 1976/77 tohorunja nasćěnowy wobraz stworił.[28]

Skutkowanje Jana Buka w Zwjazku tworjacych wuměłcow NDR kaž tež wuznam wuměłskeho wusměrjenja, kotrež wón přichodnej a zapřichodnej generaciji skićeše, kotrejž buštej nadregionalnje znatej a kiž stej na načasnu wuměłsku scenu zwonka kulturneho kruha swojeje domizny njedwělnje nawjazałoj, bychu byli dźakowny předmjet separatneho přepytowanja.

Buk je ikonografiju nasćěnoweho wuměłstwa NDR wo spektrum tradicionalnych serbskich temow suwerenje wudospołnił (kaž na př. narodne drasty, wašnja a nałožki, bajowe postawy) (wobr. 10), kotrež je njerědko we łužiskej krajinje z jeje typiskej přirodu a ratarstwom zaměstnił. Za přiměrjenje zakonitosćam nasćěnoweho wuměłstwa[29] a z tym zwisowacu poměrnje snadnu abstrakciju so symbolika mnohich folkloristiskich motiwow a tež zasadny statisko-meditatiwny raz, kotryž je za wšo Bukowe tworjenje typiski, derje hodźi.[30] Wuměłc dopokazuje wobdźiwajnu wěstotu a jasnosć při wuwjedźenju twórbow na a w twarjenjach

Wandgestaltungen, die überwiegend monochromatisch oder in einer auf wenige natur- und erdverbundene Farben wie Gelbocker, Rotbraun, Grün und Blau beschränkten Palette ausgeführt sind. Bei der Betrachtung des Spätwerkes Jan Bucks, vor allem der Aquarelle, stellt sich die Frage, inwiefern die dort markante Betonung der Umrisse unter Umständen eine Rückwirkung des baugebundenen Schaffens auf die Malerei und Grafik sein könnte.

ze wšelakimi materialijemi a w rozdźělnych technikach. Za Buka tak typiski kolorizm jewi so tež w jeho nasćěnowych wobrazach, kotrež wuwjedźe přewažnje monochromatisce abo z wobmjezowanej paletu přirodnych abo zemskich barbow, kaž nažołć okerne, načerwjeń brune, zelene a módre. Při analyzy Bukoweho pózdnjeho tworjenja, předewšěm jeho akwarelow, nastawa prašenje, do kotreje měry je so jeho wumělske tworjenje na a w twarjenjach snano na jeho molerstwo a grafiku wuskutkowało.

1 Neben der Besprechung des Sollschwitzer Wandmosaiks in: Alfred Krautz: Sorbische bildende Künstler, Bautzen 1974, S. 131 f. sind das summarische Verweise auf (bis dahin noch wenige) »Wandgestaltungen in Schulen, Glasbetonfenster« im Beitrag von Jan Kosk: 30 Jahre befreite sorbische bildende Kunst, in: Bildende Kunst 10 (1978), S. 510–512, hier S. 512, und von Marija Wjielic: Jan Buck, in: Kreis sorbischer bildender Künstler, hrsg. vom Kreis sorbischer bildender Künstler im VBK DDR, o. S. [S. 9].

2 Das 1952 durch das Land Sachsen gegründete Staatliche Ensemble für sorbische Volkskultur (seit 1990 Sorbisches National-Ensemble) erhielt als Funktionsgebäude das ehemalige Bautzener Restaurant »Bürgergarten« an der Äußeren Lauenstraße. Das Gebäude befindet sich zum Zeitpunkt der Drucklegung (2022) in Sanierung. Titel, Motive und aktueller Zustand dieses Werkes konnten bisher nicht ermittelt werden.

3 Bestellung von Mosaiksteinen in verschiedenen Blautönen beim VEB Guss- und Farbglaswerke Pirna-Copitz, Privatarchiv Peter Buck.

4 Rückschluss aus dem Schriftwechsel mit Peter Rohn 1968, Privatarchiv Peter Buck.

5 Peter Rohn studierte unter anderem an der Hochschule für Bildende Künste Dresden und lebt und arbeitet seit 1961 in Potsdam.

6 Briefwechsel zwischen Jan Buck und Peter Rohn 1968, Privatarchiv Peter Buck. Vgl. auch Wally Poltiniak: Neue Wandbilder junger Künstler, in: Bildende Kunst 10 (1966), S. 518–521, hier S. 521.

7 Vgl. Poltiniak: Neue Wandbilder junger Künstler (wie Anm. 6), Farbtafel zwischen S. 520 und 521.

8 Krautz: Sorbische bildende Künstler (wie Anm. 1), S. 131.

9 Ebd., S. 131 f.

10 Ebd., S. 131.

11 Ebd., S. 132.

12 1976/77 entstanden noch zwei Wandbilder für das Haus der Jungen Pioniere in Bautzen, von denen mindestens eines ein Mosaik war (nicht erhalten). Vgl. Akte Jan Buck, Unterlagen des BfaK, Staatliche Kunstsammlungen Dresden (SKD), Kunstfonds.

13 Ullrich Kuhirt: Architekturbezogene Kunst, in: VIII. Kunstausstellung der DDR, Dresden 1977, S. 22–24, 89 f., hier S. 22.

14 Ebd.

15 Rolf Walter: Architekturbezogene Kunst, in: X. Kunstausstellung der DDR, Dresden 1987/88, S. 185 f., hier S. 185.

16 Zwischen 1966 und 1985 entstanden fast 40 Prozent der Schulneubauten in Sachsen; www.kmk.org/fileadmin/Dateien/veroeffentlichungen_beschluesse/1999/1999_01_01-Typenschulbauten-3-Typenbauten.pdf [abgerufen am 5.4.2022].

1 Nimo pojednanja wo Sulšečanskim nasćěnowym mozaiku w Alfred Krautz: Sorbische bildende Künstler, Budyšin 1974, str. 131 sl. su to zjimace pokazki na (tehdom hišće porědke) »wuhotowanja sćěnow w šulach, wokna ze škleńčaneho betona« w přinošku Jana Kóska: 30 Jahre befreite sorbische bildende Kunst, w: Bildende Kunst 10 (1978), str. 510–512, tu str. 512, a Marije Wjelic: Jan Buck, w: Koło serbskich tworjacych wumělcow, wudało Koło serbskich tworjacych wumělcow w Zwjazku tworjacych wumělcow NDR, strony nječisłowane [str. 9].

2 Statny ansambl za serbsku ludowu kulturu, kotryž bě kraj Sakska 1952 załožił (wot 1990 Serbski ludowy ansambl) dósta jako funkciske twarjenje něhdyši Budyski hoscenc »Byrgarsku zahrodu« na Wonkownej Lawskej. Twarjenje bu za čas ćišća tutoho wudaća (2022) saněrowane. Titul, motiwy a aktualny staw tuteje twórby so dotal zwěsćić njehodźachu.

3 Skazanka mozaikowych dłóžbow we wšelakej módrej barbje za VEB Guss- und Farbglaswerke Pirna-Copitz, priwatny archiw Pětra Buka.

4 Konkluzija z korespondency z Peterom Rohnom 1968, priwatny archiw Pětra Buka.

5 Peter Rohn studowaše mjez druhim na Wysokej šuli tworjaceho wuměłstwa w Drježdźanach a bydli a dźěła wot 1961 w Podstupimje.

6 Listowanje Jana Buka a Petera Rohna 1968, priwatny archiw Pětra Buka. Přir. tež Wally Poltiniak: Neue Wandbilder junger Künstler, w: Bildende Kunst 10 (1966), str. 518–521, tu str. 521.

7 Přir. Poltiniak: Neue Wandbilder junger Künstler (kaž přispomnj. 6), barbna reprodukcija mjez str. 520 a 521.

8 Krautz: Sorbische bildende Künstler (kaž přisp. 1), str. 131.

9 ibid., str. 131 sl.

10 ibid., str. 131.

11 ibid., str. 132.

12 1976/77 nastaštej hišće dalšej nasćěnowej wobrazaj za Dom pioněrow w Budyšinje, z kotrejuž bě znajmjeńša jedyn mozaik (njezachowany). Přir. aktu Jana Buka, podłožki BfaK, Statne wumělske zběrki Drježdźany (SKD), fonds wumělstwa.

13 Ullrich Kuhirt: Architekturbezogene Kunst, w: VIII. Kunstausstellung der DDR, Drježdźany 1977, str. 22–24, 89 sl., tu str. 22.

14 ibid.

15 Rolf Walter: Architekturbezogene Kunst, w: X. Kunstausstellung der DDR, Drježdźany 1987/88, str. 185 sl., tu str. 185.

16 Mjez 1966 a 1985 nasta nimale 40 procentow nowych šulskich twarjenjow w Sakskej; www.kmk.org/fileadmin/Dateien/veroeffentlichungen_beschluesse/1999/1999_01_01-Typenschulbauten-3-Typenbauten.pdf [informaciju wotwołała dnja 5.4.2022].

17 An anderer Stelle auch als *Jugend lernt Sozialismus* bezeichnet. Eventuell handelt es sich bei der Abweichung um das Auftragsthema und den Titel des ausgeführten Werkes.

18 Finanziert wurde das Vorhaben über die Abteilung Kultur des Rates des Bezirkes Cottbus.

19 Vgl. Schreiben vom 10. 8. 1977 von Jan Buck an den Rat des Bezirkes Cottbus, in dem das Konzept für die Grabanlage vorgestellt wird, Privatarchiv Peter Buck.

20 Aussage aus dem Film »Ja to takle widźu«, Sorabia Film Studio Bautzen, 1990, Regie: Toni Bruk.

21 Poltiniak: Neue Wandbilder junger Künstler (wie Anm. 6), S. 521.

22 Karin Großmann: Überzeugend erfassen, was viele im Leben bewegt, SZ-Gespräch mit dem sorbischen Maler Jan Buck, Mitglied des Bezirksvorstandes Dresden des VBK, in: Sächsische Zeitung, 27. 9. 1983.

23 Wjelic: Jan Buck (wie Anm. 1), o. S. [S. 9].

24 Poltiniak: Neue Wandbilder junger Künstler (wie Anm. 6), S. 521.

25 Ebd.

26 Jan Buck war auch Mitglied des gesellschaftlichen Rates für die bildkünstlerische Gestaltung der Stadt Bautzen und hatte mit anderen Künstlern der Stadt und des Kreises eine diesbezügliche Disposition zu erarbeiten. Vgl. Schreiben des Leiters des Fachgebietes Kosk an den Rat der Stadt Bautzen Herrn W. Mirtschin vom 17. 7. 1969, Privatarchiv Peter Buck.

27 Krautz: Sorbische bildende Künstler (wie Anm. 1), S. 132.

28 Ebd.

29 Poltiniak: Neue Wandbilder junger Künstler (wie Anm. 6), S. 521.

30 Peter Hannig: Stille Meditation über heimatliche Landschaft. Zur Ausstellung von Jan Buck im Pretiosensaal des Dresdner Schlosses, in: Sächsische Zeitung, 22. 7. 1982.

17 Druhdźe tež z titulom *Młodźina wuknje socializm*. Ewtl. jedna so při wotchilenju wo titul wudźěleneho nadawka a wo titul wuwjedźeneho nadawka.

18 Financował je předewzaće kulturny wotrjad Rady wobwoda Choćebuza.

19 Přir. list Jana Buka Radźe wobwoda Choćebuza z dnja 10. 8. 1977, w kotrymž koncept za narowny pomnik předstaja, priwatny archiw Pětra Buka.

20 Wuprajenje z filma »Ja to takle widźu«, filmowe studijo SORABIA Budyšin, 1990, režija: Toni Bruk.

21 Poltiniak: Neue Wandbilder junger Künstler (kaž přispomnj. 6), str. 521.

22 Karin Großmann: Überzeugend erfassen, was viele im Leben bewegt, SZ-Gespräch mit dem sorbischen Maler Jan Buck, Mitglied des Bezirksvorstandes Dresden des VBK, w: Sächsische Zeitung, 27. 9. 1983.

23 Wjelic: Jan Buck (kaž přisp. 1), nječisłowane strony [str. 9].

24 Poltiniak: Neue Wandbilder junger Künstler (kaž přisp. 6), str. 521.

25 ibid.

26 Jan Buk bě tež z čłonom towaršnostneje rady za wuměłske wuhotowanje města Budyšina z wobrazami a mějеše z druhimi wuměłcami města a wokrjesa wotpowědnu dispoziciju nadźěłać. Přir. list wotrjadnika Jana Kóska radźe města Budyšina knjezej W. Mirtschinej z dnja 17. 7. 1969, priwatny archiw Pětra Buka.

27 Krautz: Sorbische bildende Künstler (kaž přisp. 1), str. 132.

28 ibid.

29 Poltiniak: Neue Wandbilder junger Künstler (kaž přispomnj. 6), str. 521.

30 Peter Hannig: Stille Meditation über heimatliche Landschaft. Zur Ausstellung von Jan Buck im Pretiosensaal des Dresdner Schlosses, w: Sächsische Zeitung, 22. 7. 1982.

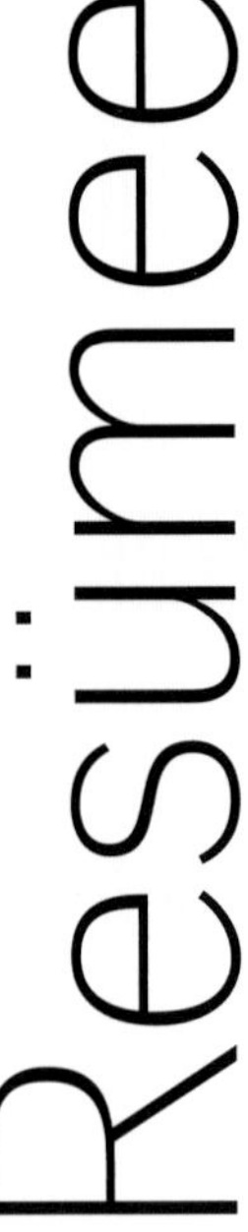

Jan Bucks baugebundene Kunst

Silke Wagler

Die ausschließlich in seiner Lausitzer Heimat verwirklichten baugebundenen Arbeiten Jan Bucks fanden bisher keine angemessene Wahrnehmung. Obwohl sich zwischen 1965 und 1990 mehr als zwanzig Aufträge für meist großformatige Wandgestaltungen nachweisen lassen, blieb eine kunsthistorische Aufarbeitung bisher aus. Der Beitrag holt diesen Teil des künstlerischen Schaffens Bucks ins Gedächtnis zurück, versucht einen Überblick und die Einordnung in seinen zeitlichen, räumlichen und kulturellen Kontext. Im Dienste verschiedener öffentlicher Auftraggeber schuf der Künstler Wandgestaltungen für Innen- und Außenräume. Dabei entstanden zunächst Mosaike und Glasfenster und später überwiegend Sgraffiti und Keramikbilder. Zwei Denkmalanlagen für sorbische Literaten ergänzen das Œuvre. Die Betrachtung, die den aktuellen Forschungsstand spiegelt, aber keinen Anspruch auf Vollständigkeit erhebt, stellt markante Werke des architekturbezogenen Schaffens Bucks vor und bettet diese vor dem Hintergrund der baugebundenen Kunst aus der DDR ins Werk des Künstlers ein. Dabei wird auch versucht, spezifisch sorbische Besonderheiten zu benennen.

Rezimej

Na twarjenja wězane wuměłstwo Jana Buka

Silke Wagler

Jano te na twarjenja wězane twóŕby Jana Buka, ako su zwopšawdnjone w jogo łužyskej domowni, njejsu až doněnta byli w pśiměrjonej měrje wumarkowane. Lěcrownož se góźi mjazy 1965 a 1990 wěcej ako dwaźasća nadawkow ku głownje wjelikoformatowym sćěnowym wugótowanjam dopokazaś, njejo se doněnta žedna wuměłsko-stawizniska analyza tych twóŕbow pśewjadła. Pśinosk spórajo toś ten źěl wuměłskego twórjenja Buka do spomnjeśa slědk, wopytajo wutwóriś pśeglěd a zarědowanje do casowego, rumnostnego a kulturelnego konteksta. W nadawku wšakich zjawnych nadawkdawarjow jo stwórił wuměłc sćěnowe twóŕby za nutśikowne a wenkowne rumnosći. Pśi tom su nastali nejpjerwjej mozaiki a głažane wokna, a pózdźej pśedewšym sgrafita a keramiske wobraze. Dwa pomnika za serbskeju literatowu wudopołnjatej jogo źěło. Wobglědowanje, kótarež wótbłyšćujo aktuelny staw pśespytowanja, ale žednogo pšawa na dopołnosć njepózwigujo, pśedstaja markante twóŕby toś togo na architekturu se póśěgujucego twórjenja Buka a zarědujo to glědajucy na twarjenja wězane wuměłstwo z DDRskego casa do twórjenja wuměłca. Pśi tom se teke wopytujo, specifiske serbske wósebnosći pomjenjowaś.

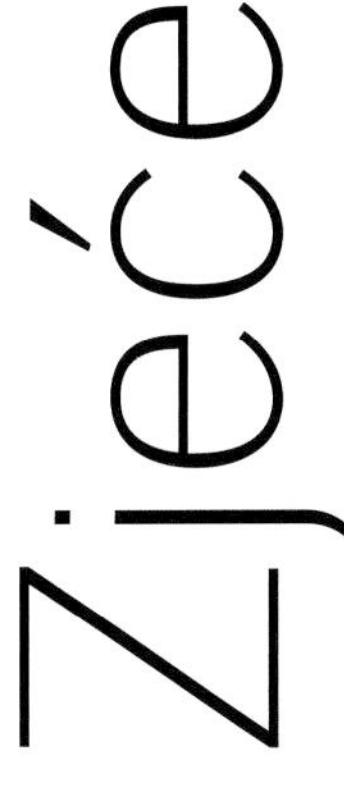

Jana Bukowe wumělstwo na a w twarjenjach

Silke Wagler

Jana Bukowe twórby na a w twarjenjach, kotrež bě wón jeničce we Łužicy zwoprawdźał, njebuchu dotal na přiměrjene wašnje hódnoćene. Byrnjež mjez 1965 a 1990 wjace hač dwaceći nadawkow přewažnje za nasćěnowe wobrazy we wulkim formaće dokładźenych było, je dotal nichtó z wida stawiznow wumělstwa wopisał njeje. Přinošk zwoła tutón dźěl Bukoweho tworjenja zaso do pomjatka. Awtorka podawa wo nim přehlad a zarjaduje jón do časoweho, rumnostneho a kulturneho konteksta. Za wšelakich wudźělerjow zjawnych nadawkow zhotowi Buk nasćěnowe wumělske twórby w rumnosćach kaž tež wonka. To běchu najprjedy mozaiki a škleńčane wokna, pozdźišo předewšěm sgrafita a wobrazy z keramiki. Oeuvre wudospołnjatej narownej pomnikaj za serbskeju literatow. Pojednanje, kotrež aktualny staw slědźenjow wotbłyšćuje – byrnjež bjez naroka na dospołnosć –, předstaja markantne wupłody Bukoweho tworjenja na a w twarjenjach a zarjaduje je do konteksta z twarjenjemi zwjazaneho wumělstwa w NDR. Při tym awtorka tež serbske wosebitosće wopisać spyta.

Streszczenie

Jan Buck – malarstwo w architekturze

Silke Wagler

Pracom Jana Bucka z dziedziny malarstwa w architekturze, zrealizowanym wyłącznie w jego małej ojczyźnie – na Łużycach, nie poświęcono dotychczas należytej uwagi. Choć odnośna dokumentacja obejmuje ponad dwadzieścia zleceń na przeważnie wielkoformatowe dzieła naścienne z lat 1965–1990, brak jak dotąd stosownych badań z zakresu historii sztuki. Niniejszy artykuł honoruje tę część dorobku artysty, będąc próbą jej charakterystyki w kontekście chronologicznym, przestrzennym i kulturowym. Na zlecenie różnych instytucji publicznych artysta tworzył realizacje naścienne we wnętrzach i w przestrzeniach zewnętrznych – najpierw mozaiki i witraże, później głównie sgraffita i obrazy ceramiczne. Całość jego monumentalnego »oeuvre« dopełniają dwa pomniki pisarzy serbołużyckich. Zawarte w artykule rozważania odzwierciedlają aktualny stan badań, jednak bez ambicji wyczerpania tematu. Przypominają istotne prace Bucka z dziedziny malarstwa w architekturze i kontekstualizując je na tle jego dorobku i sztuki monumentalnej w NRD. Jednocześnie podjęta została tu próba określenia specyficznie serbołużyckich cech opisywanych prac.

In schweigender Poesie und zurückhaltender Dichte

Jan Buck und die europäische Moderne

Klaus Hammer

W milczącej poezji i powściągliwym zagęszczeniu

Jan Buck a europejski modernizm

Klaus Hammer

Der sorbische Maler Jan Buck hat die traumatischsten politischen Ereignisse der Geschichte, den Krieg und seine Folgen, die Wirren der Nachkriegszeit, die Kämpfe zwischen den Ideologien durchlebt, ohne auch nur den Kopf danach umzudrehen. Er wohnte zeitlebens in seiner heimatlichen Oberlausitz, still und zurückgezogen, sich allen spektakulären Demonstrationen verweigernd. Nie hat er ein didaktisches Bild gemalt, nie ein Manifest unterzeichnet und kaum findet man Bezüge zu politischen Ereignissen in seinen Bildern.[1]

Gewiss hat auch der Maler wie wir alle Angst und Abscheu empfunden, aber in seinen Bildern suchen wir vergeblich danach. In der grauen, entfärbten und entformten Zone des scheinbar Selbstverständlichen und Vertrauten lässt er Gebilde mit einer geheimen Energie entstehen, die dazu angetan sind, die Erfahrungen des Betrachters in der Grauzone alltäglicher Sehgewohnheiten ungewöhnlich zu machen. Für Jan Buck, der erst im Mai 1996, mit 73 Jahren, aus Bautzen in sein Geburtshaus in Nebelschütz (nahe Kamenz) zurückgekehrt war, sind die freie Natur und das Atelier seine Welt gewesen: Hier gab es das Gleichgewicht, in dem er seine Bilder produzieren konnte, die Trost, Zuversicht, Ausgewogenheit ausstrahlen. Trotz der Zurückgezogenheit und Konzentration, in der er lebte und arbeitete, war ihm alles Provinzielle, Heimattümelnde fremd. Er war ein weltläufiger Maler, der fest im Grund der Klassischen Moderne wurzelte.

Seine Stillleben, Figurenbilder, Kompositionen und Landschaften umfassen fünf Jahrzehnte seines Lebens. Die Gemälde und Arbeiten auf Papier (Aquarell, Tempera, Tusche) kultivieren das Sehen, machen das Bild zum reinen Objekt des Anschauens. Der Nestor der Lausitzer Malerei verdichtete den farbigen Schein der Außenwelt zu einem Spiegelbild seiner Weisheit, an der er den Betrachter teilhaben lässt. Seine Bilder öffnen das Auge für das Spiel von Raum und Fläche, Licht und Farbe, Ding und Form, Chaos und Ordnung, Materie und Atmosphäre. Jedes Chaos kann in eine Ordnung und umgekehrt komplexe Ordnungen können in Chaos umschlagen. Das Gegenständliche findet hier Brücken in die Erinnerung und eigene Erfahrung, identifizierbare Formen zu eigenen Empfindungen. Aber der Künstler fügt dem Bekannten zugleich Unbekanntes hinzu und führt den Betrachter so unversehens in seine geistige Provinz, wo Spiel und Traum die Wirklichkeit verdrängt haben und uns von Zerrissenheit und Unruhe befreien.

Erst 1988 und wieder 1990 war es ihm vergönnt, sich in Paris aufzuhalten, aber schon lange zuvor – seit seinem Kunststudium in Wrocław (Breslau) Ende der 1940er Jahre – wurzelte er fest im Grund der Tradition der Moderne, und mit Cézanne, Gauguin, Monet,

Serbołużycki malarz Jan Buck był świadkiem najbardziej traumatycznych wydarzeń politycznych w historii, przeżył wojnę i jej następstwa, zamęt okresu powojennego, walki ideologiczne, nigdy jednak do nich nie powracając. Przez całe życie mieszkał na rodzimych Górnych Łużycach, w ciszy i odosobnieniu, odmawiając uczestnictwa w jakichkolwiek spektakularnych manifestacjach. Nigdy nie namalował obrazu dydaktycznego, nie podpisał żadnej deklaracji programowej, a w jego obrazach brak niemal odniesień do wydarzeń politycznych[1].

Z pewnością malarz ten, jak każdy z nas, odczuwał strach i wstręt, lecz na próżno szukamy ich śladów w jego obrazach. W szarej, odbarwionej i zdeformowanej strefie tego, co pozornie oczywiste i znane, kreował on dzieła o tajemniczej energii, pozwalające przemienić doświadczenia odbiorcy w szarej strefie codziennych przyzwyczajeń wizualnych w niezwykłe doznania. Dla Jana Bucka, który dopiero w maju 1996 r., w wieku 73 lat, powrócił z Budziszyna do swego domu rodzinnego w Nebelschütz/Njebjelčicy, niedaleko Kamieńca (Kamenz/Kamjenc), całym światem była dzika przyroda oraz własna pracownia. Tutaj odnajdował tę równowagę, w której mógł tworzyć swe obrazy, emanujące otuchą, nadzieją, zrównoważeniem. Mimo odosobnienia i skupienia, w jakim żył i pracował, wszelki prowincjonalizm był mu obcy. Był malarzem światowym, silnie zakorzenionym w podstawach klasycznego modernizmu.

Martwe natury, przedstawienia figuralne, kompozycje i pejzaże Bucka pochodzą z pięciu dekad jego życia. Jego płótna oraz prace na papierze (malowane akwarelą, temperą i tuszem) to studia patrzenia, czyniące z obrazu czysty przedmiot kontemplacji. Ów nestor malarstwa łużyckiego zagęszcza barwny blask świata zewnętrznego, tworząc z niego odbicie swej mądrości, w której pozwala uczestniczyć ich odbiorcy. Obrazy Bucka otwierają oczy na grę przestrzeni i powierzchni, światła i koloru, przedmiotów i form, chaosu i porządku, materii i atmosfery. Chaos może zawsze zamienić się w porządek i odwrotnie – złożone porządki mogą przeistoczyć się w chaos. To, co przedmiotowe, odnajduje tu odniesienia do wspomnień i własnych doświadczeń, formy identyfikowalne – do własnych doznań. Jednocześnie jednak artysta łączy znane z nieznanym, niespostrzeżenie wprowadzając w ten sposób odbiorców obrazów do swojego świata duchowego, w którym zabawa i sen wypierają rzeczywistość i uwalniają ich od rozdarcia i niepokoju.

Dopiero w 1988 i ponownie w 1990 r. artyście dane było przebywać w Paryżu, lecz już na długo przedtem – od czasu studiów artystycznych we Wrocławiu pod koniec lat 40. XX w. – był silnie zakorzeniony w tradycji modernistycznej i wciąż na nowo od-

Matisse, Derain, dem französischen Kubismus, auch dem Bologneser Maler Giorgio Morandi hat er sich immer wieder auseinandergesetzt. Von Cézanne aus hat er die Formensprache des Kubismus auf ihre Tragfähigkeit und Haltbarkeit geprüft und in Zweifel gezogen, er hat, orientiert am Cézanne'schen Ideal der Natur und ihrer Dauer, eine Revision der Folgen seines Spätwerkes versucht, damit auch in der Gegenwart die Sichtbarkeit der Welt und der Dinge keinen Schaden nähme.[2] Wie Piet Mondrian hat er aus seinen Gegenständen das konstruktive Grundmuster herausdestilliert und so ein Flächengerüst erhalten, in dem Hell-Dunkel-Werte und nicht nur starke Farben Raum und Körper verdeutlichen.[3] Durch systematische Deduktion ist er zu jenem Stil seiner Bilder in den 1990er Jahren gekommen, die als Axiome konkreter gegenstandsfreier Kunst gelten können. Nur einmal war er kurz zu einem Pleinair in Italien, aber Giorgio Morandi, der sein ganzes Leben lang in einem alten Patrizierhaus in seiner Vaterstadt Bologna verbrachte und unvergleichliche Stillleben, »natura morta«, tote Natur, malte, zog ihn mächtig an.[4] Auch Buck hielt Distanz, nur die Dinge kamen ihm nahe. Sie wurden ihm vertraut, weil sie verfügbar waren. Sie fügten sich ohne Widerspruch seinem Ritual, tauchten auf aus dem Dunkel, traten wieder zurück in den Schatten, ganz nach den Gesetzen der Kunst.

Die Ergebnisse seiner Kunststudien, die Erkundungen der Lausitzer Heimat wie der näheren und weiteren Ferne und die damit verbundenen Herausforderungen hat er in die selbstvergessene und zweckfreie Anschaulichkeit seiner Stillleben, Landschaften, Figurenbilder und Kompositionen transponiert. Er blieb nicht im Blei-Grau-Grün der Oberlausitzer Heide- und Teichlandschaft (mit dem Abbau der Braunkohle im Tagebau ging zudem eine völlige Umgestaltung der Landschaft einher, Bergbaufolgelandschaften entstanden[5]), in der diffuse Dunstschleier die Sicht hindern, Winternebel die Konturen auflösen. Seine Malerei ist geradezu Ausdruck einer mal unbewegten, dann wieder bewegten Sinnlichkeit. Buck gab jedem der Elemente, Erde, Himmel und Körper, seine Lokalfarbe und verlieh der Szene damit eine fesselnde Gegenwärtigkeit. Seine Landschaften, Schicht für Schicht mit den Erdfarben der Region getüncht, müssen nicht als lokalisierbare Ansichten, nicht als stationäre Bestandsaufnahmen erlebt werden. Sie sind seismografisch, ein Spannungsfeld zwischen Innen- und Außenwelt, zwischen Natur, Wahrnehmung und Befinden. Wie in einer komplexen Partitur kann der Betrachter in ihnen auch die Spur seiner Melodie finden. Steht man vor seinen Bildern, dann fallen alle äußeren Zwänge von einem ab, man wird still und stumm.

nosił się do twórczości Cézanne'a, Gauguina, Moneta, Matisse'a, Deraina, dzieł francuskiego kubizmu, a nawet bolońskiego malarza Giorgia Morandiego. Przyjmując za punkt wyjścia dokonania Cézanne'a przetestował i zakwestionował język formalny kubizmu, zbadawszy go pod kątem jego nośności i trwałości. Kierując się Cézanne'owskim ideałem natury i jej trwałości, podjął próbę rewizji recepcji jego późnej twórczości w malarstwie modernizmu, aby widzialny świat i rzeczy również w teraźniejszości nie uległy zatarciu[2]. Podobnie jak Piet Mondrian, z przedstawianych przedmiotów wydestylowywał podstawowy wzór konstrukcyjny, uzyskując w ten sposób szkielet poszczególnych powierzchni, w którym wartości światłocieniowe, a nie jedynie intensywne barwy, eksponują przestrzeń i bryły[3]. Drogą systematycznej dedukcji wypracował ów styl swych obrazów z lat 90. XX w., które uznać można za aksjomaty konkretnej sztuki bezprzedmiotowej. Choć jedynie raz przez krótki czas przebywał we Włoszech na plenerze, silnie oddziałał na niego Giorgio Morandi, który całe życie spędził w starym patrycjuszowskim domu w rodzinnym mieście swego ojca, Bolonii, i malował niezrównane martwe natury – »natura morta«.[4] Również Buck zachowywał dystans – to jedynie przedmioty zbliżały się do niego. Stawały się dla niego znajome, gdyż były dostępne. Poddawały się bez sprzeciwu jego rytuałom, wyłaniały się z ciemności, ponownie cofały się w cień, całkowicie w zgodzie z prawami sztuki.

Wyniki swoich badań artystycznych, odkrywania rodzinnych Łużyc oraz bliższej i dalszej okolicy, a także związane z nimi wyzwania Buck przenosił w bezczasową i wolną od celu praktycznego obrazowość swych martwych natur, pejzaży, przedstawień figuralnych i kompozycji. Nie ograniczał się do ukazywania ołowianej szarości i zieleni krajobrazu górnołużyckiego, obfitującego we wrzosowiska i stawy (podlegającego jednak całkowitemu przekształceniu w związku z wydobyciem węgla brunatnego w kopalniach odkrywkowych, w wyniku którego powstawały krajobrazy pokopalniane[5]), w którym rozproszone opary przesłaniają widoki, a zimowe mgły rozmywają kontury. Jego malarstwo jest wręcz uosobieniem zmysłowości – czasem nieporuszonej, to znów poruszonej. Buck każdemu z żywiołów, ziemi, niebu i bryłom nadawał ich kolor lokalny, czyniąc w ten sposób przedstawianą scenę ujmująco obecną. Jego pejzaży, malowanych – warstwa po warstwie w ziemistych barwach regionu, nie należy postrzegać jako widoków możliwych do zlokalizowania lub jako nieruchomych dokumentacji krajobrazu. Są one jak sejsmografy, jak pole napięć między światem wewnętrznym a zewnętrznym, między naturą, percepcją a stanem umysłu. Jak w skomplikowanej partytu-

Abb. 1 *Meine Mutter*
1973, Öl auf Leinwand,
95,0 × 80,0 cm
Privatbesitz

wobr. 1 *Moja mać*
1973, wolij na płatnje,
95,0 × 80,0 cm
priwatne wobsydstwo

wobr. 1 *Mója maś*
1973, wólej na płaśe,
95,0 × 80,0 cm
priwatne wobsejźeństwo

il. 1 *Moja matka*
1973 r., olej na płótnie,
95,0 × 80,0 cm
własność prywatna

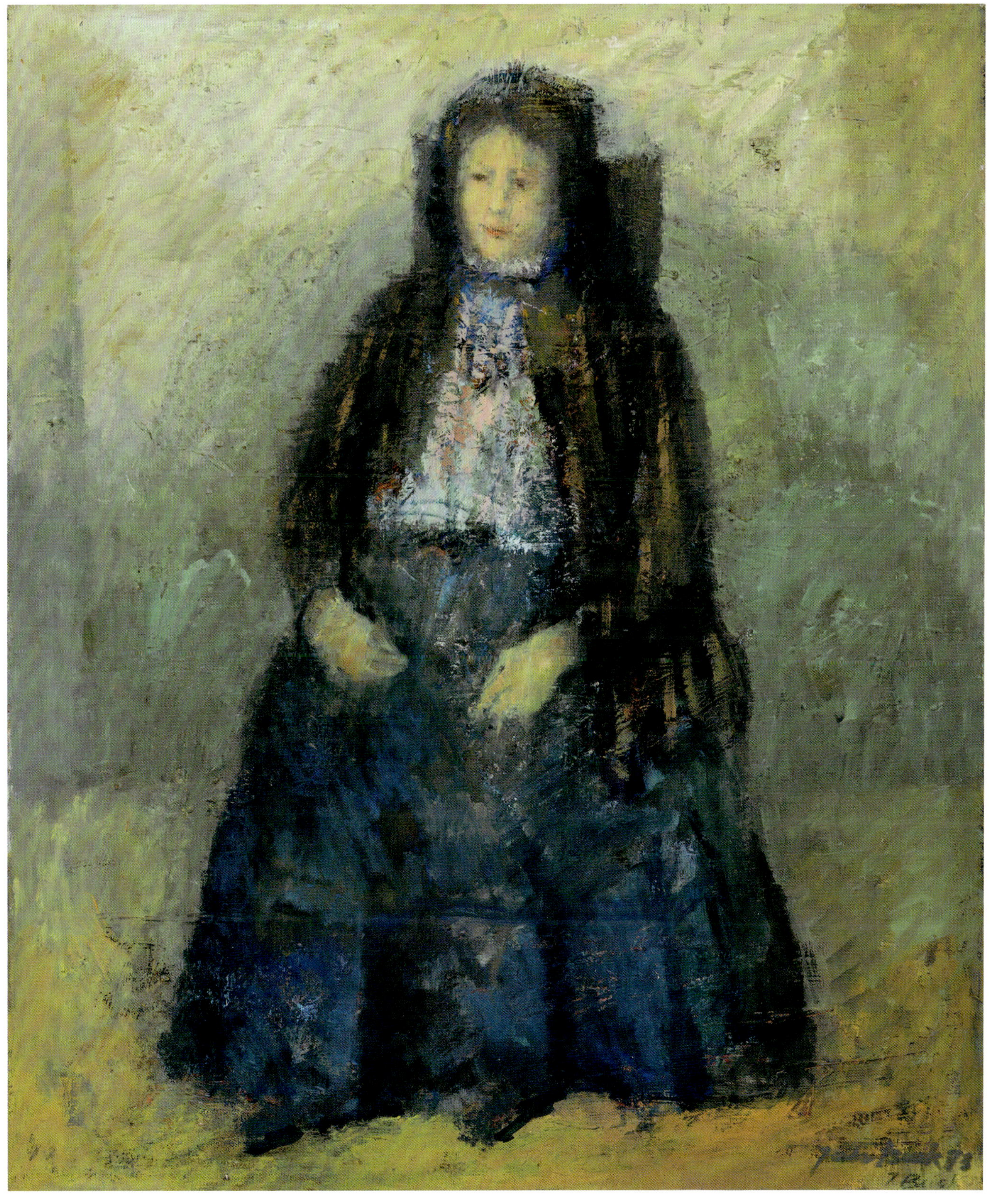

Eine Kunst des meditativen Gleichgewichts

Henri Matisse hat einmal gesagt, was er malen wolle, seien »Harmonie, Glück, Farbenklänge, die eingehen wie Musik«, und an anderer Stelle: »Was mir vorschwebt, ist eine Kunst des Gleichgewichts, der Reinheit, der Ruhe – ohne beunruhigende und ablenkende Gegenständlichkeit.«[6] Spannung, Anspannung erwartet der Maler zwar schon vom Betrachter seiner Arbeiten, aber Buck will in der Betrachtung des Bildes jenen Zustand des meditativen und unbewegten Gleichgewichts erreichen, jene »emotionelle Leerheit, wo der Genuss der Farbe als vollkommenes Wohlbehagen empfunden wird« (Matisse).[7]

Buck lässt fast nie gebrochene Farbtöne in seinen Bildern aufkommen, die Nuancen erzielt er durch Überlagerung der Farbschichten, durch gegenseitige Durchdringung der Farbtöne. Die wiederholt aufgetragenen Farbschichten bestimmen die beinahe plastische Dichte seiner Farben, und diese beeinflussen ihrerseits die Licht- und Schattenpartien, als würden die Farben als Flachrelief dem Bildgrund entsteigen. Wenn man von seinen Bildern etwas zurücktritt, scheint die Oberfläche zu vibrieren, die Farben beginnen, wie durchsichtige Schleier zu schweben, wodurch die Empfindung verschiedener Tiefenstufen entsteht.

Osternacht in der Lausitz (1973): Schwarz gekleidete Frauengestalten mit ihren weißen Kopf- und Schultertüchern begegnen sich in einer dichten und doch fragilen Ordnung, die durch die innere Dynamik des von Häusern umgebenen Raumes ergänzt wird. Der durch das Weiß-Blau akzentuierten Kühle der Nacht wird mit dem angedeuteten warmen Rot der Dächer ein Kontrapunkt gesetzt. Die Kraft und Sicherheit der Komposition verleihen dem Werk Zusammenhalt und Stabilität. Ja, eine Ergriffenheit stellt sich ein angesichts der magischen Prozession in dieser Osternacht, in der sich die Fantasie des Betrachters verlieren kann.

Die Gestalt seiner Mutter hat Buck dann wieder in würdevoll festlicher sorbischer Tracht und passiver Sitzposition – ihren Blick hat sie in die Ferne gerichtet – ins Bild gesetzt (*Meine Mutter*, 1973) (Abb. 1), aber die pulsierenden pastosen Farbflächen in Gelb-Grün lassen nicht den Eindruck von Alter und körperlicher Gebrechlichkeit aufkommen.

Die drei Weisen (1975) aus dem Morgenland bringen Hoffnung in die Welt, und wenn man weiß, warum der Herrnhuter Stern in alle Welt leuchtet, ergibt sich für die in einem festlichen Rot-Gelb gehaltene Weihnachtsgeschichte aus der Oberlausitz noch eine zusätzliche Bedeutung.

rze, oglądający je może w nich odnaleźć także ślad własnej melodii. Stojąc przed jego obrazami wyzbywamy się wszelkich zewnętrznych ograniczeń, zastygając w bezruchu i milczeniu.

Sztuka medytacyjnej równowagi

Henri Matisse powiedział kiedyś, że pragnie malować »harmonię, szczęście, dźwięki koloru, które płyną jak muzyka«, a kiedy indziej: »To, do czego dążę, to sztuka równowagi, czystości, spokoju – bez niepokojącej i rozpraszającej przedmiotowości«[6]. Malarz wprawdzie oczekuje od odbiorcy swoich dzieł napięcia i skupienia, jednak Buck chce, by przy oglądzie obrazu osiągał on stan medytacyjnej i statycznej równowagi, tę »emocjonalną pustkę, w której przyjemność odbioru barwy odczuwana jest jako pełny błogostan« (Matisse)[7].

Buck niemal nigdy nie dopuszcza do wyłaniania się na jego obrazach odcieni złamanych. Niuanse uzyskuje poprzez nakładanie na siebie warstw farb, przenikanie się odcieni kolorystycznych. Wielokrotnie nakładane warstwy farb decydują o niemal plastycznej gęstości jego barw, a te z kolei oddziałują na partie światłocieniowe, tak jakby barwy wyłaniały się z podłoża obrazu niczym reliefy. Oddalając się nieco od jego prac odnosi się wrażenie, iż ich powierzchnia wibruje, a kolory jak przezroczyste welony zaczynają unosić się w powietrzu, tworząc wrażenie różnych poziomów głębi.

Wielkanoc na Łużycach (1973): Ubrane na czarno postacie kobiece w białych chustach na głowach i ramionach skupiają się w zwartym, lecz nietrwałym porządku, dopełnianym przez wewnętrzną dynamikę przestrzeni otoczonej domami. Chłód nocy, akcentowany bielą i błękitem, kontrapunktuje ciepła czerwień dachów. Siła i dosadność tej kompozycji nadają dziełu spójność i stabilność. W obliczu magicznej procesji w tę Wielką Noc wyłania się uczucie wzruszenia, w którym zatraca się wyobraźnia odbiorcy obrazu.

Postać swej matki Buck namalował inaczej – w dostojnym, odświętnym serbołużyckim stroju i w biernej, siedzącej pozycji – ze wzrokiem skierowanym w dal (*Moja matka*, 1973) (il. 1), a jednak pulsujące impastami płaszczyzny barwne w odcieniach żółci i zieleni nie dopuszczają skojarzeń ze starością czy słabością fizyczną.

Trzej mędrcy (1975) ze Wschodu przynoszą światu nadzieję, a jeśli się wie, dlaczego gwiazdy z Herrnhut[8] rozświetlają cały świat, to bożonarodzeniowa opowieść z Górnych Łużyc, ukazana w świątecznych odcieniach czerwieni i żółci, nabiera dodatkowej wymowy.

Der Besuch (1978) zeigt zwei Frauen in altmeisterlichem Ambiente. Das von außen eindringende Licht versetzt den Raum und die in Gedanken versunkenen Figuren in eine geheimnisvolle Aura.

Badende (1983): Die hellen Körper der ungezwungen sich bewegenden jungen Frauen sind im Sinne von Cézanne in einer durch dunkle Schatten akzentuierten Landschaftsformation – vom ins Violett gehenden Blau des Himmels über das Ockergelb des Bodens bis zum dunklen Grün der Blätter – zu einer spannungsvollen Einheit verschmolzen.

Es waren seine Tuschzeichnungen, die Buck in den 1970er Jahren aus der bis dahin stilllebenhaften Strenge und Unverrückbarkeit der Bildelemente gelöst hatten (*Im Hafen*, 1970; *Die Woge*, 1978, Tusche). (Abb. 2) In der Phase der ersten Blattberührung erscheint ein zartes Gewebe von Schwingungen. Dann überlagern Pinselschwünge, Tupfen, Kleckse

Obraz *Odwiedziny* (1978) przedstawia dwie kobiety jakby z dzieł dawnych mistrzów. Przenikające z zewnątrz światło spowija pomieszczenie i zagubione w myślach postacie w tajemniczej aurze.

Kąpiące się kobiety (1983): W duchu Cézanne'a jasne ciała swobodnie poruszających się młodych kobiet łączą się w pełną napięcia jedność z formacją krajobrazową akcentowaną ciemnymi cieniami – od wpadającego w fiolet błękitu nieba przez ochrowo-żółty odcień ziemi po ciemną zieleń listowia.

W latach 70. XX w. to rysowanie tuszem uwolniło obrazy Bucka od charakteryzującej dotychczas jego martwe natury surowości i niezmienności ich elementów (*W porcie*, 1970; *Fala*, 1978, tusz). (il. 2) W fazie pierwszych dotknięć papieru piórkiem czy pędzlem pojawia się delikatna rozedrgana tkanka. Następnie pociągnięcia – plamy i kleksy jak skróty zapisu – w nieformalnym sposobie pracy nakładają się na podstawową

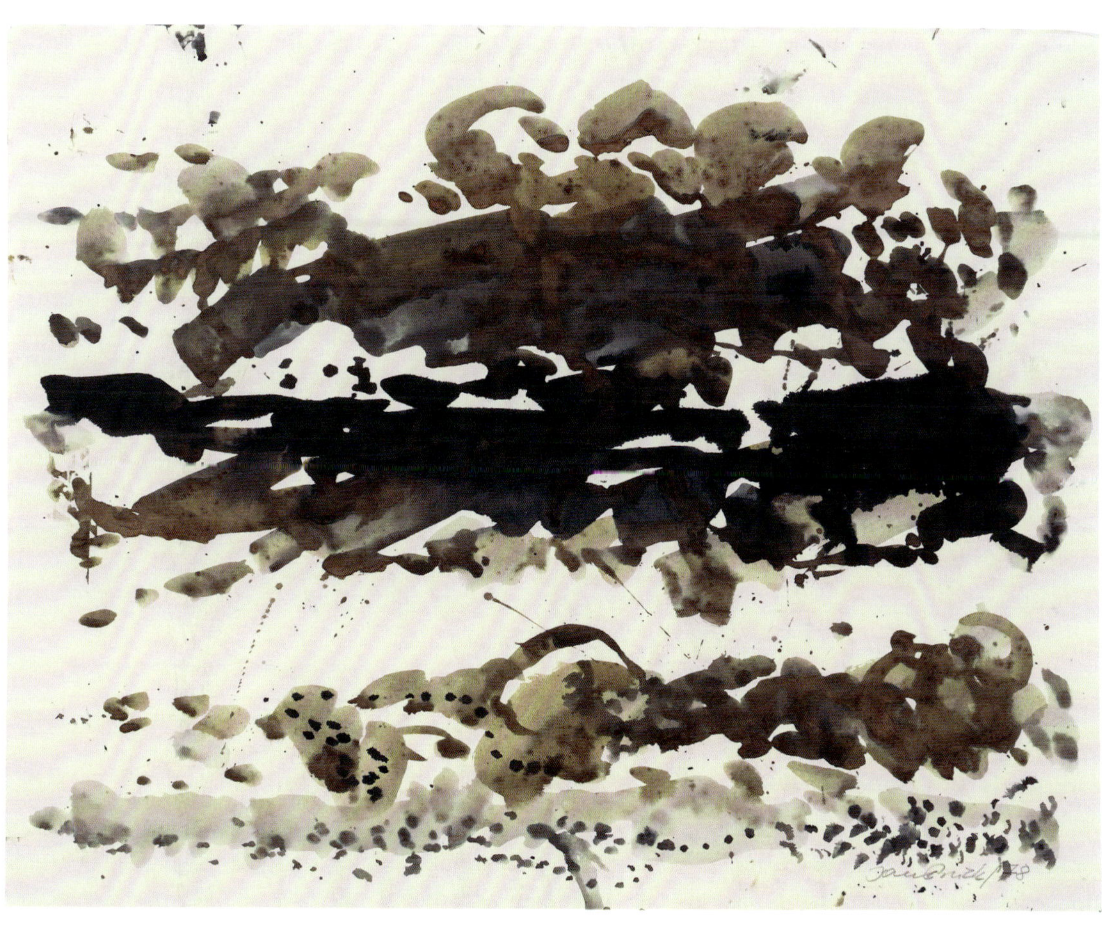

Abb. 2 *Die Woge*
1978, Tusche und Pinsel auf Papier, 49,0 × 63,0 cm
Privatbesitz

wobr. 2 *Žołma*
1978, tuša a seršćowc na papjerje, 49,0 × 63,0 cm
priwatne wobsydstwo

wobr. 2 *Žwała*
1978, tuša a šćotka na papjerje, 49,0 × 63,0 cm
priwatne wobsejźeństwo

il. 2 *Fala*
1978 r., tusz i pędzel na papierze, 49,0 × 63,0 cm
własność prywatna

Abb. 3 *Tagebausee*
1990, Aquarell auf Papier,
55,5 × 75,5 cm,
Inv.-Nr. VI 91:418 K(G)
Museum Schloss und Festung Senftenberg, Kunstsammlung Lausitz

wobr. 3 *Jězor po hórnistwje*
1990, akwarel na papjerje,
55,5 × 75,5 cm,
inwentarne čo. VI 91:418 K(G)
Muzej hród a twjerdźizna Zły Komorow, Wumělska zběrka Łužica

wobr. 3 *Jazoro wótwórjoneje jamy*
1990, akwarel na papjerje,
55,5 × 75,5 cm,
inwentarny nr. VI 91:418 K(G)
Muzej grod a twardnica Zły Komorow, Wumělska zběrka Łužyca

il. 3 *Jezioro odkrywkowe*
1990 r., akwarela na papierze,
55,5 × 75,5 cm,
nr inw. VI 91:418 K(G)
Muzeum Zamku i Twierdzy Senftenberg, Kolekcja Sztuki Łużyckiej

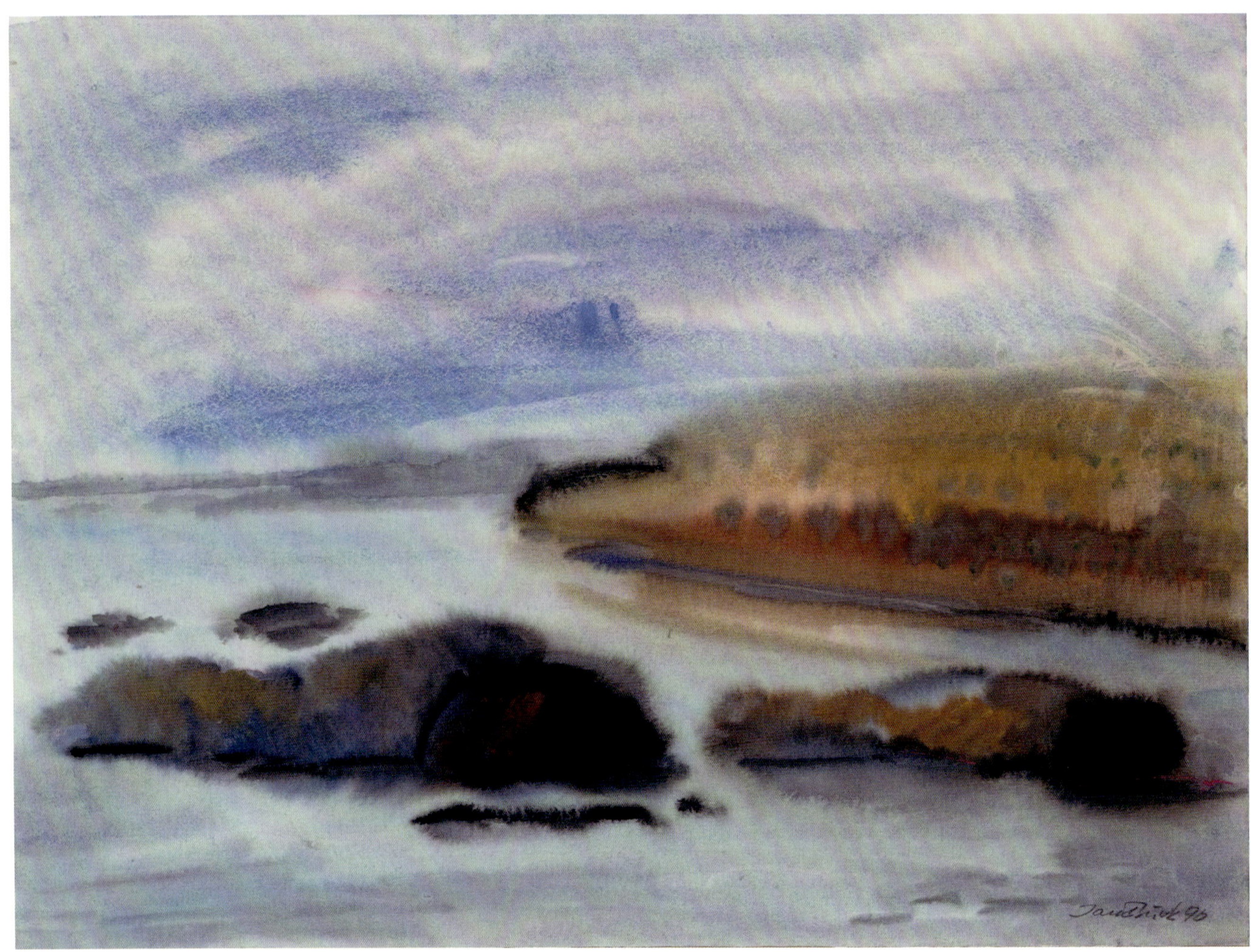

wie Kürzel – in gleichsam informeller Arbeitsweise – die Grundstruktur, ohne sie zu verdecken. Die Tendenz zu Formen wird zunehmend größer, auf das Ungerichtete folgt Verdichtung, Betonung, Definition. Es sondert sich Gestalt von Textur – es entstehen Rhythmus und Raum. Die Ebenen werden verbunden, vernetzt, gelegentlich bricht ein Pinselstrich in das Gespinst ein, klärt, bestimmt oder stört. Alles Gemachte bleibt sichtbar, nichts geht verloren. Das Thema tritt erst in der Endphase der Zeichnung, im Zustand der Verdichtung und Verbindung aller Ebenen in Erscheinung.

In dem dichten Farb- und Formgewoge seiner Temperaarbeiten und Aquarelle sind Licht, Raum,

strukturę, jednak jej nie przesłania. Tendencja do nawarstwiania form nasila się. Po stanie niesprecyzowania następuje zagęszczanie, uwypuklanie, definiowanie. Forma oddziela się od faktury – powstają rytm i przestrzeń. Poszczególne płaszczyzny łączą się, wzajemnie się przenikając, od czasu do czasu jakieś pociągnięcie pędzla wdziera się w sieć, dopełnia sens całości, dookreśla go lub zakłóca. Wszystkie ślady ruchów ręki pozostają widoczne, nic nie ginie. Temat uwidacznia się dopiero w końcowej fazie tworzenia rysunku, w stanie utrwalania i łączenia wszystkich płaszczyzn.

W gęstym splocie barw i form w pracach temperowych i w akwarelach Bucka, pod stonowanymi odcieniami odkryć można światło, przestrzeń, dal, a za po-

Weite, unter den gedämpften Tönen, hinter den verhaltenen Valeurs andere Schichten von Farbe zu entdecken. Hellere, hauchdünn, leuchtend, ungebrochen, sie strahlen verborgen herauf aus der Tiefe (*Steilküste bei Ahrenshoop*, 1989, Aquarell; *Spreewald*, 1999, Tempera). (Abb. 3)

Der geheimnisvolle Ort, wo der Raum in die Fläche des Bildes umschlägt

In der Landschaft findet Buck seinen künstlerisch-bildnerischen Ausgangspunkt. Es ist die Landschaft der Lausitz, in der er sein ganzes Leben verbrachte, aber auch die Mittelasiens, Bulgariens, der Dolomiten, die Landschaft des Südens, die ihn auf sporadischen, kurzen Reisen inspirierte. Natur erlaubt größtmögliche persönliche Distanz, die nötig ist, um ihr nahezukommen. So gilt für ihn der Grundsatz Cézannes, die Natur nicht abzubilden, sondern naturhaft, also wie die Natur, zu arbeiten. Bis zum Horizont sind seine Landschaften hochgezogen, ihre Elemente sind verdichtete, flächige oder sich in Bewegungsabläufen in die Farbflächen auflösende Texturen. Das Fokussieren einzelner Elemente und der frei schweifende Blick ergeben im ständigen Wechsel das Gesamtbild.

Gemessenheit, Sublimierung, Achtsamkeit und Ruhe verdeutlichen dagegen seine Stillleben, »natura morta«, tote Natur. Es sind ganz gewöhnliche Gegenstände, Becher, Schalen, Tassen, Flaschen, Vasen, Gläser, Töpfe, Krüge, Steine, auch Fische, Brot, ein Stück Speck, Äpfel, Birnen, Melonen und Bananen. Sie haben aber eine Qualität, die aller großen Stilllebenmalerei eigen ist, nämlich die einfachen Gegenstände des täglichen Lebens mit einer Bedeutung aufzuladen, mit einer Art Resonanz, die sie im täglichen Leben normalerweise nicht haben.

Man könnte sie im Sinne Morandis und dessen magischer Dingbilder metaphysische Stillleben nennen. Aber das Memento mori, der Vanitas-Aspekt regte Buck nicht zu kunstvollen Mahntafeln an. Im Gegenteil, aus der respektvoll-liebevollen Kontemplation dieser Gegenstände gewann er die Energie zu künstlerischer Aktivität. Hier walten die verzauberte Stille der Form und die Lyrik des einfachen Gegenstandes. Der Künstler steht in stiller Zwiesprache mit seinen zunächst schlicht anmutenden Flaschen und Gefäßen, die er ordnet, verrückt, neu zusammenstellt und sortiert, um sie dann in ein streng gefügtes architektonisches Ganzes zu bringen. In einer Art Gratwanderung zwischen Gegenständlichkeit und Abstraktion poetisiert er seine Dingwelt.

wściągliwymi walorami – inne warstwy farb. Jaśniejsze, delikatne, świetliste, niezłamane, skrycie promieniście przenikają z głębi ku górze, ku powierzchni obrazu (*Strome wybrzeże koło Ahrenshoop*, 1989, akwarela; *Szprewald*, 1999, tempera). (il. 3)

Tajemnicze miejsce, w którym przestrzeń przeistacza się w powierzchnię obrazu

W pejzażu Buck odnalazł punkt wyjścia do swej malarskiej twórczości artystycznej. Był to nie tylko krajobraz Łużyc, na których spędził całe życie, lecz również ten z Azji Środkowej, Bułgarii, Dolomitów czy pejzaż Południa, który inspirował go podczas sporadycznych, krótkich podróży. Przyroda wyzwala w artyście największy możliwy osobisty dystans, niezbędny do tego, by się do niej zbliżyć. Odnosił się więc do zasady Cézanne'a, że nie należy przedstawiać natury, lecz pracować w sposób naturalny, tzn. tak jak natura. Pejzaże Bucka wznoszą się aż po horyzont. Ich elementy to tekstury zagęszczone, płaszczyznowe lub rozmywające się w sekwencjach ruchu w kierunku barwnych płaszczyzn. Całość obrazu wyłania się w ciągłym przeplataniu się skupienia na poszczególnych elementach ze swobodną wędrówką wzroku. »Natura morta« – martwe natury Bucka – emanują natomiast umiarem, sublimacją, skupieniem i spokojem. Ukazują całkiem zwykłe przedmioty – kubki, miski, filiżanki, butelki, wazony, szklanki, garnki, dzbanki, kamienie, a także ryby, chleb, kawałek słoniny, jabłka, gruszki, melony czy banany. Posiadają jednak jakość właściwą wszystkim wielkim martwym naturom. Nadają mianowicie prostym przedmiotom codziennego użytku znaczenie, swoisty rezonans, którego normalnie nie posiadają w potocznym odbiorze. Można by je w sensie Morandiego i jego magicznych przedstawień rzeczy nazwać martwymi naturami metafizycznymi. Aspekt »memento mori« czy »vanitas« nie zainspirował jednak Bucka do tworzenia kunsztownych upamiętniających tablic. Wprost przeciwnie, to z pełnej szacunku i miłości kontemplacji tych przedmiotów czerpał energię do twórczości artystycznej. Dominują tu zaczarowana cisza form i liryzm prostego przedmiotu. Artysta prowadzi milczący dialog z początkowo skromnie wyglądającymi butlami i naczyniami, porządkujac je, przesuwając, zestawiając ze sobą i sortując w nowy sposób, by wreszcie stworzyć z nich zwarcie skomponowaną architektoniczną całość. W swoistej wędrówce między przedmiotowością a abstrakcją upoetycznia swój świat przedmiotów. Magia emanująca tu z rzeczy prostych, przejawia się także w solidnych i elementarnych formach jego malarstwa, które jest równie klarowne, co skupione na konstrukcji

Die Magie, die hier vom einfachen Ding ausgeht, spiegelt sich auch in den festen und elementaren Formen seiner ebenso klaren wie formbezeichnenden Malerei. Auch das Kolorit beschränkt sich auf einige wenige, harmonisch zusammenklingende Farbtöne. Seine Stillleben arbeiten ebenso spannungsvoll den Gegenstand wie seine negative Umgebung auf der Fläche aus. Im Laufe der Jahre haben sie auf das absichtsvoll Demonstrative der jeweils einzelnen Gegenstände zugunsten einer sensiblen Monochromie verzichtet, in der die verschieden geformten Flaschen und Gefäße, die Früchte und andere Dinge gruppiert werden. Mitunter scheinen sich Gedanken lautlos auf den Gegenständen abgelagert zu haben.

Dann aber gibt es auch wieder Arbeiten visionären, fantastischen Charakters, denen weder die analytische Sehweise noch die genaue Beobachtung der naturgegebenen Wirklichkeit eigen ist. Bildteile werden kaleidoskopartig zusammengefügt, Augen, Gesichter geben dem Bild *Drittes Auge* (1992) etwas Halluzinatorisches, gleichzeitig aber auch etwas Dekoratives.

Seine mal gedämpften, dann auch wieder strahlenden Farbharmonien lassen den Betrachter staunen! Wer anderes hätte schon mit diesen tiefen, vollen Kobaltblaus, diesen Fuchsien- und Orangetönen, diesem samtigen Schwarz und Hellgelb fertig werden können. Und dennoch ist für Buck Kontrolle das Wesentliche, denn er will eine Art Hierarchie seiner Empfindungen fixieren, die Nuancen des Gefühls beherrschen und ganz präzise ausdrücken. Seine Bilder besitzen jene Vollendung der Form, die in den meisten abstrakten Gemälden angestrebt, aber doch selten erreicht worden war – eine feste Koordination von Verstand, Hand, Auge und Gedächtnis.

Kreise und Farbscheiben dominieren in den Blättern *Flaschen und Kreise* (2000) und *Landschaft mit gelber Sonne* (1998); es gibt keine Perspektive mehr. Sie lassen an die »Scheibenbilder« Ernst Wilhelm Nays denken, die dieser ja auch mehr aus der kreisenden Bewegung bis hin zur heftigen Gestik weiterentwickelt hatte. Könnte aber Bucks Vorliebe für dynamisch wirkende Kreise in leuchtenden Farben nicht auch auf den Maler der Avantgarde Robert Delaunay zurückgehen? Bei Delaunay hatten die Kreisformen symbolische Bedeutung, sie sind Symbol des kreisenden Universums. Und auch bei Buck haben sie eine ähnliche Funktion: Der Betrachter wird gleichsam mit in die kreisende Bewegung hineingezogen. Durch die geschickte Verteilung der in harmonischen Farbkontrasten gesetzten Kreisformen vermittelt das Bild den Eindruck pulsierender Bewegung, eines fast wirbelnden Rhythmus.

obrazu. Również kolorystyka ogranicza się do kilku harmonijnych odcieni. Martwe natury Bucka z jednakowym napięciem oddają przedmiot i otaczającą go negatywną przestrzeń. Z biegiem lat zrezygnował w nich z celowej demonstracji pojedynczych przedmiotów na rzecz wrażliwej monochromatyczności, w której grupowane są butelki i naczynia o różnych kształtach, owoce i inne przedmioty. Odnosi się poniekąd wrażenie, że oto bezgłośnie złożyły się na nich myśli.

Wśród prac Bucka są również i dzieła o charakterze wizjonerskim, fantastycznym, nie wykazujące się ani analitycznym sposobem postrzegania, ani wnikliwością obserwacji doświadczania rzeczywistości. Części obrazu łączone są kalejdoskopowo, a przedstawione oczy i twarze wyposażają go w *Trzecie oko* (1992) – coś halucynacyjnego, lecz jednocześnie i dekoracyjnego.

Czasem stonowane, kiedy indziej zaś promieniście rozlśniewające harmonie barw Bucka wprawiają widza w zdumienie! Kto inny potrafiłby poradzić sobie z tak głębokimi, nasyconymi kobaltowymi błękitami, odcieniami fuksji i oranżu, aksamitną czernią i jasną żółcią? A jednak dla niego najważniejsza jest kontrola, ponieważ chce on ustalić swoistą hierarchię doznań, opanować niuanse uczuć i wyrazić je bardzo precyzyjnie. Jego obrazy posiadają tę doskonałość formy, do której dążono w większości obrazów abstrakcyjnych, którą jednak rzadko udawało się osiągnąć – mocną koordynację umysłu, ręki, oka i pamięci.

W pracach *Butelki i koła* (2000) oraz *Pejzaż z żółtym słońcem* (1998) dominują okręgi i barwne dyski, nie ma już perspektywy. Przypominają one »obrazy tarczowe« Ernsta Wilhelma Naya, które ten stworzył poczynając od ruchu kolistego i przechodząc do gwałtownej gestykulacji. Czy aby upodobanie Bucka do dynamicznych okręgów w jaskrawych barwach nie wywodzi się również z dokonań awangardowego malarza Roberta Delaunaya, u którego koliste formy miały znaczenie symboliczne? Są one symbolem krążącego wszechświata. Także u Bucka pełnią one podobną funkcję. Oglądający je zostaje niejako wciągnięty w wir dośrodkowego ruchu. Dzięki umiejętnemu rozmieszczeniu kolistych form wśród harmonijnych kontrastów barwnych obraz sprawia wrażenie pulsującego w poruszeniu, niemal wirującego rytmu.

Na przełomie wieków Buck stosował pewną technikę umożliwiającą ukazanie obiektów jednocześnie z różnych kątów widzenia. Z jednej strony dominuje wówczas trzeźwa surowa kolorystyka i starannie przemyślana, precyzyjnie wyważona kompozycja (*Barwne płaszczyzny I/II*, 1999). Obraz już ma nie być oknem na świat. Istnieją tylko pionowe, poziome i ukośne linie, kwadratowe i prostokątne bądź wymyślne formy two-

Buck arbeitete um die Jahrhundertwende mit einem Verfahren, die Objekte gleichzeitig unter verschiedenen Blickwinkeln herzustellen. Einerseits dominieren die nüchterne Strenge des Kolorits und die sorgfältig durchdachte, genau ausgewogene Komposition (*Flächige Komposition I/II*, 1999). Das Bild soll nicht mehr ein Fenster zur Welt sein, sondern es gibt nur noch vertikale, horizontale und diagonale Linien, quadratische und rechteckige beziehungsweise bizarre Formen aus den Grundfarben Blau, Rot, Gelb mit Weiß und Schwarz – in chaotische, unharmonische Segmente verteilt (*Farbflächen I/II*, 2001). (Abb. 4) Mitunter lassen die Teilungen und Intervalle zwischen den Farbflächen an einen Horizont oder eine Wolkenbank denken und ordnen so das Bild indirekt der Landschaftsmalerei zu. Dann wieder will Buck Gegenständliches in einem Interieur, vielleicht auch in einem Außenraum vorstellen, indem er es als Farben und Formen vor den Betrachter hinstellt, anstatt ihn durch ein künstliches

rzone za pomocą barw podstawowych – błękitu, czerwieni i żółci, łączonych z bielą i czernią – rozmieszczone w chaotycznych, dysharmonijnych segmentach (*Barwne płaszczyzny I/II*, 2001). (il. 4) Niektóre podziały i odstępy pomiędzy kolorowymi płaszczyznami przywodzą na myśl horyzont lub pasmo chmur, co pozwala pośrednio zaliczyć dany obraz do malarstwa pejzażowego. Kiedy indziej Buck chce ukazać realne obiekty w nieokreślonym wnętrzu, być może także w przestrzeni zewnętrznej, umieszczając je jako barwy i formy przed odbiorcą obrazu, lecz nie pozwalając mu spojrzeć przez sztuczne okno na rzeczywisty świat (*Martwa natura z owocami*, *Butelki z owocami*, obie prace: 2000). Szerokimi, pewnymi pociągnięciami pędzla malarz zarysował przedmioty, modelowane mniej przez światło i cień aniżeli przez kolor. Czerń i intensywny błękit sąsiadują z delikatnym różem lub dominującym fioletem. Monumentalizm nadaje tym obrazom ponadczasową aurę.

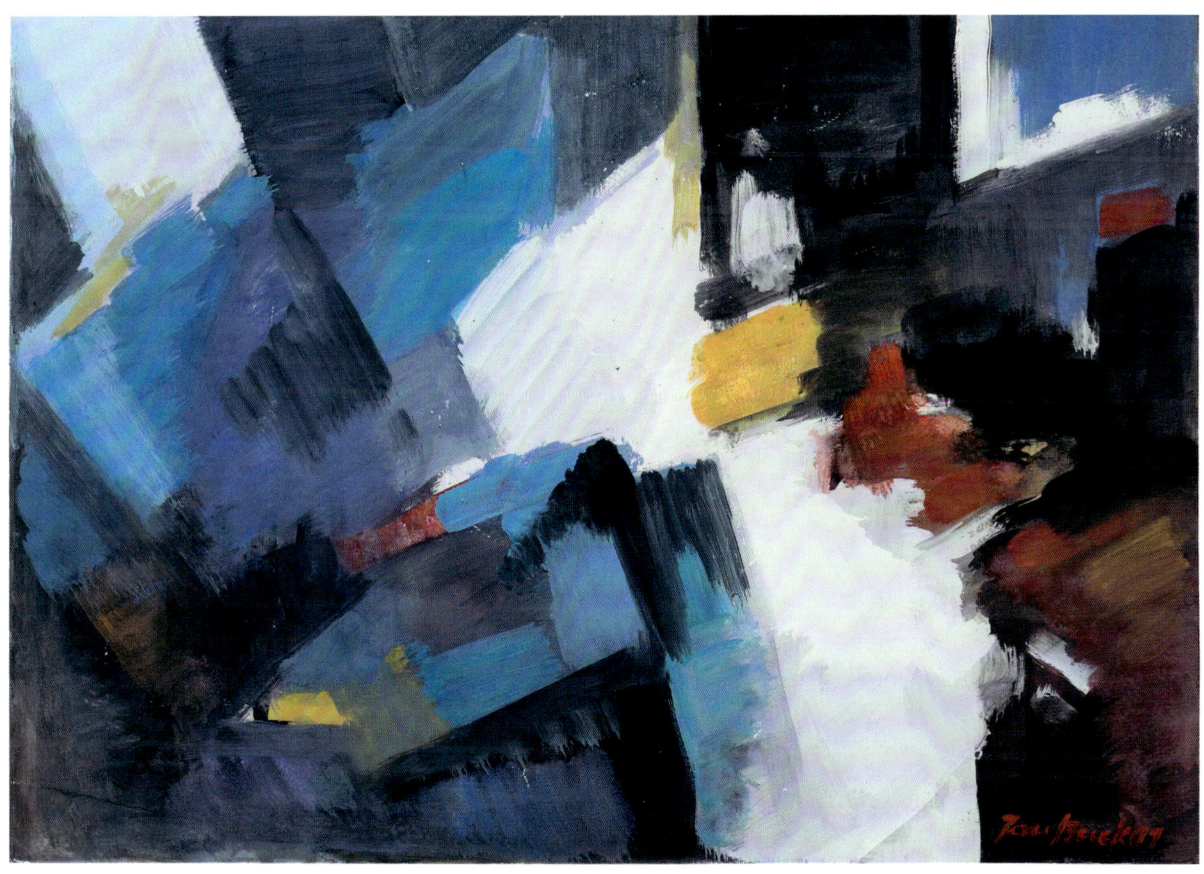

Abb. 4 *Farbflächen I*
2001, Tempera auf Papier,
50,0 × 70,0 cm
Privatbesitz

wobr. 4 *Barbne płoniny I*
2001, tempera na papjerje,
50,0 × 70,0 cm
priwatne wobsydstwo

wobr. 4 *Barwne płoniny I*
2001, tempera na papjerje,
50,0 × 70,0 cm
priwatne wobsejźeństwo

il. 4 *Barwne płaszczyzny I*
2001 r., tempera na papierze,
50,0 × 70,0 cm
własność prywatna

Abb. 5 *Im Park*
2002, Öl auf Leinwand,
66,0 × 64,0 cm,
Inv.-Nr. SM VI-006253 K1
Sorbisches Museum

wobr. 5 *W parku*
2002, wolij na płatnje,
66,0 × 64,0 cm, inwentarne
čo. SM VI-006253 K1
Serbski muzej

wobr. 5 *W parku*
2002, wólej na płaśe,
66,0 × 64,0 cm, inwentarny
nr. SM VI-006253 K1
Serbski muzej

il. 5 *W parku*
2002 r., olej na płótnie,
66,0 × 64,0 cm,
nr inw. SM VI-006253 K1
Muzeum Serbołużyckie

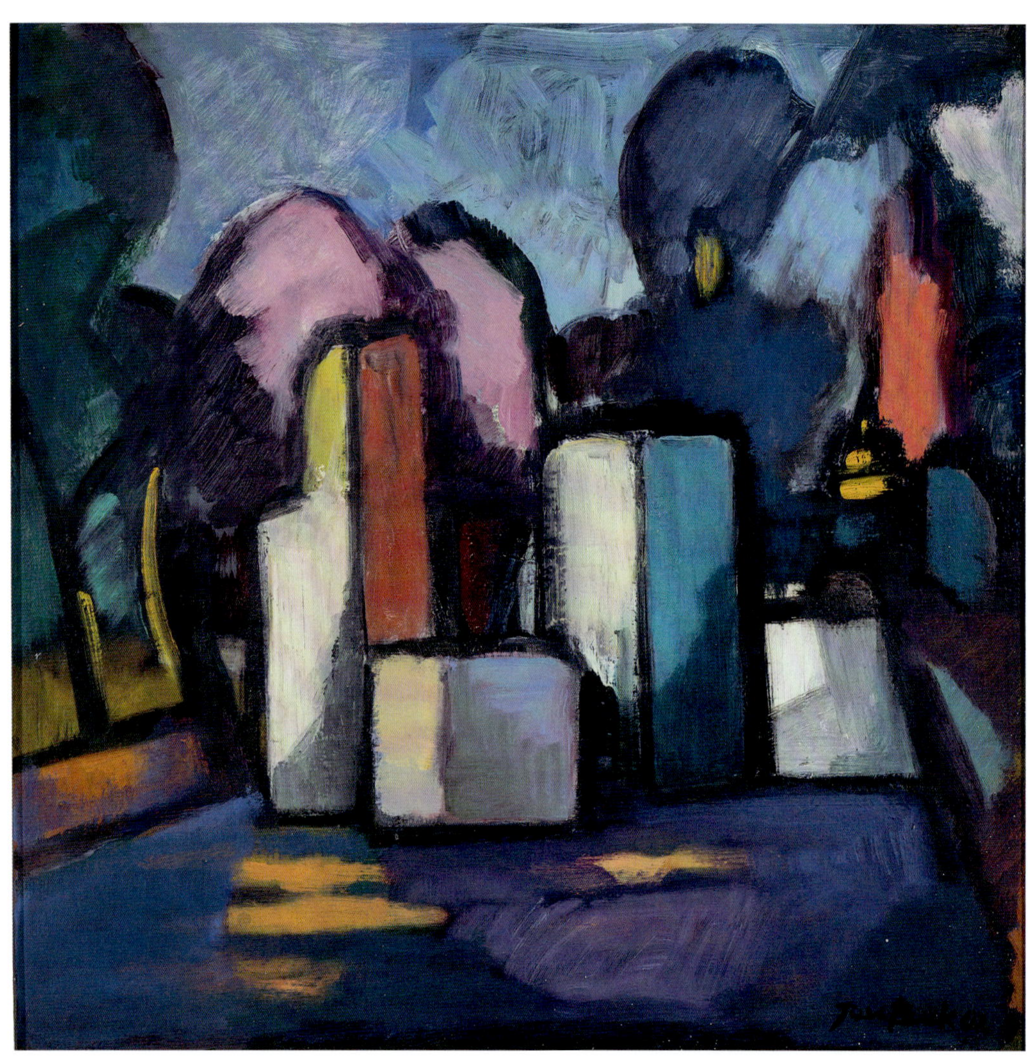

Fenster auf eine reale Welt blicken zu lassen (*Stillleben mit Früchten*, *Flaschen mit Früchten*, beide 2000). Durch breite, sichere Striche umriss der Maler die Gegenstände, die weniger durch Licht und Schatten als durch die Farbe modelliert sind. Schwarz und kräftiges Blau stehen neben zartem Rosa oder einem dominanten Violett. Die Monumentalität verleiht diesen Bildern etwas Zeitloses.

Und das ist es wohl, was den Maler Jan Buck bewegte: Malerei muss künstlich sein, nicht das Leben nachahmen. Andererseits muss sie in dem verwurzelt sein, was der Maler um sich herum sieht. Und daraus erklärt sich dann wohl auch, warum Buck nie ganz »abstrakt« geworden ist. In manchen späten Bildern scheint er am Rande der Abstraktion zu stehen

Najprawdopodobniej taki właśnie cel przyświecał Janowi Buckowi: Malarstwo powinno być sztuczne, a nie naśladować życie. Z drugiej strony musi być jednak zakorzenione w tym, co twórca widzi wokół siebie. I to prawdopodobnie wyjaśnia, dlaczego Buck nigdy nie stał się całkowicie »abstrakcyjny«. Można odnieść wrażenie, że w niektórych późnych obrazach dotarł do granicy abstrakcji (*Barwne płaszczyzny I/II*, 2001), lecz wycofał się, gdyż rozpoznał zobowiązującą więź ze światem swojej percepcji.

Na obrazie *W parku* (2001) elementy przedmiotowe, jako znaki obrazowe wyznaczające i definiujące teren, zbudowane są jak sześciany. (il. 5) Surowość i stałość elementów tej pracy ma w sobie niemalże coś z martwej natury. Obraz ma przypominać o pewnych

(*Farbflächen I/II*, 2001), sich aber wieder zurückzuziehen, weil er eine verpflichtende Bindung an die Welt seiner Wahrnehmung erkannt hat.

Im Park (2001) werden gegenständliche Elemente, die als Bildzeichen das Gelände markieren und definieren, wie Kuben aufgebaut. (Abb. 5) Die Strenge und Unverrückbarkeit der Bildelemente hat fast etwas Stilllebenhaftes. Das Bild soll an bestimmte Elemente oder reale Verhältnisse erinnern, diese aber nicht darstellen. Aus einer Kette solcher Assoziationen, die ein einziges Bild vermittelt, wird im Betrachter eine gegenständliche oder sogar räumliche Vorstellung aufgebaut, die selbst eine raffinierte Raumillusion bewirken kann.

Landschaften und Stillleben in Wesensverwandtschaft

Zwischen den Landschaften Jan Bucks und seinen Stillleben besteht in der Tat eine eigentümliche Wesensverwandtschaft. Seine Landschaften sind Stillleben, wie die Stillleben Landschaften sind. Buck malte in seinen Landschaften die Häuser wie Kuben, so auch in *Smoljan* (1995); oft werden die gegenständlichen Elemente – wie in seinem Bild *Im Park* (2001) – wie Baukörper aufgebaut. Und haben die Schwingungen der Landschaft, die Streifen, Flecken und Formkörper parallel zum Bildrand nicht die gleiche Funktion wie die Tischkante im Vordergrund der Stillleben? Was sind sie anderes als jener geheimnisvolle Ort, wo der Raum umschlägt in die Fläche des Bildes?

Die Stillleben gewinnen den Charakter von Landschaften vor allem durch die Aufteilung des Raumes. Buck hat sie mit den Jahren so vereinfacht, dass oft nichts als die an die Horizontlinie erinnernde hintere Tischkante vor der abschließenden Rückwand als räumliche Orientierungshilfe bleibt. Und wie es Landschaften ohne Himmel gibt, gibt es auch Stillleben, auf denen die Standfläche der Dinge hochgezogen ist bis zum oberen Bildrand.

Das entscheidende Stichwort für den Zusammenhang von Landschaften und Stillleben aber ist ihre Vertrautheit, ihre Verfügbarkeit, ihr Zur-Hand-Sein. Buck schuf seine Landschaften getreu nach dem Motiv, wie er die Stillleben getreu vor dem Arrangement der Dinge im Atelier malte. Darum kehren in den Landschaften wie in den Stillleben immer die gleichen Motive wieder: unverrückbare Bildelemente, Erdformationen, Bildzeichen, die das Gelände, den Raum markieren und definieren. Doch welcher Reichtum, wie viel an Verwandlung zeigt sich dem Blick auf die Landschaft, die Tagebaulandschaft, den Grubensee, die Industrielandschaft, die Spreewald-Landschaft, die

jego elementach lub rzeczywistych relacjach między nimi, jednak bez ich ukazywania. Z łańcucha takich skojarzeń, przekazywanych przez jedno dzieło, podczas jego oglądu powstaje przedmiotowe, a nawet przestrzenne wyobrażenie, które samo w sobie może stworzyć wyrafinowaną iluzję przestrzenną.

Pejzaże i martwe natury pokrewne w swej istocie

Pomiędzy pejzażami Jana Bucka a jego martwymi naturami istnieje rzeczywiście wspomniane pokrewieństwo. Jego pejzaże są martwymi naturami, tak jak martwe natury są pejzażami. W swoich pejzażach Buck przedstawiał domy jak sześciany, np. w obrazie *Smolan* (1995). Często elementy przedmiotowe – m.in. w obrazie *W parku* (2001) – są skonstruowane jak bryły budowlane. A czy drgania pejzażu, paski, plamy i kształty równoległe do krawędzi obrazu nie pełnią tej samej funkcji, co krawędź stołu na pierwszym planie martwej natury? Czymże innym one są aniżeli owym tajemniczym miejscem, gdzie przestrzeń zamienia się w powierzchnię obrazu?

Martwe natury zyskują charakter pejzażowy przede wszystkim dzięki optycznym podziałom płaszczyzny obrazu. Z biegiem lat Buck uprościł je do tego stopnia, że często jako pomoc w orientacji przestrzennej nie pozostaje nic poza tylną krawędzią stołu przed tylną ścianą, przypominającą linię horyzontu. I podobnie jak istnieją pejzaże bez nieba, istnieją również martwe natury, w których płaszczyzna, na której ustawiono przedmioty, podciągnięta jest do górnej krawędzi obrazu.

Kluczowym pojęciem określającym związek między pejzażami a martwymi naturami jest jednak ich swojskość i dostępność, to, że są na wyciągnięcie ręki. Buck tworzył swoje pejzaże, wiernie ukazując określony motyw, tak jak martwe natury malował wiernie odtwarzając przedmioty zaaranżowane w pracowni. Stąd w pejzażach powtarzają się zawsze te same motywy, co w martwych naturach – nieprzemieszczalne elementy obrazu, formacje ziemne, znaki obrazowe, wyznaczające i określające teren oraz przestrzeń. Jakież to jednak bogactwo, jak wiele przemian odkrywa przed widzem spojrzenie na krajobraz – krajobraz kopalni odkrywkowej, jezioro w wyrobisku, krajobraz przemysłowy, krajobraz Szprewaldu, strome wybrzeże w pobliżu Ahrenshoop, bułgarski Smolan, krajobraz z żółtym słońcem, resztkami śniegu i smugami wody, krajobraz burzowy... Malarz gubi się w pejzażu i ponownie się odnajduje, w zdyscyplinowany sposób reaguje na pozornie nieuporządkowane konteksty, na uporządkowane zaś – impulsywnie i przeciwstawnie.

Steilküste bei Ahrenshoop, das bulgarische Smoljan, die Landschaft mit gelber Sonne, die Schneereste und Wasserstreifen, die Gewitterlandschaft ... Der Maler verliert sich in der Landschaft und er findet sich wieder zurecht, er antwortet auf ungeordnet erscheinende Zusammenhänge diszipliniert, auf geordnete impulsiv-gegenläufig. Der stillgelegte Tagebau nimmt geradezu abstrakte Formen an, Farbstreifen und -flächen von Schwarz, Grau, Ocker, Grün, Rot, Blau, Weiß. Überlagerte Farbflächen, die direkte Welt wird in abstrakter Weise gezeigt. Aus dem schwarzen Untergrund bricht ein flammendes, feuriges Rot hervor und lagert sich in von Grün und Gelb durchsetzten Ockertönen ab. Doch ist die farbige Stufung von ockrigem Weiß bis zu dunklem Graublau reichender Monochromie beschränkt. Landschaften, die natürlich wirken und es doch nicht sind. Diese gewalttätig geformten Landschaften könnten – in einen rosa Sonnenuntergang getaucht – durchaus auch wirken wie ein romantisches Gemälde von Caspar David Friedrich, zugleich ist da aber auch das Entsetzen über die zerstörte Natur. Hier wird vom Maler Landschaft zurückgegeben, die zuvor vom Tagebau für die Kohleförderung zerstört worden war. Es ist eine Landschaft, die in Sehnsüchten und undefinierbaren Hoffnungen aufgeht. Kann der Betrachter ihr nicht so begegnen wie Caspar David Friedrichs Rückenfiguren beim Betrachten des Sonnenuntergangs angesichts des Farbenspiels des Lichtes?

Auch in seinen halb gegenständlichen, halb abstrakten Arbeiten (*Sandgrube mit Bäumen*, 1999; *Sommer*, 2001) gelang es Buck, Raum, Licht und Atmosphäre zum Ausdruck zu bringen, gerade in einem lichtvollen Kolorit, das hier auf Flächen, Streifen und Flecken von Blau-Grün-Gelb-Rot-Braun-Weiß beschränkt ist. (Abb. 6)

In seinem *Fensterbild* (1997) sind noch einige gegenständliche Elemente zu erkennen oder zumindest zu erraten. Aber nicht um diese Motive ging es Buck. Von diesem Zusammenklang von Form (Dreieck, Quadrat, Rechteck, Halbkreis) und Farbe (Blau, Rot, Gelb, Weiß, Schwarz), in einem flüssigen Rhythmus geordnet, geht ein poesievoller Zauber aus. Die Vertikalen und Horizontalen bilden zusammen mit den Diagonalen, die die Tiefe bedeuten, eine abstrakte Struktur auf dem blauen Bildgrund, dessen Wirkung durch das Grün verstärkt wird. Dem Kubismus verdankte es Buck, dass er seine Tendenz zur geometrischen Vereinfachung verstärken konnte. Der vergehenden Zeit sollten dauerhafte Strukturen entgegengesetzt werden, die sich dem Chaos der Welt widersetzen.

Für Bucks Landschaften gilt: Der Raum muss eine einheitliche strukturelle und künstlerische Dichte haben. Es sind Bilder voller Einsamkeit und ohne

Nieczynna kopalnia odkrywkowa przybiera niemal abstrakcyjne formy, barwne pasma i połacie czerni, szarości, ochry, zieleni, czerwieni, błękitu i bieli. Nakładające się na siebie kolorowe płaszczyzny to realny świat przedstawiony w sposób abstrakcyjny. Z czarnego podłoża wybucha płomienna, ognista czerwień, osadzająca się wśród odcieni ochry przeplatanych z zielenią i żółcią. Gradacja tonów ograniczona jest jednak do monochromii sięgającej od ochrowej bieli do ciemnoszarego błękitu. Krajobrazy wydają się być naturalne, a jednak takie nie są. Te z przemocą kształtowane pejzaże – zanurzone w różowym świetle zachodzącego słońca – mogłyby z pewnością oddziaływać jak romantyczny obraz Caspara Davida Friedricha, równocześnie jednak jest w nich także groza wywołana widokiem zniszczonej przyrody. Malarz odtwarza tu krajobraz, wcześniej zdewastowany przez odkrywkowe wydobycie węgla. Jest to pejzaż przeniknięty tęsknotami i nieokreślonymi nadziejami. Czy w obliczu gry kolorów światła widz nie może się z nim zetknąć w taki sam sposób, jak zwrócone do odbiorcy plecami postacie Caspara Davida Friedricha podczas oglądania zachodu słońca?

Także w swych pracach na poły przedmiotowych, na poły abstrakcyjnych (*Piaskownia z drzewami*, 1999; *Lato*, 2001) Buckowi udaje się oddać przestrzeń, światło i atmosferę, właśnie dzięki rozświetlonej kolorystyce, która tutaj ogranicza się do niebiesko-zielonożółto-czerwono-brązowo-białych płaszczyzn, pasm i plam. (il. 6)

W jego *Obrazie okna* (1997) można nadal rozpoznać pewne elementy przedmiotowe lub przynajmniej domyślić się ich istnienia. Nie o te motywy Buckowi jednak chodzi. Z tej harmonii form (trójkąt, kwadrat, prostokąt, półkole) i barw (błękit, czerwień, żółć, biel, czerń), ułożonych w płynnym rytmie emanuje poetycka magia. Piony i poziomy wraz z przekątnymi, oddającymi głębię, tworzą na błękitnym tle obrazu abstrakcyjną strukturę, której oddziaływanie potęgowane jest przez zieleń. To dzięki kubizmowi Buck mógł zintensyfikować swoją skłonność do geometrycznych uproszczeń. Upływowi czasu miały przeciwdziałać trwałe struktury, przeciwstawiające się chaosowi świata.

W odniesieniu do pejzaży Bucka obowiązuje następująca zasada: przestrzeń musi posiadać jednolite natężenie strukturalne i artystyczne. Są to obrazy przepełnione samotnością i pozbawione dokładnych odniesień topograficznych. Motywy krajobrazowe, zredukowane do tego, co istotne, ograniczane są niewieloma liniami, stykającymi się i sugerującymi perspektywę, oraz okalane liniami obrysowującymi drzewa i wzgórza (*Strome wybrzeże w pobliżu Ahrenshoop*, 1989; *Czerwone drzewa*, 1998; *Szprewald*, 1999) –

Abb. 6 *Bäume*
2000,Tempera auf Papier,
54,4 × 74,8 cm
Privatbesitz

wobr. 6 *Štomy*
2000, tempera na papjerje,
54,4 × 74,8 cm
priwatne wobsydstwo

wobr. 6 *Bomy*
2000, tempera na papjerje,
54,4 × 74,8 cm
priwatne wobsejźeństwo

il. 6 *Drzewa*
2000 r., tempera na papierze,
54,4 × 74,8 cm
własność prywatna

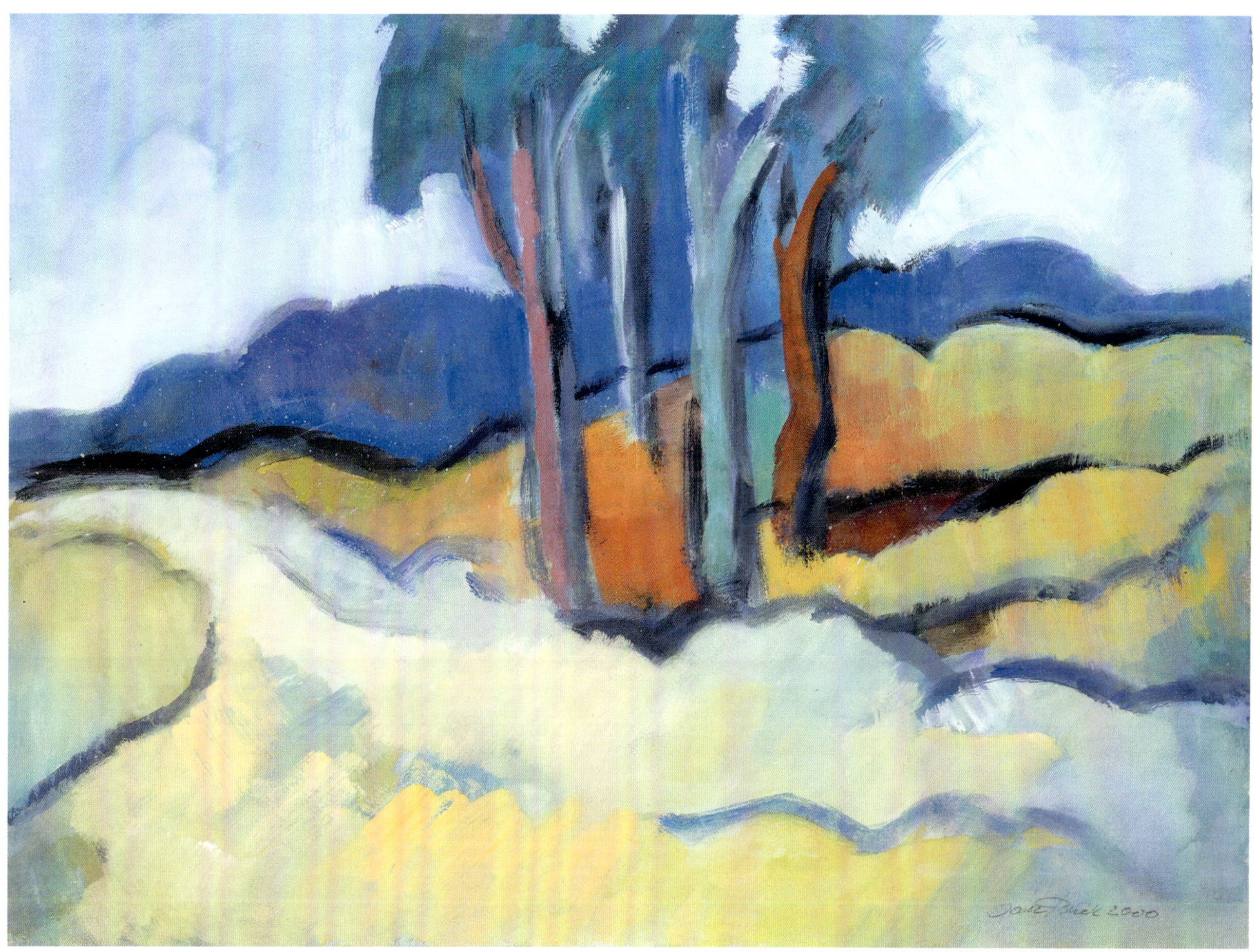

exakte topografische Anhaltspunkte. Die auf das Wesentliche beschränkten Landschaftsmotive sind von wenigen, sich begegnenden Linien begrenzt, die Perspektiven andeuten, und von Bäume und Hügel konturierenden Linien eingeschlossen (*Steilküste bei Ahrenshoop*, 1989; *Roter Baum*, 1998; *Spreewald*, 1999). Linien, die das Beschreibende in der Landschaft bis zur Grenze der Abstraktion zusammenfassen. Der Horizont bleibt in verschwimmender Entfernung; es herrscht absolute Ruhe.

In den späteren, zur Abstraktion neigenden Stillleben, die in ihrer sachlichen Aneinanderreihung eine geringere magische Suggestion ausstrahlen, sind die Objekte auf geometrische Formen reduziert: Winkel, Linie, Krümmung, Ebene, Kugel, Quadrat, Rechteck, Dreieck (*Stillleben mit Blechkanne*, 1999; *Komposition mit roten Streifen*, 1999; *Rosa Stillleben II*, 2000).

liniami, które aż do granic abstrakcji eksponują to, co opisowe w krajobrazie. Horyzont rozmywa się w dali. Panuje absolutna cisza.

W późniejszych martwych naturach z pogranicza abstrakcji, ze względu na rzeczowe uszeregowanie obiektów emanujących mniej magiczną aurą, przedmioty zredukowane są do form geometrycznych – kątów, linii, krzywizn, płaszczyzn, kul, kwadratów, prostokątów i trójkątów (*Martwa natura z blaszanym dzbanem*, 1999; *Kompozycja z czerwonymi pasmami*, 1999; *Różowa martwa natura II*, 2000). *Kompozycje płaszczyznowe I/II* (1999) Bucka sprawiają wrażenie konstruktywnych pejzaży architektonicznych wywróconych do góry nogami. W *Różowej martwej naturze I* (2000) pojawiają się wprawdzie figuratywnie ukazane naczynia, lecz zdaje się ona przeistaczać w pejzaż kulisowy, podczas gdy *Kompozycja z czer-*

Bucks *Flächige Kompositionen I/II* (1999) muten wie hochgeklappte konstruktive Architekturlandschaften an, das *Rosa Stillleben I* (2000) baut Gefäße zwar figurativ auf, mutiert dann aber zur Kulissenlandschaft, während die *Komposition mit roten Streifen* (1999) gleichsam ein Interieur, ein Stillleben oder eine abstrakte Farbstudie sein könnte. Formen, deren der Künstler wie unbeabsichtigt handhabbar wird. In solchen Situationen kann es geschehen, dass Farbe, Licht und Bewegung Bäume und Sandablagerungen zum Sprechen bringen (*Sandgrube mit Bäumen*, 1999), dass die Sonne auf kreisender Fläche eine metallische Klangstruktur erzeugt (*Sommer*, 2001), dass in dem tiefen Generalbass einer Grubenlandschaft lavaähnliche Furchen eine Melodie eingraben (*Tagebaulandschaft*, 1992). In verschiedenem Licht, im wechselnden Wetter, in den sich wandelnden Jahreszeiten entdeckt das Auge des Malers Bilder um Bilder, die Dauer verlangen.

Bei allen Objekten, die er auf die Leinwand brachte, wählte Buck den Gesichtswinkel, unter dem das Objekt am wenigsten durch die Perspektive verzerrt ist. Um die einzelnen Objekte voll zur Geltung zu bringen, hat er den Blickwinkel immer wieder verändert. Er löste sich von jeder Nachahmung der Natur, um im Bild die Wirklichkeit neu zu erschaffen. Er verzichtete auf den Versuch, dreidimensionale Plastizität vorzuspiegeln. Wesentlich waren für ihn nur noch die Architektur und der Rhythmus der Bilder, von denen trotz der späteren Strenge der Farben und Formen eine eigentümliche Poesie ausgeht.

Eine Welt, reich an Verwandlungen und Variationen

Was malte Buck? Das Licht? Die Stille? Das Schweigen? Die Harmonie der Dinge? Das lavaartige Glühen und Brennen der Natur? Den feiertäglichen Gegenstand, für immer entrückt dem täglichen Gebrauch? Die Würde der reinen Form? Das Geheimnis des Raumes? Die heile, unzerstörbare Welt der elementaren Dinge, in die der Mensch nicht einzubrechen vermag? Vielleicht das alles und noch manches mehr. Es lässt sich wohl nicht sagen. Es lässt sich nur sehen. Zwischen den Strichen einer Zeichnung, den Farbflächen eines Bildes bricht das ganze Licht herein. Die Ausgewogenheit zweier Gefäße enthält alle nur denkbare Harmonie. Die Dinge ruhen ernst in sich. Die Figuren stehen in gesammelter Konzentration. Sie erzählen

wonymi pasmami (1999) mogłaby być zarówno widokiem wnętrza czy martwą naturą, jak i abstrakcyjnym studium koloru. To formy, które artysta kreuje jakby mimowolnie. W takich sytuacjach może się zdarzyć, że kolor, światło i ruch sprawią, iż drzewa i pokłady piasku przemówią (*Piaskownia z drzewami*, 1999), że słońce na krążącej powierzchni wytworzy metaliczną strukturę dźwiękową (*Lato*, 2001), że w głębokim, dominującym basie krajobrazu kopalnianego bruzdy przypominające lawę wyżłobią melodię (*Krajobraz kopalni odkrywkowej*, 1992). W różnym świetle, przy zmiennej pogodzie, w zmieniających się porach roku, oko malarza odkrywa jeden za drugim obraz, domagający się trwania.

Do ukazania wszystkich obiektów, które utrwalał na płótnie, Buck dobierał taki kąt widzenia, by były jak najmniej zniekształcone przez perspektywę. Aby w pełni ukazać poszczególne z nich, raz po raz zmieniał kąt widzenia. Zerwał z wszelkim naśladownictwem natury, by w obrazie wykreować nową rzeczywistość. Zrezygnował z wszelkich prób symulowania trójwymiarowej plastyczności. Istotna była dla niego jedynie architektura i rytm obrazów, z których (mimo surowości barw i form w jego później twórczości) emanuje swoista poezja.

Świat bogaty w przemiany i wariacje

Co malował Buck? Światło? Ciszę? Milczenie? Harmonię rzeczy? Żar i ogień natury przywodzący na myśl lawę? Świąteczny przedmiot, na zawsze wyjęty z codziennego użytku? Godność czystej formy? Tajemnicę przestrzeni? Nienaruszony, niezniszczalny świat rzeczy elementarnych, do którego człowiek nie jest w stanie się włamać? Być może to wszystko i jeszcze o wiele więcej. Pewnie nie można tego określić. Można to tylko zobaczyć. Pełnia światła wdziera się pomiędzy kreski rysunku, barwne płaszczyzny obrazu. Równowaga dwóch naczyń zawiera w sobie wszelką możliwą harmonię. Przedmioty tkwią w powadze swego bytu. Figury trwają w zbiorowym skupieniu. Nic nie mówią. Świat składający się z niewielu rzeczy i postaci, lecz bogaty w przemiany i wariacje, jak wciąż powtarzające się widoki Mont Sainte-Victoire Cézanne'a, mistrza z Aix-en-Provence, klarowne jak pierwszego dnia, sekretna historia stworzenia. Obrazy Jana Bucka zachęcają do zatrzymania się, wyciszenia, wytężenia słuchu, do przyjrzenia się.

nichts. Eine Welt aus wenigen Dingen und Figuren, und doch reich an Verwandlungen und Variationen, wie die stets wiederholten Ansichten des Mont Sainte-Victoire Cézannes, des Meisters aus Aix-en-Provence, rein wie am ersten Tag, eine verschwiegene Schöpfungsgeschichte. Die Bilder Jan Bucks fordern uns auf, innezuhalten, still zu werden, hinzuhören, hinzusehen.

Und in der Tat: In unserem staubig-grau-ockerfarbenen Umfeld leuchten ein Rot und Gelb, ein Blau und Grün oder gar ein geheimnisvolles Smaragdgrün besonders verheißungsvoll.

I rzeczywiście: w naszą zakurzoną, szaro-ochrową codzienność czerwień i żółć, błękit i zieleń, a nawet tajemnicza barwa szmaragdu wnoszą szczególne światło.

1 Maria Mirtschin: Der Maler Jan Buck, hrsg. vom Sorbischen Künstlerbund e.V., 1992; dies./Hans Mirtschin: Jan Buck – Malerei, hrsg. vom Ernst Rietschel Kulturring e.V., Cottbus 2002.

2 Vgl. Lorenz Dittmann: Die Kunst Cézannes. Farbe – Rhythmus – Symbolik, Köln/Weimar/Wien 2005; vor allem S. 45–82 (Farbe), S. 83–128 (Landschaften), S. 223–253 (Stillleben). Vgl. auch James H. Rubin: Paul Cézanne A–Z, Berlin 2021.

3 Vgl. Yve-Alain Bois/Joop Joosten /Angelica Zander Rudenstine/Hans Janssen: Piet Mondrian, Mailand 1994; Ortrud Westheider (Hrsg.): Mondrian. Farbe, Bucerius Kunst Forum Hamburg, München 2014.

4 Zu Morandis Stillleben vgl. Sabine Fehlemann/Tomas Sharman (Hrsg.): Giorgio Morandi – Natura morta 1914–1964, Von der Heydt-Museum, Wuppertal 2004.

5 Vgl. Christian Hildmann/Ingmar Landeck/Jörg Schlenstedt: Arten und Lebensräume der Bergbaufolgelandschaften. Lausitz und Mitteldeutschland in vielfältiger Flora und Fauna; https://stadtundgruen.de/artikel/arten-und-lebensraeume-der-bergbaufolgelandschaften-10343.html [abgerufen am 15. 3. 2022].

6 Zitiert nach: Lawrence Gowing: Matisse, München 1997, S. 58. Vgl. auch Volkmar Essers: Henri Matisse. Meister der Farbe, hrsg. von Ingo F. Walther, Köln 1989; Marilena Pasquali (Bearb.): Giorgio Morandi – Gemälde, Aquarelle, Zeichnungen, Radierungen, Kunsthalle Tübingen u. a., Köln 1989.

7 Zitiert nach: Gowing: Matisse (wie Anm. 6), S. 121, auch S. 194. Vgl. auch Pia Müller-Tamm in: Henri Matisse. Figur Farbe Raum, Kunstsammlung Nordrhein-Westfalen Düsseldorf, Ostfildern-Ruit 2005, S. 39.

1 Maria Mirtschin: Der Maler Jan Buck, wyd. Sorbischer Künstlerbund e.V., 1992; eadem/Hans Mirtschin: Jan Buck – Malerei, wyd. Ernst Rietschel Kulturring e.V., Cottbus 2002.

2 Por. Lorenz Dittmann: Die Kunst Cézannes. Farbe – Rhythmus – Symbolik, Kolonia/Weimar/Wiedeń 2005; szczególnie s. 45–82 (barwy), s. 83–128 (pejzaże), s. 223–253 (martwe natury). Por. też James H. Rubin: Paul Cézanne A–Z, Berlin 2021.

3 Por. Yve-Alain Bois/Joop Joosten/Angelica Zander Rudenstine/Hans Janssen i in.: Piet Mondrian, Mediolan 1994; Mondrian. Farbe, red. Ortrud Westheider, Monachium 2014.

4 Na temat martwych natur Morandiego por. Giorgio Morandi – Natura morta 1914–1964, red. Sabine Fehlemann/Tomas Sharman, Wuppertal 2004.

5 Por. Christian Hildmann/Ingmar Landeck/Jörg Schlenstedt: Arten und Lebensräume der Bergbaufolgelandschaften. Lausitz und Mitteldeutschland in vielfältiger Flora und Fauna; https://stadtundgruen.de/artikel/arten-und-lebensraeume-der-bergbaufolgelandschaften-10343.html [dostęp 15. 3. 2022].

6 Cyt. za: Lawrence Gowing: Matisse, Monachium 1997, s. 58. Por. też: Volkmar Essers: Henri Matisse. Meister der Farbe, red. Ingo F. Walther, Kolonia 1989; Giorgio Morandi – Gemälde, Aquarelle, Zeichnungen, Radierungen, red. Marilena Pasquali, Kolonia 1989.

7 Cyt. za: Gowing: Matisse, s. 121 i s. 194. Por. też: Pia Müller-Tamm, w: Henri Matisse. Figur Farbe Raum, Ostfildern-Ruit 2005, s. 39.

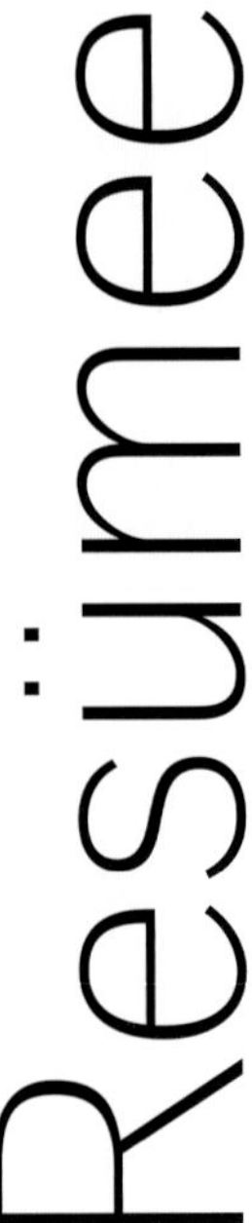

In schweigender Poesie und zurückhaltender Dichte.
Jan Buck und die europäische Moderne
Klaus Hammer

Für den Nestor der sorbischen Malerei Jan Buck sind die freie Natur und das Atelier seine Welt gewesen. Trotz der Zurückgezogenheit und Konzentration, in der er lebte und arbeitete, war ihm alles Provinzielle und Heimattümelnde fremd. Er war ein weltläufiger Maler, der fest im Grund der Klassischen Moderne wurzelte. Mit Cézanne, Gauguin, Monet, Matisse, Derain, dem französischen Kubismus, auch dem Bologneser Maler Giorgio Morandi hat er sich immer wieder auseinandergesetzt. Von Cézanne aus hat er die Formensprache des Kubismus auf ihre Tragfähigkeit und Haltbarkeit geprüft und in Zweifel gezogen. Er hat, orientiert am Cézanne'schen Ideal der Natur und ihrer Dauer, eine Revision der Folgen seines Spätwerkes versucht, damit auch in der Gegenwart die Sichtbarkeit der Welt und der Dinge keinen Schaden nähme. Wie Piet Mondrian hat er aus seinen Gegenständen das konstruktive Grundmuster herausdestilliert und so ein Flächengerüst erhalten, in dem Hell-Dunkel-Werte und nicht nur starke Farben Raum und Körper verdeutlichen. Durch systematische Deduktion ist er zu jenem Stil seiner Bilder in den 1990er Jahren gekommen, die als Axiome konkreter gegenstandsfreier Kunst gelten können. In manchen späten Bildern scheint er am Rand der Abstraktion zu stehen, sich aber wieder zurückzuziehen, weil er eine verpflichtende Bindung an die Welt seiner Wahrnehmung erkannte.

Zwischen seinen Landschaften und Stillleben besteht eine eigentümliche Wesensverwandtschaft. Was sind die Stillleben anderes als jener geheimnisvolle Ort, wo der Raum umschlägt in die Fläche des Bildes? Er hat sich von jeder Nachahmung der Natur gelöst, um im Bild die Wirklichkeit neu zu erschaffen.

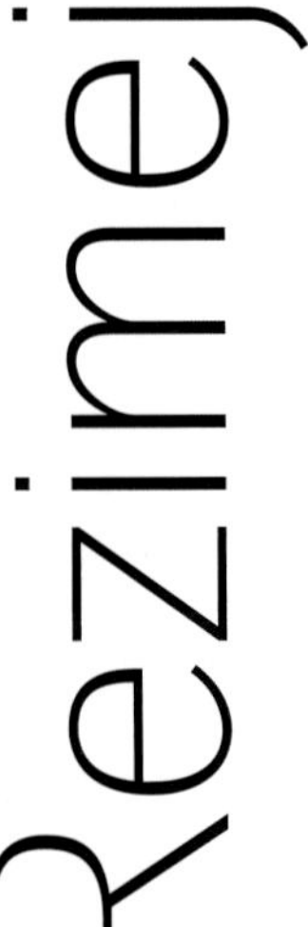

W mjelcecej poeziji a zdźaržnej gustośe.
Jan Buk a europska moderna
Klaus Hammer

Za nestora serbskego mólaŕstwa Jan Buk stej licha pśiroda a ateljej jogo swět byłej. Mimo slědk šěgnjenja a koncentracije, w kótarejž jo żywy był a źěłał, stej jomu wšo prowincielne a pśegnata lubosć k domowni cuzej. Wón jo był jaden pó swěśe drogujucy mólaŕ, kótaryž jo kšuśe w klasiskej modernje zakórjenjony był. Ze Cézanne, Gauguin, Monet, Matisse, Derain, francojskim kubizmom, a mólarjom Giorgio Morandi z Bolonje jo se wón pśecej zasej rozestajał. Wót Cézanne jo wón rěc formow kubizma na jeje stabilnosć a źaržatosć pśespytał a do pšašanja stajił. Wón jo, orientěrujucy se na Cézanneowy ideal pśirody a jeje cas, rewiziju slědow swójich póznych twóŕbow wopytał, aby teke w pśibytnosći widobnosć swěta a wěcow wobškóźona njebyła. Tak ako Piet Mondrian jo wón ze swójich pśedmjatow konstruktiwny zakładny muster wukristalizěrował a tak płoninowu pótwaŕ dostał, w kótarejž swětło-śamne-gódnoty a nic jano mócne barwy rum a śěła wujasnjuju. Pśez systematisku dedukciju jo wón k wónemu stiloju swójich wobrazow w 1990tych lětach pśišeł, kótarež ako aksiomy konkretnego bźezpśedmjatnego wuměłstwa płaśiś mógu. W někotarych póznych wobrazach zda se wón na kšomje abstrakcije stojaś, weto zda se zasej slědk śěgnuś, dokulaž jo wón zawězujucu wězbu na swět jogo zawupytnjenja póznał.

Mjazy jogo krajinami a śichowobrazami wobstoj swójorazna pśiswójźba bytosći. Kak źe se rozeznawaju śichowobraze wót wónego pótajmnego městna, źož rum wobrazowu płoninu wobscynijo? Wón jo se wót kuždego napódobnjenja pśirody wulichował, aby we wobrazu napšawdnosć nowo stwórił.

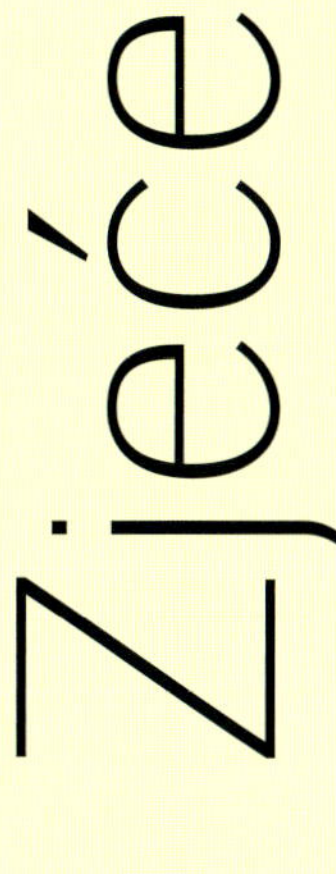

Mjelčiwa poezija a zdźeržliwa hustosć.
Jan Buk a europska moderna
Klaus Hammer

Přiroda wonka a ateljej běštej swět nestora serbskeho molerstwa Jana Buka. Byrnjež kaž samotarsce a koncentrowanje žiwy był a tworił, běštej jemu prowincionalnosć a domiznikarjenje cuzej. Buk běše wuměłc ze šěrokim wobzorom, kruće zakorjenjeny w zakładach klasiskeje moderny. Zas a zaso bě so z Cézanneom, Gauguinom, Monetom, Matisseom, Derainom, z francoskim kubizmom, z molerjom Giorgiom Morandi z Bolognje rozestajał. Z Cézanneom započejo, pruwowaše rěč formow kubizma na jeje poćežujomnosć a kmanosć wobstaća a na tym dwělowaše. Orientujo so na Cézanneskim idealu přirody a na jeje trajnosći, pospyta rewidować sćěhi swojich twórbow, kotrež w poslednjej fazy jeho tworjenja nastachu, zo njeby widźomnosć swěta a wěcow ani za čas našeje přitomnosće škody poćerpjeła. Kaž Piet Mondrian je Buk konstruktiwny zakładny muster ze swojich předmjetow wudestilował. Tak dósta naćisk za płoninu, w kotrejž hódnoće swětłosć-ćmowosć a nic jeno sylne barby rum a ćělesa wobjasnjuja. Přez systematisku dedukciju dósta so k wonemu stilej swojich wobrazow 1990tych lět, kotrež bjez dwěla jako aksiomy konkretneho bjezpředmjetneho wuměłstwa płaća. W někotrych pózdnich wobrazach zdawa so Buk na kromje abstrakcije stać, tola zaso cofać, dokelž spóznawaše, zo zwisk z jeho swětom zaznawanja njeje wobeńdźomny.

Mjez jeho krajinami a ćišnami wobsteji spodźiwna bliskosć po bytosći. Što su ćišna hinašeho hač wone potajnosćiwe městno, hdźež so rum do płoniny wobraza přewróća? Buk je so wšeho napodobnjowanja přirody wzdał, zo by nowu woprawdźitosć na wobrazu stworił.

Streszczenie

W milczącej poezji i powściągliwym zagęszczeniu.
Jan Buck a europejski modernizm
Klaus Hammer

Światem Jana Bucka, nestora malarstwa serbołużyckiego były plenery i pracownia. Mimo odosobnienia i skupienia, w jakim żył i tworzył, wszelki prowincjonalizm był mu obcy. Był malarzem kosmopolitycznym, silnie zakorzenionym w podstawach klasycznego modernizmu. Nieustannie odwoływał się do twórczości Cézanne'a, Gauguina, Moneta, Matisse'a, Deraina, dzieł francuskiego kubizmu, a nawet bolońskiego malarza Giorgia Morandiego. Przyjmując za punkt wyjścia twórczość Cézanne'a przetestował i zakwestionował język formalny kubizmu. Kierując się Cézanne'owskim ideałem natury i jej trwałości, podjął próbę rewizji recepcji jego późnych dokonań w malarstwie modernizmu, aby widzialny świat i rzeczy również w teraźniejszości nie uległy zatarciu. Podobnie jak Piet Mondrian, z przedstawianych przedmiotów wydestylowywał podstawowy wzór konstrukcyjny, uzyskując w ten sposób szkielet poszczególnych powierzchni, w którym wartości światłocieniowe, a nie tylko intensywne barwy, eksponują przestrzeń i bryły. Drogą systematycznej dedukcji wypracował ów styl swoich obrazów z lat 90. XX w., które uznać można za aksjomaty konkretnej sztuki bezprzedmiotowej. Można odnieść wrażenie, że w niektórych późnych obrazach dotarł do granicy abstrakcji, lecz wycofał się, gdyż rozpoznał zobowiązującą więź ze światem własnej percepcji.

Pomiędzy jego pejzażami a martwymi naturami istnieje swoiste pokrewieństwo. Czymże innym są martwe natury aniżeli owym tajemniczym miejscem, gdzie przestrzeń zamienia się w powierzchnię obrazu? Buck zerwał z wszelkim naśladownictwem natury, by w obrazie kreować nową rzeczywistość.

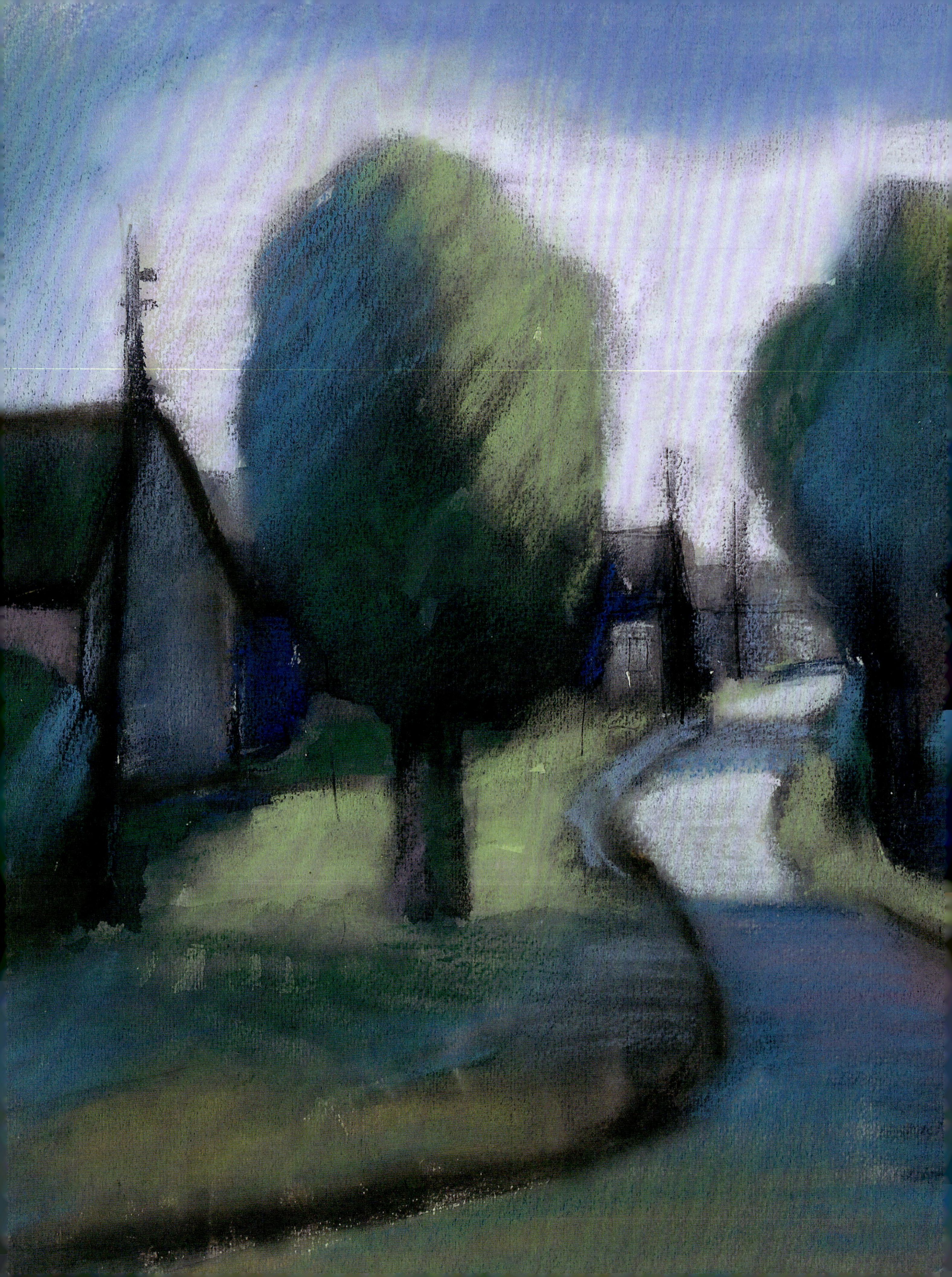

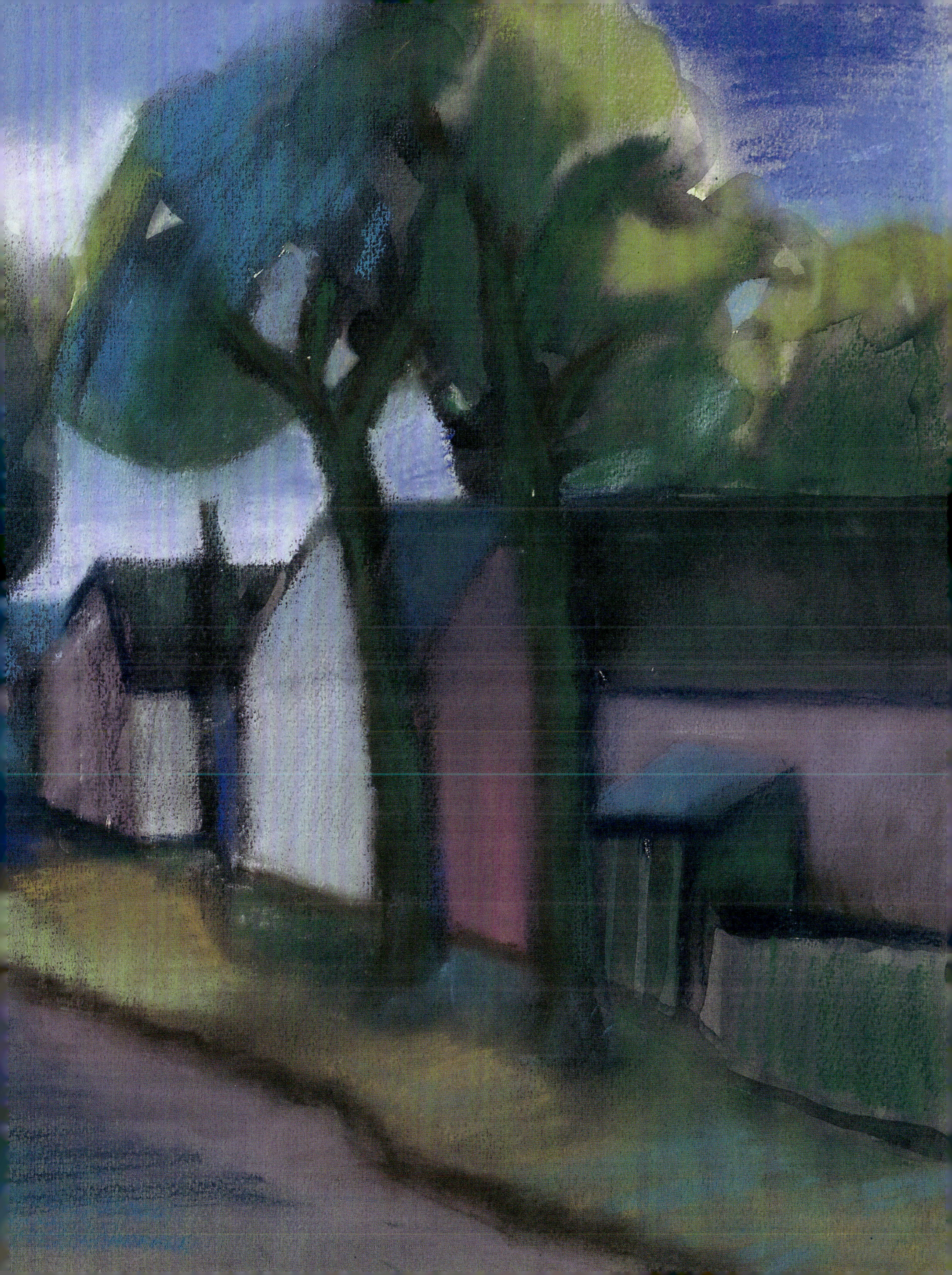

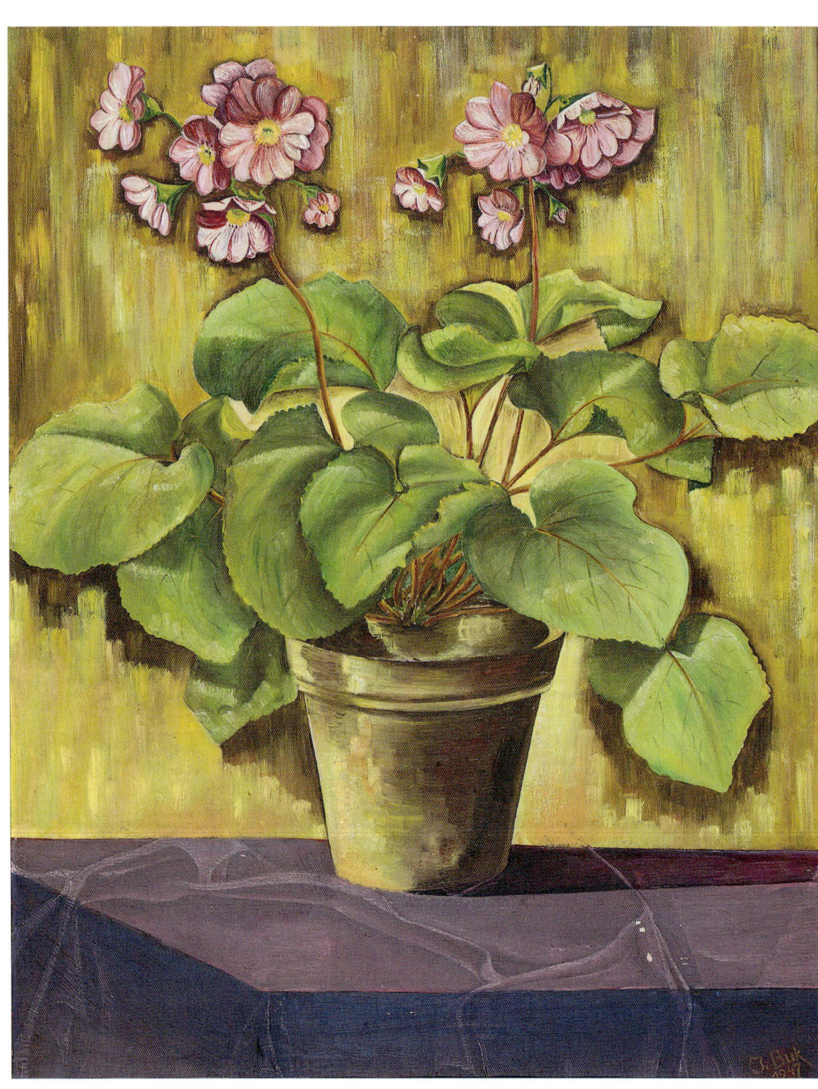

Primel
1947, Öl auf Hartfaser,
49,0 × 40,0 cm
Privatbesitz

Kropačk
1947, wolij na twjerdej włokninje,
49,0 × 40,0 cm
priwatne wobsydstwo

Primula
1947, wólej na twardej włokninje,
49,0 × 40,0 cm
priwatne wobsejźeństwo

Pierwiosnek
1947 r., olej na płycie pilśniowej,
49,0 × 40,0 cm
własność prywatna

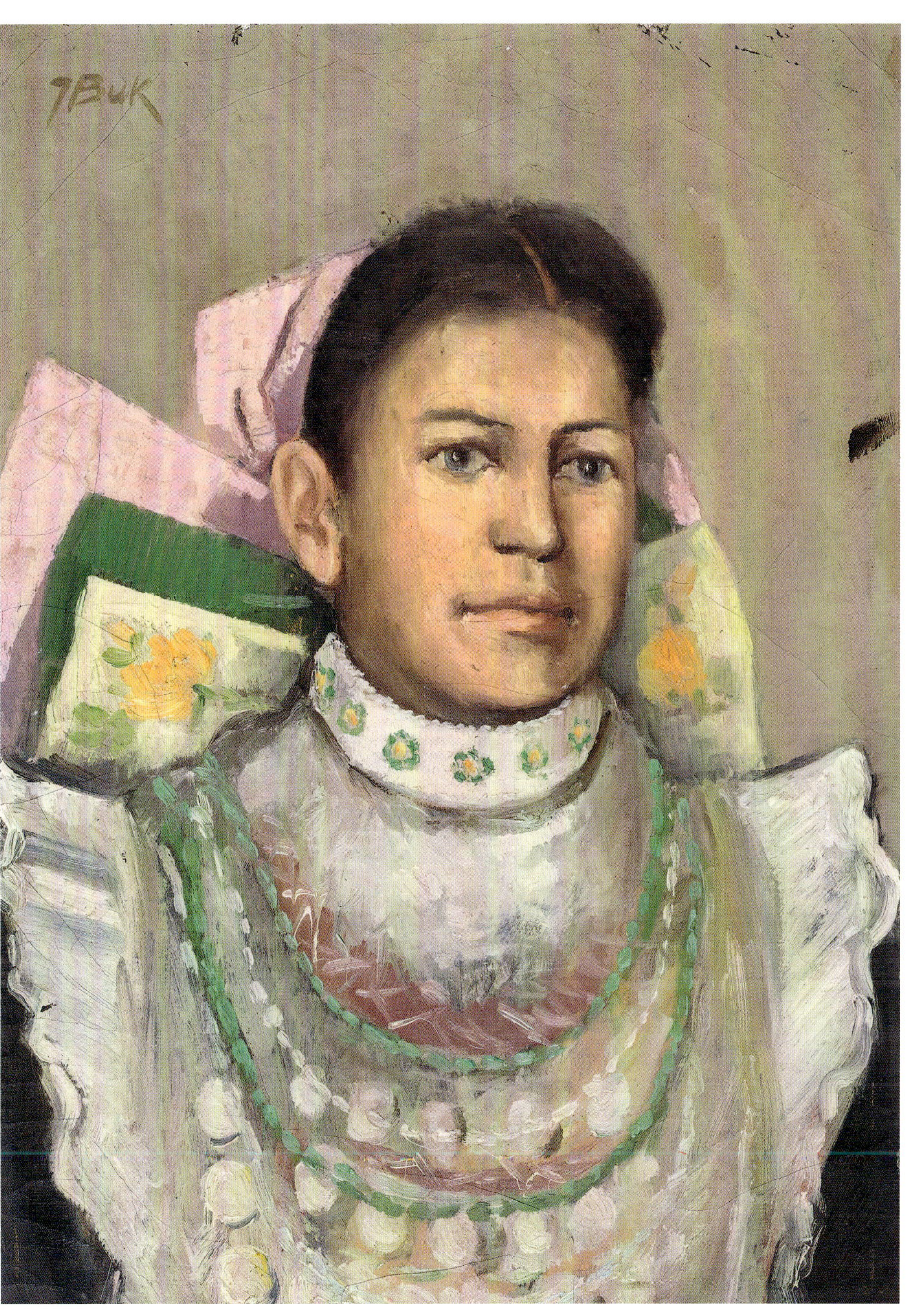

Mädchen in Tracht der katholischen Brautjungfer
um 1947, Öl auf Leinwand,
55,2 × 39,5 cm
Privatbesitz

Holca jako katolska družka
wokoło 1947, wolij na płatnje,
55,2 × 39,5 cm
priwatne wobsydstwo

Żowćo ako katolska družka
wokoło 1947, wólej na płaśe,
55,2 × 39,5 cm
priwatne wobsejźeństwo

Dziewczyna w stroju katolickiej druhny
ok. 1947 r., olej na płótnie,
55,2 × 39,5 cm
własność prywatna

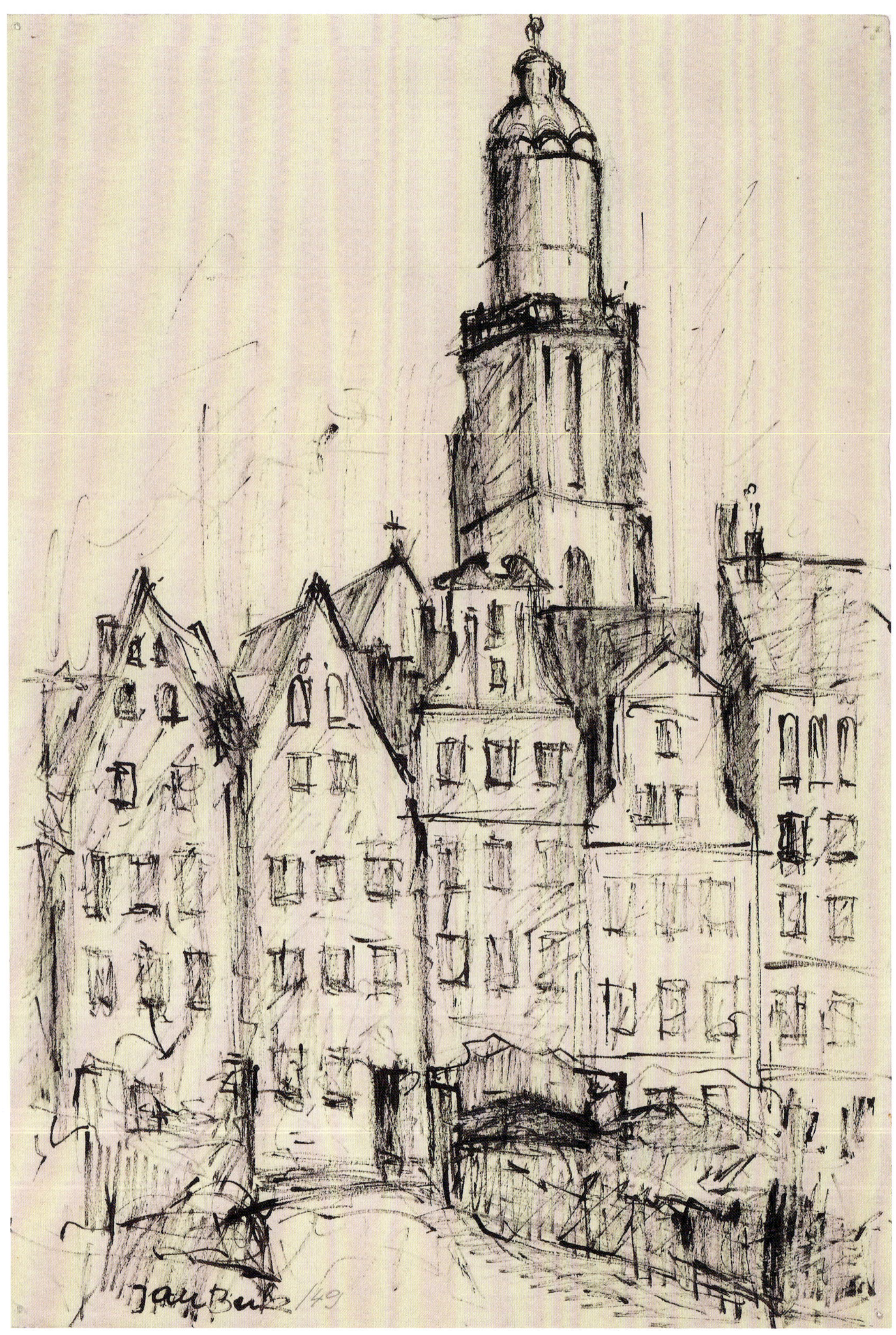

Renaissancehäuser mit Elisabethkirche in Wrocław
1949, Pinsel mit Tusche auf Papier, 50,3 × 35,0 cm
Privatbesitz

Renesancne domy z cyrkwju swj. Hilžbjety we Wrócławju
1949, seršćowc z tušu na papjerje, 50,3 × 35,0 cm
priwatne wobsydstwo

Renesancne domy ze cerkwju sw. Halžbjety we Wrocławje
1949, šćotka z tušu na papjerje, 50,3 × 35,0 cm
priwatne wobsejźeństwo

Renesansowe kamienice z bazyliką św. Elżbiety we Wrocławiu
1949 r., pędzel i tusz na papierze, 50,3 × 35,0 cm
własność prywatna

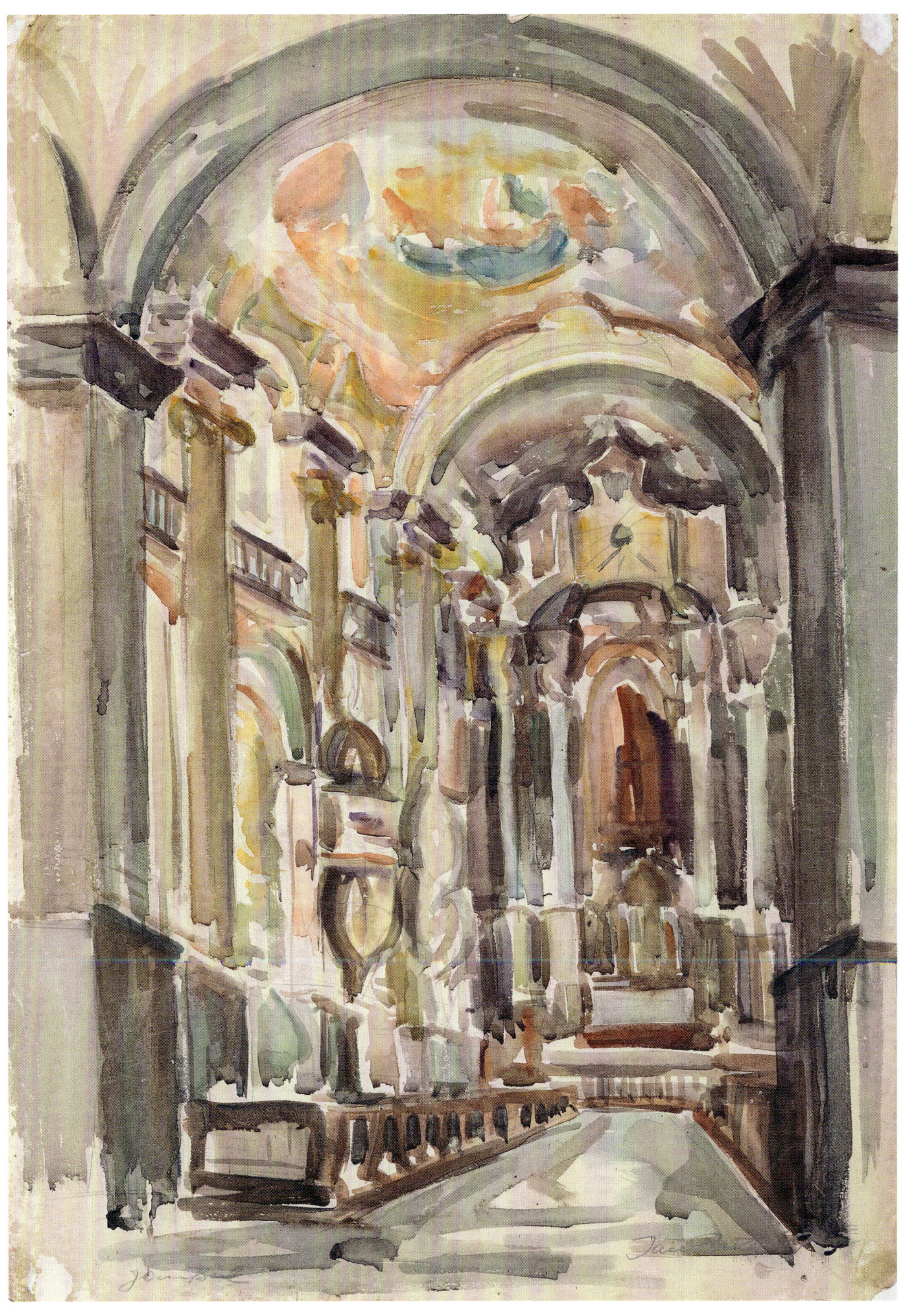

Universitätskirche in Wrocław
1949, Aquarell auf Papier, 63,3 × 45,5 cm
Privatbesitz

Uniwersitna cyrkej we Wrócławju
1949, akwarel na papjerje, 63,3 × 45,5 cm
priwatne wobsydstwo

Uniwersitna cerkwja we Wrocławje
1949, akwarel na papjerje, 63,3 × 45,5 cm
priwatne wobsejźeństwo

Kościół Uniwersytecki we Wrocławiu
1949 r., akwarela na papierze, 63,3 × 45,5 cm
własność prywatna

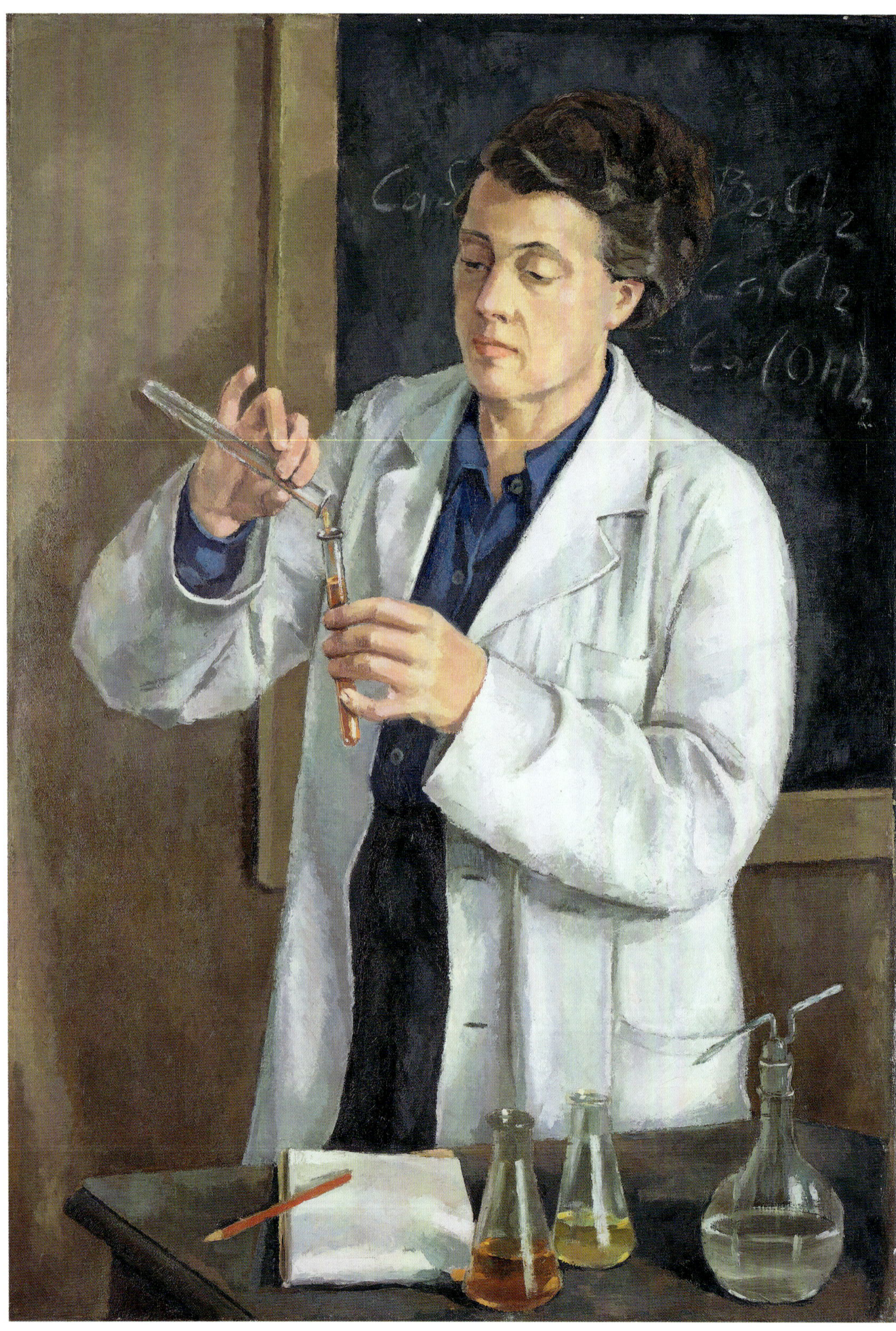

Die Chemikerin
1953, Öl auf Leinwand,
100,0 × 70,5 cm,
Inv.-Nr. 224
Kustodie der Hochschule für Bildende Künste Dresden

Chemikarka
1953, wolij na płatnje,
100,0 × 70,5 cm,
inwentarne čo. 224
Kustodija Wysokeje šule tworjaceho wuměłstwa Drježdźany

Chemikaŕka
1953, wólej na płaśe,
100,0 × 70,5 cm,
inwentarny nr. 224
Kustodija Wusokeje šule twórjecych wuměłstwow w Drježdźanach

Chemiczka
1953 r., olej na płótnie,
100,0 × 70,5 cm,
nr inw. 224
Archiwum Kustodie Wyższej Szkoły Sztuk Pięknych w Dreźnie

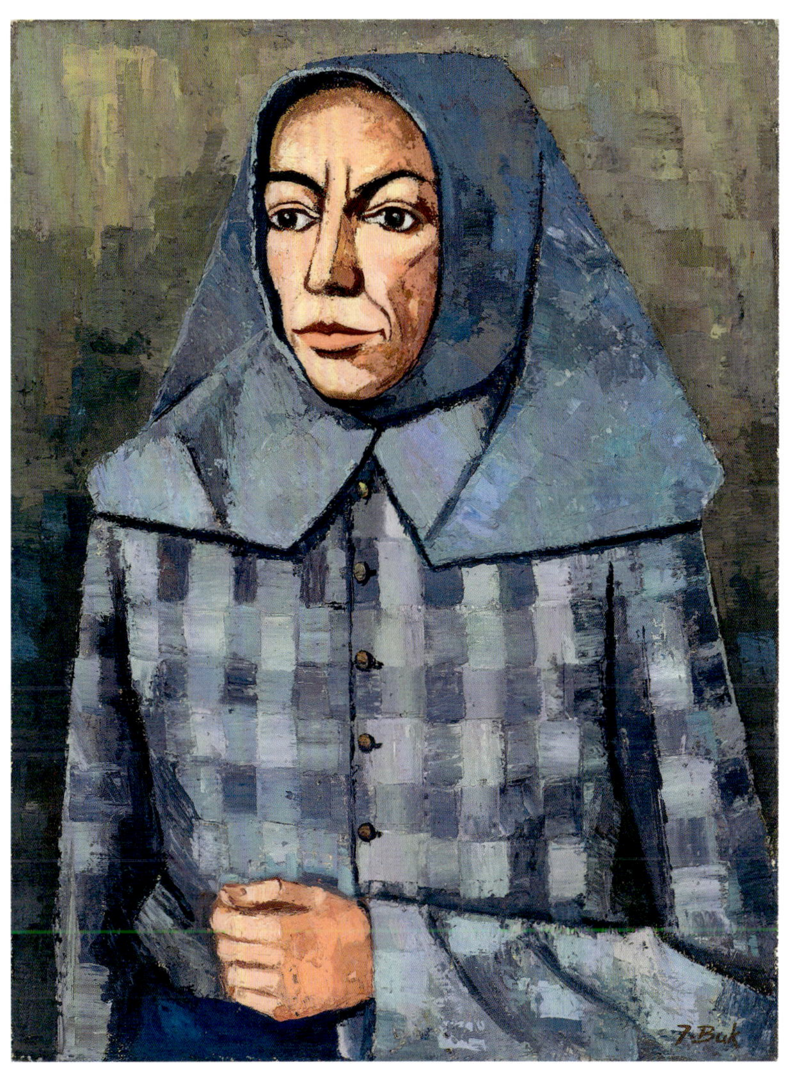

Marja Jančowa
1959, Öl auf Leinwand,
65,3 × 50,2 cm,
Inv.-Nr. SM VI-000345 K1
Sorbisches Museum

Marja Jančowa
1959, wolij na płatnje,
65,3 × 50,2 cm, inwentarne
čo. SM VI-000345 K1
Serbski muzej

Marja Jančowa
1959, wólej na płaśe,
65,3 × 50,2 cm, inwentarny
nr. SM VI-000345 K1
Serbski muzej

Marja Jančowa
1959 r., olej na płótnie,
65,3 × 50,2 cm,
nr inw. SM VI-000345 K1
Muzeum Serbołużyckie

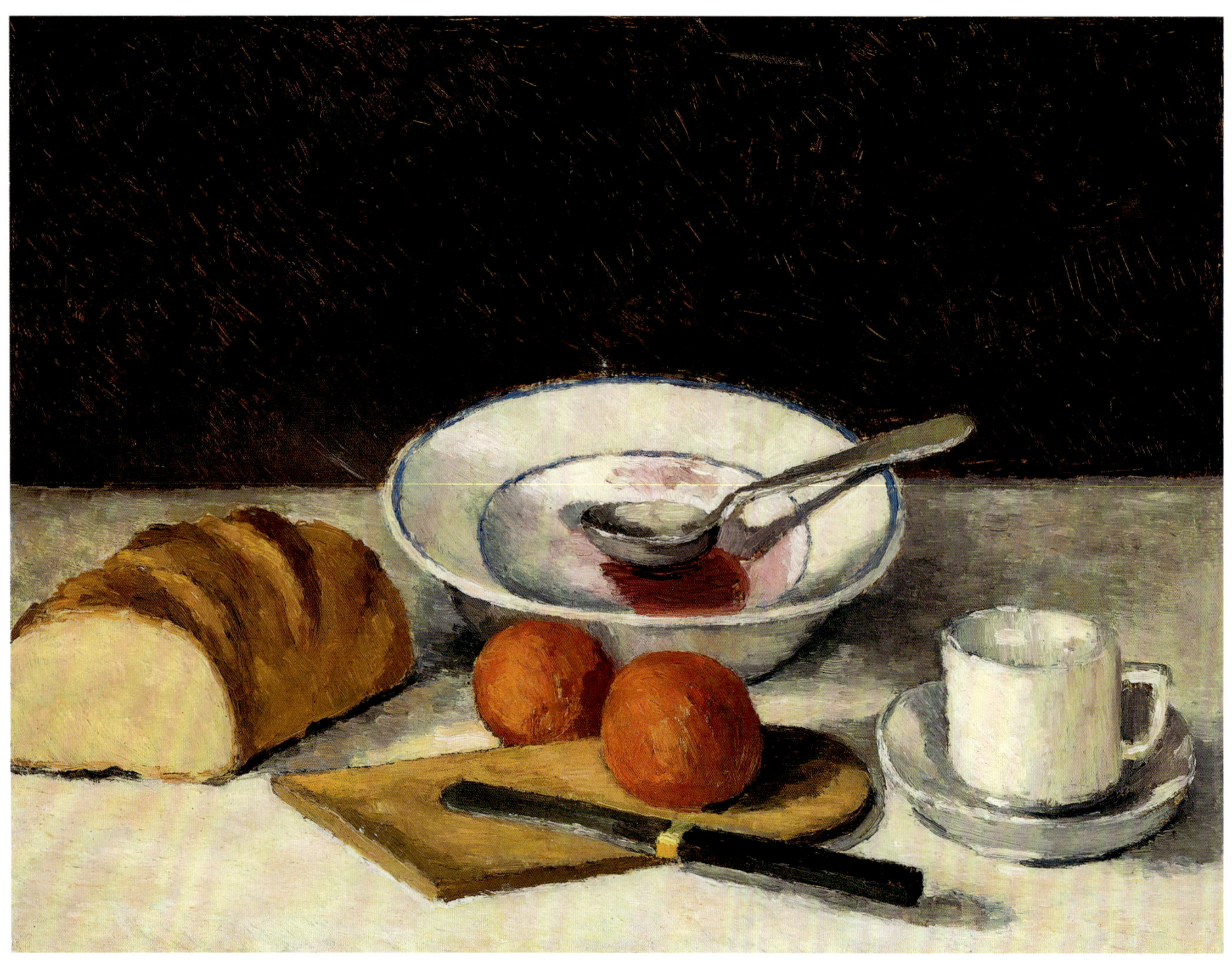

Bäuerliches Frühstücksgedeck
1954, Öl auf Leinwand,
45,5 × 60,0 cm,
Inv.-Nr. SM VI-000133 K1
Sorbisches Museum

Burska snědań
1954, wolij na płatnje,
45,5 × 60,0 cm,
inwentarne čo. SM VI-000133 K1
Serbski muzej

Buŕske snědanje
1954, wólej na płaśe,
45,5 × 60,0 cm,
inwentarny nr. SM VI-000133 K1
Serbski muzej

Chłopskie śniadanie
1954 r., olej na płótnie,
45,5 × 60,0 cm,
nr inw. SM VI-000133 K1
Muzeum Serbołużyckie

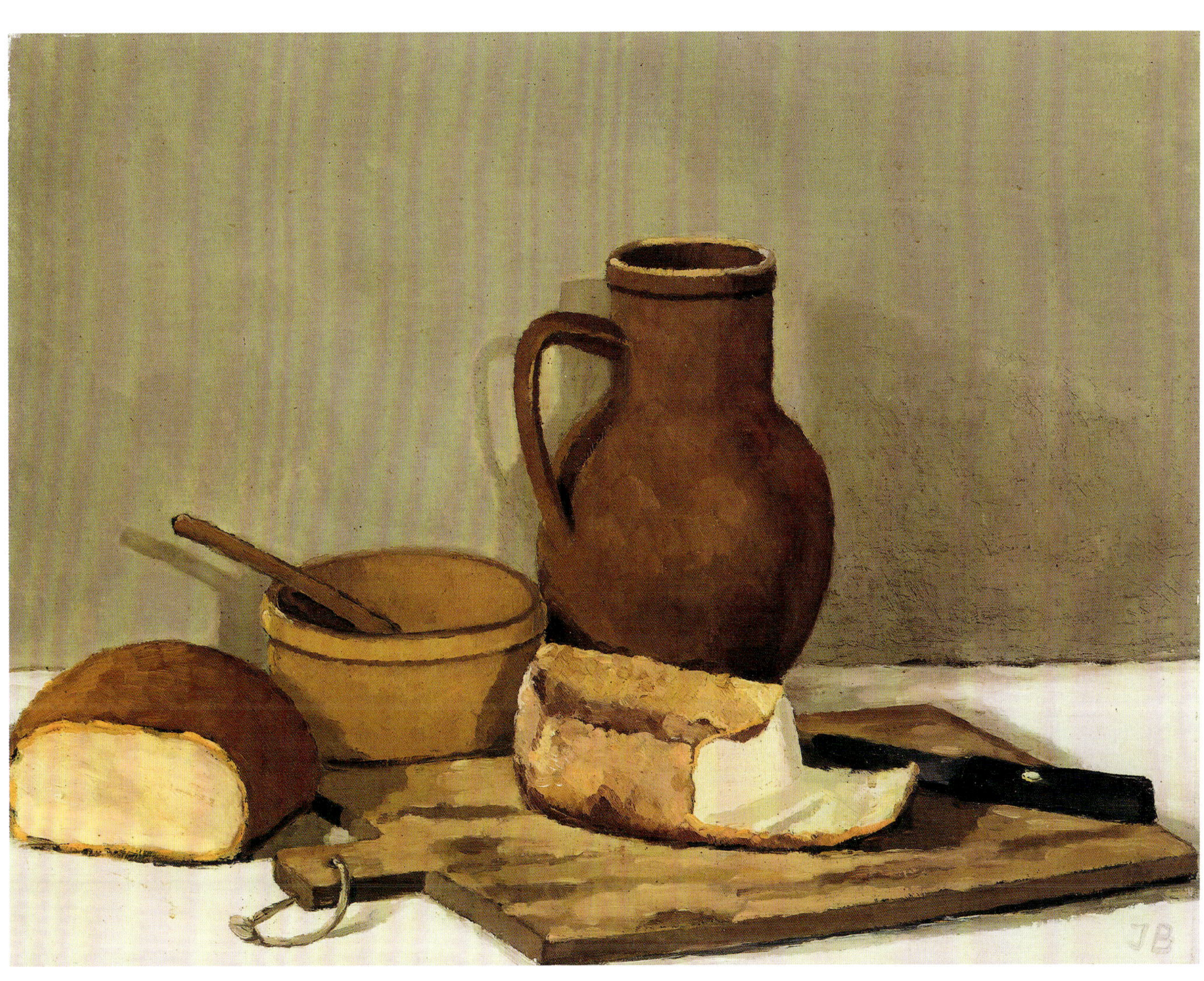

Bauernstillleben
1955, Öl auf Leinwand,
50,3 × 64,7 cm,
Inv.-Nr. SM VI-000135 K1
Sorbisches Museum

Burske ćišno
1955, wolij na płatnje,
50,3 × 64,7 cm,
inwentarne čo. SM VI-000135 K1
Serbski muzej

Buŕski šichowobraz
1955, wólej na płaśe,
50,3 × 64,7 cm,
inwentarny nr. SM VI-000135 K1
Serbski muzej

Chłopska martwa natura
1955 r., olej na płótnie,
50,3 × 64,7 cm,
nr inw. SM VI-000135 K1
Muzeum Serbołużyckie

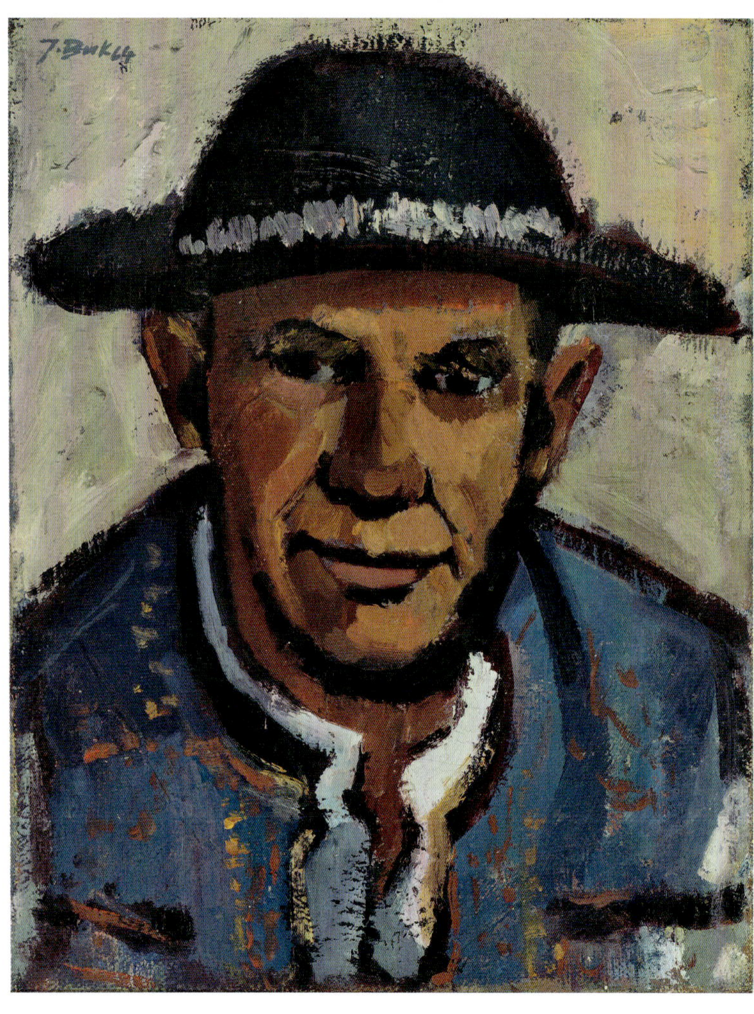

Polnischer Volkskünstler
1964, Öl auf Leinwand,
47,5 × 38,5 cm,
Inv.-Nr. SM VI-003331 K1
Sorbisches Museum

Pólski ludowy wuměłc
1964, wolij na płatnje,
47,5 × 38,5 cm,
inwentarne čo. SM VI-003331 K1
Serbski muzej

Pólski ludowy wuměłc
1964, wólej na płaśe,
47,5 × 38,5 cm,
inwentarny nr. SM VI-003331 K1
Serbski muzej

Polski artysta ludowy
1964 r., olej na płótnie,
47,5 × 38,5 cm,
nr inw. SM VI-003331 K1
Muzeum Serbołużyckie

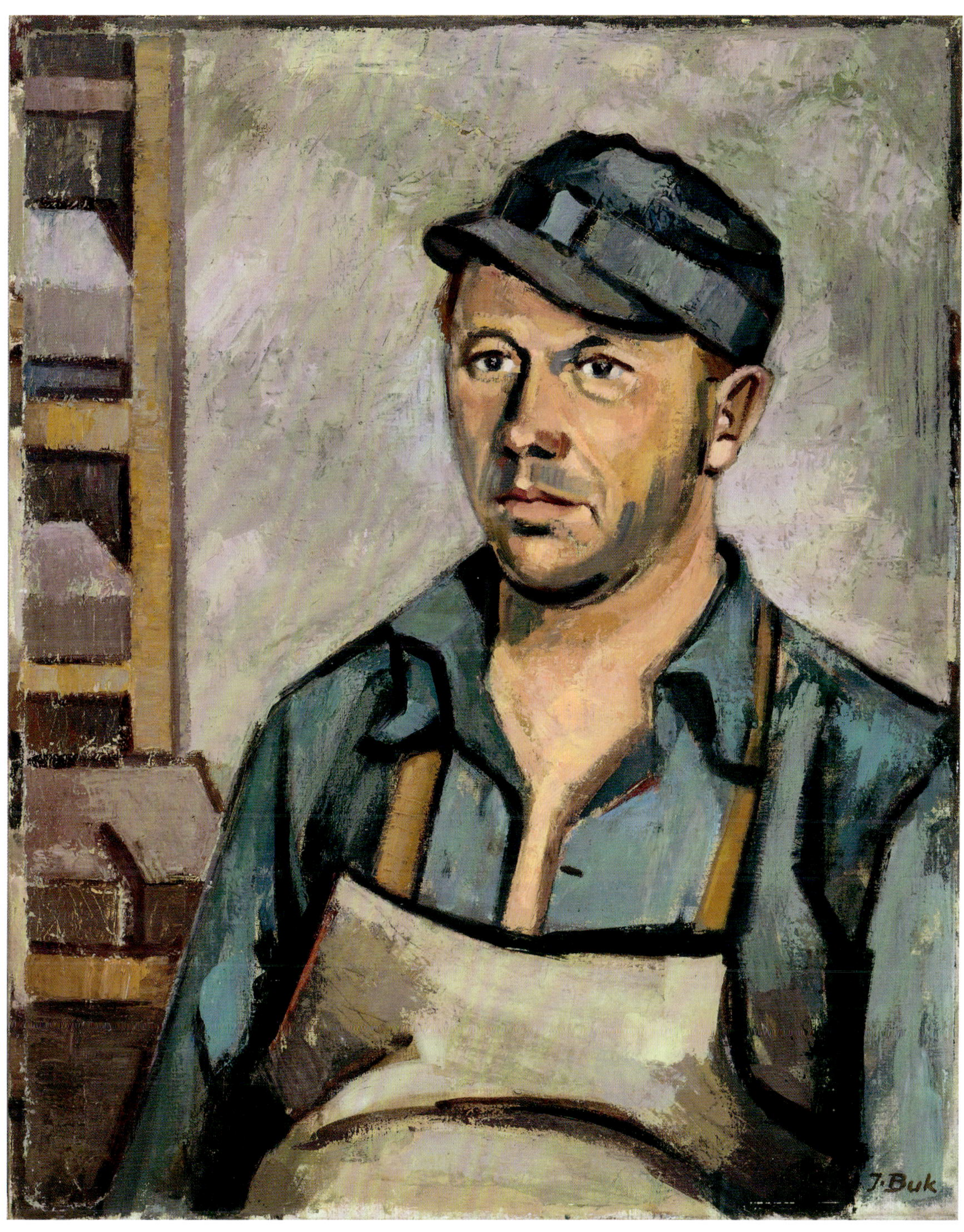

Brigadier Straube
1960, Öl auf Leinwand,
82,2 × 67,5 cm,
Inv.-Nr. SM VI-000156 K1
Sorbisches Museum

Brigaděr Štrawba
1960, wolij na płatnje,
82,2 × 67,5 cm,
inwentarne čo. SM VI-000156 K1
Serbski muzej

Brigaděr Štrawba
1960, wólej na płaśe,
82,2 × 67,5 cm,
inwentarny nr. SM VI-000156 K1
Serbski muzej

Brygadier Straube
1960 r., olej na płótnie,
82,2 × 67,5 cm,
nr inw. SM VI-000156 K1
Muzeum Serbołużyckie

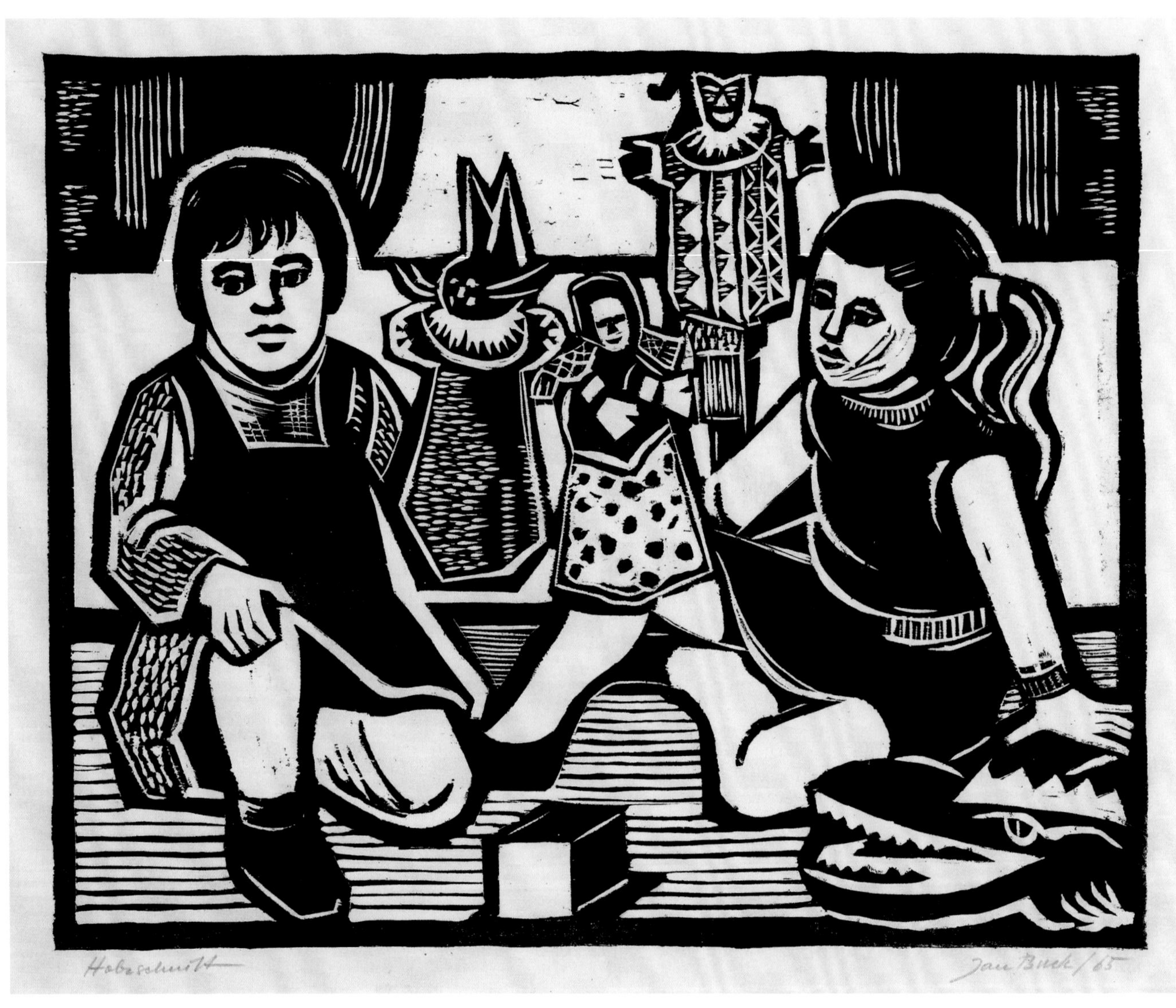

o. T. (Kindergarten)
1965, Holzschnitt auf Papier,
50,0 × 72,5 cm,
Inv.-Nr. B-DG-0335
Kunstarchiv Beeskow

bjez titla (pěstowarnja)
1965, drjeworěz na papjerje,
50,0 × 72,5 cm,
inwentarne čo. B-DG-0335
Wuměłstwowy archiw Bezkow

bźez titla (źiśownja)
1965, drjeworězba na papjerje,
50,0 × 72,5 cm,
inwentarny nr. B-DG-0335
Wuměłstwowy archiw Bezkow

Bez tytułu (przedszkole)
1965 r., drzeworyt na papierze,
50,0 × 72,5 cm,
nr inw. B-DG-0335
Archiwum Sztuki Beeskow

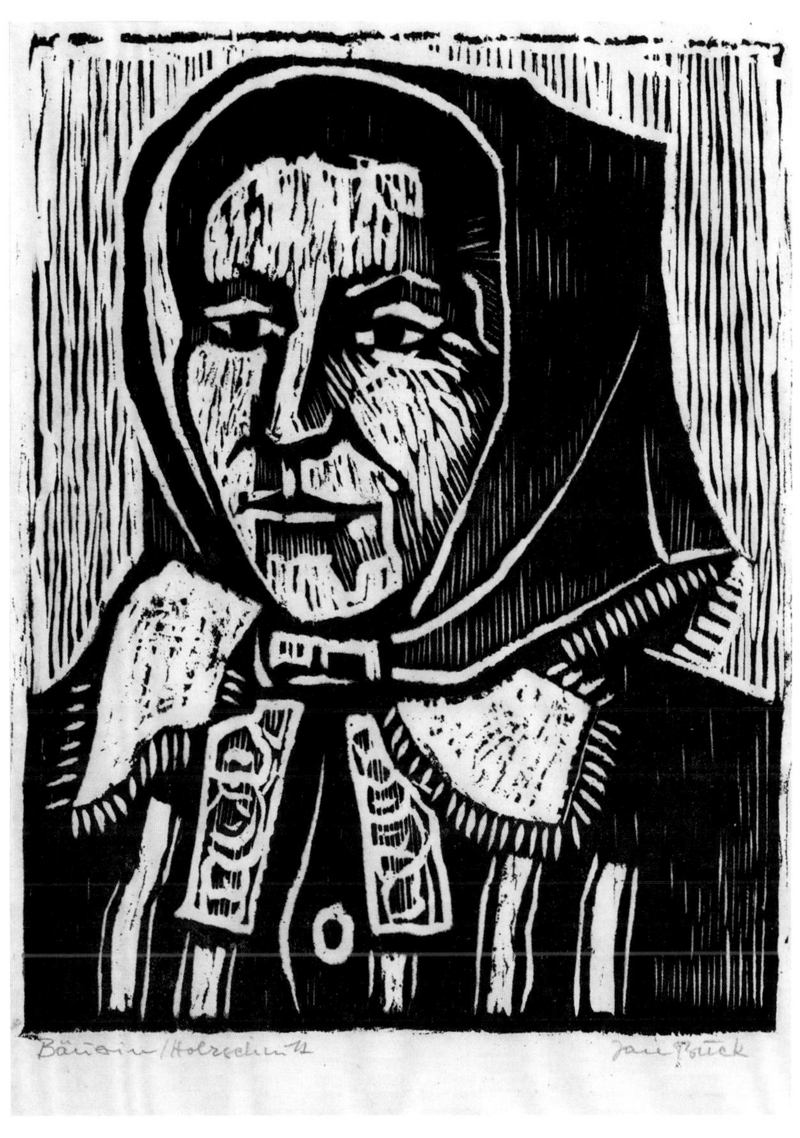

Bäuerin
1966, Holzschnitt auf Papier,
50,1 × 36,2 cm,
Inv.-Nr. SM VI-003390 K2
Sorbisches Museum

Burowka
1966, drjeworěz na papjerje,
50,1 × 36,2 cm,
inwentarne čo. SM VI-003390 K2
Serbski muzej

Burowka
1966, drjeworězba na papjerje,
50,1 × 36,2 cm,
inwentarny nr. SM VI-003390 K2
Serbski muzej

Wieśniaczka
1966 r., drzeworyt na papierze,
50,1 × 36,2 cm,
nr inw. SM VI-003390 K2
Muzeum Serbołużyckie

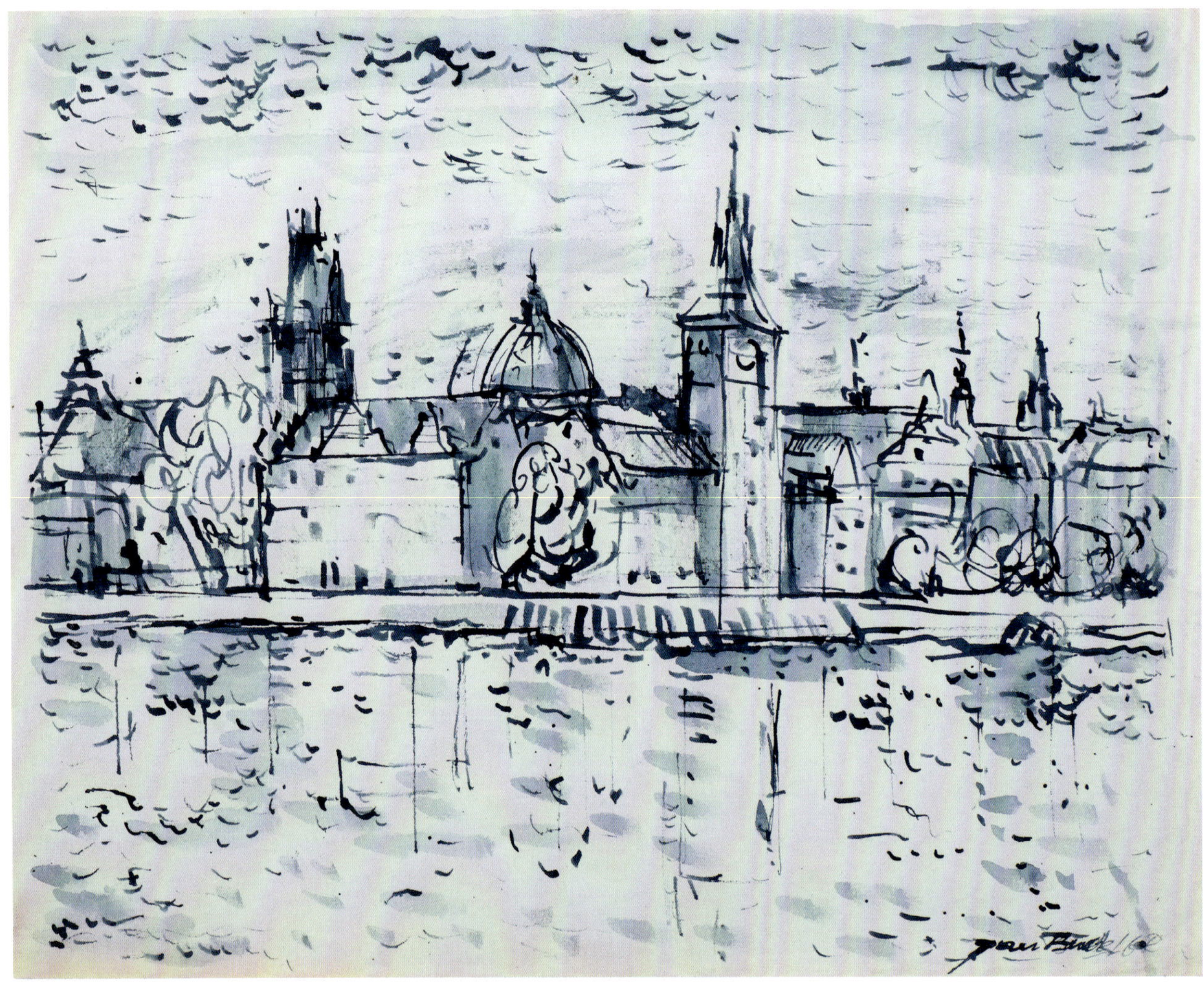

An der Moldau
1968, Pinsel mit Tusche auf Papier, 49,0 × 62,5 cm, Inv.-Nr. SM VI-007248 K2
Sorbisches Museum

Při Wołtawje
1968, seršćowc z tušu na papjerje, 49,0 × 62,5 cm, inwentarne čo. SM VI-007248 K2
Serbski muzej

Pśi Wołtawje
1968, šćotka z tušu na papjerje, 49,0 × 62,5 cm, inwentarny nr. SM VI-007248 K2
Serbski muzej

Nad Wełtawą
1968 r., pędzel i tusz na papierze, 49,0 × 62,5 cm, nr inw. SM VI-007248 K2
Muzeum Serbołużyckie

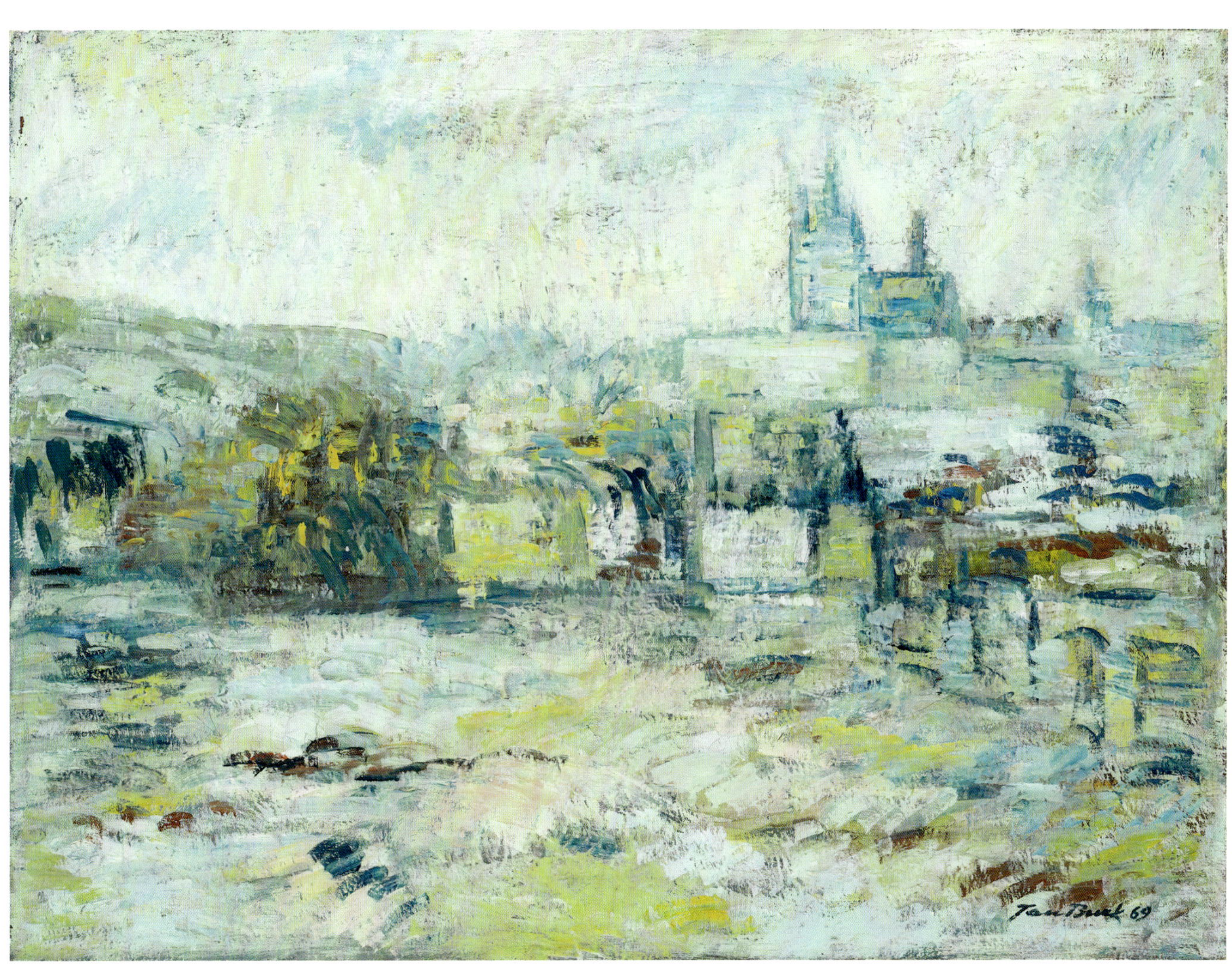

Prag, Blick auf die Altstadt
1969, Öl auf Leinwand,
64,0 × 86,0 cm
Privatbesitz

Praha, wid na stare město
1969, wolij na płatnje,
64,0 × 86,0 cm
priwatne wobsydstwo

Praga, póglědnjenje na stare město
1969, wólej na płaśe,
64,0 × 86,0 cm
priwatne wobsejźeństwo

Praga, widok na stare miasto
1969 r., olej na płótnie,
64,0 × 86,0 cm
własność prywatna

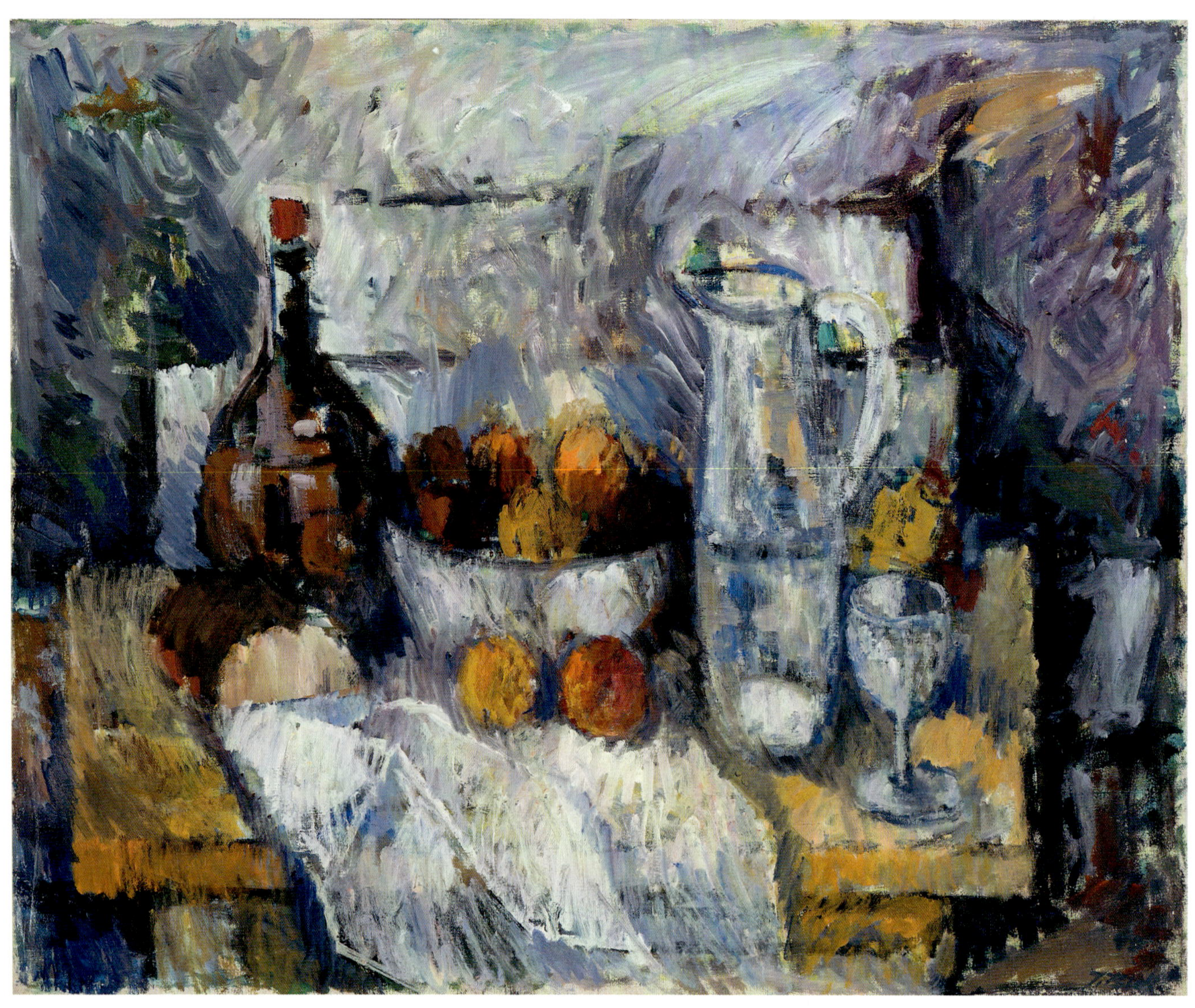

Krug mit Früchten
o. J., Öl auf Leinwand,
72,0 × 87,5 cm,
Inv.-Nr. SM VI-003435 K1
Sorbisches Museum

Karan z płodami
bjez lěta, wolij na płatnje,
72,0 × 87,5 cm,
inwentarne čo. SM VI-003435 K1
Serbski muzej

Kružk z płodami
bźez lěta, wólej na płaśe,
72,0 × 87,5 cm,
inwentarny nr. SM VI-003435 K1
Serbski muzej

Dzban z owocami
bez daty, olej na płótnie,
72,0 × 87,5 cm,
nr inw. SM VI-003435 K1
Muzeum Serbołużyckie

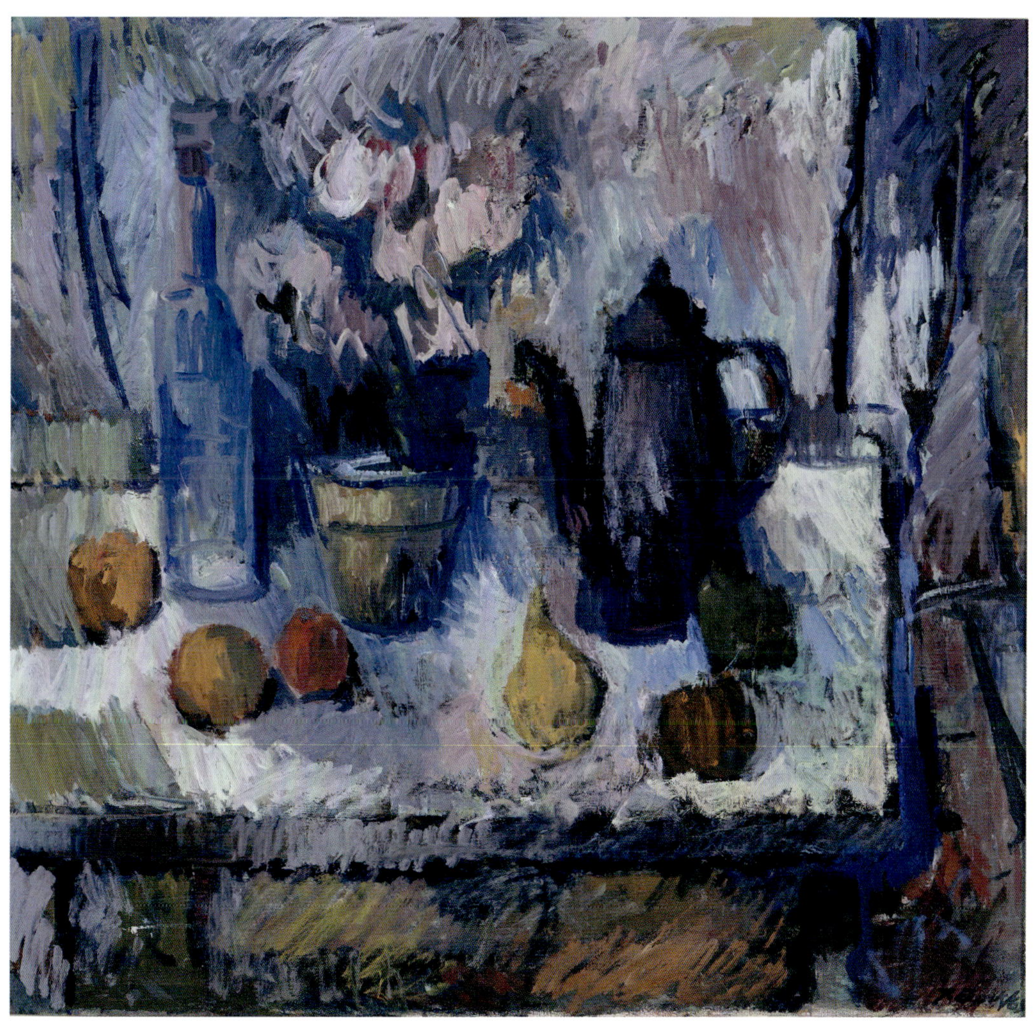

Stillleben
1969, Öl auf Leinwand,
75,0 × 80,0 cm,
Inv.-Nr. M 1407–172
Brandenburgisches Landesmuseum für moderne Kunst

Ćišno
1969, wolij na płatnje,
75,0 × 80,0 cm,
inwentarne čo. M 1407–172
Braniborski krajny muzej moderneho wuměłstwa

Śichowobraz
1969, wólej na płaśe,
75,0 × 80,0 cm,
inwentarny nr. M 1407–172
Bramborski krajny muzej modernego wuměłstwa

Martwa natura
1969 r., olej na płótnie,
75,0 × 80,0 cm,
nr inw. M 1407–172
Brandenburskie Muzeum Sztuki Nowoczesnej

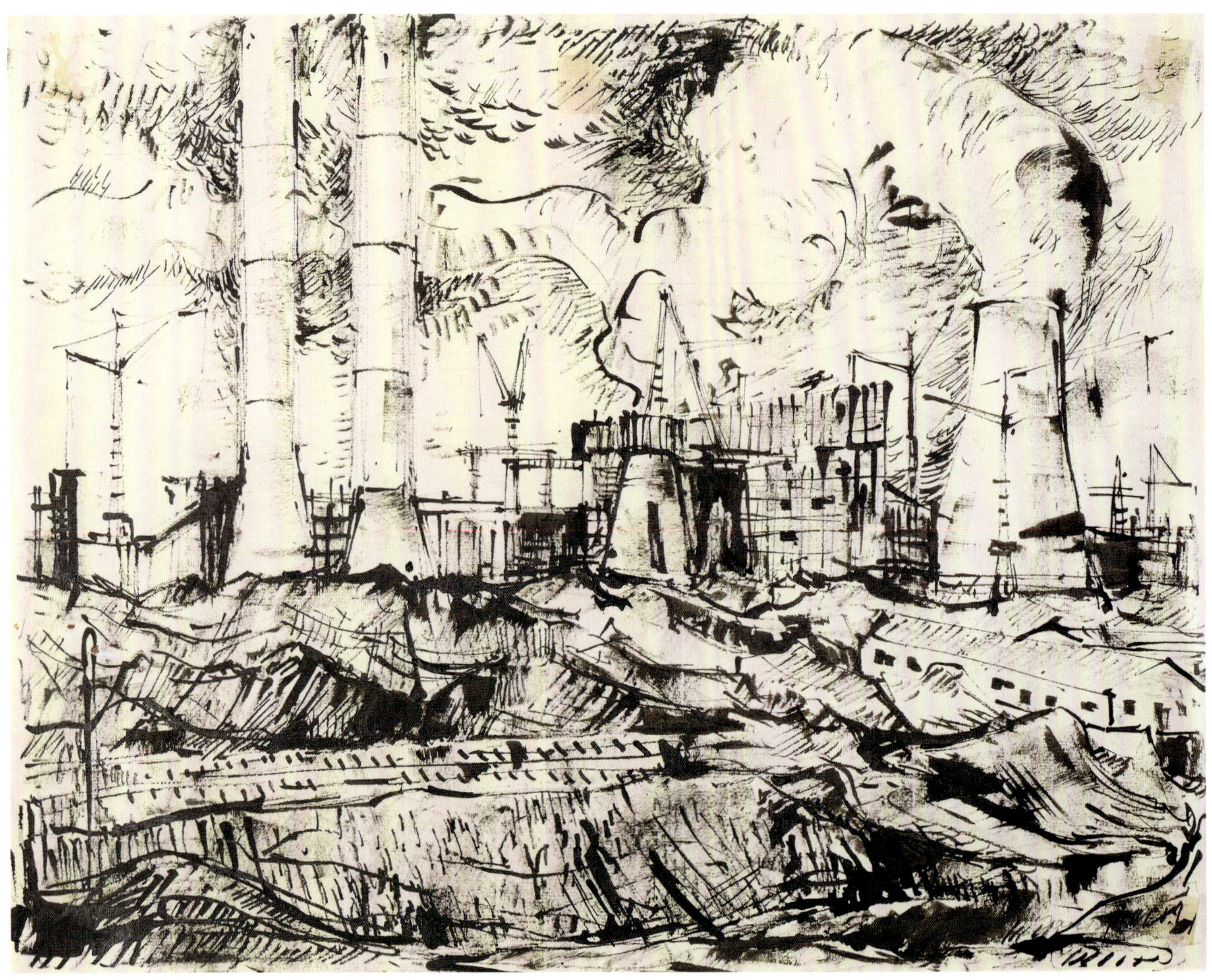

Boxberg im Aufbau
1968, Feder und Pinsel mit Tusche auf Papier, 48,7 × 62,7 cm
Privatbesitz

Hamor so natwarja
1968, pjero a seršćowc z tušu na papjerje, 48,7 × 62,7 cm
priwatne wobsydstwo

Hamor se natwarja
1968, pjero a šćotka z tušu na papjerje, 48,7 × 62,7 cm
priwatne wobsejźeństwo

Boxberg w budowie
1968 r., piórko, pędzel i tusz na papierze, 48,7 × 62,7 cm
własność prywatna

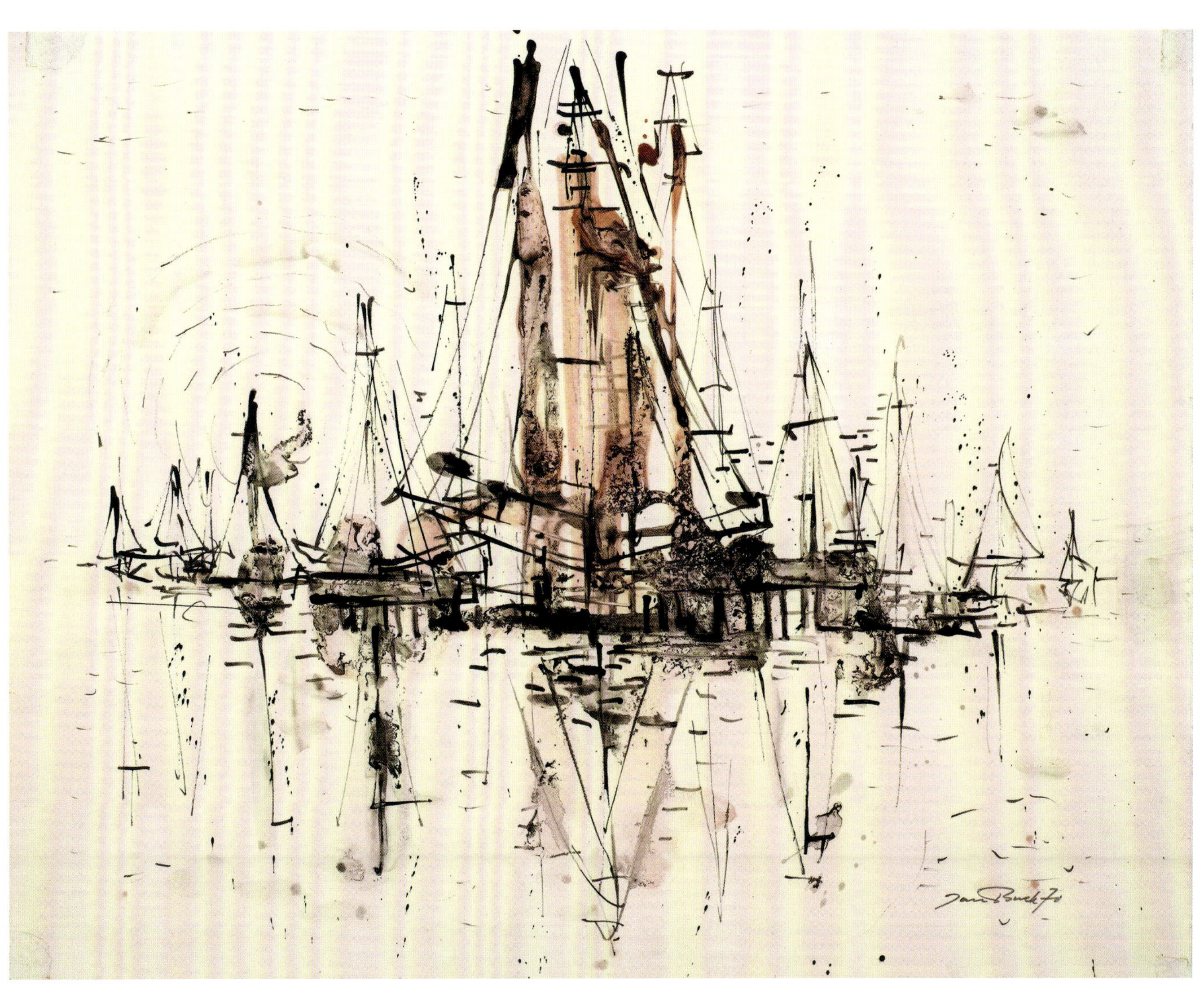

Boote
1970, Feder und Pinsel mit Tusche auf Papier,
49,0 × 62,5 cm,
Inv.-Nr. SM VI-007247 K2
Sorbisches Museum

Čołmy
1970, pjero a seršćowc z tušu na papjerje,
49,0 × 62,5 cm,
inwentarne čo. SM VI-007247 K2
Serbski muzej

Cołny
1970, pjero a šćotka z tušu na papjerje,
49,0 × 62,5 cm,
inwentarny nr. SM VI-007247 K2
Serbski muzej

Łodzie
1970 r., piórko, pędzel i tusz na papierze,
49,0 × 62,5 cm,
nr inw. SM VI-007247 K2
Muzeum Serbołużyckie

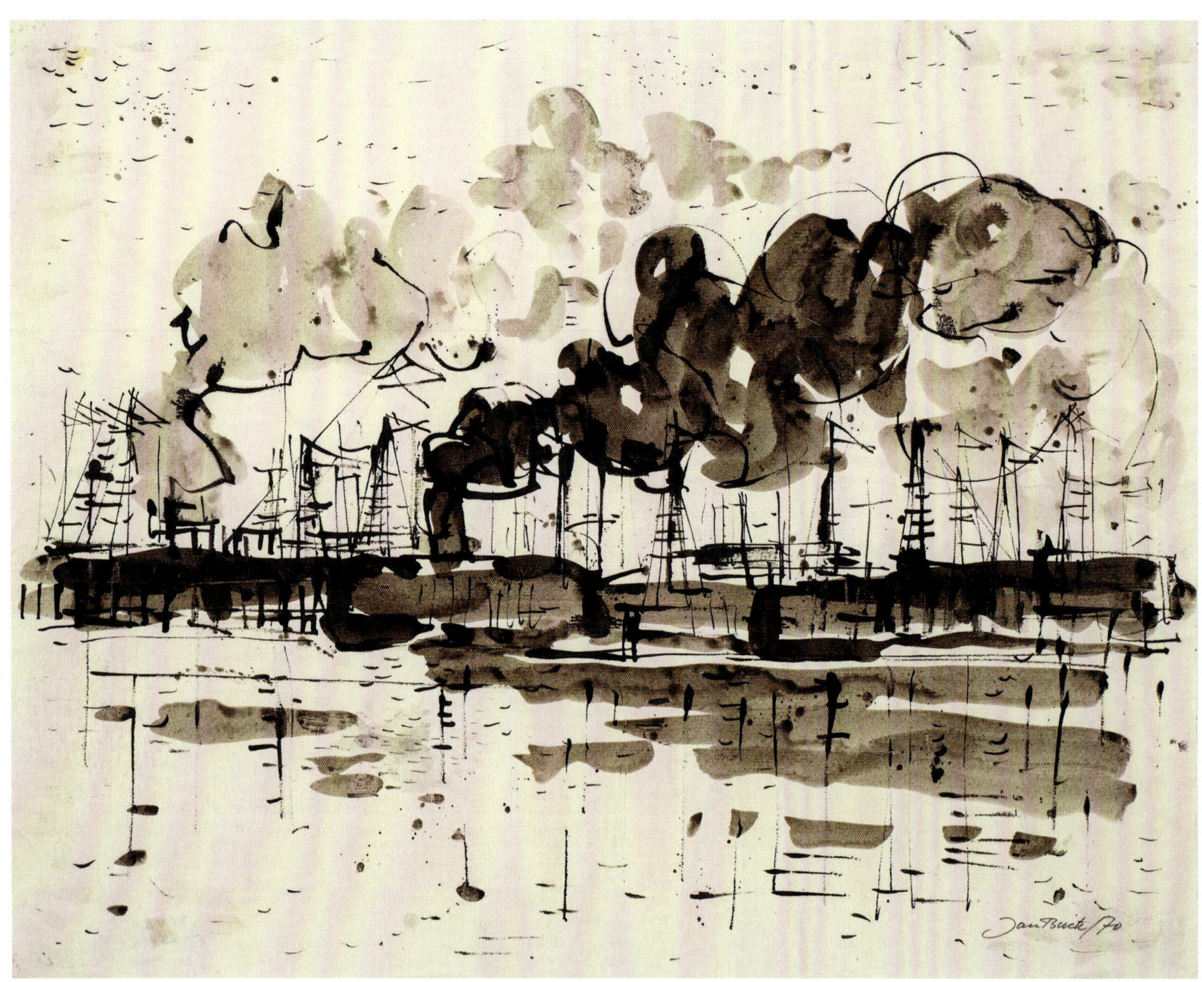

Hafen in Szczecin
1970, Feder und Pinsel mit Tusche auf Papier,
49,0 × 62,5 cm,
Inv.-Nr. SM VI-007246 K2
Sorbisches Museum

Přistaw w Szczecinje
1970, pjero a seršćowc z tušu na papjerje,
49,0 × 62,5 cm,
inwentarne čo. SM VI-007246 K2
Serbski muzej

Pśistaw we Szczecinje
1970, pjero a šćotka z tušu na papjerje,
49,0 × 62,5 cm,
inwentarny nr. SM VI-007246 K2
Serbski muzej

Port w Szczecinie
1970 r., piórko, pędzel i tusz na papierze,
49,0 × 62,5 cm,
nr inw. SM VI-007246 K2
Muzeum Serbołużyckie

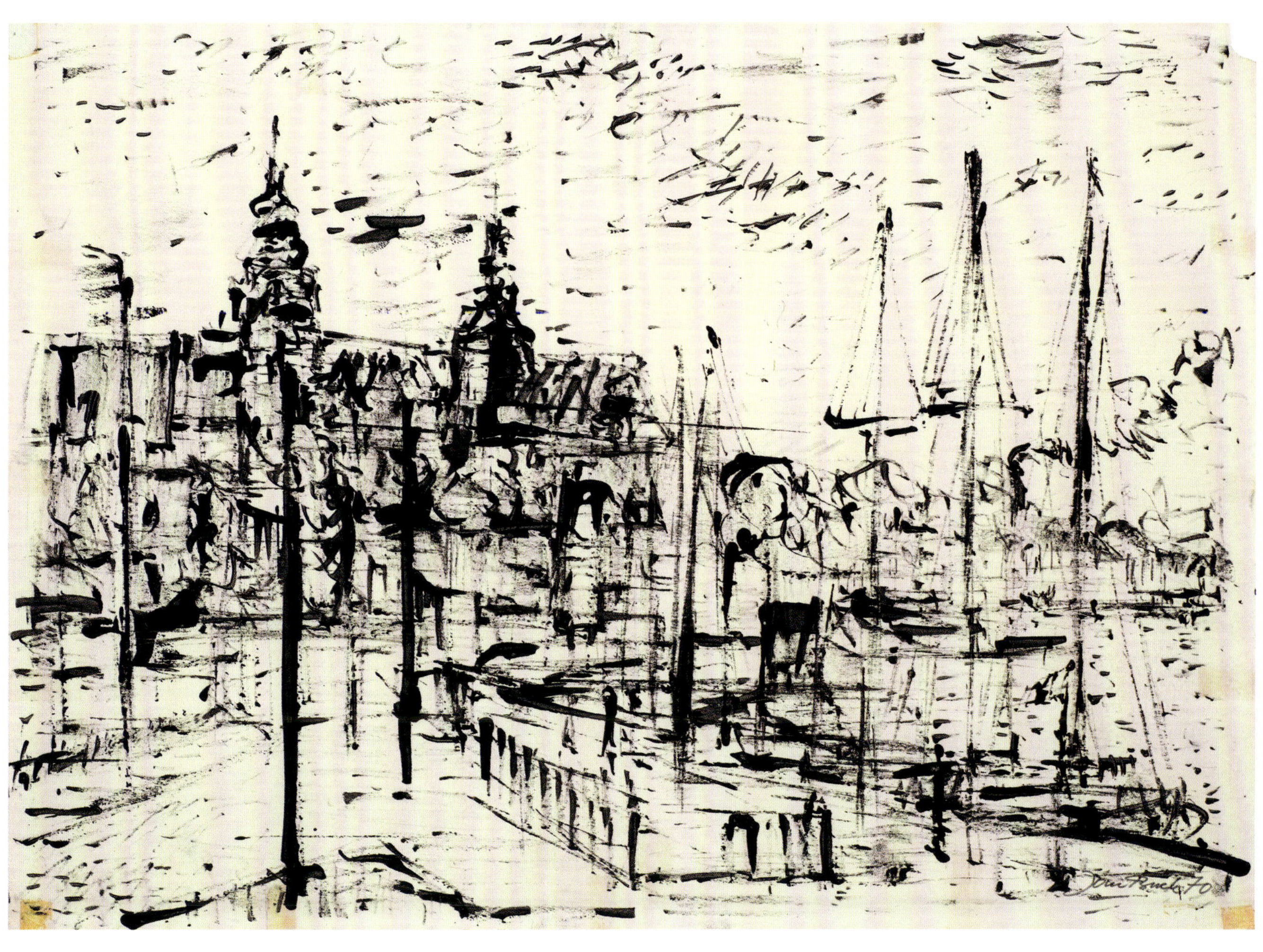

Meereskundemuseum Szczecin
1979, Feder und Pinsel mit Tusche auf Papier,
42,0 × 59,0 cm,
Inv.-Nr. SM VI-007244 K2
Sorbisches Museum

Mórski muzej w Szczecinje
1979, pjero a seršćowc z tušu na papjerje,
42,0 × 59,0 cm,
inwentarne čo. SM VI-007244 K2
Serbski muzej

Móŕski muzej Szczecin
1979, pjero a šćotka z tušu na papjerje,
42,0 × 59,0 cm,
inwentarny nr. SM VI-007244 K2
Serbski muzej

Muzeum Morskie w Szczecinie
1979 r., piórko, pędzel i tusz na papierze,
42,0 × 59,0 cm,
nr inw. SM VI-007244 K2
Muzeum Serbołużyckie

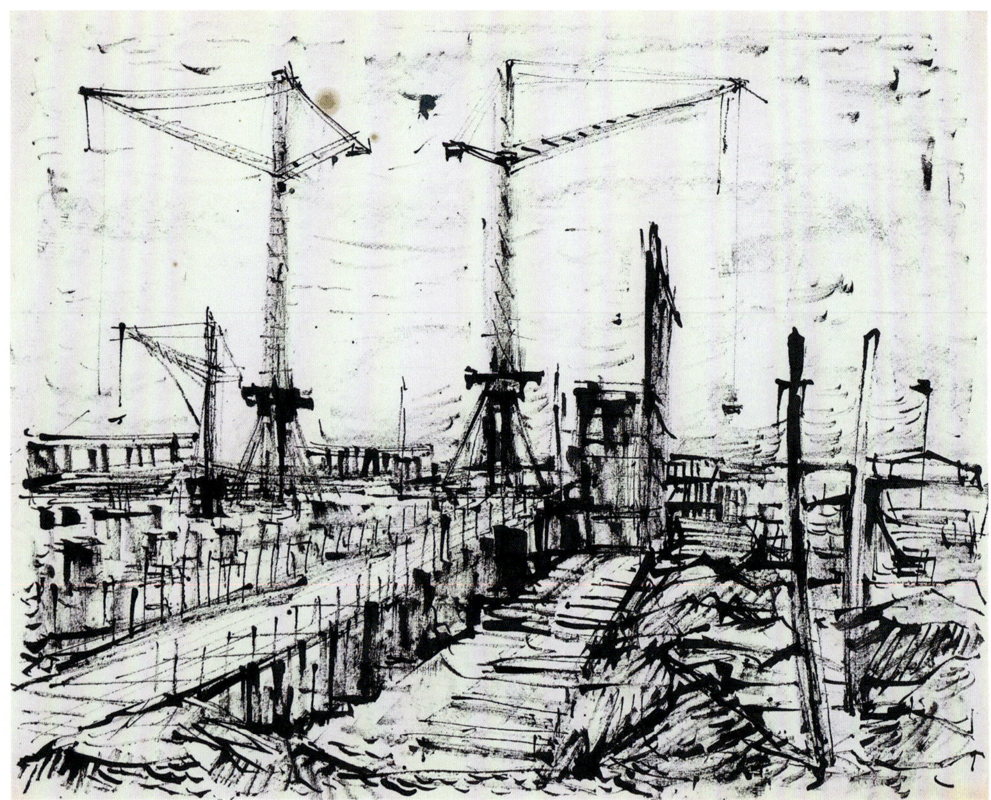

Kräne im Hafen
1970, Feder und Pinsel
mit Tusche auf Papier,
54,2 × 76,2 cm
Privatbesitz

Krany w přistawje
1970, pjero a seršćowc
z tušu na papjerje,
54,2 × 76,2 cm
priwatne wobsydstwo

Krany w pśistawje
1970, pjero a šćotka
z tušu na papjerje,
54,2 × 76,2 cm
priwatne wobsejźeństwo

Dźwigi w porcie
1970 r., piórko, pędzel
i tusz na papierze,
54,2 × 76,2 cm
własność prywatna

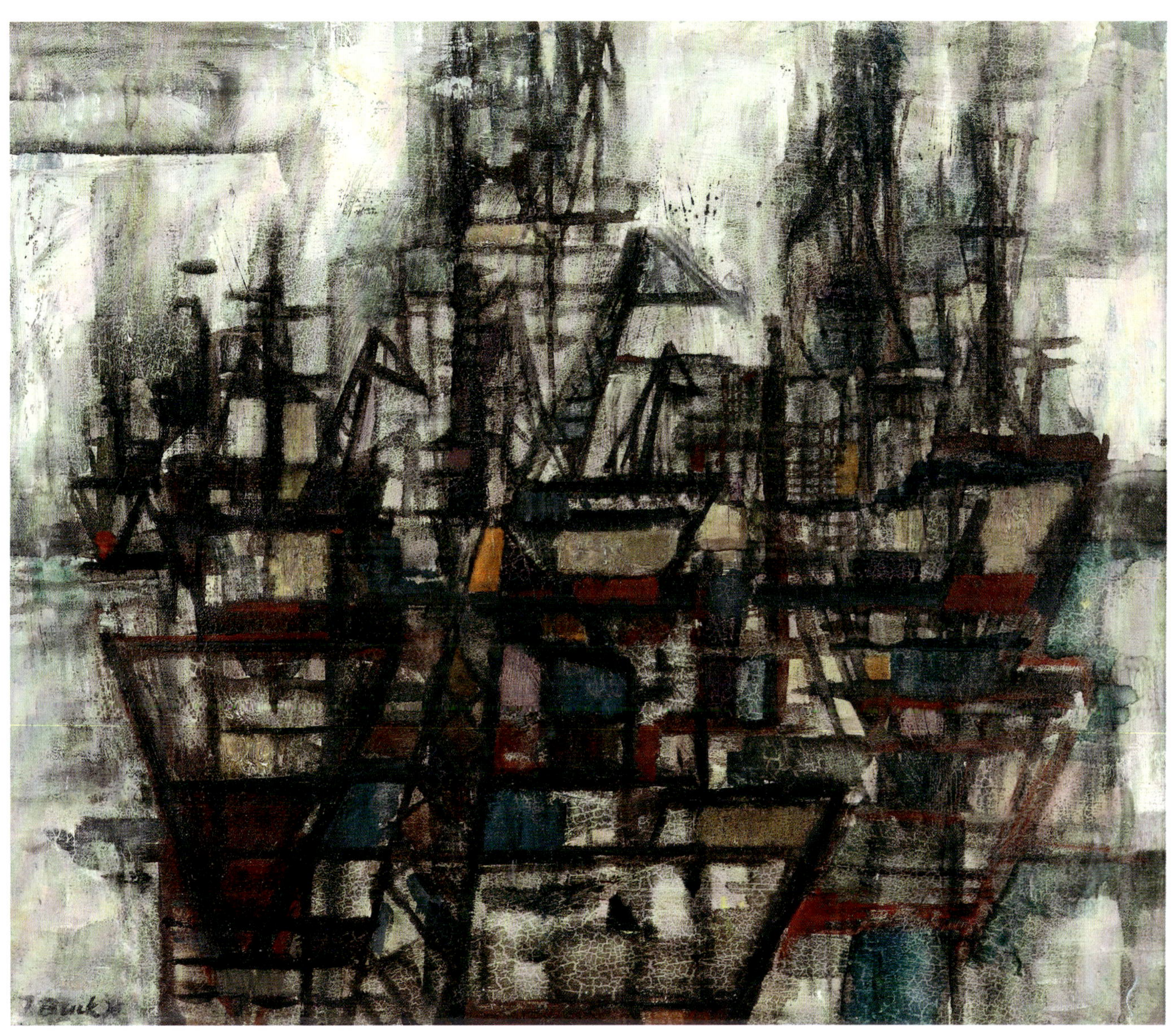

Werft
1970, Öl auf Leinwand,
65,0 × 54,0 cm,
Inv.-Nr. MNS/SWO/27
Nationalmuseum in Szczecin (Stettin) – Museum der modernen Kunst

Łódźnica
1970, wolij na płatnje,
65,0 × 54,0 cm,
inwentarne čo. MNS/SWO/27
Narodny muzej w Szczecinje – Muzej moderneho wuměłstwa

Łoźnica
1970, wólej na płaśe,
65,0 × 54,0 cm,
inwentarny nr. MNS/SWO/27
Narodny muzej w Szczecinje – Muzej modernego wuměłstwa

Stocznia
1970 r., olej na płótnie,
65,0 × 54,0 cm,
nr inw. MNS/SWO/27
Muzeum Narodowe w Szczecinie – Muzeum Sztuki Współczesnej

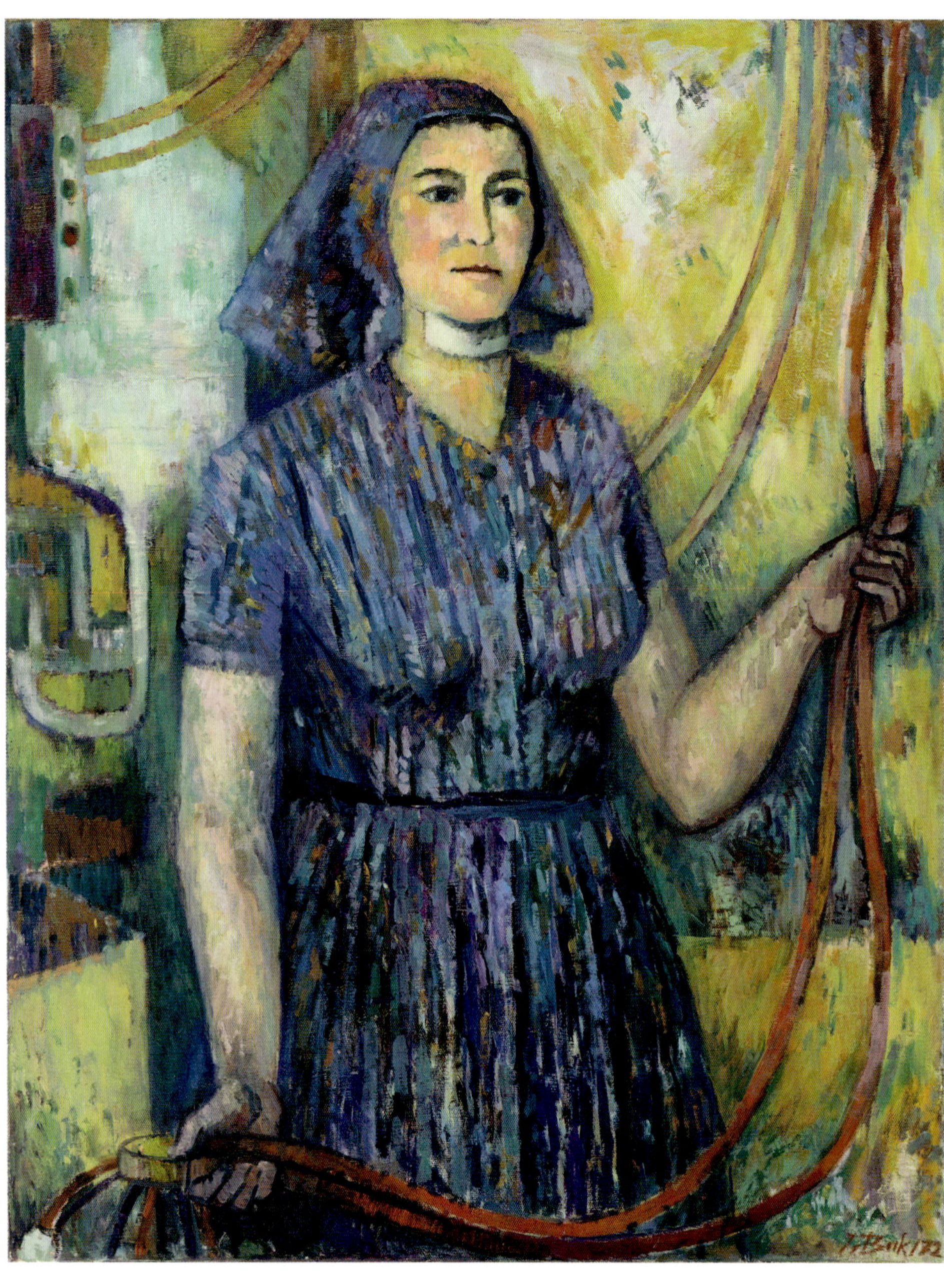

Sorbische Genossenschafts-bäuerin bedient neue Technik
1972, Öl auf Leinwand,
117,0 × 91,2 cm,
Inv.-Nr. SM VI-003595 K1
Sorbisches Museum

Serbska prodrustwownica posłužuje nowu techniku
1972, wolij na płatnje,
117,0 × 91,2 cm,
inwentarne čo. SM VI-003595 K1
Serbski muzej

Serbska prodrustwownica wobsłužujo nowu techniku
1972, wólej na płaśe,
117,0 × 91,2 cm,
inwentarny nr. SM VI-003595 K1
Serbski muzej

Serbołużycka towarzyszka obsługuje nowe urządzenie
1972 r., olej na płótnie,
117,0 × 91,2 cm,
nr inw. SM VI-003595 K1
Muzeum Serbołużyckie

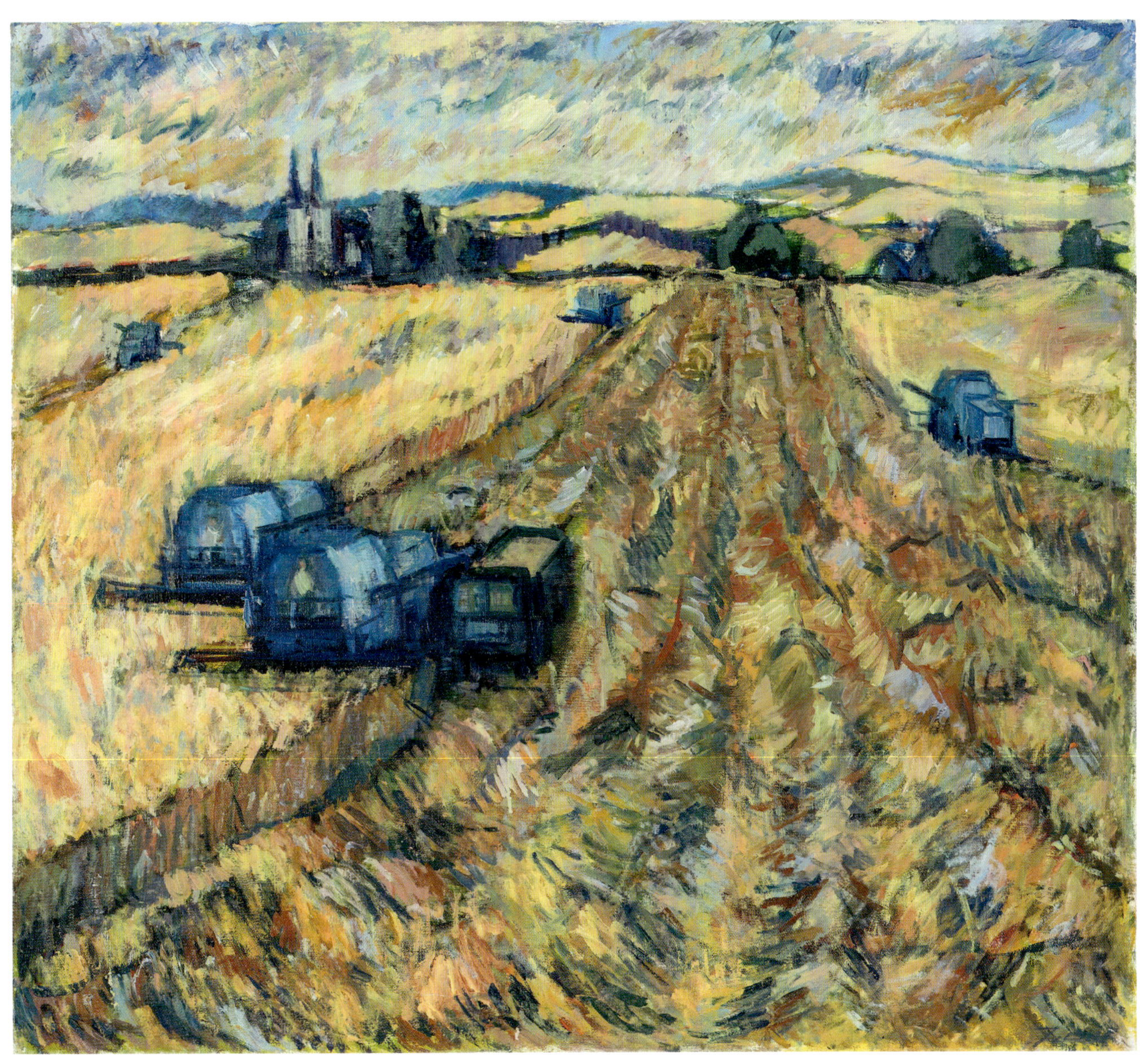

Mähdrescher E 512 im Einsatz
1970, Öl auf Leinwand,
89,0 × 100,5 cm,
Inv.-Nr. SM VI-003468 K1
Sorbisches Museum

Syčomłóćawa E 512 při dźěle
1970, wolij na płatnje,
89,0 × 100,5 cm,
inwentarne čo. SM VI-003468 K1
Serbski muzej

Secomłośenica E 512 pśi źěle
1970, wólej na płaśe,
89,0 × 100,5 cm,
inwentarny nr. SM VI-003468 K1
Serbski muzej

Kombajn E 512 podczas pracy
1970 r., olej na płótnie,
89,0 × 100,5 cm,
nr inw. SM VI-003468 K1
Muzeum Serbołużyckie

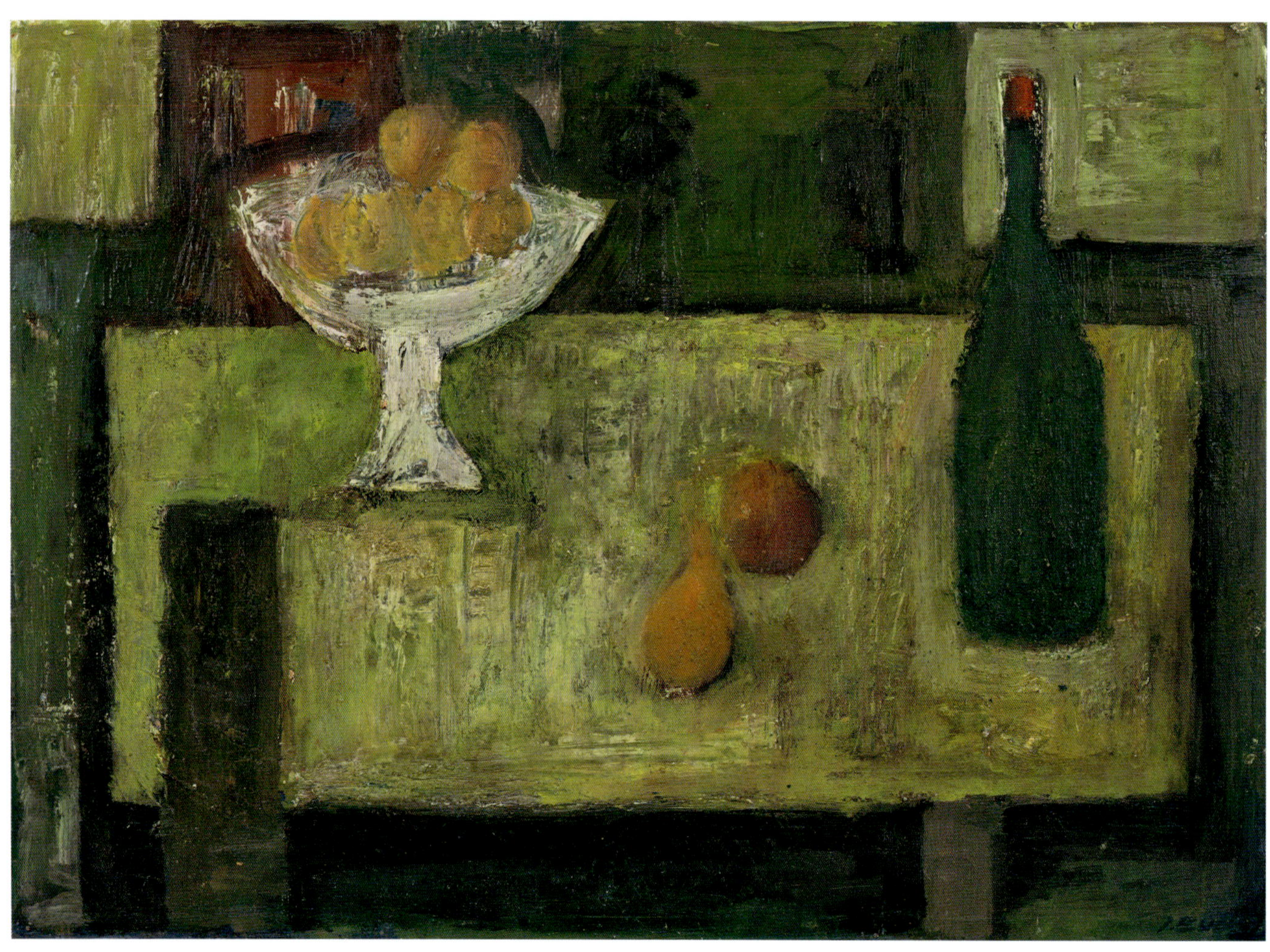

Grünes Stillleben mit Obstschale und Flasche
1970, Öl auf Hartfaser, 69,0 × 96,2 cm, Inv.-Nr. SM VI-006257 K1
Sorbisches Museum

Zelene ćišno ze sadowej šklu a blešu
1970, wolij na twjerdej włokninje, 69,0 × 96,2 cm, inwentarne čo. SM VI-006257 K1
Serbski muzej

Zeleny śichowobraz ze sadoweju šklu a flašu
1970, wólej na twardej włokninje, 69,0 × 96,2 cm, inwentarny nr. SM VI-006257 K1
Serbski muzej

Zielona martwa natura z miską owoców i butelką
1970 r., olej na płycie pilśniowej, 69,0 × 96,2 cm, nr inw. SM VI-006257 K1
Muzeum Serbołużyckie

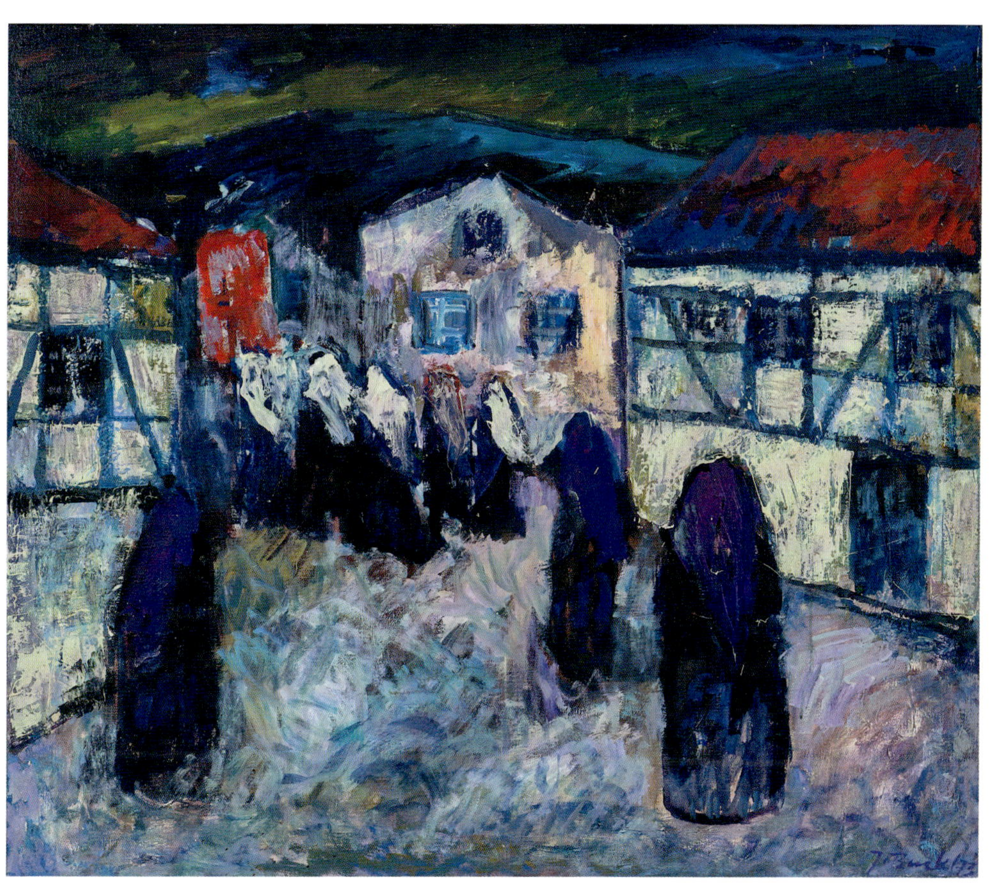

Osternacht in der Lausitz
1973, Öl auf Leinwand,
80,5 × 94,5 cm,
Inv.-Nr. SM VI-008130 K1
Sorbisches Museum

Jutrowna nóc w Serbach
1973, wolij na płatnje,
80,5 × 94,5 cm,
inwentarne čo. SM VI-008130 K1
Serbski muze

Jatšowna noc w Serbach
1973, wólej na płaśe,
80,5 × 94,5 cm,
inwentarny nr. SM VI-008130 K1
Serbski muzej

Noc Wielkanocna na Łużycach
1973 r., olej na płótnie,
80,5 × 94,5 cm,
nr inw. SM VI-008130 K1
Muzeum Serbołużyckie

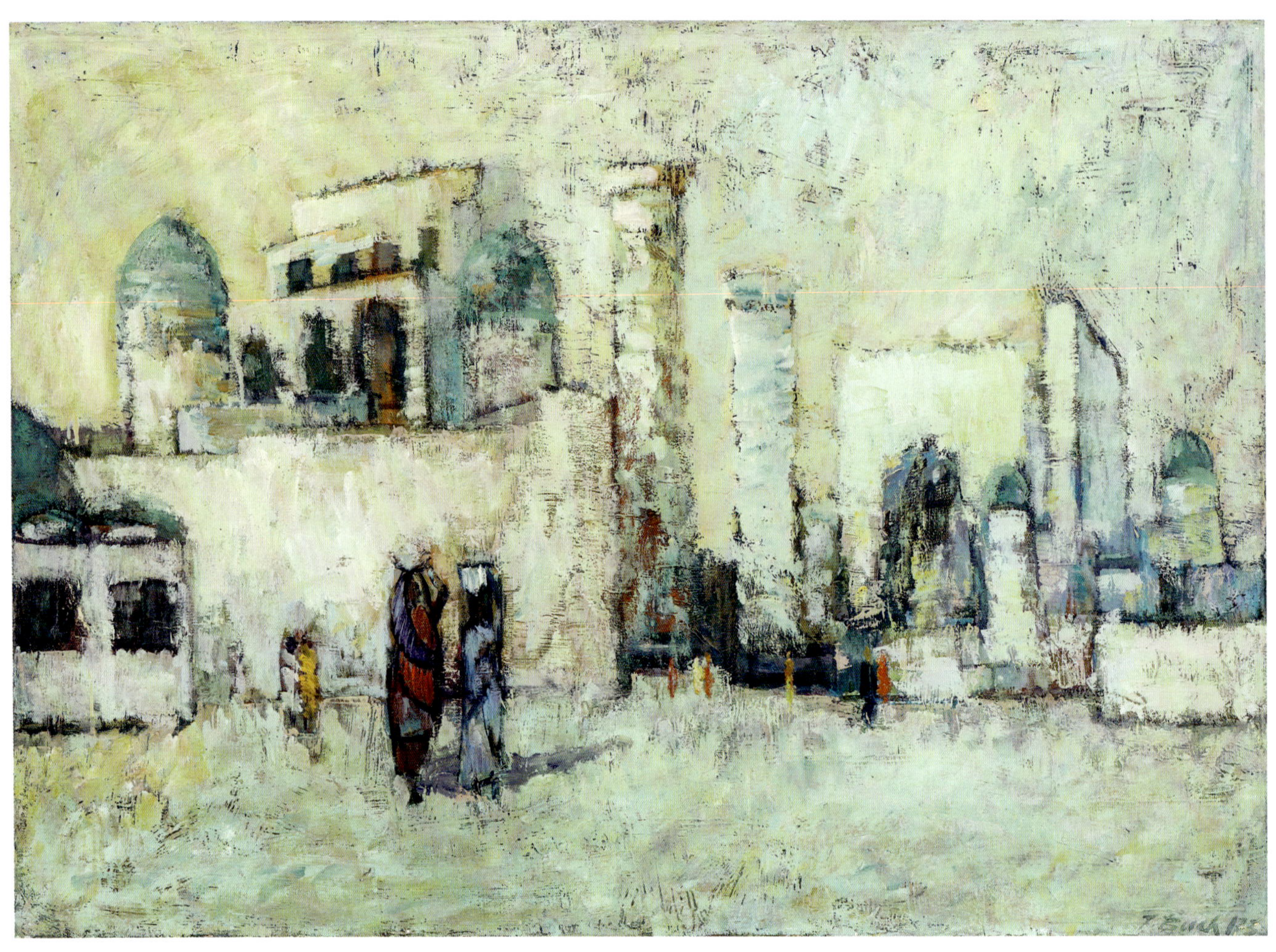

Samarkand
1973, Öl auf Leinwand,
72,5 × 102,6 cm,
Inv.-Nr. SM VI-003538 K1
Sorbisches Museum

Samarkand
1973, wolij na płatnje,
72,5 × 102,6 cm,
inwentarne čo. SM VI-003538 K1
Serbski muzej

Samarkand
1973, wólej na płaśe,
72,5 × 102,6 cm,
inwentarny nr. SM VI-003538 K1
Serbski muzej

Samarkanda
1973 r., olej na płótnie,
72,5 × 102,6 cm,
nr inw. SM VI-003538 K1
Muzeum Serbołużyckie

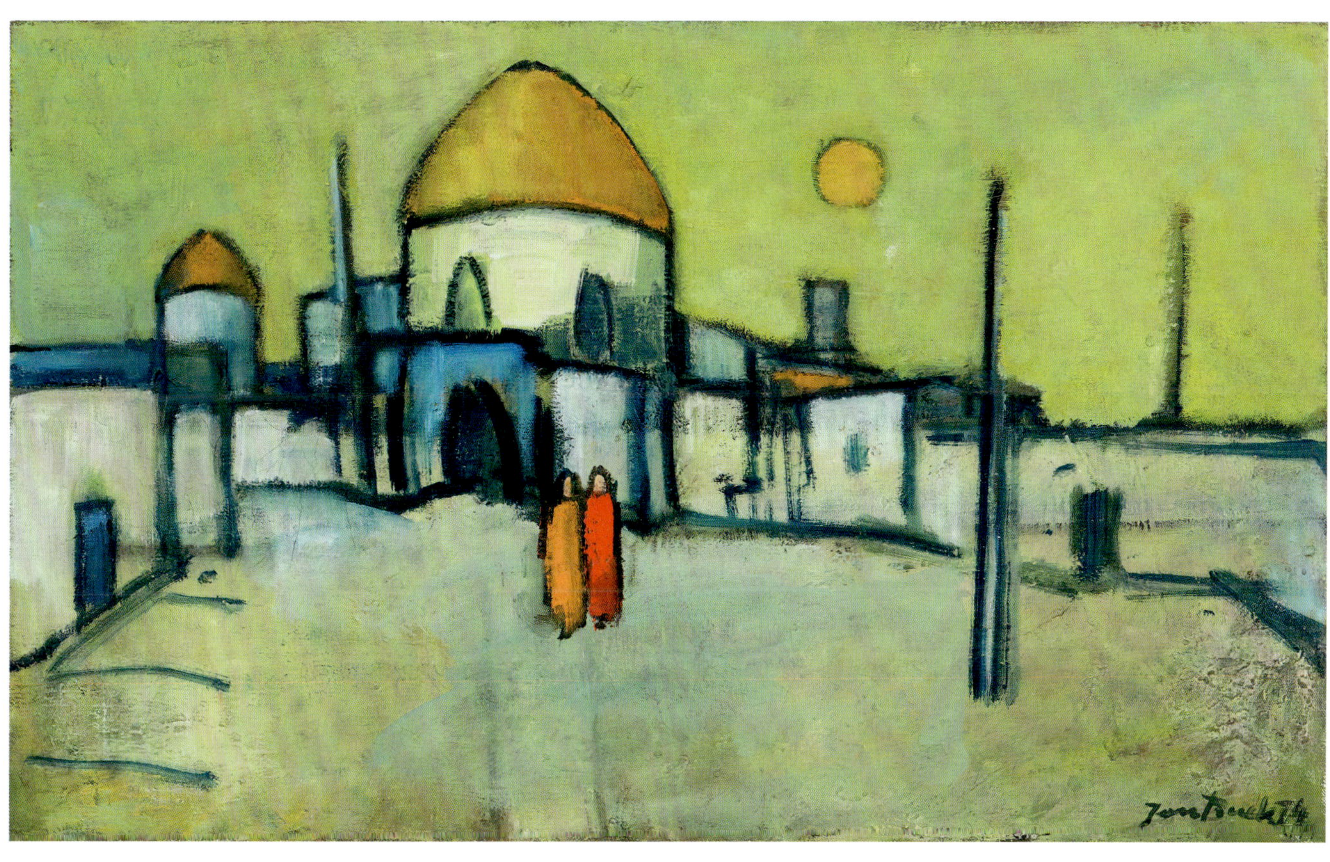

Straße in Buchara
1974, Öl auf Leinwand,
57,0 × 91,5 cm,
Inv.-Nr. SM VI-006273 K1
Sorbisches Museum

Hasa w Bucharje
1974, wolij na płatnje,
57,0 × 91,5 cm,
inwentarne čo. SM VI-006273 K1
Serbski muzej

Gasa w Bucharje
1974, wólej na płaśe,
57,0 × 91,5 cm,
inwentarny nr. SM VI-006273 K1
Serbski muzej

Ulica w Bucharze
1974 r., olej na płótnie,
57,0 × 91,5 cm,
nr inw. SM VI-006273 K1
Muzeum Serbołużyckie

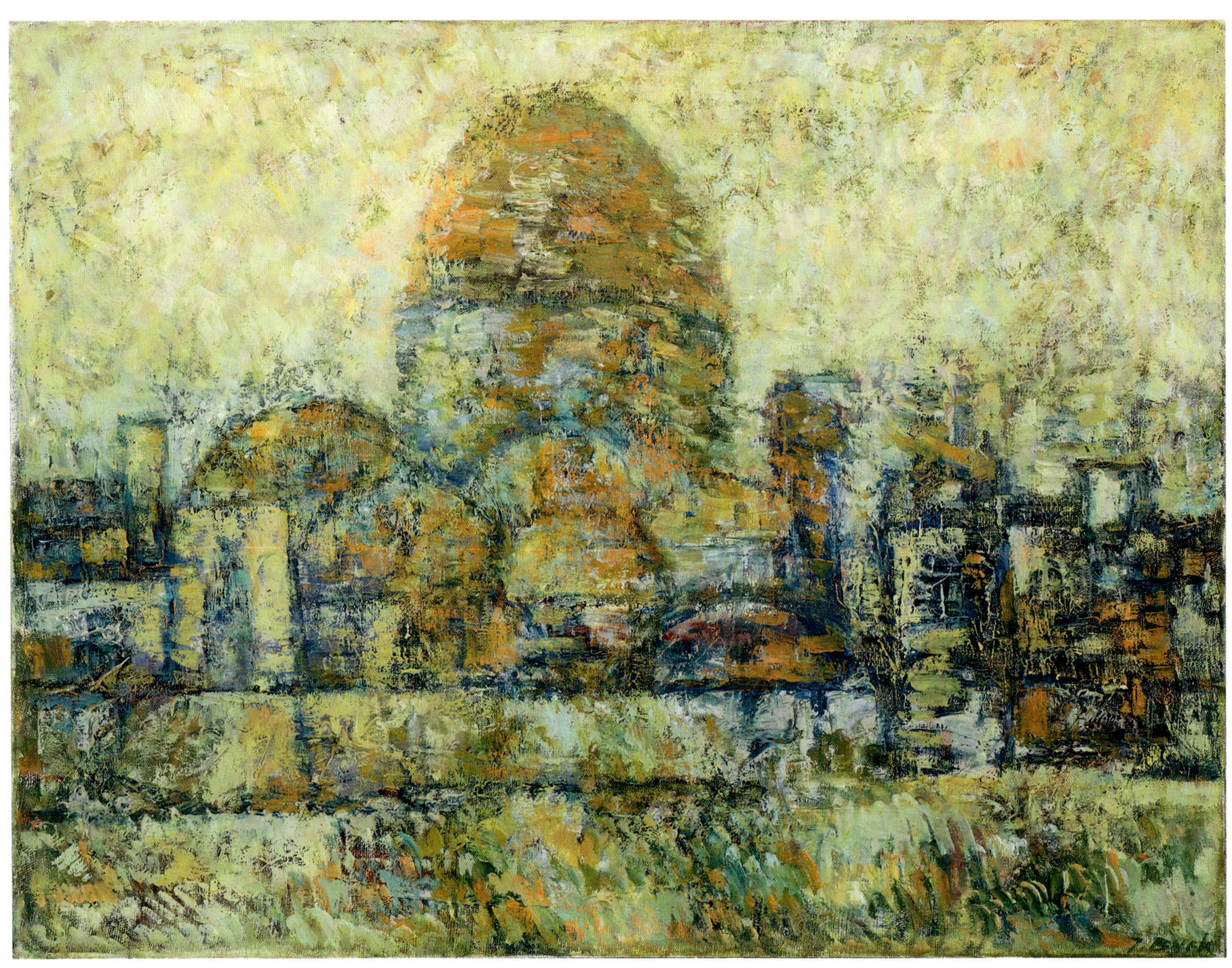

Buchara
1973, Öl auf Leinwand,
65,0 × 100,0 cm
Privatbesitz

Buchara
1973, wolij na płatnje,
65,0 × 100,0 cm
priwatne wobsydstwo

Buchara
1973, wólej na płaśe,
65,0 × 100,0 cm
priwatne wobsejźeństwo

Buchara
1973 r., olej na płótnie,
65,0 × 100,0 cm
własność prywatna

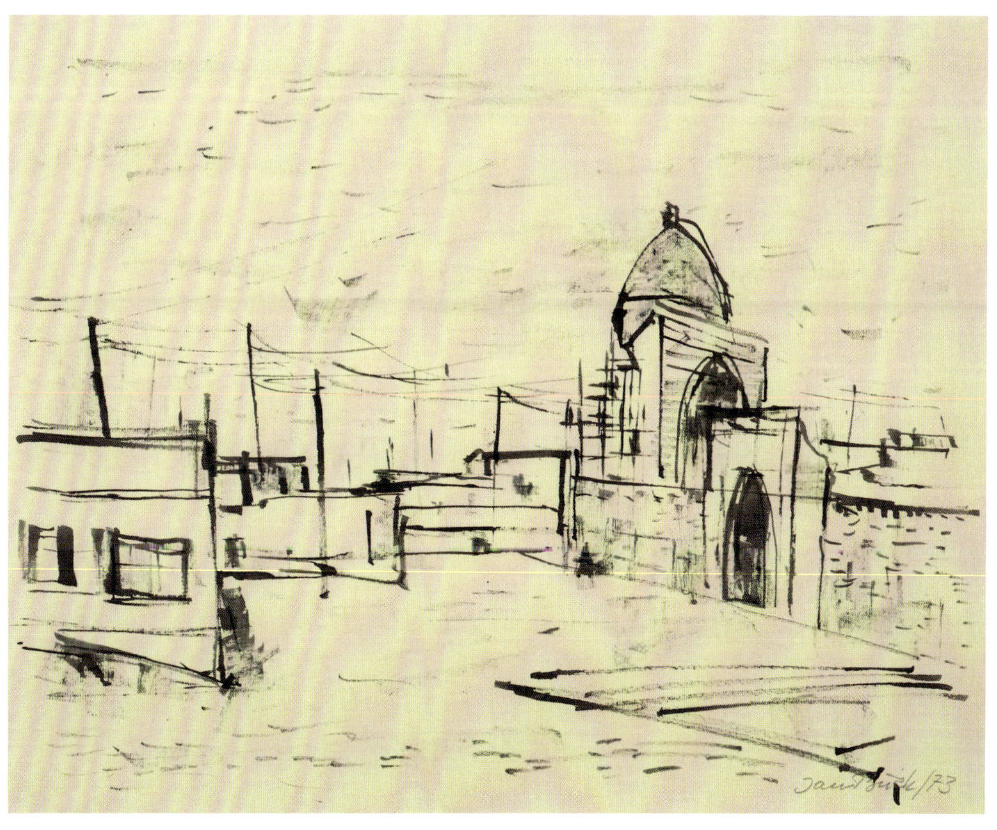

Samarkand, Usbekistan
1973, Pinsel mit Tusche auf Papier, 37,0 × 51,0 cm
Privatbesitz

Samarkand, Uzbekistan
1973, seršćowc z tušu na papjerje, 37,0 × 51,0 cm
priwatne wobsydstwo

Samarkand, Usbekistan
1973, šćotka z tušu na papjerje, 37,0 × 51,0 cm
priwatne wobsejźeństwo

Samarkanda, Uzbekistan
1973 r., pędzel i tusz na papierze, 37,0 × 51,0 cm
własność prywatna

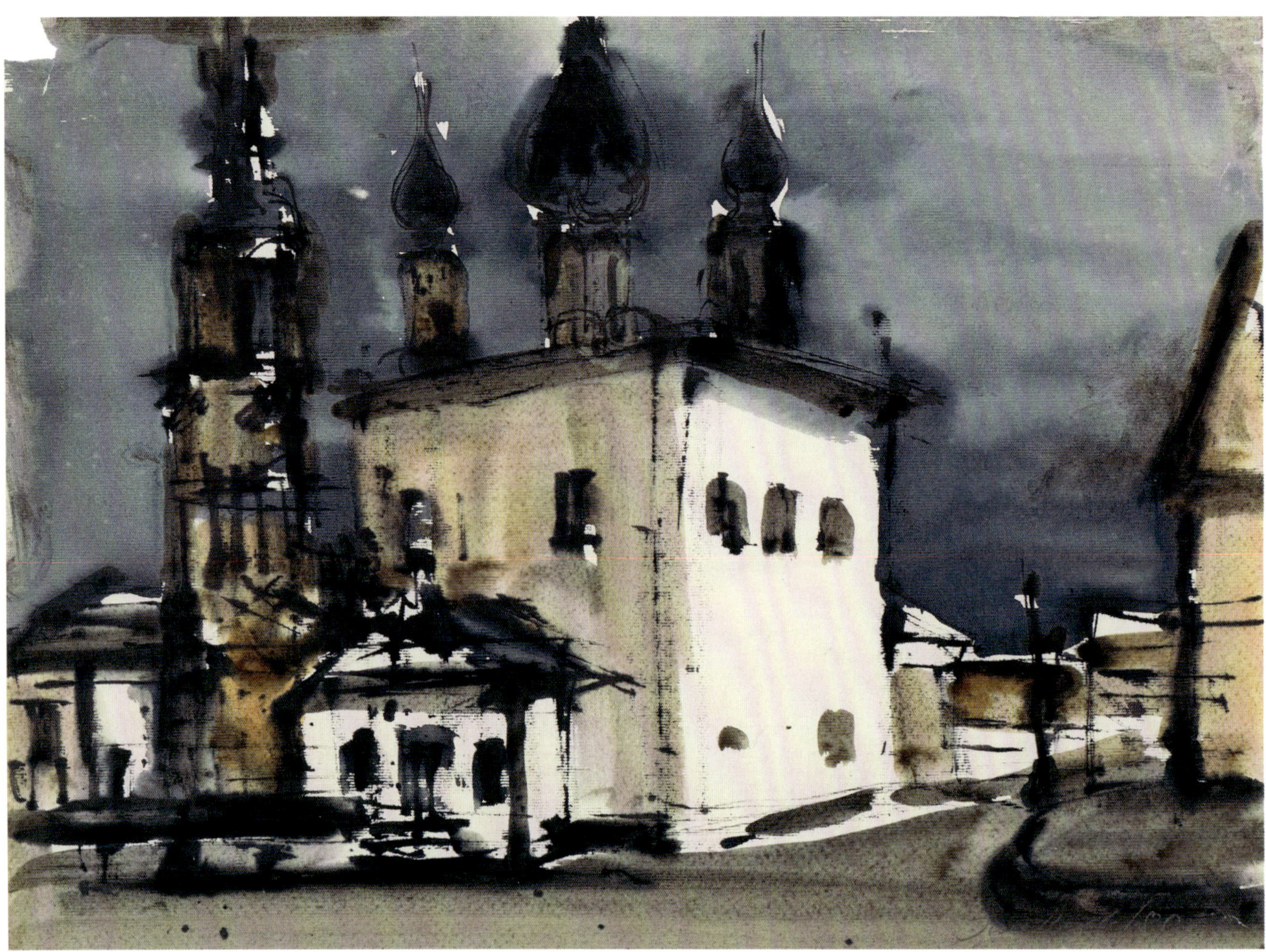

Susdal
1980, Aquarell auf Papier,
37,5 × 51,5 cm
Privatbesitz

Suzdal
1980, akwarel na papjerje,
37,5 × 51,5 cm
priwatne wobsydstwo

Suzdal
1980, akwarel na papjerje,
37,5 × 51,5 cm
priwatne wobsejźeństwo

Suzdal
1980 r., akwarela na papierze,
37,5 × 51,5 cm
własność prywatna

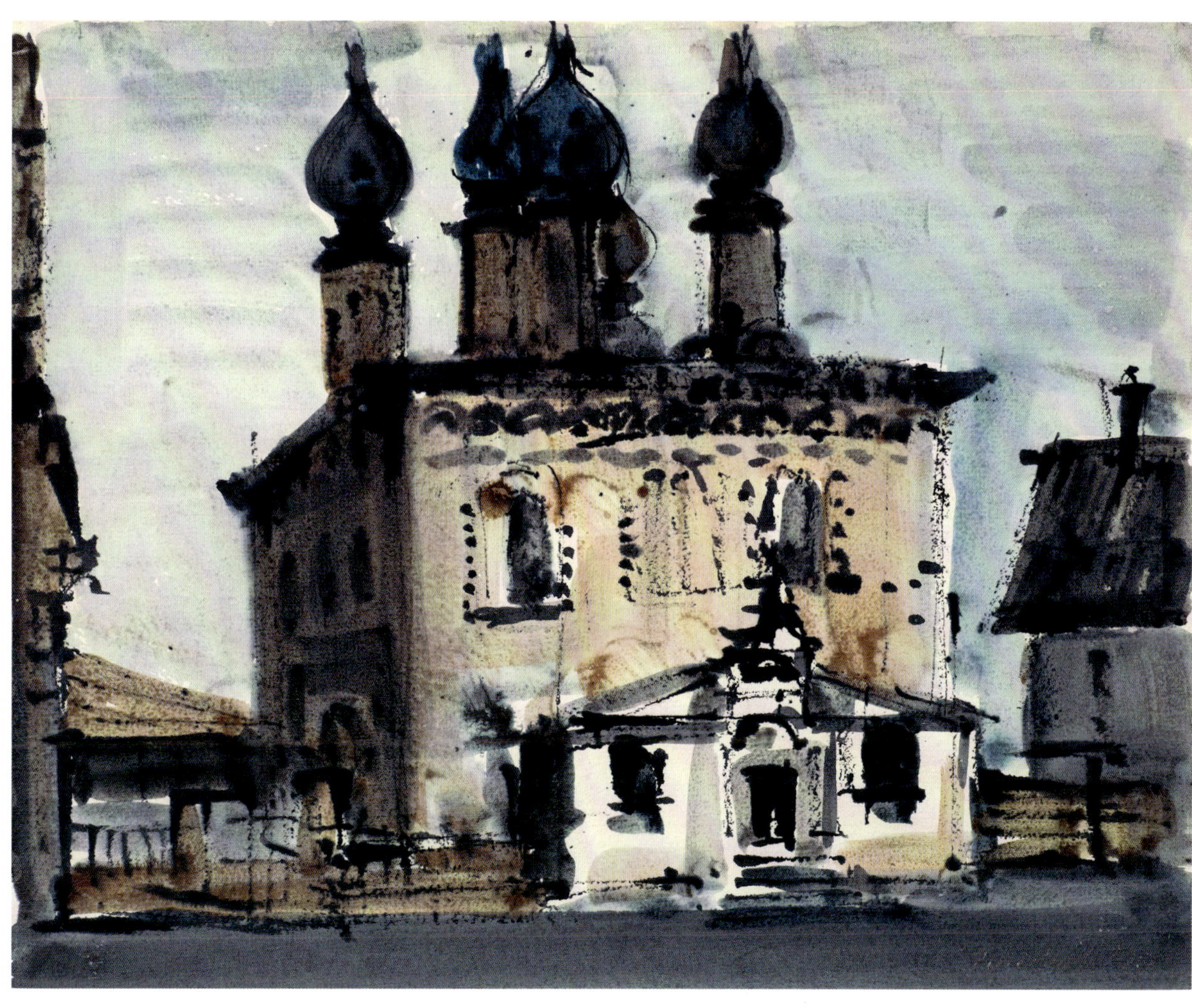

Susdal III
1980, Aquarell auf Papier,
38,9 × 49,5 cm,
Inv.-Nr. SM VI-000922 K2
Sorbisches Museum

Suzdal III
1980, akwarel na papjerje,
38,9 × 49,5 cm,
inwentarne čo. SM VI-000922 K2
Serbski muzej

Suzdal III
1980, akwarel na papjerje,
38,9 × 49,5 cm,
inwentarny nr. SM VI-000922 K2
Serbski muzej

Suzdal III
1980 r., akwarela na papierze,
38,9 × 49,5 cm,
nr inw. SM VI-000922 K2
Muzeum Serbołużyckie

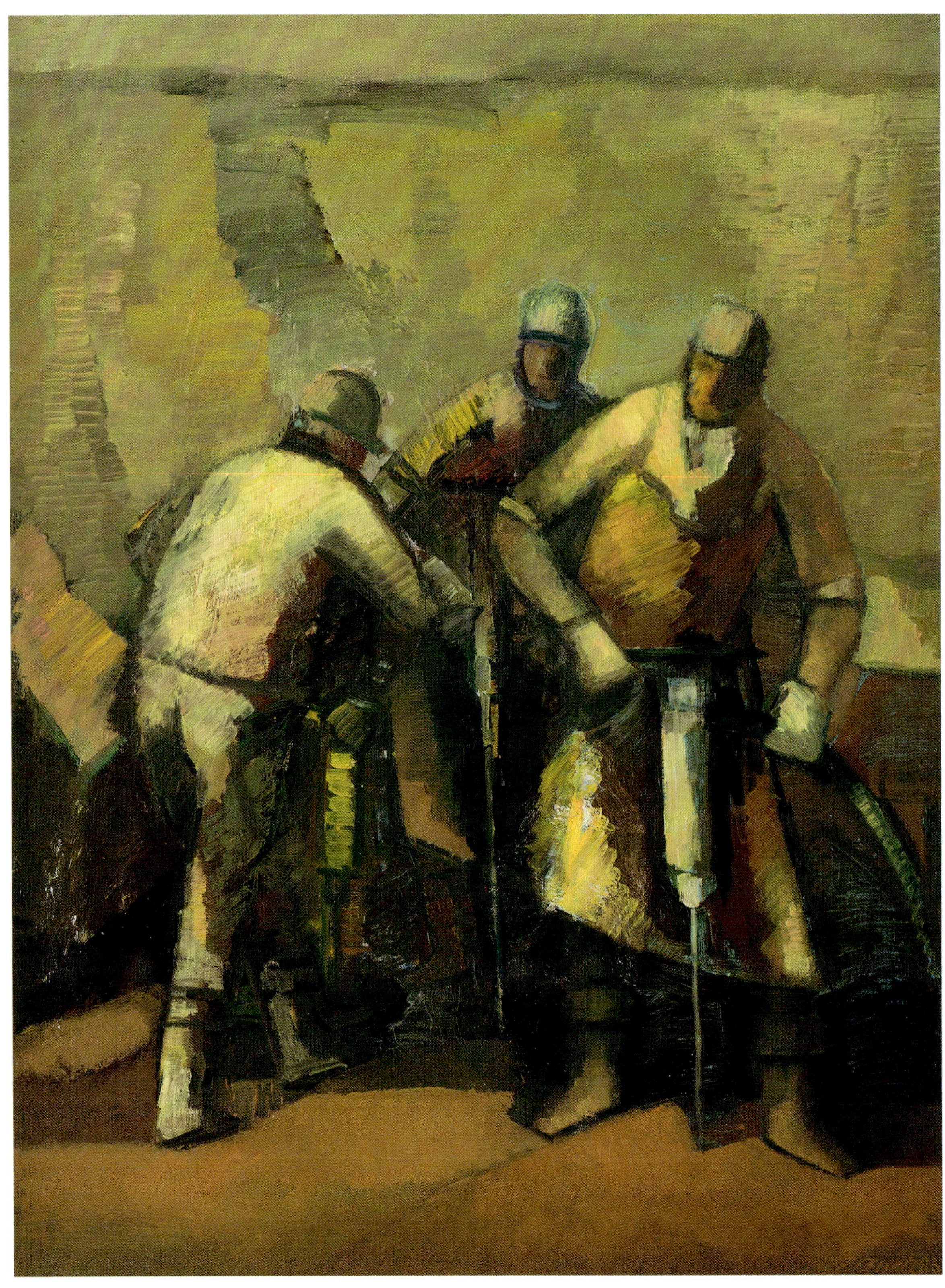

Steinbohrer
1979, Öl auf Leinwand,
75,0 × 100,0 cm,
Inv.-Nr. VI 1308 K1
Museum der Westlausitz
Kamenz

Kamjenjetočerjo
1979, wolij na płatnje,
75,0 × 100,0 cm,
inwentarne čo. VI 1308 K1
Muzej Zapadna Łužica
Kamjenc

Tocarje kamjenjow
1979, wólej na płaśe,
75,0 × 100,0 cm,
inwentarny nr. VI 1308 K1
Muzej Pódwjacorneje Łužyce
Kamjeńc

Wiercący w kamieniu
1979 r., olej na płótnie,
75,0 × 100,0 cm,
nr inw. VI 1308 K1
Muzeum Łużyc Zachodnich
Kamenz

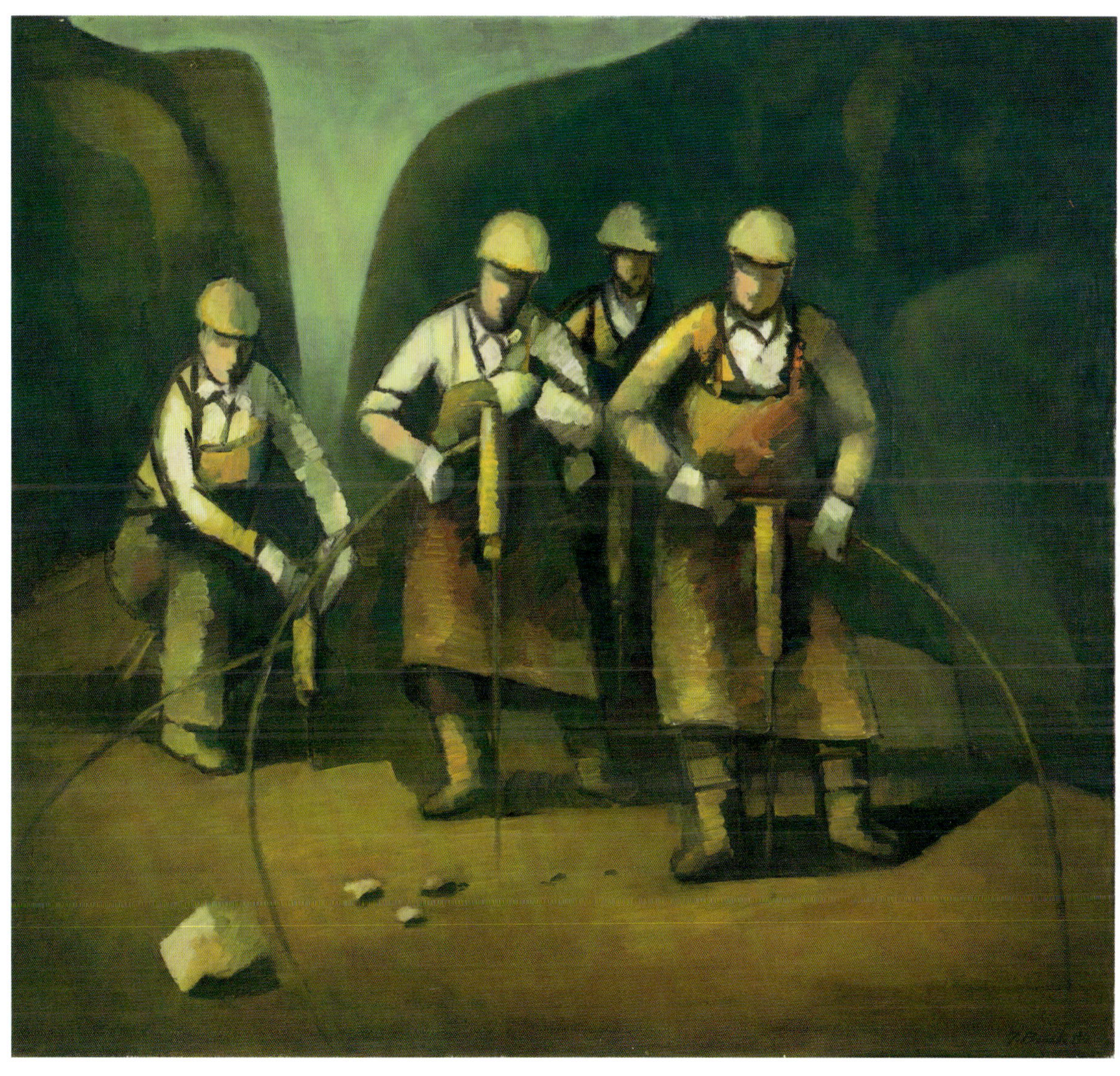

Lausitzer Steinbrecher
1979, Öl auf Leinwand,
70,0 × 90,0 cm
Privatbesitz

Łužiscy skałarjo
1979, wolij na płatnje,
70,0 × 90,0 cm
priwatne wobsydstwo

Łužyske skałarje
1979, wólej na płaśe,
70,0 × 90,0 cm
priwatne wobsejźeństwo

Łużyccy wiertnicy w kamieniu
1979 r., olej na płótnie,
70,0 × 90,0 cm
własność prywatna

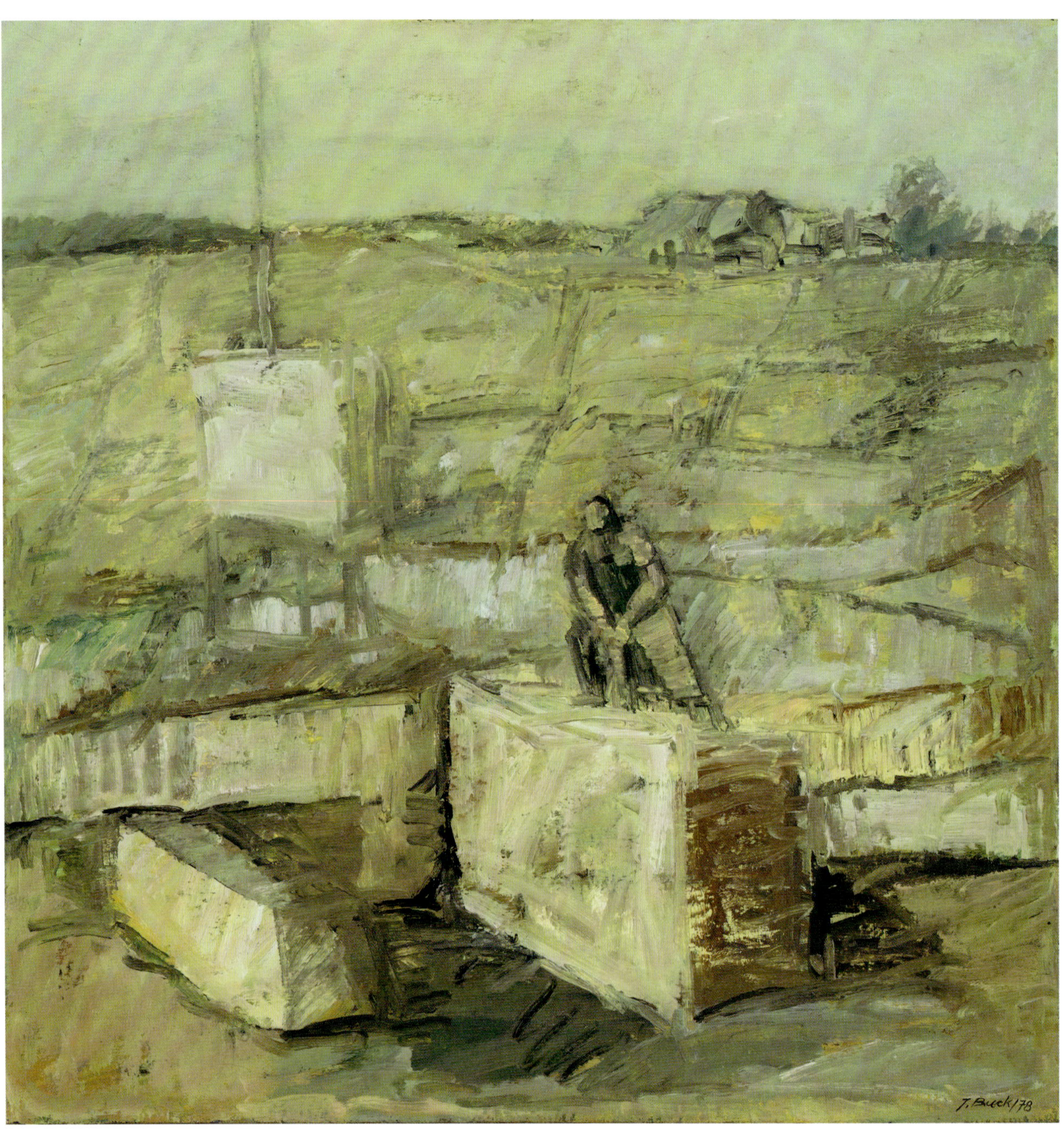

Steinbruch in Horka
1978, Öl auf Leinwand,
92,0 × 91,9 cm,
Inv.-Nr. SM VI-001494 K1
Sorbisches Museum

Skała w Hórkach
1978, wolij na płatnje,
92,0 × 91,9 cm, inwentarne
čo. SM VI-001494 K1
Serbski muzej

Skała w Hórkach
1978, wólej na płaśe,
92,0 × 91,9 cm, inwentarny
nr. SM VI-001494 K1
Serbski muzej

Kamieniołomy w Horka
1978 r., olej na płótnie,
92,0 × 91,9 cm,
nr inw. SM VI-001494 K1
Muzeum Serbołużyckie

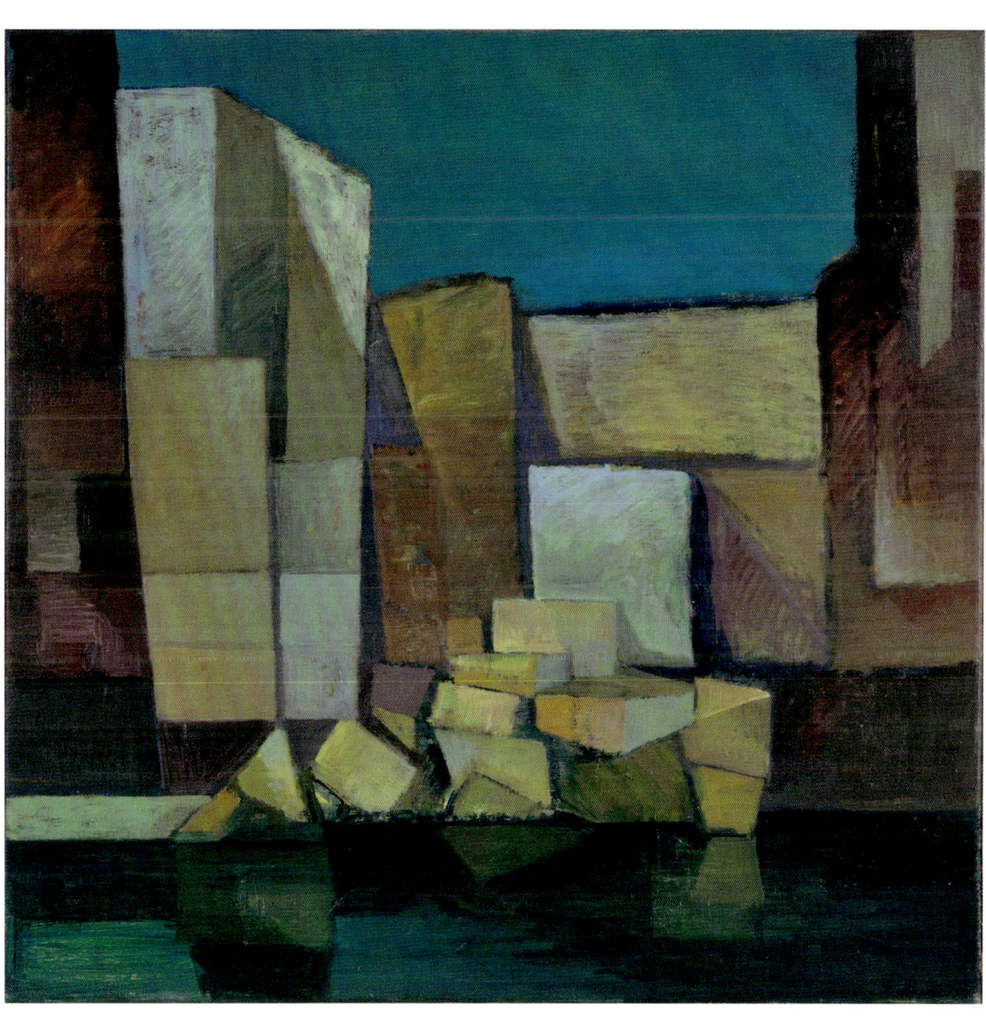

Steinbruch
1979, Öl auf Leinwand,
89,0 × 92,0 cm,
Inv.-Nr. X1390/K1
Wendisches Museum Cottbus

Skała
1979, wolij na płatnje,
89,0 × 92,0 cm,
inwentarne čo. X1390/K1
Serbski muzej Choćebuz

Skała
1979, wólej na płaśe,
89,0 × 92,0 cm,
inwentarny nr. X1390/K1
Serbski muzej Chóśebuz

Kamieniołomy
1979 r., olej na płótnie,
89,0 × 92,0 cm, nr inw. X1390/K1
Muzeum Serbołużyckie
w Chociebużu

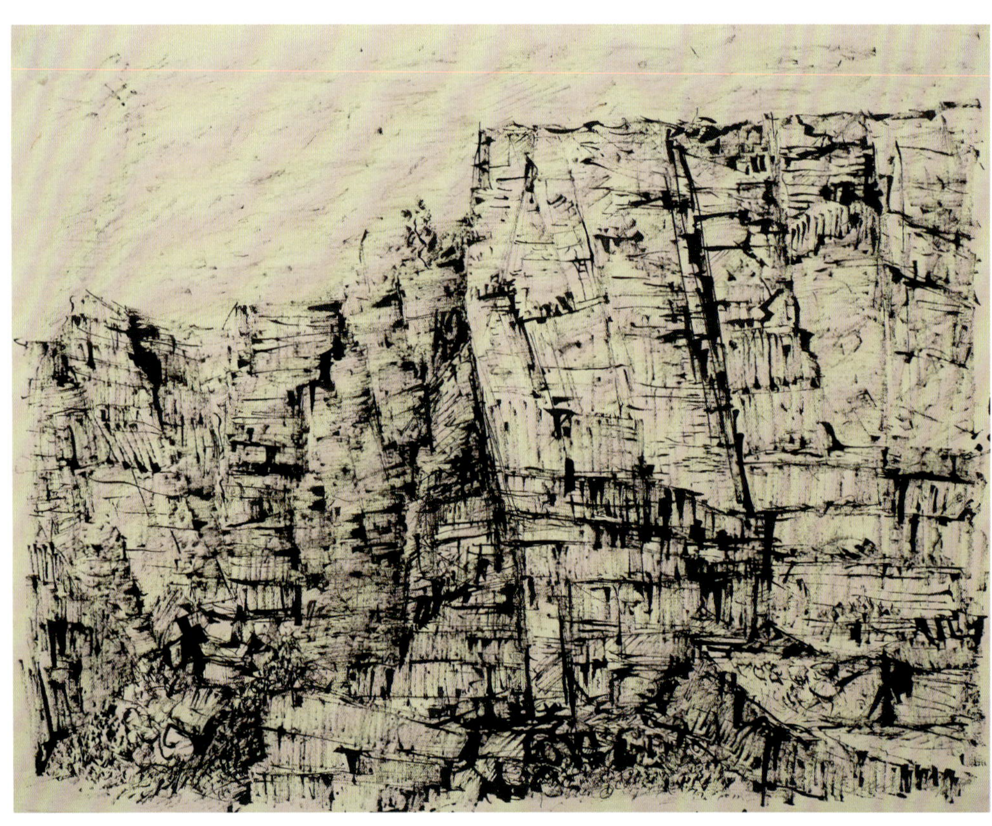

Steinbruch in Horka II
1978, Pinsel mit Tusche auf Papier, 49,0 × 63,0 cm, Inv.-Nr. SM VI-007241 K2
Sorbisches Museum

Skała w Hórkach II
1978, seršćowc z tušu na papjerje, 49,0 × 63,0 cm, inwentarne čo. SM VI-007241 K2
Serbski muzej

Skała w Hórkach II
1978, šćotka z tušu na papjerje, 49,0 × 63,0 cm, inwentarny nr. SM VI-007241 K2
Serbski muzej

Kamieniołomy w Horka II
1978 r., pędzel i tusz na papierze, 49,0 × 63,0 cm, nr inw. SM VI-007241 K2
Muzeum Serbołużyckie

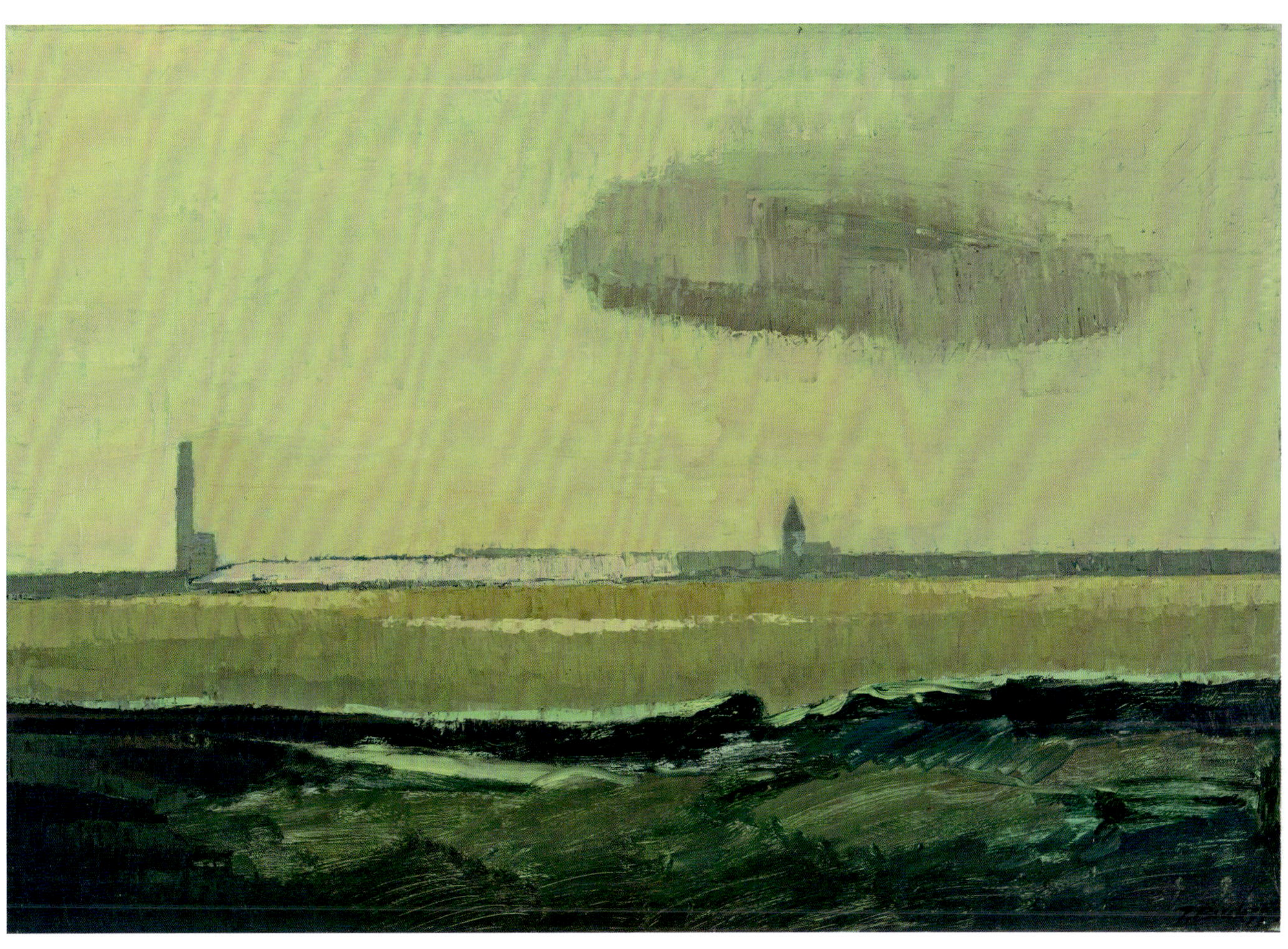

Landschaft bei Klein Lieskow
1979, Öl auf Leinwand,
70,3 × 100,5 cm,
Inv.-Nr. M 31–80
Brandenburgisches Landesmuseum für moderne Kunst

Krajina pola Liškowka
1979, wolij na płatnje,
70,3 × 100,5 cm,
inwentarne čo. M 31–80
Braniborski krajny muzej moderneho wuměłstwa

Krajina pla Liškowka
1979, wólej na płaśe,
70,3 × 100,5 cm,
inwentarny nr. M 31–80
Bramborski krajny muzej modernego wuměłstwa

Krajobraz w pobliżu Klein Lieskow
1979 r., olej na płótnie,
70,3 × 100,5 cm,
nr inw. M 31–80
Brandenburskie Muzeum Sztuki Nowoczesnej

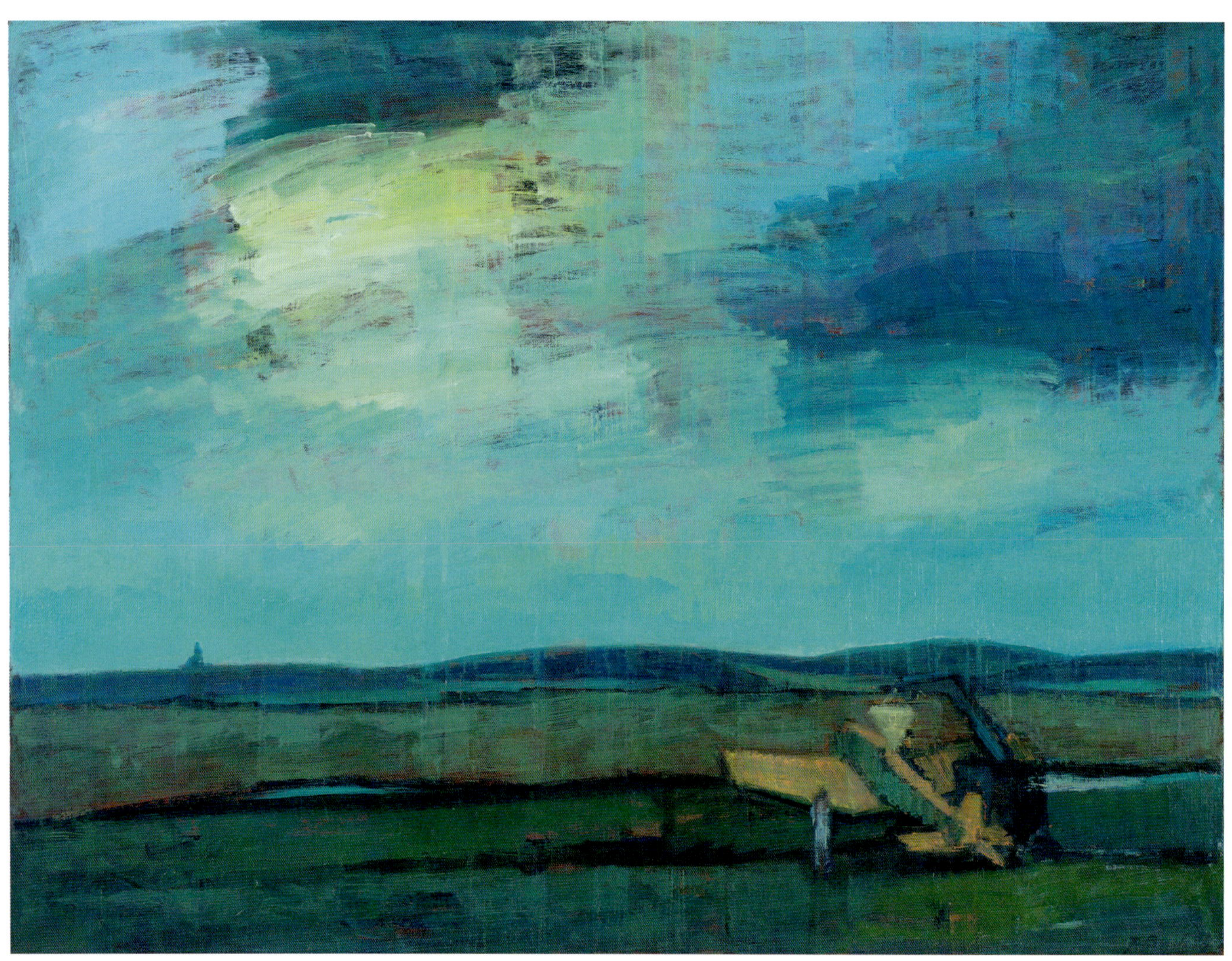

Agrarflugzeug
1979, Öl auf Leinwand,
92,1 × 122,6 cm,
Inv.-Nr. SM VI-001495 K1
Sorbisches Museum

Ratarske lětadło
1979, wolij na płatnje,
92,1 × 122,6 cm,
inwentarne čo. SM VI-001495 K1
Serbski muzej

Agrarne lětadło
1979, wólej na płaśe,
92,1 × 122,6 cm,
inwentarny nr. SM VI-001495 K1
Serbski muzej

Samolot rolniczy
1979 r., olej na płótnie,
92,1 × 122,6 cm,
nr inw. SM VI-001495 K1
Muzeum Serbołużyckie

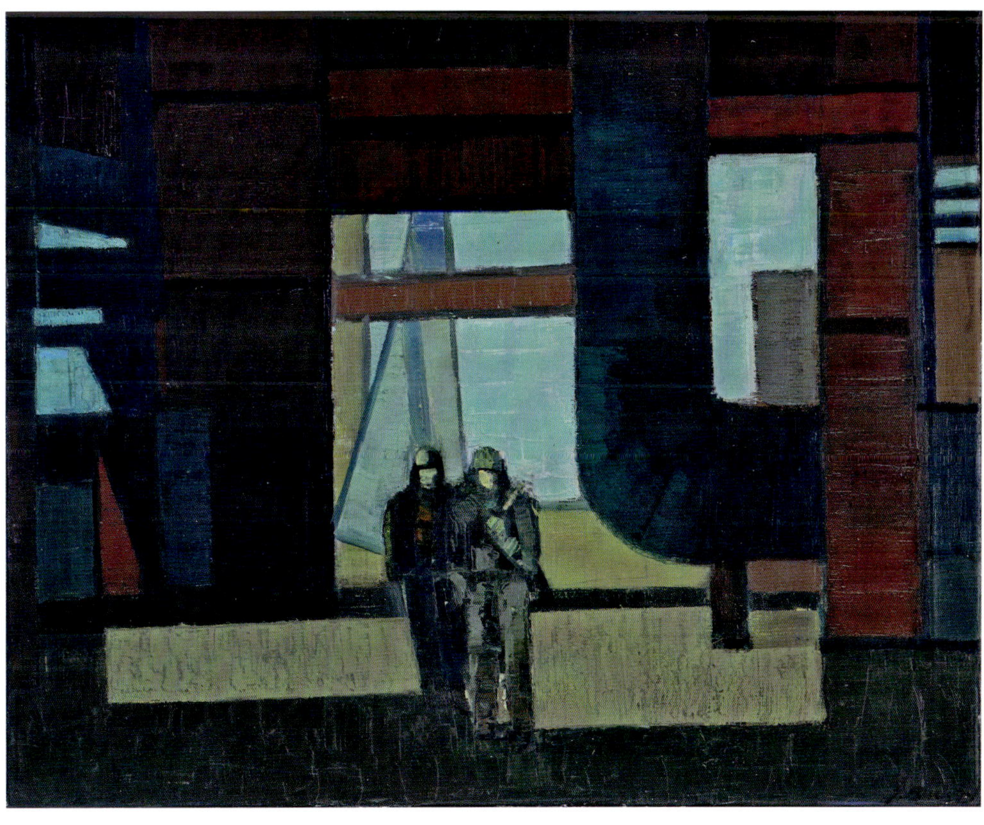

Erbauer des Kraftwerks Jänschwalde
1979, Öl auf Leinwand, 73,4 × 92,0 cm, Inv.-Nr. M 272–80
Brandenburgisches Landesmuseum für moderne Kunst

Twarcaj Janšojskeje milinarnje
1979, wolij na płatnje, 73,4 × 92,0 cm, inwentarne čo. M 272–80
Braniborski krajny muzej moderneho wumělstwa

Twaŕca Janšojskeje milinaŕnje
1979, wólej na płaśe, 73,4 × 92,0 cm, inwentarny nr. M 272–80
Bramborski krajny muzej modernego wumělstwa

Budowniczy elektrowni w Jänschwalde
1979 r., olej na płótnie, 73,4 × 92,0 cm, nr inw. M 272–80
Brandenburskie Muzeum Sztuki Nowoczesnej

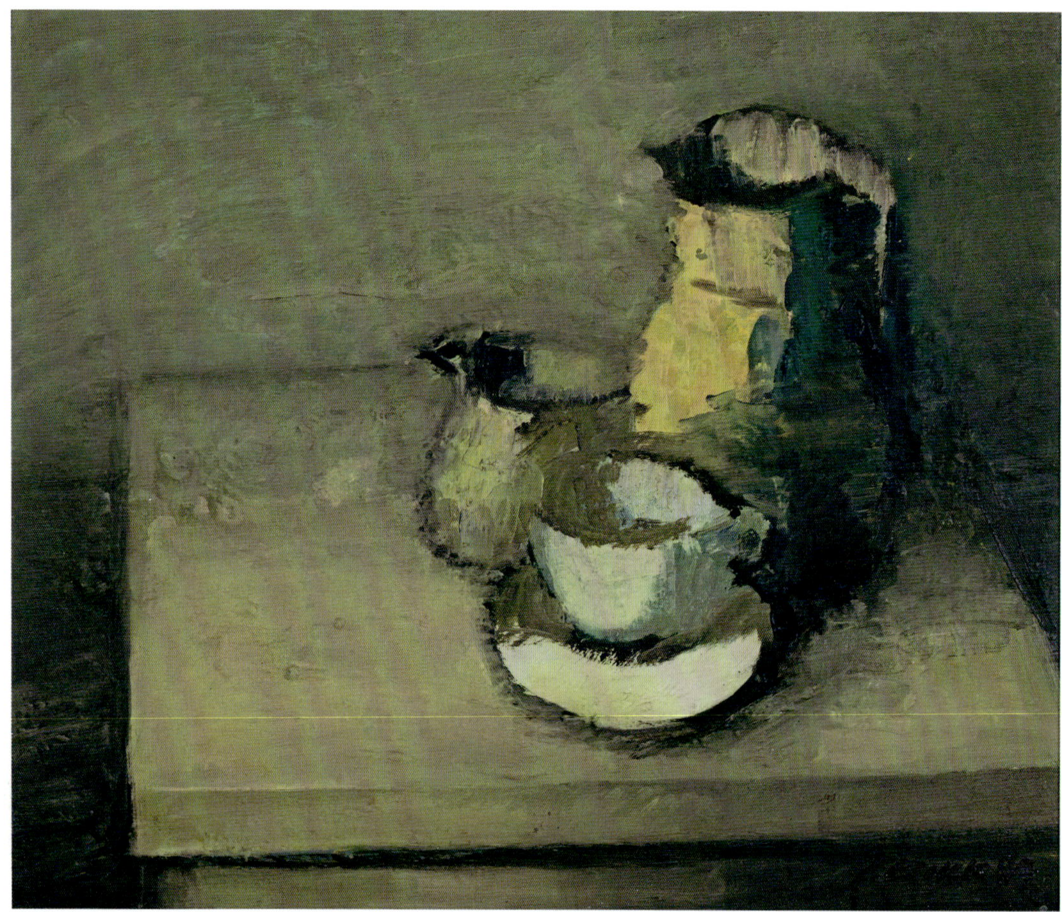

Stillleben mit Krug und Tasse
1984, Öl auf Leinwand,
75,0 × 100,0 cm,
Inv.-Nr. VI 87:49 K(M)
Museum Schloss und Festung Senftenberg, Kunstsammlung Lausitz

Ćišno z karanom a šalku
1984, wolij na płatnje,
75,0 × 100,0 cm,
inwentarne čo. VI 87:49 K(M)
Muzej hród a twjerdźizna Zły Komorow, Wumělstwowa zběrka Łužica

Śichowobraz z kružkom a tasku
1984, wólej na płaśe,
75,0 × 100,0 cm,
inwentarny nr. VI 87:49 K(M)
Muzej grod a twardnica Zły Komorow, Wumělstwowa zběrka Łužyca

Martwa natura z dzbankiem i filiżanką
1984 r., olej na płótnie,
75,0 × 100,0 cm,
nr inw. VI 87:49 K(M)
Muzeum Zamku i Twierdzy Senftenberg, Kolekcja Sztuki Łużyckiej

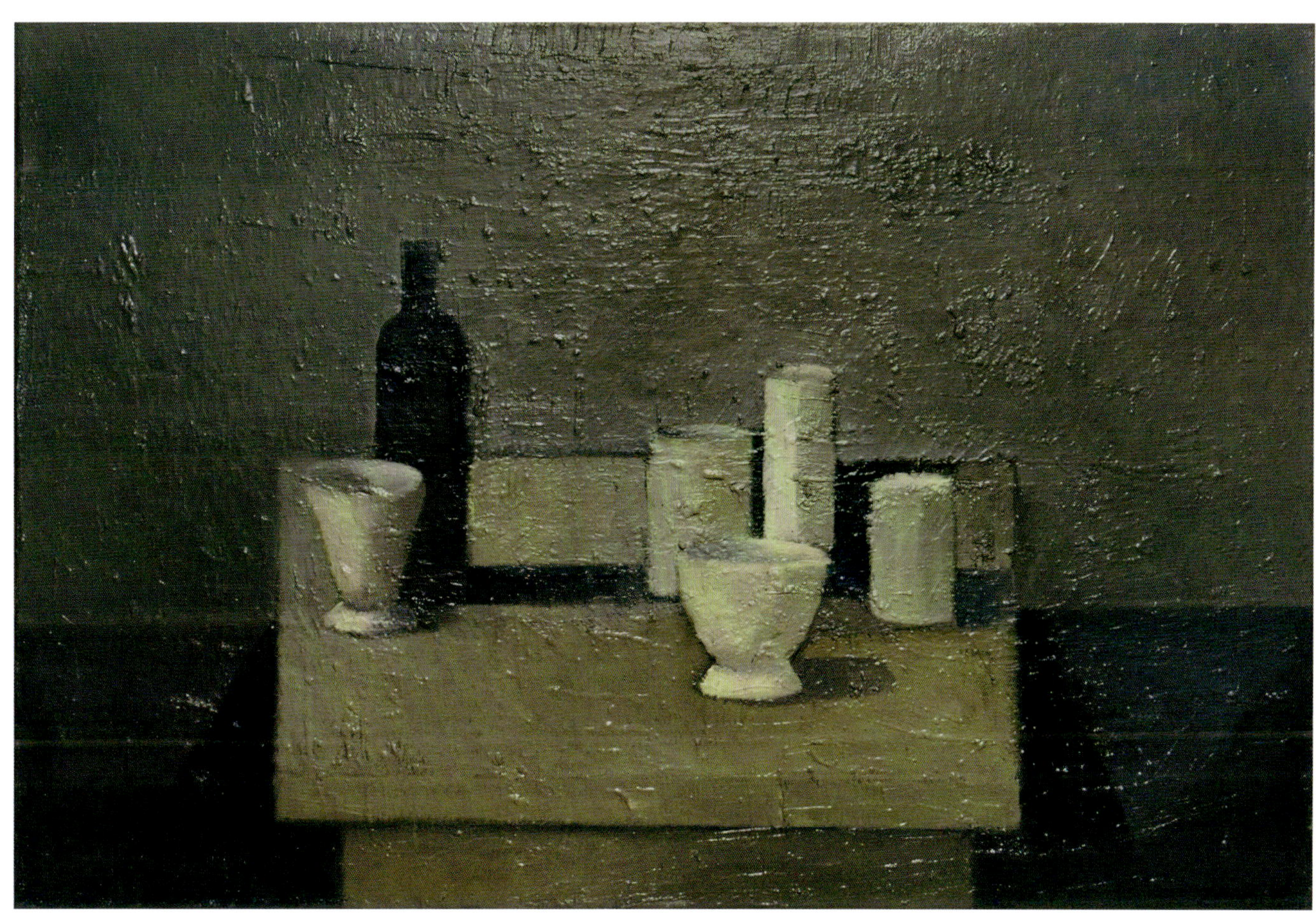

Stillleben mit Gefäßen
1980, Öl auf Leinwand,
95,0 × 140,0 cm,
Inv.-Nr. SM VI-003260 K1
Sorbisches Museum

Ćišno ze sudobjemi
1980, wolij na płatnje,
95,0 × 140,0 cm,
inwentarne čo. SM VI-003260 K1
Serbski muzej

Śichowobraz ze sudobjami
1980, wólej na płaśe,
95,0 × 140,0 cm,
inwentarny nr. SM VI-003260 K1
Serbski muzej

Martwa natura z naczyniami
1980 r., olej na płótnie,
95,0 × 140,0 cm,
nr inw. SM VI-003260 K1
Muzeum Serbołużyckie

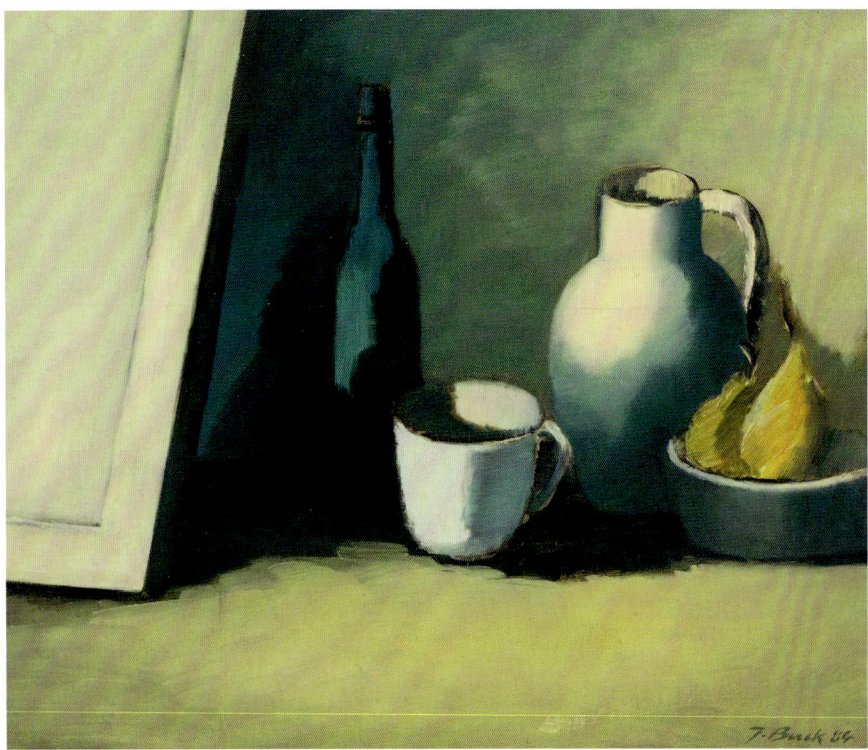

Grünes Stillleben mit Krug
1984, Öl auf Hartfaser,
48,5 × 58,0 cm
Privatbesitz

Zelene ćišno z karanom
1984, wolij na twjerdej
włokninje, 48,5 × 58,0 cm
priwatne wobsydstwo

Zeleny śichowobraz z kružkom
1984, wólej na twardej
włokninje, 48,5 × 58,0 cm
priwatne wobsejźeństwo

Zielona martwa natura z dzbankiem
1984 r., olej na płycie pilśniowej,
48,5 × 58,0 cm
własność prywatna

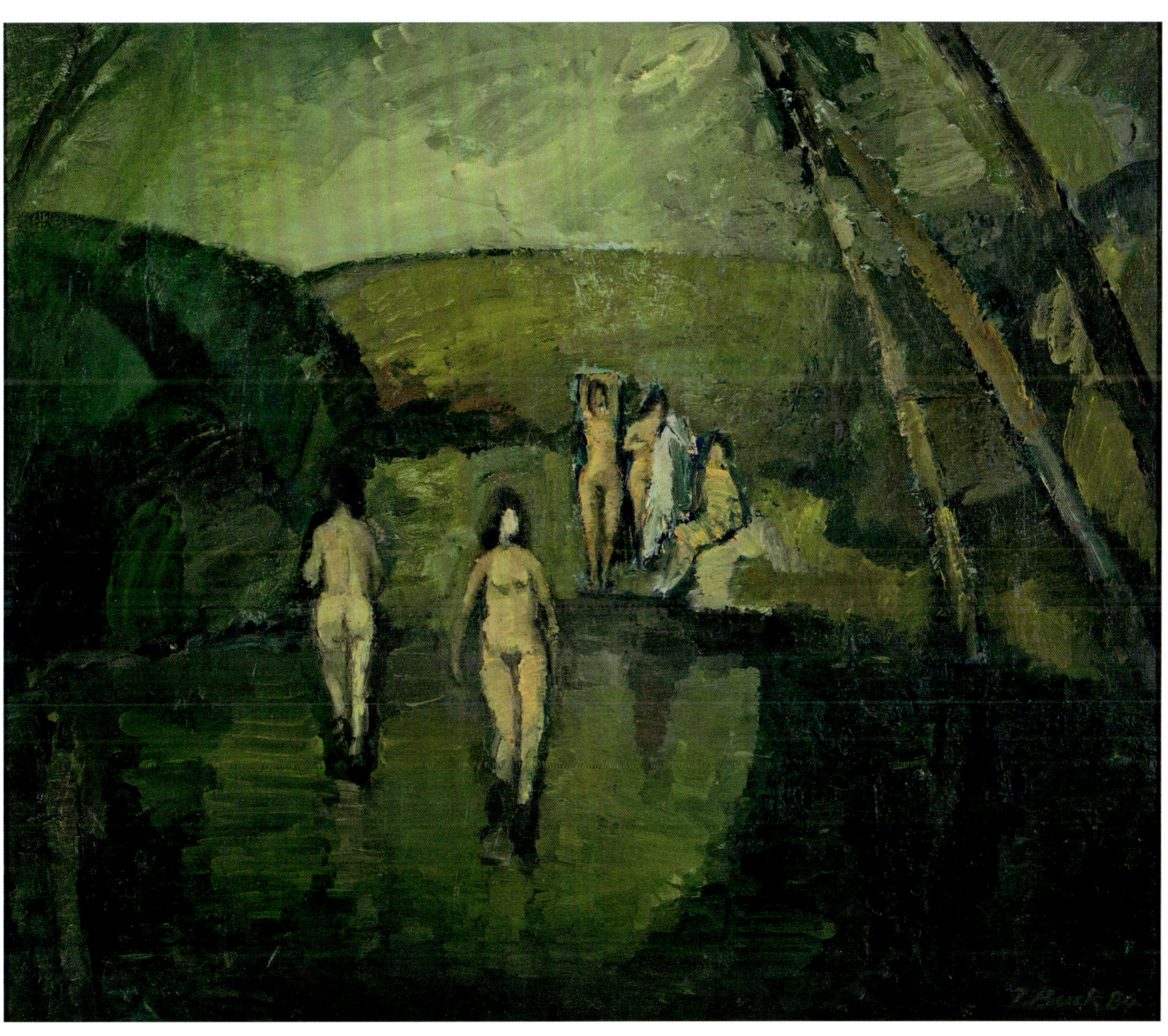

Badende
1983, Öl auf Leinwand,
85,0 × 71,0 cm,
Inv.-Nr. VI 86:50 K(M)
Museum Schloss und Festung Senftenberg, Kunstsammlung Lausitz

Kupace so žony
1983, wolij na płatnje,
85,0 × 71,0 cm,
inwentarne čo. VI 86:50 K(M)
Muzej hród a twjerdźizna Zły Komorow, Wuměłstwowa zběrka Łužica

Se kupajuce žeńske
1983, wólej na płaśe,
85,0 × 71,0 cm,
inwentarny nr. VI 86:50 K(M)
Muzej grod a twardnica Zły Komorow, Wuměłstwowa zběrka Łužyca

Kąpiące się kobiety
1983 r., olej na płótnie,
85,0 × 71,0 cm,
nr inw. VI 86:50 K(M)
Muzeum Zamku i Twierdzy Senftenberg, Kolekcja Sztuki Łużyckiej

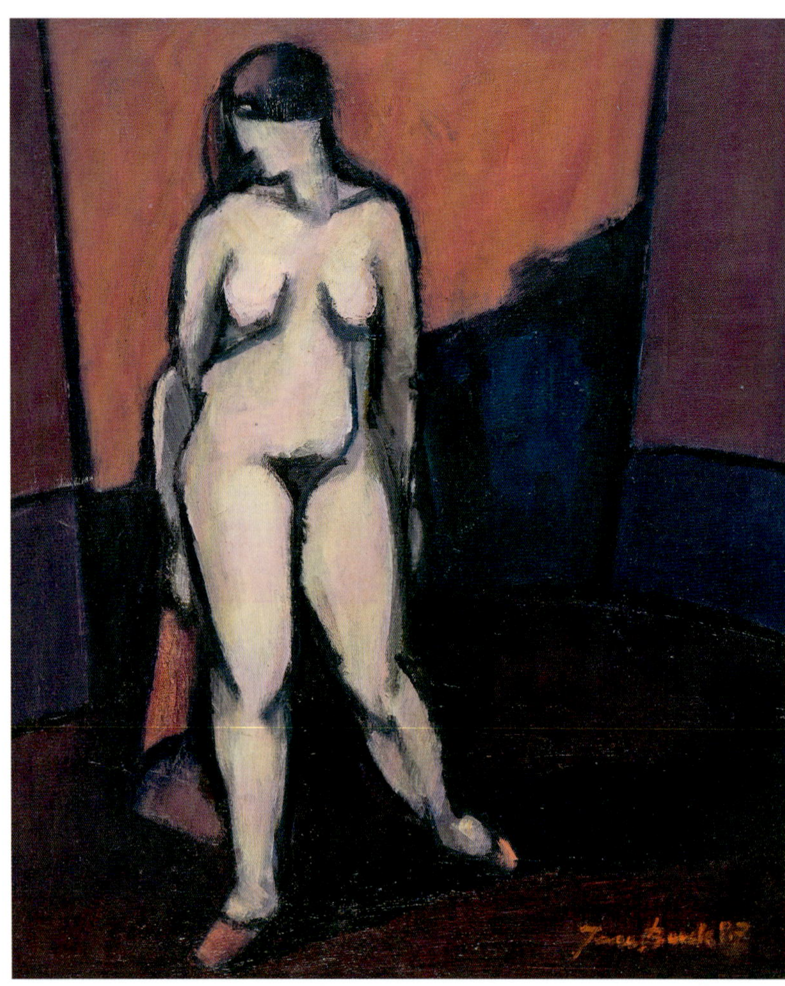

Akt im Raum
1983, Öl auf Leinwand,
60,0 × 50,3 cm,
Inv.-Nr. SM VI-006252 K1
Sorbisches Museum

Akt w rumje
1983, wolij na płatnje,
60,0 × 50,3 cm,
inwentarne čo. SM VI-006252 K1
Serbski muzej

Akt w rumje
1983, wólej na płaśe,
60,0 × 50,3 cm,
inwentarny nr. SM VI-006252 K1
Serbski muzej

Akt we wnętrzu
1983 r., olej na płótnie,
60,0 × 50,3 cm,
nr inw. SM VI-006252 K1
Muzeum Serbołużyckie

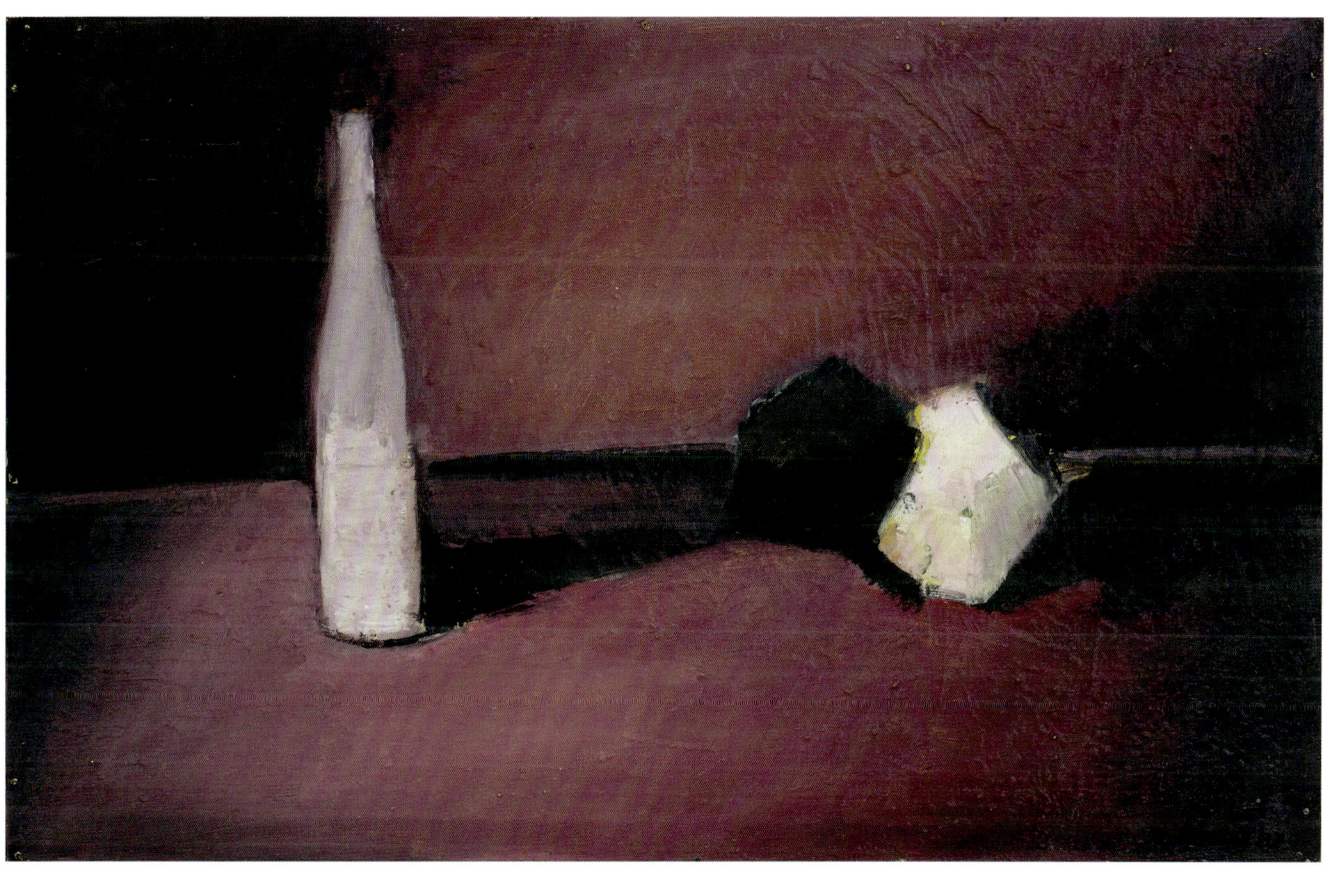

Lila Stillleben mit Steinen
1987, Öl auf Hartfaser, 54,2 × 86,2 cm, Inv.-Nr. SM VI-006254 K1
Sorbisches Museum

Lila ćišno z kamjenjomaj
1987, wolij na twjerdej włokninje, 54,2 × 86,2 cm, inwentarne čo. SM VI-006254 K1
Serbski muzej

Lila šichowobraz z kamjenjoma
1987, wólej na twardej włokninje, 54,2 × 86,2 cm, inwentarny nr. SM VI-006254 K1
Serbski muzej

Liliowa martwa natura z kamieniami
1987 r., olej na płycie pilśniowej, 54,2 × 86,2 cm, nr inw. SM VI-006254K1
Muzeum Serbołużyckie

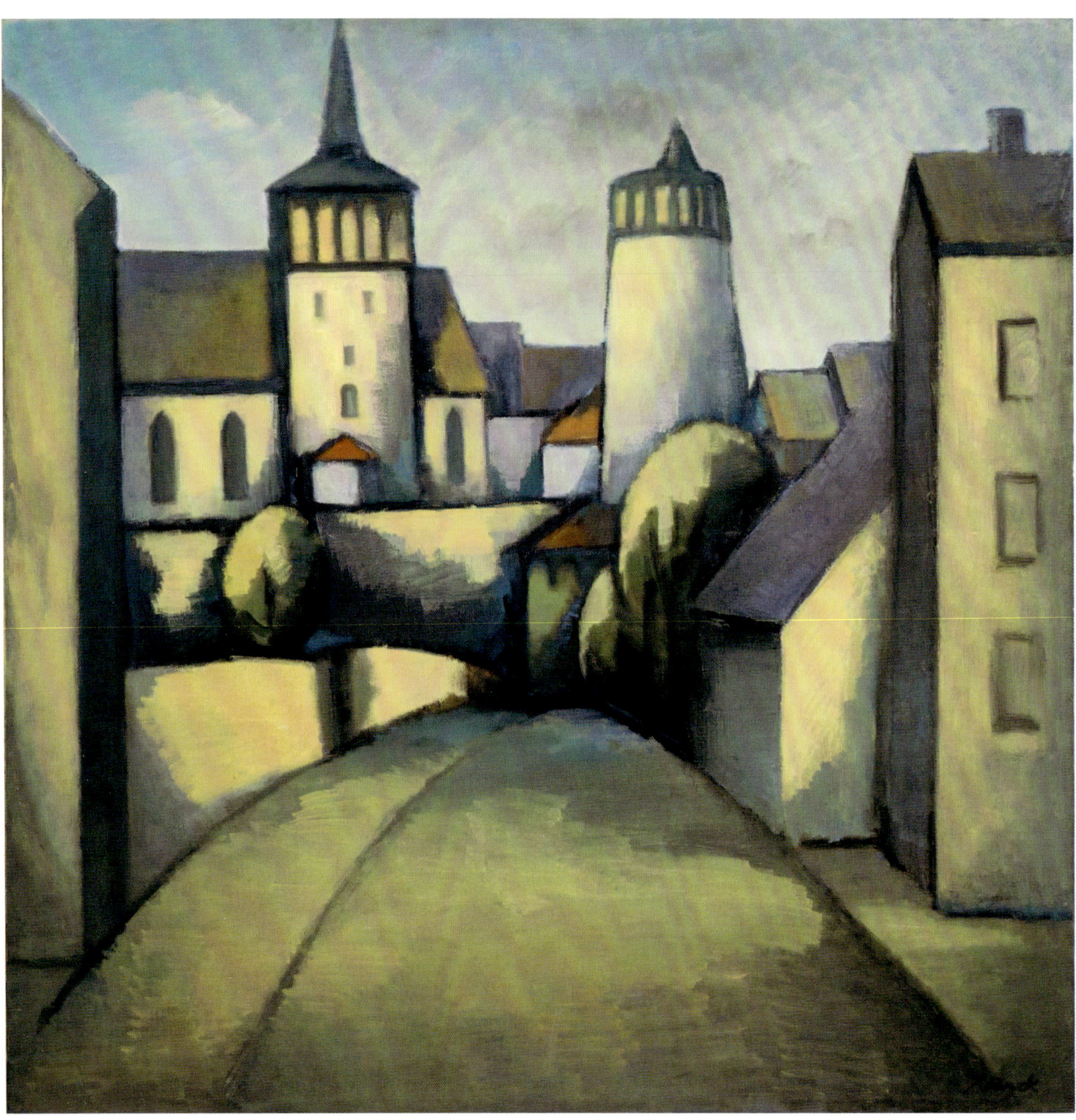

Scharfenberg
o. J., Öl auf Leinwand,
122,0 × 122,5 cm,
Inv.-Nr. 00001999
Landkreis Bautzen,
Kunstsammlung

Nahła hórka
bjez lěta, wolij na płatnje,
122,0 × 122,5 cm,
inwentarne čo. 00001999
Wokrjes Budyšin,
wuměłstwowa zběrka

Nagła górka
bźez lěta, wólej na płaśe,
122,0 × 122,5 cm,
inwentarny nr. 00001999
Wokrejs Budyšyn,
wuměłstwowa zběrka

Scharfenberg
bez daty, olej na płótnie,
122,0 × 122,5 cm,
nr inw. 00001999
Powiat Budziszyn,
Zbiory Sztuki

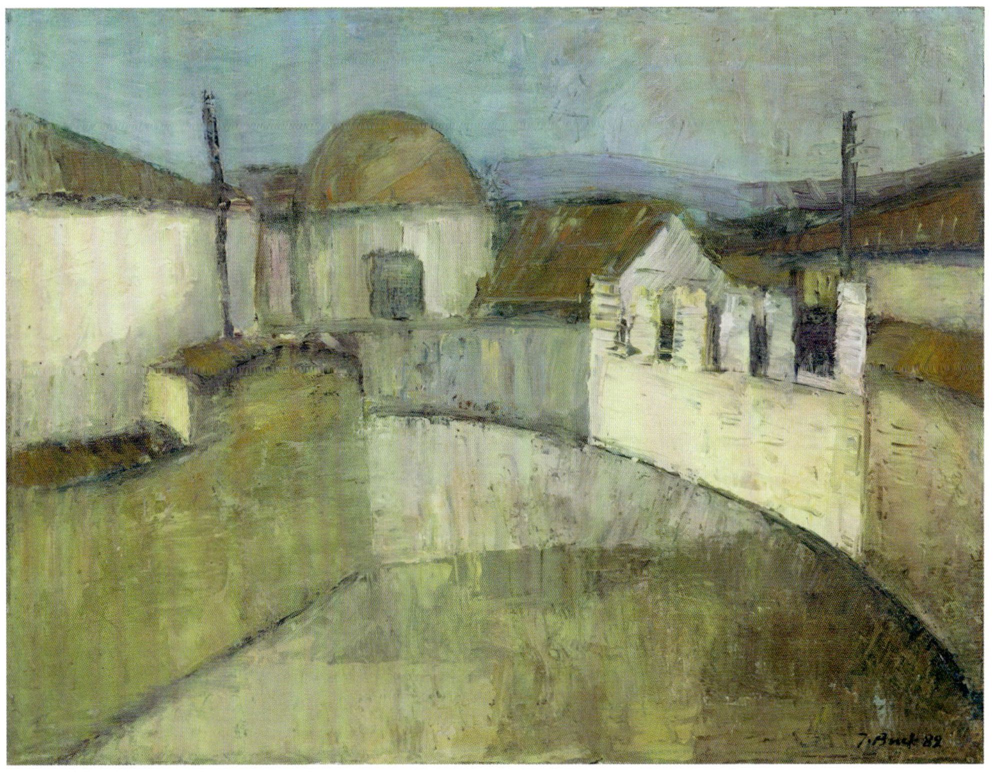

Stražica I
1982, Öl auf Leinwand,
60,0 × 80,5 cm
Privatbesitz

Stražica I
1982, wolij na płatnje,
60,0 × 80,5 cm
priwatne wobsydstwo

Stražica I
1982, wólej na płaśe,
60,0 × 80,5 cm
priwatne wobsejźeństwo

Stražica I
1982 r., olej na płótnie,
60,0 × 80,5 cm
własność prywatna

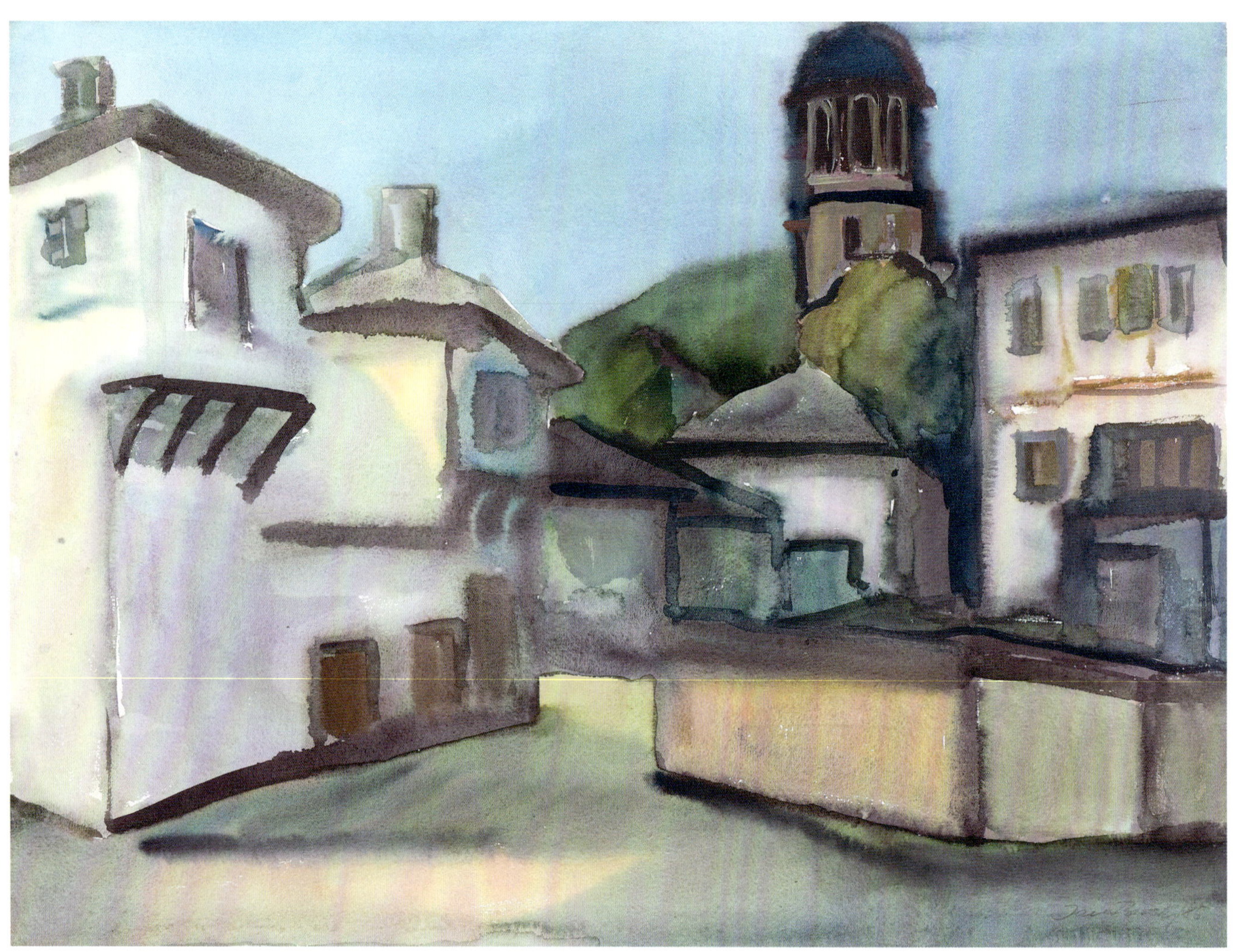

Smoljan/Rhodopen
1985, Aquarell auf Papier,
55,0 × 74,5 cm
Privatbesitz

Smoljan/Rodopy
1985, akwarel na papjerje,
55,0 × 74,5 cm
priwatne wobsydstwo

Smoljan/Rodopy
1985, akwarel na papjerje,
55,0 × 74,5 cm
priwatne wobsejźeństwo

Smolan/Rodopy
1985 r., akwarela na papierze,
55,0 × 74,5 cm
własność prywatna

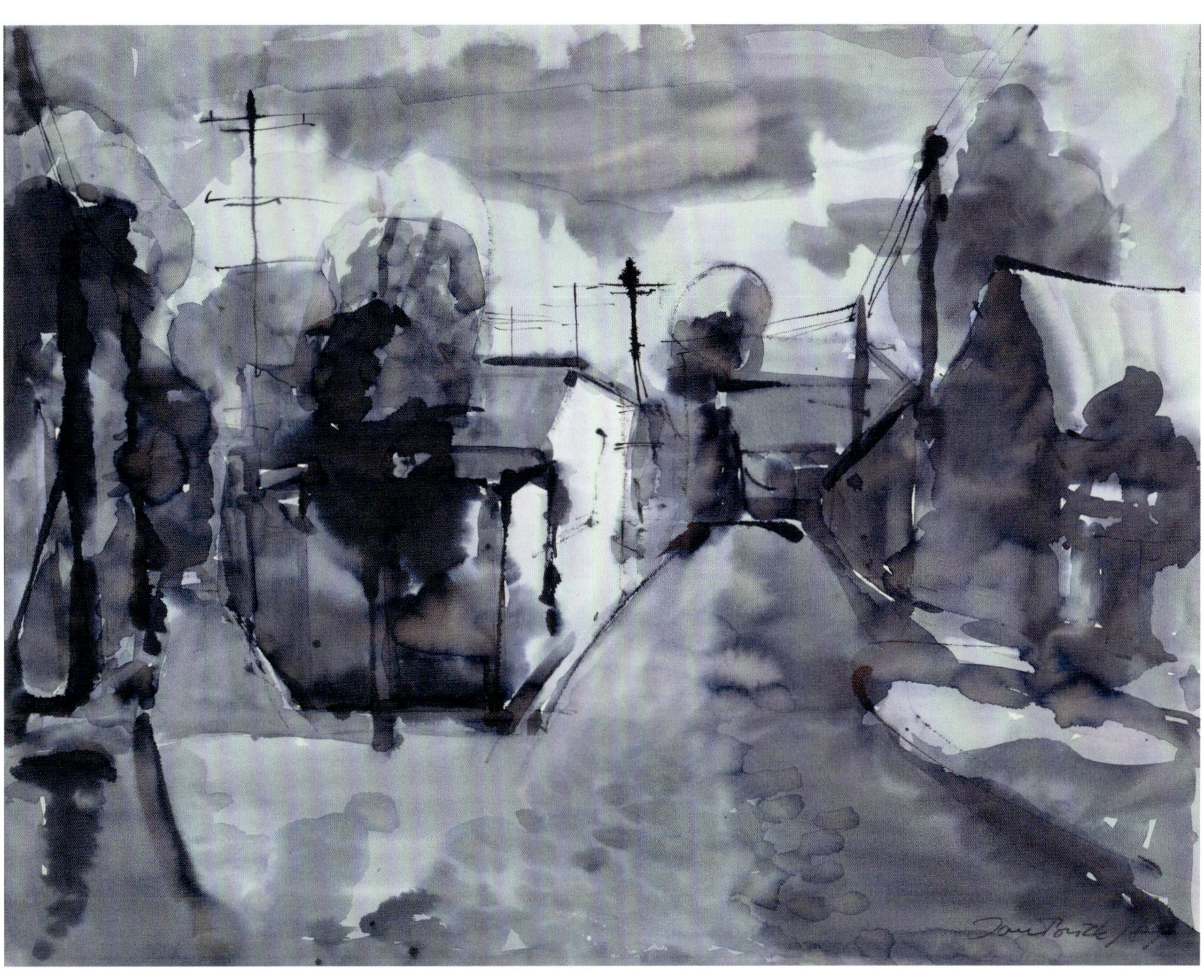

Weißagk
1981, Pinsel mit Tusche auf Papier,
59,0 × 63,0 cm,
Inv.-Nr. X9849/K1
Wendisches Museum Cottbus

Wusoka
1981, seršćowc z tušu na papjerje,
59,0 × 63,0 cm,
inwentarne čo. X9849/K1
Serbski muzej Choćebuz

Wusoka
1981, šćotka z tušu na papjerje,
59,0 × 63,0 cm,
inwentarny nr. X9849/K1
Serbski muzej Chóśebuz

Weißagk
1981 r., pędzel i tusz na papierze,
59,0 × 63,0 cm,
nr inw. X9849/K1
Muzeum Serbołużyckie
w Chociebużu

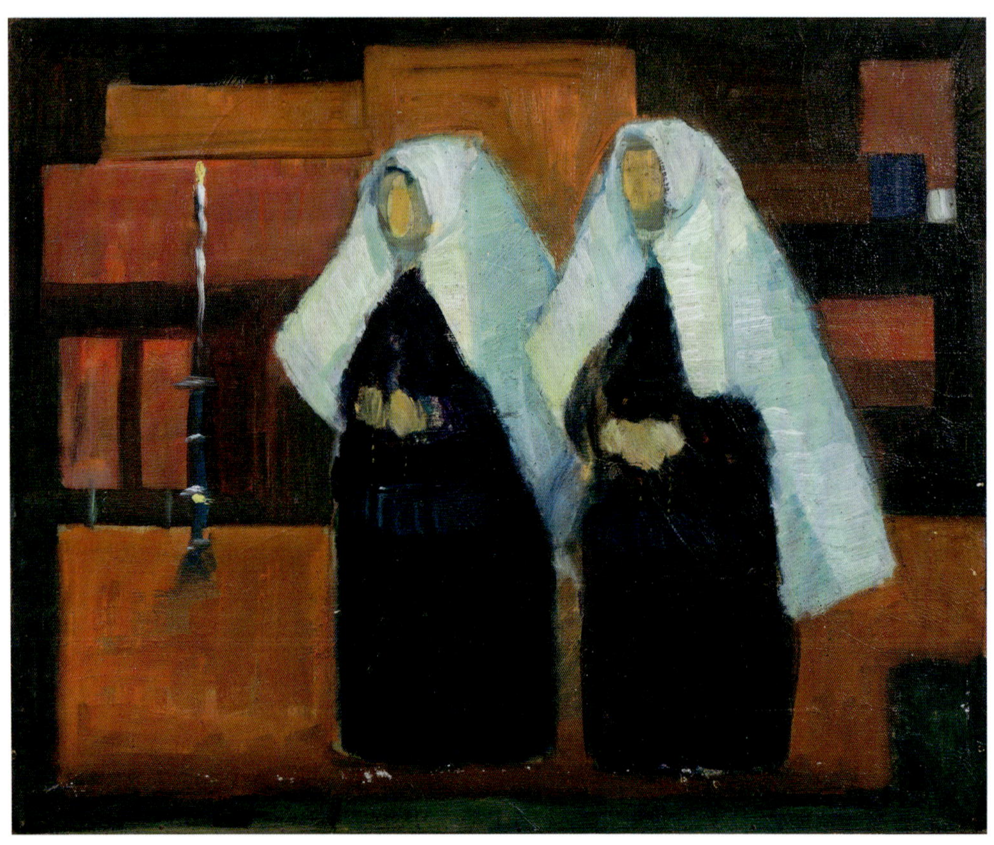

Frauen in Trauer
1977, Öl auf Hartfaser,
45,0 × 60,0 cm
Privatbesitz

Žarowacej žónskej
1977, wolij na twjerdej włokninje, 45,0 × 60,0 cm
priwatne wobsydstwo

Žałujucej žeńskej
1977, wólej na twardej włokninje, 45,0 × 60,0 cm
priwatne wobsejźeństwo

Kobiety w żałobie
1977 r., olej na płycie pilśniowej,
45,0 × 60,0 cm
własność prywatna

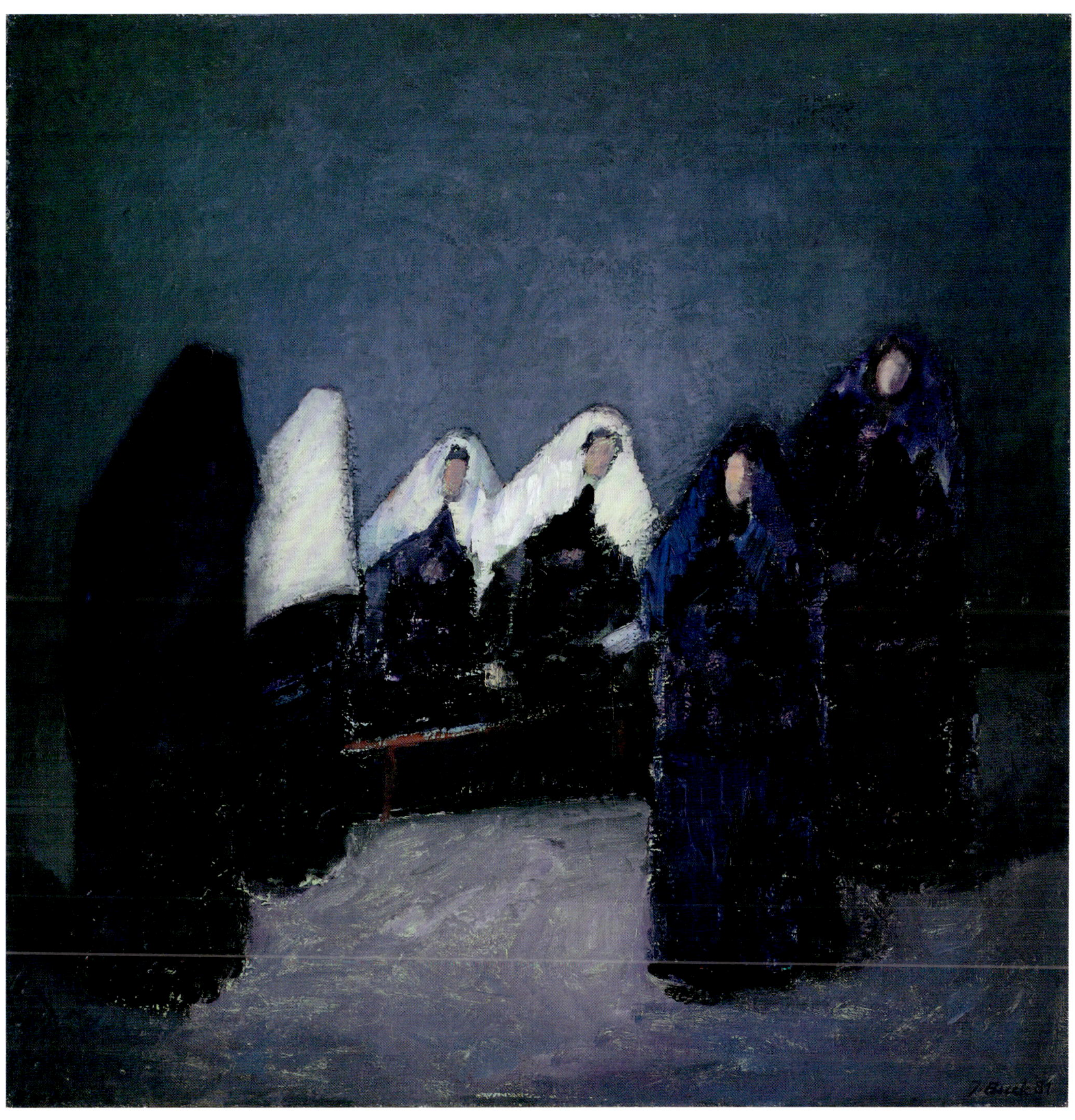

Abschied
1981, Öl auf Leinwand,
100,0 × 100,0 cm,
Inv.-Nr. 30657
Museum Bautzen

Rozžohnowanje
1981, wolij na płatnje,
100,0 × 100,0 cm,
inwentarne čo. 30657
Muzej Budyšin

Rozžognowanje
1981, wólej na płaśe,
100,0 × 100,0 cm,
inwentarny nr. 30657
Muzej Budyšyn

Pożegnanie
1981 r., olej na płótnie,
100,0 × 100,0 cm,
nr inw. 30657
Muzeum Miasta Budziszyna

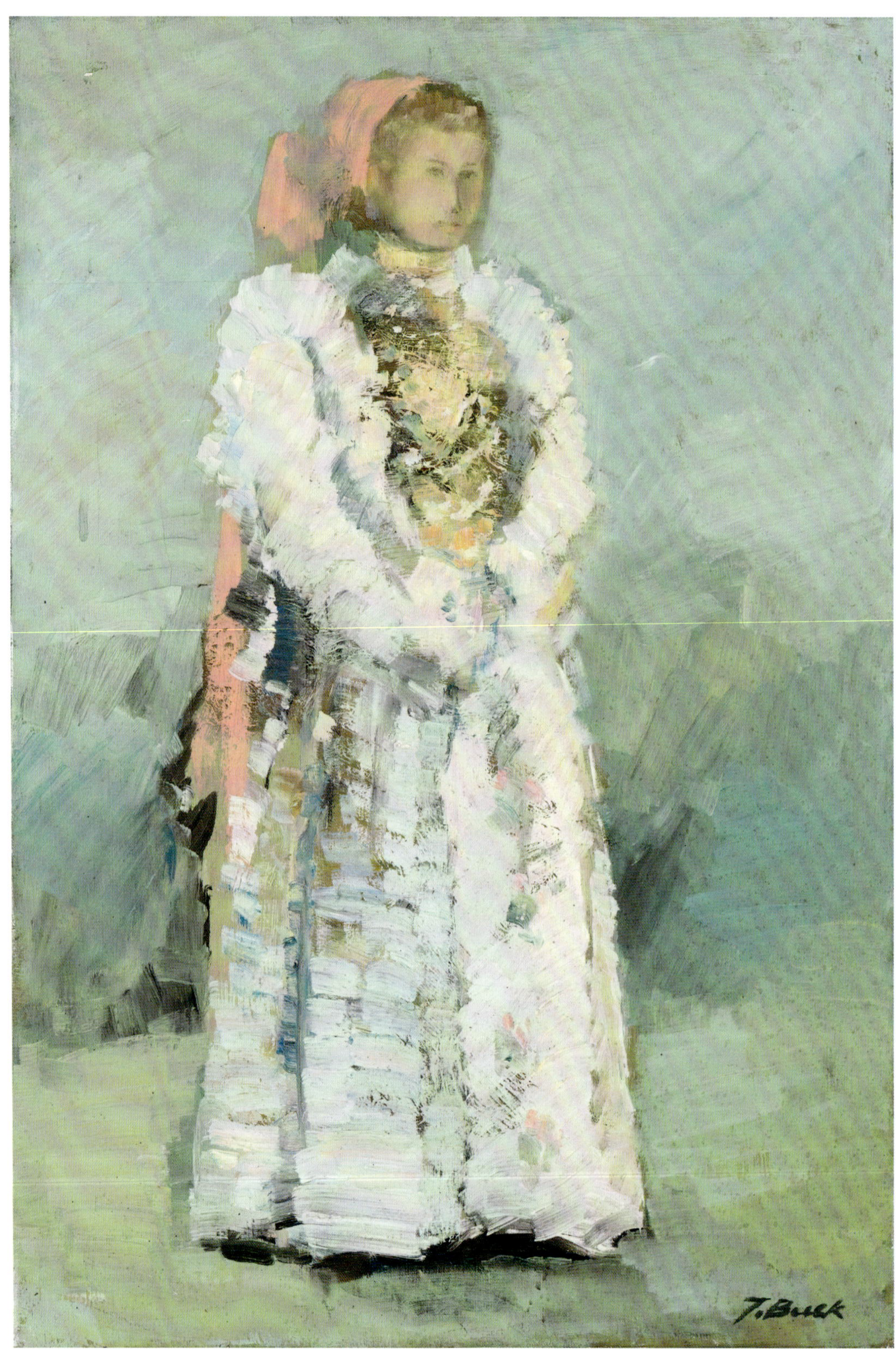

Brautjungfer
1978, Öl auf Leinwand,
65,0 × 45,0 cm
Privatbesitz

Družka
1978, wolij na płatnje,
65,0 × 45,0 cm
priwatne wobsydstwo

Družka
1978, wólej na płaśe,
65,0 × 45,0 cm
priwatne wobsejźeństwo

Druhna
1978 r., olej na płótnie,
65,0 × 45,0 cm
własność prywatna

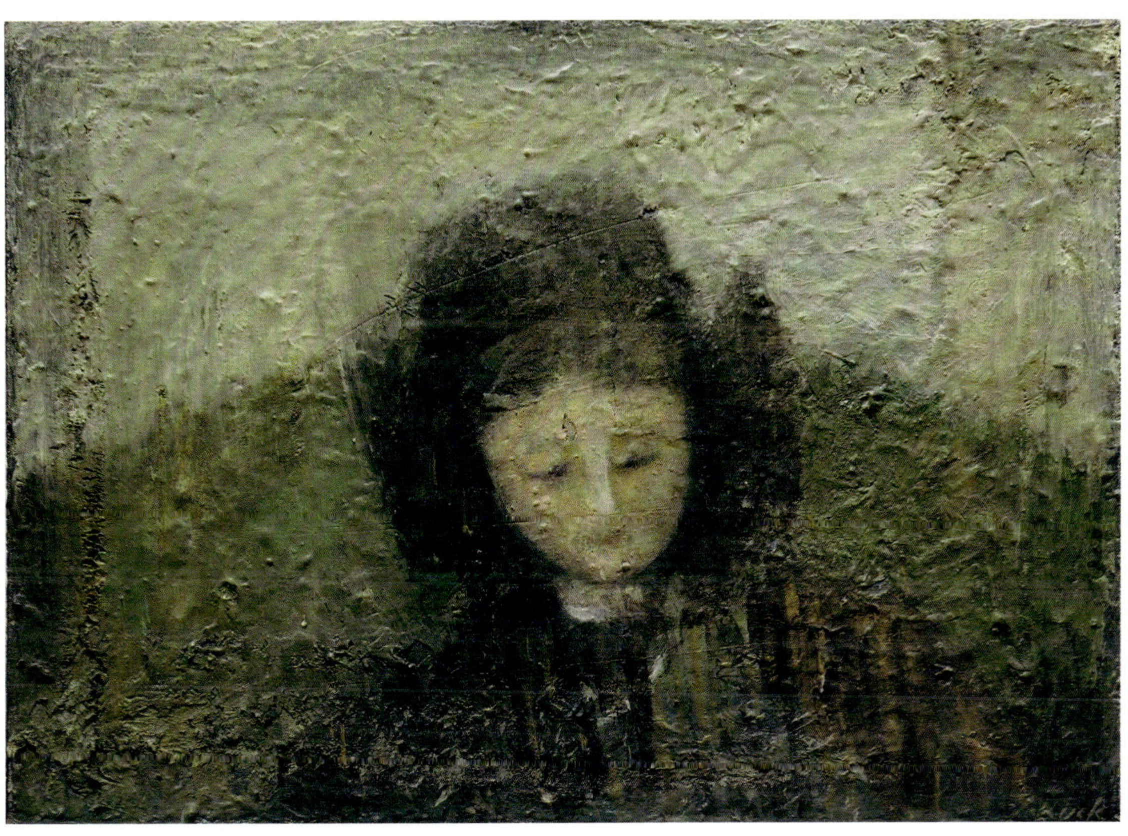

Porträt Sorbin
o. J., Öl auf Hartfaser,
42,0 × 57,0 cm,
Inv.-Nr. 76
Städtisches Museum der
Stadt Eisenhüttenstadt

Portret Serbowki
bjez lěta, wolij na twjerdej
włokninje, 42,0 × 57,0 cm,
inwentarne čo. 76
Měšćanski muzej města
Eisenhüttenstadt

Portret Serbowki
bźez lěta, wólej na twardej
włokninje, 42,0 × 57,0 cm,
inwentarny nr. 76
Měsćański muzej města
Eisenhüttenstadt

Portret Serbołużyczanki
bez daty, olej na płycie
pilśniowej,
42,0 × 57,0 cm, nr inw. 76
Muzeum Miasta
Eisenhüttenstadt

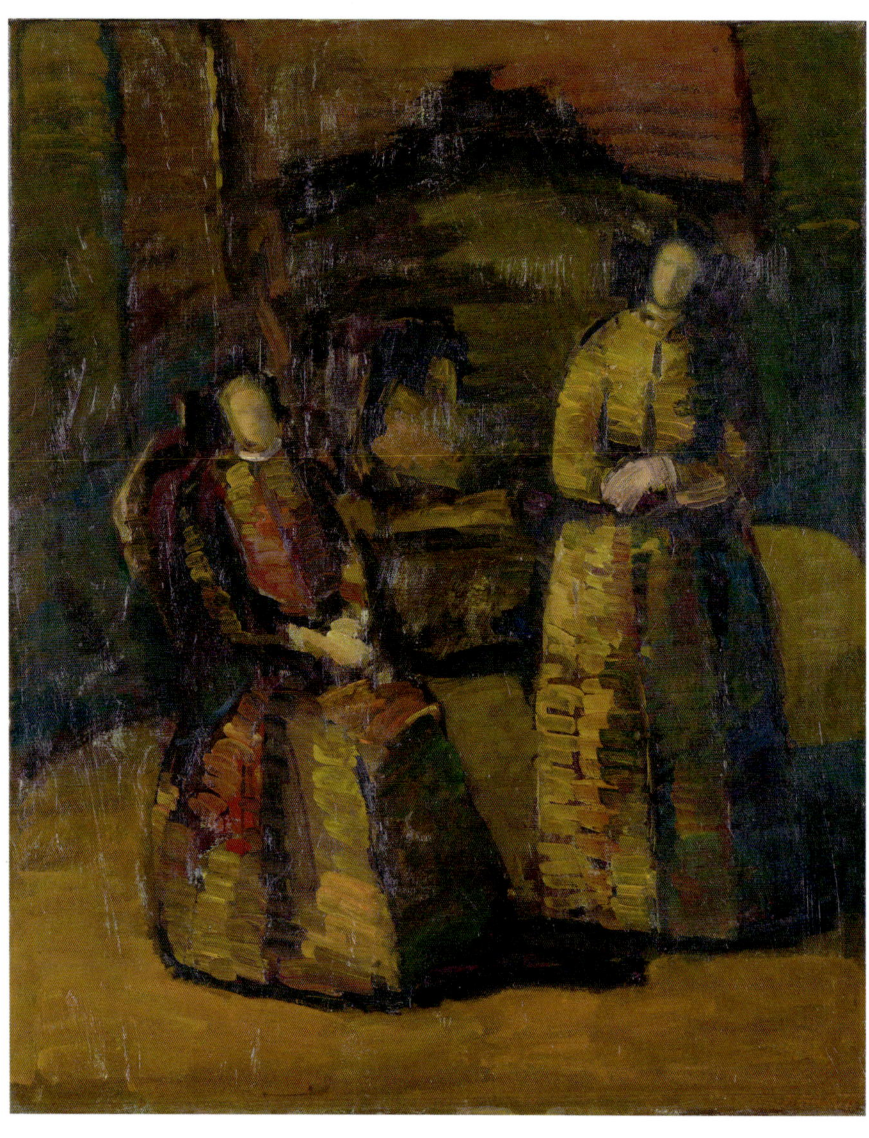

Der Besuch
1978, Öl auf Leinwand,
100,0 × 82,0 cm,
Inv.-Nr. 83/06
Albertinum | Galerie Neue Meister, Staatliche Kunstsammlungen Dresden

Wopyt
1978, wolij na płatnje,
100,0 × 82,0 cm,
inwentarne čo. 83/06
Albertinum | Galerija Nowi mištrojo, Statne wuměłstwowe zběrki Drježdźany

Woglěd
1978, wólej na płaśe,
100,0 × 82,0 cm,
inwentarny nr. 83/06
Albertinum | Galerija Nowe mejstarje, Statne wuměłstwowe zběrki Drježdźany

Wizyta
1978 r., olej na płótnie,
100,0 × 82,0 cm,
nr inw. 83/06
Albertinum | Galeria Nowych Mistrzów, Państwowe Zbiory Sztuki w Dreźnie

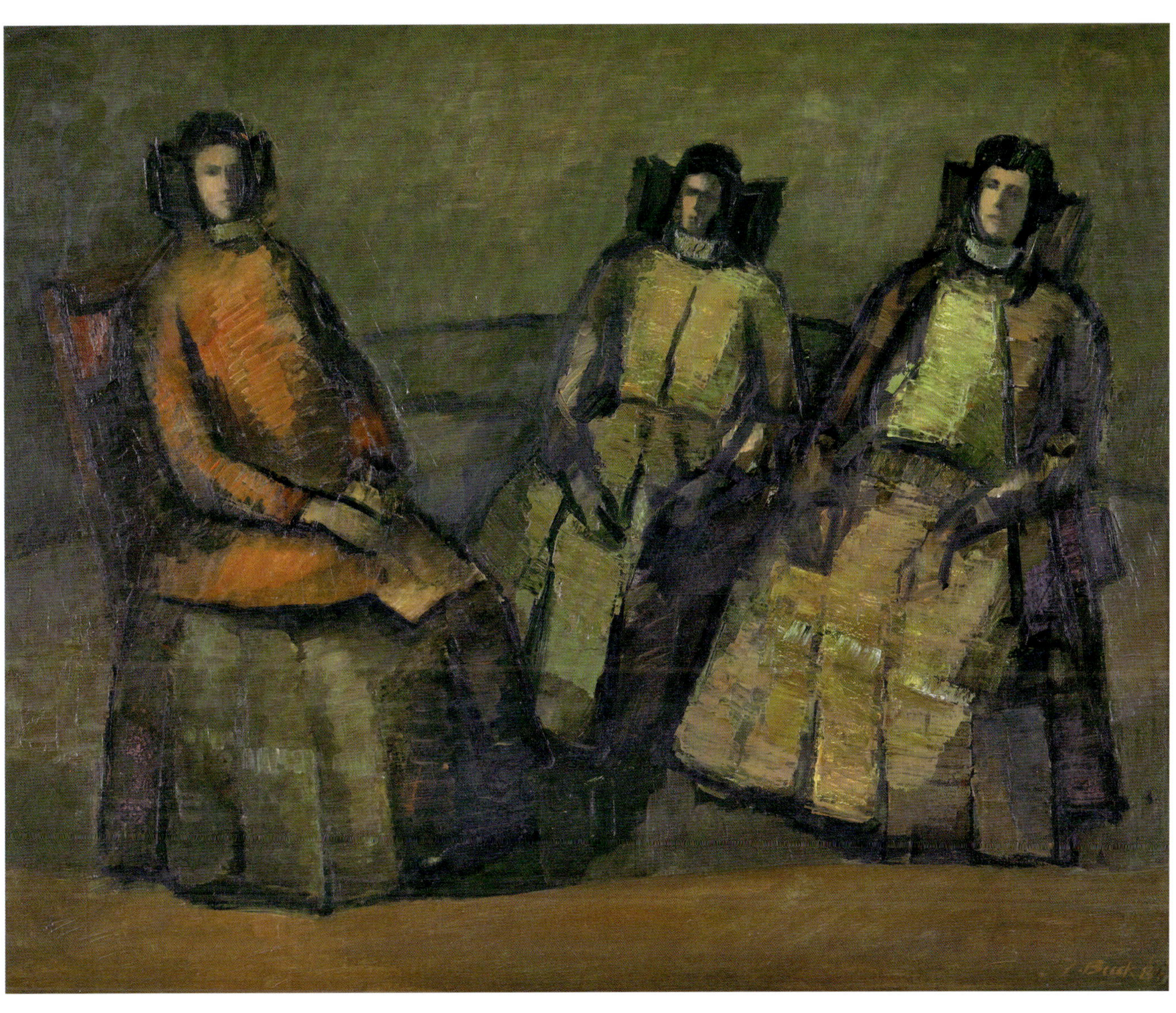

Unterhaltung
1984, Öl auf Leinwand,
78,7 × 98,0 cm,
Inv.-Nr. M 16/86
Staatliche Kunstsammlungen
Dresden, Kunstfonds

Bjesada
1984, wolij na płatnje,
78,7 × 98,0 cm,
inwentarne čo. M 16/86
Statne wuměłstwowe zběrki
Drježdźany, fonds wuměłstwa

Rozgrono
1984, wólej na płaśe,
78,7 × 98,0 cm,
inwentarny nr. M 16/86
Statne wuměłstwowe zběrki
Drježdźany, fonds wuměłstwa

Rozmowa
1984 r., olej na płótnie,
78,7 × 98,0 cm cm,
nr inw. M 16/86
Państwowe Zbiory Sztuki
w Dreźnie, Fundacja Sztuki

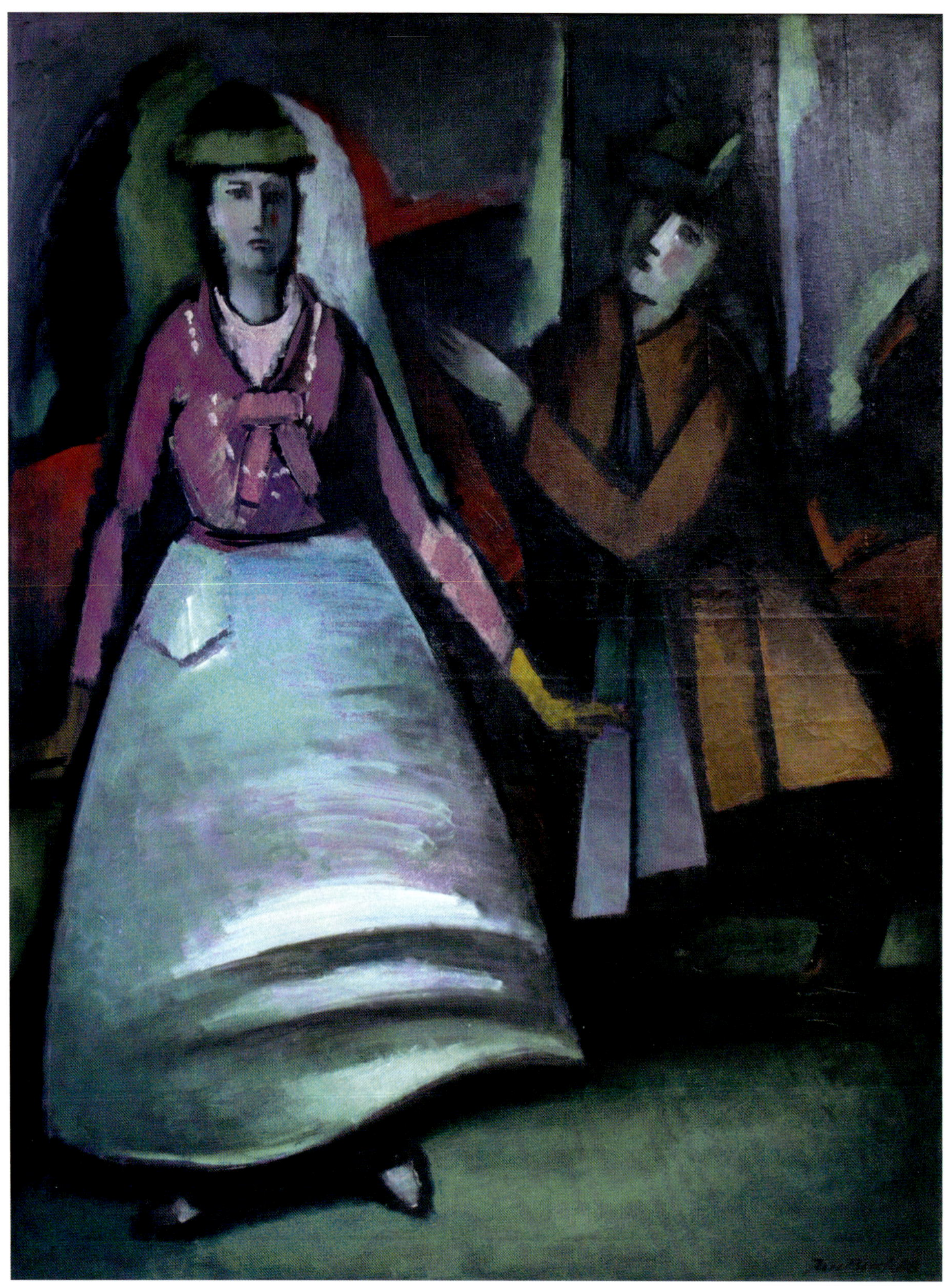

Sorbischer Tanz
1989, Öl auf Leinwand,
120,0 × 100,0 cm,
ohne Inv.-Nr.
Landkreis Bautzen,
Kunstsammlung

Serbska reja
1989, wolij na płatnje,
120,0 × 100,0 cm,
bjez inwentarneho čisła
Wokrjes Budyšin,
wuměłstwowa zběrka

Serbska reja
1989, wólej na płaśe,
120,0 × 100,0 cm,
bźez inwentarnego numera
Wokrejs Budyšyn,
wuměłstwowa zběrka

Taniec serbołużycki
1989 r., olej na płótnie,
120,0 × 100,0 cm,
bez nr inw.
Powiat Budziszyn,
zbiory sztuki

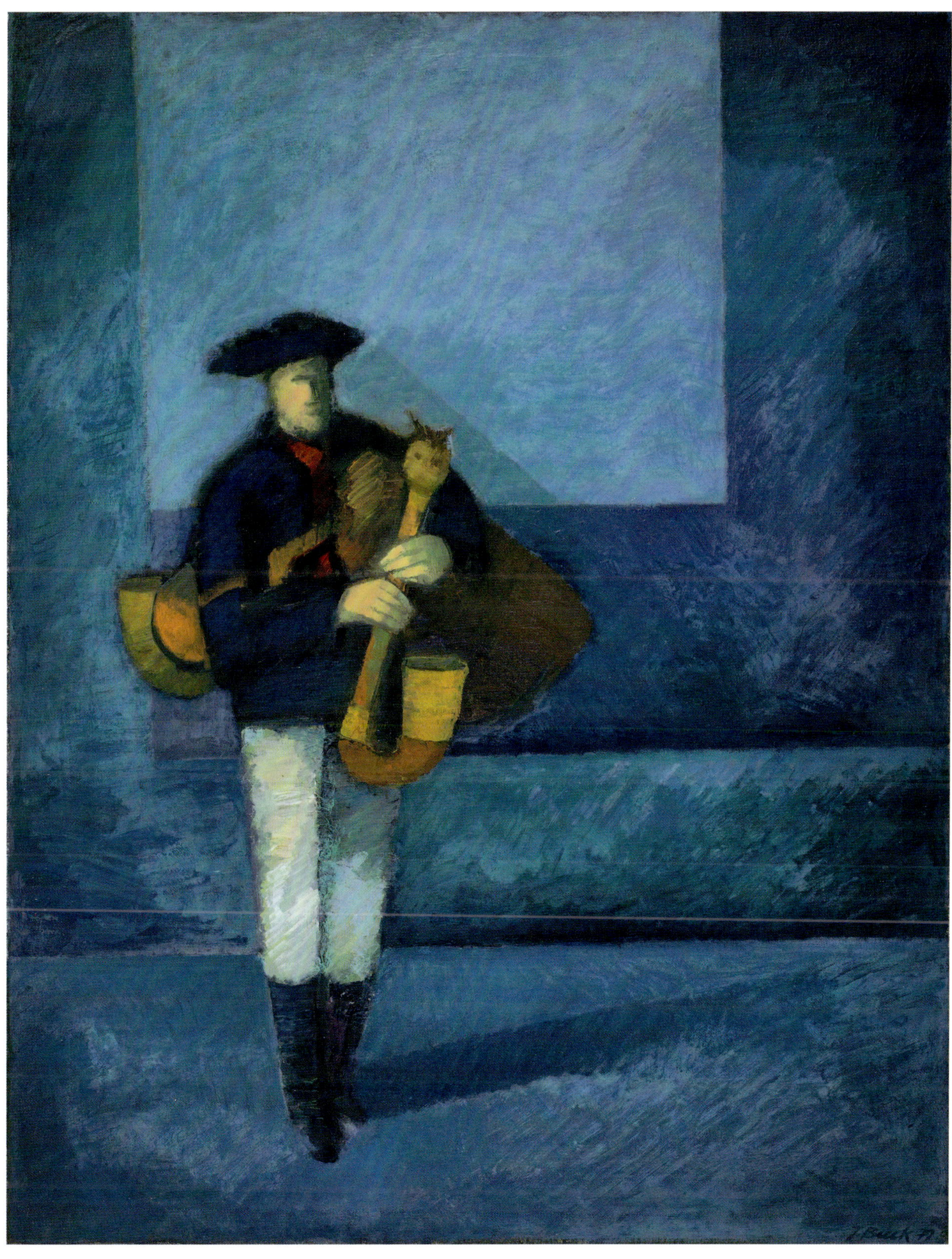

Aus der Arbeit des Sorbischen National-Ensembles: Der Dudelsackspieler
1979, Öl auf Leinwand,
115,7 × 91,0 cm,
Inv.-Nr. 34/79
Staatliche Kunstsammlungen Dresden, Kunstfonds

Z džěła Serbskeho ludoweho ansambla: Dudak
1979, wolij na płatnje,
115,7 × 91,0 cm,
inwentarne čo. 34/79
Statne wuměłstwowe zběrki Drježdźany, fonds wuměłstwa

Ze źěła Serbskego ludowego ansambla: Dudak
1979, wólej na płaśe,
115,7 × 91,0 cm,
inwentarny nr. 34/79
Statne wuměłstwowe zběrki Drježdźany, fonds wuměłstwa

Z prac Serbołużyckiego Zespołu Narodowego: Dudziarz
1979 r., olej na płótnie,
115,7 × 91,0 cm,
nr inw. 34/79
Państwowe Zbiory Sztuki w Dreźnie, Fundacja Sztuki

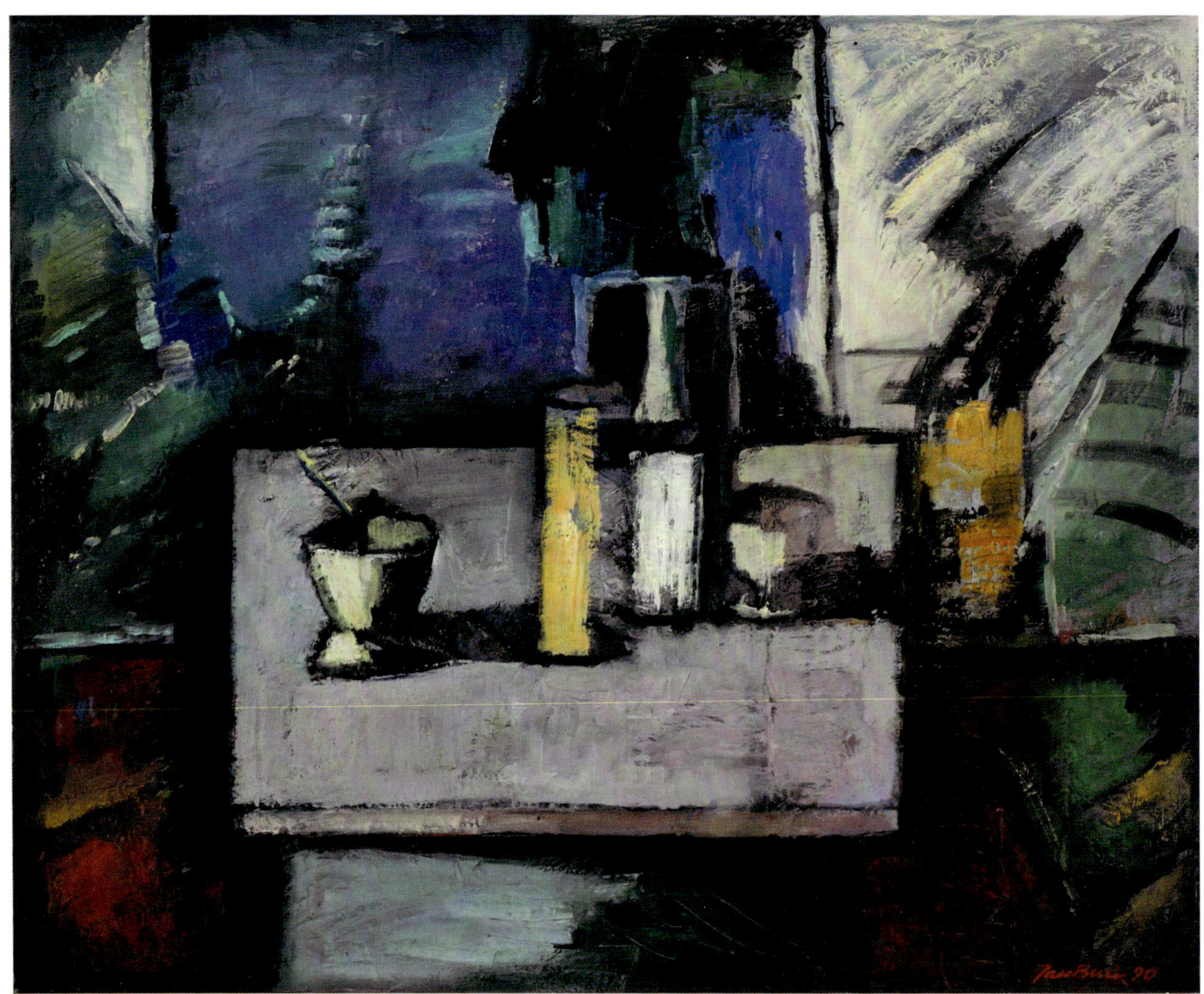

Interieur mit Gefäßen
1990, Öl auf Leinwand,
100,0 × 125,0 cm,
Inv.-Nr. 30658
Museum Bautzen

Interier ze sudobjemi
1990, wolij na płatnje,
100,0 × 125,0 cm,
inwentarne čo. 30658
Muzej Budyšin

Interier ze sudobjami
1990, wólej na płaśe,
100,0 × 125,0 cm,
inwentarny nr. 30658
Muzej Budyšyn

Wnętrze z naczyniami
1990 r., olej na płótnie,
100,0 × 125,0 cm,
nr inw. 30658
Muzeum Miasta Budziszyna

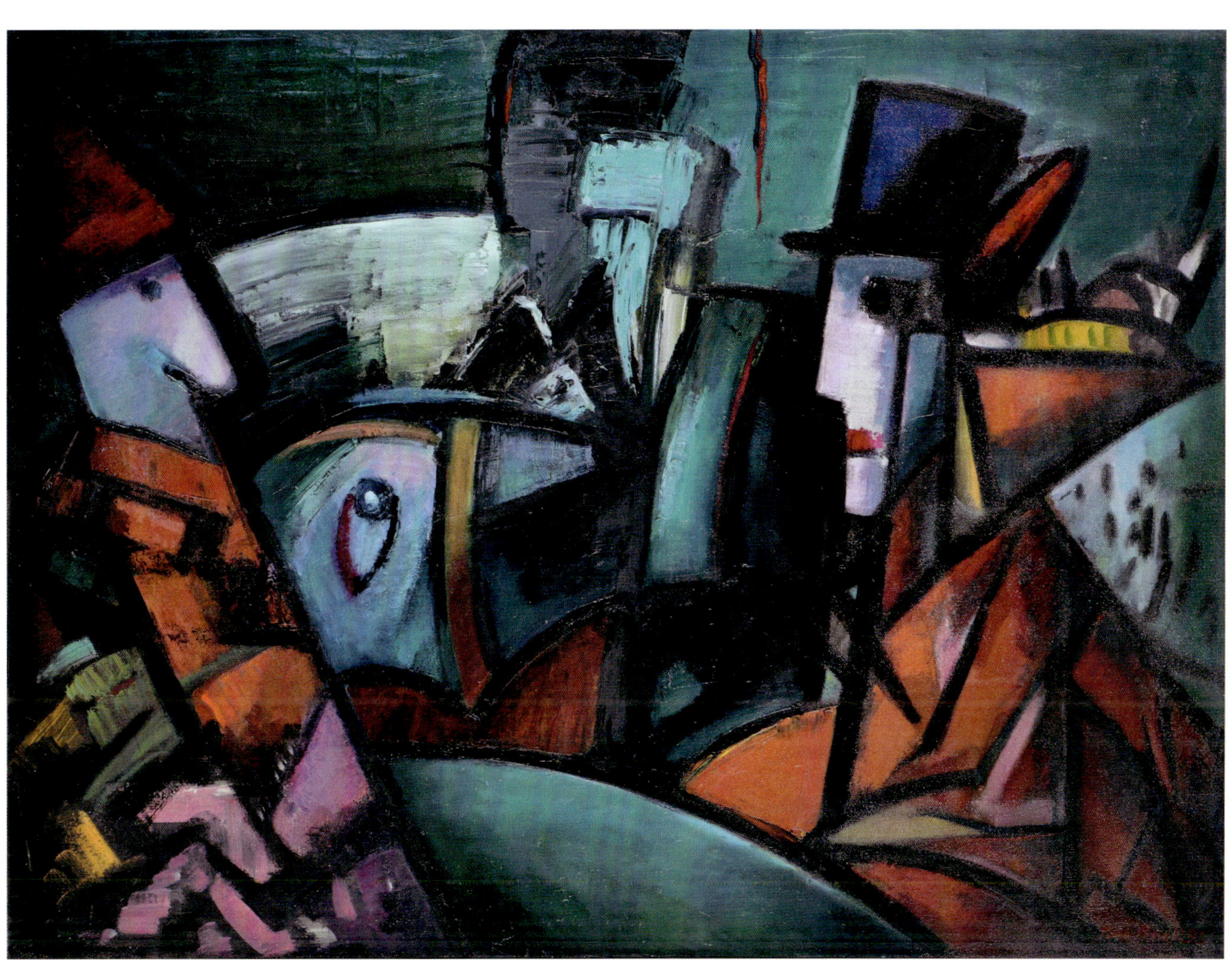

Drittes Auge
1992, Öl auf Leinwand,
90,0 × 120,0 cm,
Inv.-Nr. 30659
Museum Bautzen

Třeće wóčko
1992, wolij na płatnje,
90,0 × 120,0 cm,
inwentarne čo. 30659
Muzej Budyšin

Tśeśe wócko
1992, wólej na płaśe,
90,0 × 120,0 cm,
inwentarny nr. 30659
Muzej Budyšyn

Trzecie oko
1992 r., olej na płótnie,
90,0 × 120,0 cm,
nr inw. 30659
Muzeum Miasta Budziszyna

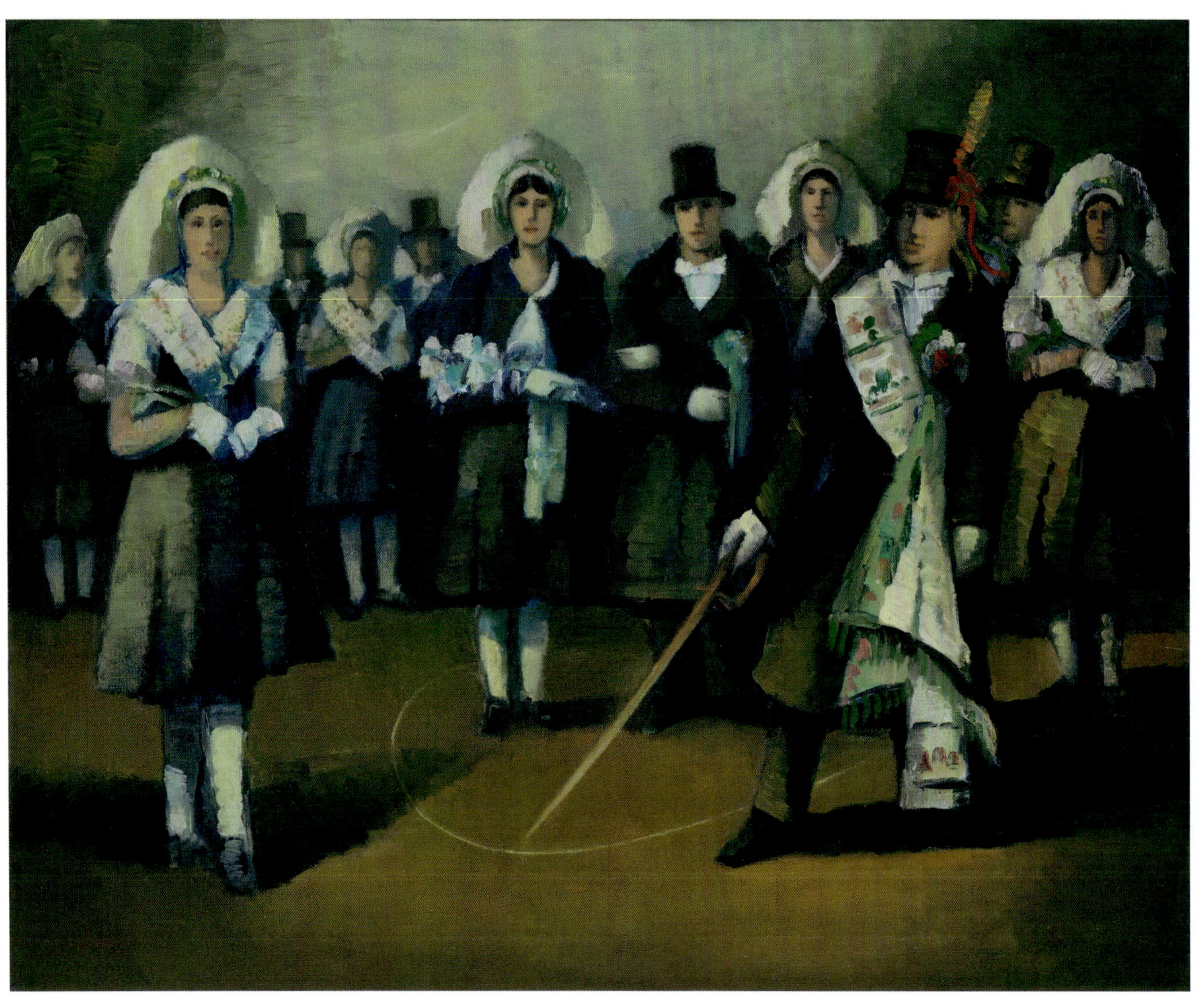

Magischer Kreis
1984, Öl auf Leinwand,
85,0 × 100,0 cm,
ohne Inv.-Nr.
Domowina, Regionalverband
Niederlausitz e.V.

Magiski kruh
1984, wolij na płatnje,
85,0 × 100,0 cm,
bjez inwentarneho čisła
Domowina, župa Delnja
Łužica z.t.

Magiski krejz
1984, wólej na płaśe,
85,0 × 100,0 cm,
bźez inwentarnego numera
Domowina, župa Dolna
Łužyca z.t.

Magiczny krąg
1984 r., olej na płótnie,
85,0 × 100,0 cm,
bez nr inw.
Domowina, Związek Regionalny
Dolne Łużyce

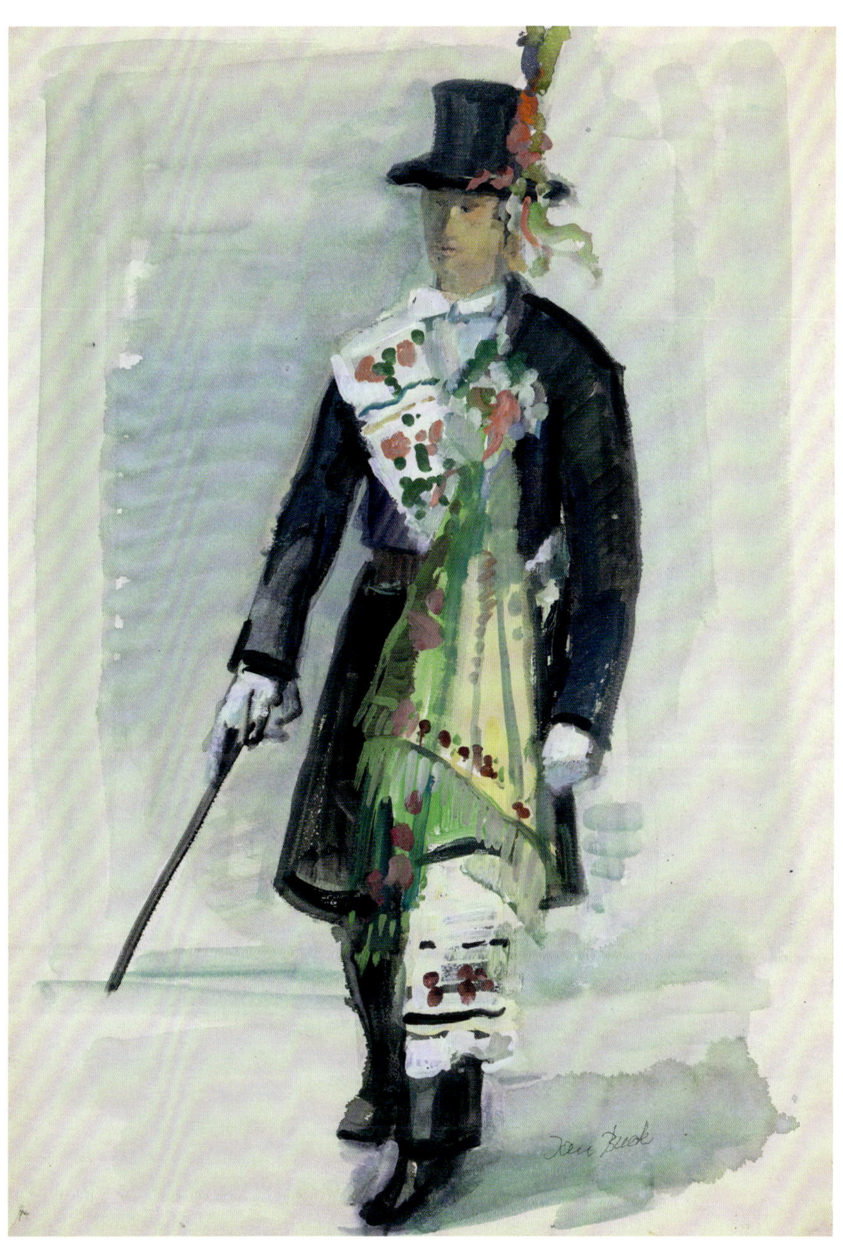

Hochzeitsbitter, Heinersbrücker Hochzeitszug
1984, Aquarell auf Papier,
73,5 × 51,5 cm,
Inv.-Nr. X9825/K1
Wendisches Museum Cottbus

Braška, Mosćanski kwas
1984, akwarel na papjerje,
73,5 × 51,5 cm,
inwentarne čo. X9825/K1
Serbski muzej Choćebuz

Pódružba, Mósćański swajźbaŕski šěg
1984, akwarel na papjerje,
73,5 × 51,5 cm,
inwentarny nr. X9825/K1
Serbski muzej Chóśebuz

Mistrz ceremonii, procesja ślubna, w Heinersbrück
1984 r., akwarela na papierze,
73,5 × 51,5 cm, nr inw. X9825/K1
Muzeum Serbołużyckie
w Chociebużu

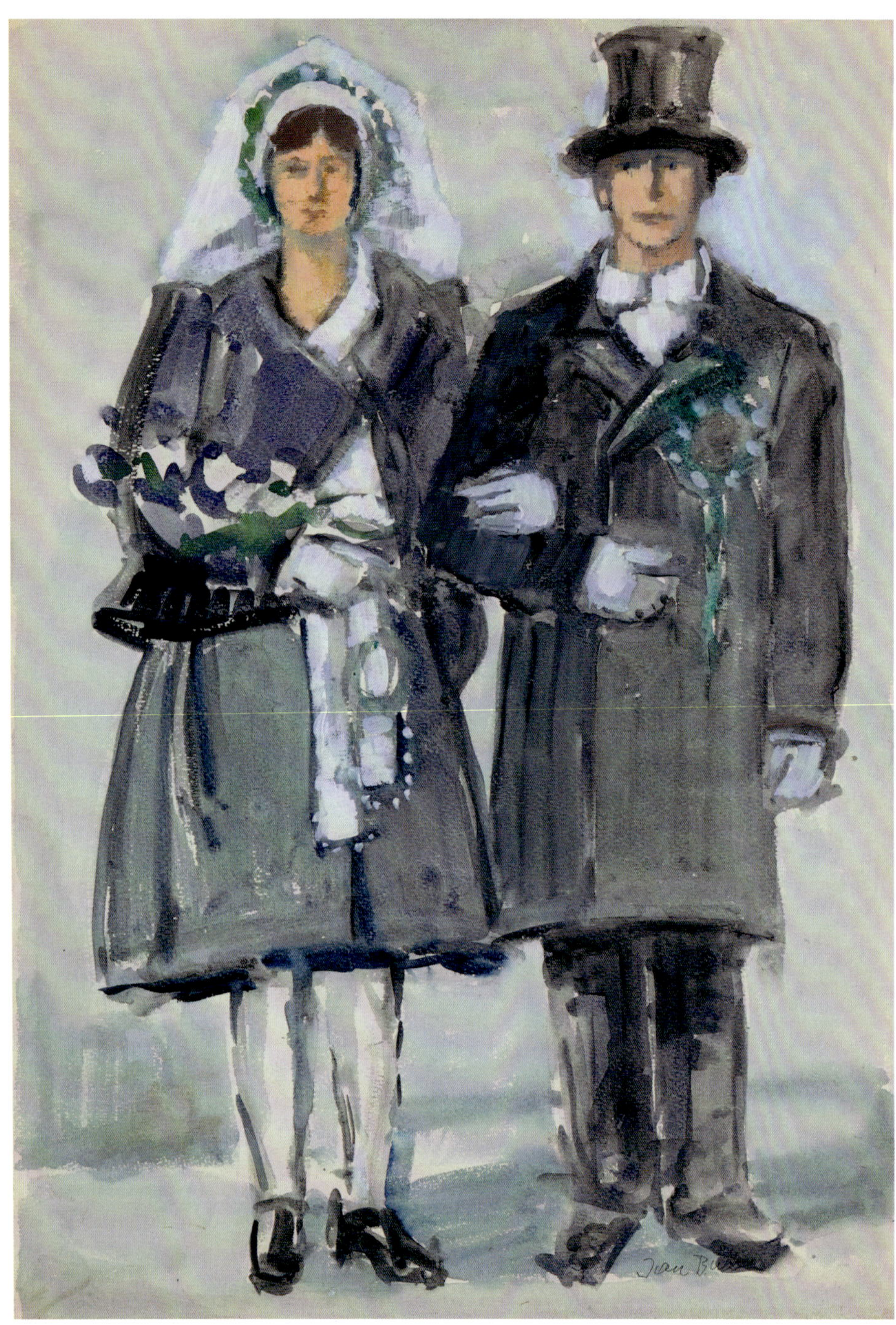

Brautpaar, Heinersbrücker Hochzeitszug
1984, Aquarell auf Papier, 73,5 × 51,5 cm,
Inv.-Nr. X9826/K1
Wendisches Museum Cottbus

Njewjesta a nawoženja, Mosćanski kwas
1984, akwarel na papjerje, 73,5 × 51,5 cm,
inwentarne čo. X9826/K1
Serbski muzej Chóśebuz

Njewjesćinski pórik, Mósćański swajźbaŕski šěg
1984, akwarel na papjerje, 73,5 × 51,5 cm,
inwentarny nr. X9826/K1
Serbski muzej Chóśebuz

Para nowożeńców, procesja ślubna w Heinersbrück
1984 r., akwarela na papierze, 73,5 × 51,5 cm, nr inw. X9826/K1
Muzeum Serbołużyckie w Chociebużu

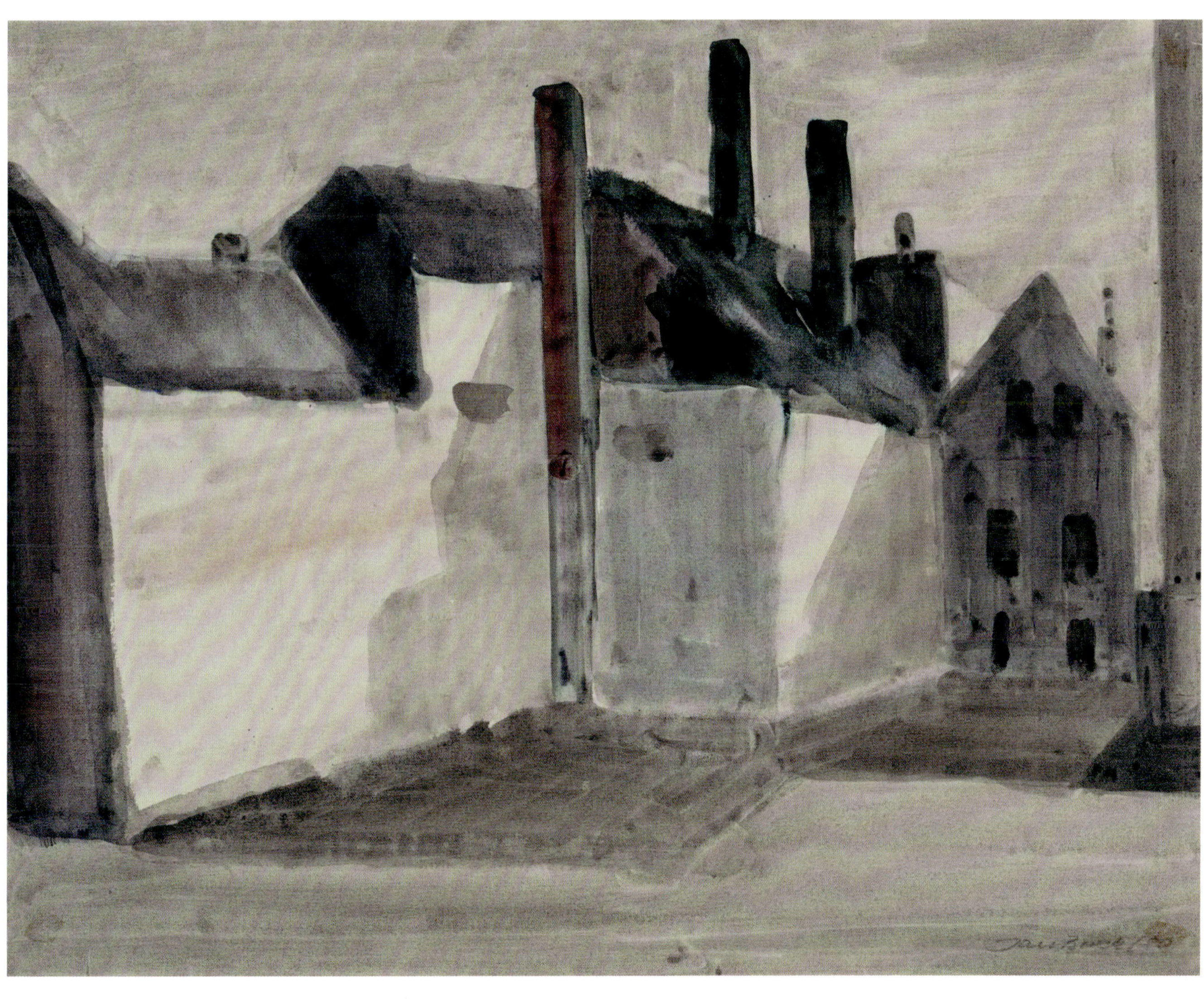

Cottbus – Alte Häuser
1980, Aquarell auf Papier,
51,0 × 66,0 cm,
Inv.-Nr. X9846/K1
Wendisches Museum Cottbus

Choćebuz – Stare domy
1980, akwarel na papjerje,
51,0 × 66,0 cm,
inwentarne čo. X9846/K1
Serbski muzej Choćebuz

Chóśebuz – Stare domy
1980, akwarel na papjerje,
51,0 × 66,0 cm,
inwentarny nr. X9846/K1
Serbski muzej Chóśebuz

Chociebuż – Stare domy
1980 r., akwarela na papierze,
51,0 × 66,0 cm, nr inw. X9846/K1
Muzeum Serbołużyckie
w Chociebużu

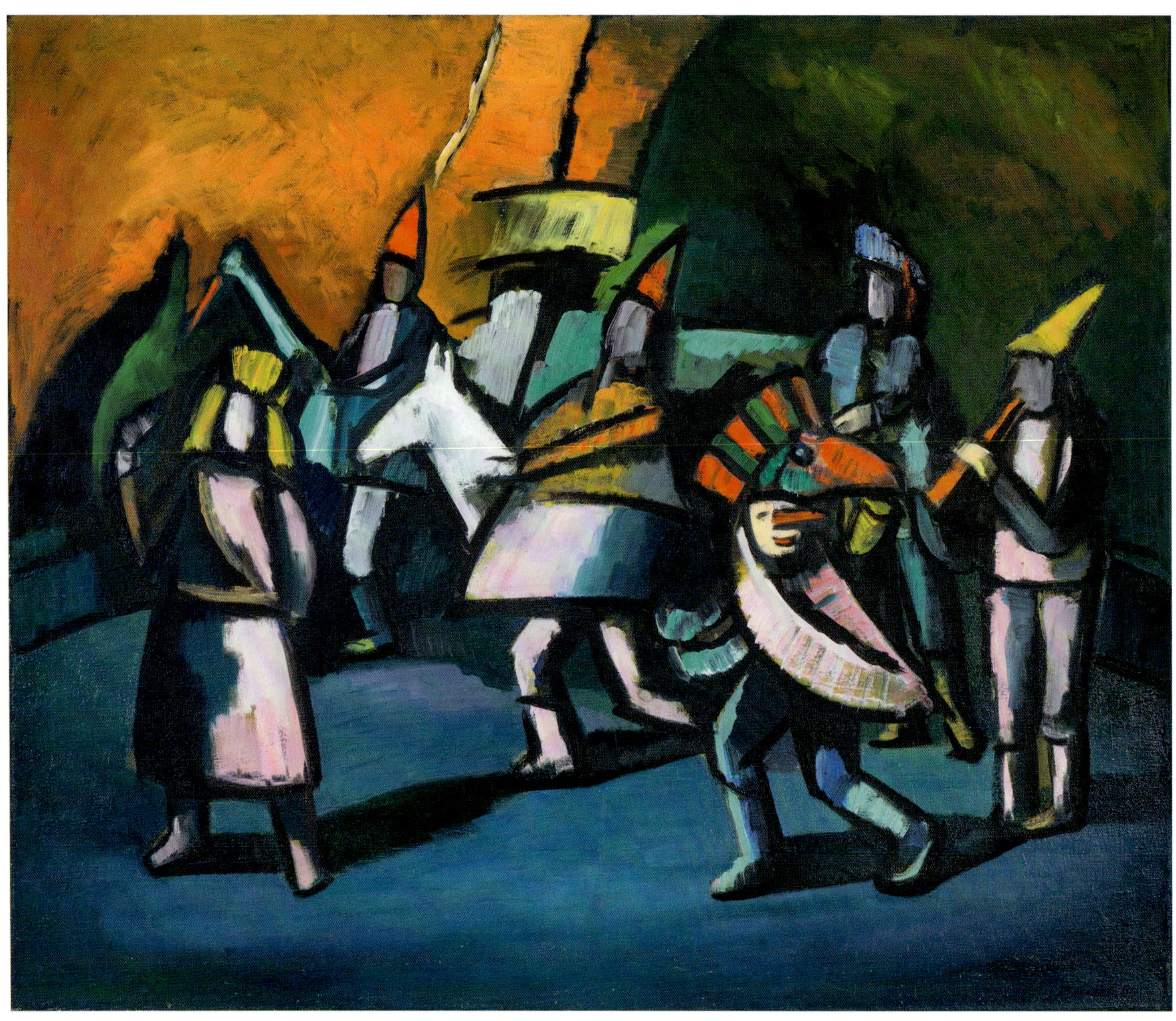

Auftritt der Zamperer
1986, Öl auf Leinwand,
101,5 × 121,2 cm,
Inv.-Nr. SM VI-006268 K1
Sorbisches Museum

Wustup camprowarjow
1986, wolij na płatnje,
101,5 × 121,2 cm,
inwentarne čo. SM VI-006268 K1
Serbski muzej

Wustup camprowarjow
1986, wólej na płaśe,
101,5 × 121,2 cm,
inwentarny nr. SM VI-006268 K1
Serbski muzej

Występ korowodu przebierańców (serbołużycki zwyczaj tzw. camprowanja)
1986 r., olej na płótnie,
101,5 × 121,2 cm,
nr inw. SM VI-006268 K1
Muzeum Serbołużyckie

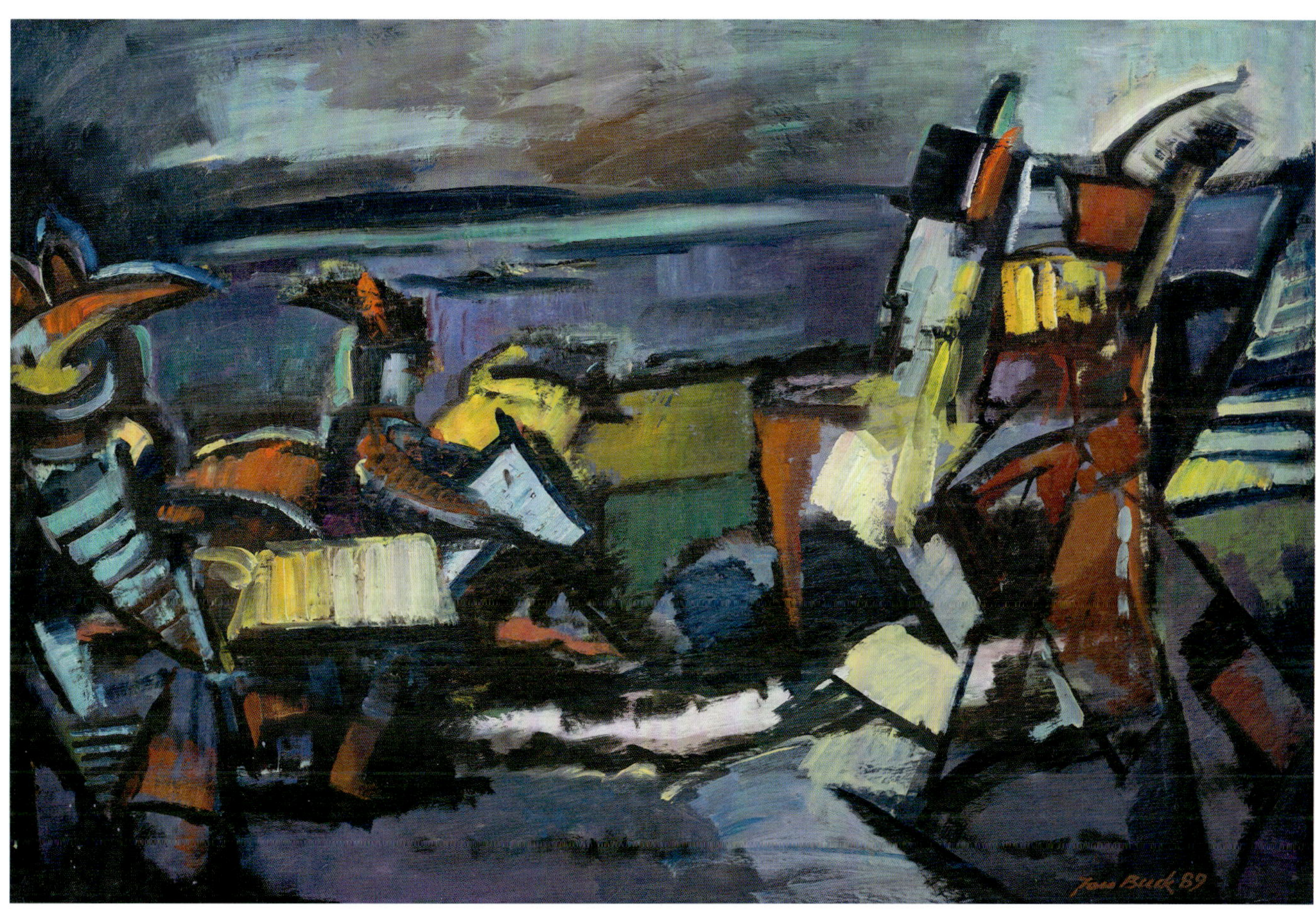

Nächtliches Zampern
1989, Öl auf Hartfaser,
80,0 × 122,0 cm,
Inv.-Nr. SM VI-003264 K1
Sorbisches Museum

Nócne camprowanje
1989, wolij na twjerdej włokninje,
80,0 × 122,0 cm,
inwentarne čo. SM VI-003264 K1
Serbski muzej

Nocne camprowanje
1989, wólej na twardej włokninje,
80,0 × 122,0 cm,
inwentarny nr. SM VI-003264 K1
Serbski muzej

Nocny korowód przebierańców
(serbołużycki zwyczaj tzw. camprowanja)
1989 r., olej na płycie pilśniowej,
80,0 × 122,0 cm,
nr inw. SM VI-003264 K1
Muzeum Serbołużyckie

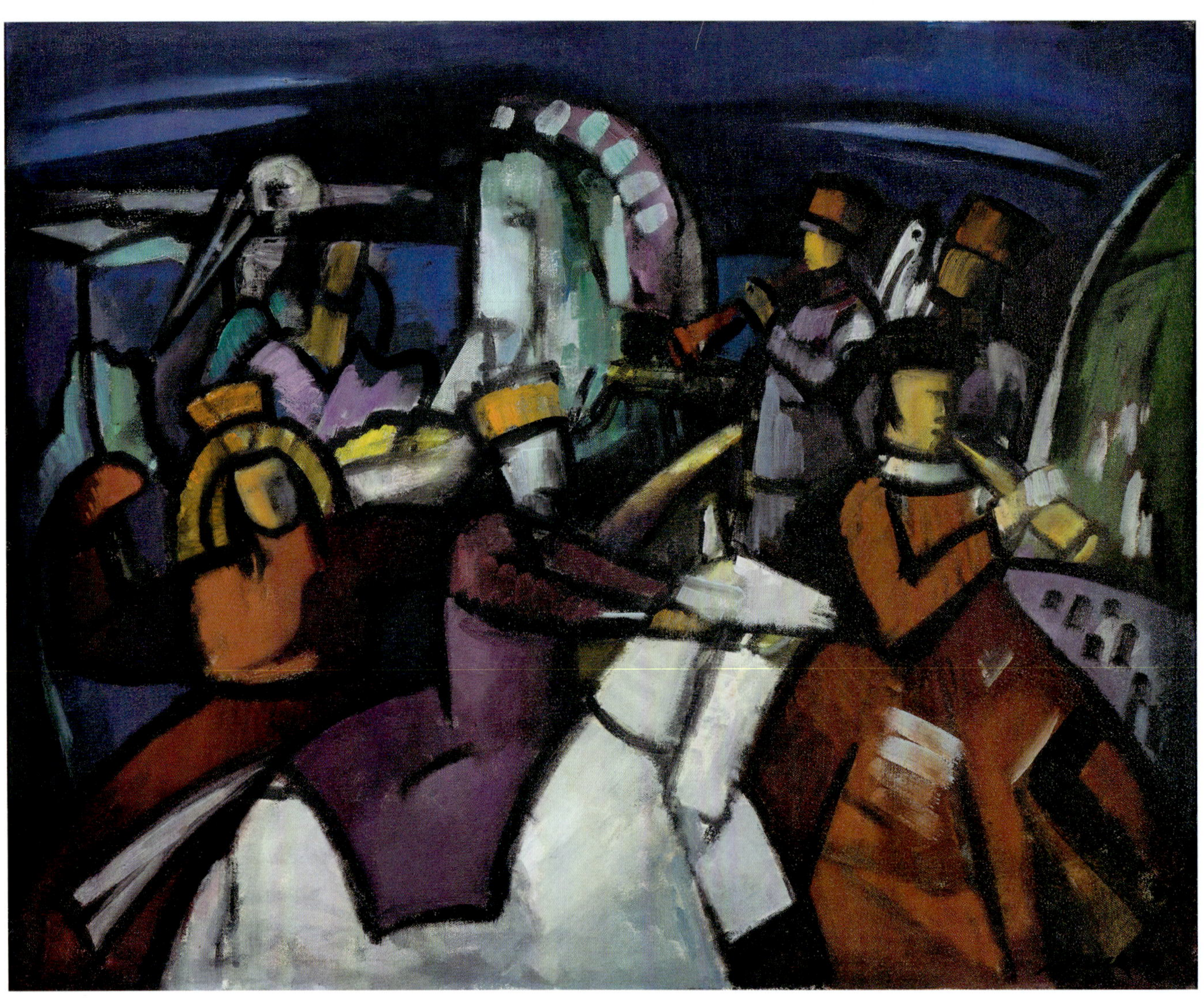

Zamperer in der Landschaft der Struga
1989, Öl auf Leinwand,
80,0 × 100,0 cm,
Inv.-Nr. M 37/89
Staatliche Kunstsammlungen Dresden, Kunstfonds

Camprowarjo w krajinje Strugi
1989, wolij na płatnje,
80,0 × 100,0 cm, inwentarne čo. M 37/89
Statne wuměłstwowe zběrki Drježdźany, fonds wuměłstwa

Camprowarje w krajinje Strugi
1989, wólej na płaśe,
80,0 × 100,0 cm,
inwentarny nr. M 37/89
Statne wuměłstwowe zběrki Drježdźany, fonds wuměłstwa

Camprowanje (korowód przebierańców) *w krajobrazie Strugi*
1989 r., olej na płótnie,
80,0 × 100,0 cm,
nr inw. M 37/89
Państwowe Zbiory Sztuki w Dreźnie, Fundacja Sztuki

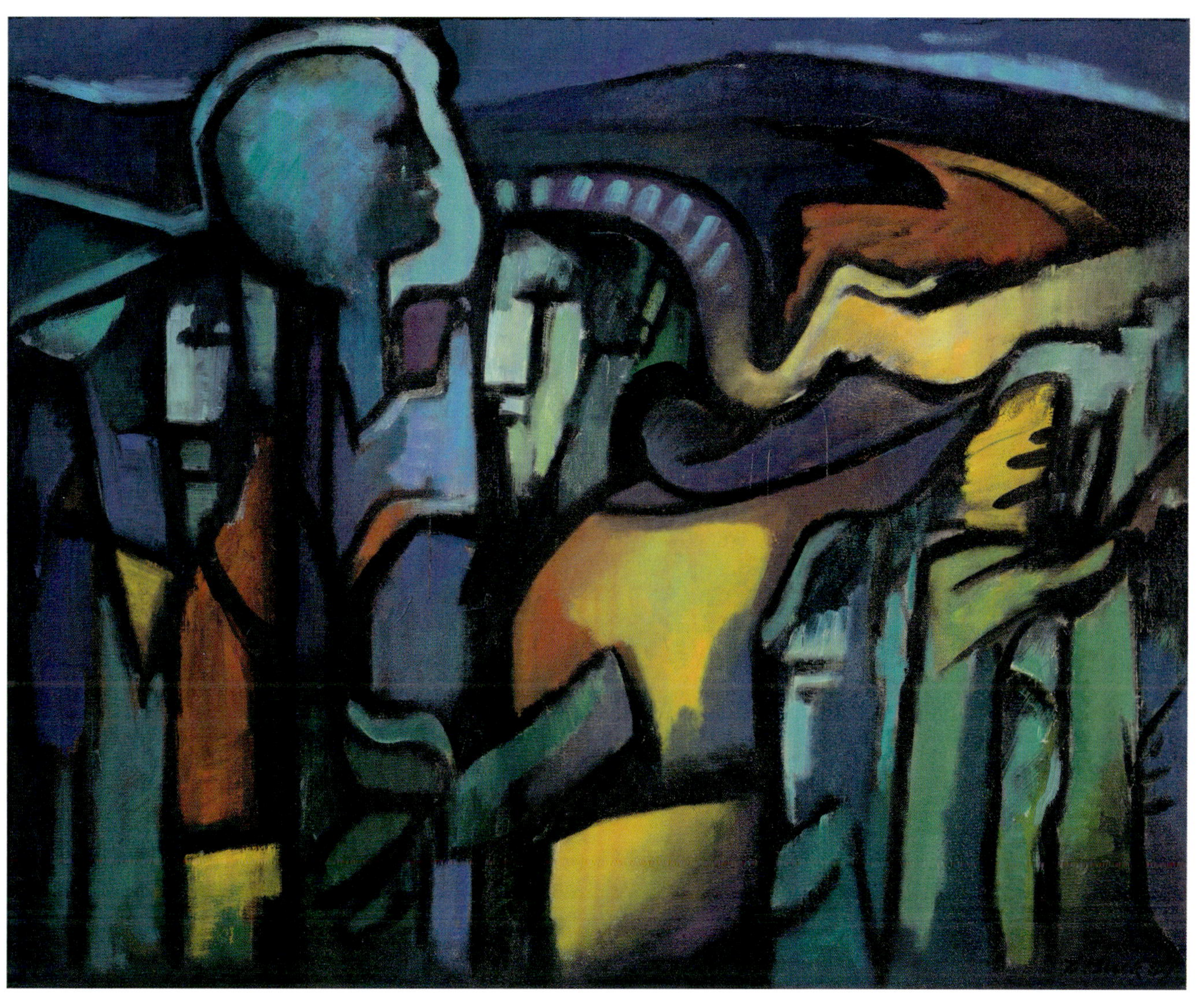

Waldgeist Grab
1989, Öl auf Leinwand,
80,0 × 100,0 cm,
Inv.-Nr. M 36/89
Staatliche Kunstsammlungen
Dresden, Kunstfonds

Lěsny duch grab
1989, wolij na płatnje,
80,0 × 100,0 cm,
inwentarne čo. M 36/89
Statne wuměłstwowe zběrki
Drježdźany, fonds wuměłstwa

Lěsny duch grab
1989, wólej na płaśe,
80,0 × 100,0 cm,
inwentarny nr. M 36/89
Statne wuměłstwowe zběrki
Drježdźany, fonds wuměłstwa

Duch lasu grab
1989 r., olej na płótnie,
80,0 × 100,0 cm,
nr inw. M 36/89
Państwowe Zbiory Sztuki
w Dreźnie, Fundacja Sztuki

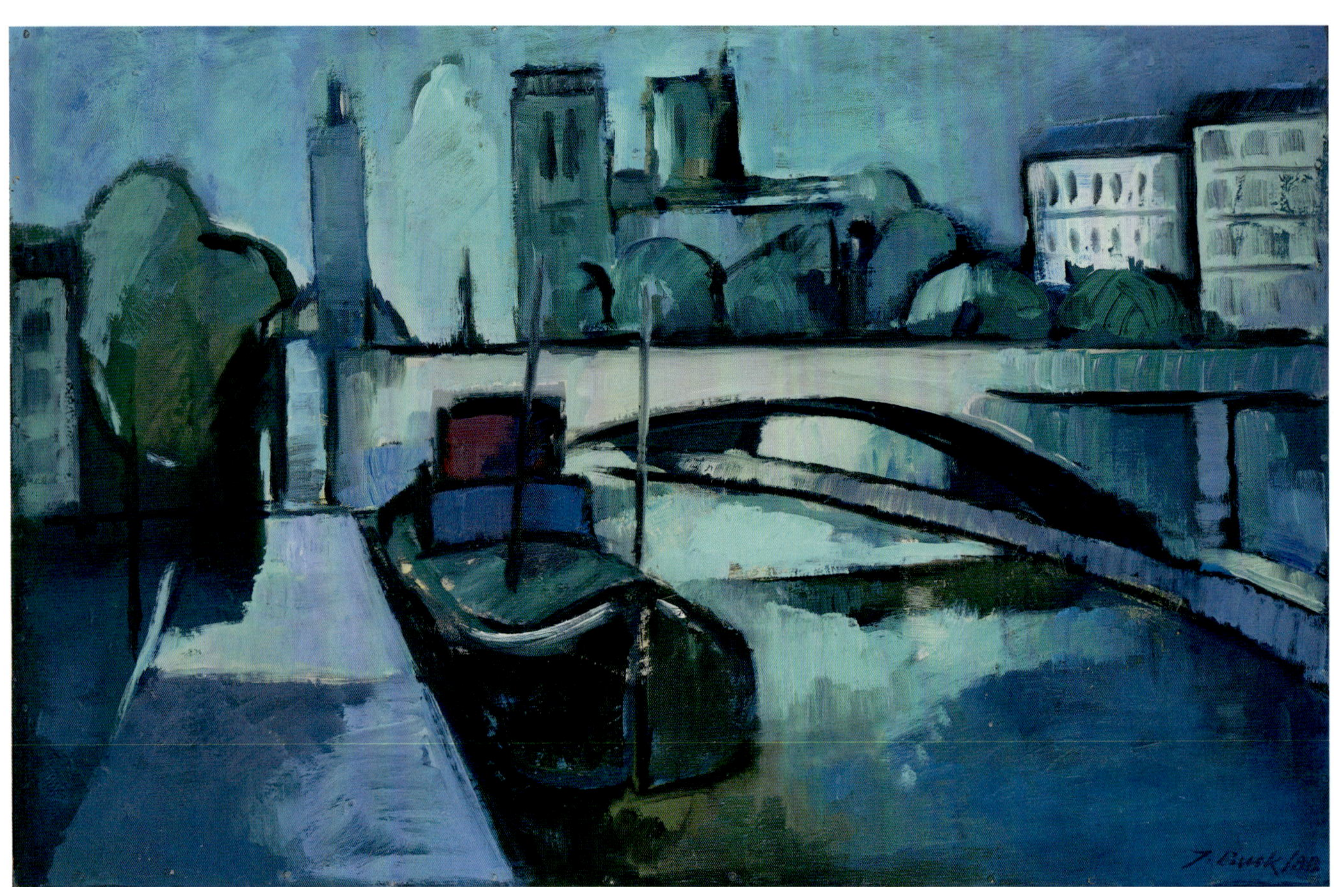

Paris, Notre-Dame
1988, Öl auf Leinwand,
61,5 × 95,0 cm,
Inv.-Nr. X1388/K1
Wendisches Museum
Cottbus

Paris, Notre-Dame
1988, wolij na płatnje,
61,5 × 95,0 cm,
inwentarne čo. X1388/K1
Serbski muzej
Choćebuz

Paris, Notre-Dame
1988, wólej na płaśe,
61,5 × 95,0 cm,
inwentarny nr. X1388/K1
Serbski muzej
Chóśebuz

Paryż, Notre-Dame
1988 r., olej na płótnie,
61,5 × 95,0 cm,
nr inw. X1388/K1
Muzeum Serbołużyckie
w Chociebużu

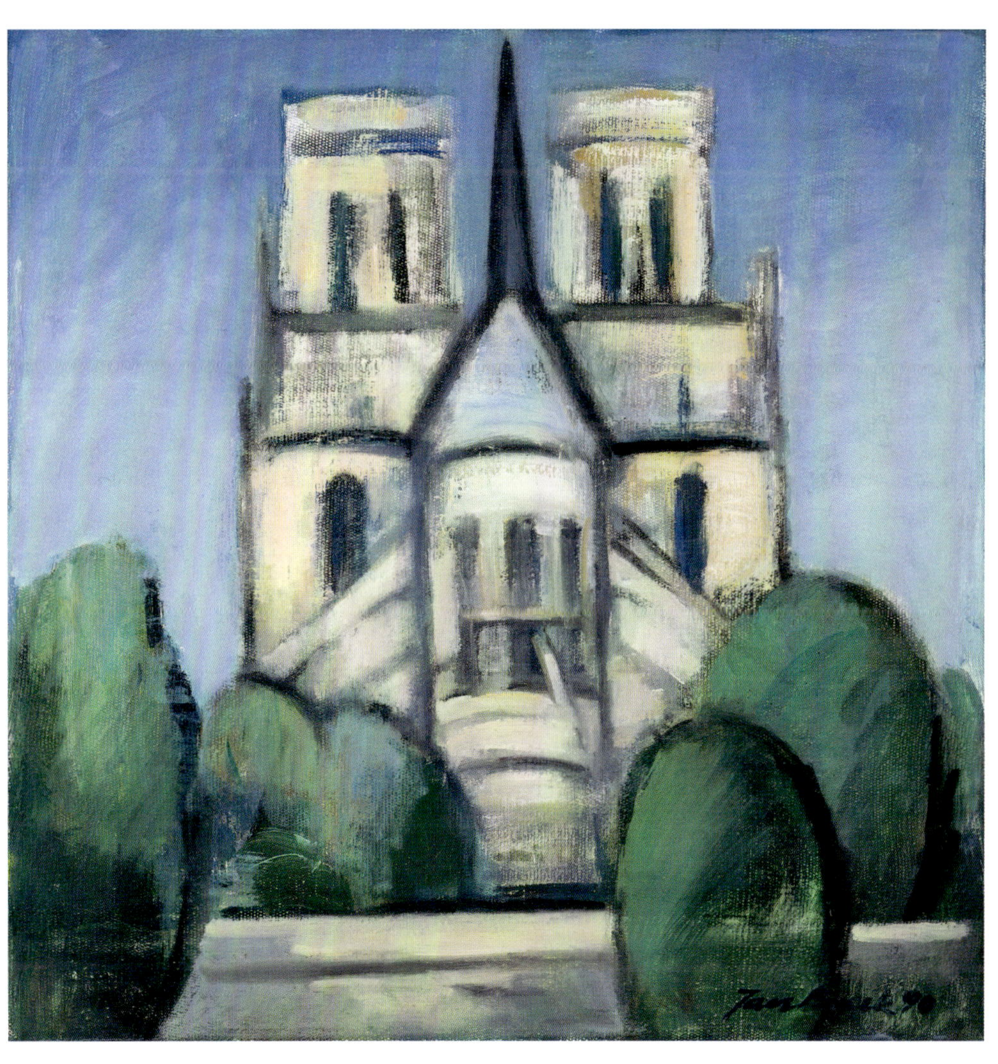

Paris, Notre-Dame
1990, Öl auf Leinwand,
40,5 × 40,5 cm
Privatbesitz

Paris, Notre-Dame
1990, wolij na płatnje,
40,5 × 40,5 cm
priwatne wobsydstwo

Paris, Notre-Dame
1990, wólej na płaśe,
40,5 × 40,5 cm
priwatne wobsejźeństwo

Paryż, Notre-Dame
1990 r., olej na płótnie,
40,5 × 40,5 cm
własność prywatna

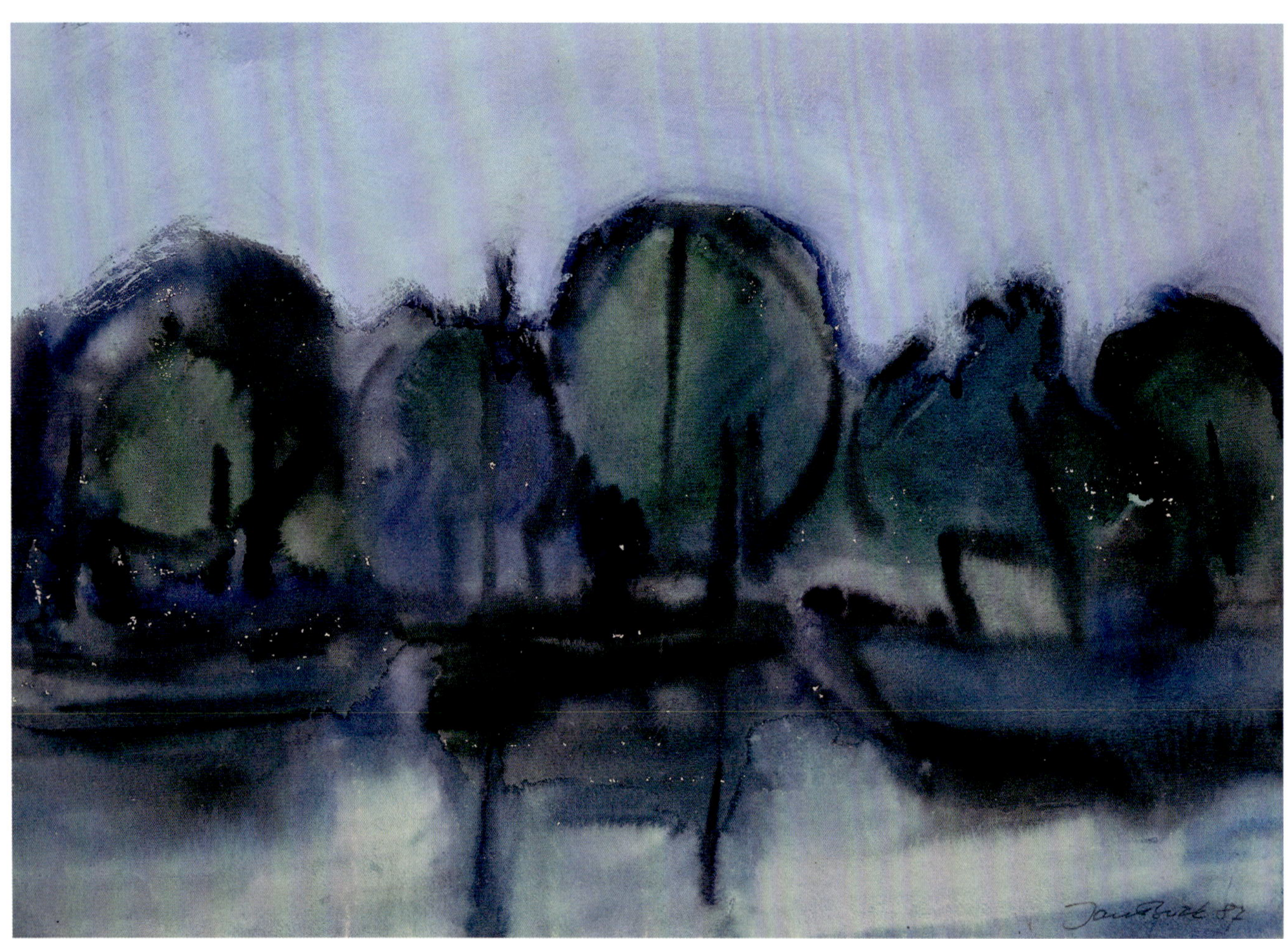

Spreewald
1987, Aquarell auf Papier,
41,0 × 59,0 cm
Privatbesitz

Błóta
1987, akwarel na papjerje,
41,0 × 59,0 cm
priwatne wobsydstwo

Błota
1987, akwarel na papjerje,
41,0 × 59,0 cm
priwatne wobsejźeństwo

Szprewald
1987 r., akwarela na papierze,
41,0 × 59,0 cm
własność prywatna

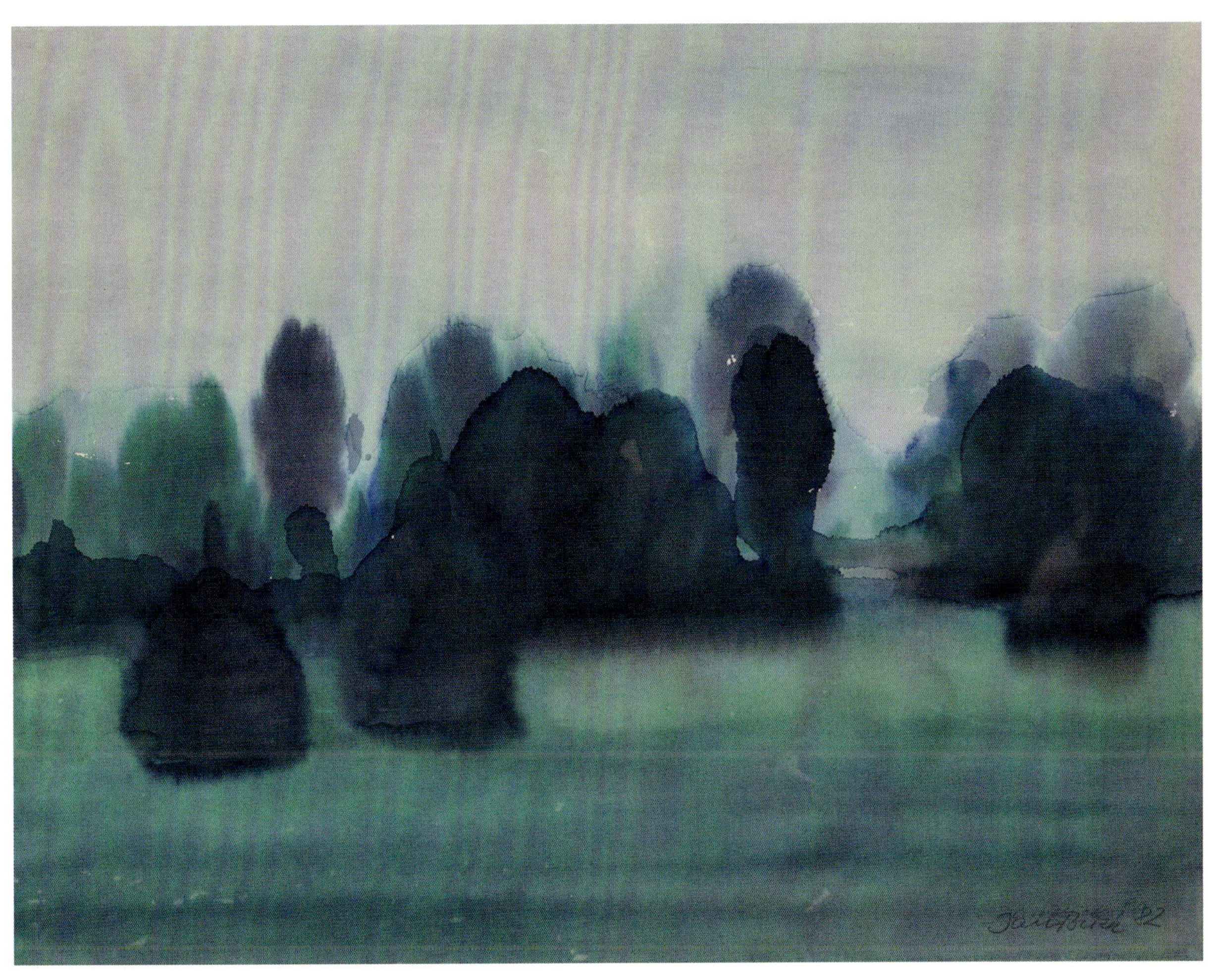

Heuschober im Spreewald
1980, Aquarell auf Papier,
48,5 × 61,0 cm,
Privatbesitz

Stogi w Błótach
1980, akwarel na papjerje
48,5 × 61,0 cm,
priwatne wobsydstwo

Stogi w Błotach
1980, akwarel na papjerje
48,5 × 61,0 cm,
priwatne wobsejźeństwo

Stogi siana w Szprewaldzie
1980 r., akwarela na papierze,
48,5 × 61,0 cm,
własność prywatna

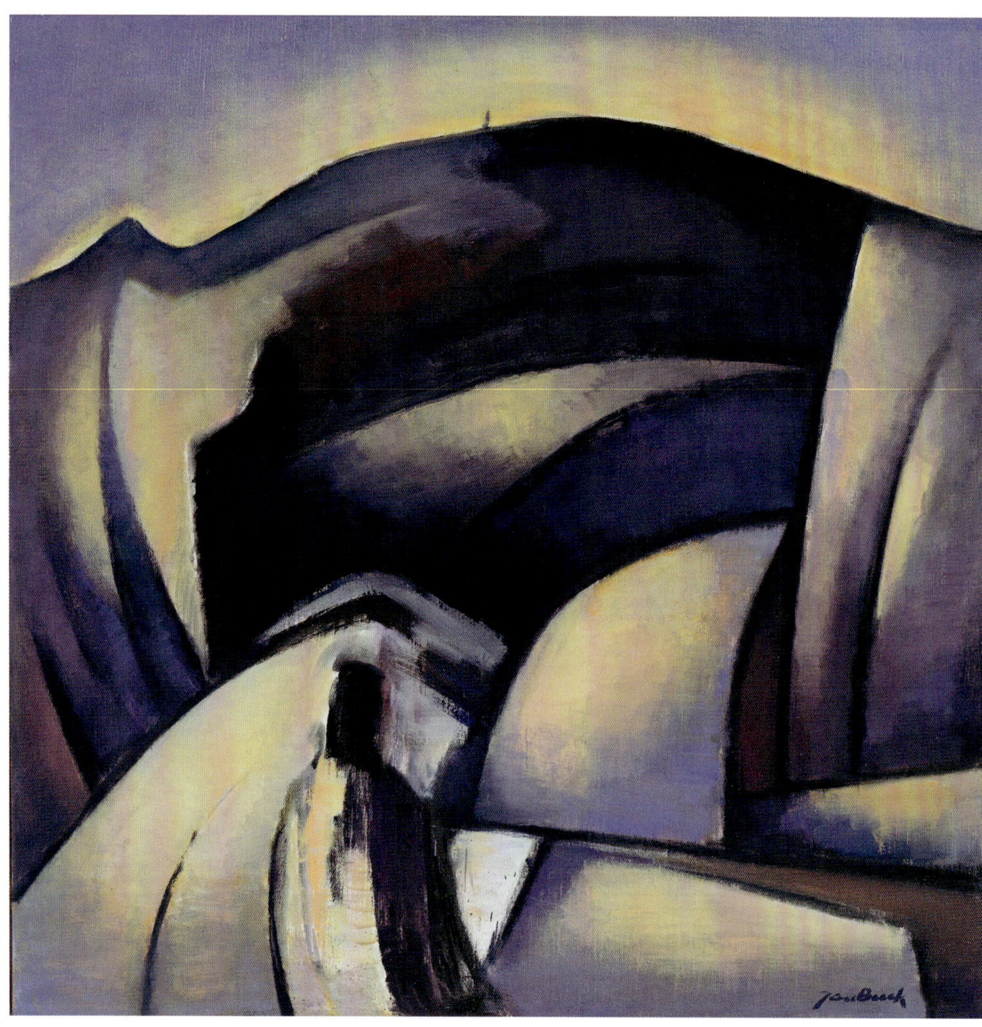

Tagebauhalde
1988, Öl auf Leinwand,
80,0 × 80,0 cm,
Inv.-Nr. X9831/K1
Wendisches Museum Cottbus

Wotsypnišćo brunicoweje jamy
1988, wolij na płatnje,
80,0 × 80,0 cm,
inwentarne čo. X9831/K1
Serbski muzej Choćebuz

Nasypanišćo wótwórjoneje jamy
1988, wólej na płaśe,
80,0 × 80,0 cm,
inwentarny nr. X9831/K1
Serbski muzej Chóśebuz

Hałdy kopalni odkrywkowej
1988 r., olej na płótnie,
80,0 × 80,0 cm, nr inw. X9831/K1
Muzeum Serbołużyckie
w Chociebużu

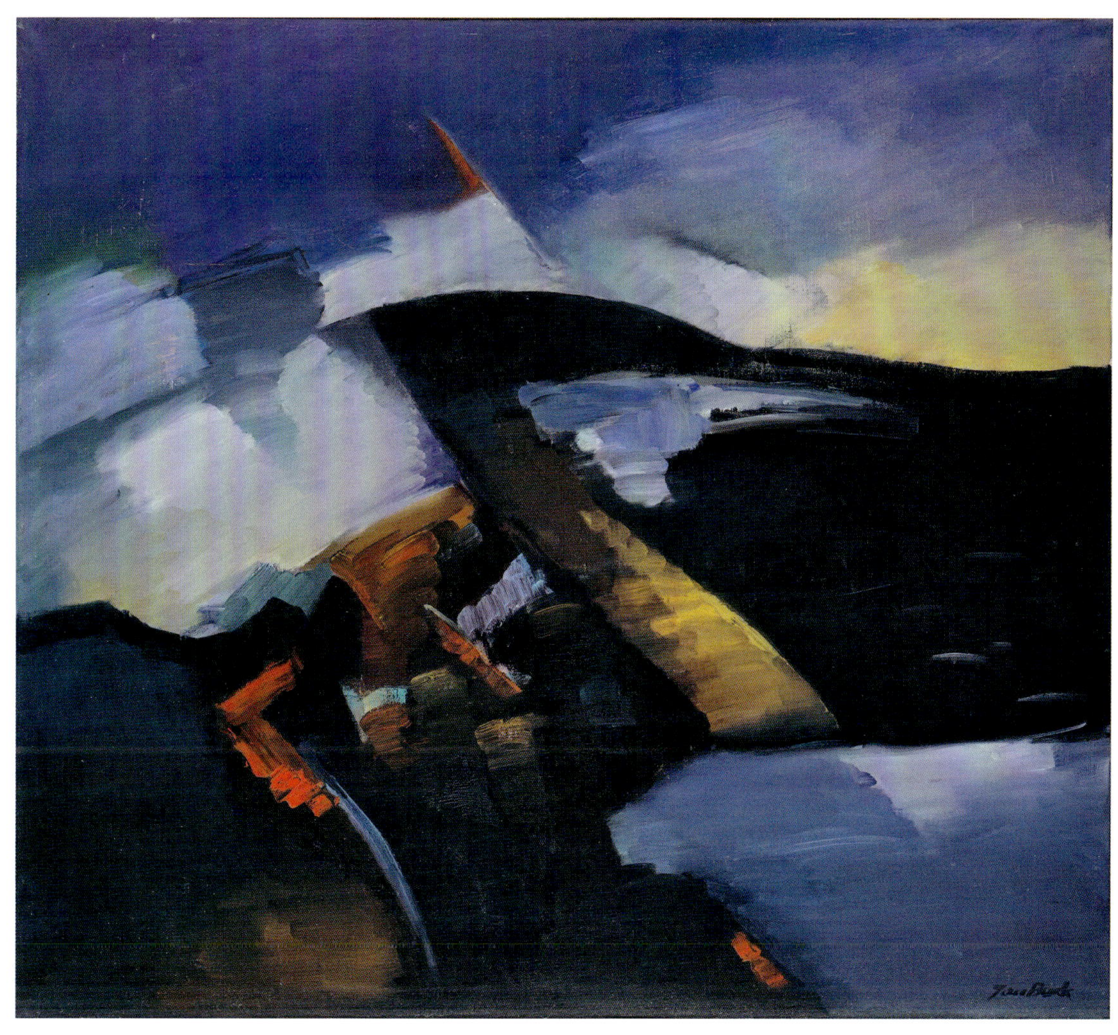

Tagebau II
1988, Öl auf Leinwand,
80,0 × 90,0 cm,
Inv.-Nr. VI 93:06 K(M)
Museum Schloss und Festung Senftenberg, Kunstsammlung Lausitz

Brunicowa jama II
1988, wolij na płatnje,
80,0 × 90,0 cm, inwentarne čo. VI 93:06 K(M)
Muzej hród a twjerdźizna Zły Komorow, Wuměłstwowa zběrka Łužica

Wótwórjona jama II
1988, wólej na płaśe,
80,0 × 90,0 cm, inwentarny nr. VI 93:06 K(M)
Muzej grod a twardnica Zły Komorow, Wuměłstwowa zběrka Łužyca

Kopalnia odkrywkowa II
1988 r., olej na płótnie,
80,0 × 90,0 cm,
nr inw. VI 93:06 K(M)
Muzeum Zamku i Twierdzy Senftenberg, Kolekcja Sztuki Łużyckiej

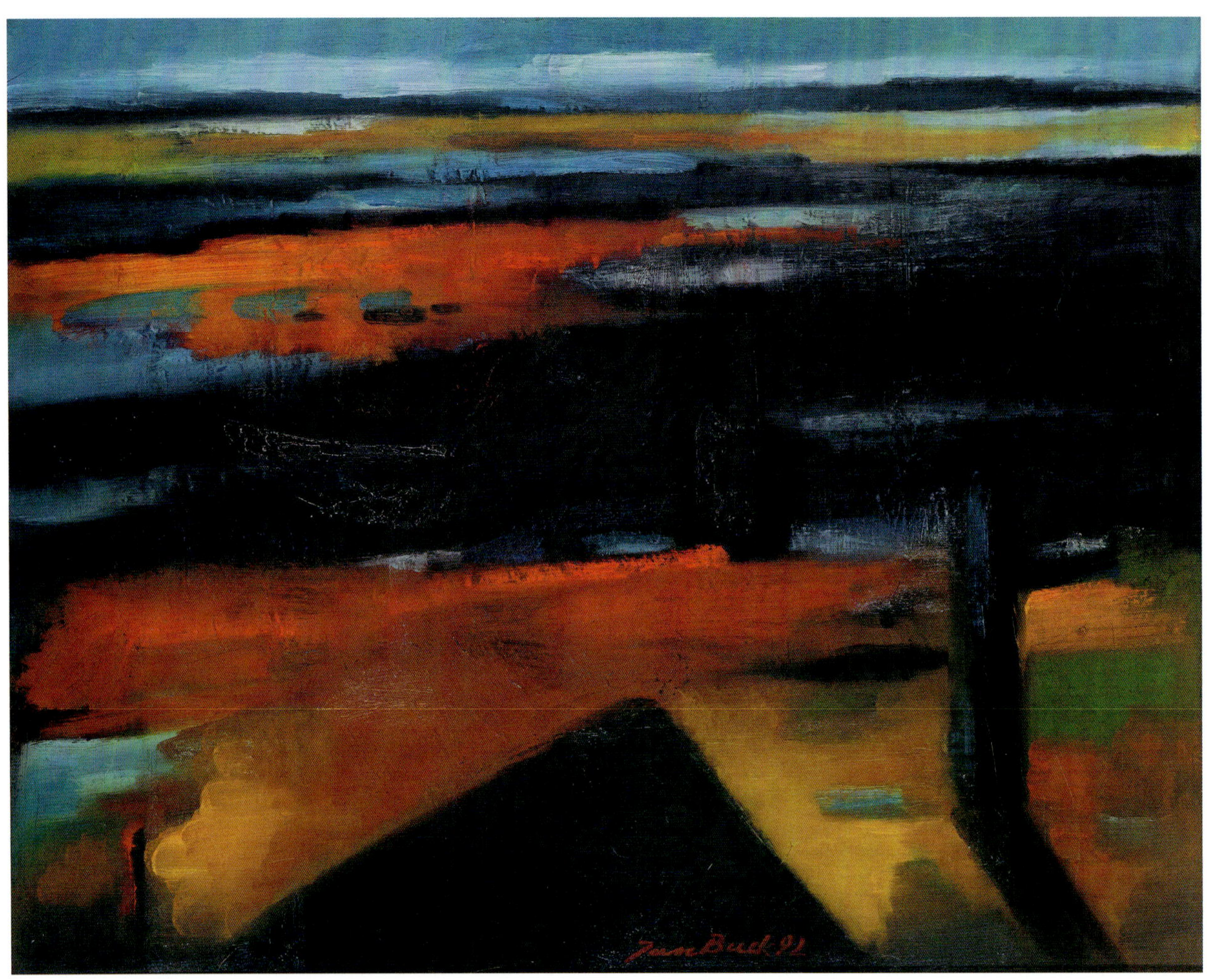

Tagebaulandschaft
1992, Öl auf Leinwand,
55,0 × 70,0 cm
LEAG Cottbus

Krajina po brunicowej jamje
1992, wolij na płatnje,
55,0 × 70,0 cm
LEAG Choćebuz

Krajina wótwórjoneje jamy
1992, wólej na płaśe,
55,0 × 70,0 cm
LEAG Chóśebuz

Krajobraz po kopalni odkrywkowej
1992 r., olej na płótnie,
55,0 × 70,0 cm
LEAG Chociebuż

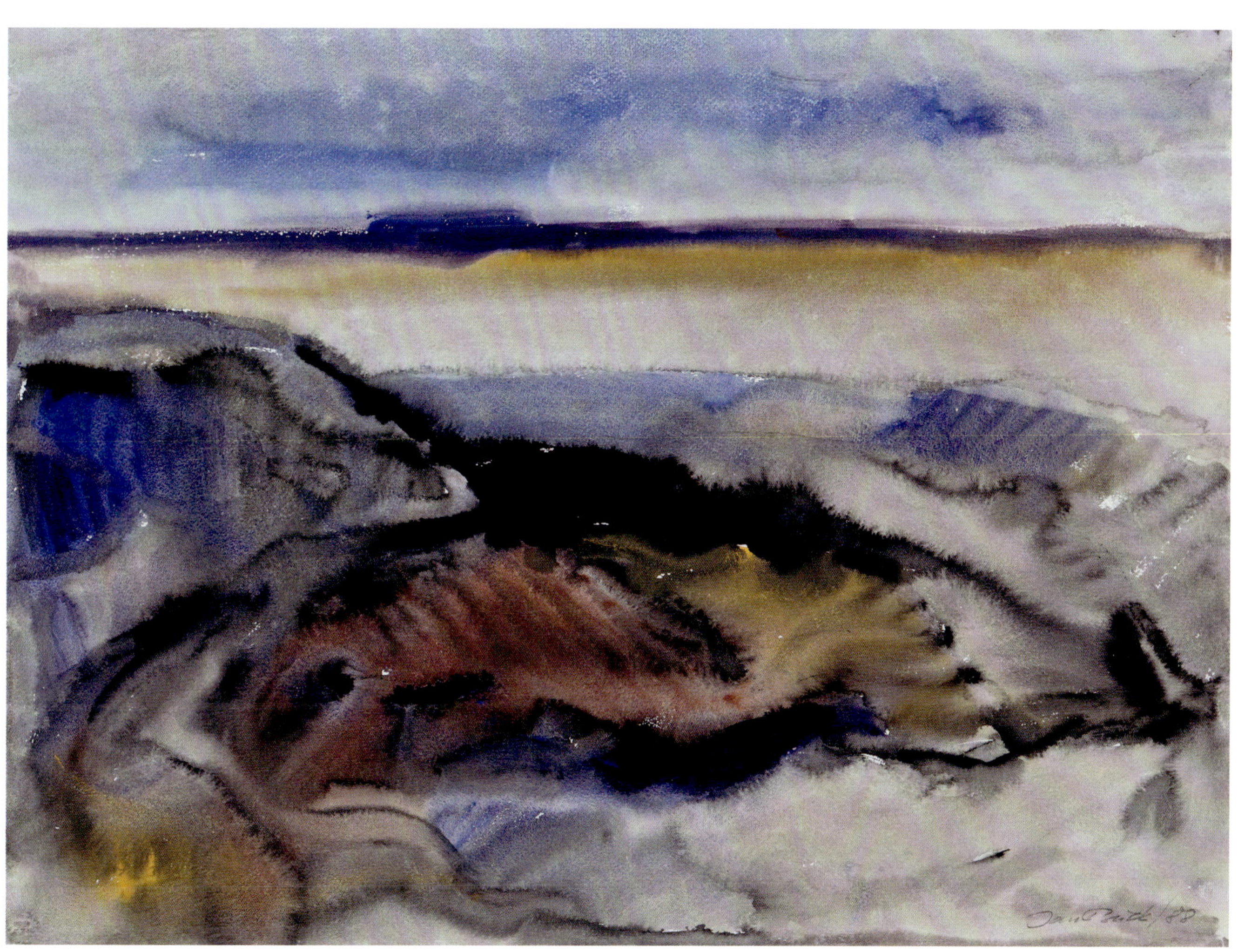

Tagebaulandschaft
1988, Aquarell auf Papier,
55,5 × 75,5 cm,
Inv.-Nr. VI 97:01 K(G)
Museum Schloss und Festung Senftenberg, Kunstsammlung Lausitz

Krajina po brunicowej jamje
1988, akwarel na papjerje,
55,5 × 75,5 cm,
inwentarne čo. VI 97:01 K(G)
Muzej hród a twjerdźizna Zły Komorow, Wumělstwowa zběrka Łužica

Krajina pó wótwórjonej jamje
1988, akwarel na papjerje,
55,5 × 75,5 cm,
inwentarny nr. VI 97:01 K(G)
Muzej grod a twardnica Zły Komorow, Wumětstwowa zběrka Łužyca

Krajobraz po kopalni odkrywkowej
1988 r., akwarela na papierze,
55,5 × 75,5 cm,
nr inw. VI 97:01 K(G)
Muzeum Zamku i Twierdzy Senftenberg, Kolekcja Sztuki Łużyckiej

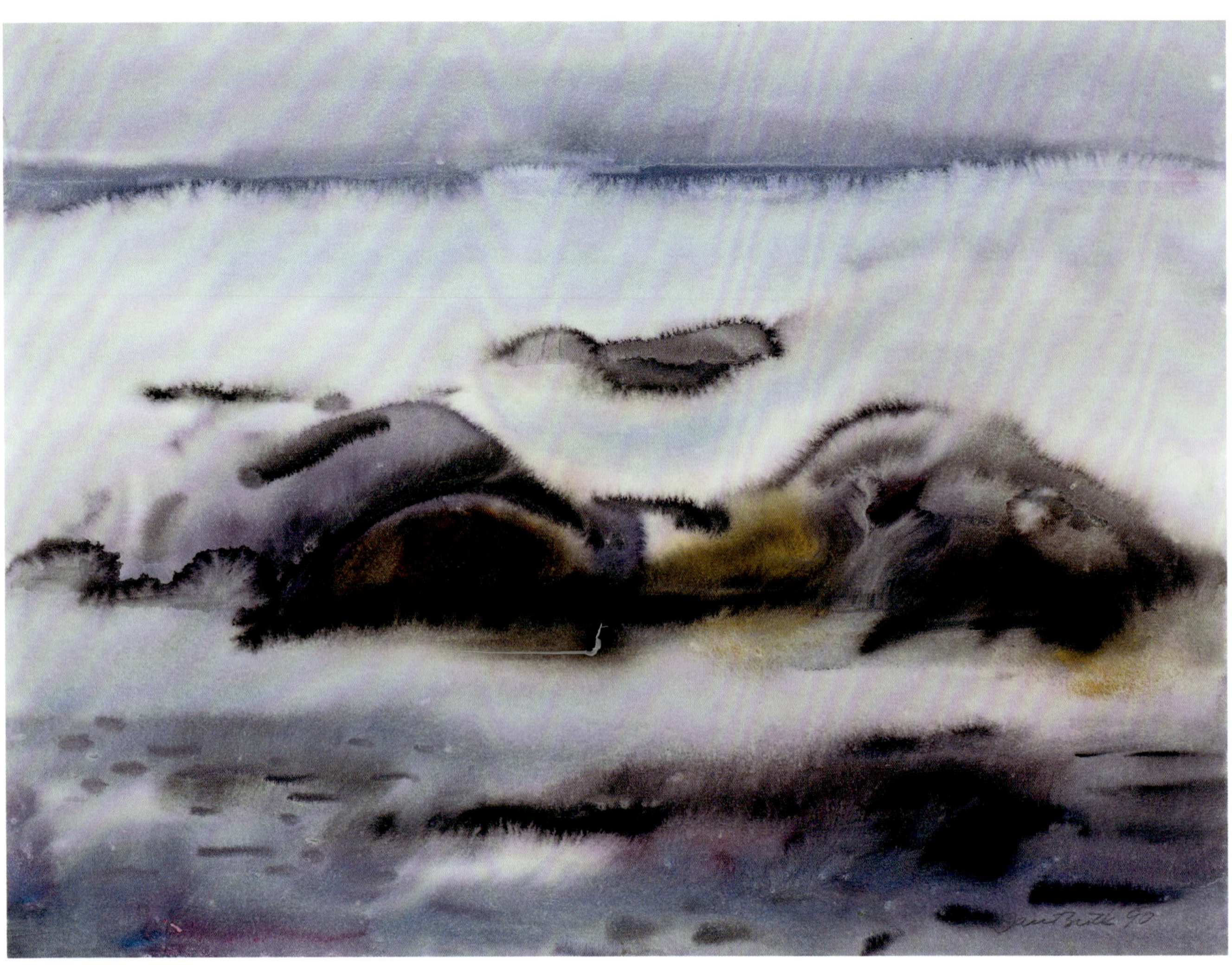

Senftenberger See
1990, Aquarell auf Papier,
55,2 × 74,4 cm,
Inv.-Nr. SM VI-003742 K2
Sorbisches Museum

Złokomorowski jězor
1990, akwarel na papjerje,
55,2 × 74,4 cm,
inwentarne čo. SM VI-003742 K2
Serbski muzej

Złykomorojski jazor
1990, akwarel na papjerje,
55,2 × 74,4 cm,
inwentarny nr. SM VI-003742 K2
Serbski muzej

Jezioro w Senftenberg
1990 r., akwarela na papierze,
55,2 × 74,4 cm,
nr inw. SM VI-003742 K2
Muzeum Serbołużyckie

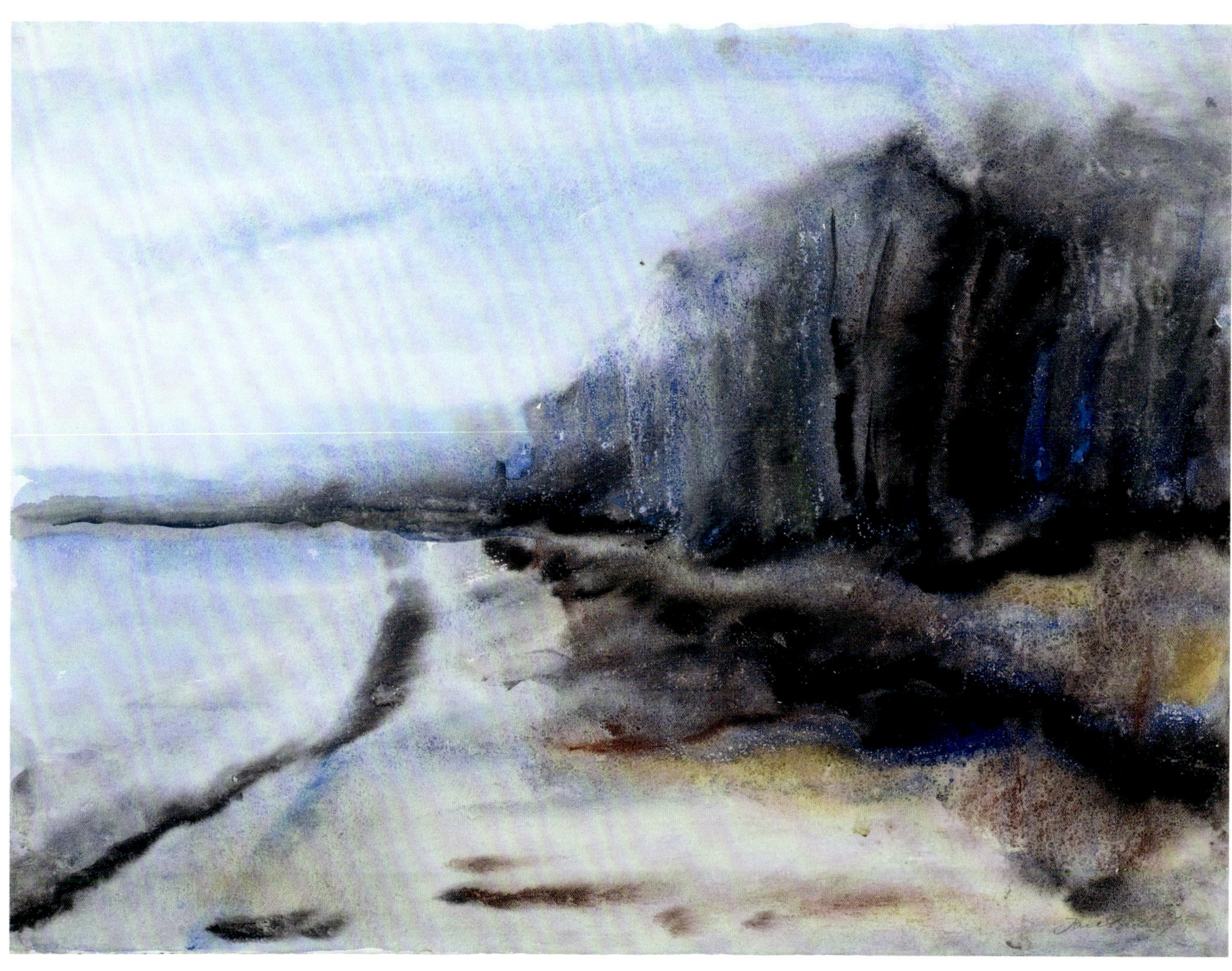

Ostseestrand
1989, Aquarell auf Papier,
55,5 × 75,1 cm,
Inv.-Nr. SM VI-003750 K2
Sorbisches Museum

Přibrjóh Baltiskeho morja
1989, akwarel na papjerje,
55,5 × 75,1 cm,
inwentarne čo. SM VI-003750 K2
Serbski muzej

Pśibrjog Baltiskego mórja
1989, akwarel na papjerje,
55,5 × 75,1 cm,
inwentarny nr. SM VI-003750 K2
Serbski muzej

Plaża nad Morzem Bałtyckim
1989 r., akwarela na papierze,
55,5 × 75,1 cm,
nr inw. SM VI-003750 K2
Muzeum Serbołużyckie

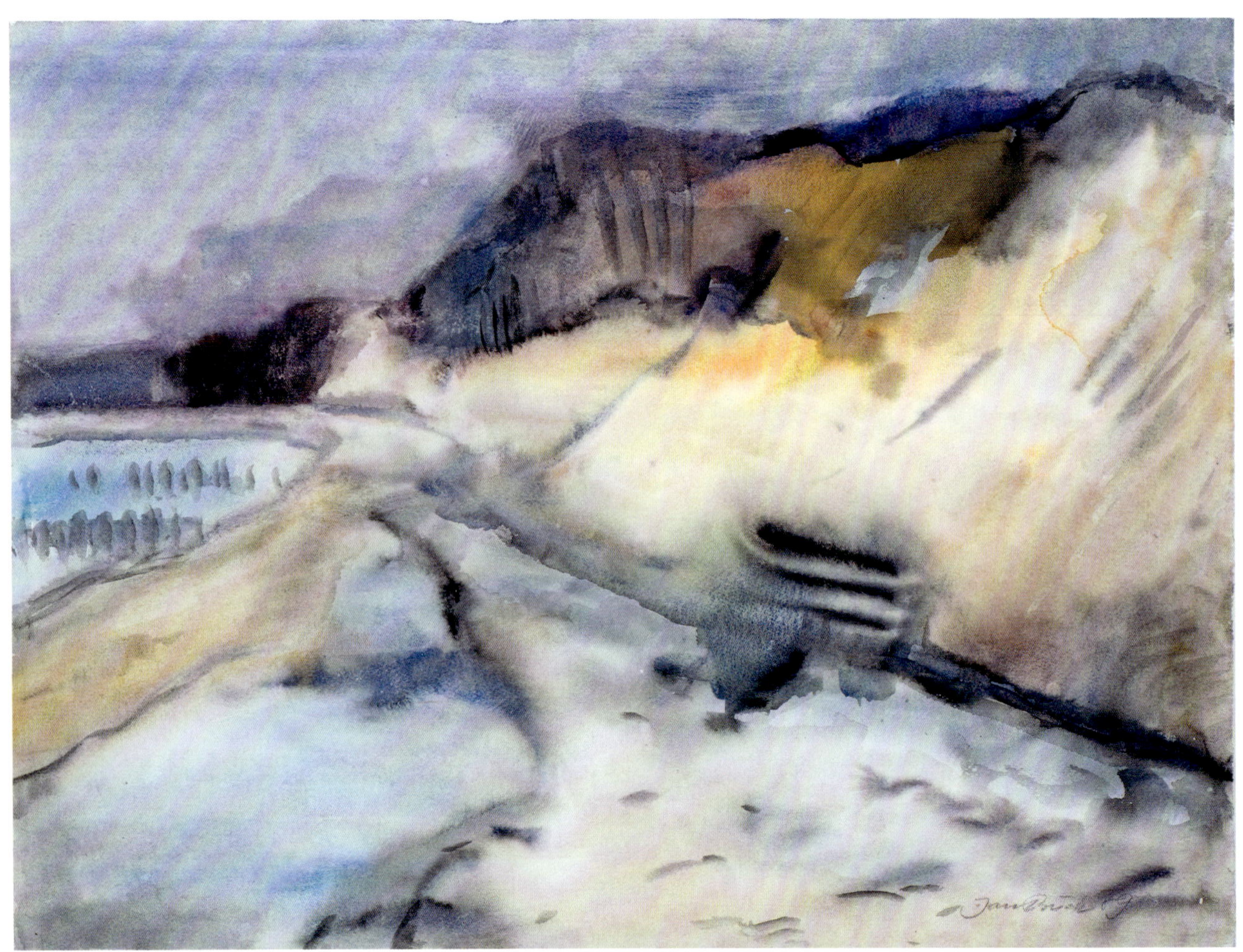

Steilküste bei Ahrenshoop
1989, Aquarell auf Papier, 55,0 × 75,0 cm, Inv.-Nr. SM VI-003745 K2
Sorbisches Museum

Nahły brjóh pola Ahrenshoopa
1989, akwarel na papjerje, 55,0 × 75,0 cm, inwentarne čo. SM VI-003745 K2
Serbski muzej

Napśiski pśibrjog pla Ahrenshoopa
1989, akwarel na papjerje, 55,0 × 75,0 cm, inwentarny nr. SM VI-003745 K2
Serbski muzej

Strome wybrzeże w pobliżu Ahrenshoop
1989 r., akwarela na papierze, 55,0 × 75,0 cm, nr inw. SM VI-003745 K2
Muzeum Serbołużyckie

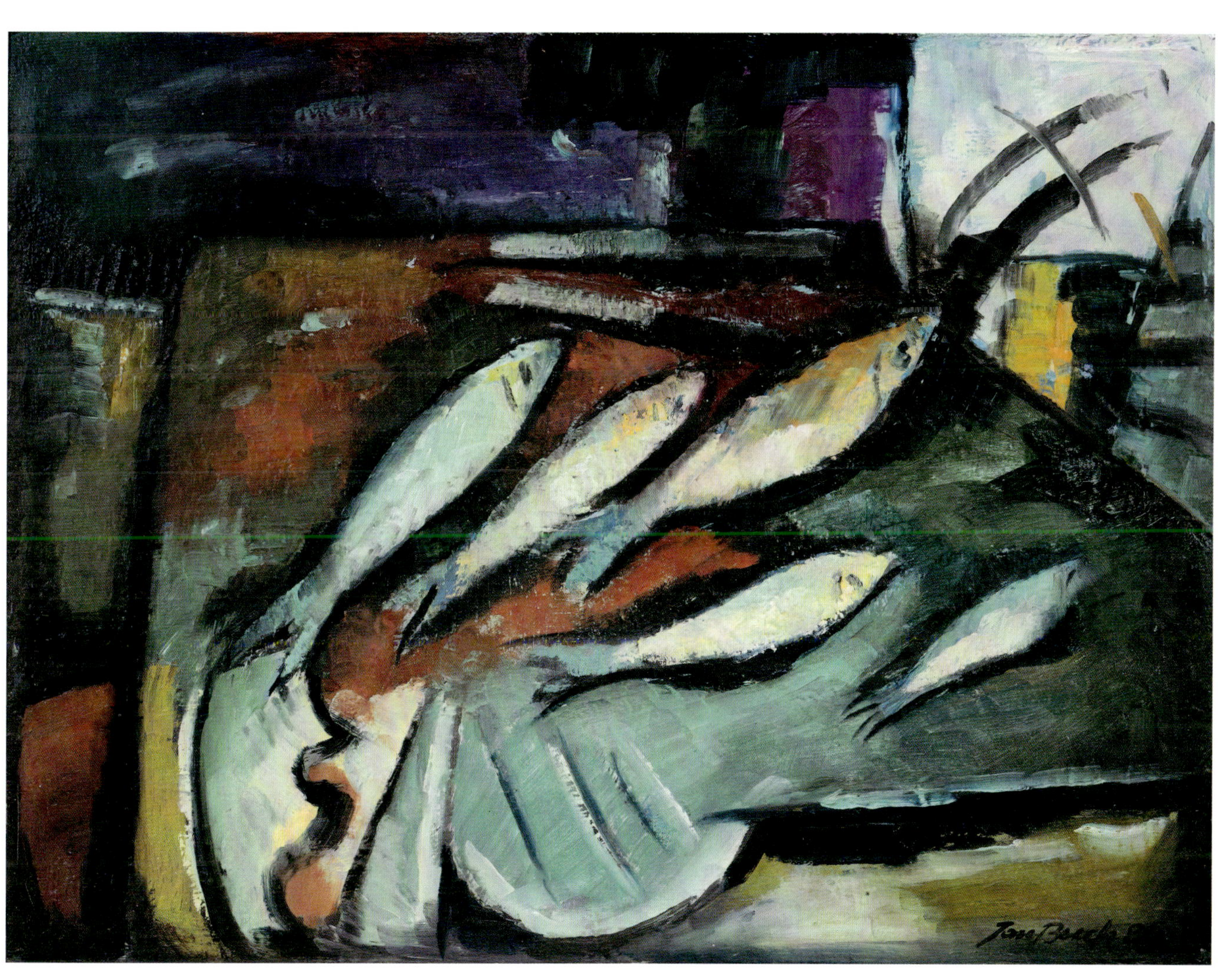

Stillleben mit Fischen
1989, Öl auf Hartfaser,
66,0 × 85,0 cm
Privatbesitz

Ćišno z rybami
1989, wolij na twjerdej
włokninje, 66,0 × 85,0 cm
priwatne wobsydstwo

Śichowobraz z rybami
1989, wólej na twardej
włokninje, 66,0 × 85,0 cm
priwatne wobsejźeństwo

Martwa natura z rybami
1989 r., olej na płycie pilśniowej,
66,0 × 85,0 cm
własność prywatna

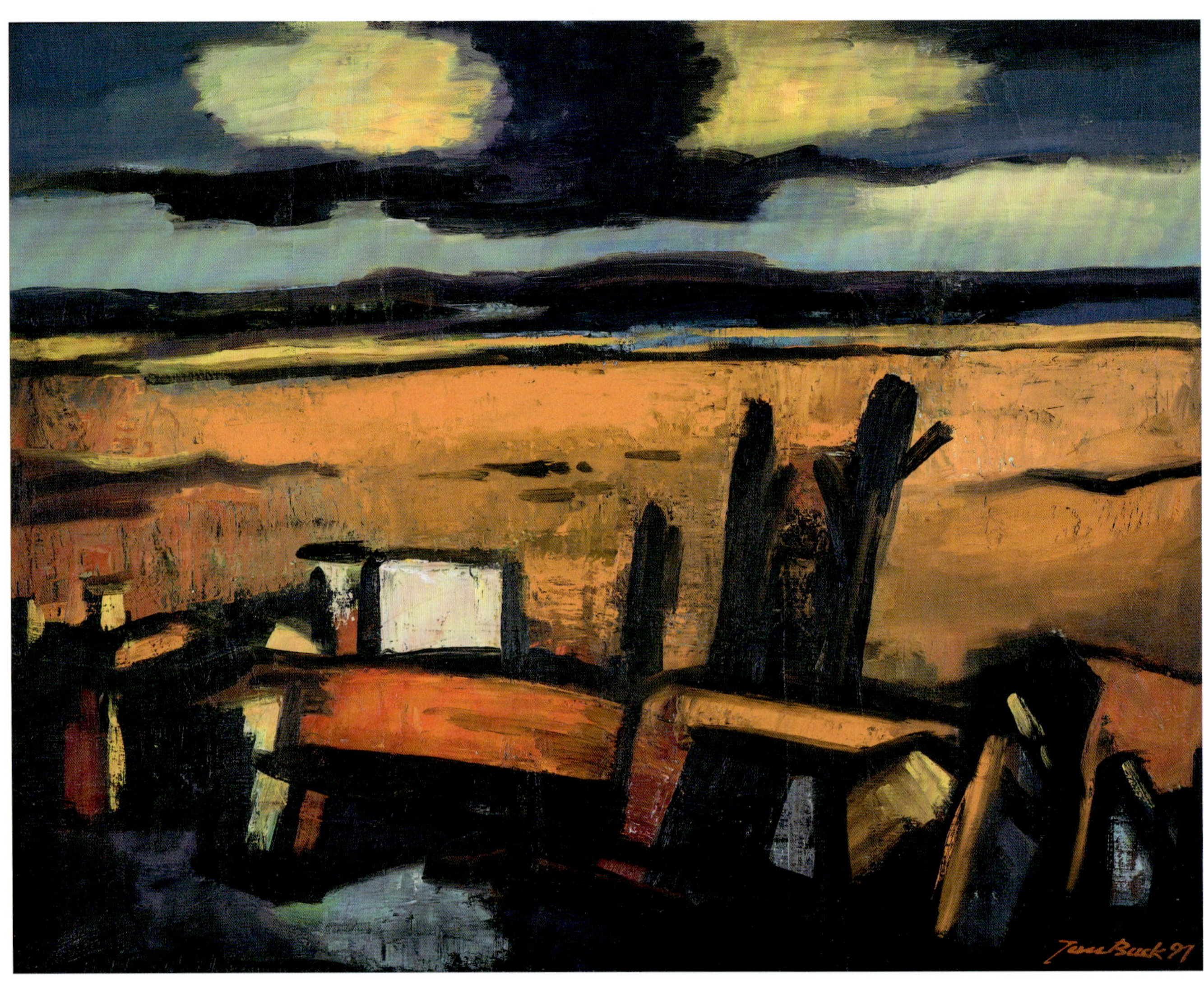

Verlassene Landschaft
1991, Öl auf Leinwand,
70,5 × 91,0 cm,
Inv.-Nr. SM VI-003263 K1
Sorbisches Museum

Wopušćena krajina
1991, wolij na płatnje,
70,5 × 91,0 cm,
inwentarne čo. SM VI-003263 K1
Serbski muzej

Spušćona krajina
1991, wólej na płaśe,
70,5 × 91,0 cm,
inwentarny nr. SM VI-003263 K1
Serbski muzej

Opuszczony krajobraz
1991 r., olej na płótnie,
70,5 × 91,0 cm,
nr inw. SM VI-003263 K1
Muzeum Serbołużyckie

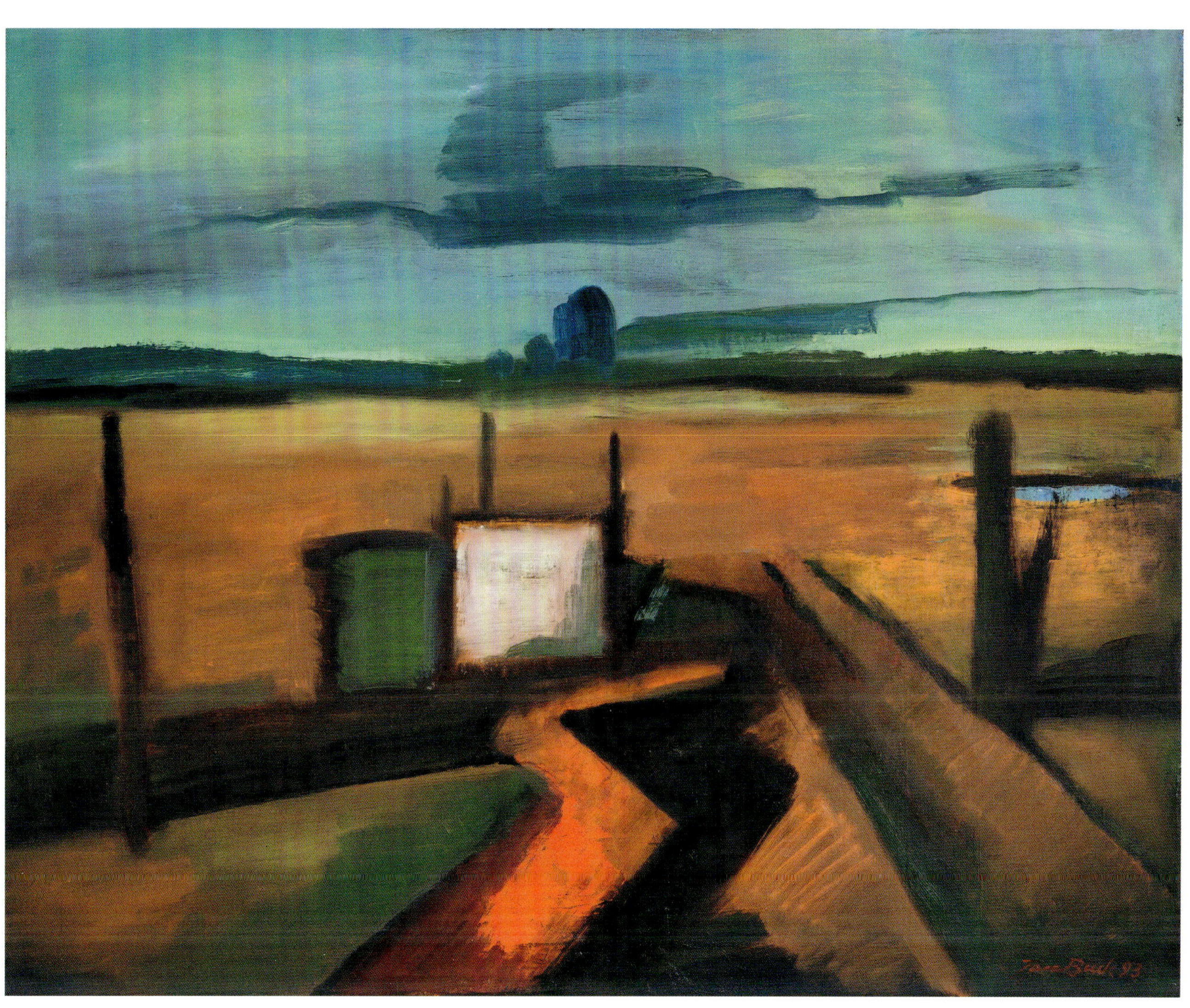

Ende des Weges
1993, Öl auf Leinwand,
82,6 × 102,8 cm,
Inv.-Nr. SM VI-006259 K1
Sorbisches Museum

Kónc puća
1993, wolij na płatnje,
82,6 × 102,8 cm,
inwentarne čo. SM VI-006259 K1
Serbski muzej

Kóńc drogi
1993, wólej na płaśe,
82,6 × 102,8 cm,
inwentarny nr. SM VI-006259 K1
Serbski muzej

Koniec drogi
1993 r., olej na płótnie,
82,6 × 102,8 cm,
nr inw. SM VI-006259 K1
Muzeum Serbołużyckie

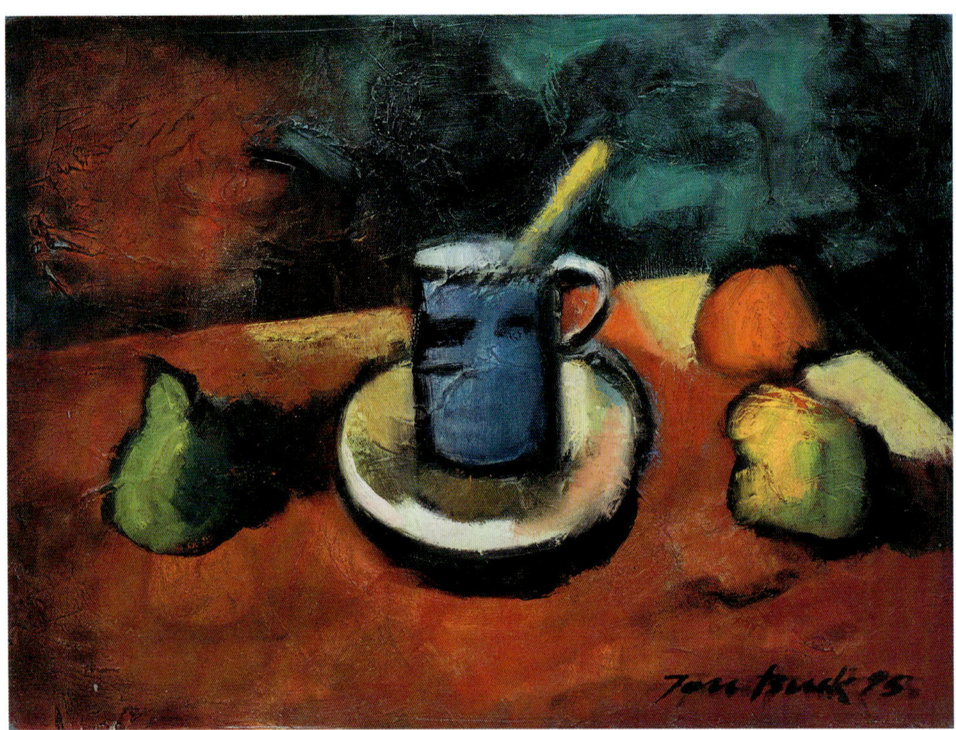

Stillleben mit Becher und Obst
1995, Öl auf Hartfaser, 34,0 × 46,5 cm
Privatbesitz

Ćišno z nopaškom a ze sadom
1995, wolij na twjerdej włokninje, 34,0 × 46,5 cm
priwatne wobsydstwo

Śichowobraz z bjacharikom a ze sadom
1995, wólej na twardej włokninje, 34,0 × 46,5 cm
priwatne wobsejźeństwo

Martwa natura z kubkiem i owocami
1995 r., olej na płycie pilśniowej, 34,0 × 46,5 cm
własność prywatna

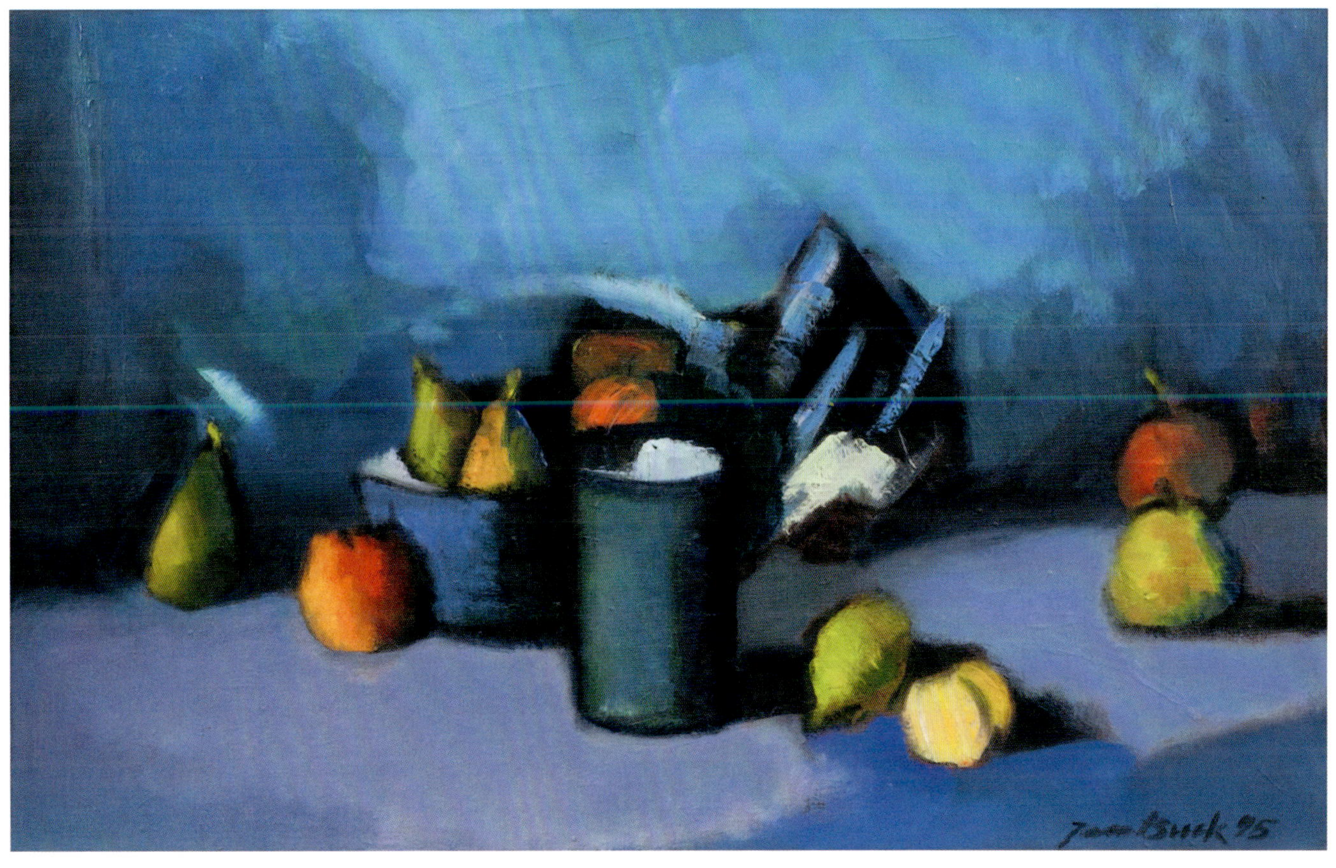

Becher mit Obst
1995, Öl auf Hartfaser,
57,0 × 84,8 cm,
Inv.-Nr. SM VI-006255 K1
Sorbisches Museum

Nopašk z płodami
1995, wolij na twjerdej włokninje,
57,0 × 84,8 cm,
inwentarne čo. SM VI-006255 K1
Serbski muzej

Bjacharik z płodami
1995, wólej na twardej włokninje,
57,0 × 84,8 cm,
inwentarny nr. SM VI-006255 K1
Serbski muzej

Kubek z owocami
1995 r., olej na płycie pilśniowej,
57,0 × 84,8 cm,
nr inw. SM VI-006255 K1
Muzeum Serbołużyckie

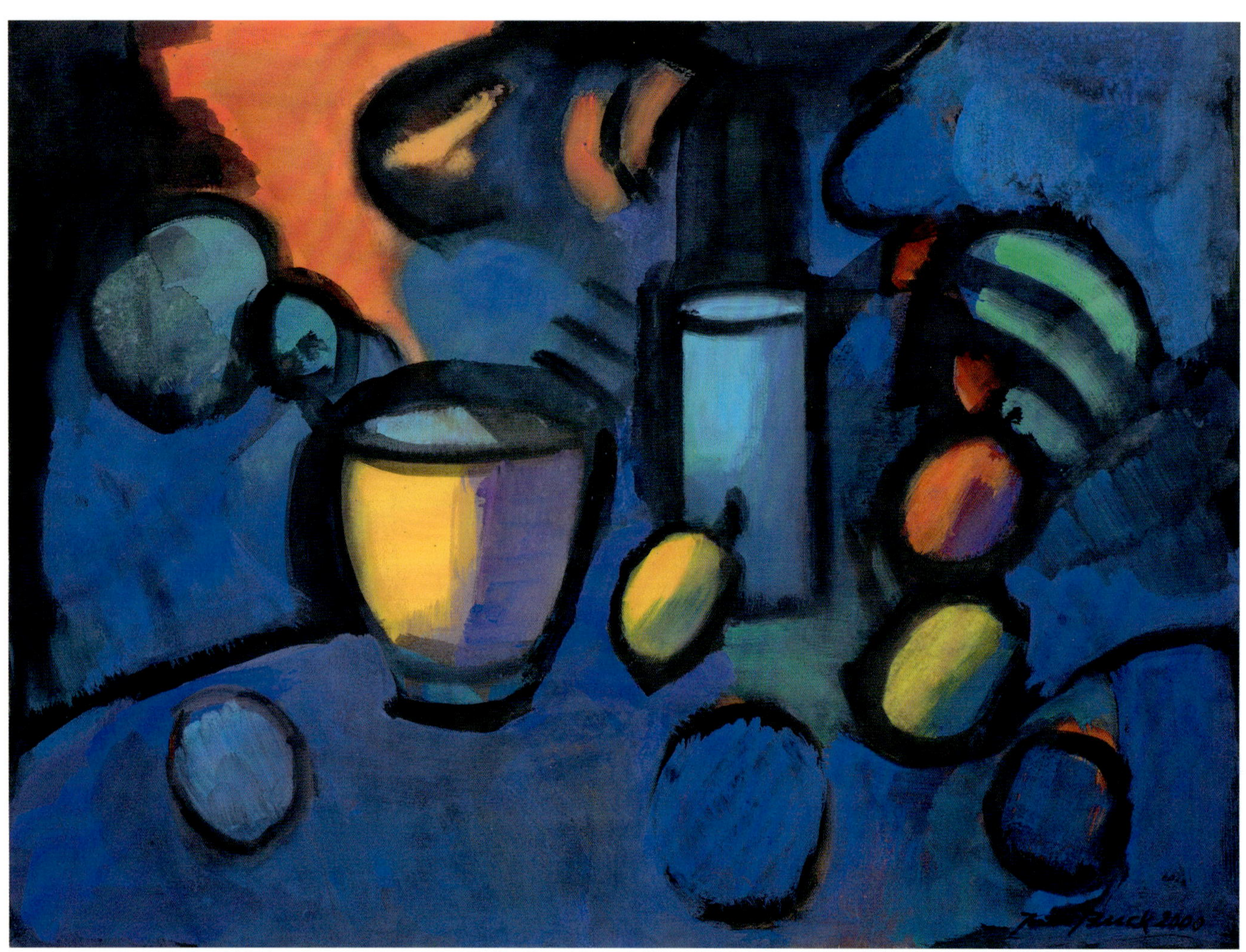

Blaues Stillleben
2000, Tempera auf Papier,
54,5 × 74,5 cm,
Inv.-Nr. SM VI-006702 K2
Sorbisches Museum

Módre ćišno
2000, tempera na papjerje,
54,5 × 74,5 cm,
inwentarne čo. SM VI-006702 K2
Serbski muzej

Módry śichowobraz
2000, tempera na papjerje,
54,5 × 74,5 cm,
inwentarny nr. SM VI-006702 K2
Serbski muzej

Błękitna martwa natura
2000 r., tempera na papierze,
54,5 × 74,5 cm,
nr inw. SM VI-006702 K2
Muzeum Serbołużyckie

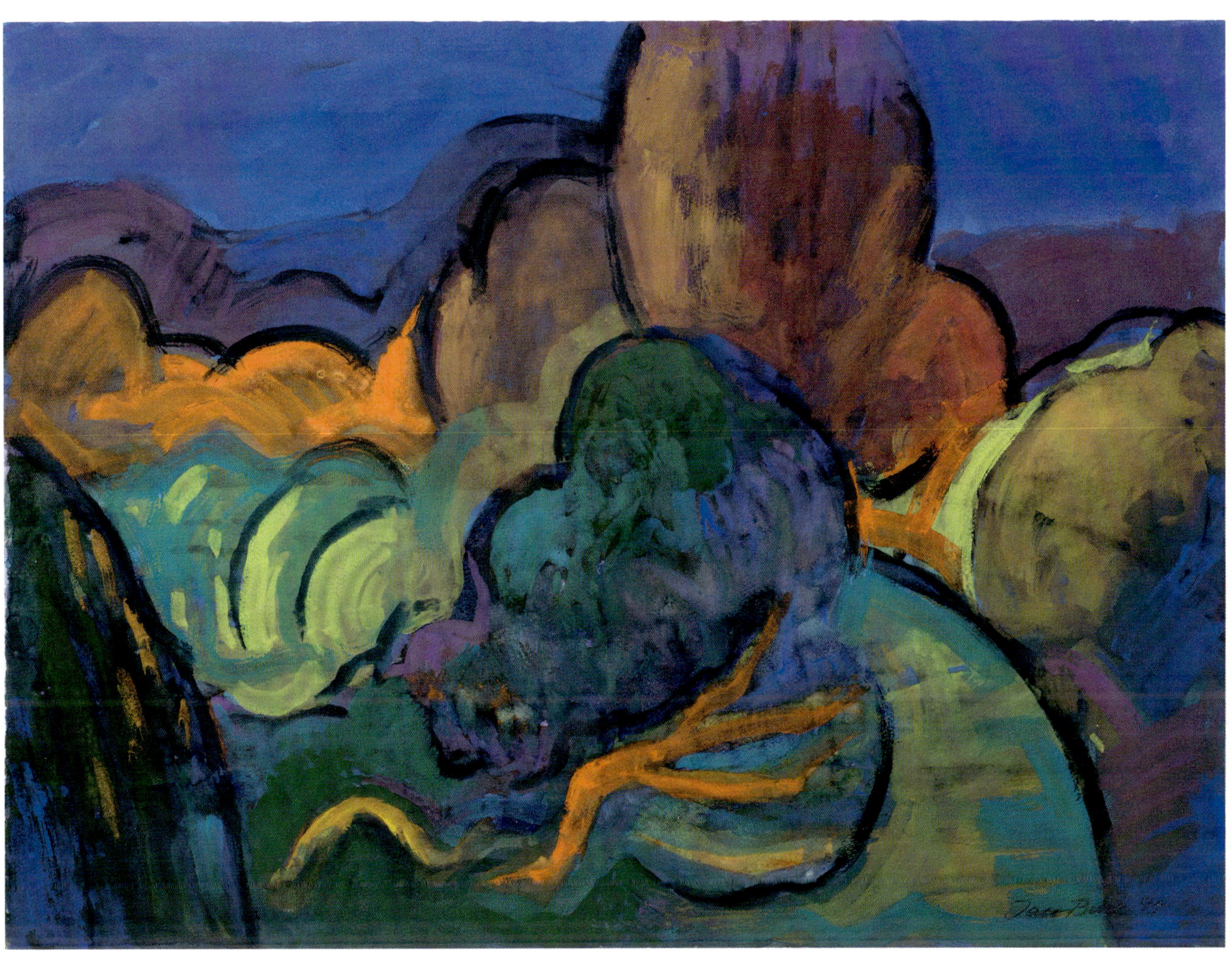

Dubringer Moor
1995, Aquarell und Tempera
auf Papier, 55,0 × 74,0 cm,
Inv.-Nr. SM VI-004532 K2
Sorbisches Museum

Dubrjenske bahno
1995, akwarel a tempera
na papjerje, 55,0 × 74,0 cm,
inwentarne čo. SM VI-004532 K2
Serbski muzej

Dubrjeńske bagno
1995, akwarel a tempera
na papjerje, 55,0 × 74,0 cm,
inwentarny nr. SM VI-004532 K2
Serbski muzej

Bagna w Dubringu
1995 r., akwarela i tempera
na papierze, 55,0 × 74,0 cm,
nr inw. SM VI-004532 K2
Muzeum Serbołużyckie

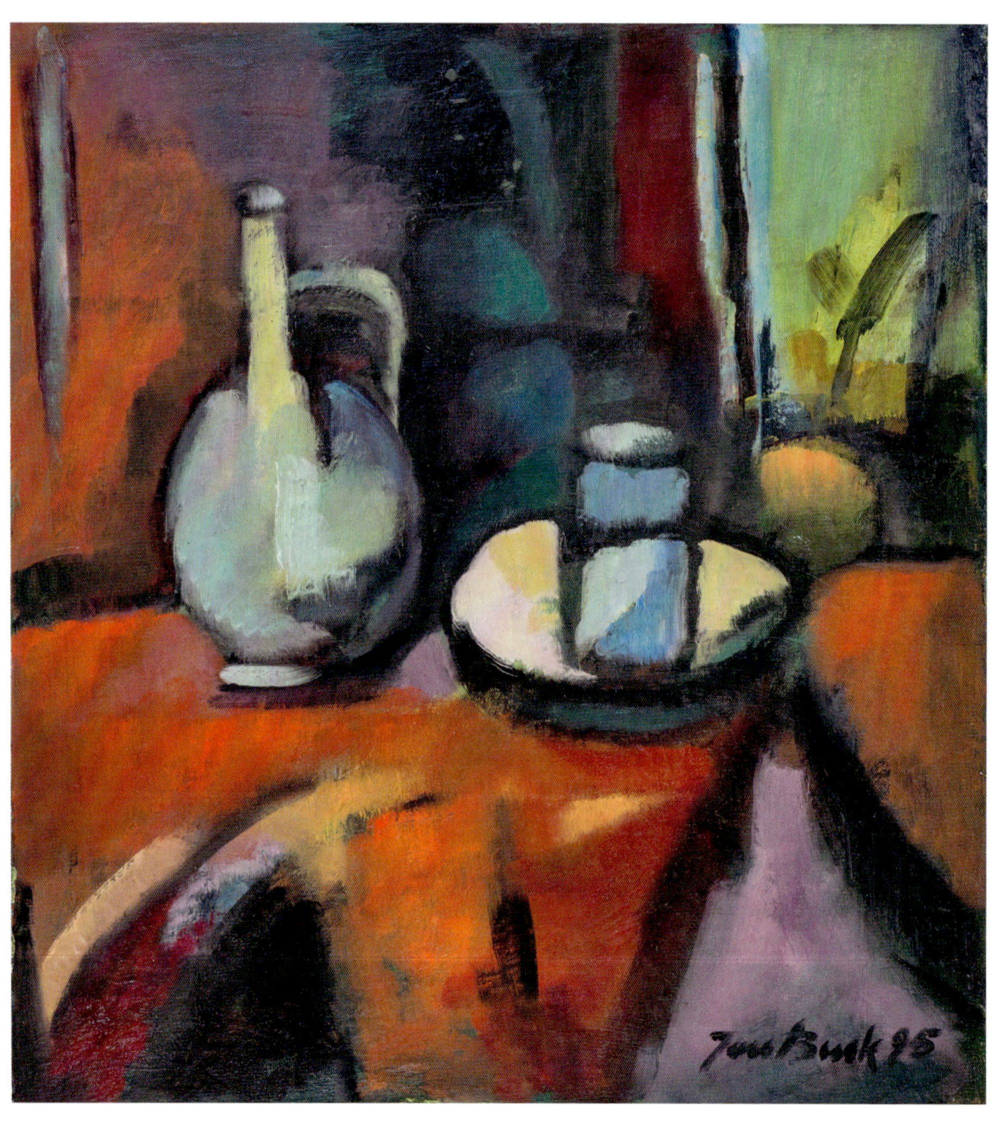

Bulgarischer Krug
1995, Öl auf Hartfaser,
49,0 × 47,0 cm,
Inv.-Nr. SM VI-006251 K1
Sorbisches Museum

Bołharski karan
1995, wolij na twjerdej włokninje,
49,0 × 47,0 cm,
inwentarne čo. SM VI-006251 K1
Serbski muzej

Bulgaŕski kružk
1995, wólej na twardej włokninje,
49,0 × 47,0 cm,
inwentarny nr. SM VI-006251 K1
Serbski muzej

Bułgarski dzbanek
1995 r., olej na płycie pilśniowej,
49,0 × 47,0 cm,
nr inw. SM VI-006251 K1
Muzeum Serbołużyckie

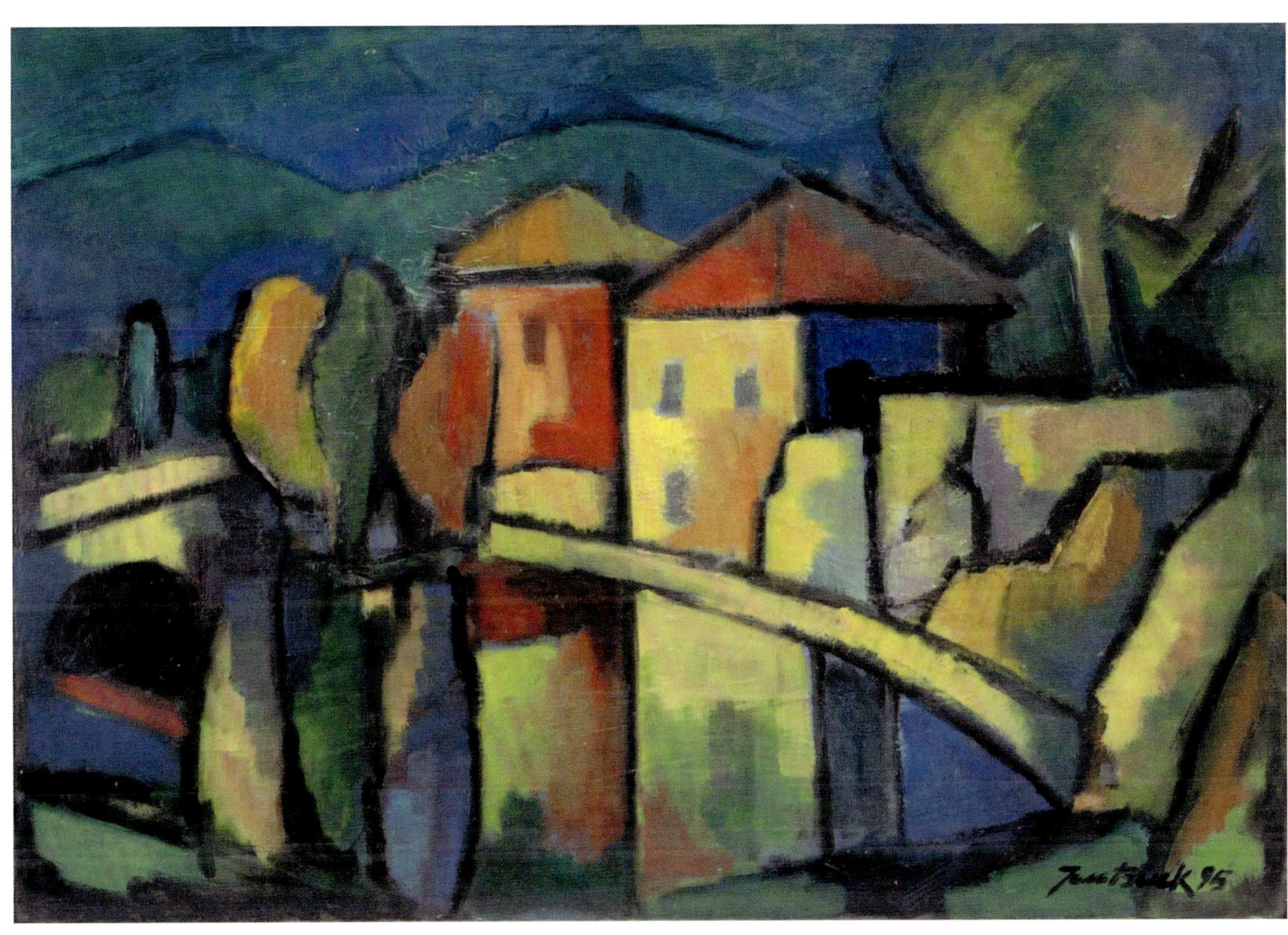

Smoljan
1995, Öl auf Hartfaser,
64,0 × 91,0 cm,
Inv.-Nr. SM VI-006262 K1
Sorbisches Museum

Smoljan
1995, wolij na twjerdej włokninje,
64,0 × 91,0 cm,
inwentarne čo. SM VI-006262 K1
Serbski muzej

Smoljan
1995, wólej na twardej włokninje,
64,0 × 91,0 cm,
inwentarny nr. SM VI-006262 K1
Serbski muzej

Smolan
1995 r., olej na płycie pilśniowej,
64,0 × 91,0 cm,
nr inw. SM VI-006262 K1
Muzeum Serbołużyckie

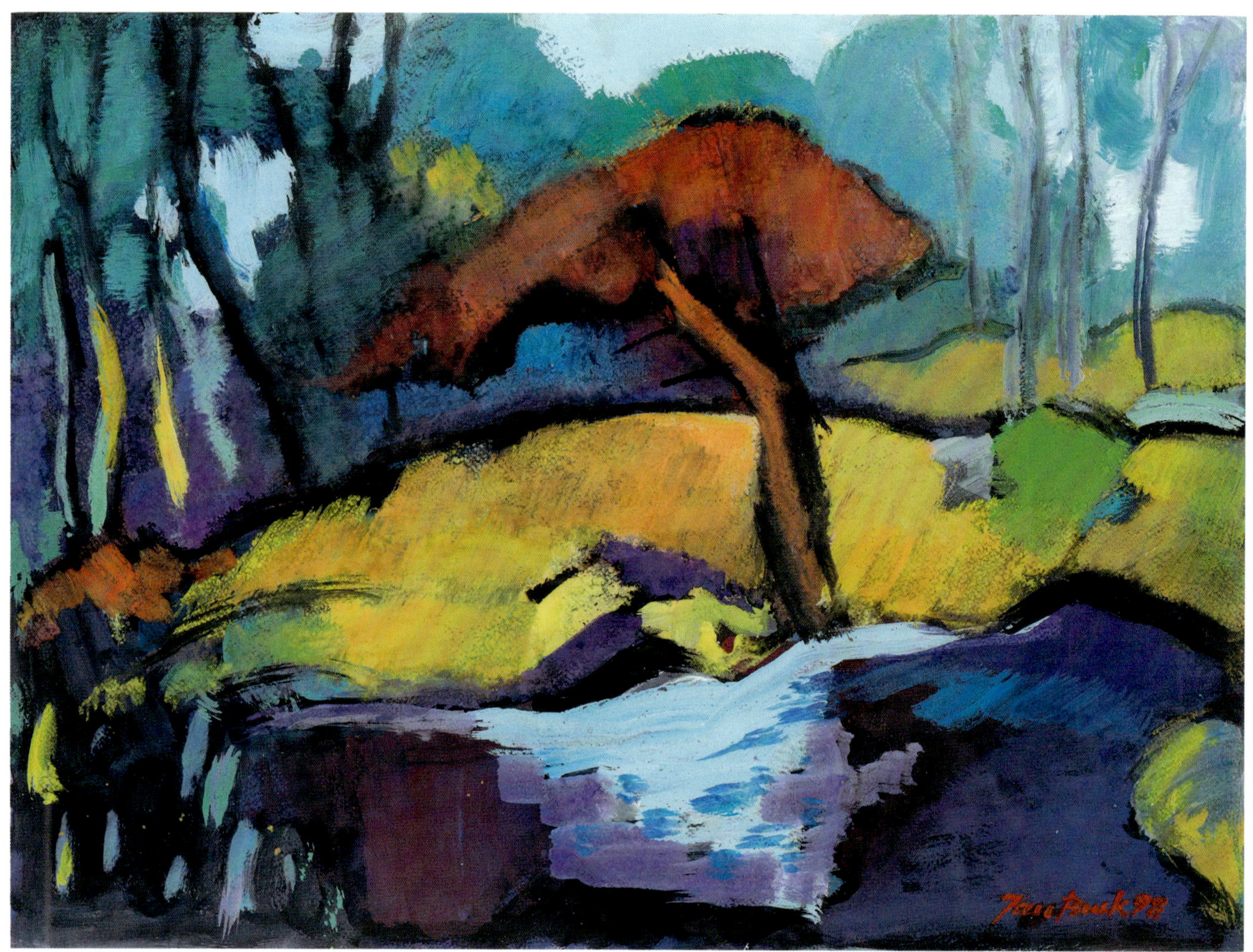

Roter Baum
1998, Tempera auf Papier,
55,5 × 75,5 cm
Privatbesitz

Čerwjeny štom
1998, tempera na papjerje,
55,5 × 75,5 cm
priwatne wobsydstwo

Cerwjeny bom
1998, tempera na papjerje,
55,5 × 75,5 cm
priwatne wobsejźeństwo

Czerwone drzewo
1998 r., tempera na papierze,
55,5 × 75,5cm
własność prywatna

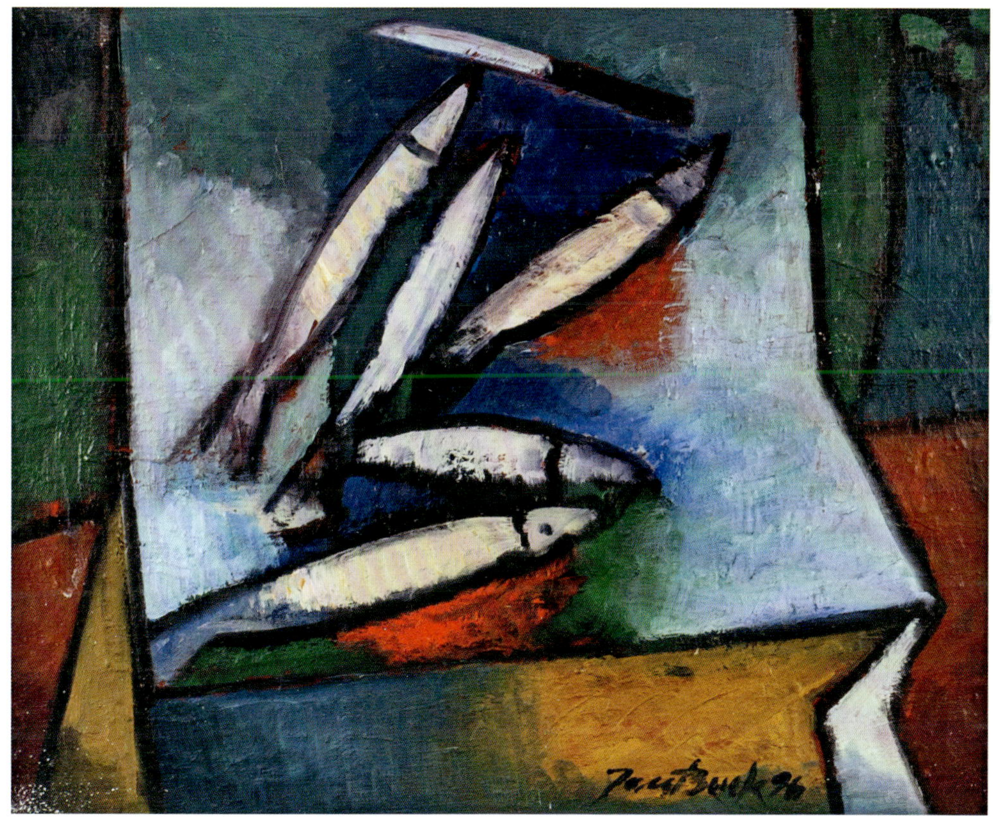

Fische
1996, Öl auf Hartfaser,
44,5 × 57,0 cm,
Inv.-Nr. SM VI-006248 K1
Sorbisches Museum

Ryby
1996, wolij na twjerdej włokninje,
44,5 × 57,0 cm,
inwentarne čo. SM VI-006248 K1
Serbski muzej

Ryby
1996, wólej na twardej włokninje,
44,5 × 57,0 cm,
inwentarny nr. SM VI-006248 K1
Serbski muzej

Ryby
1996 r., olej na płycie pilśniowej,
44,5 × 57,0 cm,
nr inw. SM VI-006248 K1
Muzeum Serbołużyckie

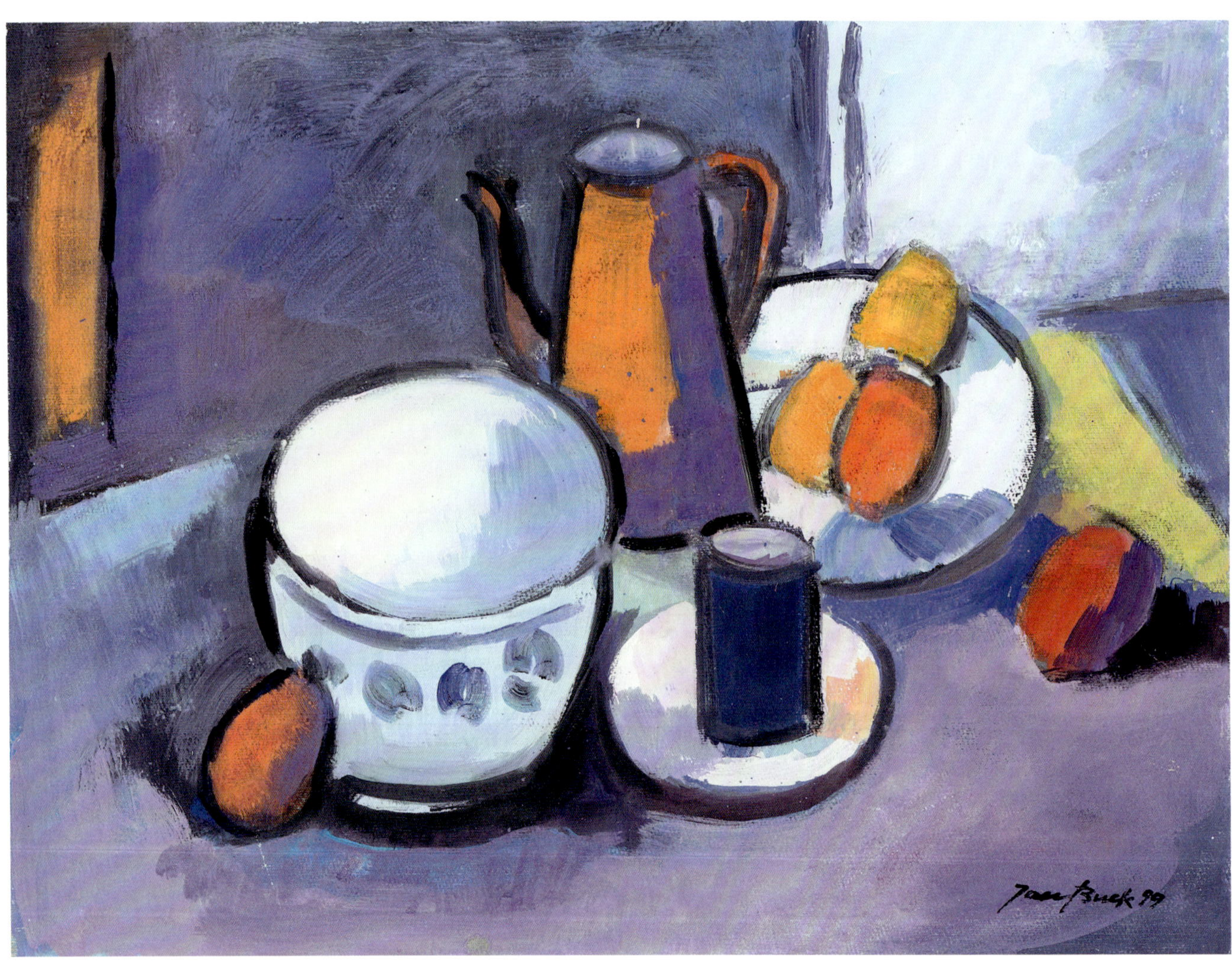

Stillleben mit Kanne
1999, Tempera auf Papier,
55,7 × 75,5 cm
Privatbesitz

Ćišno z kanu
1999, tempera na papjerje,
55,7 × 75,5 cm
priwatne wobsydstwo

Śichowobraz z kanu
1999, tempera na papjerje,
55,7 × 75,5 cm
priwatne wobsejźeństwo

Martwa natura z dzbankiem
1999 r., tempera na papierze,
55,7 × 75,5 cm
własność prywatna

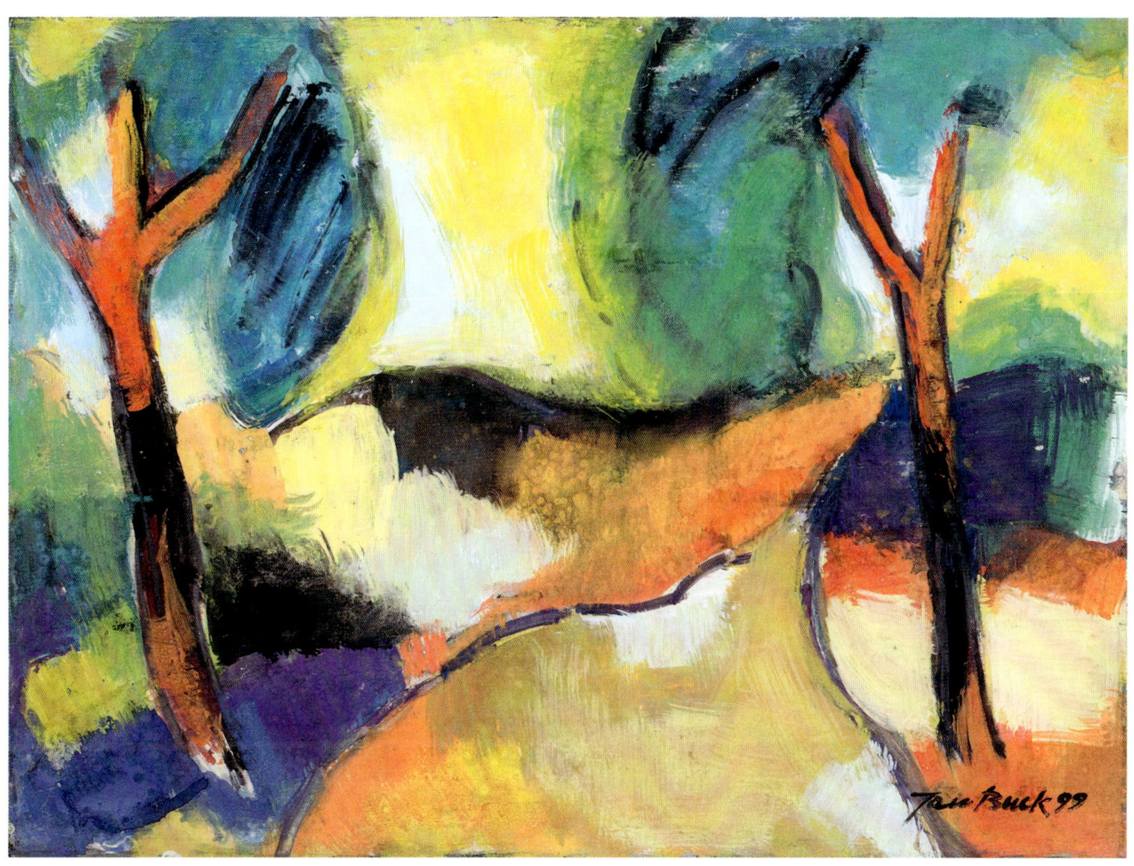

Sandgrube mit Bäumen
1999, Tempera auf Papier,
47,5 × 64,8 cm
Privatbesitz

Pěskowa jama ze štomami
1999, tempera na papjerje,
47,5 × 64,8 cm
priwatne wobsydstwo

Pěskowa jama ze bomami
1999, tempera na papjerje,
47,5 × 64,8 cm
priwatne wobsejźeństwo

Piaskownia z drzewami
1999 r., tempera na papierze,
47,5 × 64,8 cm
własność prywatna

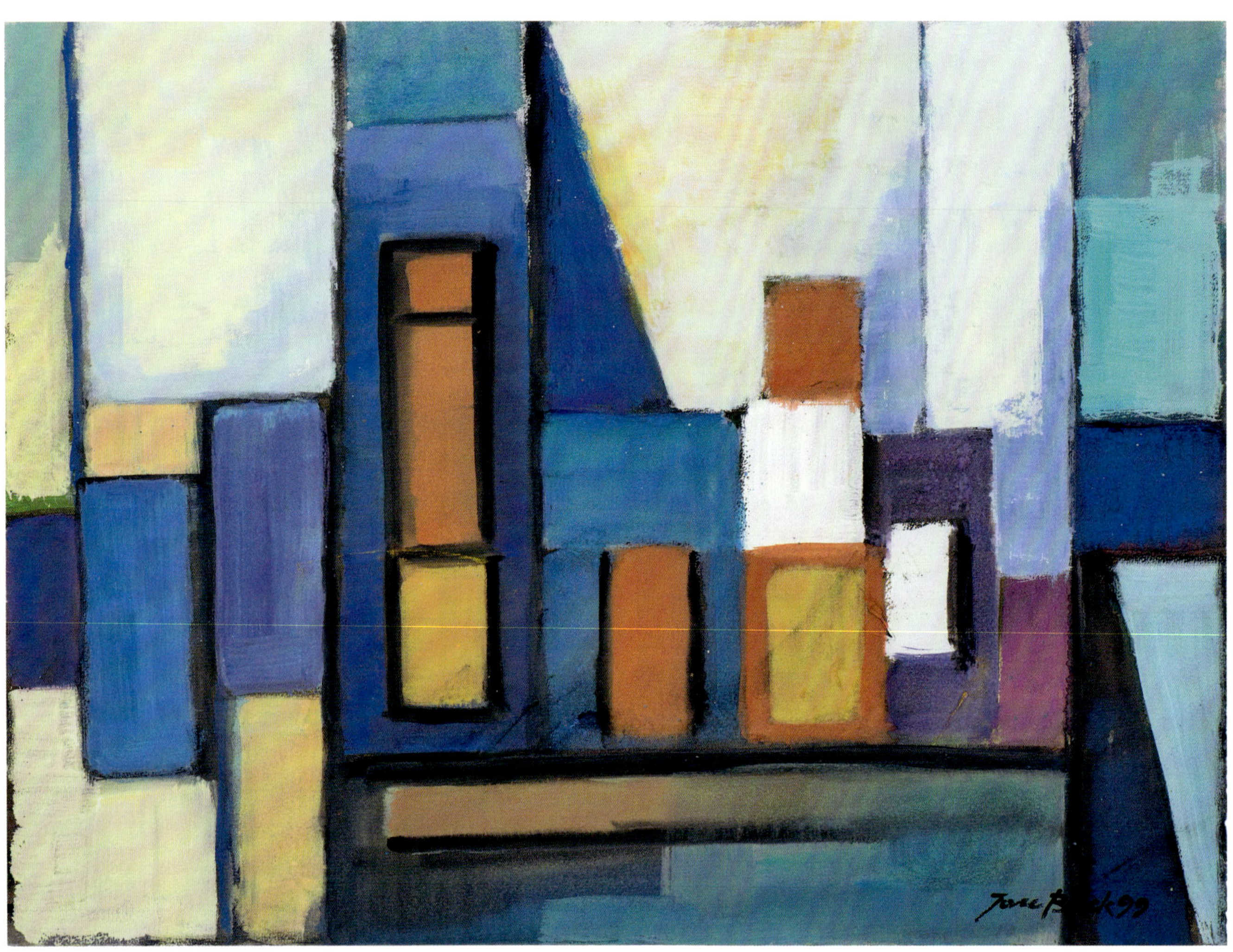

Flächige Komposition I
1999, Tempera auf Papier,
55,2 × 75,1 cm,
Inv.-Nr. SM VI-006707 K2
Sorbisches Museum

Kompozicija płonin I
1999, tempera na papjerje,
55,2 × 75,1 cm, inwentarne
čo. SM VI-006707 K2
Serbski muzej

Płoninowa kompozicija I
1999, tempera na papjerje,
55,2 × 75,1 cm, inwentarny
nr. SM VI-006707 K2
Serbski muzej

Kompozycja wielowymiarowa I
1999 r., tempera na papierze,
55,2 × 75,1 cm,
nr inw. SM VI-006707 K2
Muzeum Serbołużyckie

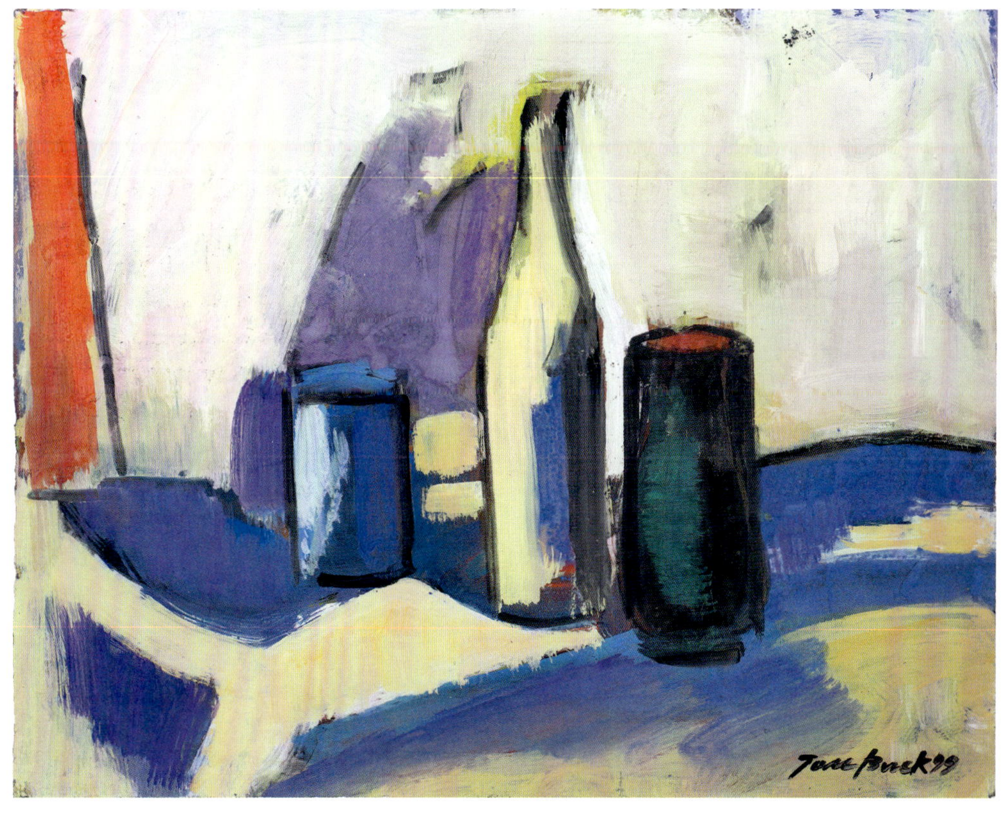

Stillleben mit rotem Streifen
1999, Tempera auf Papier, 48,5 × 62,5 cm,
Inv.-Nr. SM VI-006706 K2
Sorbisches Museum

Ćišno z čerwjenej smuhu
1999, tempera na papjerje, 48,5 × 62,5 cm,
inwentarne čo. SM VI-006706 K2
Serbski muzej

Śichowobraz z cerwjeneju smugu
1999, tempera na papjerje, 48,5 × 62,5 cm,
inwentarny nr. SM VI-006706 K2
Serbski muzej

Martwa natura z czerwonym pasmem
1999 r., tempera na papierze, 48,5 × 62,5 cm,
nr inw. SM VI-006706 K2
Muzeum Serbołużyckie

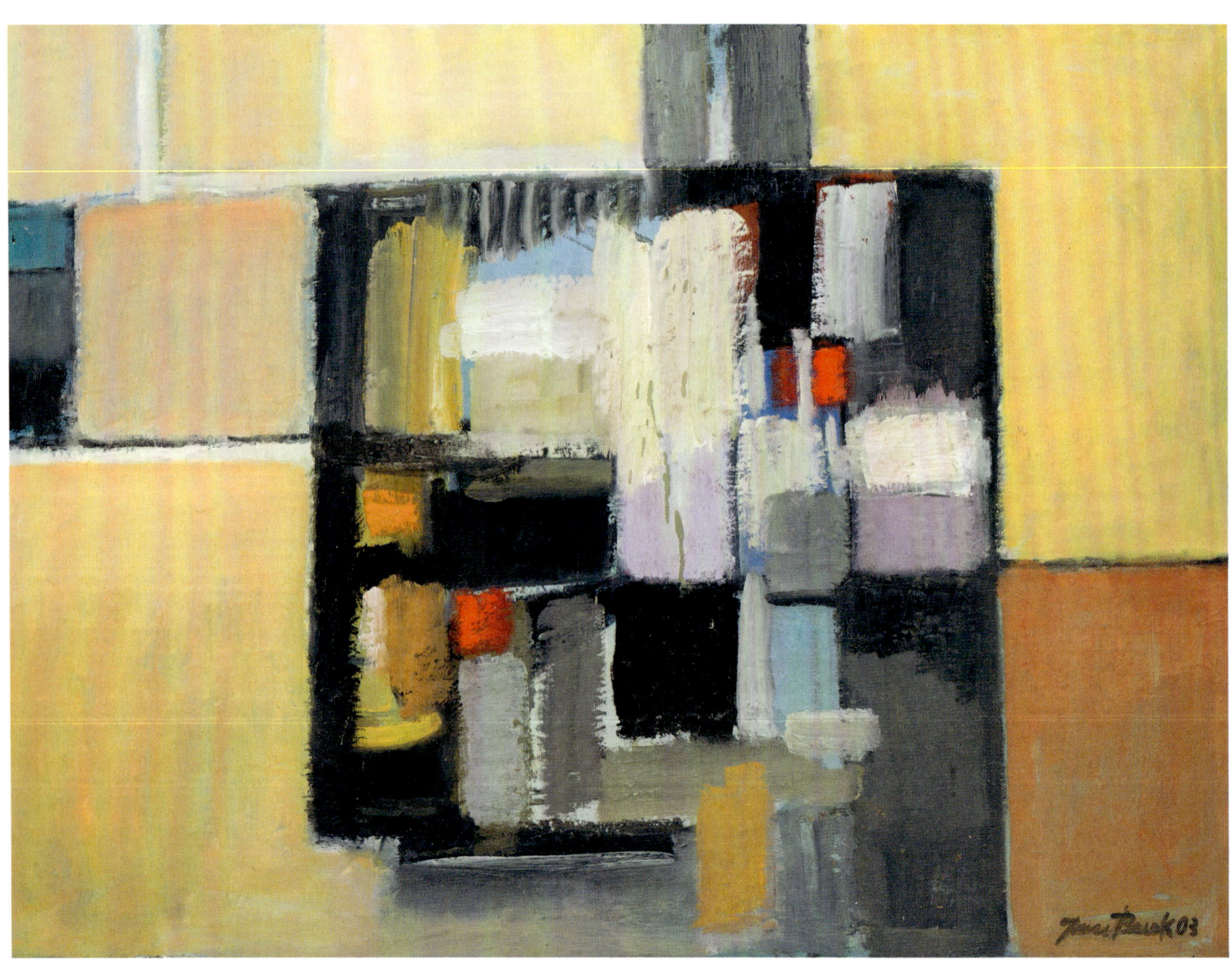

Komposition
2003, Öl auf Leinwand,
57,0 × 77,0 cm
Privatbesitz

Kompozicija
2003, wolij na płatnje,
57,0 × 77,0 cm
priwatne wobsydstwo

Kompozicija
2003, wólej na płaśe,
57,0 × 77,0 cm
priwatne wobsejźeństwo

Kompozycja
2003 r., olej na płótnie,
57,0 × 77,0 cm
własność prywatna

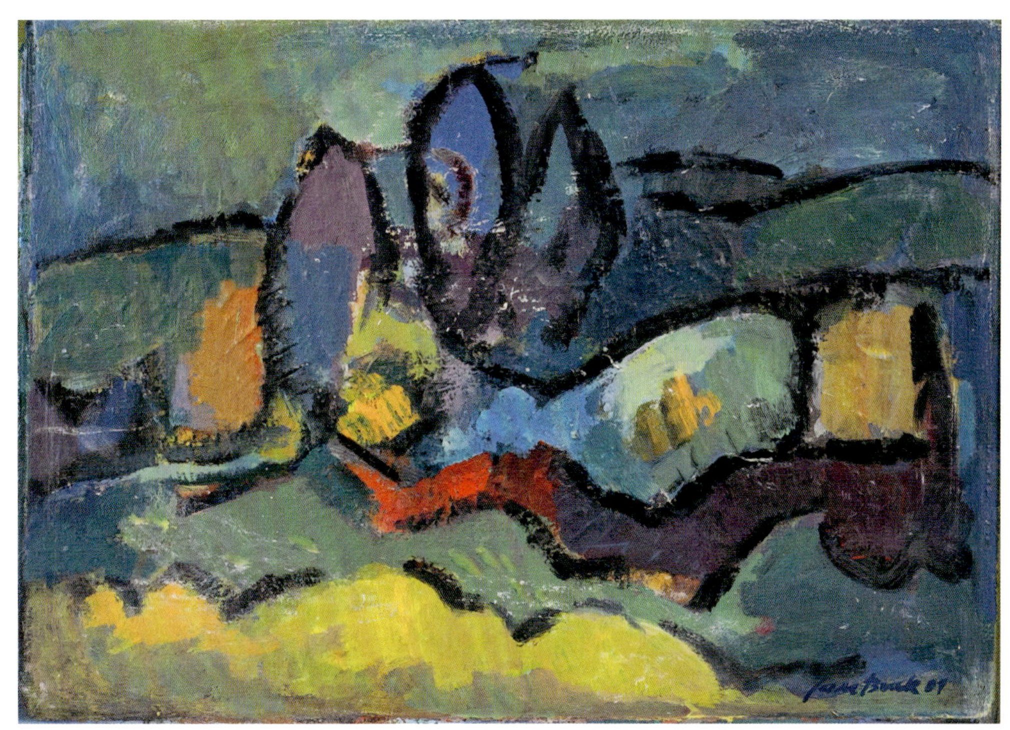

Sommer
2001, Öl auf Hartfaser,
45,0 × 63,0 cm,
Inv.-Nr. SM VI-006250 K1
Sorbisches Museum

Lěćo
2001, wolij na twjerdej włokninje,
45,0 × 63,0 cm,
inwentarne čo. SM VI-006250 K1
Serbski muzej

Lěše
2001, wólej na twardej włokninje,
45,0 × 63,0 cm,
inwentarny nr. SM VI-006250 K1
Serbski muzej

Lato
2001 r., olej na płycie pilśniowej,
45,0 × 63,0 cm,
nr inw. SM VI-006250 K1
Muzeum Serbołużyckie

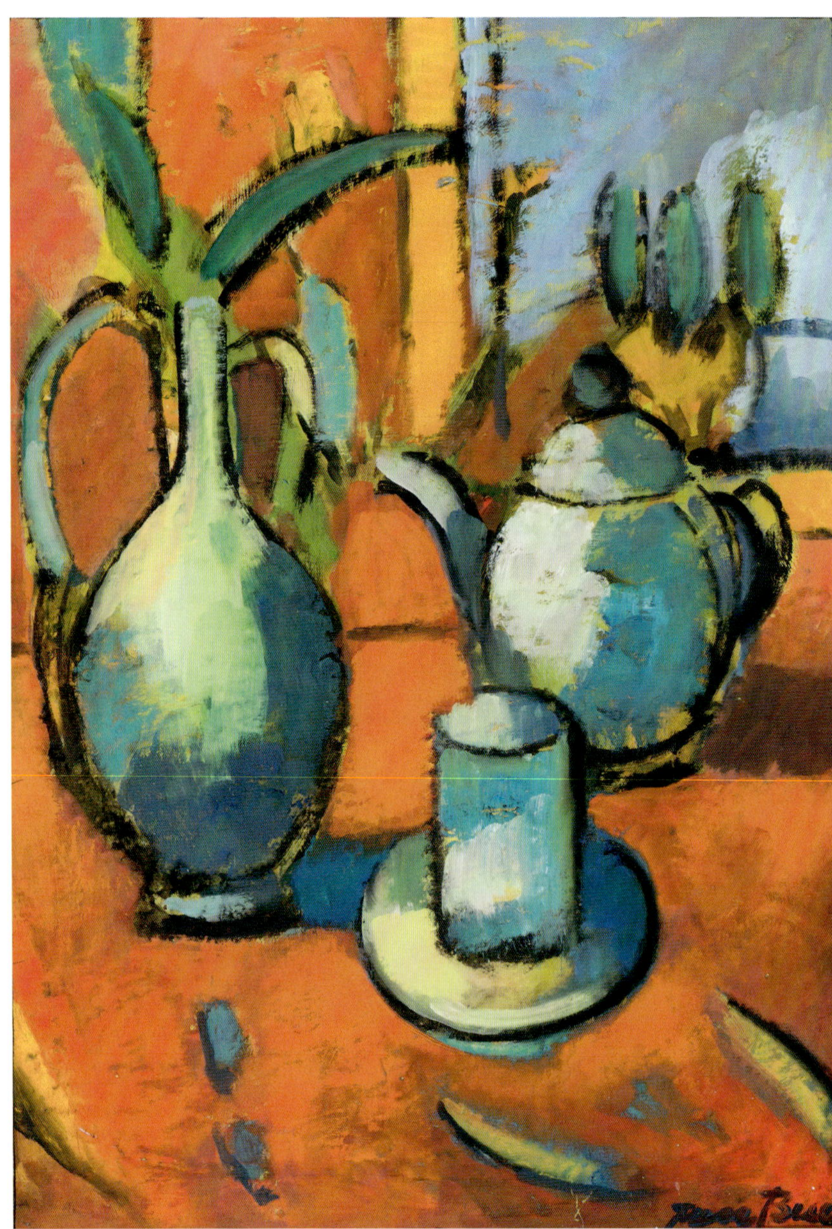

Blaue Gefäße vor rotem Hintergrund
2001, Öl auf Hartfaser, 90,0 × 70,0 cm
Privatbesitz

Módre sudobja před čerwjenym pozadkom
2001, wolij na twjerdej włokninje, 90,0 × 70,0 cm
priwatne wobsydstwo

Módre sudobja pśed cerwjeneju slězynu
2001, wólej na twardej włokninje, 90,0 × 70,0 cm
priwatne wobsejźeństwo

Błękitne naczynia na czerwonym tle
2001 r., olej na płycie pilśniowej, 90,0 × 70,0 cm
własność prywatna

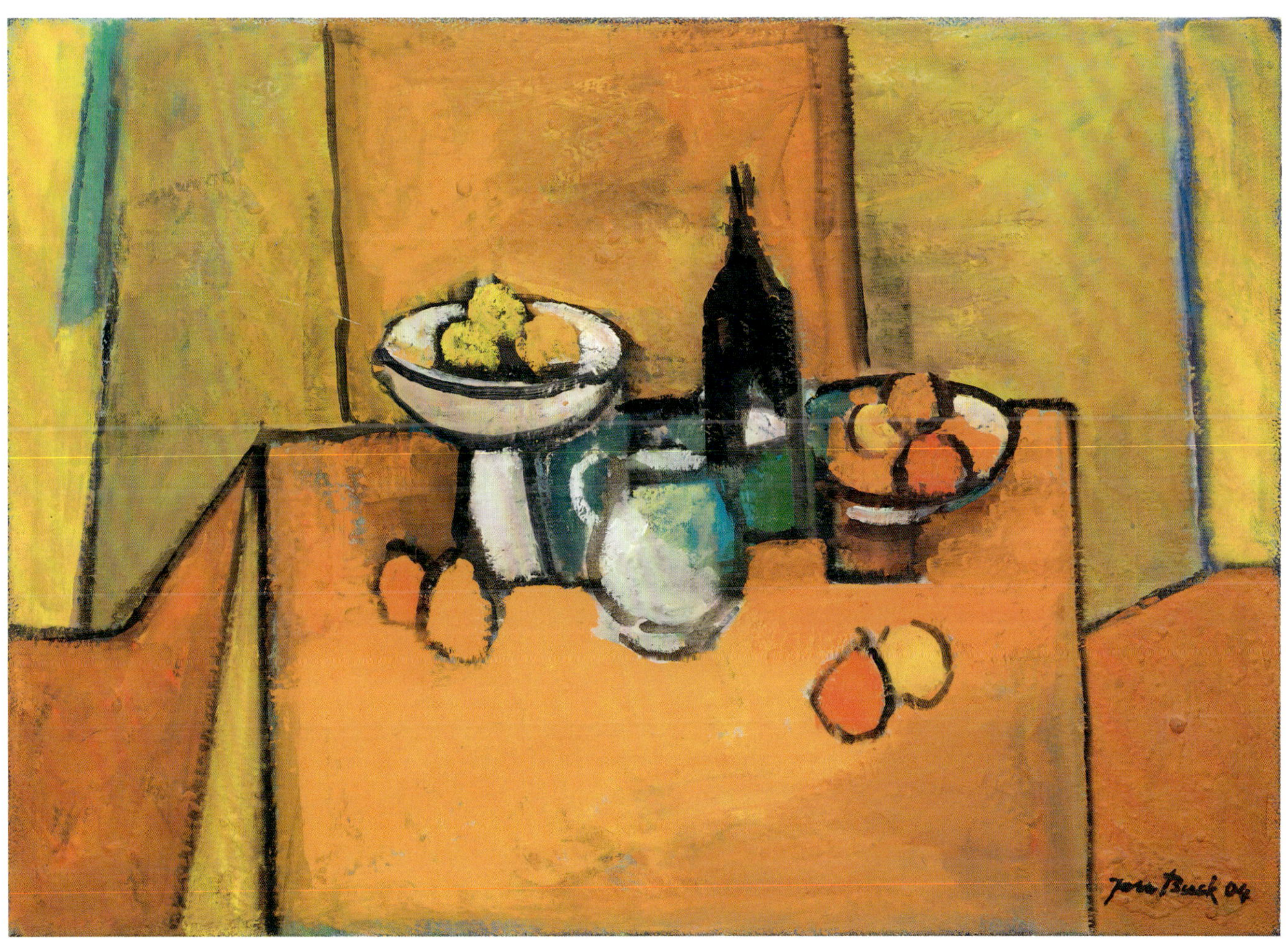

Rotes Stillleben
2004, Öl auf Hartfaser,
70,0 × 100,0 cm
Privatbesitz

Čerwjene ćišno
2004, wolij na twjerdej
włokninje, 70,0 × 100,0 cm
priwatne wobsydstwo

Cerwjeny śichowobraz
2004, wólej na twardej
włokninje, 70,0 × 100,0 cm
priwatne wobsejźeństwo

Czerwona martwa natura
2004 r., olej na płycie pilśniowej,
70,0 × 100,0 cm
własność prywatna

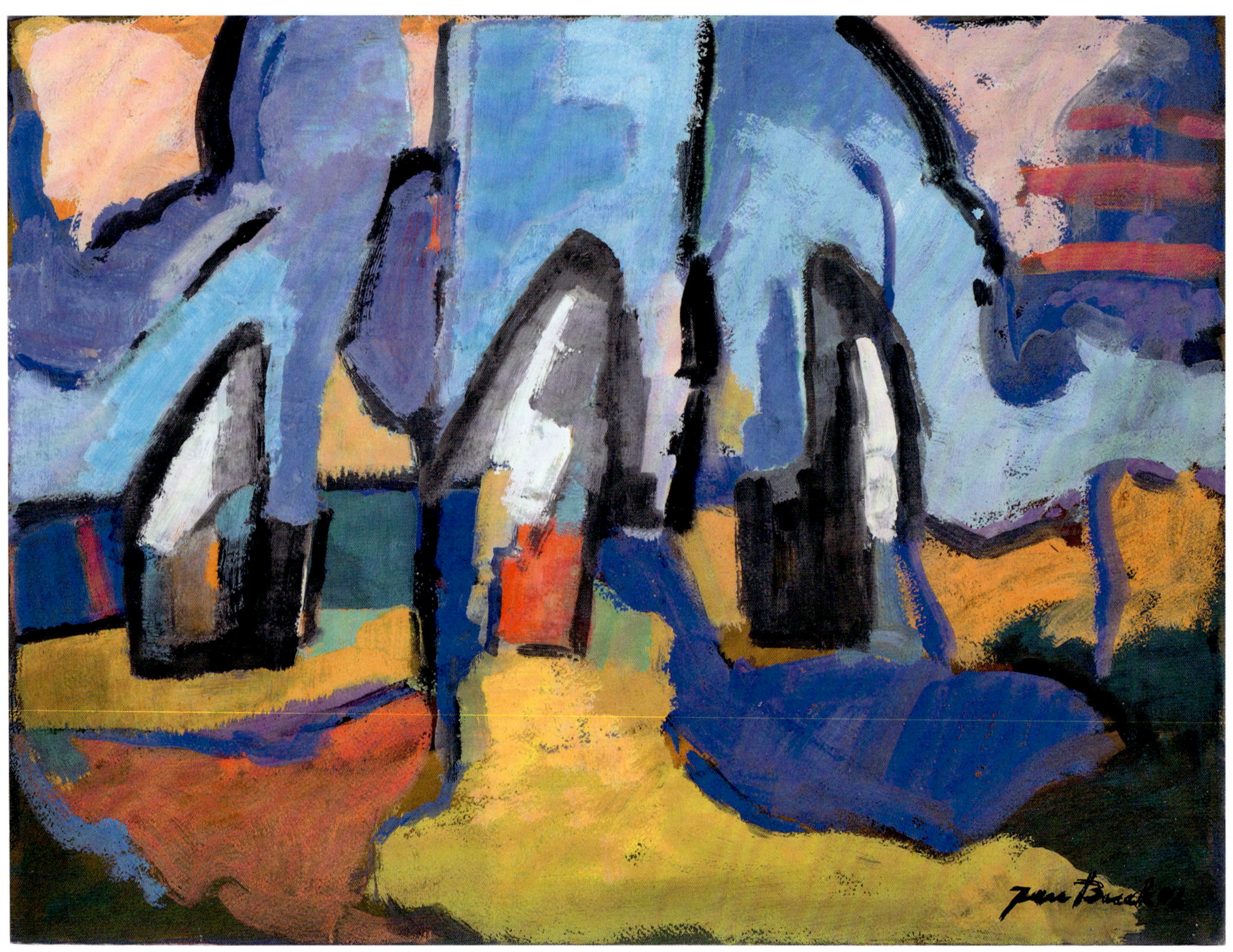

Landschaft mit Figuren
2002, Tempera auf Papier,
56,9 × 76,0 cm,
Inv.-Nr. SM VI-006700 K2
Sorbisches Museum

Krajina z postawami
2002, tempera na papjerje,
56,9 × 76,0 cm, inwentarne
čo. SM VI-006700 K2
Serbski muzej

Krajina z póstawami
2002, tempera na papjerje,
56,9 × 76,0 cm, inwentarny
nr. SM VI-006700 K2
Serbski muzej

Krajobraz z postaciami
2002 r., tempera na papierze,
56,9 × 76,0 cm,
nr inw. SM VI-006700 K2
Muzeum Serbołużyckie

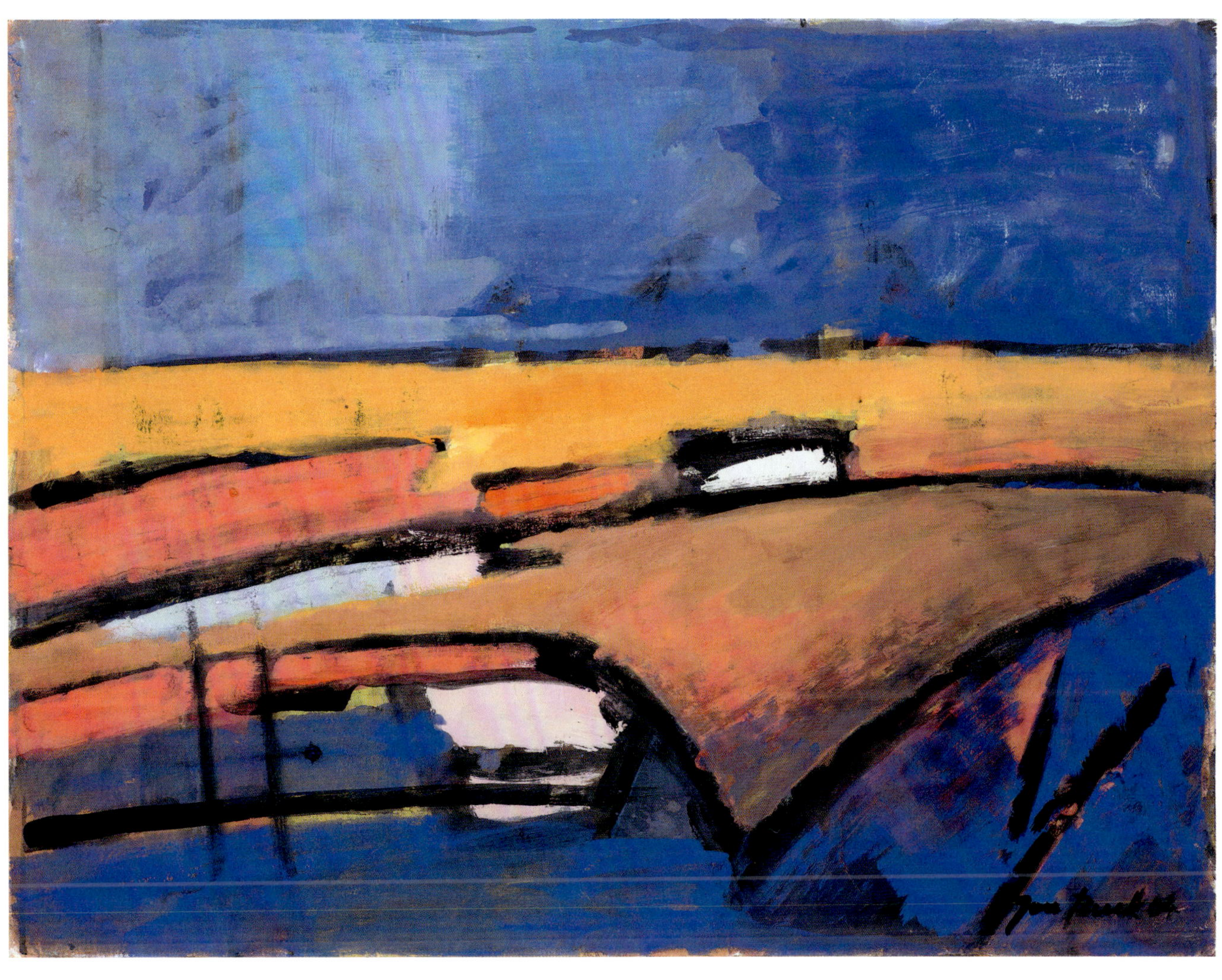

Landschaft am See
2004, Tempera auf Papier,
59,6 × 79,3 cm,
Inv.-Nr. SM VI-006699 K2
Sorbisches Museum

Krajina při jězorje
2004, tempera na papjerje,
59,6 × 79,3 cm,
inwentarne čo. SM VI-006699 K2
Serbski muzej

Krajina pśi jazorje
2004, tempera na papjerje,
59,6 × 79,3 cm,
inwentarny nr. SM VI-006699 K2
Serbski muzej

Krajobraz nad jeziorem
2004 r., tempera na papierze,
59,6 × 79,3 cm,
nr inw. SM VI-006699 K2
Muzeum Serbołużyckie

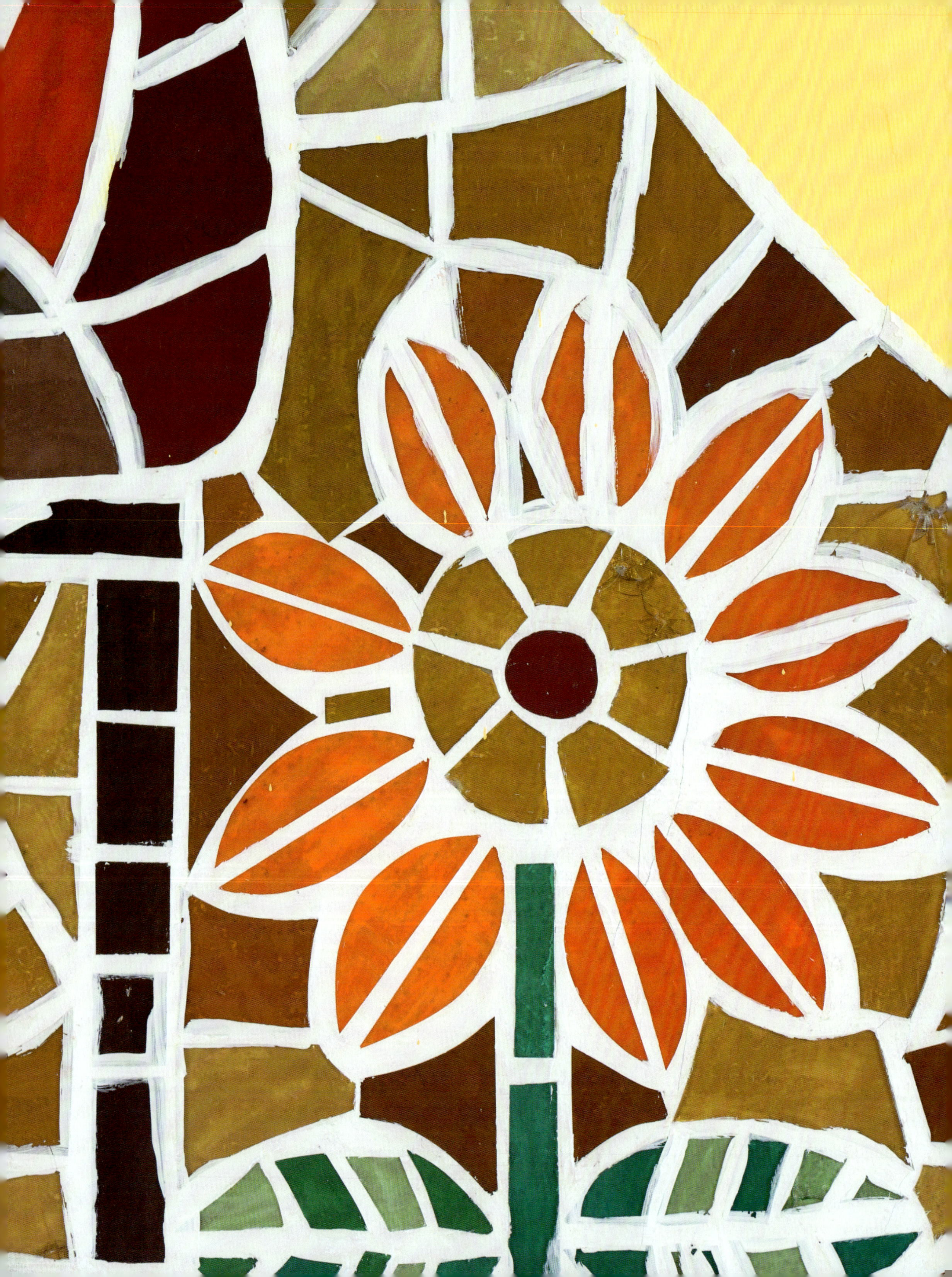

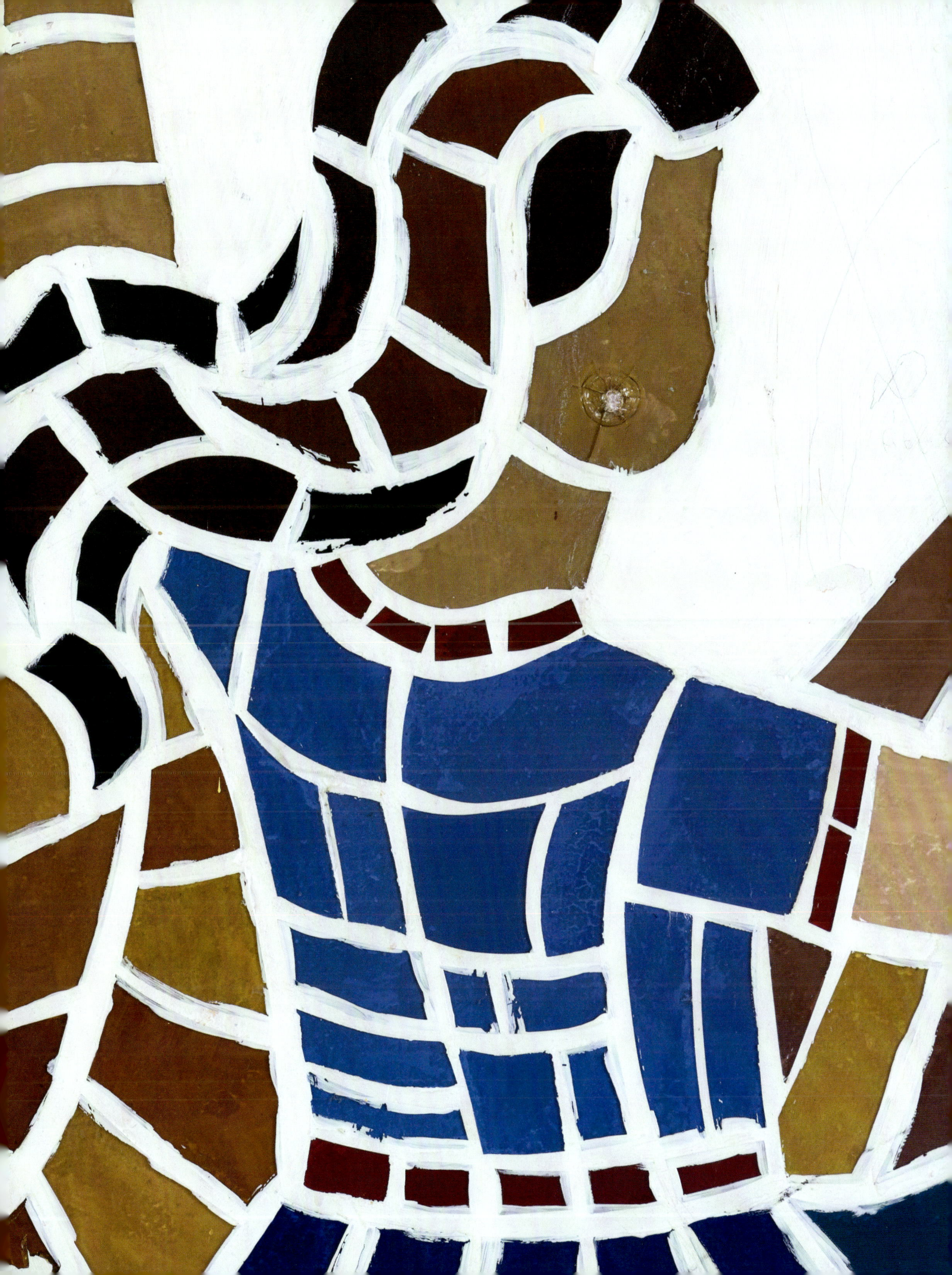

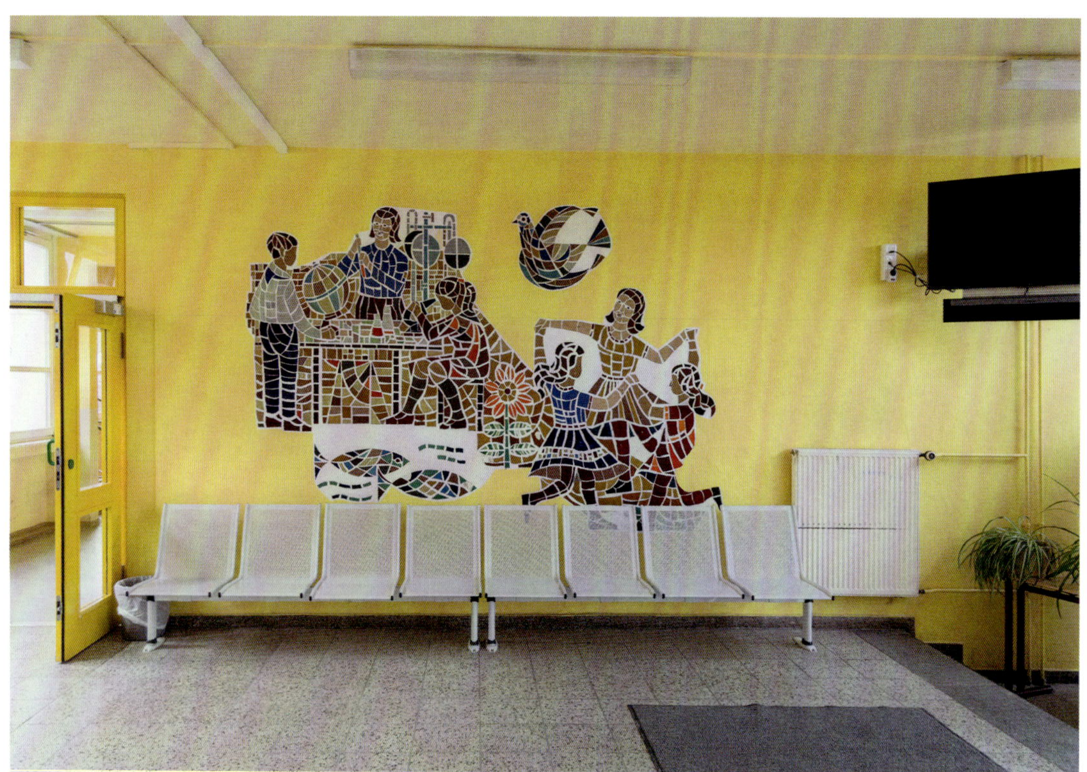

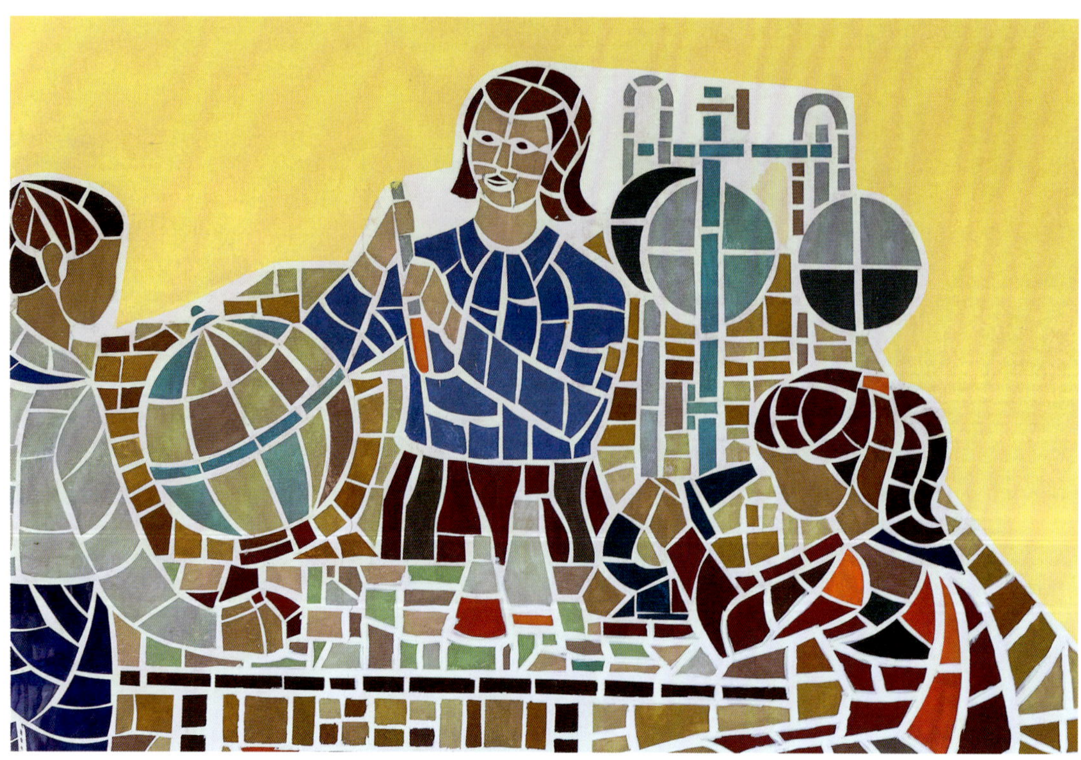

Wir lernen und spielen
Wandgestaltung, Eingangshalle der ehemaligen Schule am Auritzer Weg, heute Salvador-Allende-Schule, Bautzen, 1968

Wuknjemy a sej hrajemy
Wuhotowanje sćěny, foyer něhdyšeje šule při Wuričanskim puću, dźensa šula Salvadora Allende, Budyšin, 1968

Wuknjomy a grajomy
Sćěnowa twórba, foyer něgajšneje šule pśi Wuricojskem pušu, źinsa šula Salvadora Allende, Budyšyn, 1968

Uczymy się i bawimy
Projekt dekoracji naściennej, hol wejściowy dawnej szkoły na Auritzer Weg, dziś szkoła im. Salvadora Allende w Budziszynie, 1968 r.

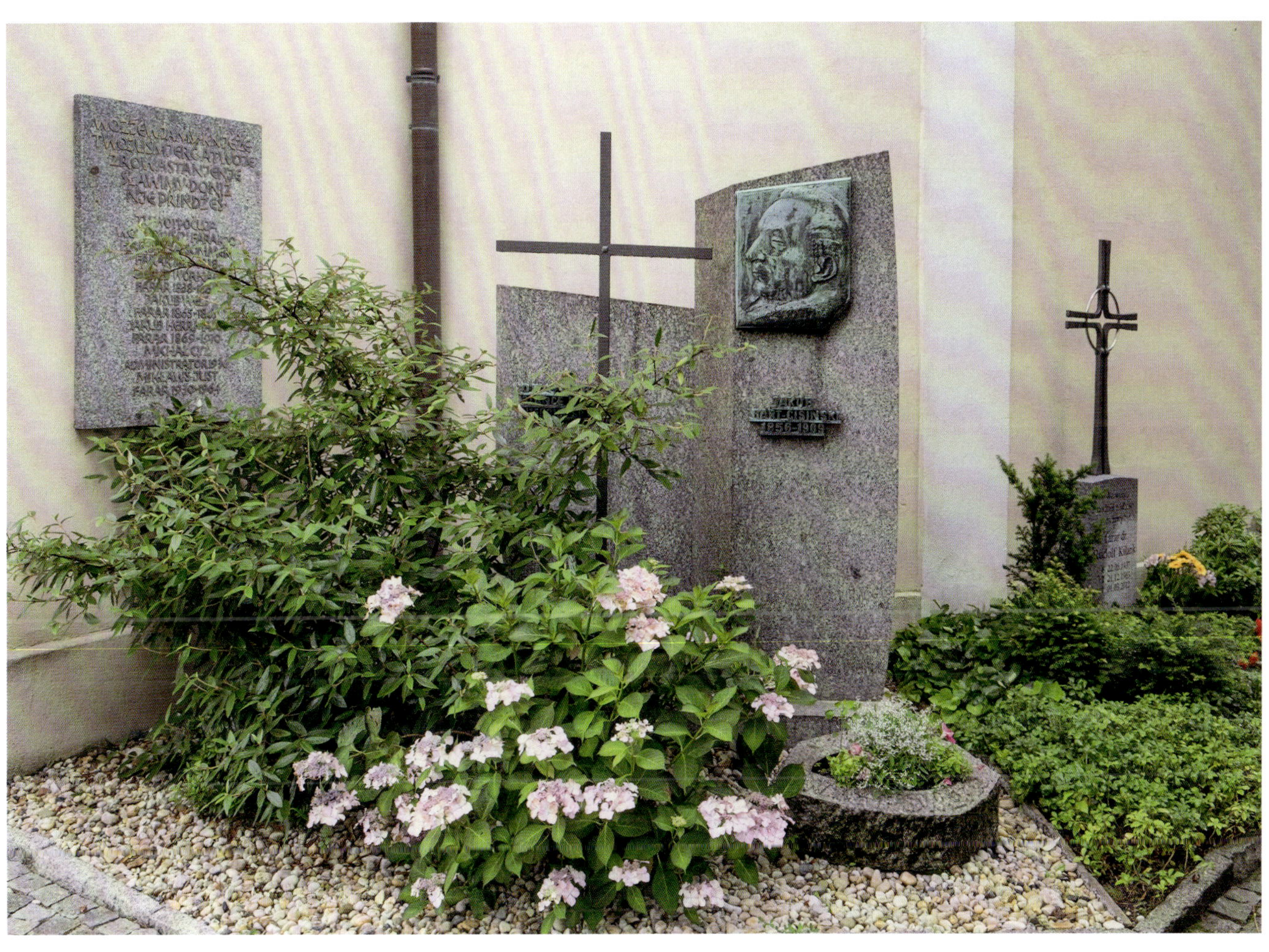

Denkmal für den katholischen Priester und sorbischen Dichter Jakub Bart-Ćišinski, Friedhof in Ostro (heute Gemeinde Panschwitz-Kuckau), Gemeinschaftswerk mit dem polnischen Bildhauer Władysław Tumkiewicz, 1969

Pomnik za katolskeho duchowneho a basnika Jakuba Barta-Ćišinskeho, pohrjebnišćo we Wotrowje (dźensa gmejna Pančicy-Kukow), zhromadnje stwori z pólskim rězbarjom Władysławom Tumkiewiczom, 1969

Pomnik za katolskego mjeršnika a basnikarja Jakuba Barta-Ćišinskego, kjarchob we Wotrowje (źinsa gmejna Pančicy-Kukow), zgromadnje stwóril z pólskim tśasarjom Władysławom Tumkiewiczom, 1969

Pomnik katolickiego księdza i serbołużyckiego poety Jakuba Barta-Ćišinskiego, cmentarz w Ostro (dziś gmina Panschwitz-Kuckau), praca wykonana wspólnie z polskim rzeźbiarzem Władysławem Tumkiewiczem, 1969 r.

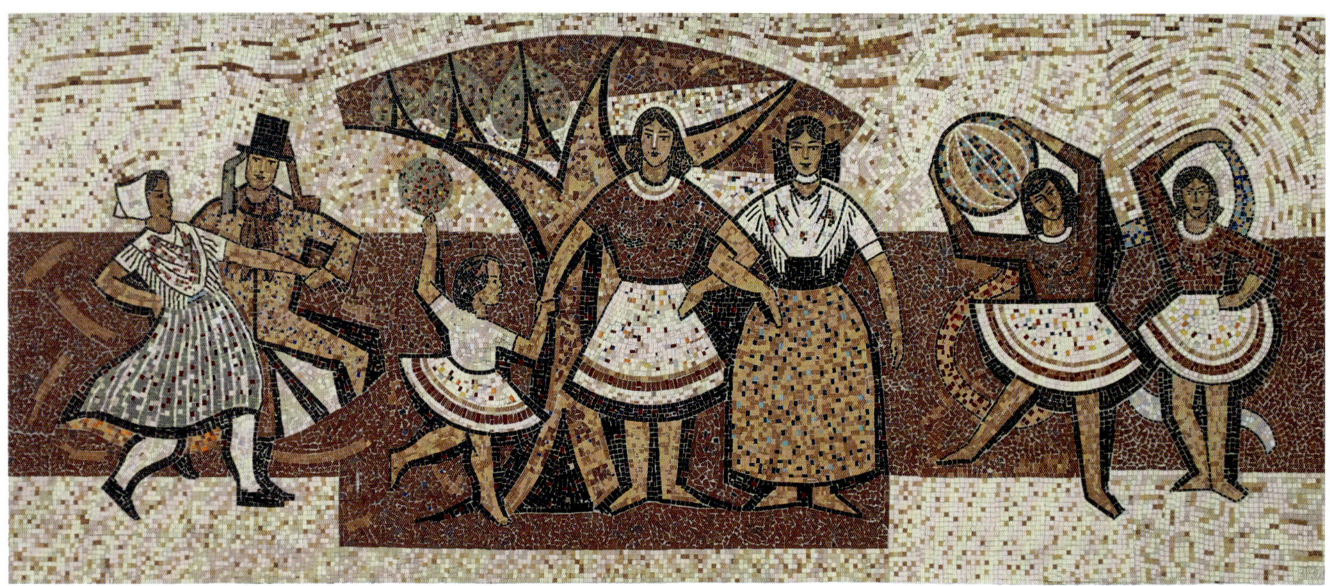

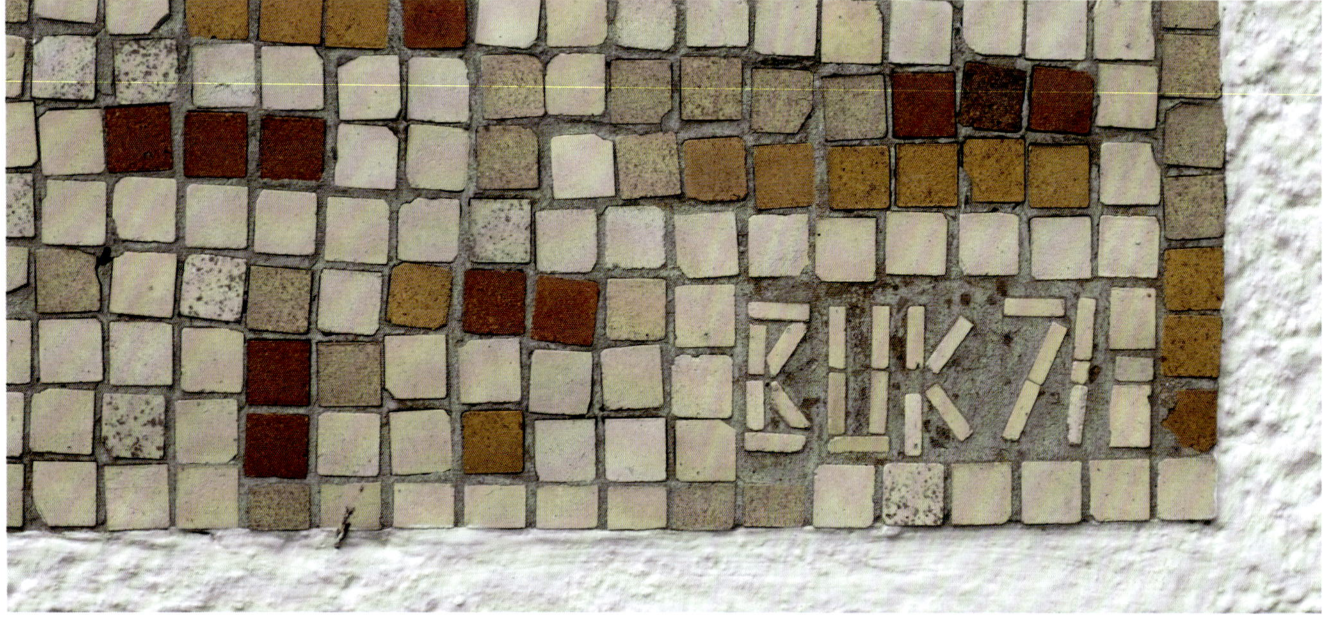

Mosaik am Kulturhaus in Sollschwitz, 1971

Mozaik na kulturnym domje w Sulšecach, 1971

Mozaik na kulturnem domje w Sulšecach, 1971

Mozaika na fasadzie Domu Kultury w Sollschwitz, 1971 r.

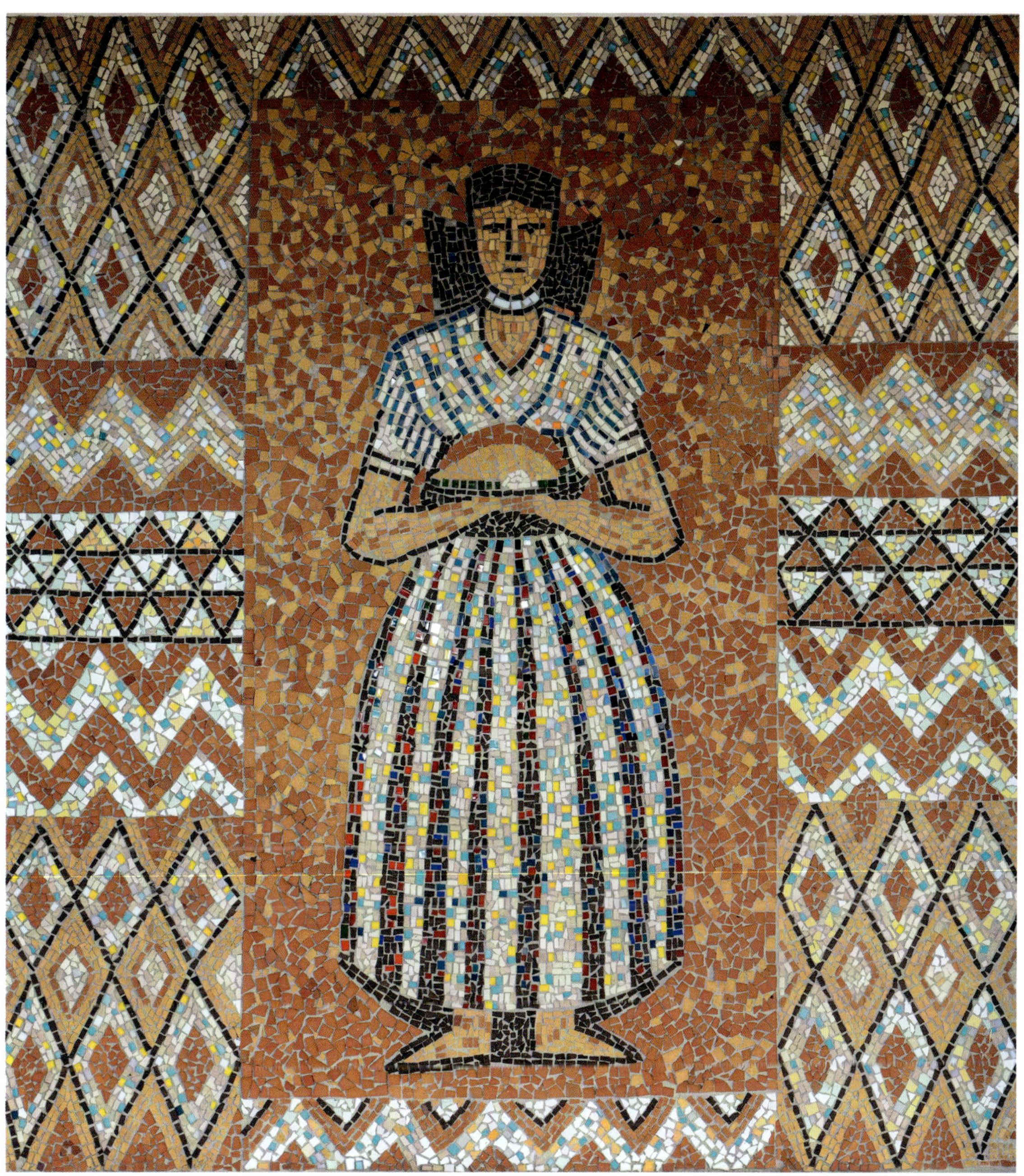

Begrüßungsbrauch
Mosaik, ehemals Wärmegerätewerk Dresden, Werk 4, Piskowitz, VEB Kombinat Ascobloc, Pförtnerhaus, 1974

Nałožk witanja
Mozaik, něhdyši Zawod za ćopłotne nastroje Drježdźany, zawod 4, Pěskecy, Ludowy zawod kombinat Ascobloc, wrotarnja, 1974

Nałog pśiwitanja
Mozaik, něgajšny Zawod za śopłotne rědy w Drježdźanach, zawod 4, Pěskecy, Ludowy zawod kombinat Ascobloc, wrotaŕski dom, 1974

Zwyczaj powitalny
Mozaika, dawna Fabryka Urządzeń Grzewczych w Dreźnie, zakład nr 4, Piskowitz, Kombinat VEB Ascobloc, portiertnia, 1974 r.

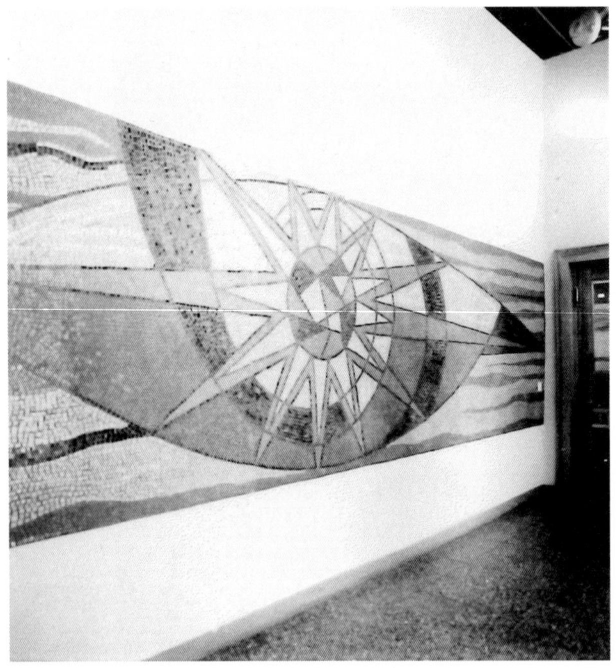

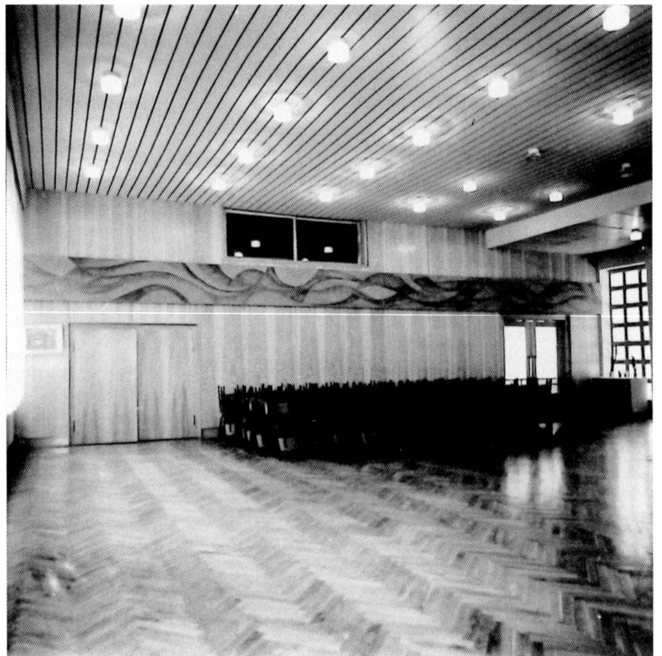

Zwei Wandbilder, Mosaik, Eingangshalle und Saal Haus der Jungen Pioniere, Bautzen, Wallstraße 3, Bautzen, 1976/77
vernichtet, Abriss

Nasćěnowej wobrazaj, mozaik, foyer a žurla Domu młodych pioněrow, Budyšin, Walska čo. 3, Budyšin, 1976/77
zničenej, dom zwottorhany

Dwa sćěnowej wobraza, mozaik, foyer a zal Doma młodych pioněrow, Budyšyn, Walska droga 3, Budyšyn, 1976/77
zniconej, twarjenje wótryte

Dwa malowidła naścienne, mozaika, hol wejściowy i hol Domu Młodych Pionierów, Budziszyn, Wallstrasse 3, Budziszyn, 1976/77 r.
zniszczone, zdemontowane

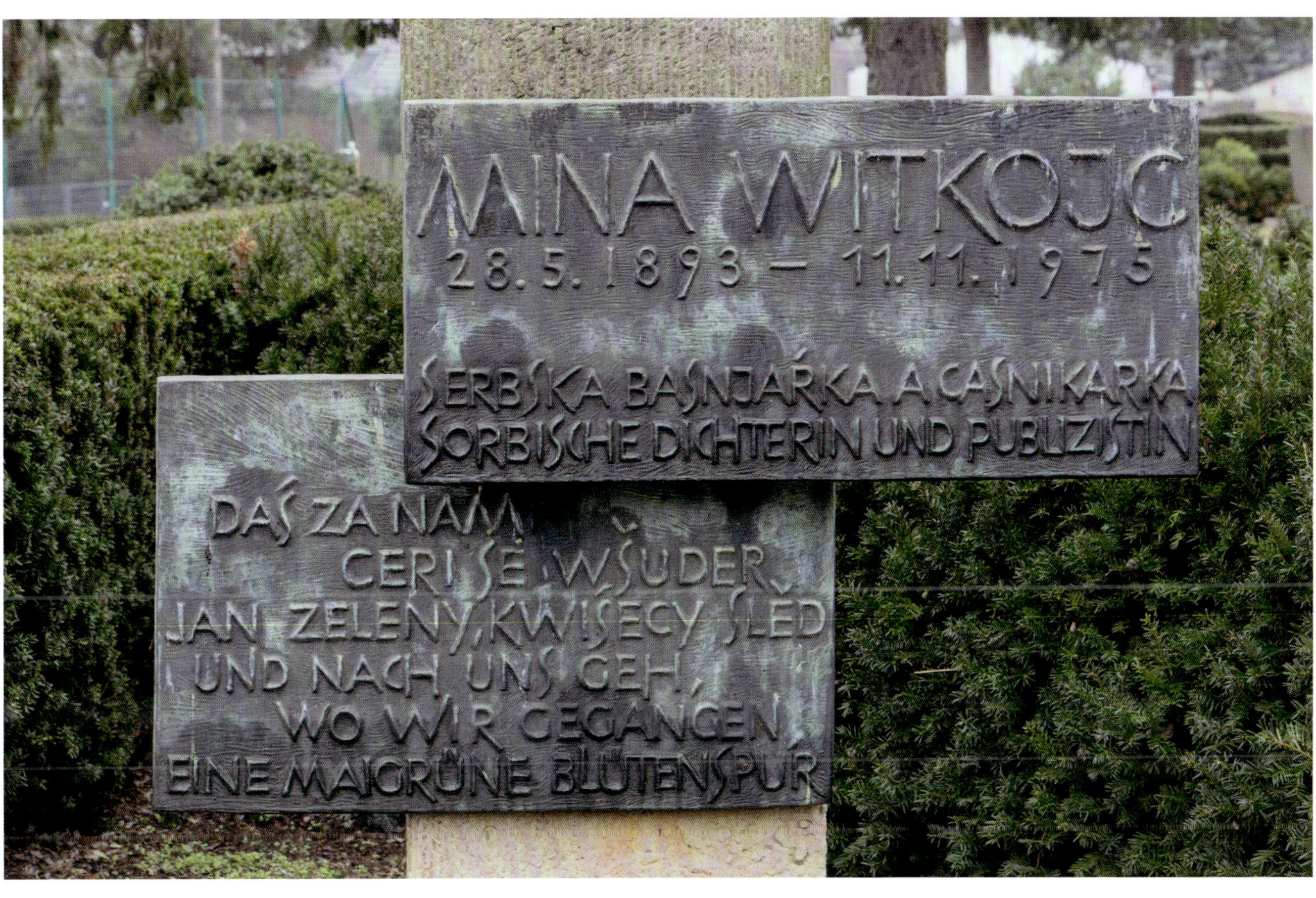

Denkmal für die niedersorbische Dichterin und Publizistin Mina Witkojc, Burg/Spreewald, Friedhof, Gemeinschaftswerk mit dem Bildhauer Jürgen von Woyski, Schrifttafeln, 1978

Pomnik za delnjoserbsku basnicu a publicistku Minu Witkojc, Bórkowy/Błóta, pohrjebnišćo, zhromadnje stworił z rězbarjom Jürgenom von Woyskim, tafli z napisom, 1978

Pomnik za dolnoserbsku basnikaŕku a publicistku Minu Witkojc, Bórkowy/Błota, kjarchob, zgromadnje stwórił z tśasarjom Jürgenom von Woyskim, tofli z napisom, 1978

Pomnik dolnołużyckiej poetki i publicystki Miny Witkojc, Burg/Szprewald, cmentarz, praca wykonana wraz z rzeźbiarzem Jürgenem von Woyskim, tablice z napisem, 1978 r.

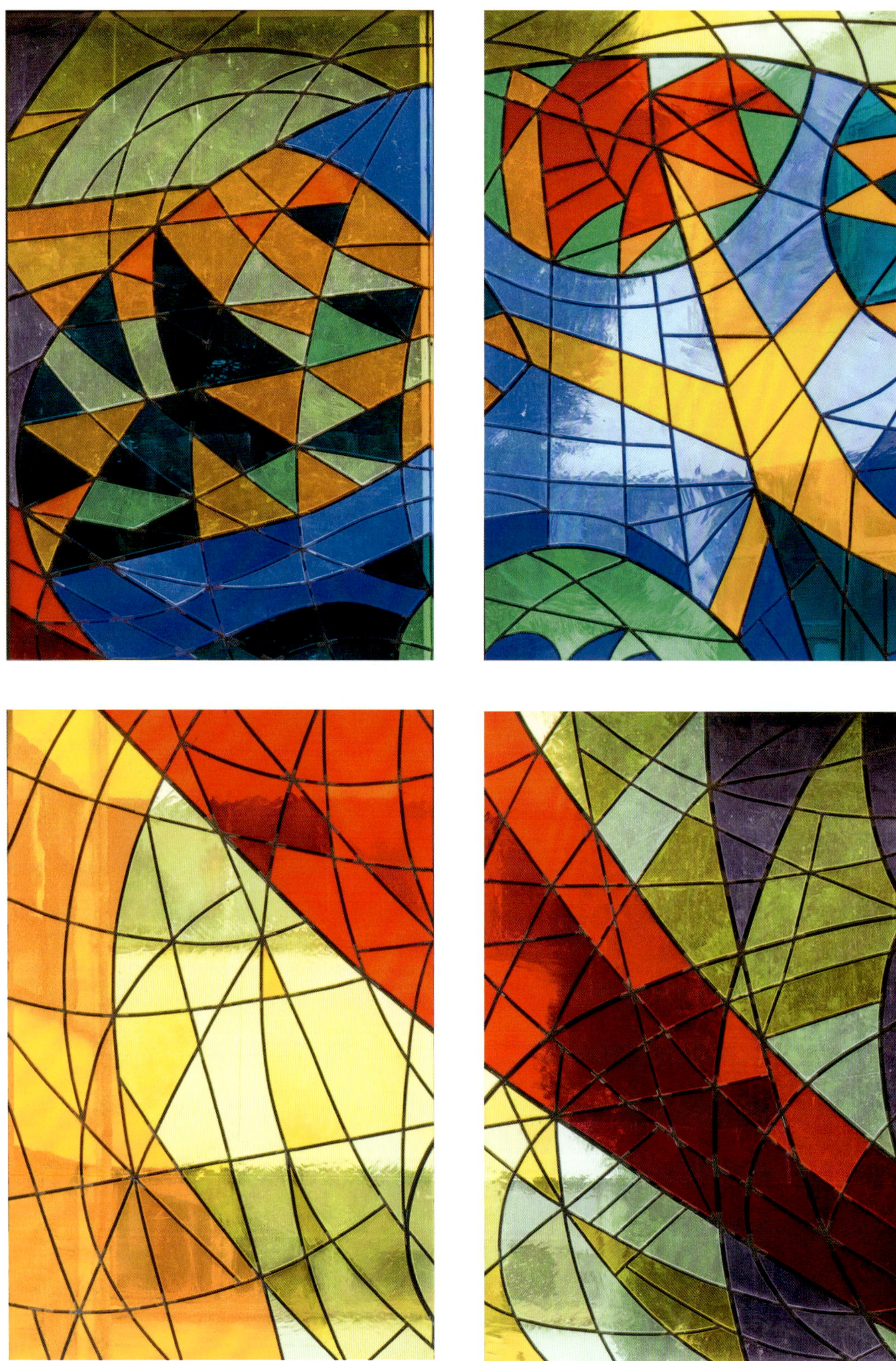

Das Vordringen im Kosmos schafft neue Funktionen zum Werk des Menschen
Glasfenster, ehemals 14. Polytechnische Oberschule Juri Gagarin, Bautzen-Gesundbrunnen, Details, 1978–1983

Zdobywanje kosmosa twori nowe funkcije za skutk čłowjeka
Škleńčane wokno, něhdyša 14. polytechniska wyša šula Jurija Gagarina, Budyšin-Strowotna studnja, detaile, 1978–1983

Zadobywanje do kosmosa twóri nowe funkcije za statki luźa
Głažane wokno, něgajšna 14. polytechniska wuša šula Jurija Gagarina, Budyšyn-Strowotna studnja, detaile, 1978–1983

Dotarcie w kosmos stwarza nowe funkcje dla działań człowieka
Witraż, dawne Technikum nr 14 im. Jurija Gagarina, Budziszyn-Gesundbrunnen, detale, 1978–1983 r.

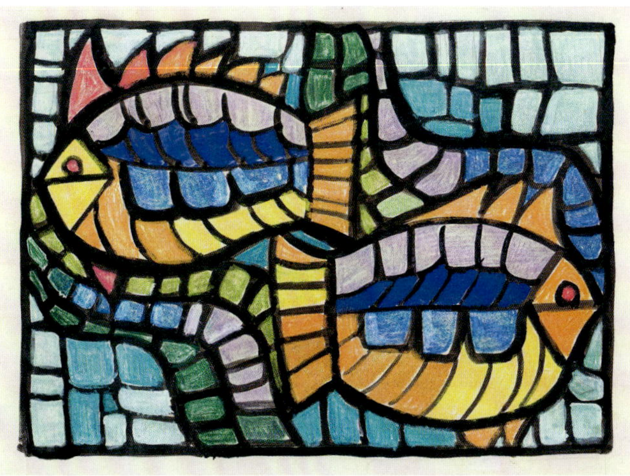

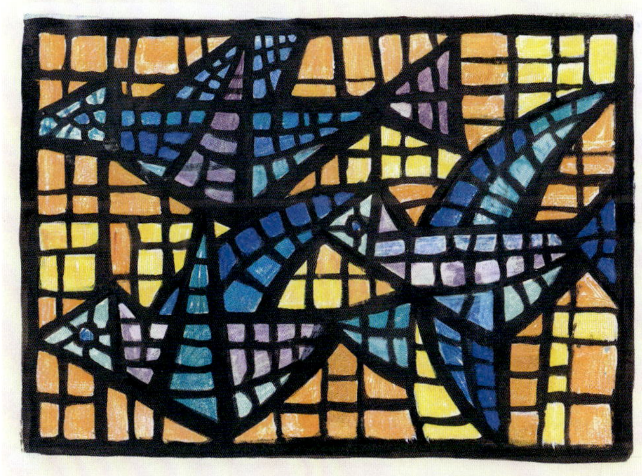

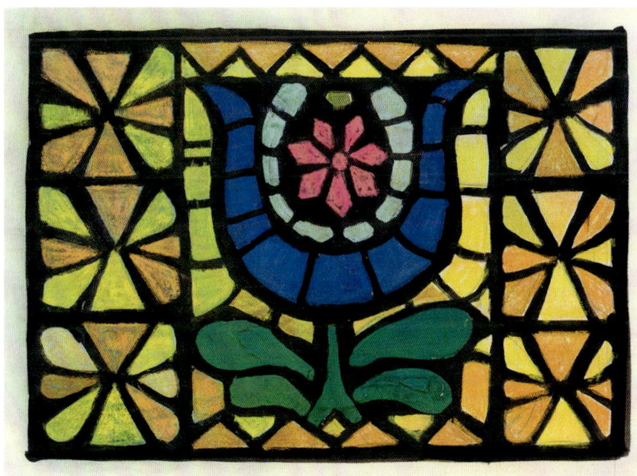

Fische, Vögel, Blume
Entwurfsskizze für Glasmosaik
Sorbisches Leben
o. J., Buntstift und Aquarell auf Papier, 42,0 x 59,0 cm
Privatbesitz

Ryby, ptački, kwětka
Skica naćiska za škleńčany mozaik *Serbske žiwjenje*
bjez lěta, barbjenčk a akwarel na papjerje, 42,0 x 59,0 cm
priwatne wobsydstwo

Ryby, ptaški, kwětk
Skica nacerjenja za głažany mozaik *Serbske žywjenje*
bźez lěta, barwik a akwarel na papjerje, 42,0 x 59,0 cm
priwatne wobsejźeństwo

Ryby, ptaki, kwiat
Projekt mozaiki szklanej
Serbołużyckie życie
brak daty, kredka i akwarela na papierze, 42,0 x 59,0 cm
własność prywatna

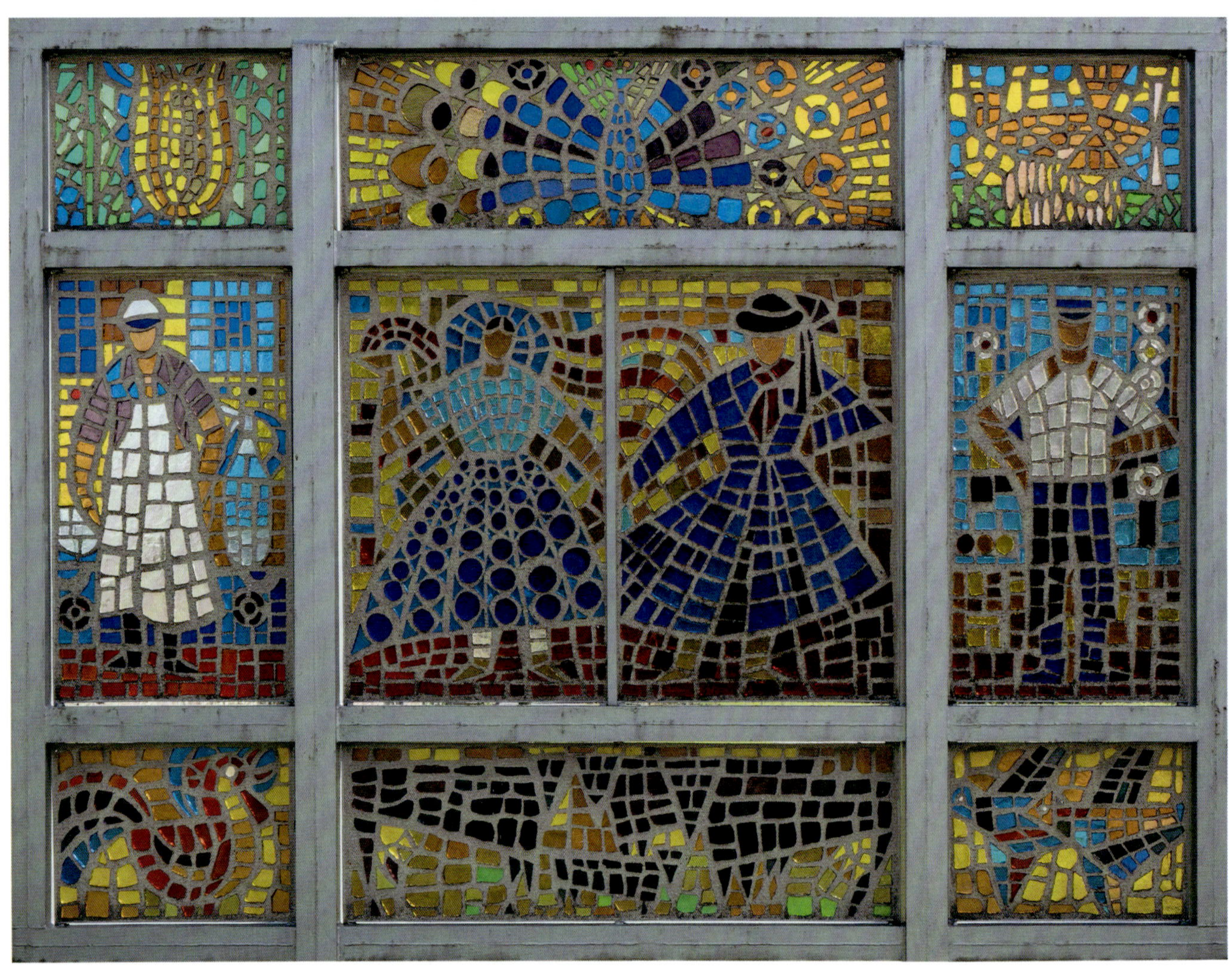

Sorbisches Leben
Glasmosaikbild, ehemals Milchviehanlage Kleinbautzen, heute Malschwitz, Rückseite, 1980

Serbske žiwjenje
Škleńčany mozaikowy wobraz, něhdy při dejnym kombinaće Budyšink, dźensa Malešecy, zadni bok, 1980

Serbske žywjenje
Głažany mozaikowy wobraz, něga pśi dojnem kombinaśe Budyšynk, źinsa Malešecy, slězny bok, 1980

Serbołużyckie życie
Mozaika szklana, dawniej farma mleczna w Kleinbautzen, dziś Malschwitz, widok z tyłu, 1980 r.

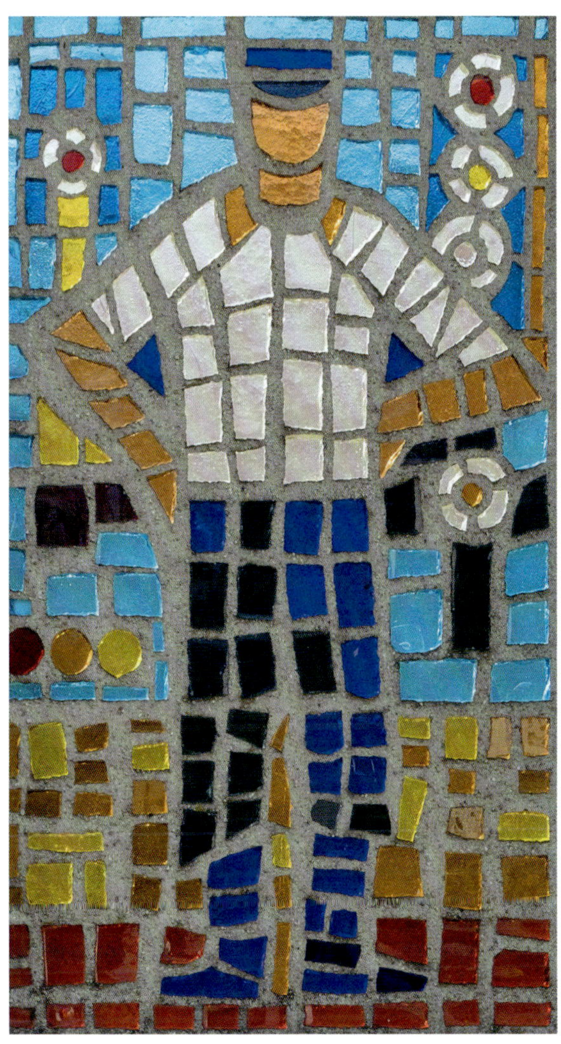

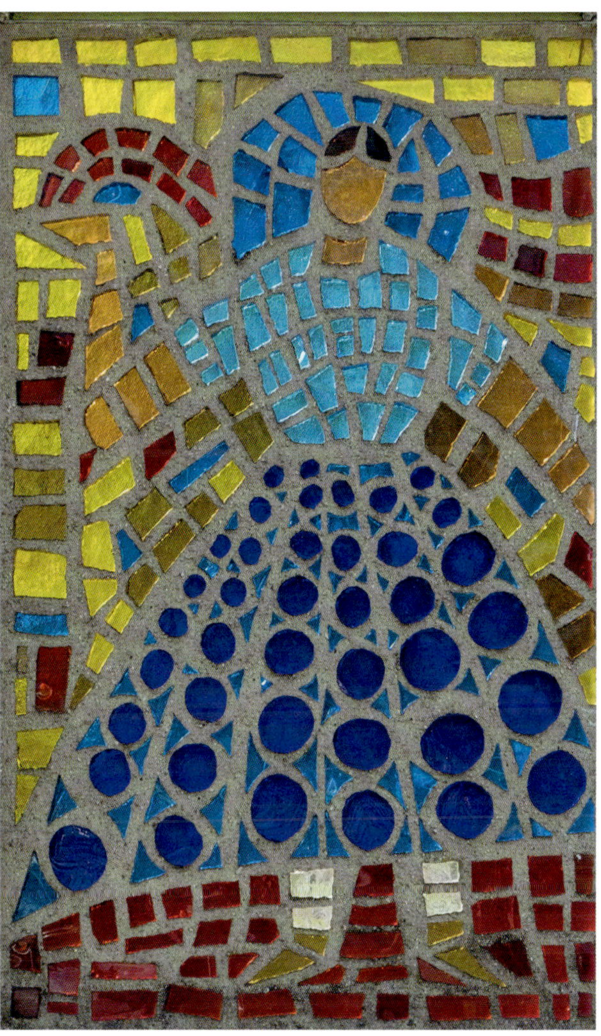

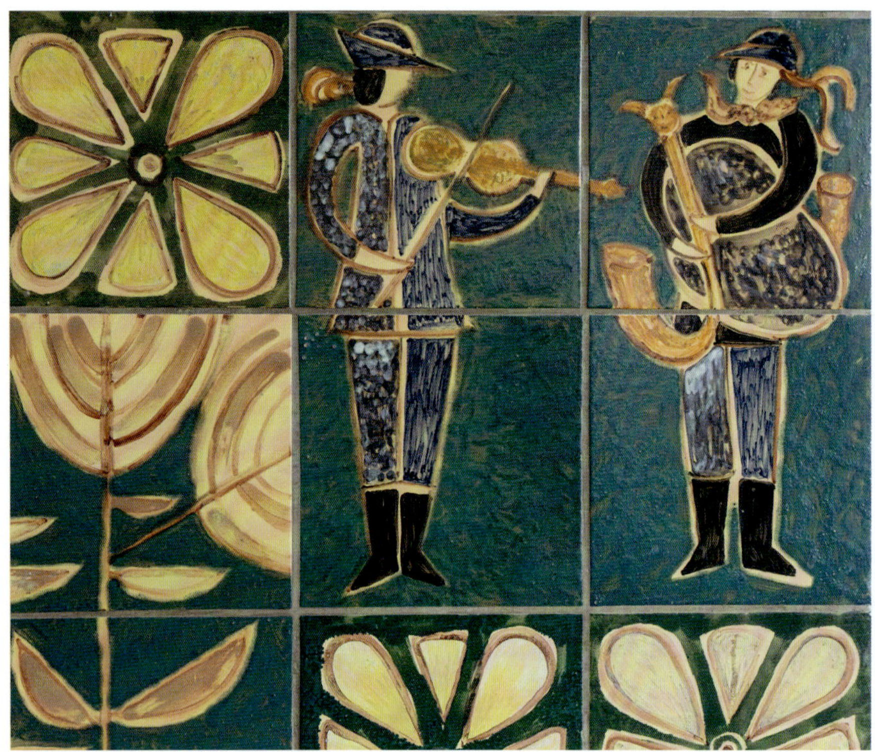

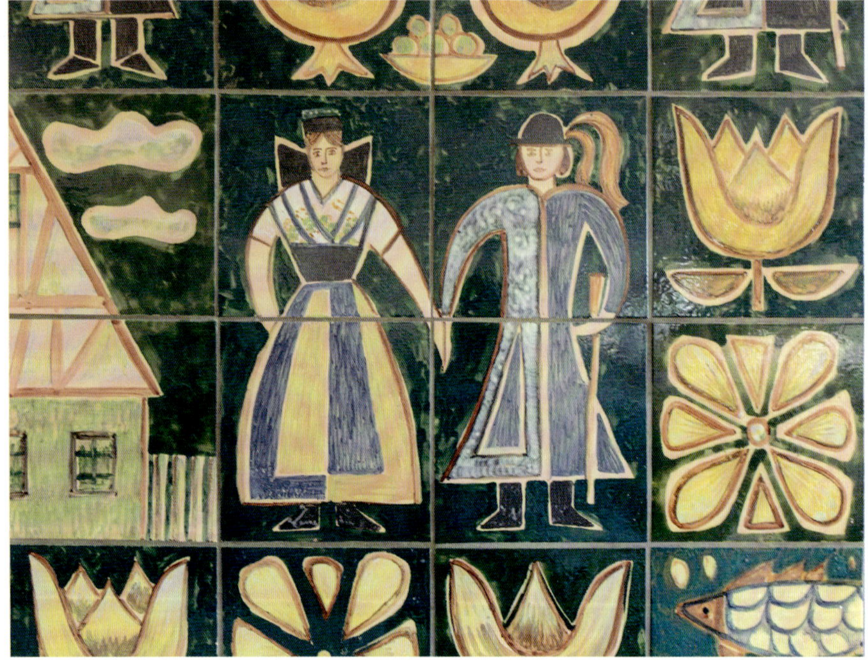

Mensch und Heimat
Keramikbild, ehemals Wärmegerätewerk Dresden, Werk 4, Piskowitz, VEB Kombinat Ascobloc, Sozialgebäude, heute ZIEGLER Metallbearbeitung GmbH, Detail Figurengruppe sorbische Volksmusikanten, 1982

Čłowjek a domizna
Wobraz z keramiki, něhdyši Zawod za ćopłotne nastroje Drježdźany, zawod 4, Pěskecy, Ludowy zawod kombinat Ascobloc, socialne twarjenje, dźensa ZIEGLER wobdźěłanje metala tzwr, detail skupina postawow serbscy ludowi hercy, 1982

Luź a domownja
Wobraz z keramiki, něgajšny Zawod za šopłotne rědy Drježdźany, zawod 4, Pěskecy, Ludowy zawod kombinat Ascobloc, socialne twarjenje, źinsa ZIEGLER wobźěłanje metala tzwr, detail kupka póstawow serbske ludowe gerce, 1982

Człowiek i ojczyzna
Obrazy ceramiczne, dawna Fabryka Urządzeń Grzewczych, zakład 4, Piskowitz, VEB Kombinat Ascobloc, budynek socjalny, obecnie ZIEGLER Metallbearbeitung GmbH, detal Grupa Serbołużyckich Muzykantów Ludowych, 1982 r.

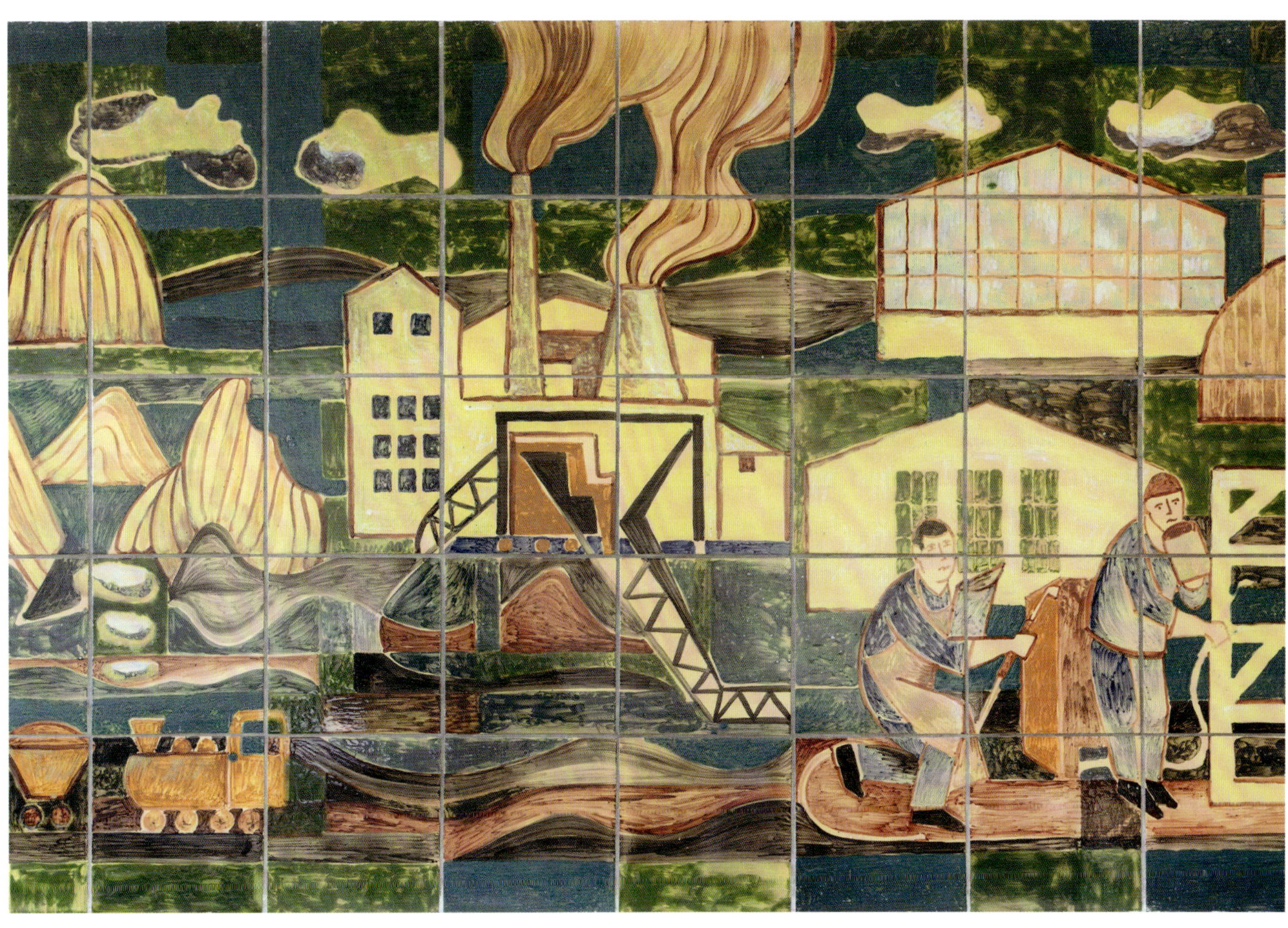

Mensch und Werk
Keramikbild, ehemals Wärmegerätewerk Dresden, Werk 4, Piskowitz, VEB Kombinat Ascobloc, Sozialgebäude, heute ZIEGLER Metallbearbeitung GmbH, 1982

Čłowjek a skutk
Wobraz z keramiki, něhdyši Zawod za ćopłotne nastroje Drježdźany, zawod 4, Pěskecy, Ludowy zawod kombinat Ascobloc, socialne twarjenje, dźensa ZIEGLER wobdźěłanje metala tzwr, 1982

Luź a statk
Wobraz z keramiki, něgajšny Zawod za šopłotne rědy Drježdźany, zawod 4, Pěskecy, Ludowy zawod kombinat Ascobloc, socialne twarjenje, źinsa ZIEGLER wobźěłanje metala tzwr, 1982

Człowiek i praca
Obrazy ceramiczne, dawna Fabryka Urządzeń Grzewczych, zakład 4, Piskowitz, VEB Kombinat Ascobloc, budynek socjalny, obecnie ZIEGLER Metallbearbeitung GmbH, 1982 r.

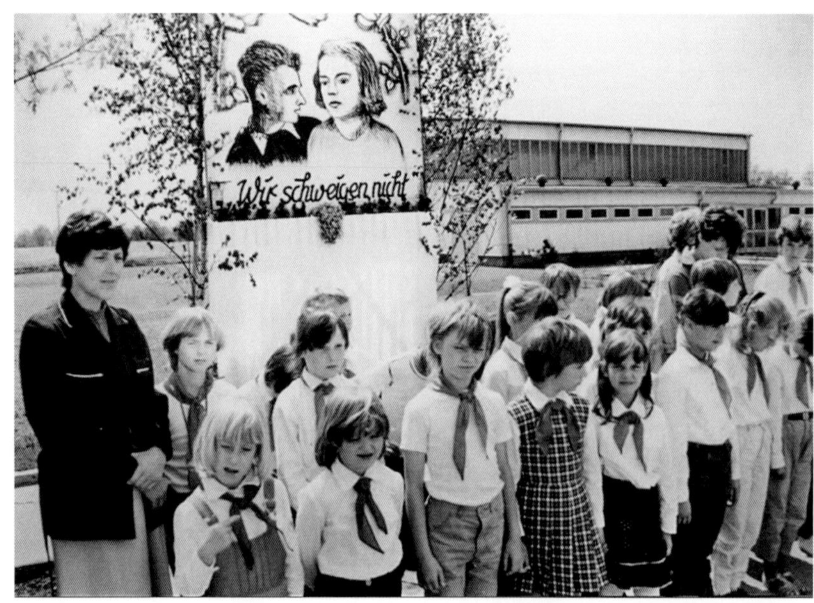

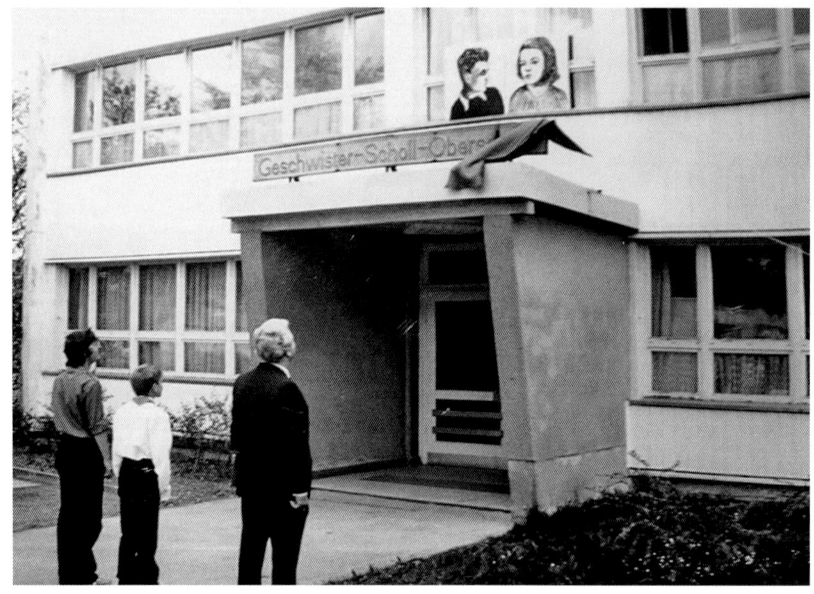

Jugend-Sozialismus
Sgraffito, ehemals Polytechnische Oberschule Geschwister Scholl, Weißenberg, 1983 vernichtet, Abriss 2011

Młodźina-socializm
Sgrafito, něhdyša Polytechniska wyša šula Bratr a sotra Schollec, Wóspork, 1983 zničene, dom 2011 zwottorhany

Młodosć-socializm
Sgrafito, něgajšna Polytechniska wuša šula Schollojc bratša ze sotšu, Wóspork, 1983 znicone, wótryte 2011

Młodość-socjalizm
Sgraffito, dawniej szkoła średnia im. Rodzeństwa Scholl, Weißenberg, zniszczone w 1983 r., zdemontowane w 2011 r.

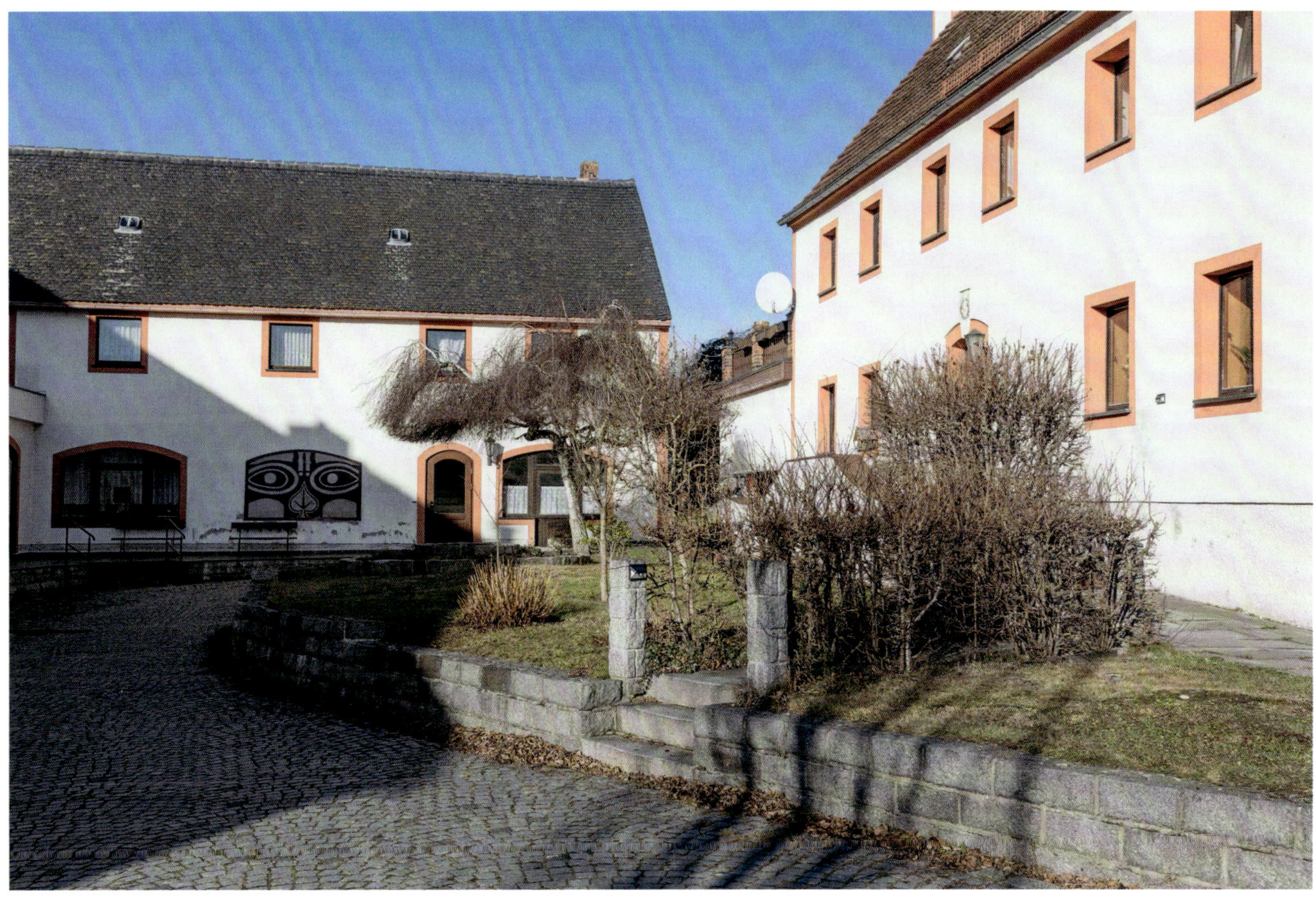

Sgraffito am Pfarrgemeindehaus Bjesada der katholischen Pfarrgemeinde St. Martin in Nebelschütz, 1988

Sgrafito na wosadnicy Bjesada katolskeje wosady swj. Měrćina w Njebjelčicach, 1988

Sgrafito na wósadnem domje Bjesada katolskeje wósady sw. Mjertyna w Njebjelčicach, 1988

Sgraffito na ścianie zewnętrznej sali parafialnej Bjesada katolickiej parafii św. Marcina w Nebelschütz, 1988 r.

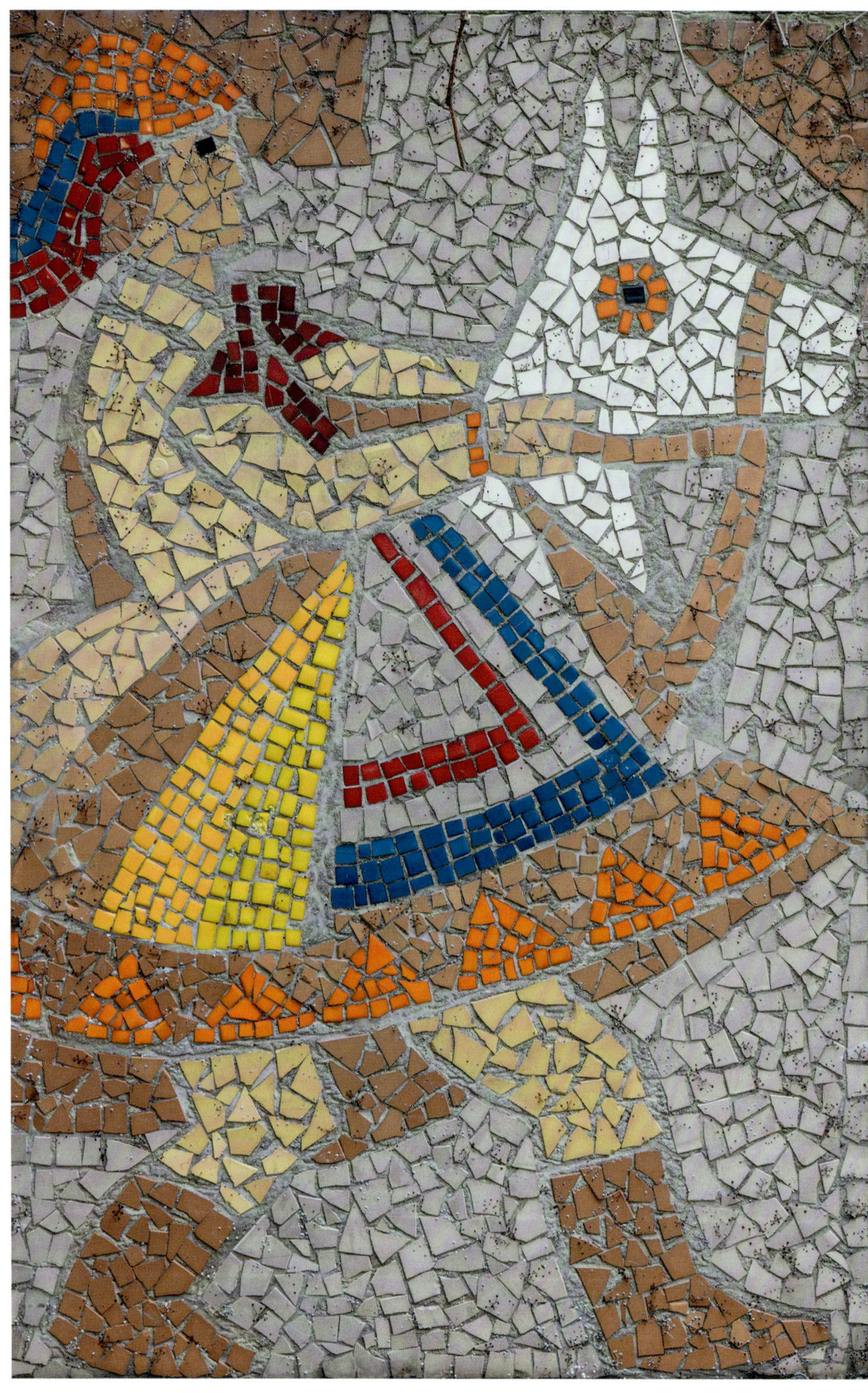

Schimmelreiter
Detail der Wandgestaltung, Cottbus, Rathausgasse, 1986

Jěchar na šumjelu
Detail wuhotowanja murje, Choćebuz, Radniska hasa, 1986

Rejtaŕ na šumjelu
Detail sćěnoweje twórby, Chóśebuz, Radniska gasa, 1986

Jeździec na białym koniu
Detal dekoracji naściennej, Chociebuż, Rathausgasse, 1986 r.

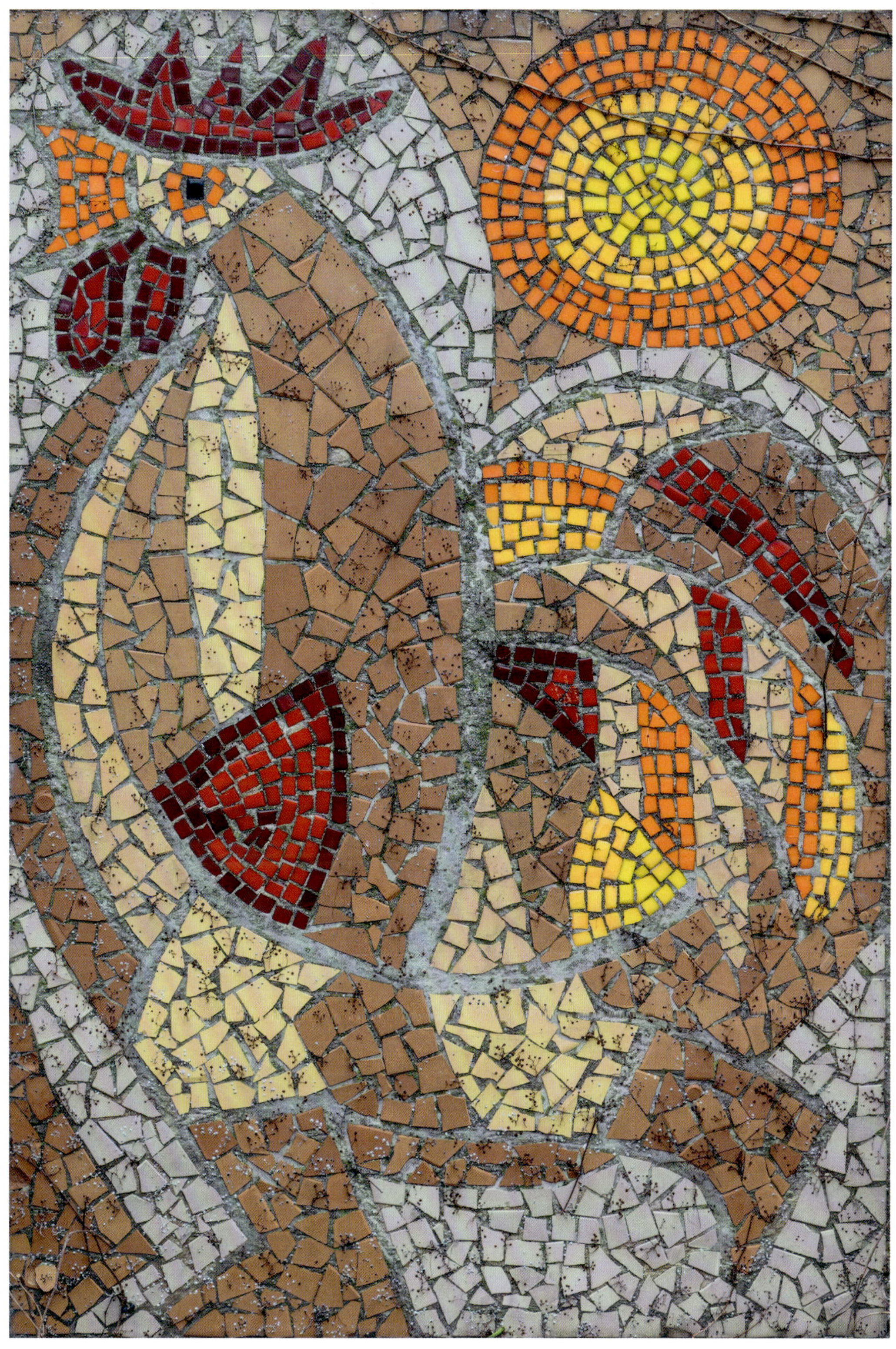

Hahn
Detail der Wandgestaltung,
Cottbus, Rathausgasse,
1986

Honač
Detail wuhotowanja murje,
Choćebuz, Radniska hasa,
1986

Kokot
Detail sćěnoweje twórby,
Chóśebuz, Radniska gasa,
1986

Kogut
Detal dekoracji naściennej,
Chociebuż, Rathausgasse,
1986 r.

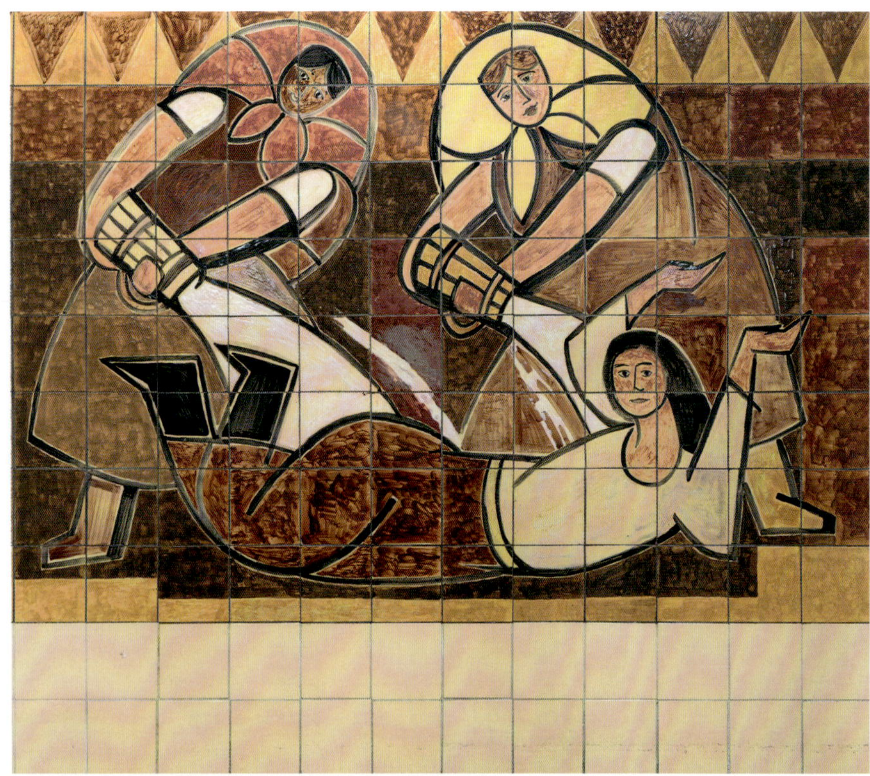

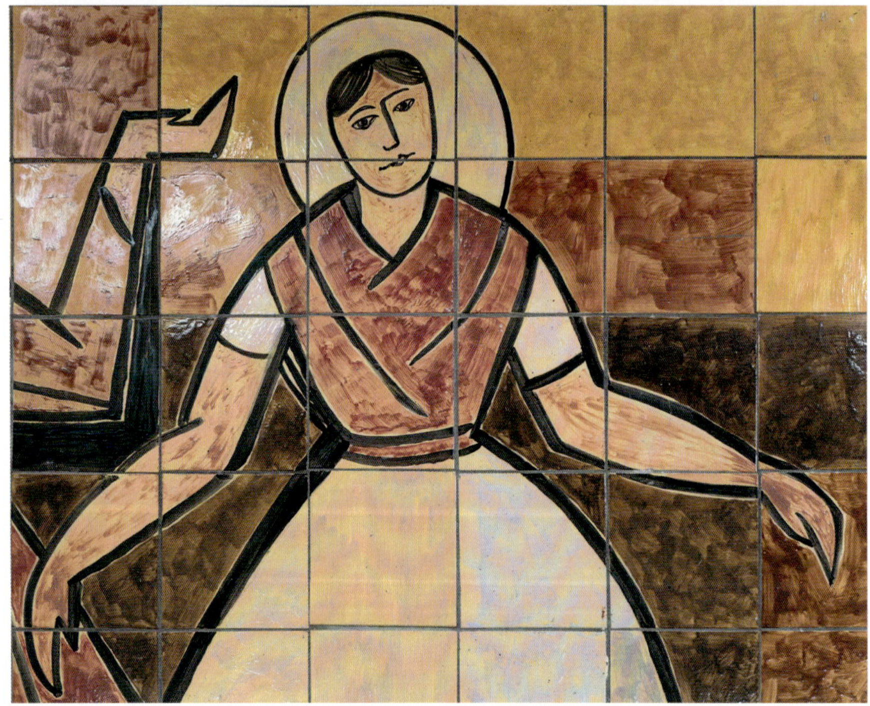

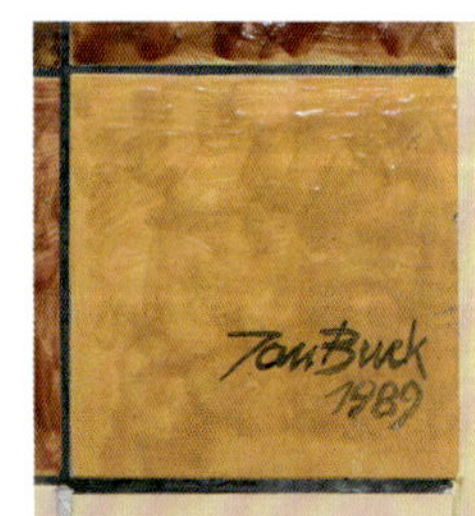

Frieden
Wandbild, Konzert- und Ballhaus, Hochkirch, Detail, 1989

Měr
Nasćěnowy wobraz, Koncertny a balowy dom, Bukecy, detail, 1989

Měr
Sćěnowy wobraz, Koncertny a balowy dom, Bukecy, detail, 1989

Pokój
Malowidło naścienne, Dom Koncertowo-Balowy, Hochkirch, detal, 1989 r.

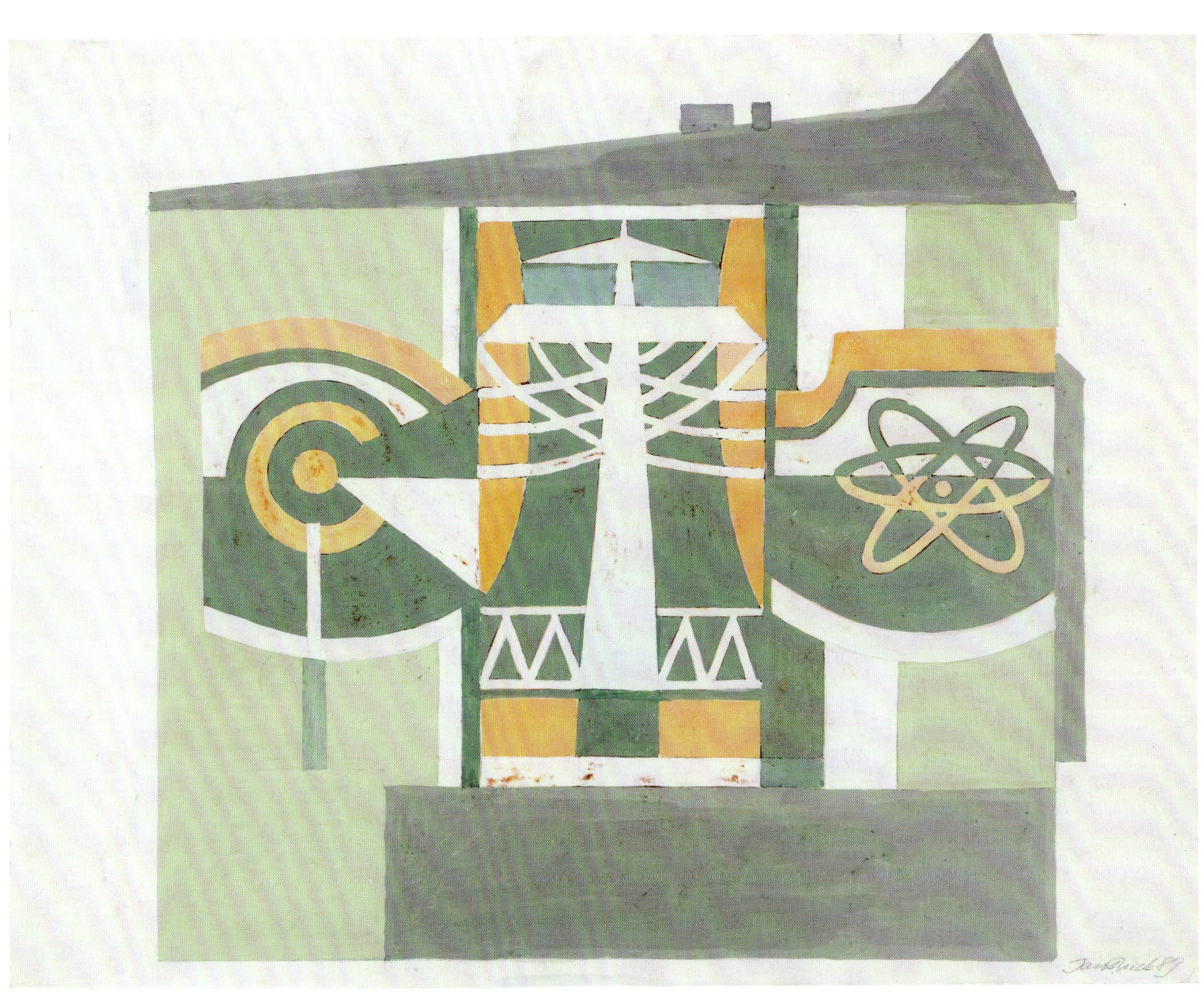

Entwurf für eine dekorative Wandgestaltung des Nordgiebels für das Wohngebäude Bautzener Straße 66–67 in Weißwasser (nicht realisiert), 1989, Tempera auf Papier, 50,0×65,0 cm
Privatbesitz

Naćisk za dekoratiwne wuhotowanje sewjernych swislow bydlenskeho domu na Budyskej čo. 66–67 w Bělej Wodźe (njebu realizowany), 1989, tempera na papjerje, 50,0×65,0 cm
priwatne wobsydstwo

Nacerjenje za wugótowanje pódpołnocnego pókóńca bydleńskego doma w Bělej Wóźe na Budyšyńskej droze nr. 66–67 (njebu zrealizěrowane), 1989, tempera na papjerje, 50,0×65,0 cm
priwatne wobsejźeństwo

Projekt dekoracji szczytu budynku mieszkalnego na północnej stronie budynku przy Bautzener Straße 66–67 w Weißwasser (niezrealizowany), 1989 r., tempera na papierze, 50,0×65,0 cm
własność prywatna

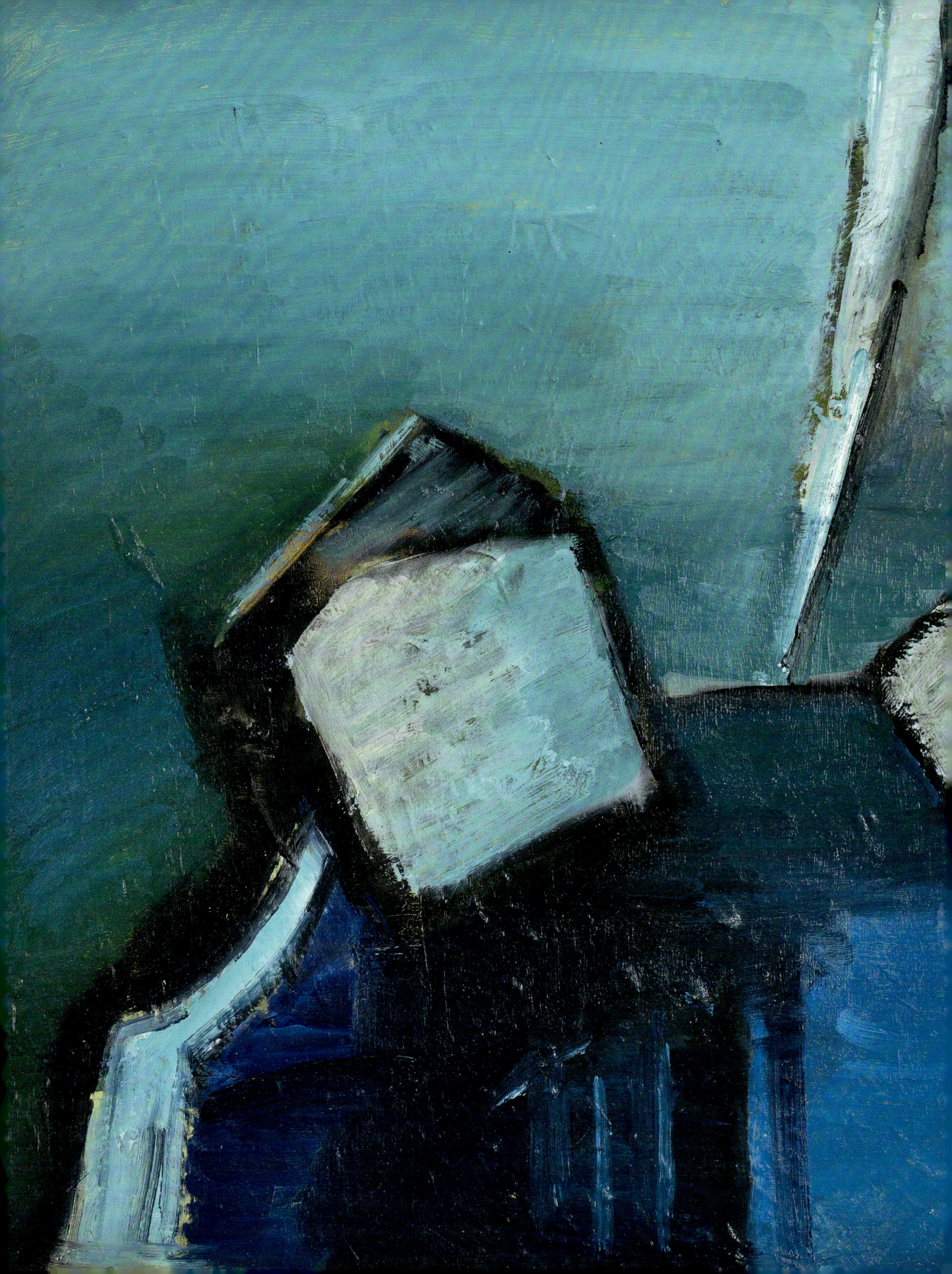

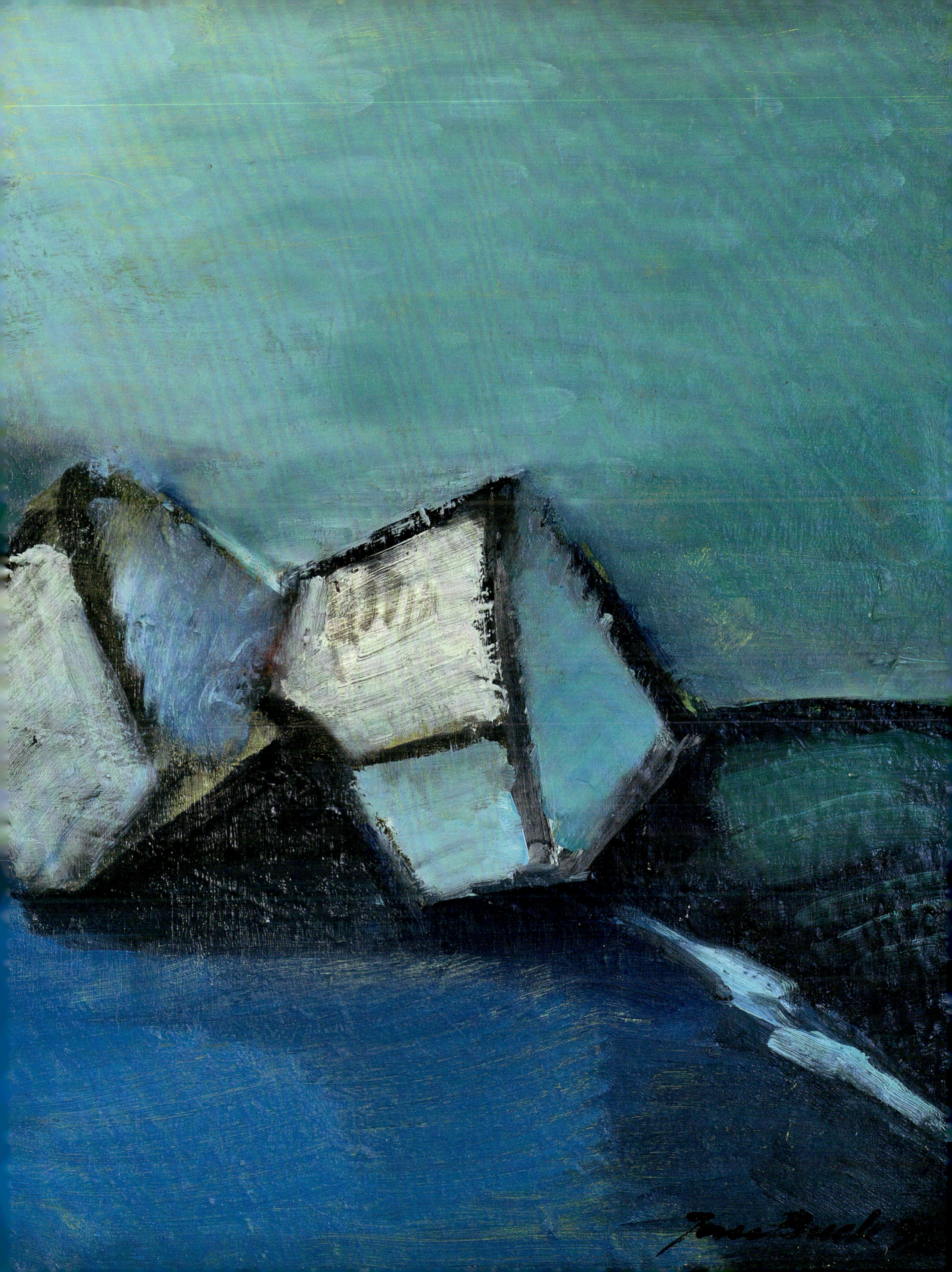

Biografie

1922 – am 2. August als Johann Michael Buck in Nebelschütz geboren; drittes Kind des Ziegeleiarbeiters und Färbers Johann Buck und dessen Ehefrau Anna, geb. Woch; sein Bruder Georg wurde 1914 und seine Schwester Agnes 1916 geboren

1929–1937 – Besuch der Volksschule in Nebelschütz

1937–1940 – Lehre zum Dekorationsmaler, bis September 1939 bei Malermeister Paul Petraschke, danach bei Malermeister Bruno Ballack in Kamenz

1940 – Ablegen der Gesellenprüfung am 15. März als bester Lehrling; Arbeit als Dekorationsmaler

1941 – Einzug zum Arbeitsdienst, verantwortlich für Versorgung und Wegebau

1942 – im Februar Einberufungsbefehl zur Deutschen Kriegsmarine

1944 – am 10. März fällt sein Bruder Georg an der russischen Front

1945 – am 30. September in Flensburg aus der britischen Kriegsgefangenschaft entlassen; Arbeit in der Landwirtschaft in Schleswig-Holstein; im November Rückkehr nach Nebelschütz

1945–1947 – Arbeit als Dekorationsmaler in der näheren Umgebung von Nebelschütz

1947 – von März bis Oktober Volontär in der grafischen Abteilung der Domowina in Bautzen; Aufnahme am Staatlichen Gymnasium für Bildende Künste (Państwowe Liceum Sztuk Plastyznych) in Wrocław (Breslau) durch Vermittlung der Domowina; sein wichtigster Lehrer wird hier Stanisław Kopystyński

1949 – Abitur; am 30. November Immatrikulation an der Staatlichen Hochschule für Bildende Künste (Państwowa Wyższa Szkoła Sztuk Plastycznych) in Wrocław, studiert bei Emil Krcha, Hanna Krzetuska-Geppert, Halina Jastrzębowska und Antoni Mehl

1950 – am 4. Oktober Immatrikulation an der Hochschule für Bildende Künste Dresden, studiert bei Rudolf Bergander und Fritz Dähn in der Klasse für Malerei; die Umschreibung erfolgte auf Verlangen des Sorbischen Volksbildungsamtes

1953 – Abschluss des Studiums mit Diplom; Rückkehr nach Nebelschütz; Umzug nach Bautzen, erste Wohnung auf der Dr.-Peter-Jordan-Straße 18; Beitritt zum Arbeitskreis sorbischer bildender Künstler

1953–1956 – Arbeit als freischaffender Künstler in Bautzen, erste Entwicklungsaufträge

1954 – am 9. November Heirat mit Antonia Röschke aus Nebelschütz; Beginn der Tätigkeit als Leiter laienkünstlerischer Zirkel, was er bis in die 1990er Jahre beibehält

1955 – Umzug in eine größere Wohnung in der Martin-Hoop-Straße 3, wo er mit seiner Familie bis 1996 lebt; Aufnahmegesuch als sorbischer Nachwuchskünstler beim Verband Bildender Künstler (VBKD), der Antrag wird abgelehnt

1956 – Eintritt in den Schuldienst als Kunsterzieher

1957 – Sohn Peter wird geboren

1957–1962 – Fernstudium an der Karl-Marx-Universität in Leipzig im Fachbereich Kunsterziehung; 1962 Abschluss der pädagogischen Grundausbildung am Pädagogischen Institut Karl Friedrich Wilhelm Wander in Dresden

1958 – ab diesem Jahr Teilnahme an allen wichtigen Ausstellungen des Kreises sorbischer bildender Künstler in der Region sowie im In- und Ausland, auch an den Ausstellungen anlässlich der Festivals der sorbischen Kultur von 1968 bis 1989

1959 – erhält gemeinsam mit seinen Künstlerkollegen des Arbeitskreises sorbischer bildender Künstler Horst Schlossar (Horst Šlosar), Wilhelm Schieber (Wylem Šybař), Otto Garten (Ota Garten), Martin Nowak-Neumann (Měrćin Nowak-Njechorński) und Fritz Kittler (Fryco Kitlař) den staatlichen Ćišinski-Preis II. Klasse

1960 – reist mit dem Arbeitskreis sorbischer bildender Künstler zum ersten Mal nach Moskau und Leningrad, weitere Studienreisen in die Sowjetunion folgen; ehrenamtliche Tätigkeit als Leitungsmitglied beim Kulturbund in der Kreisleitung Bautzen

1961 – Aufnahme als Kandidat in den Verband Bildender Künstler der DDR; Studienreise nach Varna und Baltschik in Bulgarien

1963 – Studienreise nach Polen, Besuch von Kraków (Krakau) und des Industriezentrums Nowa Huta, Wiedersehen mit seinem ehemaligen Wrocławer Mitstudenten, dem Maler Jozef Sumera, dem weitere gegenseitige Besuche folgen

1964 – erstmals Beteiligung an der Bezirkskunstausstellung Dresden, danach regelmäßige Teilnahme; Berufung in die Jury der Bezirkskunstausstellung

1965 – erste baugebundene Arbeit, ein dreiteiliges Mosaikbild am südlichen Gebäude des Ensemles für sorbische Volkskultur (heute Sorbisches National-Ensemble); bis 1990 folgen weitere baugebundene Werke an Schulen, kulturellen Einrichtungen und Wohnhäusern

1966 – am 25. November Aufnahme in den Verband Bildender Künstler der DDR

1967 – mit dem Werk *Korb mit Früchten* (1967, Öl auf Leinwand) auf der VI. Kunstausstellung der DDR im Dresdener Albertinum vertreten; bis 1987 Beteiligung an allen weiteren Kunstausstellungen der DDR; Studienaufenthalt an der Ostseeküste in Prerow, dem weitere auf dem Darß bis in die 2000er Jahre folgen

1968 – Berufung in den Bezirksvorstand des Verbandes Bildender Künstler Dresden

1968–1969 – Arbeit am Denkmal für den sorbischen Dichter Jakub Bart-Ćišinski gemeinsam mit dem polnischen Bildhauer und ehemaligen Mitstudenten Władysław Tumkiewicz aus Wrocław, feierliche Einweihung des Werkes am 19. Oktober 1969 in Ostro

Abb. 1 Elternhaus in Nebelschütz, zwischen 1935 und 1940

wobr. 1 Ródny dom w Njebjelčicach, mjez 1935 a 1940

wobr. 1 Starjejšyński dom w Njebjelčicach, mjazy 1935 a 1940

il. 1 Dom rodzinny w Nebelschütz, między 1935 i 1940 r.

Abb. 2 Anna und Johann Buck vor der Nebelschützer Kirche, zwischen 1935 und 1940

wobr. 2 Hana a Jan Buk před Njebjelčanskej cyrkwju, mjez 1935 a 1940

wobr. 2 Anna a Jan Buk pśed Njebjelčańskeju cerkwju, mjazy 1935 a 1940

il. 2 Anna i Johann Buck przed kościołem w Nebelschütz, między 1935 i 1940 r.

Abb. 3 Mit Bruder Georg (rechts), 1932

wobr. 3 Z bratrom Jurjom (naprawo), 1932

wobr. 3 Z bratšom Jurjom (napšawo), 1932

il. 3 Z bratem Georgiem (po prawej), 1932 r.

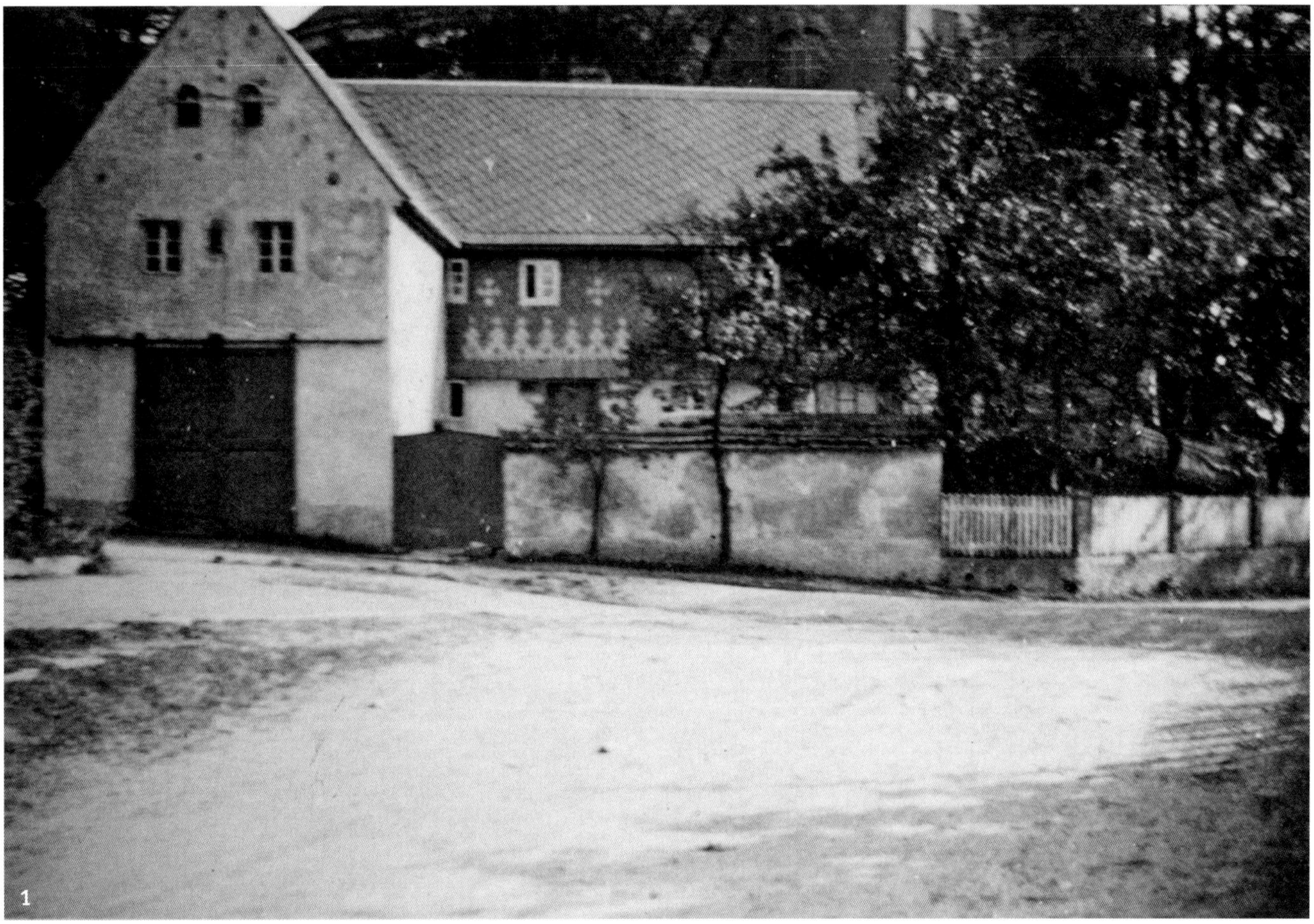

1

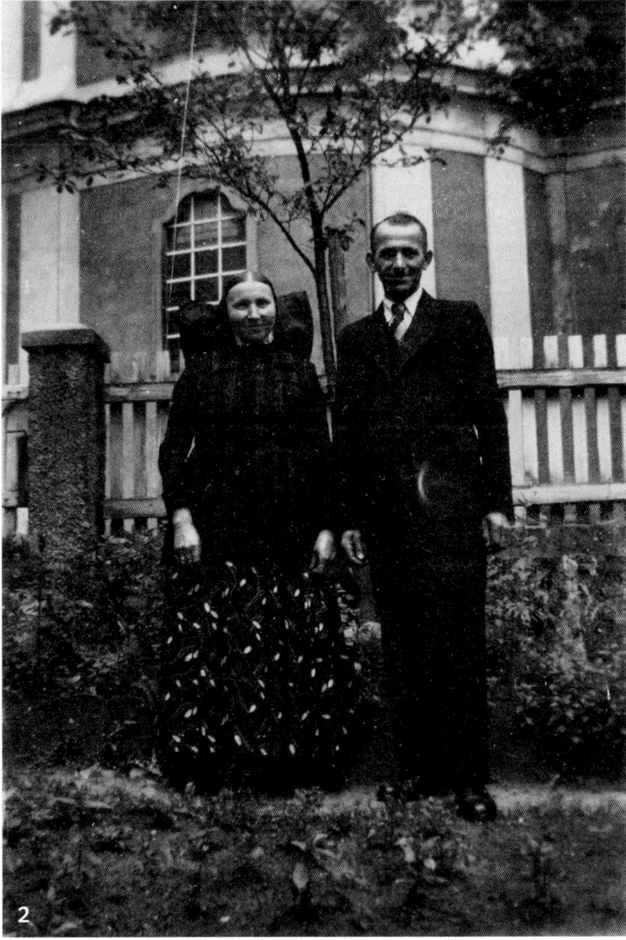

2

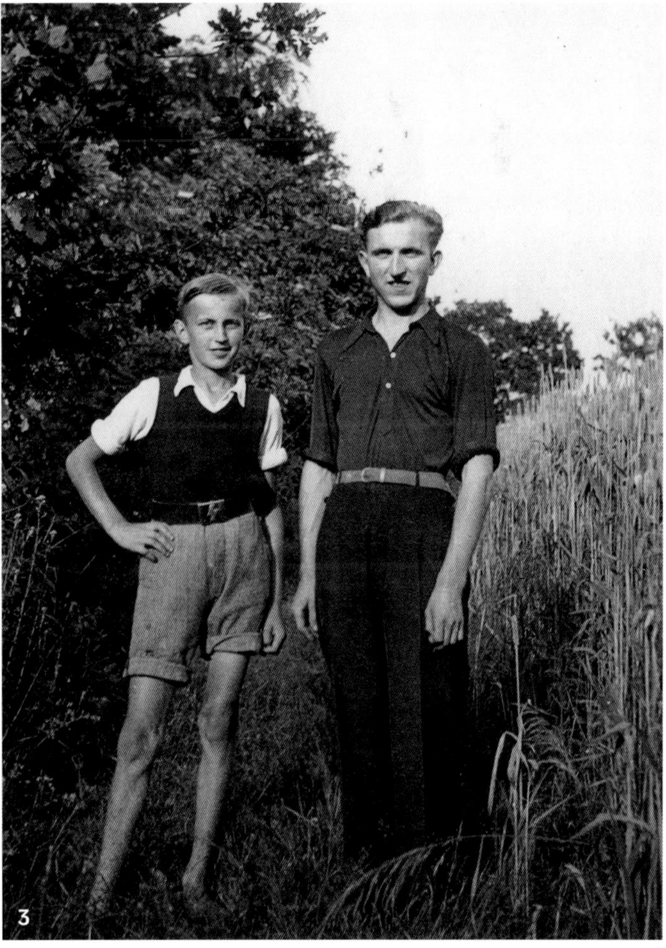

3

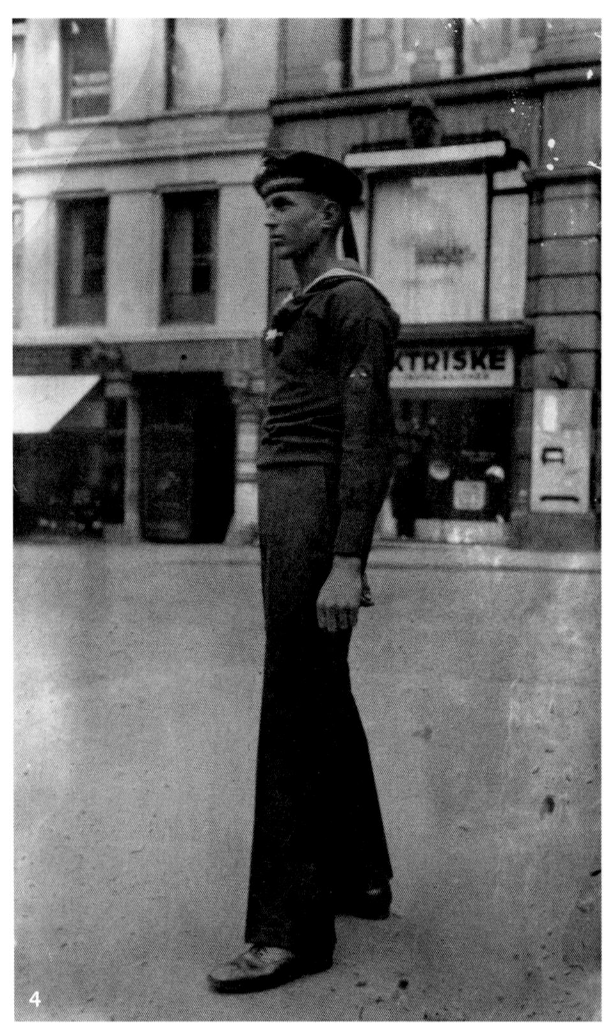

4

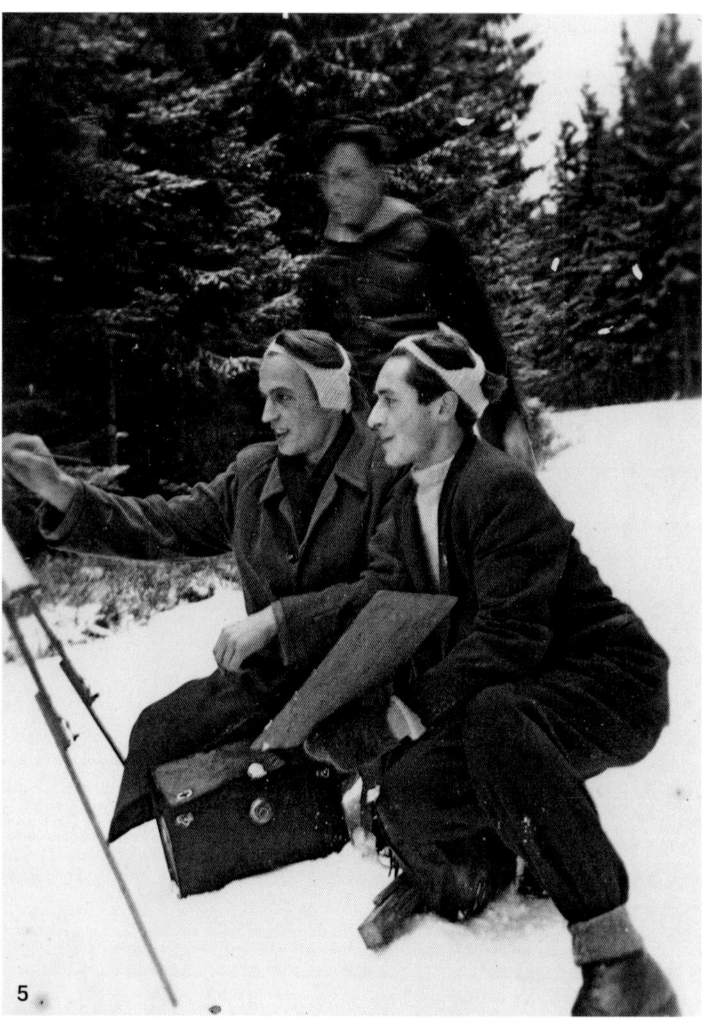

5

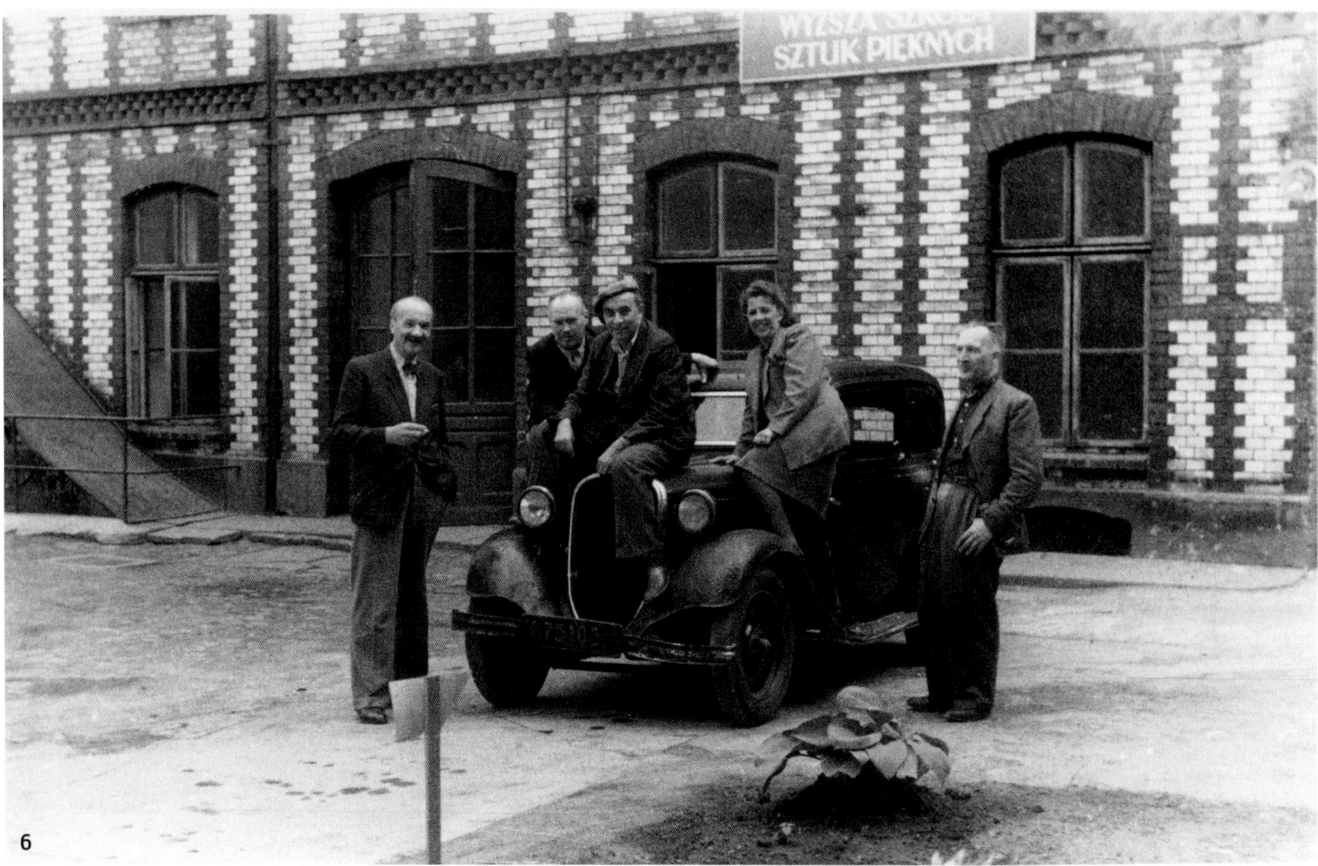

6

1969 – Erwerb des Gemäldes *Stillleben* (1969, Öl auf Leinwand) durch die Galerie Junge Kunst in Frankfurt/Oder, die einen repräsentativen Querschnitt der bedeutendsten Gegenwartskünstlerinnen und -künstler der DDR zeigt

1970 – Kunstpreis der Domowina I. Grades für sein Werk *Mähdrescher E 512 im Einsatz* (1969, Öl auf Leinwand); erste Personalausstellung in den Städtischen Kunstsammlungen Görlitz; Teilnahme am Internationalen Pleinair in Szczecin (Stettin) auf Einladung des Verbandes polnischer bildender Künstler des Bezirkes Szczecin, das Nationalmuseum in Stettin (Muzeum Narodowe w Szczecinie) übernimmt im Anschluss das Werk *Werft* (1970, Öl auf Leinwand)

1973 – Mitglied im Bezirksvorstand des Verbandes Bildender Künstler der DDR, Bezirk Dresden; Studienaufenthalt in Usbekistan

1974 – Teilnahme an der Internationalen Künstlerkolonie in Hajduság in Ungarn auf Einladung des Verbandes bildender Künstler Ungarns, es entstehen fünf Arbeiten in Öl; Entstehung seines Werkes *Meine Mutter* (Öl auf Leinwand)

1976 – Ausscheiden aus dem Schuldienst, fortan Arbeit als freischaffender Künstler

1976–1996 – Leiter des Abendstudiums der Hochschule für Bildende Künste Dresden, Außenstelle Bautzen, Lehrtätigkeit im Fachbereich Malerei

1977–1987 – Mitglied der Zentralen Arbeitsgruppe Volksbildung beim Verband der Bildenden Künstler der DDR

1978 – Gestaltung des Grabmals für die niedersorbische Dichterin Mina Witkojc in Burg/Spreewald gemeinsam mit dem Bildhauer Jürgen von Woyski im Auftrag des Bundesvorstandes der Domowina; Entstehung seines Werkes *Der Besuch* (Öl auf Leinwand), das 1982 von den Staatlichen Kunstsammlungen Dresden erworben wird; erste Teilnahme am Internationalen Energie-Pleinair in Cottbus, das er in den folgenden zehn Jahren regelmäßig besucht

1979 – beginnt mit der Porträtierung niedersorbischer Dörfer, die dem Braunkohletagebau weichen müssen, es entsteht die Serie *Devastierte Dörfer*

1981 – Teilnahme am Internationalen Pleinar in Stražica in Bulgarien, es entstehen drei Arbeiten in Öl und 15 Aquarelle

1982 – vom 26. Juni bis zum 8. August wird die bisher repräsentativste und umfassendste Personalausstellung des Künstlers im Pretiosensaal des Dresdener Residenzschlosses gezeigt

1985 – Teilnahme am Internationalen Pleinar in Smoljan in Bulgarien, es entstehen drei Ölbilder und vierzig Aquarelle

1986 – am 24. August Auszeichnung mit dem höchsten Staatspreis im Bereich der sorbischen Kultur und Kunst, dem Ćišinski-Preis

1988 – Studienaufenthalt in Paris im Zusammenhang mit der Ausstellung *Die Sorben in der DDR*, in der Buck mit fünf Arbeiten vertreten ist; 1990 erneute Studienreise nach Paris

1991 – wird Mitglied des sorbischen Künstlerbundes

1994 – Studienaufenthalt in Stenico in Italien gemeinsam mit der sorbischen Grafikerin und Malerin Božena Nawka-Kunysz; Auszeichnung mit dem Bautzener Kunstpreis

1995 – Erhalt des Kunstpreises der Oberlausitz

1996 – Umzug in sein Elternhaus nach Nebelschütz

2003 – Auftakt einer Serie von Ausstellungen in Polen im Nationalmuseum in Stettin (Muzeum Narodowe w Szczecinie); es folgen 2004 die Ausstellungen im Museum des Oppelner Schlesiens (Muzeum Śląska Opolskiego w Opolu) und im Museum der Schlesischen Piasten in Brieg (Muzeum Piastów Śląskich w Brzegu) sowie 2005 im Gerhart-Hauptmann-Haus in Hirschberg/Agnetendorf (Muzeum Miejskie »Dom Gerharta Hauptmanna«)

2007 – Verleihung der Ehrenbürgerschaft der Stadt Bautzen

2008 – am 16. Februar stirbt seine Ehefrau Antonia

2011 – Verleihung des Preises der Europäischen Union für Kunst für sein künstlerisches Lebenswerk

2012 – Auszeichnung mit der Ehrenbürgerschaft der Gemeinde Nebelschütz anlässlich seines 90. Geburtstages

2015 – Umzug in das sorbische Altersheim St. Ludmilla in Crostwitz

2018 – Ehrenmitgliedschaft des Sorbischen Künstlerverbandes

2019 – stirbt am 1. April in Crostwitz und wird am 4. April auf dem Friedhof in Nebelschütz neben seiner Ehefrau Antonia beigesetzt

Abb. 4 Als Marinesoldat in Oslo, 1942

wobr. 4 Jako wojak mariny w Oslo, 1942

wobr. 4 Ako namóŕski wójak w Oslo, 1942

il. 4 Jako żołnierz piechoty morskiej w Oslo, 1942 r.

Abb. 5 Jan Buck mit einem Kommilitonen der Staatlichen Hochschule für Bildende Künste in Wrocław im Riesengebirge, Winter 1949/50

wobr. 5 Jan Buk w Kyrkonošach z komilitonu Wróctawskeje Statneje wysokeje šule tworjaceho wuměłstwa, zyma 1949/50

wobr. 5 Jan Buk z komilitonom Wrocławskeje Statneje wusokeje šule twórjecych wuměłstwow w Kerkonošach, zyma 1949/50

il. 5 Jan Buck z kolegą z Państwowej Wyższej Szkoły Sztuk Plastycznych we Wrocławiu w Karkonoszach, zima 1949/50 r.

Abb. 6 Lehrende an der Staatlichen Hochschule für Bildende Künste in Wrocław, 1946. Von links: Eugeniusz Geppert, Emil Krcha, Leon Dołżycki, Hanna Krzetuska und Stanisław Kopystyński

wobr. 6 Wučerjo Statneje wysokeje šule tworjaceho wuměłstwa we Wróctawju, 1946. Wotlěwa: Eugeniusz Geppert, Emil Krcha, Leon Dołżycki, Hanna Krzetuska a Stanisław Kopystyński

wobr. 6 Wucabniki Statneje wusokeje šule za twórjece wuměłstwa we Wrocławje, 1946. Wótlěwa: Eugeniusz Geppert, Emil Krcha, Leon Dołżycki, Hanna Krzetuska a Stanisław Kopystyński

il. 6 Nauczyciele z Państwowej Wyższej Szkole Sztuk Plastycznych we Wrocławiu, 1946 r. Od lewej: Eugeniusz Geppert, Emil Krcha, Leon Dołżycki, Hanna Krzetuska i Stanisław Kopystyński

Biografija

1922 – rodźeny dnja 2. awgusta jako Jan Michał Buk w Njebjelčicach; třeće dźěćo dźěłaćerja w cyhelnicy a barbjerja Jana Buka a jeho mandźelskeje Hany, rodź. Wochec; bratr Jurij narodźi so 1914 a sotra Hańža 1916

1929–1937 – ludowa šula w Njebjelčicach

1937–1940 – wukubłanje na dekoraciskeho molerja – hač do septembra 1939 pola molerskeho mištra Paula Petraschke, potom pola molerskeho mištra Bruna Ballacka w Kamjencu

1940 – 15. měrca złoži kónčne pruwowanje jako najlěpši wučomnik, dźěła jako dekoraciski moler

1941 – do dźěłoweje słužby zwołany; zamołwity za zastaranje a twar pućow

1942 – w februaru do Němskeje wójnskeje mariny zwołany

1944 – 10. měrca bratr Jurij na ruskej frónće padnje

1945 – 30. septembra w Flensburgu z britiskeje jatby pušćeny, dźěła w ratarstwje w Schleswigsko-Holsteinskej, w nowembru so do Njebjelčic nawróći

1945–1947 – dźěła jako dekoraciski moler we wokolinje Njebjelčic

1947 – wot měrca do oktobra wolontar w grafiskim wotrjedźe Domowiny w Budyšinje; na posrědnistwo Domowiny přiwzaty na Statnym gymnaziju tworjaceho wuměłstwa (Państwowe Liceum Sztuk Plastycznych) we Wrócławju; jeho najwažniši wučer bu Stanisław Kopystyński

1949 – matura; 30. nowembra na Statnej wysokej šuli za tworjace wuměłstwo (Państwowa Wyższa Szkoła Sztuk Plastycznych) we Wrócławju imatrikulowany; studuje pola Emila Krchi, Hanny Krzetuskeje-Geppert, Haliny Jastrzębowskeje a Antonija Mehla

1950 – 4. oktobra na Wysokej šuli tworjaceho wuměłstwa w Drježdźanach imatrikulowany; studuje pola Rudolfa Bergandera a Fritza Dähna w rjadowni molerstwa; změnu wukubłanišća bě sej Serbski kulturny a kubłanski zarjad přał

1953 – wotzamknje studij z diplomom; wróći so do Njebjelčic; přećehnje do Budyšina, prěnje bydlenje na Dr. Pětra Jordanowej čo. 18; přistupi Kołu serbskich tworjacych wuměłcow

1953–1956 – dźěła jako swobodny wuměłc w Budyšinje; prěnje nadawki za dalše wuměłske wuwiće

1954 – 9. nowembra zmandźeli so z Antoniju Rěškec z Njebjelčic; započina jako nawoda kružkow lajskich wuměłcow skutkować, štož čini hač do 1990tych lět

1955 – přećehnje do wjetšeho bydlenja na Martina Hoopowej čo. 3, hdźež ze swójbu hač do 1996 bydli; prosy wo přijeće jako serbski dorostowy wuměłc do Zwjazka tworjacych wuměłcow (VBKD), próstwa bu wotpokazana

1956 – zastupi do šulskeje słužby jako wučer za wuměłske kubłanje

1957 – narodźi so syn Pětr

1957–1962 – absolwuje listostudij na Karla Marxowej uniwersiće w Lipsku/fachowy wobłuk wuměłske kubłanje, 1962 wotzamknje zakładne pedagogiske wukubłanje na Pedagogiskim instituće Karl Friedrich Wilhelm Wander w Drježdźanach

1958 – wot tutoho lěta je zastupjeny we wšitkich wažnych wustajeńcach Koła serbskich tworjacych wuměłcow w regionje kaž tež w tu- a wukraju a zdobom we wustajeńcach na festiwalach serbskeje kultury wot 1968 do 1989

1959 – spožči so Bukej zhromadnje z jeho kolegami-wuměłcami w Kole serbskich tworjacych wuměłcow Horstom Šlosarjom, Wylemom Šybarjom, Otu Gartenom, Měrćinom Nowakom-Njechorńskim a Frycom Kitlarjom statne Myto Ćišinskeho II. rjadownje

1960 – poda so z Kołom serbskich tworjacych wuměłcow prěni raz do Moskwy a do Leningrada; slěduja dalše studijne jězby do Sowjetskeho zwjazka; čestnohamtske skutkowanje jako čłon wjednistwa Kulturneho zwjazka wokrjesneho wjednistwa Budyšin

1961 – bu přiwzaty jako kandidat Zwjazka tworjacych wuměłcow NDR; studijna jězba do Warny a Balčika w Bołharskej

1963 – studijna jězba do Pólskeje, wopyta Kraków a industrijny centrum Nowu Hutu, zetka so z něhdyšimi Wrócławskimi sobustudentami a z molerjom Józefom Sumeru, dalše wzajomne wopyty slěduja

1964 – wobdźěli so prěni raz na wuměłskej wustajeńcy wobwoda Drježdźany, po tym je na tutych wustajeńcach stajnje zastupjeny; powołany do jury wobwodneje wuměłstwoweje wustajeńcy

1965 – prěnja twórba na twarjenju – třidźělny mozaikowy wobraz na južnym twarjenju Serbskeho ludoweho ansambla; hač do 1990 sćěhuja dalše nasćěnowe twórby na šulach, kulturnych zarjadnišćach a bydlenskich domach

1966 – 25. nowembra přiwozmu Buka do Zwjazka tworjacych wuměłcow NDR

1967 – zastupjeny z twórbu *Koš z płodami* (1967, wolij na płatnje) na VI. wustajeńcy wuměłstwa NDR w Drježdźanskim Albertinumje, hač do 1987 so na wšitkich dalšich tutych wustajeńcach wobdźěli; studijny přebytk w Prerowje nad Baltiskim morjom, kotremuž dalše na Darßu hač do 2000tych lět slědowachu

1968 – do předsydstwa Zwjazka tworjacych wuměłcow wobwoda Drježdźany powołany

1968–1969 – dźěła na pomniku za basnika Jakuba Barta-Ćišinskeho zhromadnje z pólskim rězbarjom a něhdyšim sobustudentom Władysławom Tumkiewiczom z Wrócławja; twórba bu 19. oktobra 1969 we Wotrowje swjatočne poswjećena

1969 – galerija Młode wuměłstwo w Frankobrodźe nad Wódru, kotraž reprezentuje wuběr najwuznamnišich načasnych wuměłcow NDR, kupi Bukowy wobraz *Ćišno* (1969, wolij na płatnje)

Abb. 7 Im Zoo von Wrocław, um 1949/50

wobr. 7 W coologiskej zahrodźe we Wrócławju, wokoło 1949/50

wobr. 7 W coo we Wrocławje, wokoło 1949/50

il. 7 W zoo we Wrocławiu, około 1949/50 r.

Abb. 8 Hochzeit mit Antonia Röschke, 1954

wobr. 8 Kwas z Antoniju Rěškec, 1954

wobr. 8 Swajźba z Antoniju Rěškec, 1954

il. 8 Ślub z Antonią Röschke, 1954 r.

Abb. 9 Mit Kommilitonen der Hochschule für Bildende Künste in Dresden, zwischen 1950 und 1953

wobr. 9 Z komilitonomaj Wysokeje šule tworjaceho wuměłstwa w Drježdźanach, mjez 1950 a 1953

wobr. 9 Z komilitonoma Wusokeje šule twórjecych wuměłstwow w Drježdźanach, mjazy 1950 a 1953

il. 9 Z kolegami z Wyższej Szkoły Sztuk Pięknych w Dreźnie, między 1950 a 1953 r.

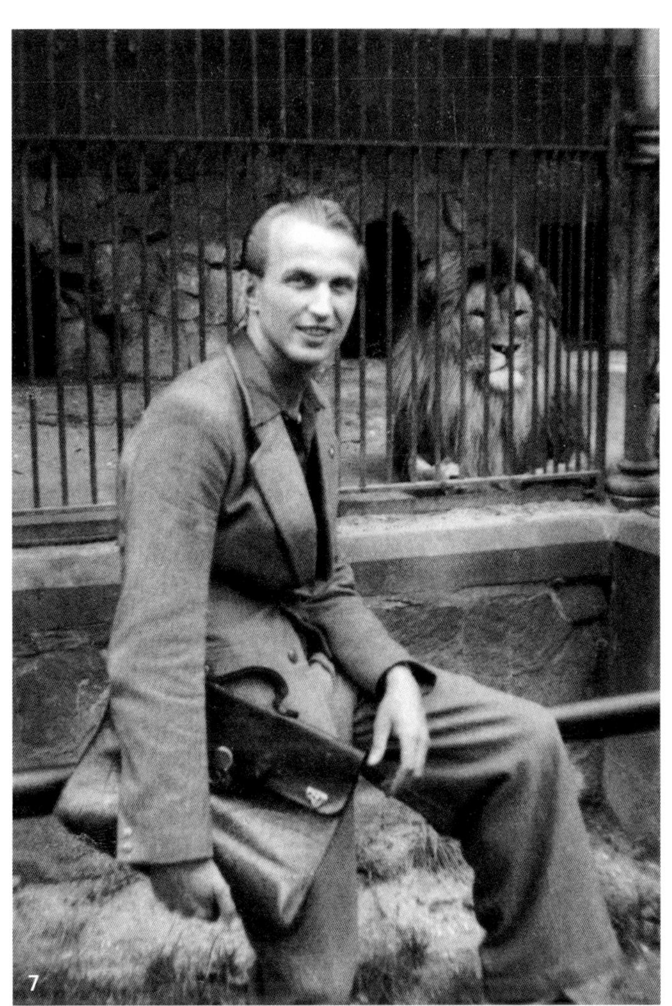
7

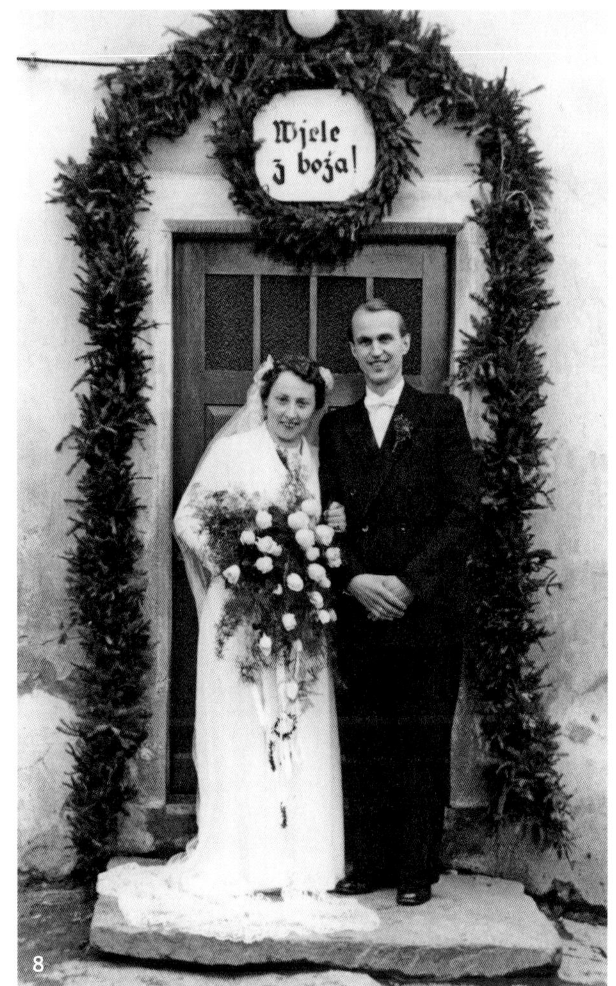

8

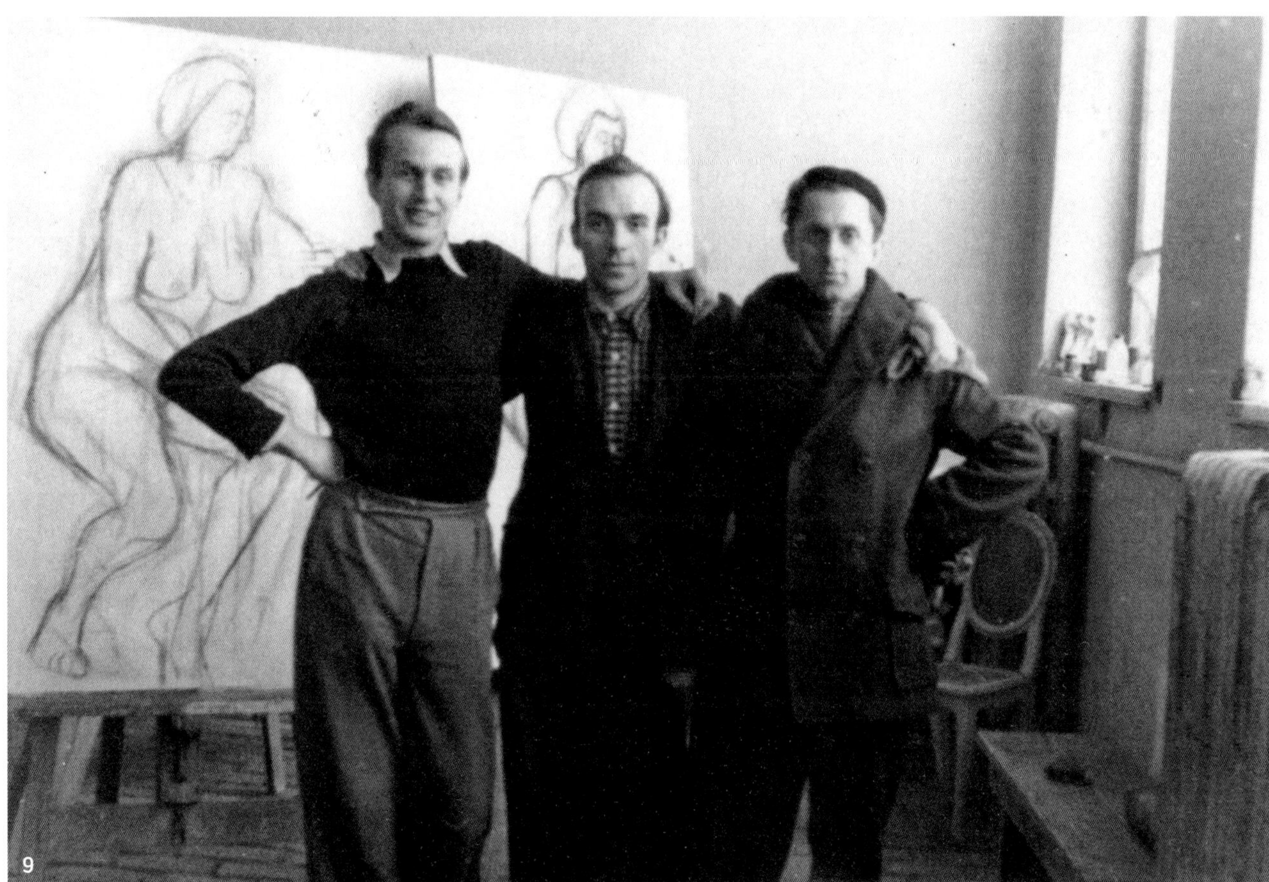
9

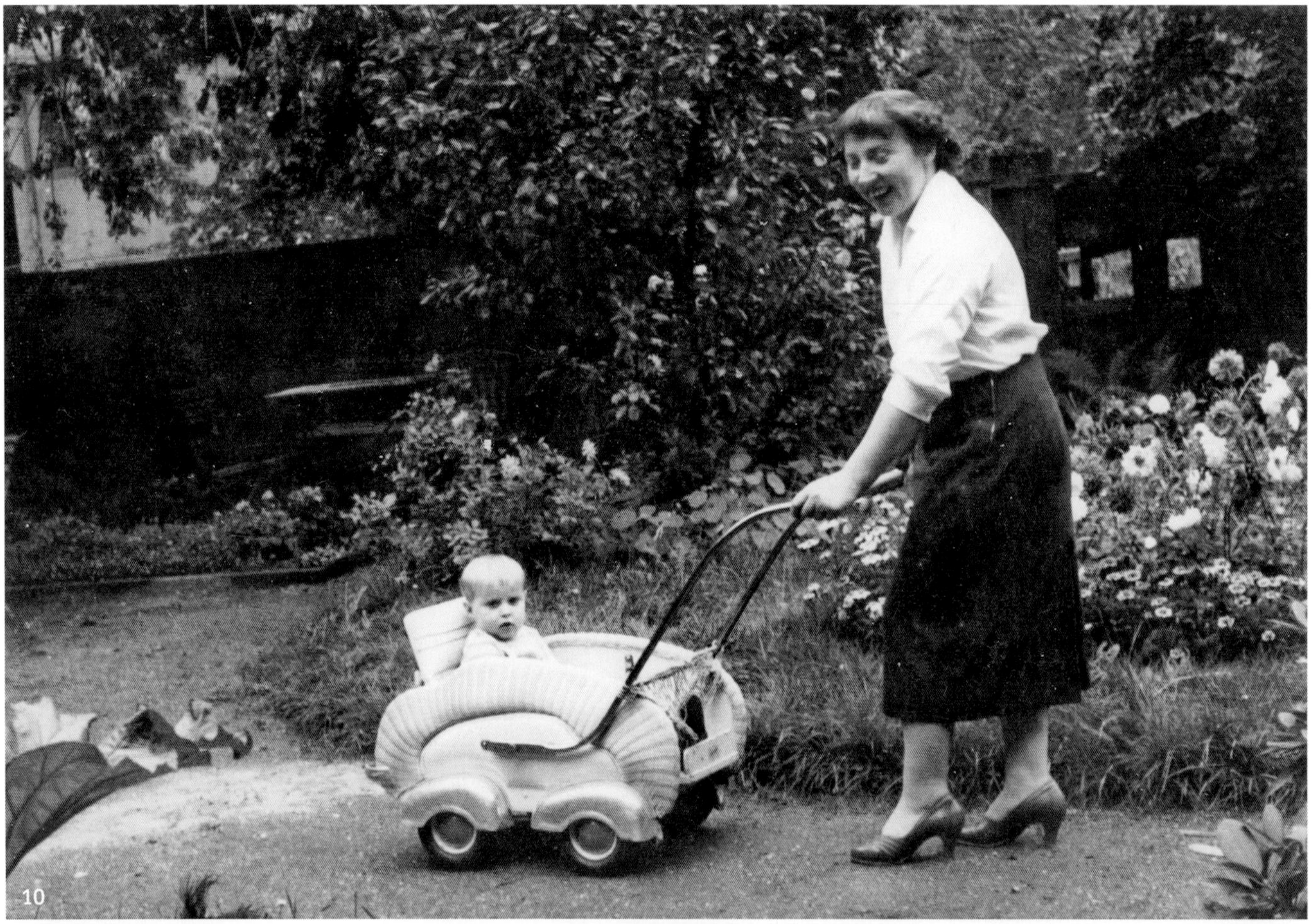

10

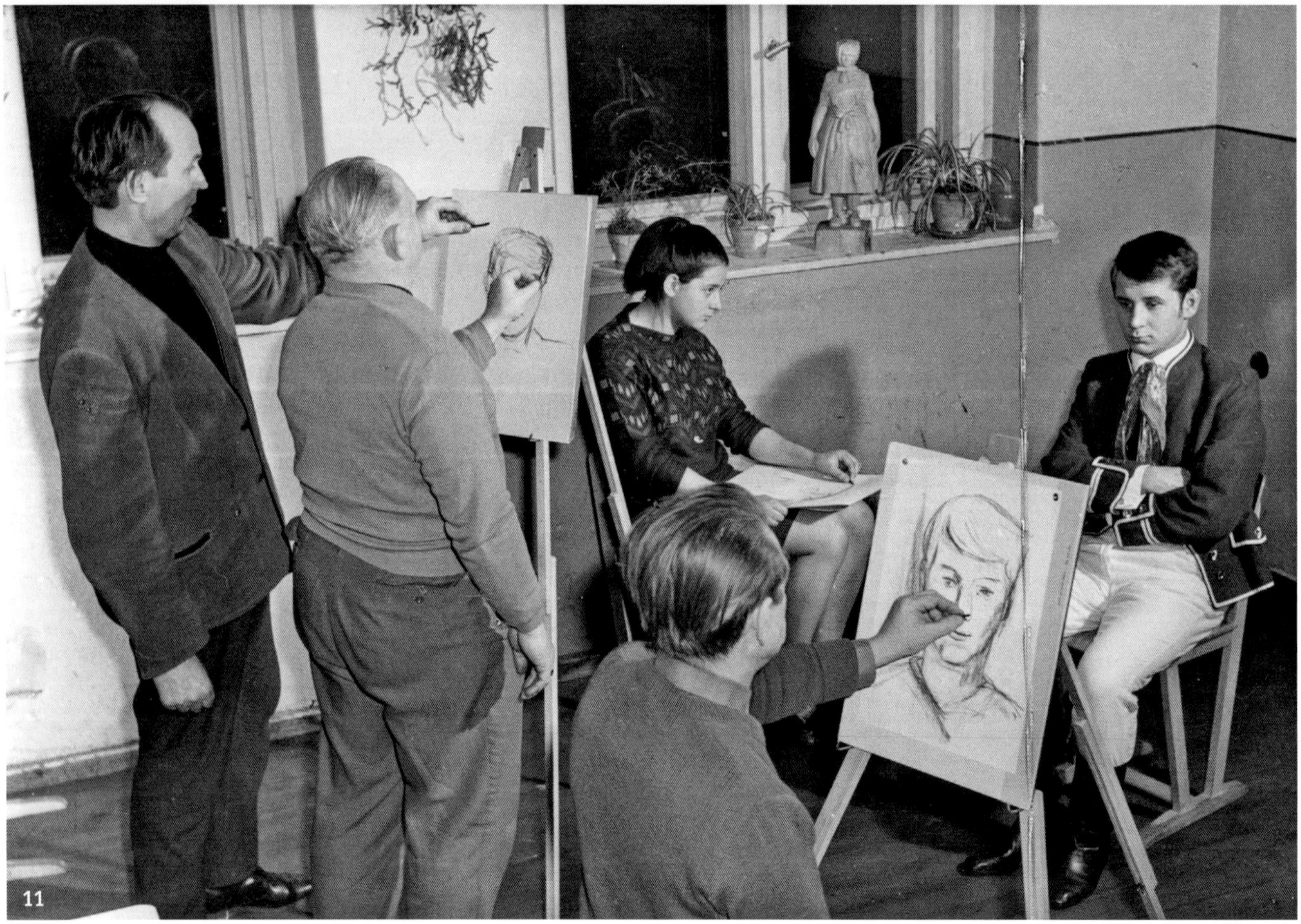

11

1970 – Wumělske myto Domowiny I. rjadownje za twórbu *Syčomłóćawa E 512 při dźěle* (1969, wolij na płatnje); prěnja wosobinska wustajeńca w Měšćanskich wumělskich zběrkach Zhorjelca; wobdźělenje na mjezynarodnym pleinairu w Szczecinje na přeprošenje Zwjazka pólskich tworjacych wumělcow wobwoda Szczecina; Narodny muzej w Szczecinje (Muzeum Narodowe w Szczecinie) twórbu *Łódźnica* (1970, wolij na płatnje) po tym přewozmje

1973 – čłon předsydstwa Zwjazka tworjacych wumělcow NDR wobwoda Drježdźany; studijny přebytk w Uzbekistanje

1974 – na přeprošenje Zwjazka tworjacych wumělcow Madźarskeje wobdźěli so na Mjezynarodnej koloniji wumělcow w madźarskim Hajduságu, hdźež nastanje pjeć wolijowych mólbow; stwori mólbu *Moja mać* (wolij na płatnje)

1976 – přestanje jako přistajeny wučer w šuli dźěłać, wotnětka skutkuje jako swobodny wumělc

1976–1996 – nawoda wječorneho studija Wysokeje šule za tworjace wumělstwo Drježdźany, wotnožka Budyšin, wuči w fachowym wobłuku molerstwo

1977–1987 čłon Centralneje dźěłoweje skupiny ludowe kubłanje Zwjazka tworjacych wumělcow NDR

1978 – wuhotuje narowny pomnik za delnjoserbsku basnicu Minu Witkojc w Bórkowach zhromadnje z rězbarjom Jürgenom von Woyskim w nadawku Zwjazkoweho předsydstwa Domowiny; nastanje twórba *Wopyt* (wolij na płatnje), kotruž Statne wumělstwowe zběrki Drježdźany kupja; wobdźěli so prěni raz na mjezynarodnym Energijowym pleinairje w Choćebuzu a w slědowacych dźesać lětach so prawidłownje na nim wobdźěla

1979 – započina portretěrować delnjoserbske wsy, kotrež so brunicy dla wotbagruja, nastawa serija *Zhubjene wsy*

1981 – wobdźěli so na mjezynarodnym pleinairu w bołharskej Stražicy; stwori tři wolijowe mólby a 15 akwarelow

1982 – wot 26. junija do 8. awgusta pokazuje so dotal najreprezentatiwniša a najwobšěrniša wosobinska wustajeńca Buka w Žurli preciozow rezidencneho hrodu w Drježdźanach

1985 – wobdźěli so na Mjezynarodnym pleinairu w Smoljanu w Bołharskej; stwori tři wolijowe mólby a štyrceći akwarelow

1986 – 24. awgusta bu wuznamjenjeny z Mytom Ćišinskeho, najwyšim statnym mytom za serbsku kulturu a wumělstwo

1988 – studijny přebytk w Parisu w zwisku z wustajeńcu »Serbja w NDR«, w kotrejž je Buk z pjeć twórbami zastupjeny; 1990 dalša studijna jězba do Parisa

1991 – zastupi do Zwjazka serbskich wumělcow

1994 – studijny přebytk w Stenico/Italska zhromadnje ze serbskej grafikarku a molerku Boženu Nawka-Kunysz; wuznamjenjeny z Budyskim mytom wumělstwa

1995 – Hornjołužiske myto wumělstwa

1996 – přećehnje do swojeho ródneho domu w Njebjelčicach

2003 – zahaji so rjad jeho wustajeńcow w Pólskej w Narodnym muzeju Szczecina (Muzeum Narodowe w Szczecinie), 2004 slěduja wustajeńcy w Muzeju Opolskeje Šleskeje w Opolu (Muzeum Śląska Opolskiego) a Muzeju Šleskich Piastow w Brzegu (Muzeum Piastów Śląskich) kaž tež w Domje Gerharta Hauptmanna w Jeleniej Górje/Jagniątkówje (Muzeum Miejskie »Dom Gerharta Hauptmanna«)

2007 – bu čestny wobydler města Budyšina

2008 – 16. februara zemrě jeho mandźelska Antonia

2011 – za wumělski žiwjenski skutk spožča Bukej Wumělske myto Europskeje unije

2012 – składnostnje swojich 90ćin bu Buk čestny wobydler gmejny Njebjelčicy

2015 – ćehnje do starownje swj. Ludmile w Chróśćicach

2018 – Zwjazk serbskich wumělcow spožči Janej Bukej čestne čłonstwo

2019 – zemrě dnja 1. apryla w Chróśćicach; dnja 4. apryla bu na pohrjebnišću w Njebjelčicach poboku swojeje mandźelskeje Antonije pochowany

Abb. 10 Ehefrau Antonia mit Sohn Peter, 1958

wobr. 10 Mandźelska Antonija ze synom Pětrom, 1958

wobr. 10 Žeńska Antonija ze synom Pětšom, 1958

il. 10 Żona Antonia z synem Peterem, 1958 r.

Abb. 11 Arbeit mit dem Trebendorfer Zirkel, nach 1969

wobr. 11 Dźěło z Trjebinskim kružkom, po 1969

wobr. 11 Źěło z Trjebinskim kružkom, pó 1969

il. 11 Praca w kole plastycznym w Trebendorfie, po 1969 r.

Biografija

1922 – jo se narožił 2. awgusta ako Jan Michał Buk (Johann Michael Buck) w Njebjelčicach; tśeśe góle cyglarja a barwarja Jana (Johann) Buka a jogo žeńskeje Anny, roź. Wochojc, jogo bratš Jurij (Georg) jo se narožił 1914 a jogo sotša Hańža (Agnes) 1916

1929–1937 – jo chójźił do Ludoweje šule w Njebjelčicach

1937–1940 – pówołańska wucba ako dekoraciski mólaŕ, až do septembra 1939 pla mólaŕskego mejstarja Paula Petraschke, za tym pla mólaŕskego mejstarja Bruna Ballacka w Kamjeńcu

1940 – złoženje pśespytowanja wuknjeńca 15. měrca ako nejlěpšy wuknjeńc, źěło ako dekoraciski mólaŕ

1941 – zaśěgnjenje do źěłoweje słužby, zagronity za zastaranje a drogotwaŕ

1942 – we februarje zwołański pśikaz do Nimskeje wójaŕskeje mariny

1944 – 10. měrca padnjo jogo bratš Jurij na ruskej fronśe

1945 – 30. septembra we Flensburgu z britiskeje wójnskeje popajźi pušćony; źěło w rolnikaŕstwje we Schleswigsko-Holsteinskej; w nowembrje wrośenje do Njebjelčic

1945–1947 – źěło ako dekoraciski mólaŕ w bliskej wokolinje Njebjelčic

1947 – wót měrca do oktobra wolontaŕ w grafiskem wótźělenju Domowiny w Budyšynje; pśiwześe na Statnem gymnaziumje za twórjece wuměłstwo (Państwowe Liceum Sztuk Plastycznych) we Wrocławje pśez pósrědnjenje Domowiny, jogo nejwažnjejšy wucabnik bužo how Stanisław Kopystyński

1949 – abitura; 30. nowembra imatrikulacija na Wusokej šuli za twórjece wuměłstwa (Państwowa Wyższa Szkoła Sztuk Plastycznych) we Wrocławje, jo studěrował pla Emila Krchy, Hanny Krzetuskeje-Geppert, Haliny Jastrzębowskeje a Antoni Mehla

1950 – 4. oktobra imatrikulacija na Wusokej šuli za twórjece wuměłstwa w Drježdźanach, jo studěrował pla Rudolfa Bergandera a Fritza Dähna w klasy za mólaŕstwo, pśepisanje jo se pśewjadło na pominanje Serbskego amta za ludowe kubłanje

1953 – wótzamknjenje studiuma z diplomom; wrośenje do Njebjelčic; pśeśěg do Budyšyna, prědne bydlenje na droze Dr. Petera Jordana 18; pśistup do Źěłoweje kupki serbskich twórjecych wuměłcow

1953–1956 – źěło ako licho statkujucy wuměłc w Budyšynje, prědne wuwijańske nadawki

1954 – 9. nowembra jo se z Antoniju Rěškec z Njebjelčic wóženił; zachopjeńk źěła ako wjednik lajskego wuměłskego kružka, což jo až do 1990tych lět wóstał

1955 – pśeśěg do wětšego bydlenja na droze Martina Hoopa 3, žož jo ze swójeju familiju do 1996 žywy był; pśosba wó pśiwześe ako serbski dorostowy wuměłc pla Zwězka twórjecych wuměłcow (VBKD), pśosba se wótpokažo

1956 – zastup do šulskeje słužby ako wuměłcowy pedagog

1957 – syn Pětš se naroźijo

1957–1962 – dalokostudium na Uniwersiśe Karla Marxa w Lipsku we fachowem wótźělenju wuměłstwowa pedagogika, 1962 wótzamknjenje pedagogiskego zakładnego wukubłanja na Pedagogiskem instituśe Karl Friedrich Wilhelm Wander w Drježdźanach

1958 – wót togo lěta wobźělenje na wšych ważnych wustajeńcach Koła serbskich twórjecych wuměłcow w regionje ako teke w tu a wukraju, teke na wustajeńcach pśi góźbje festiwalow serbskeje kultury wót 1968 do 1989

1959 – dostanjo zgromadnje ze swójimi wuměłstwowymi kolegami Źěłoweje kupki serbskich twórjecych wuměłcow Horst Šlosaŕ, Wylem Šybaŕ, Ota Garten, Měrćin Nowak-Njechorński a Fryco Kitlaŕ statne Myto Ćišinskego II. klasa

1960 – drogujo ze Źěłoweju kupku serbskich twórjecych wuměłcow k prědnemu razoju do Moskwy a Leningrada, dalšne studijne drogowanja do Sowjetskego zwězka slěduju; cesnoamtske statkowanje ako nawjedowański cłonk pla Kulturnego zwězka we wokrejsowem wjednistwje Budyšyn

1961 – pśiwześe ako kandidat do Zwězka twórjecych wuměłcow DDR; studijny jězd do Warny a Balčika w Bulgaŕskej

1963 – studijne drogowanje do Pólskeje, woglěd Krakowa (Krakau) a industrijnego centruma Nowa Huta, zasejwiźenje ze swójim něgajšnym wrocławskim sobustudentom, mólarjom Józefom Sumeru, dalej slěduju tomu dalšne mjazsobne woglědy

1964 – prědne wobźělenje na Wobceŕkowej wustajeńcy w Drježdźanach, pótom pśawidłowne wobźělenje; pówołanje do jury Wobceŕkoweje wustajeńce

1965 – prědne na twarjenje zwězane źěło, tšojoźělny mozaikowy wobraz na pódpołdnjowem twarjenju Ansambla za serbsku ludowu kulturu (źinsa Serbski ludowy ansambel); do 1990 slěduju dalšne na twarjenja zwězane twórby na šulach, kulturnych institucijach a bydleńskich domach

1966 – 25. nowembra pśiwześe do Zwězka twórjecych wuměłcow DDR

Abb. 12 Studienreise des Arbeitskreises sorbischer bildender Künstler nach Moskau, 1967. Von links: Jan Buck, Johannes Hempel, Martin Nowak-Neumann, unbekannte Person, Johannes Hansky und Eva-Ursula Lange

wobr. 12 Studijna jězba Koła serbskich tworjacych wuměłcow do Moskwy, 1967. Wotlěwa: Jan Buk, Jan Hempel, Měrćin Nowak-Njechorński, njeznaty, Jan Hanski a Wórša Lanzyna

wobr. 12 Studijny jězd Koła serbskich twórjecych wuměłcow do Moskwy, 1967. Wótlěwa: Jan Buk, Jan Hempel, Měrćin Nowak-Njechorński, njeznaty, Jan Hanski a Wórša Lanzyna

il. 12 Wyjazd studyjny Grupy Roboczej Serbołużyckich Artystów Plastyków do Moskwy, 1967 r. Od lewej: Jan Buck, Johannes Hempel, Martin Nowak-Neumann, osoba nieznana, Johannes Hansky i Eva-Ursula Lange

Abb. 13 Zu Besuch bei Fritz Kittler, 1961. Von links: Jan Buck, Albrecht Lange, Fritz Kittler und Ernst Schmidt

wobr. 13 Na wopyće pola Fryca Kitlarja, 1961. Wotlěwa: Jan Buk, Albrecht Langa, Fryco Kitlaŕ a Arnošt Kowar

wobr. 13 Na woglěźe pla Fryca Kitlarja, 1961. Wótlěwa: Jan Buk, Albrecht Langa, Fryco Kitlaŕ a Arnošt Kowar

il. 13 Z wizytą u Fritza Kittlera, 1961 r. Od lewej: Jan Buck, Albrecht Lange, Fritz Kittler i Ernst Schmidt

Abb. 14 Entwurf zum bleiverglasten Fenster für die Juri-Gagarin-Schule in Bautzen-Gesundbrunnen, 1979

wobr. 14 Naćisk za wołojowe wokno za šulu Jurija Gagarina w Budyskej Strowotnej studni, 1979

wobr. 14 Nacerjenje za wołojowe wokno za šulu Jurija Gagarina w budyšyńskej Strowotnej studni, 1979

il. 14 Projekt do witrażu dla szkoły im. Jurija Gagarina w Budziszynie, w dzielnicy Gesundbrunnen, 1979 r.

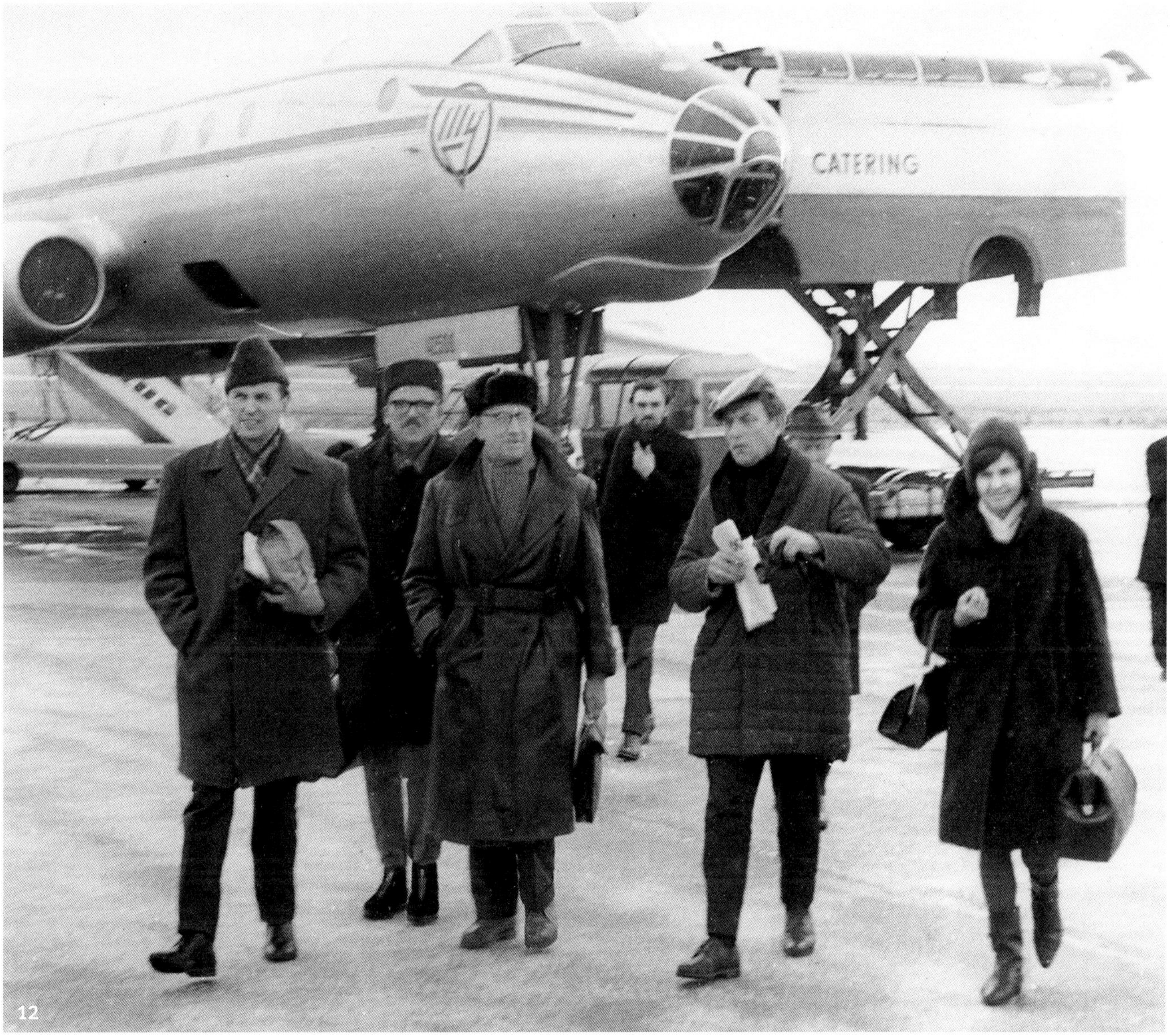

12

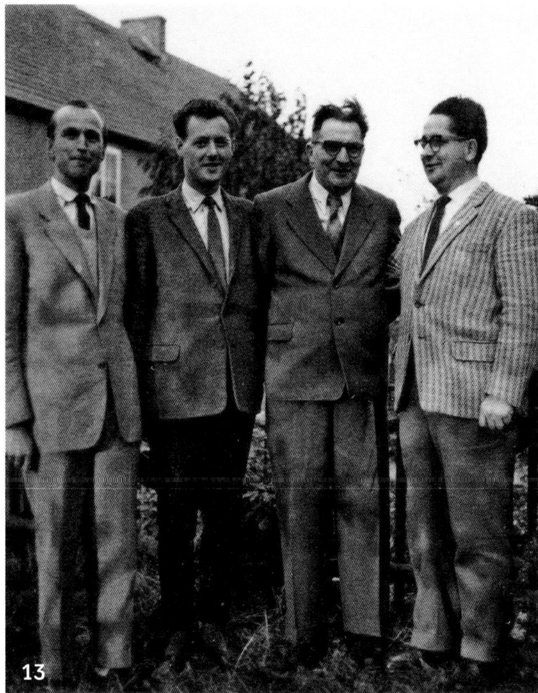

13

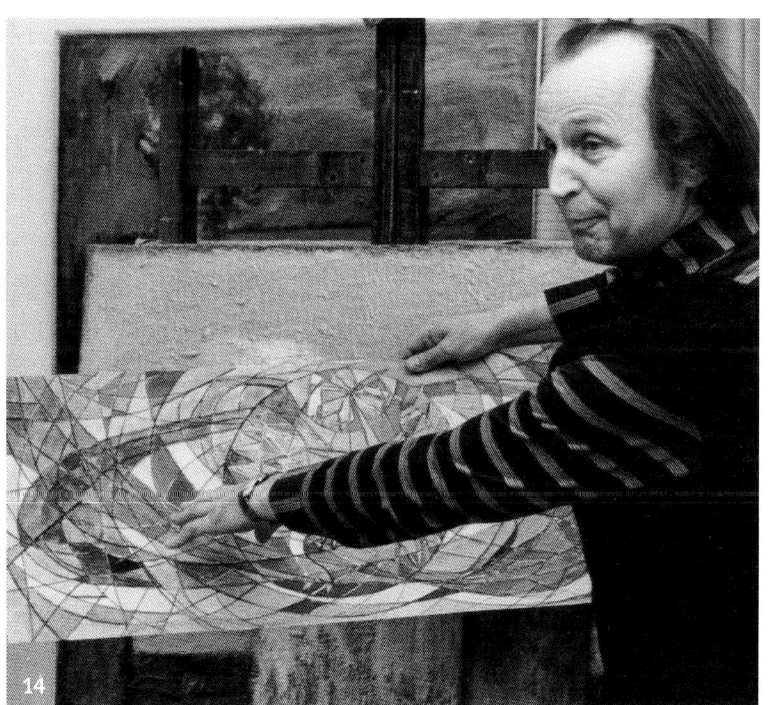

14

1967 – z twórbu *Kórb z płodami* (1967, wólej na płaśe) na VI. wuměłskej wustajeńcy DDR w Drježdźańskem Albertinumje zastupjony; do 1987 wobźělenje na wšyknych dalšnych wuměłskich wustajeńcach DDR; studijne pśebywanje na pśibrjogu Baltiskego mórja w Prerowje, pśebywanja na Darßu až do 2000tych lět slěduju

1968 – pówołanje we Wobwodowem pśedsedaŕstwje Zwězka twórjecych wuměłcow w Drježdźanach

1968–1969 – źěło na pomniku za serbskego basnikarja Jakuba Barta-Ćišinskego zgromadnje z pólskim tšasarjom a něgajšnym sobustudentom Władysławom Tumkiewiczom z Wrocława, swětosne wuswěšenje twórby 19. oktobra 1969 we Wotrowje

1969 – kupjenje mólby *Śichowobraz* (1969, wólej na płaśe) z boka Galerije młodego wuměłstwa we Frankobroźe nad Odru, kótaraž pokazujo pśecny rěz nejwuznamnjejšych nacasnych wuměłcow DDR

1970 – wuměłske myto Domowiny I. stopjenja za jogo twórbu *Secomłośenica E 512 we słužbje* (1969, wólej na płaśe); pśedna wósobinska wustajeńca w Měsćańskich wuměłstwowych zběrkach Zgórjelc; wobźělenje na Mjazynarodnem pleinairu we Szczecinje (Stettin) na pśepšosenje Zwězka pólskich twórjecych wuměłcow Wobceŕka Szczecin, Narodny muzeum we Szczecinje (Muzeum Narodowe w Szczecinie) pśiwzejo w tom zwisku twórbu *Łoźnica* (1970, wólej na płaśe)

1973 – cłonk we wobwodowem pśedsedaŕstwje Zwězka twórjecych wuměłcow DDR, wobwod Drježdźany; studijne pśebywanje w Usbekistanje

1974 – wobźělenje na Mjazynarodnej wuměłskej koloniji w Hajdusági w Hungorskej na pśepšosenje Zwězka twórjecych wuměłcow Hungorskeje, nastanjo pěś twórbow we wóleju; nastaśe jogo twórby *Mója maś* (wólej na płaśe)

1976 – spušćenje šulskeje słužby, nadalej źěło ako licho statkujucy wuměłc

1976–1996 – wjednik wjacornego studija Wusokeje šule za twórjece wuměłstwa w Drježdźanach, wótnožka Budyšyn, źěło ako docent we wótźělenju mólaŕstwo

1977–1987 – cłonk Centralneje źěłoweje kupki ludowego kubłanja pla Zwězka twórjecych wuměłcow DDR

1978 – wugótowanje rowowego pomnika za dolnoserbsku basnikaŕku Minu Witkojc w Bórkowach gromaźe ze tšasarjom Jürgenom von Woyskim w nadawku Zwězkowego pśedsedaŕstwa Domowiny; nastaśe jogo twórby *Woglěd* (wólej na płaśe), kótaraž buźo 1982 wót Statnych wuměłskich zběrkow w Drježdźanach nakupjona; pśedne wobźělenje na mjazynarodnem Energijowem pleinairu w Chóśebuzu, kótaryž wón pśiduce źaseś lět pšawidłownje woglědajo

1979 – zachopijo z portretěrowanim dolnoserbskich jsow, kótarež muse brunicowym jamam woprowane byś, nastanjo serija *Dewastěrowane jsy*

1981 – wobźělenje na Mjazynarodnem pleinairu w Stražicy w Bulgaŕskej, nastanu tśi twórby we wóleju a 15 akwarelow

1982 – wót 26. junija do 8. awgusta pokažo se dotychměst nejwěcej reprezentatiwna a nejwobšyrnjejša wósobinska wustajeńca wuměłca w Pretiosenowej žurli Drježdźańskego rezidencowego groda

1985 – wobźělenje na Mjazynarodnem pleinairu w Smoljanu, Bulgaŕskej, nastanu tśi wobraze we wóleju a styrźasća akwarelow

1986 – 24. awgusta wuznamjenjenje z nejwušym statnym mytom we wobłuku serbskeje kultury a wuměłstwa, z Mytom Ćišinskego

1988 – studijne pśebywanje w Parisu w zwisku z wustajeńcu »Serby w DDR«, na kótarejž Buk jo był zastupjony z pěś twórbami; 1990 jo wóspjetował studijne drogowanje do Parisa

1991 – cłonk Zwězka serbskich wuměłcow

1994 – studijne pśebywanje w Stenico w Italskej gromaźe ze serbskeju grafikaŕku a mólaŕku Boženu Nawka-Kunysz; wuznamjenjenje z Budyšyńskim wuměłstwowym mytom

1995 – dostaśe Wuměłskego myta Górneje Łužyce

1996 – pśešěg do jogo starjejšyńskego domu do Njebjelčic

2003 – zachopk serije wustajeńcow w Pólskej w Narodnem muzeumje w Szczecinje (Muzeum Narodowe w Szczecinie); slěduju 2004 wustajeńce w muzeumje Opolskeje Šlazyńskeje (Muzeum Śląska Opolskiego w Opolu) a w Muzeumje Šlazyńskich Piastow w Brzegu (Muzeum Piastów Śląskich w Brzegu) ako 2005 w Domje Gerharta Hauptmanna w Jeleniej Gorze/Jagniatkowie (Muzeum Miejskie »Dom Gerharta Hauptmanna«)

2007 – pósćenje cesnego měsćaństwa Města Budyšyn

2008 – 16. februara wumrějo jogo žeńska Antonija

2011 – pósćenje myta Europskeje unije za wuměłstwo za jogo wuměłstwowe žywjeńske źěło

2012 – wuznamjenjenje z cesnym měsćaństwom gmejny Njebjelčicy pśi góźbje jogo 90. narodnego dnja

2015 – pśešěg do serbskeje starcownje sw. Ludmile w Chrósćicach

2018 – cesne cłonkojstwo Zwězka serbskich wuměłcow

2019 – wumrějo 1. apryla w Chrósćicach a buźo 4. apryla na kjarchobje w Njebjelčicach pśi jogo žeńskej Antoniji zakopany

Abb. 15 Władysław Tumkiewicz mit Ehefrau Irena und Jan Buck anlässlich der Einweihung des Grabmals für Jakub Bart-Ćišinski in Ostro, 1969

wobr. 15 Władysław Tumkiewicz z mandźelskej Irenu a Jan Buk składnostnje poswjećenja narowneho pomnika za Jakuba Barta-Ćišinskeho we Wotrowje, 1969

wobr. 15 Władysław Tumkiewicz ze žeńskeju Irenu a Jan Buk ku góźbje wuswěšenja rowowego pomnika za Jakuba Barta-Ćišinskego we Wotrowje, 1969

il. 15 Władysław Tumkiewicz z żoną Ireną i Janem Buckiem przy okazji poświęcenia grobowca Jakuba Barta-Ćišinskiego w Ostro, 1969 r.

Abb. 16 Während des Pleinairs in Szczecin, 1970

wobr. 16 Na pleinairu w Szczecinje, 1970

wobr. 16 Na pleinairu w Szczecinje, 1970

il. 16 Podczas pleneru malarskiego w Szczecinie, 1970 r.

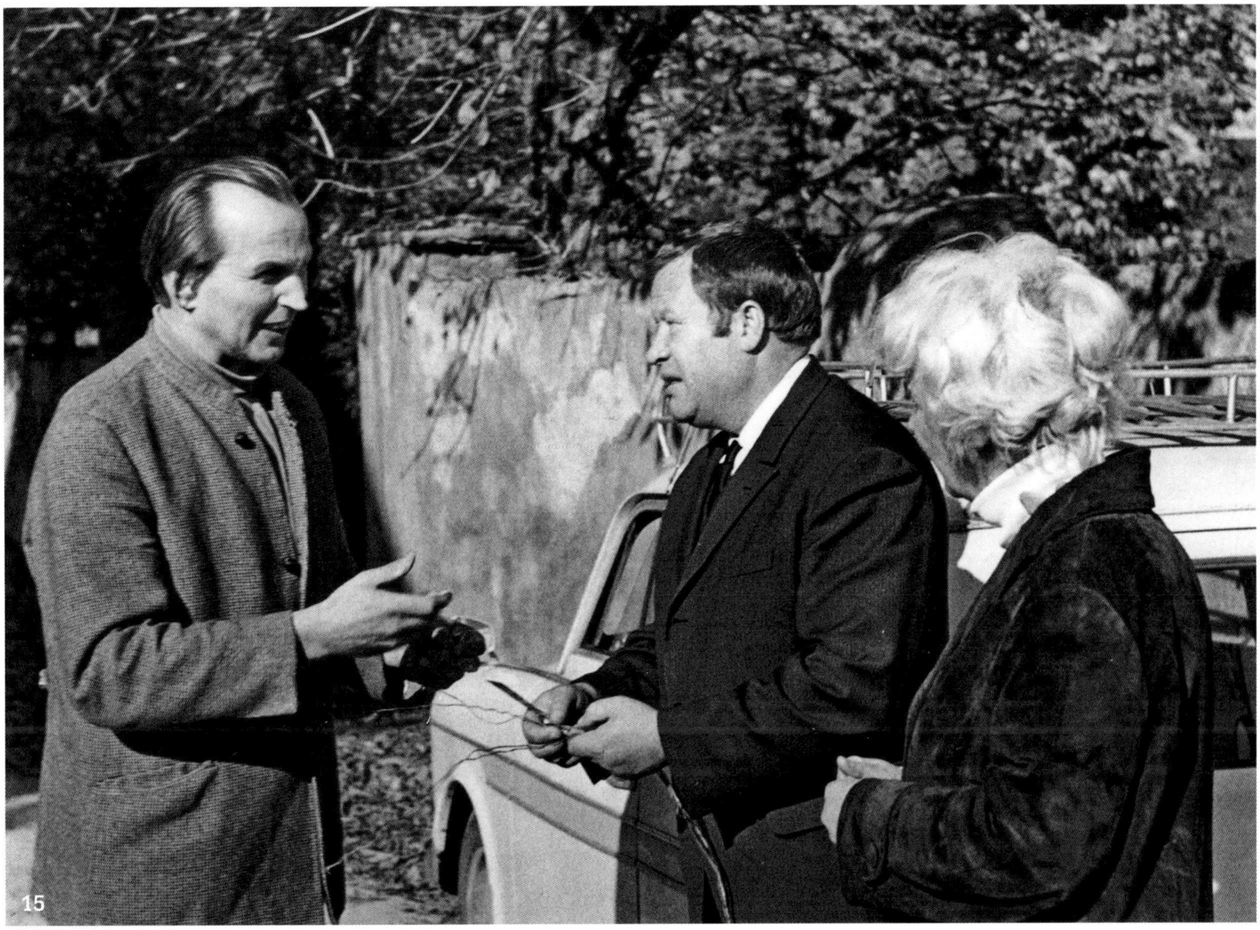

15

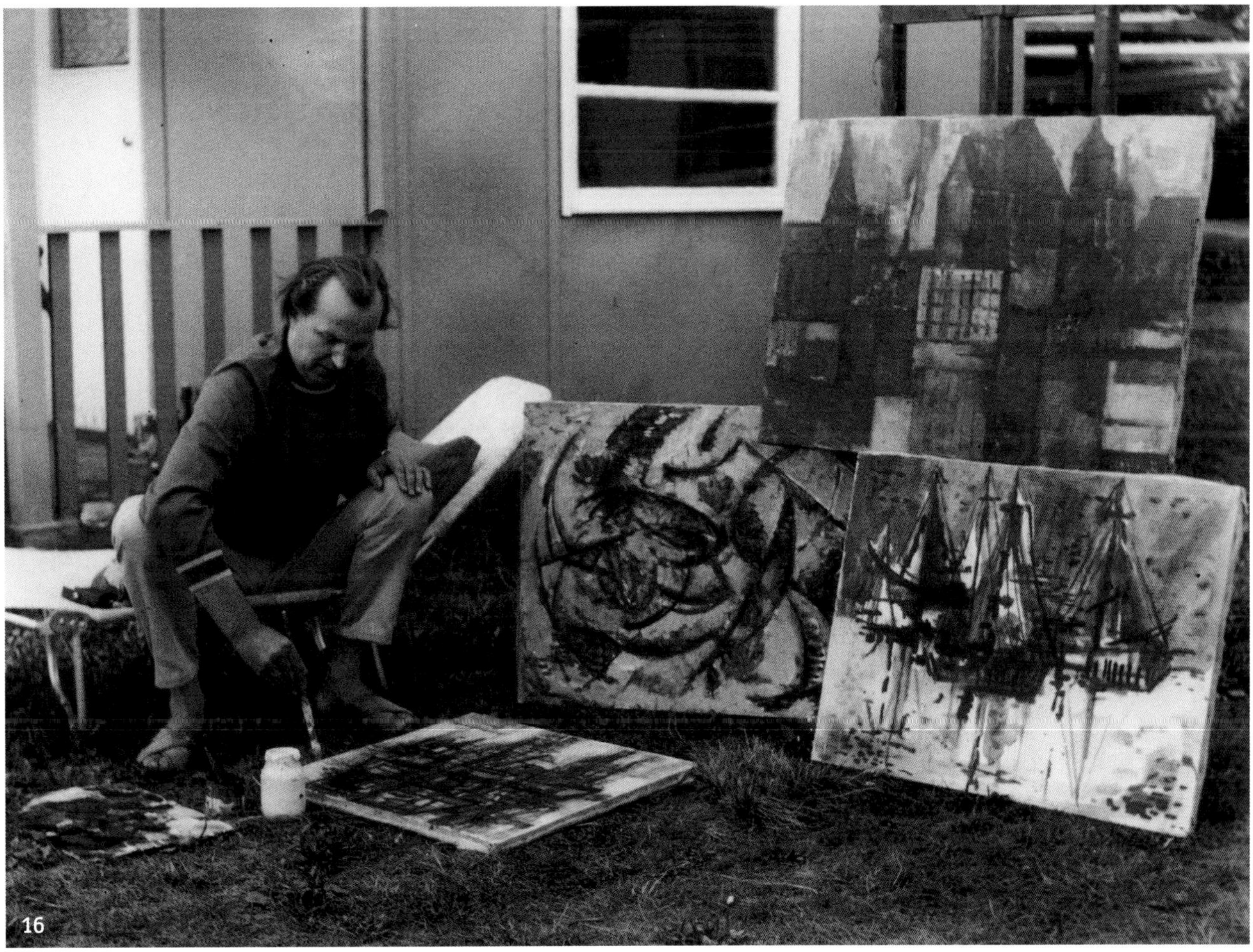

16

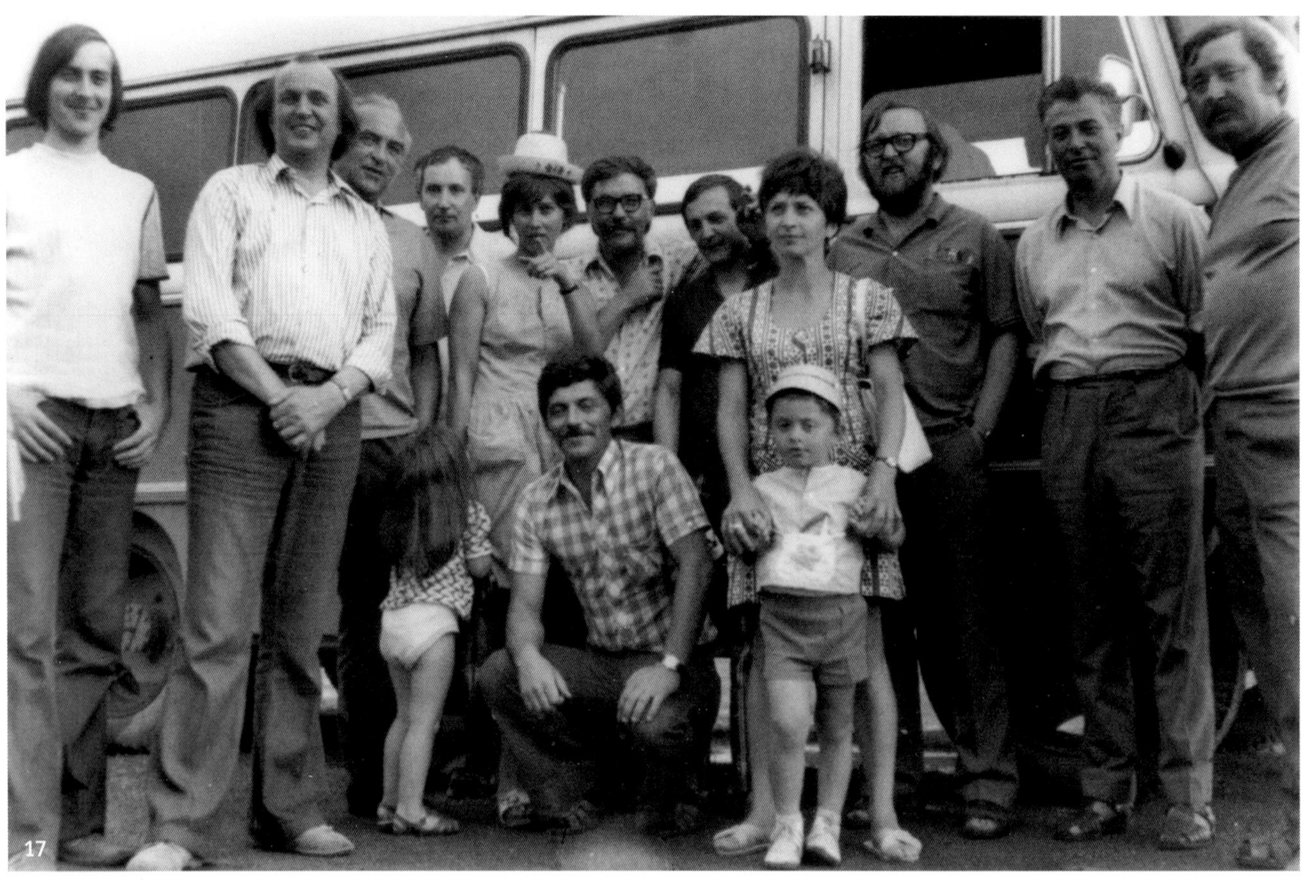
17

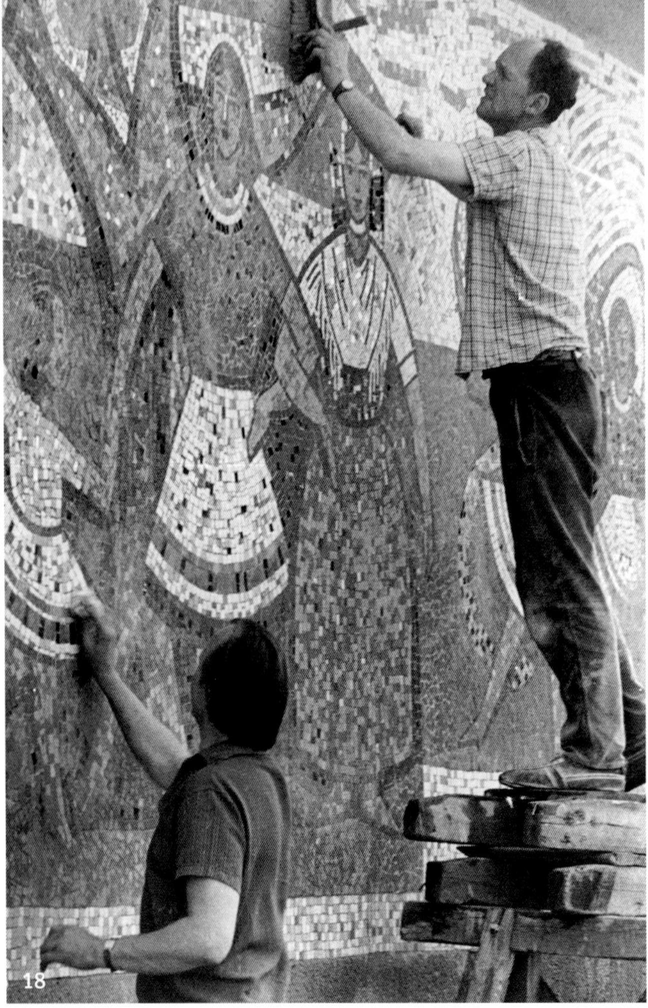
18

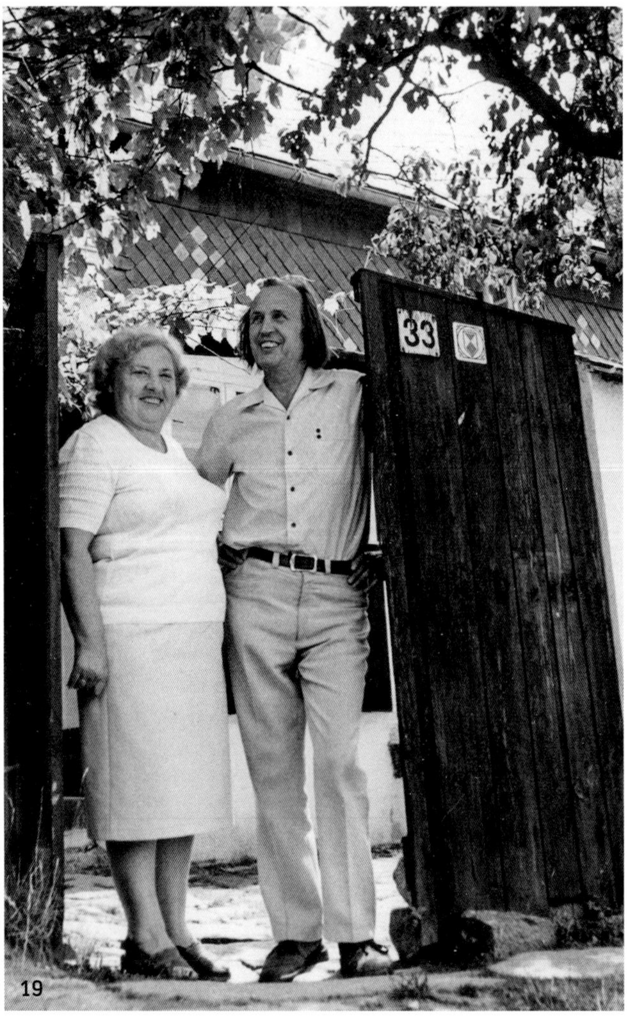

19

Biografia

1922 – urodził się 2 sierpnia jako Johann Michael Buck w Nebelschütz jako trzecie dziecko murarza i farbiarza Johanna Bucka i jego żony Anny z domu Woch; jego brat Georg urodził się w 1914 r., a siostra Agnes w 1916 r.

1929–1937 – nauka w szkole podstawowej w Nebelschütz

1937–1940 – nauka zawodu malarza dekoracyjnego, do września 1939 r. u mistrza Paula Petraschke, następnie u mistrza Brunona Ballacka w Kamenz

1940 – 15 marca egzamin czeladniczy (jako najlepszy z uczniów), praca w zawodzie malarza dekoracyjnego

1941 – zaciągnięcie do służby pracy, odpowiedzialność za zaopatrzenie i budowę dróg

1942 – w lutym wcielenie do niemieckiej marynarki wojennej

1944 – 10 marca jego brat Georg poległ na froncie rosyjskim

1945 – 30 września zwolnienie z niewoli brytyjskiej we Flensburgu; praca w rolnictwie w Szlezwiku-Holsztynie; w listopadzie powrót do Nebelschütz

1945–1947 – praca w zawodzie malarza dekoracyjnego w okolicach Nebelschütz

1947 – od marca do października wolontariat w wydziale graficznym Domowiny w Budziszynie; przyjęcie do Państwowego Liceum Sztuk Plastycznych we Wrocławiu za pośrednictwem Domowiny, tu jego najważniejszym nauczycielem był Stanisław Kopystyński

1949 – matura; 30 listopada przyjęcie do Państwowej Wyższej Szkoły Sztuk Plastycznych we Wrocławiu, studia u Emila Krchy, Hanny Krzetuskiej-Geppert, Haliny Jastrzębowskiej i Antoniego Mehla

1950 – 4 października przyjęcie do Wyższej Szkoły Sztuk Plastycznych w Dreźnie, studia u Rudolfa Bergandera i Fritza Dähna, do klasy malarstwa: przeniesienie nastąpiło na prośbę Serbołużyckiego Kuratorium Oświaty Ludowej

1953 – ukończenie studiów z dyplomem; powrót do Nebelschütz; przeprowadzka do Budziszyna, pierwsze mieszkanie na Dr.-Peter-Jordan-Straße 18; przystąpienie do Grupy Roboczej Serbołużyckich Artystów Plastyków

1953–1956 – podejmuje pracę jako niezależny artysta w Budziszynie, pierwsze zlecenia

1954 – 9 listopada ślub z Antonią Röschke z Nebelschütz; zaczyna prowadzić amatorskie koła artystyczne: pracę tę kontynuuje aż do lat 90. XX w.

1955 – przeprowadzka do większego mieszkania na Martin-Hoop-Str. 3, gdzie mieszkał wraz z rodziną do 1996 r.; zabiegi o przyjęcie w charakterze młodego artysty serbołużyckiego do Związku Artystów Plastyków Niemiec (VBKD); wniosek zostaje odrzucony

1956 – rozpoczęcie pracy pedagogicznej jako nauczyciel plastyki

1957 – rodzi się syn Peter

1957–1962 – studia zaoczne na Uniwersytecie Karola Marksa w Lipsku na Wydziale Edukacji Artystycznej: w 1962 r. zdobycie podstawowego wykształcenia pedagogicznego w Instytucie Pedagogicznym im. Karola Fryderyka Wilhelma Wandera w Dreźnie

1958 – od tego roku udział we wszystkich ważnych wystawach Grupy Roboczej Serbołużyckich Artystów Plastyków w regionie oraz w kraju i za granicą, w tym także w wystawach z okazji festiwali kultury serbołużyckiej w latach 1968–1989

1959 – wraz z kolegami-artystami z Grupy Roboczej Serbołużyckich Artystów Plastyków – Horstem Schlossarem (Horst Šlosar), Wilhelmem Schieberem (Wylem Šybař), Otto Gartenem (Ota Garten), Martinem Nowakiem-Neumannem (Měrćin Nowak-Njechorński) i Fritzem Kittlerem (Fryco Kitlaŕ) – otrzymuje Nagrodę Ćišinskiego II klasy

1960 – pierwsza podróż do Moskwy i Leningradu z Grupą Roboczą Serbołużyckich Artystów Plastyków: kolejne wyjazdy twórcze do Związku Radzieckiego; wolontariat jako członek kierujący Związkiem Kultury w Zarządzie Powiatu Budziszyńskiego

1961 – przyjęty jako kandydat do Związku Artystów Plastyków NRD; wyjazd twórczy do Warny i Bałczika w Bułgarii

1963 – wyjazd twórczy do Polski, wizyta w Krakowie i w centrum przemysłowym – Nowej Hucie, spotkanie z byłym kolegą z Wrocławia, malarzem Józefem Sumerą, później wzajemne wizyty w obu krajach

1964 – pierwszy udział w Okręgowej Wystawie Sztuki w Dreźnie, potem regularne uczestnictwo; powołanie do jury Okręgowej Wystawy Sztuki

1965 – pierwsza praca malarska w architekturze – trzyczęściowa mozaika na południowym budynku Serbołużyckiego Zespołu Kultury Ludowej (dziś Serbołużyckiego Zespołu Narodowego); do 1990 r. dalsze zlecenia na dzieła malarskie w architekturze w szkołach, instytucjach kultury i budynkach mieszkalnych

1966 – 25 listopada przyjęcie do Związku Artystów Plastyków NRD

1967 – udział w VI Wystawie Sztuki NRD w Albertinum w Dreźnie (prezentacja pracy *Kosz z owocami*, 1967 r., olej na płótnie); do 1987 r. uczestnictwo we wszystkich innych wystawach sztuki w NRD; pobyt twórczy na wybrzeżu Morza Bałtyckiego, w Prerow, a następnie – do 2000 r. – kolejne na półwyspie Darß.

1968 – powołanie do Zarządu Okręgowego Związku Artystów Plastyków w Dreźnie

1968–1969 – prace nad pomnikiem serbołużyckiego poety Jakuba Barta-Ćišinskiego wraz z polskim rzeźbiarzem i byłym kolegą ze studiów Władysławem Tumkiewiczem z Wrocławia, uroczyste odsłonięcie dzieła 19 października 1969 r. w Ostro

Abb. 17 Teilnehmende der Internationalen Künstlerkolonie in Hajdusàg, 1974. Zweiter von links Jan Buck, links neben ihm Sohn Peter

wobr. 17 Wobdźělnicy mjezynarodneje kolonije wumělcow w Hajdusàgu, 1974. Druhi wotlěwa Jan Buk, pódla njeho nalěwo syn Pětr

wobr. 17 Wobdźělniki mjazynarodneje kolonije wumělcow w Hajdusàgu, 1974. Drugi wótlěwa Jan Buk, pódla njogo nalěwo syn Pětš

il. 17 Uczestnicy Międzynarodowej Kolonii Artystów w Hajdusàg, 1974 r. Drugi od lewej Jan Buck, obok niego syn Peter

Abb. 18 Arbeit am Mosaik in Sollschwitz, 1971

wobr. 18 Dźěło na mozaiku w Sulšecach, 1971

wobr. 18 Źěło na mozaiku w Sulšecach, 1971

il. 18 Praca nad mozaiką w Sollschwitz, 1971 r.

Abb. 19 Mit Ehefrau Antonia vor seinem Haus in Nebelschütz, 1982

wobr. 19 Z mandźelskej Antoniju před swojim domom w Njebjelčicach, 1982

wobr. 19 Ze žeńskeju Antoniju pśed swójim domom w Njebjelčicach, 1982

il. 19 Z żoną Antonią przed swoim domem w Nebelschütz, 1982 r.

1969 – nabycie obrazu *Martwa natura* (1969 r., olej na płótnie) przez Galerię Młodej Sztuki we Frankfurcie n. Odrą, prezentującą reprezentatywny przekrój dokonań najważniejszych współczesnych artystów NRD

1970 – nagroda Artystyczna Domowiny I Stopnia za pracę *Kombajn zbożowy E 512 w akcji* (1969, olej na płótnie); pierwsza indywidualna wystawa w galerii Miejskie Zbiory Sztuki w Görlitz; udział w Międzynarodowym Plenerze w Szczecinie (dawniej Stettin) na zaproszenie Związku Polskich Artystów Plastyków Okręgu Szczecińskiego; następnie obraz *Stocznia* (1970, olej na płótnie) trafia do Muzeum Narodowego w Szczecinie

1973 – członek Zarządu Okręgowego Związku Artystów Plastyków NRD, Okręg Drezno; pobyt twórczy w Uzbekistanie

1974 – udział w plenerze Międzynarodowej Kolonii Artystów w Hajduság na Węgrzech na zaproszenie Węgierskiego Związku Artystów Plastyków; powstaje pięć prac olejnych; stworzenie obrazu *Moja matka* (olej na płótnie)

1976 – wycofuje się ze szkolnictwa, odtąd pracuje w charakterze niezależnego artysty

1976–1996 – kierownik studiów wieczorowych na Uniwersytecie Sztuk Pięknych w Dreźnie, w filii w Budziszynie, nauczanie na Wydziale Malarstwa

1977–1987 – członek Centralnej Grupy Roboczej ds. Edukacji Ludowej przy Związku Artystów Plastyków NRD

1978 – projekt nagrobka dolnołużyckiej poetki Miny Witkojc w mieście Burg w Szprewaldzie wraz z rzeźbiarzem Jürgenem von Woyskim na zlecenie Zarządu Federalnego Domowiny; stworzenie obrazu *Wizyta* (olej na płótnie), w 1982 r. zakupionego przez Państwowe Zbiory Sztuki w Dreźnie; pierwszy udział w Międzynarodowym Plenerze Energetycznym w Chociebużu, w którym będzie uczestniczył regularnie przez najbliższych dziesięć lat

1979 – rozpoczyna uwieczniać dolnołużyckie wsie, skazane na zniszczenie wskutek odkrywkowego wydobycia węgla brunatnego; tak powstaje seria obrazów *Zdewastowane wsie*

1981 – udział w Międzynarodowym Plenerze w Stražicy w Bułgarii; powstają trzy obrazy olejne i 15 akwarel

1982 – od 26 czerwca do 8 sierpnia – najbardziej reprezentatywna i największa jak dotąd indywidualna wystawa artysty w Sali Precjozów drezdeńskiego Zamku Rezydencyjnego

1985 – udział w Międzynarodowym Plenerze w Smolanie w Bułgarii; powstają trzy obrazy olejne i 40 akwarel

1986 – 24 sierpnia przyznanie najwyższej nagrody państwowej w dziedzinie kultury i sztuki serbołużyckiej – Nagrody im. Ćišinskiego

1988 – pobyt twórczy w Paryżu w związku z wystawą »Serbołużyczanie w NRD«, na której Buck prezentował pięć prac; w 1990 r. – kolejny wyjazd twórczy do Paryża

1991 – przyjęcie do Serbołużyckiego Związku Artystów

1994 – pobyt twórczy w Stenico we Włoszech wraz z serbołużycką graficzką i malarką Bożeną Nawką-Kunysz; przyznanie Budziszyńskiej Nagrody Artystycznej

1995 – przyznanie Nagrody Artystycznej Górnych Łużyc

1996 – przeprowadzka do domu rodzinnego w Nebelschütz

2003 – wystawa w Muzeum Narodowym w Szczecinie otwiera cykl ekspozycji w Polsce; kolejne odbyły się w 2004 r. w Muzeum Śląska Opolskiego w Opolu i w Muzeum Piastów Śląskich w Brzegu oraz w 2005 r. w Muzeum Miejskim »Dom Gerharta Hauptmanna« w Jeleniej Górze/Jagniątkowie (dawniej Hirschberg/Agnetendorf)

2007 – przyznanie honorowego obywatelstwa miasta Budziszyna

2008 – 16 lutego umiera jego żona Antonia

2011 – przyznanie Nagrody Artystycznej Unii Europejskiej za całokształt twórczości

2012 – przyznanie przez gminę Nebelschütz honorowego obywatelstwa z okazji 90. urodzin

2015 – przeprowadzka do Serbołużyckiego Domu Seniora im. Św. Ludmiły w Crostwitz

2018 – honorowe członkostwo Serbołużyckiego Związku Artystów

2019 – umiera 1 kwietnia w Crostwitz i zostaje pochowany 4 kwietnia na cmentarzu w Nebelschütz obok żony Antonii

Abb. 20 Internationales Energie-Pleinair in Cottbus, 1982

wobr. 20 Mjezynarodny Energijowy pleinair w Choćebuzu, 1982

wobr. 20 Mjazynarodny Energijowy pleinair w Chóśebuzu, 1982

il. 20 Międzynarodowy Malarski Plener Energetyczny w Chociebużu, 1982 r.

Abb. 21 Verleihung der Ehrenbürgerschaft durch den Oberbürgermeister der Stadt Bautzen Christian Schramm, 2007

wobr. 21 Wyši měšćanosta Budyšina Christian Schramm wuznamjeni Jana Buka jako čestneho wobydlerja, 2007

wobr. 21 Jan Buk dostanjo cesne měsćaństwo wót wušego šołty Města Budyšyna Christiana Schramma, 2007

il. 21 Przyznanie honorowego obywatelstwa przez nadburmistrza miasta Budziszyna Christiana Schramma, 2007 r.

Abb. 22 Ausstellungseröffnung im Museum der Schlesischen Piasten (Muzeum Piastów Śląskich) in Brzeg (Polen), 2004

wobr. 22 Wotewrjenje wustajeńcy w Muzeju Šleskich Piastow (Muzeum Piastów Śląskich) w pólskim Brzegu, 2004

wobr. 22 Wótwórjenje wustajeńce w Muzeju Šlazyńskich Piastow (Muzeum Piastów Śląskich) w pólskem Brzegu, 2004

il. 22 Otwarcie wystawy w Muzeum Piastów Śląskich w Brzegu (Polska), 2004 r.

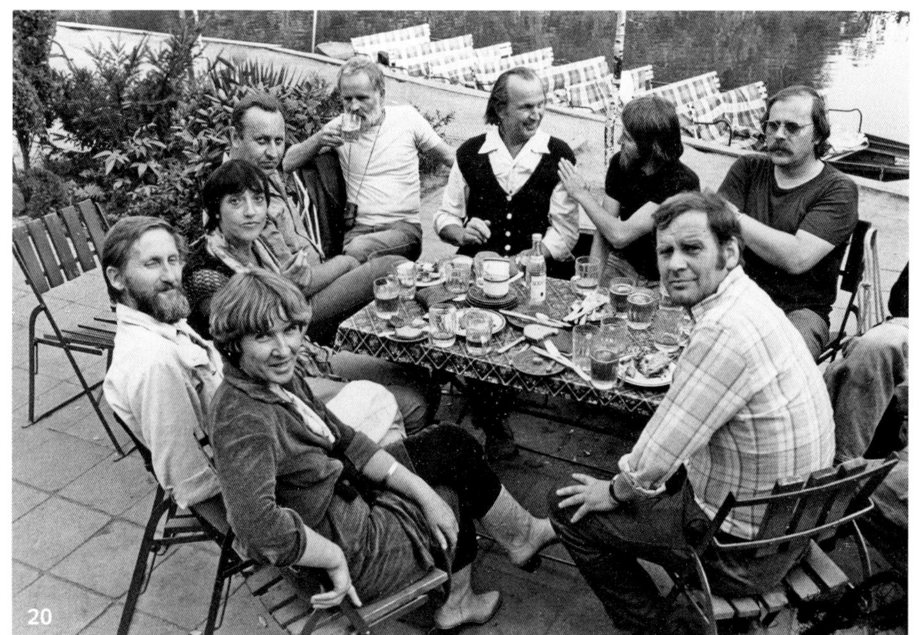
20

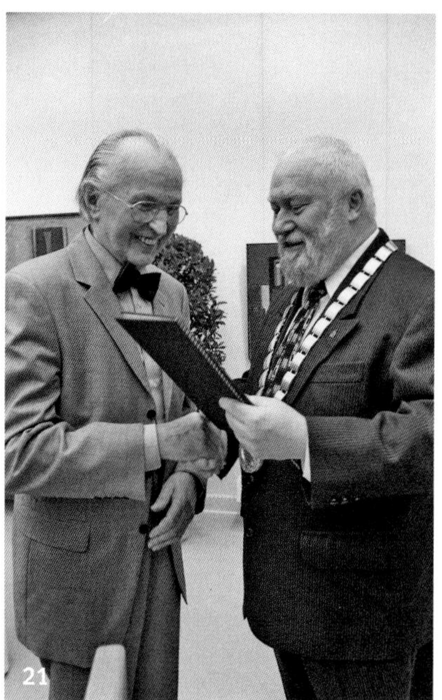
21

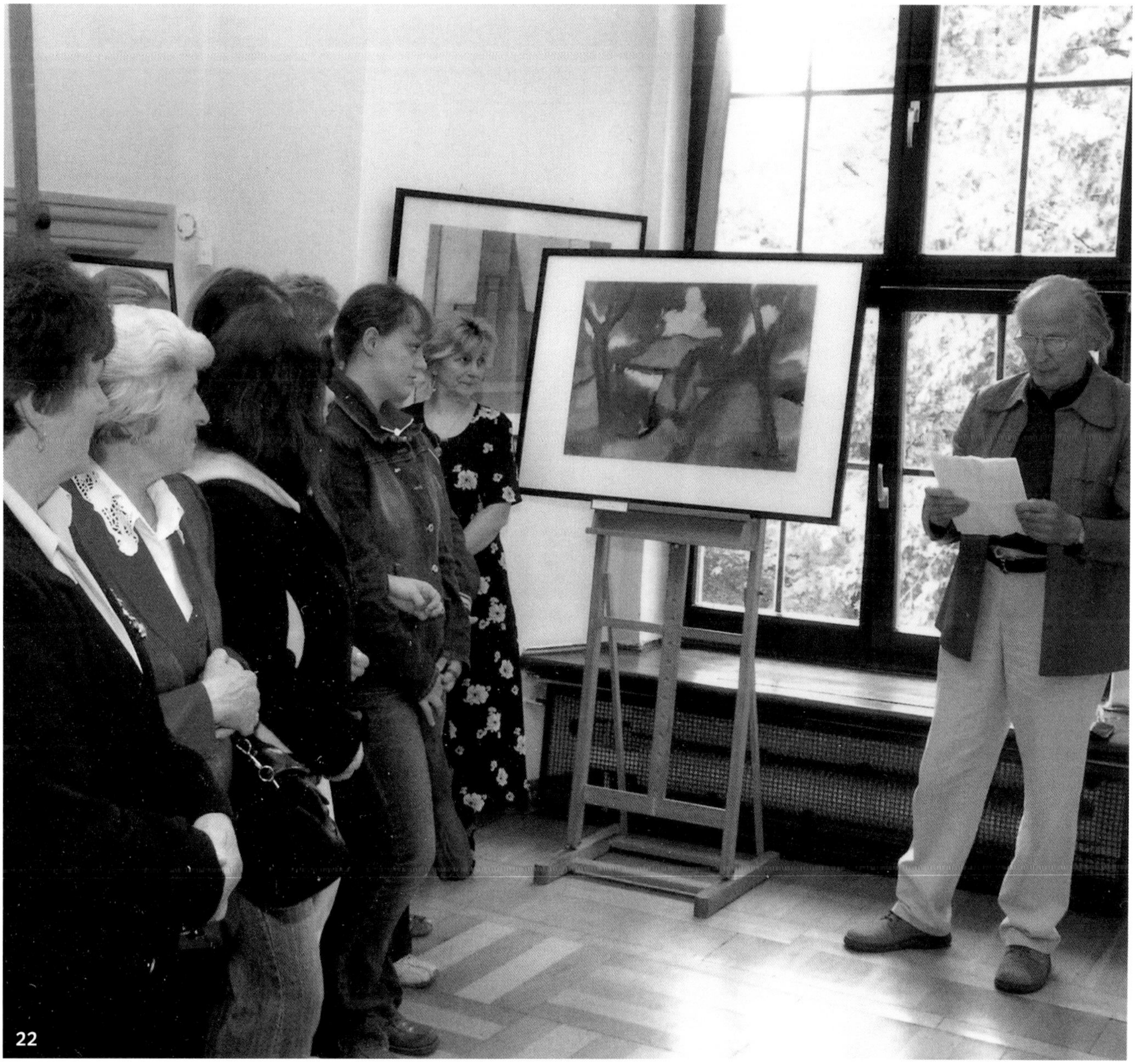

22

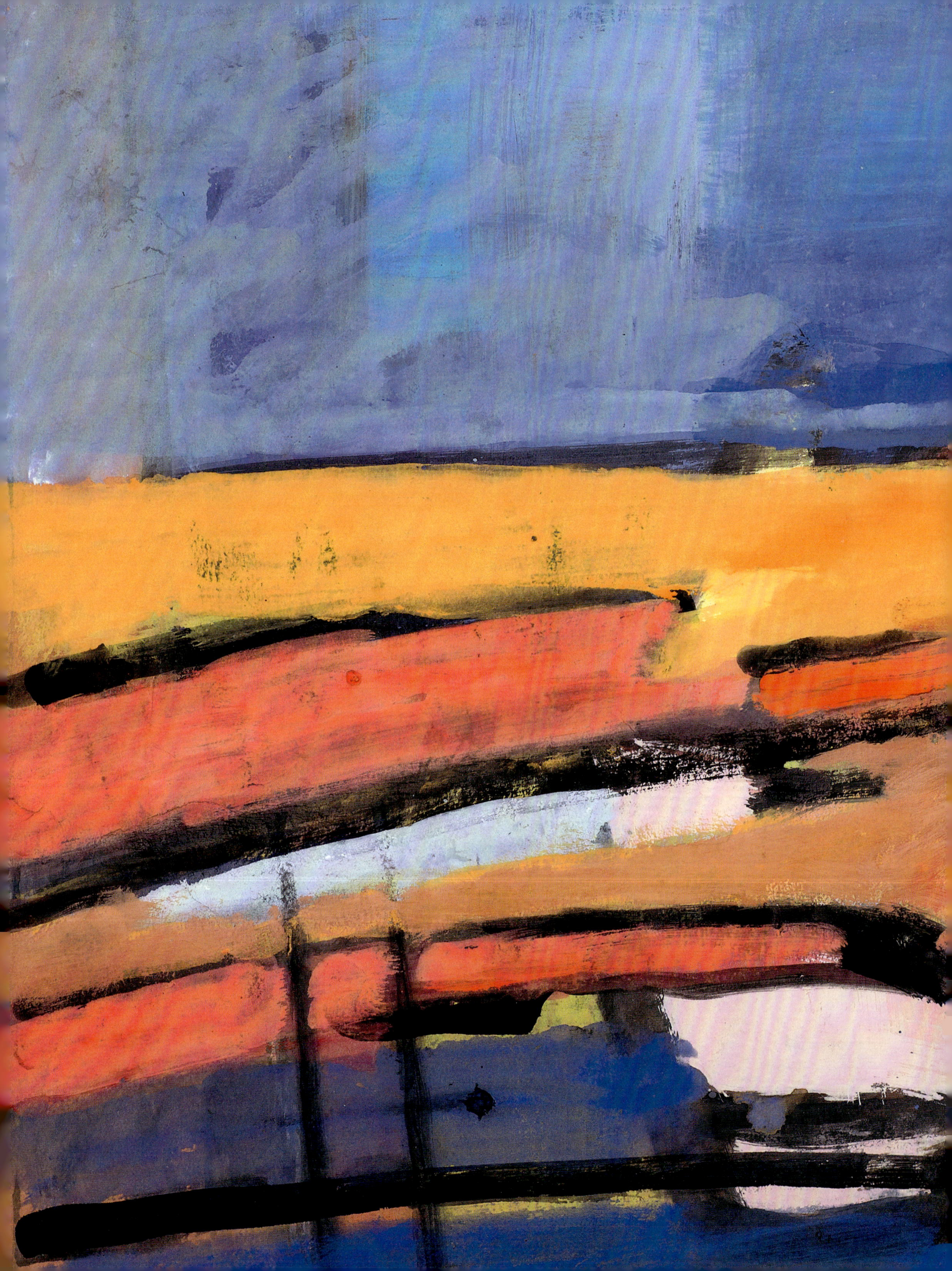

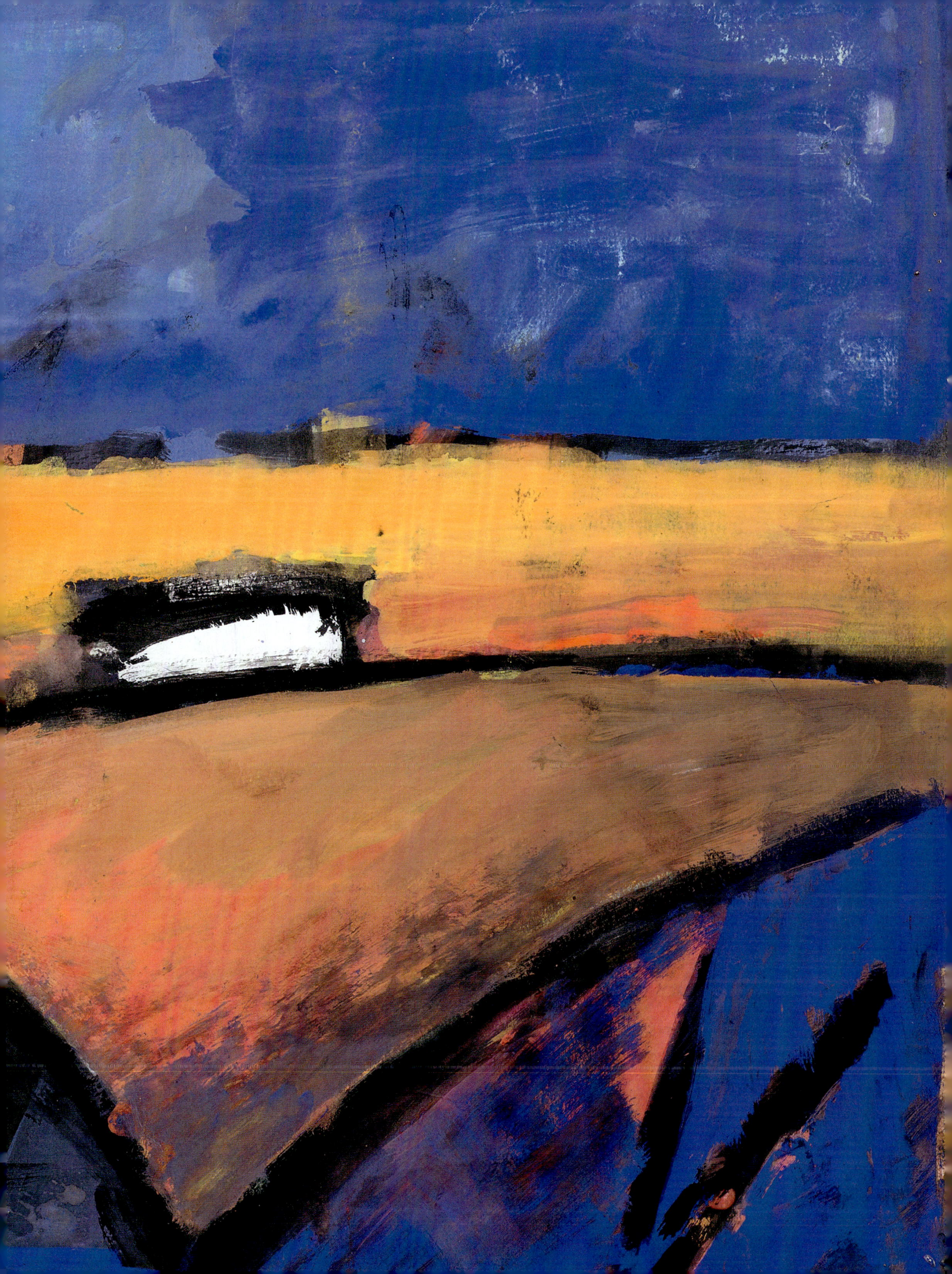

Verzeichnis der Werke in öffentlichen Sammlungen | Zapis twórbow w zjawnych zběrkach | Zapis twóŕbow w zjawnych zběrkach | Wykaz dzieł znajdujących się w zbiorach publicznych

Albertinum | Galerie Neue Meister, Staatliche Kunstsammlungen Dresden

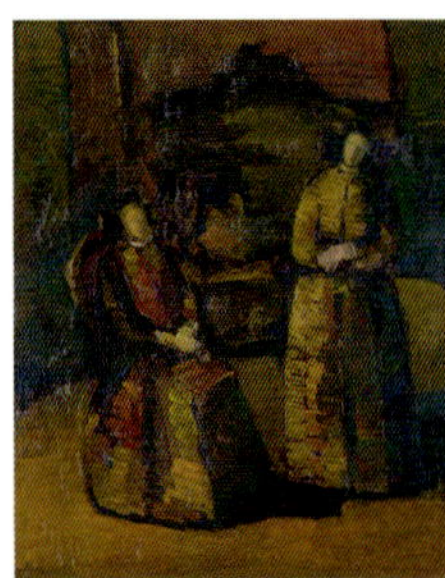

Der Besuch
Wopyt
Woglěd
Wizyta
1978, Öl auf Leinwand,
100,0 × 82,0 cm,
Inv.-Nr. 83/06

Brandenburgisches Landesmuseum für moderne Kunst

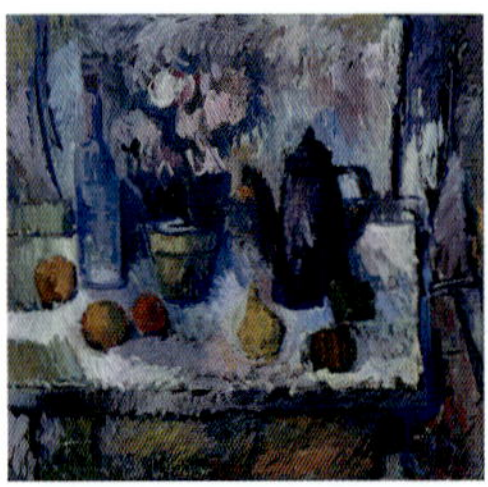

Stillleben
Ćišno
Śichowobraz
Martwa natura
1969, Öl auf Leinwand,
75,0 × 80,0 cm,
Inv.-Nr. M 1407–172

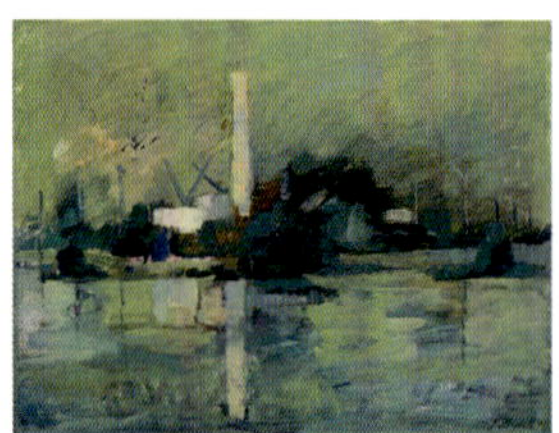

Kraftwerk Jänschwalde
Janšojska milinarnja
Janšojska milinaŕnja
Elektrownia w Jänschwalde
1979, Öl auf Leinwand,
61,6 × 81,7 cm,
Inv.-Nr. M 247–78

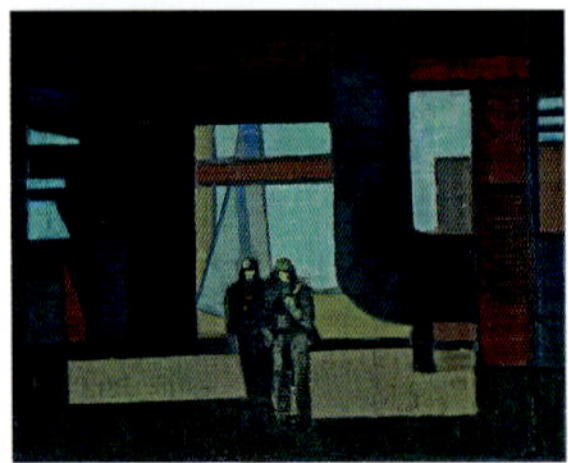

Erbauer des Kraftwerks Jänschwalde
Twarcaj Janšojskeje milinarnje
Twaŕca Janšojskeje milinaŕnje
Budowniczy elektrowni w Jänschwalde
1979, Öl auf Leinwand,
73,4 × 92,0 cm,
Inv.-Nr. M 272–80

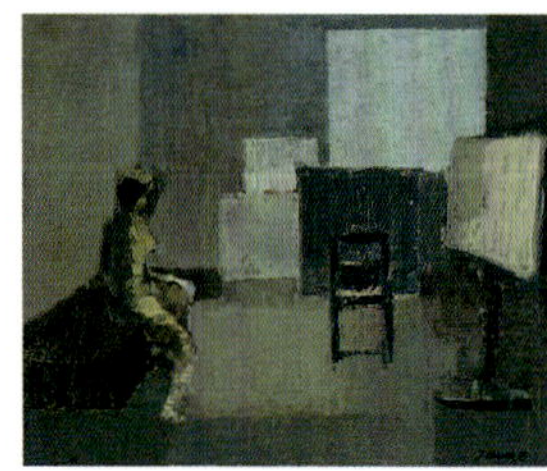

Das Modell (Akt im Atelier)
Model (akt w ateljeju)
Model (akt w ateljeju)
Modelka (akt w pracowni)
1979, Öl auf Leinwand,
75,2 × 90,4 cm,
Inv.-Nr. M 417–90

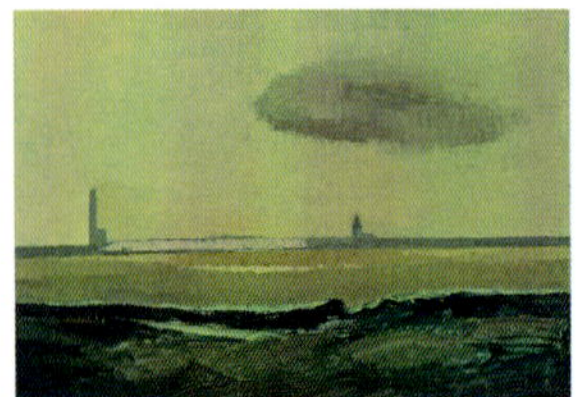

Landschaft bei Klein Lieskow
Krajina pola Liškowka
Krajina pla Liškowka
Krajobraz w pobliżu Klein Lieskow
1979, Öl auf Leinwand,
70,3 × 100,5 cm,
Inv.-Nr. M 31–80

Domowina, Regionalverband Niederlausitz e.V./Župa Dolna Łužyca z.t.

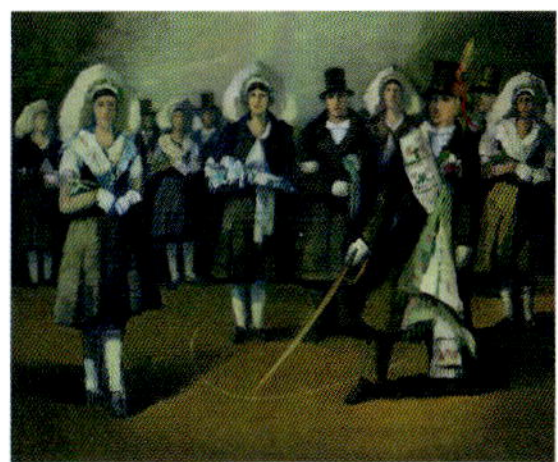

Magischer Kreis
Magiski kruh
Magiski krejz
Magiczny krąg
1984, Öl auf Leinwand,
85,0 × 100,0 cm,
ohne Inv.-Nr.

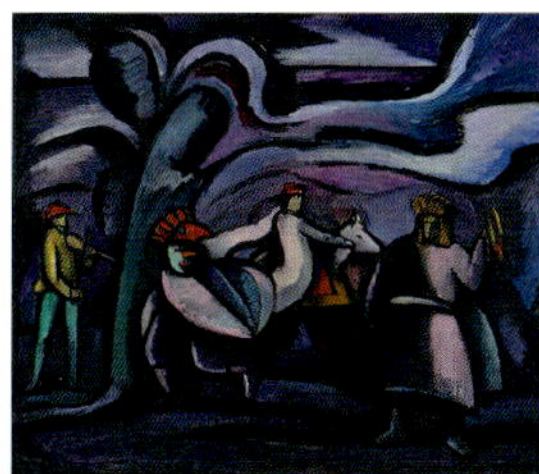

Triptychon Zampern
(Strohbär, Hahn, Storch)
Triptychon camprowanje
(słomjany mjedwjedź, kokot, baćon)
Triptychon camprowanje
(słomjany mjadwjeź, kokot, bóśon)
Tryptyk camprowanje (słomiany niedźwiedź, kogut, bocian)
1988, Öl auf Leinwand,
100,0 × 120,0 cm,
ohne Inv.-Nr.

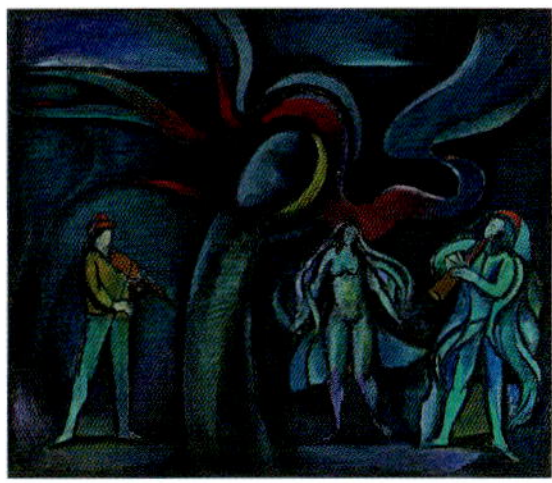

Triptychon Zampern
(Wassermann und Waldgeist Grab)
Triptychon camprowanje
(nykus a lěsny duch grab)
Triptychon camprowanje
(nyks a lěsny duch grab)
Tryptyk camprowanje
(wodnik i duch leśny grab)
1988, Öl auf Leinwand,
100,0 × 120,0 cm,
ohne Inv.-Nr.

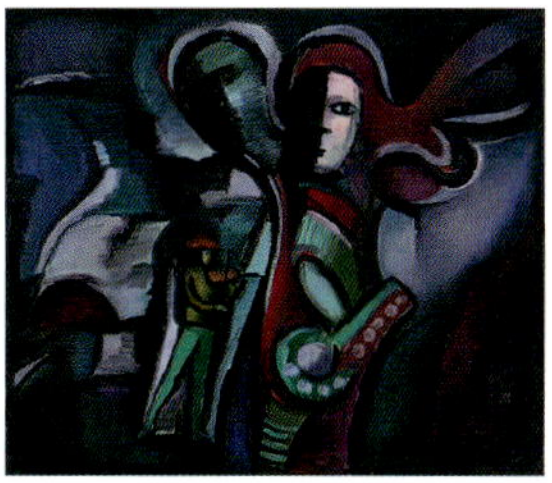

Triptychon Zampern
(Kito der Geiger)
Triptychon camprowanje
(Kito husličkar)
Triptychon camprowanje
(fidlaŕ Kito)
Tryptyk camprowanje
(skrzypek Kito)
1988, Öl auf Leinwand,
100,0 × 120,0 cm,
ohne Inv.-Nr.

Görlitzer Sammlungen für Geschichte und Kultur, Kulturhistorisches Museum Görlitz

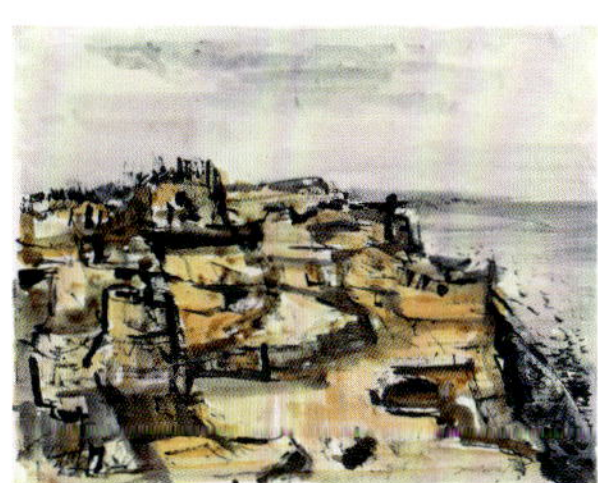

Steilküste bei Wustrow
Nahły brjóh pola Wustrowa
Napśiski pśibrjog pla Wustrowa
Strome wybrzeże w pobliżu Wustrow
1978, Pinsel und Wasserfarben
auf Papier, 48,7 × 63,0 cm,
Inv.-Nr. 304-1984

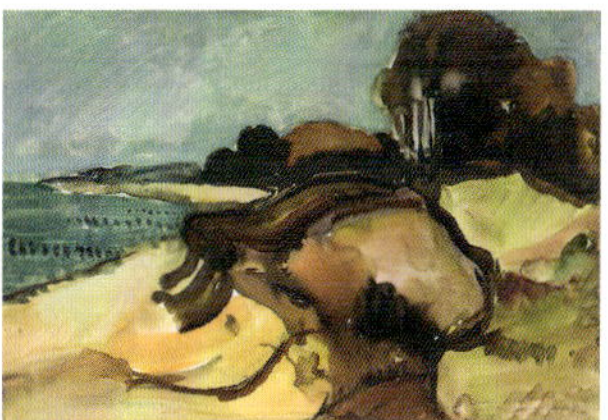

Ostsee Weststrand
Baltiske morjo, zapadni pobrjóh
Baltiske mórjo, pódwjacorny pśibrjog
Wybrzeże zachodnie nad Morzem Bałtyckim
1982, Pinsel und Wasserfarben
auf Karton, 50,0 × 74,0 cm,
Inv.-Nr. 302-1984

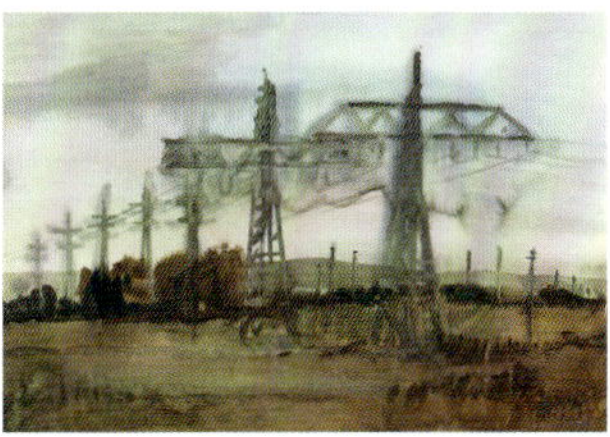

Niederlausitzer Landschaft
Krajina w Delnjej Łužicy
Dolnołužyska krajina
Krajobraz dolnołużycki
1982, Pinsel und Wasserfarben
auf Karton, 50,0 × 74,0 cm,
Inv.-Nr. 303-1984

Hajdúsági Múzeum Hajdúböszörmény (Ungarn)

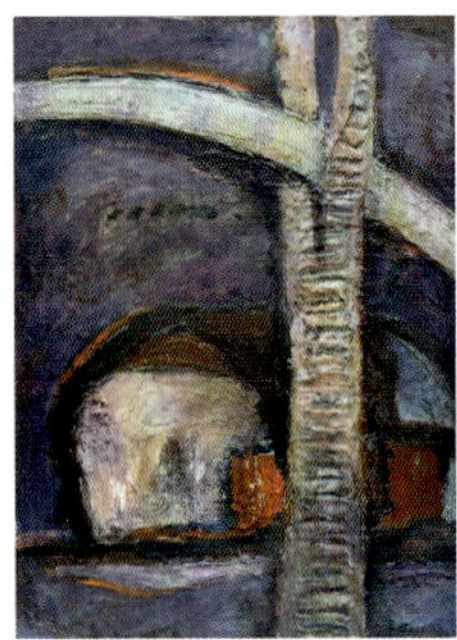

Ziehbrunnen (Gémeskút)
Ćehnita studnja (Gémeskút)
Śěgata studnja (Gémeskút)
Studnia z żurawiem (Gémeskút)
1974, Öl auf Leinwand,
60,0 × 80,0 cm,
Inv.-Nr. 74.16

Kunstarchiv Beeskow

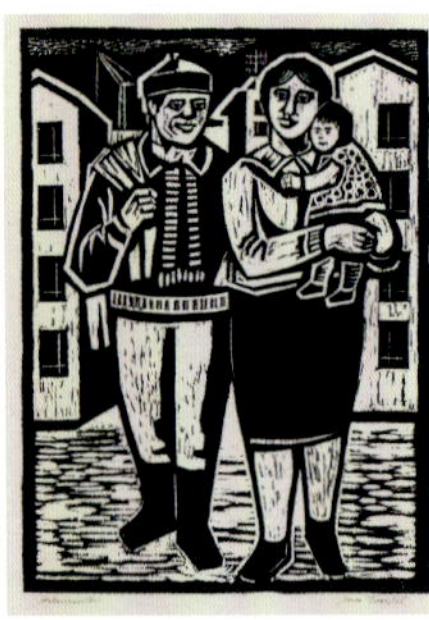

o. T. (sorbische Familie)
bjez titla (serbska swójba)
bźez titela (serbska familija)
Bez tytułu (rodzina serbołużycka)
1965, Holzschnitt auf Papier,
69,0 × 50,0 cm,
Inv.-Nr. B-DG-0334

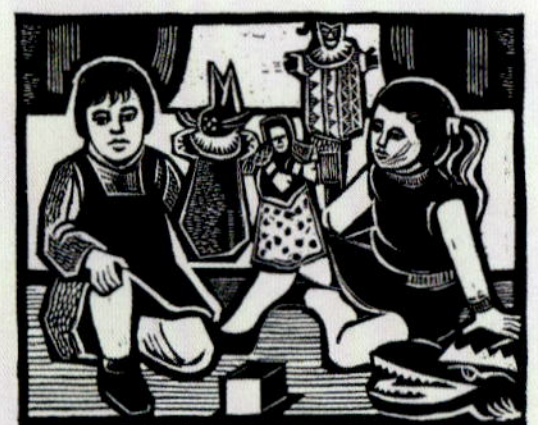

o. T. (Kindergarten)
bjez titla (pěstowarnja)
bźez titla (źiśownja)
Bez tytułu (przedszkole)
1965, Holzschnitt auf Papier,
50,0 × 72,5 cm,
Inv.-Nr. B-DG-0335

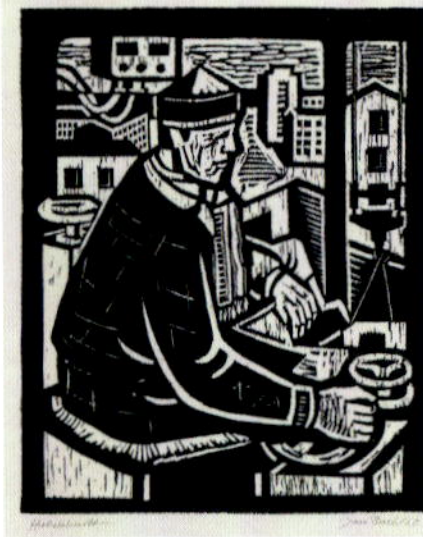

o. T. (Kranfahrer)
bjez titla (wodźer krana)
bźez titela (wjeźaŕ krana)
Bez tytułu (operator dźwigu)
1965, Holzschnitt auf Papier,
72,5 × 50,0 cm,
Inv.-Nr. B-DG-0336

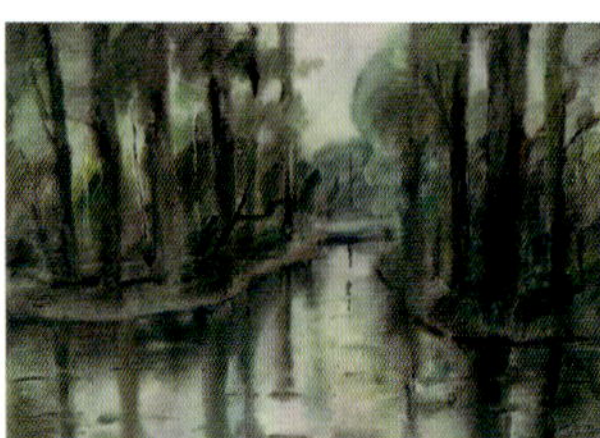

Fließ im Spreewald II
Grobla w Błótach II
Tšuga w Błotach II
Ciek wodny w Szprewaldzie
1982, Aquarell auf Papier,
51,0 × 73,5 cm,
Inv.-Nr. B-ZK-0775

Kustodie der Hochschule für Bildende Künste Dresden

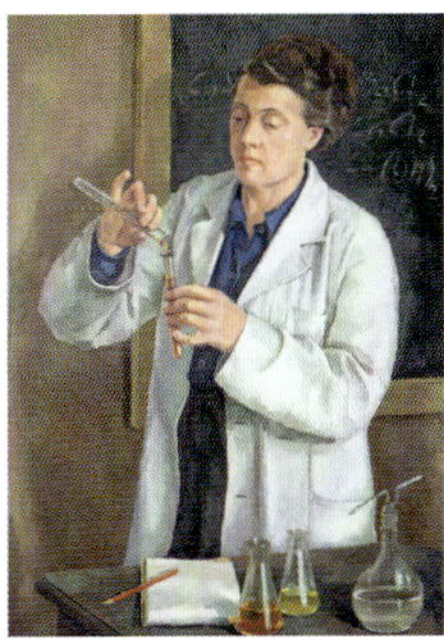

Die Chemikerin
Chemikarka
Chemikaŕka
Chemiczka
1953, Öl auf Leinwand,
100,0 × 70,5 cm,
Inv.-Nr. 224

Landkreis Bautzen, Kunstsammlung / Wokrjes Budyšin, Wumělstwowa zběrka

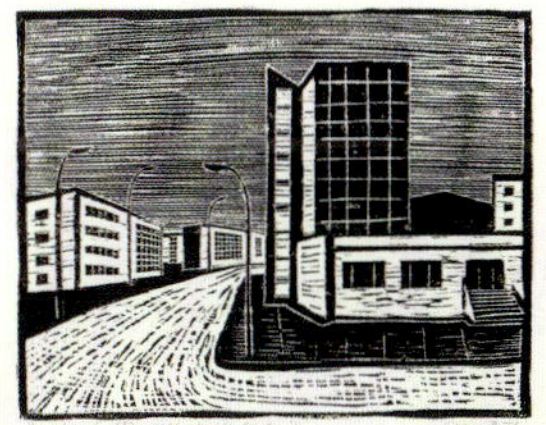

Bautzen – Allendestraße
Budyšin – Allendowa dróha
Budyšyn – droga Allende
Budziszyn – Allendestraße
vor 1979, Holzschnitt auf Papier,
42,0 × 61,4 cm,
ohne Inv.-Nr.

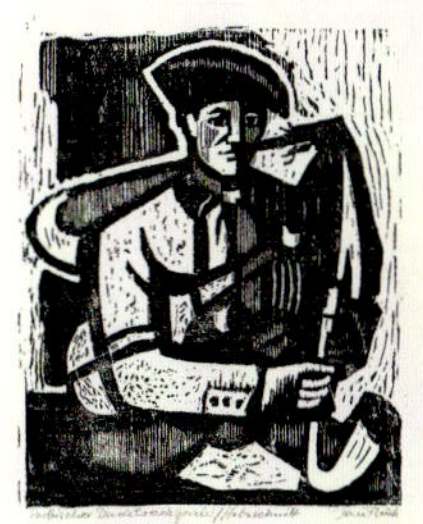

Sorbischer Dudelsackspieler
Serbski dudak
Serbski dudak
Serbołużycki dudziarz
vor 1979, Holzschnitt auf Papier,
61,4 × 42,0 cm,
ohne Inv.-Nr.

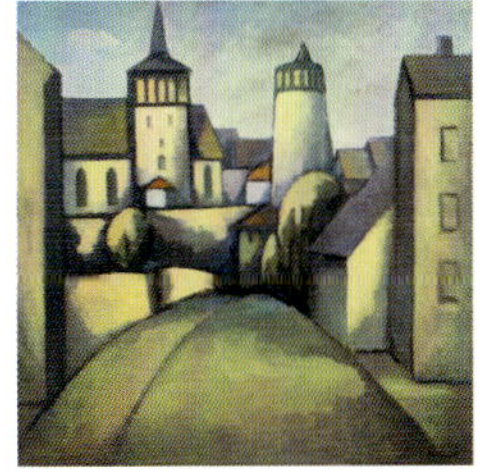

Scharfenberg
Nahła hórka
Nagła górka
Scharfenberg
o. J., Öl auf Leinwand,
122,0 × 122,5 cm,
Inv.-Nr. 00001999

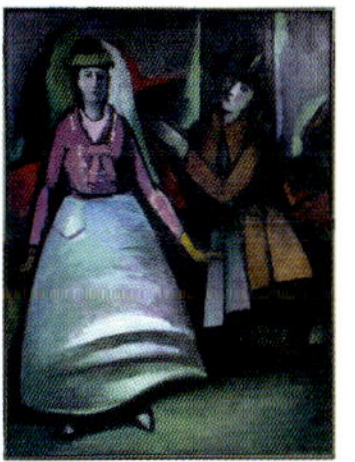

Sorbischer Tanz
Serbska reja
Serbska reja
Taniec serbołużycki
1989, Öl auf Leinwand,
120,0 × 100,0 cm,
ohne Inv.-Nr.

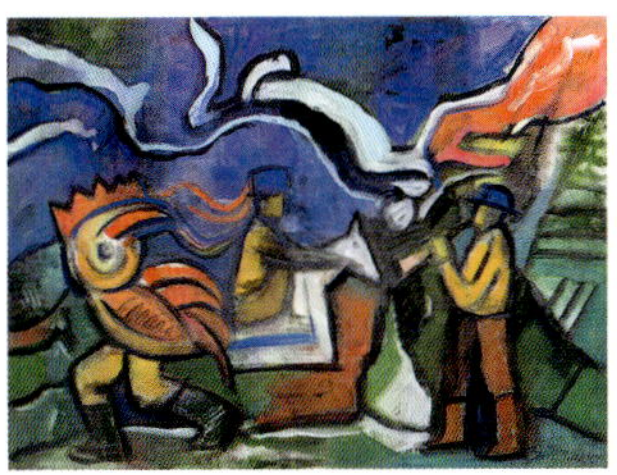

Zamperer
Camprowarjo
Camprowarje
Uczestnik camprowanja
(korowodu przebierańców)
1990, Aquarell auf Papier,
55,0 × 75,0 cm,
Inv.-Nr. 00002033

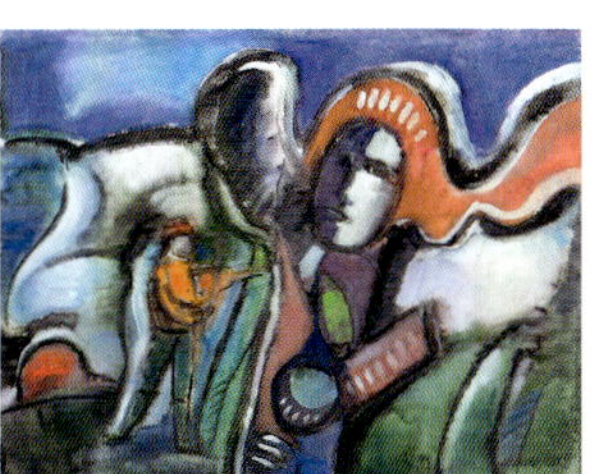

Kifko
1990, Aquarell auf Papier,
55,0 × 75,0 cm,
Inv.-Nr. 00002032

Lausitz Energie Bergbau AG (LEAG)

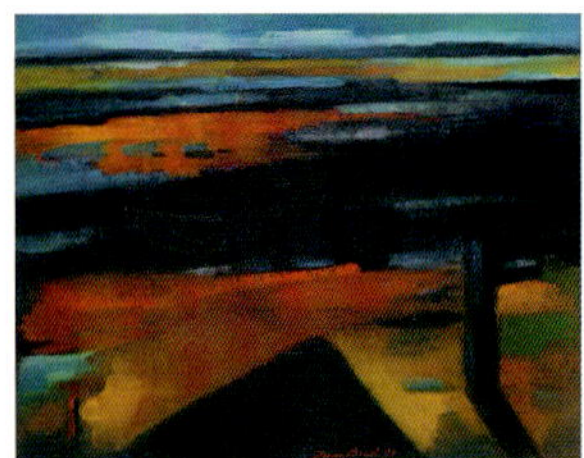

Tagebaulandschaft
Krajina po brunicowej jamje
Krajina wótwórjoneje jamy
Krajobraz po kopalni odkrywkowej
1992, Öl auf Leinwand,
55,0 × 70,0 cm,
ohne Inv.-Nr.

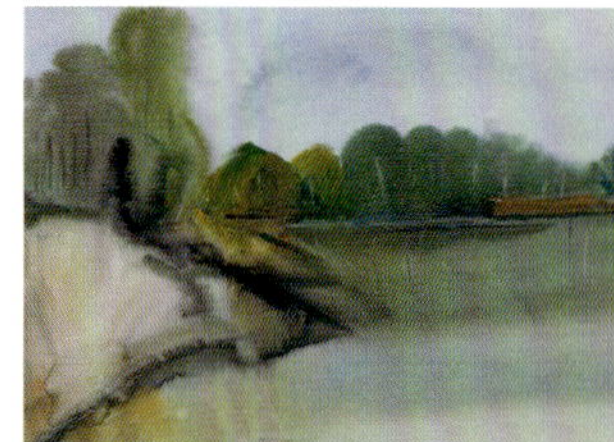

Tagebaulandschaft
(am See, Niederlausitz)
Krajina po brunicowej jamje
(při jězorje, Delnja Łužica)
Krajina wótwórjoneje jamy
(pśi jazoru, Dolna Łužyca)
Krajobraz kopalni odkrywkowej
(przy jeziorze, Dolne Łużyce)
o. J., Aquarell auf Papier,
66,0 × 75,0 cm,
ohne Inv.-Nr.

Museum Bautzen / Muzej Budyšin

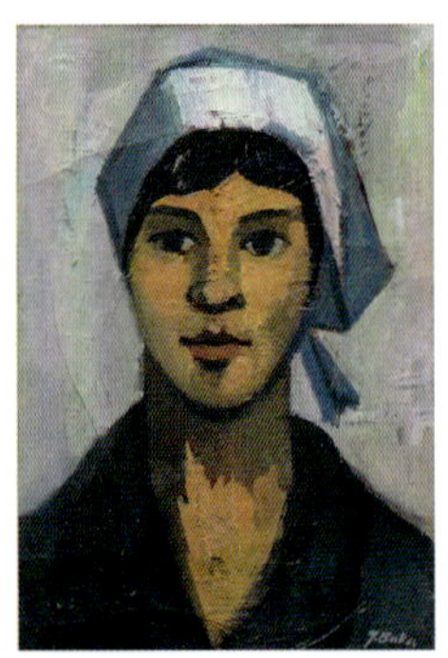

Mädchen mit Kopftuch
Holca w rubišku
Żowćo z lapu
Dziewczyna z chustką na głowie
1964, Öl auf Leinwand,
59,0 × 42,0 cm,
Inv.-Nr. L 1141

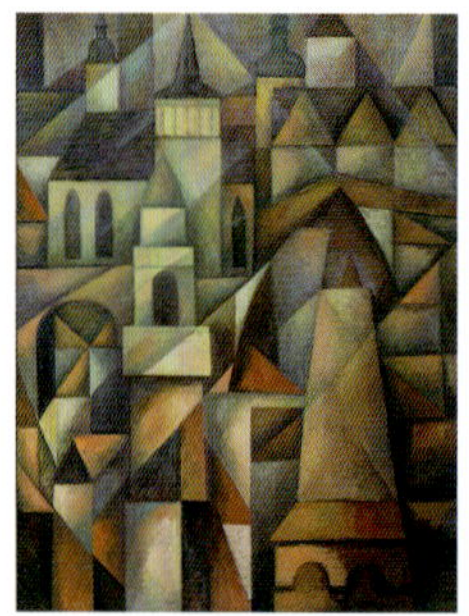

Bautzen. Die Türme der Stadt
Budyšin. Wěže města
Budyšyn. Tormy města
Budziszyn. Wieże miasta
1977, Öl auf Leinwand,
170,0 × 131,0 cm,
Inv.-Nr. 15777

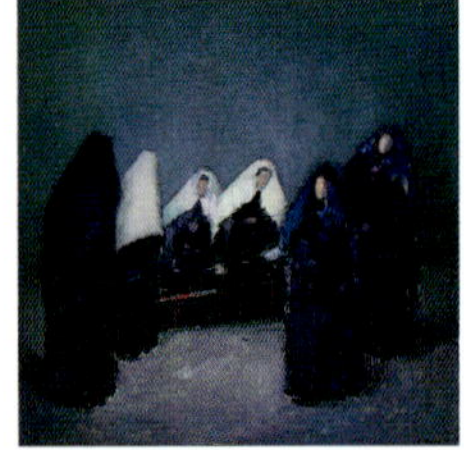

Abschied
Rozžohnowanje
Rozžognowanje
Pożegnanie
1981, Öl auf Leinwand,
100,0 × 100,0 cm,
Inv.-Nr. 30657

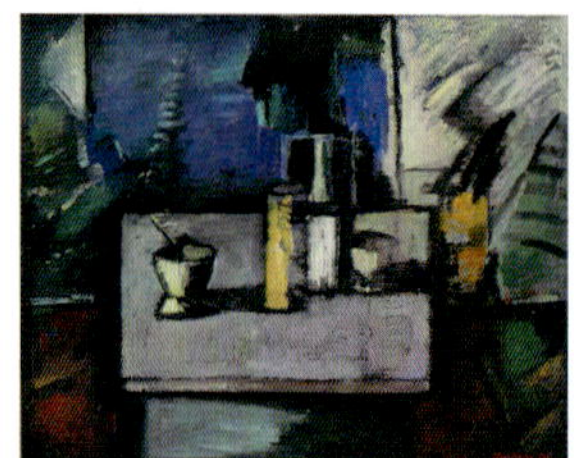

Interieur mit Gefäßen
Interier ze sudobjemi
Interier ze sudobjami
Wnętrze z naczyniami
1990, Öl auf Leinwand,
100,0 × 125,0 cm,
Inv.-Nr. 30658

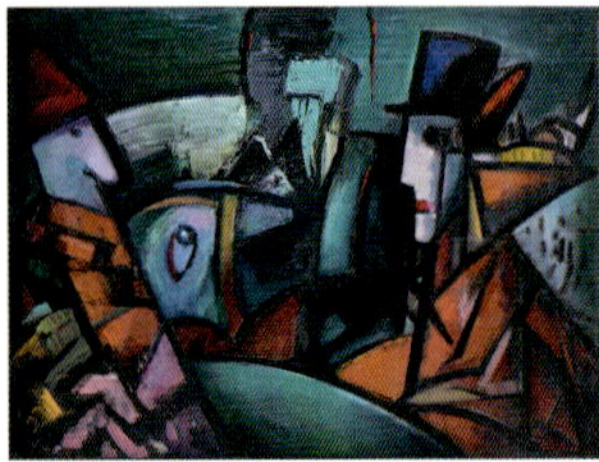

Drittes Auge
Třeće wóčko
Tśeśe wócko
Trzecie oko
1992, Öl auf Leinwand,
90,0 × 120,0 cm,
Inv.-Nr. 30659

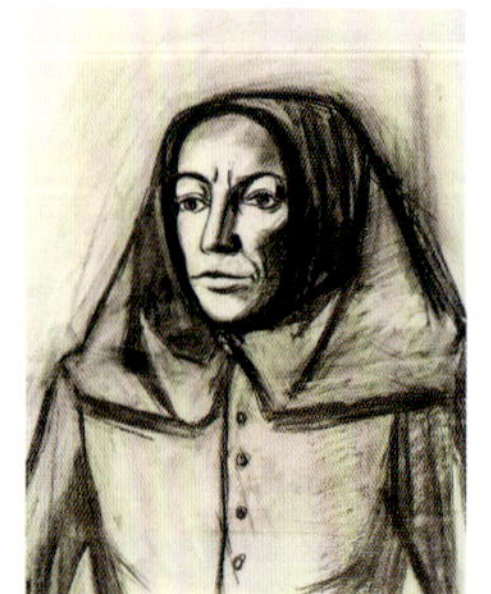

Sorbische Bäuerin mit Kopftuch
Serbska burowka w rubišku
Serbska burowka z lapu
Serbołużycka chłopka
z chustką na głowie
o. J., Kohle auf Papier,
55,1 × 41,6 cm,
Inv.-Nr. 16172

Museum der Westlausitz Kamenz

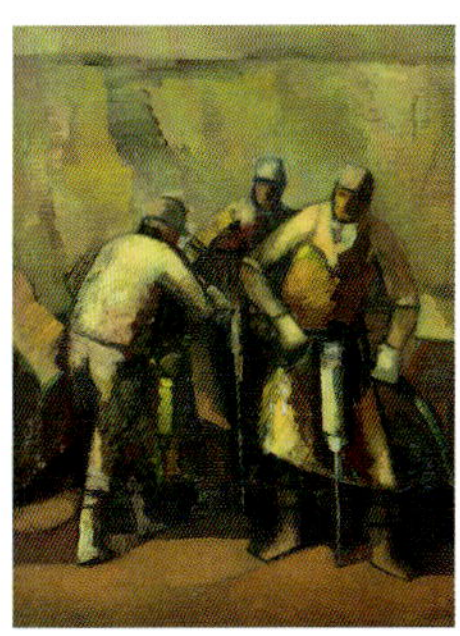

Steinbohrer
Kamjenjetočerjo
Tocarje kamjenjow
Wiercący w kamieniu
1979, Öl auf Leinwand,
75,0 × 100,0 cm,
Inv.-Nr. VI 1308 K1

Muzeum Narodowe w Szczecinie – Muzeum Sztuki Współczesnej (Polen)

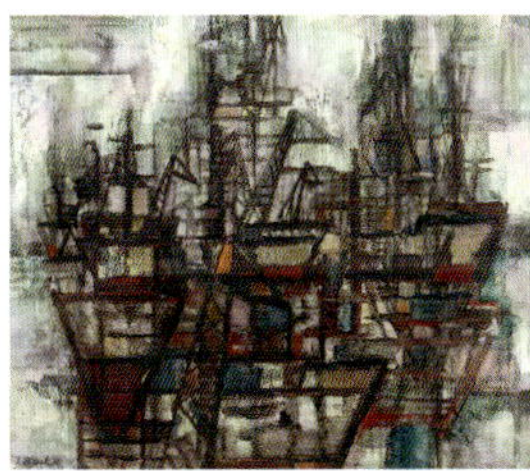

Werft
Łódźnica
Łoźnica
Stocznia
1970, Öl auf Leinwand,
65,0 × 54,0 cm,
Inv.-Nr. MNS/SWO/27

Schloss und Festung Senftenberg, Kunstsammlung Lausitz

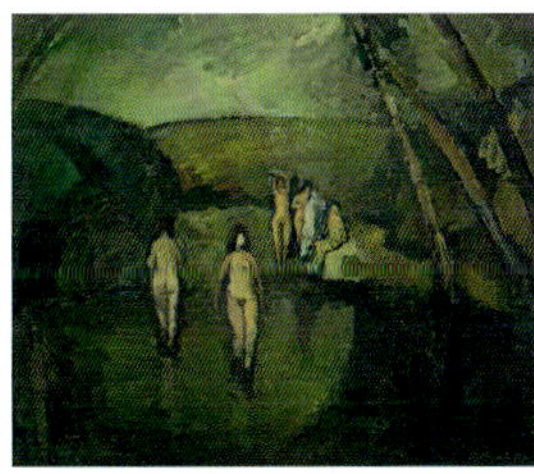

Badende
So kupace žony
So kupace žeńske
Kąpiące się kobiety
1983, Öl auf Leinwand,
85,0 × 71,0 cm,
Inv.-Nr. VI 86:50 K(M)

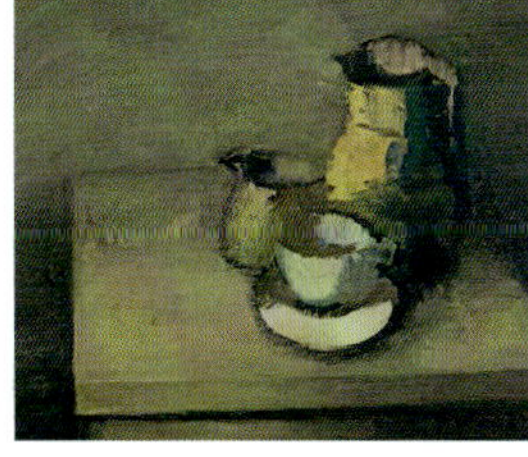

Stillleben mit Krug und Tasse
Ćišno z karanom a šalku
Šichowobraz z kružkom a tasku
Martwa natura z dzbankiem i filiżanką
1984, Öl auf Leinwand,
75,0 × 100,0 cm,
Inv.-Nr. VI 87:49 K(M)

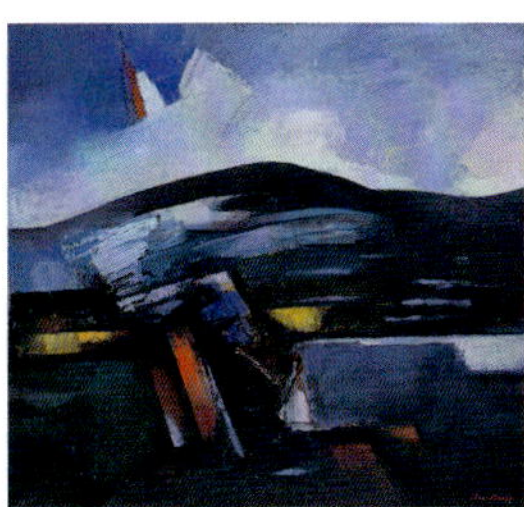

Tagebau mit Abraumhalden
Brunicowa jama z wotsypom
Wótwórjona jama z wótsypowanišćom
Kopalnia odkrywkowa z hałdami
1988, Öl auf Leinwand,
100,0 × 110,0 cm,
Inv.-Nr. VI 90:16 K(M)

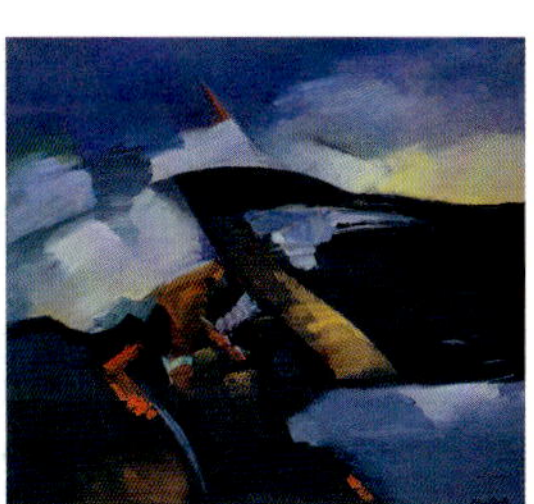

Tagebau II
Brunicowa jama II
Wótwórjona jama II
Kopalnia odkrywkowa II
1988, Öl auf Leinwand,
80,0 × 90,0 cm,
Inv.-Nr. VI 93:06 K(M)

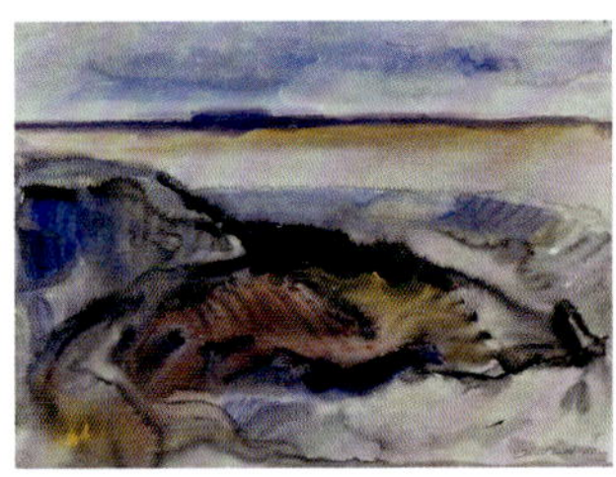

Tagebaulandschaft
Krajina po brunicowej jamje
Krajina pó wótwórjonej jamje
Krajobraz po kopalni odkrywkowej
1988, Aquarell auf Papier,
55,5 × 75,5 cm,
Inv.-Nr. VI 97:01 K(G)

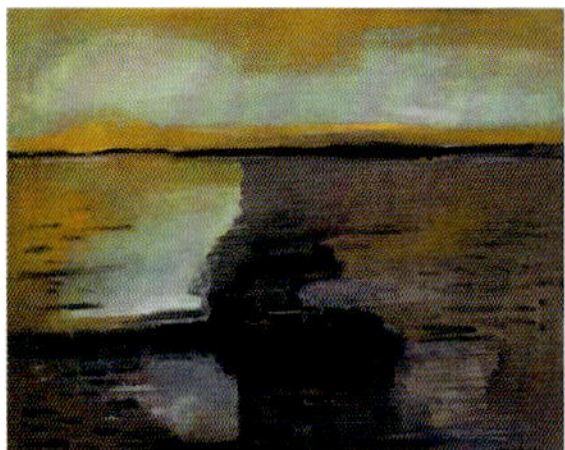

Tagebaulandschaft
Krajina po brunicowej jamje
Krajina pó wótwórjonej jamje
Krajobraz po kopalni odkrywkowej
1990, Öl auf Leinwand,
80,0 × 100,0 cm,
Inv.-Nr. VI 90:17 K(M)

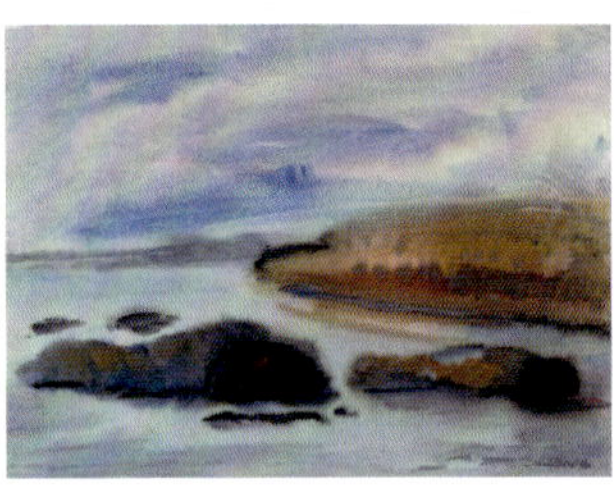

Tagebausee
Jězor po hórnistwje
Jazoro wótwórjoneje jamy
Jezioro odkrywkowe
1990, Aquarell auf Papier,
55,5 × 75,5 cm,
Inv.-Nr. VI 91:418 K(G)

Sorbisches Museum / Serbski muzej

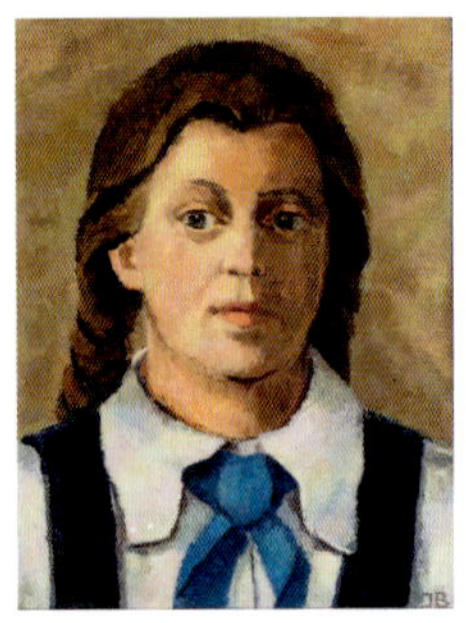

Die Thälmann-Pionierin
Thälmannowča
Thälmannowa pioněrka
Pionierka Thälmanna
1953, Öl auf Leinwand,
39,8 × 30,2 cm,
Inv.-Nr. SM VI-000134 K1

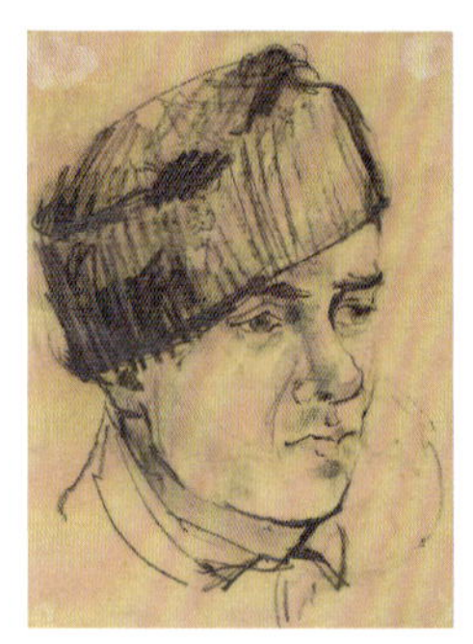

Kopfstudie
Studija hłowy
Studija głowy
Studium głowy
1953, Kohle auf Papier,
43,0 × 31,0 cm,
Inv.-Nr. SM VI-000096 K2

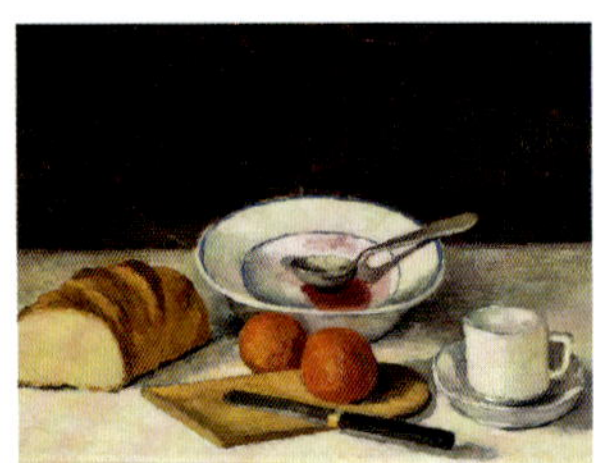

Bäuerliches Frühstücksgedeck
Burska snědań
Buŕske snědanje
Chłopskie śniadanie
1954, Öl auf Leinwand,
45,5 × 60,0 cm,
Inv.-Nr. SM VI-000133 K1

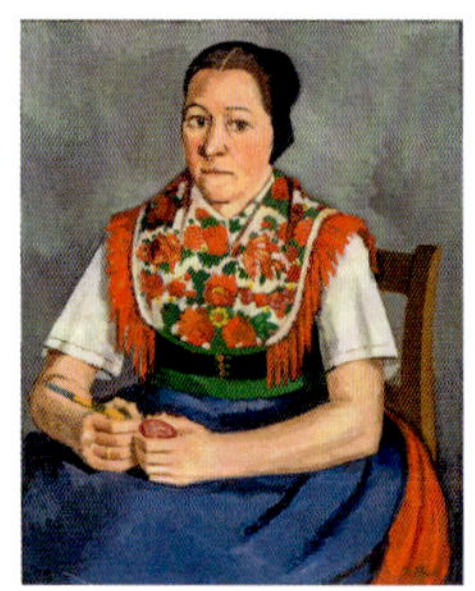

Volkskünstlerin Anna Tillich
Ludowa wuměłča Hana Tilichowa
Ludowa wuměłcowka
Anna Tillichowa
Artystka ludowa Anna Tillich
1954, Öl auf Leinwand,
75,4 × 60,2 cm,
Inv.-Nr. SM VI-000154 K1

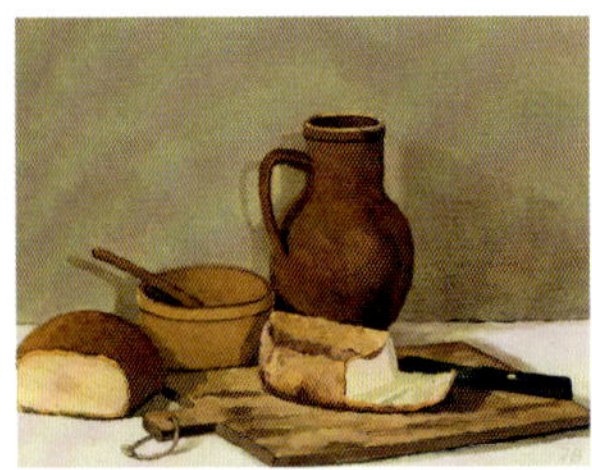

Bauernstillleben
Burske ćišno
Buŕski śichowobraz
Chłopska martwa natura
1955, Öl auf Leinwand,
50,3 × 64,7 cm,
Inv.-Nr. SM VI-000135 K1

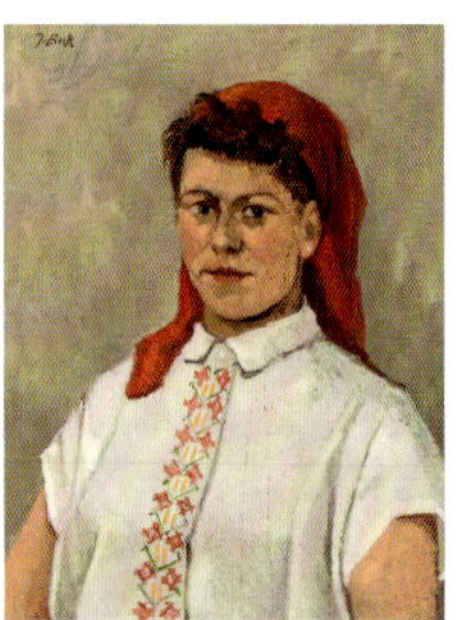

Melkerin (aus der LPG »Měrćin Nowak« in Nechern/Wurschen)
Dejerka (z prodrustwa »Měrćin Nowak« w Njechornju/Worcynje)
Dojaŕka (z LPG »Měrćin Nowak« w Njechornju/Worcynje)
Dojarka (z rolniczej spółdzielni produkcyjnej im. »Měrćina Nowaka« w Nechern/Wurschen)
1955, Öl auf Leinwand,
66,5 × 50,5 cm,
Inv.-Nr. SM VI-000101 K1

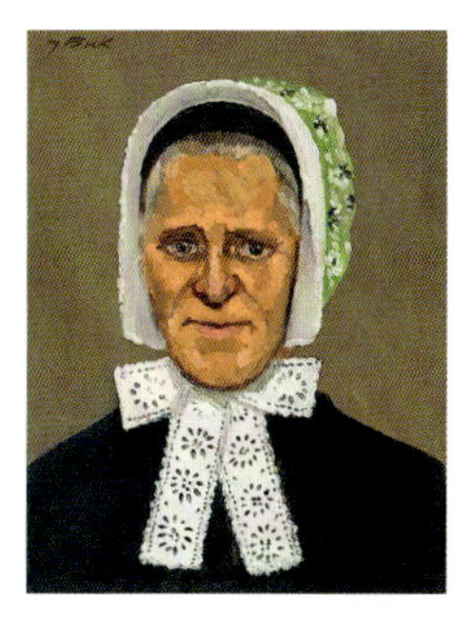

Frau aus Trebendorf
Žona z Trjebina
Žeńska z Trjebina
Kobieta z Trebendorf
1956, Öl auf Leinwand,
45,7 × 35,8 cm,
Inv.-Nr. SM VI-000183 K1

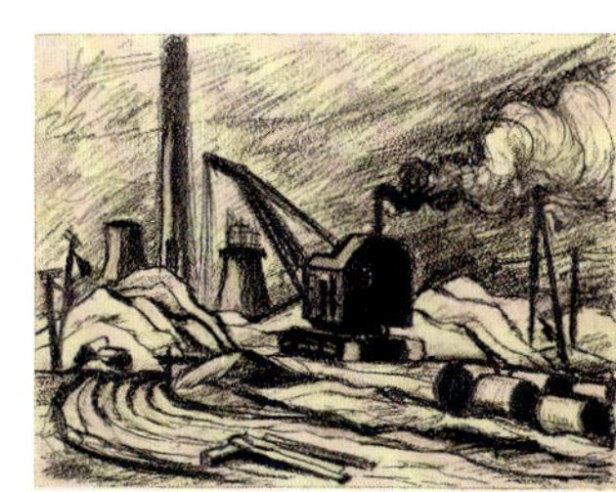

Schwarze Pumpe
Čorna Pumpa
Carna Plumpa
Schwarze Pumpe
1957, Kohle auf Papier,
29,6 × 40,0 cm,
Inv.-Nr. SM VI-000062 K2

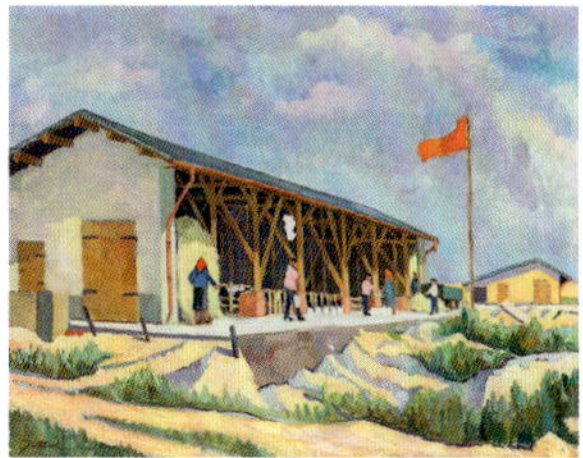

Rinderoffenstall
Wučinjena hródź
Skótna wótwórjona groź
Otwarta obora dla bydła
1958, Öl auf Leinwand,
70,0 × 90,0 cm,
Inv.-Nr. SM VI-000184 K1

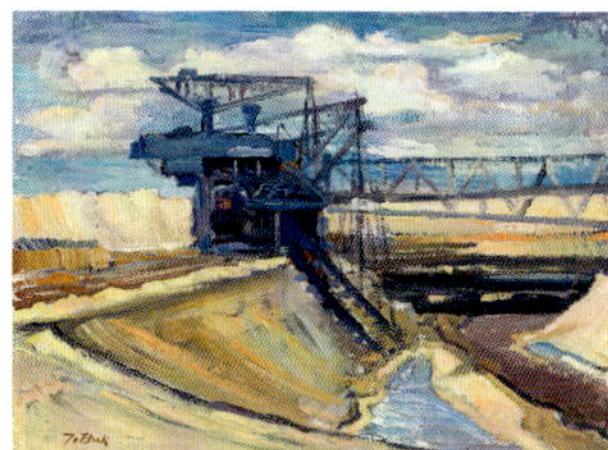

Förderbrücke
Wuwozny móst
Pśewózny móst
Most przenośnika
1959, Öl auf Leinwand,
40,0 × 55,5 cm,
Inv.-Nr. SM VI-000192 K1

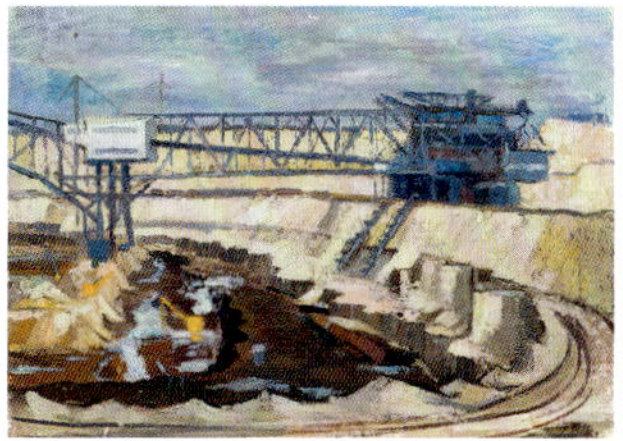

Förderbrücke BKW Spreetal
Wuwozny móst brunicownja
Sprjewiny doł
Pśewózny móst BKW
Sprjewiny doł
Most przenośnika BKW Spreetal
1959, Öl auf Leinwand,
62,2 × 87,0 cm,
Inv.-Nr. SM VI-000191 K1

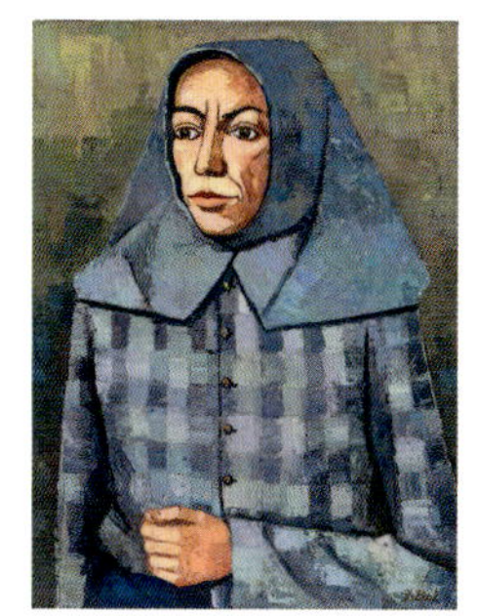

Marja Jančowa
1959, Öl auf Leinwand,
65,3 × 50,2 cm,
Inv.-Nr. SM VI-000345 K1

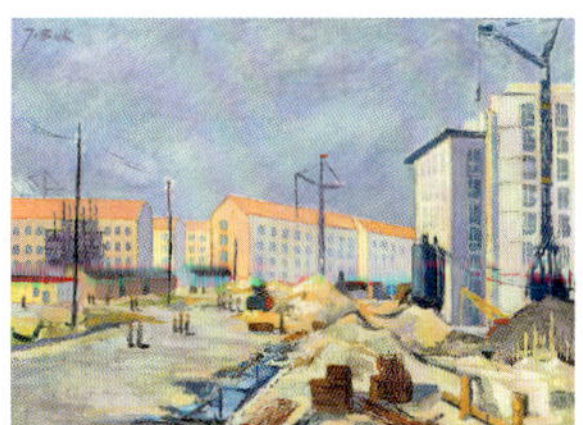

Aufbau Hoyerswerda
Natwar Wojerec
Natwarjenje Wórjejc
Budowa w mieście Hoyerswerda
1960, Öl auf Leinwand,
60,0 × 85,4 cm,
Inv.-Nr. SM VI-000196 K1

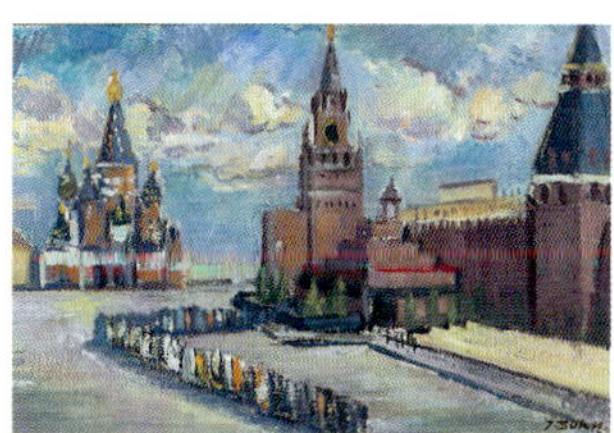

Besuch im Mausoleum
Wopyt mawsoleja
Woglěd w mawsoleumje
Wizyta w mauzoleum
1960, Öl auf Hartfaser,
31,0 × 47,0 cm,
Inv.-Nr. SM VI-000195 K1

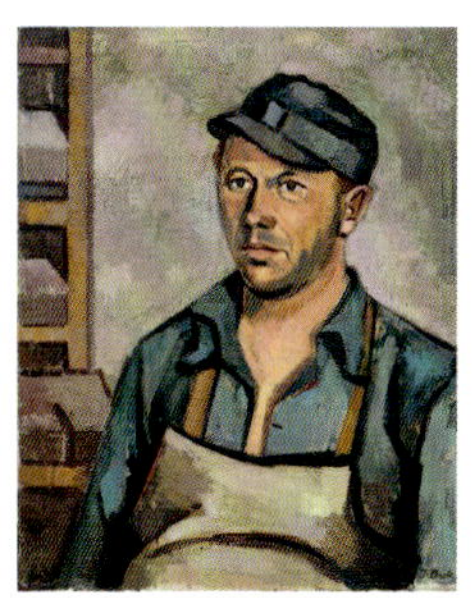

Brigadier Straube
Brigaděr Štrawba
Brigaděr Štrawba
Brygadier Straube
1960, Öl auf Leinwand,
82,2 × 67,5 cm,
Inv.-Nr. SM VI-000156 K1

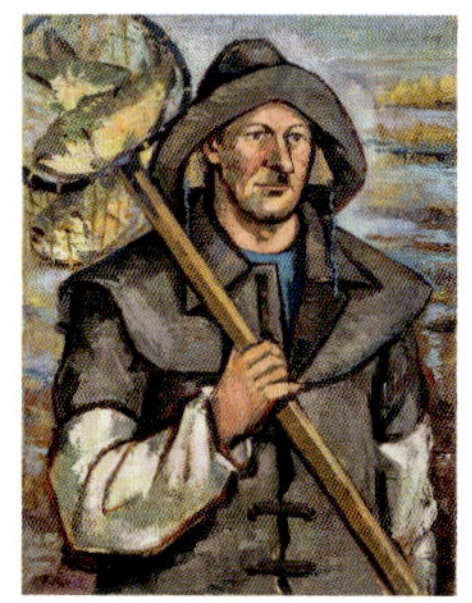

Fischer-Aktivist
Rybar-aktiwist
Rybaŕ-aktiwist
Rybak-aktywista
1961, Öl auf Leinwand,
87,5 × 67,0 cm,
Inv.-Nr. SM VI-003313 K1

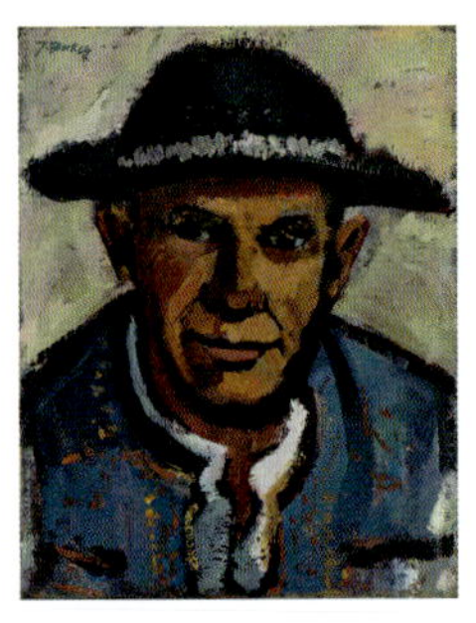

Polnischer Volkskünstler
Pólski ludowy wuměłc
Pólski ludowy wuměłc
Polski artysta ludowy
1964, Öl auf Leinwand,
47,5 × 38,5 cm,
Inv.-Nr. SM VI-003331 K1

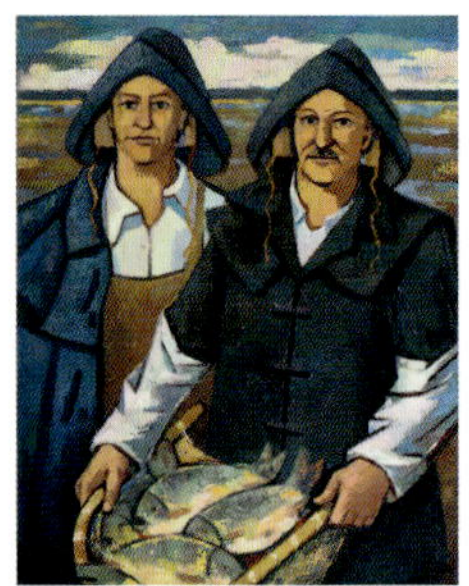

Teichfischer
Rybarjej při haće
Rybarja pśi gaśe
Rybacy przy stawie
um 1964, Öl auf Leinwand,
119,5 × 95,5 cm,
Inv.-Nr. SM VI-003326 K1

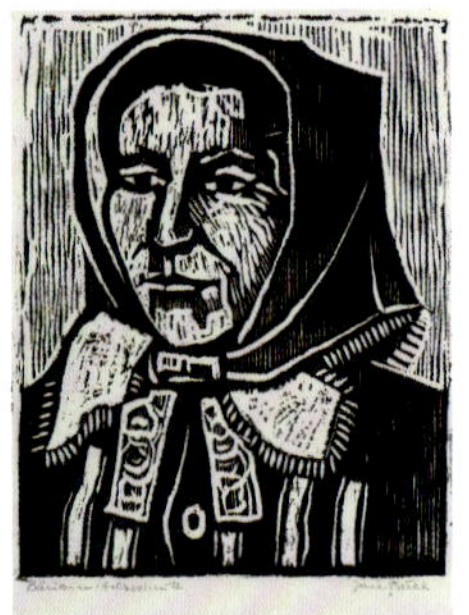

Bäuerin
Burowka
Burowka
Wieśniaczka
1966, Holzschnitt auf Papier,
50,1 × 36,2 cm,
Inv.-Nr. SM VI-003390 K2

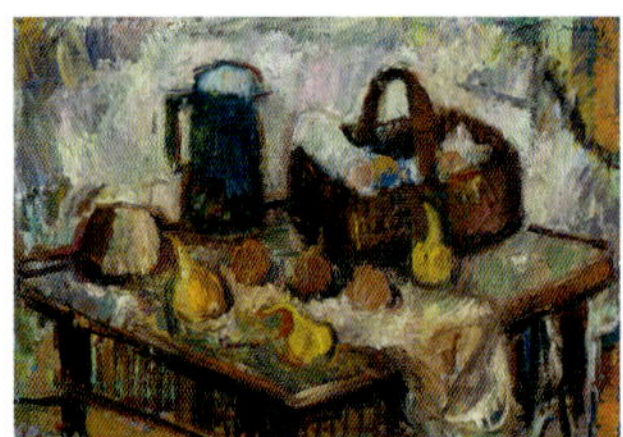

Korb mit Früchten
Koš z płodami
Kórb z płodami
Kosz z owocami
1967, Öl auf Leinwand,
67,4 × 97,5 cm,
Inv.-Nr. SM VI-003350 K1

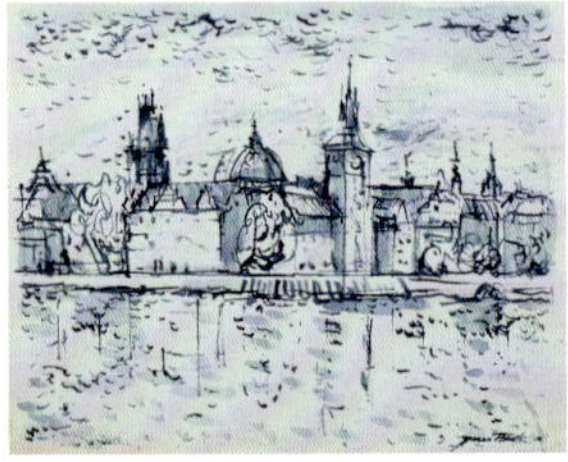

An der Moldau
Při Wołtawje
Pśi Wołtawje
Przy Wełtawie
1968, Pinsel mit Tusche auf
Papier, 49,0 × 62,5 cm,
Inv.-Nr. SM VI-007248 K2

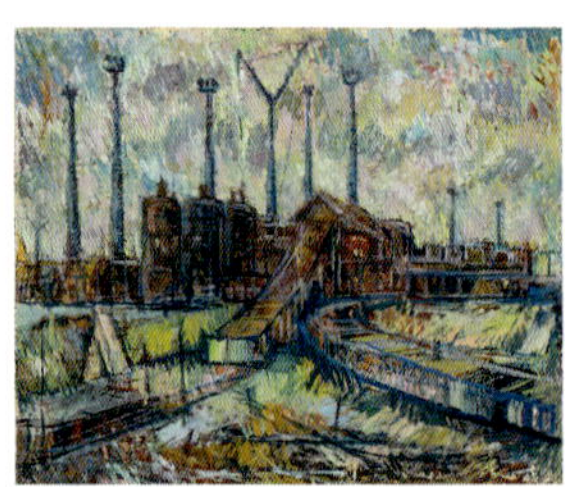

Baustelle Boxberg
Twarnišćo Hamor
Twaŕnišćo Hamor
Plac budowy, Boxberg
1968, Öl auf Leinwand,
92,7 × 111,5 cm,
Inv.-Nr. SM VI-003478 K1

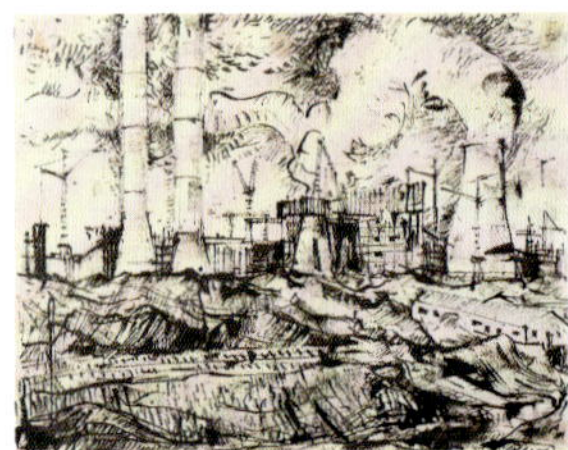

Boxberg im Aufbau
Hamor so natwarja
Hamor se natwarja
Boxberg w budowie
1968, Pinsel mit Tusche auf
Papier, 49,0 × 63,0 cm,
Inv.-Nr. SM VI-007250 K2

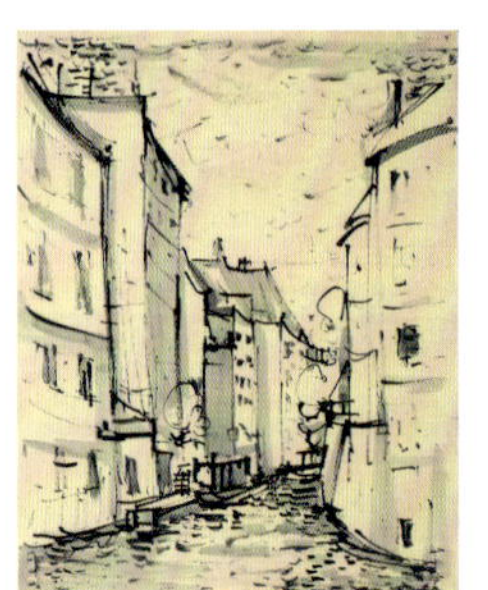

Prag – Kleinseite
Praha – Mała Strona
Praga – Mała strona
Praga – Malá Strana
1968, Pinsel mit Tusche auf
Papier, 63,0 × 49,3 cm,
Inv.-Nr. SM VI-007249 K2

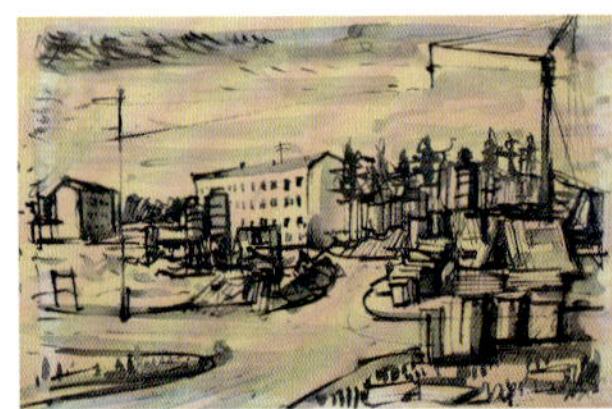

Baustelle Boxberg
Twarnišćo Hamor
Twaŕnišćo Hamor
Budowa Boxberg
vor 1969, Pinsel mit Tusche auf
Papier, 47,6 × 74,4 cm,
Inv.-Nr. SM VI-003397 K2

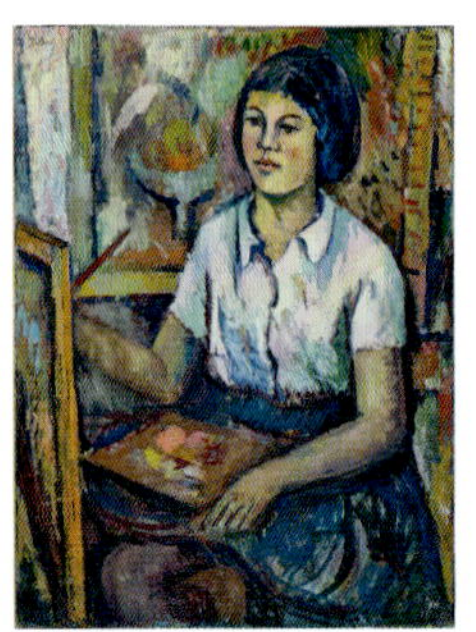

Sylvia vom Pionierzirkel
Silwija z pioněrskeho kružka
Silwija z pioněrskego kružka
Sylwia z koła pionierów
vor 1970, Öl auf Leinwand,
103,0 × 78,5 cm,
Inv.-Nr. SM VI-003452 K1

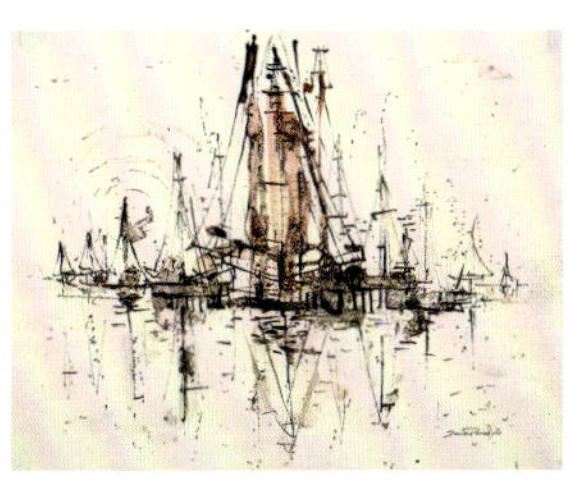

Boote
Čołmy
Cołny
Łodzie
1970, Feder und Pinsel mit Tusche auf Papier,
49,0 × 62,5 cm,
Inv.-Nr. SM VI-007247 K2

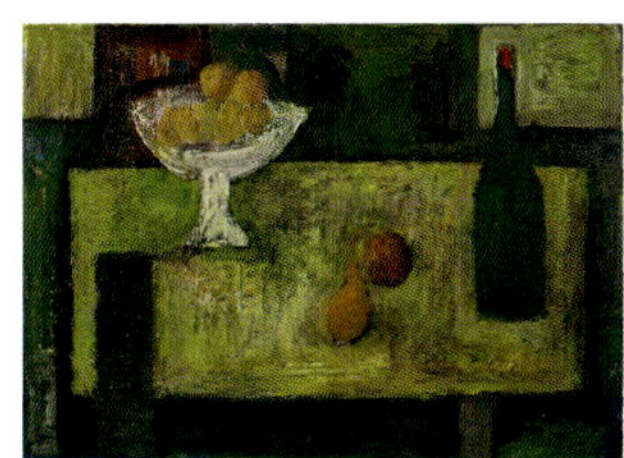

Grünes Stillleben mit Obstschale und Flasche
Zelene ćišno ze sadowej šklu a blešu
Zeleny šichowobraz ze sadoweju šklu a flašu
Zielona martwa natura z miską owoców i butelką
1970, Öl auf Hartfaser,
69,0 × 96,2 cm,
Inv.-Nr. SM VI-006257 K1

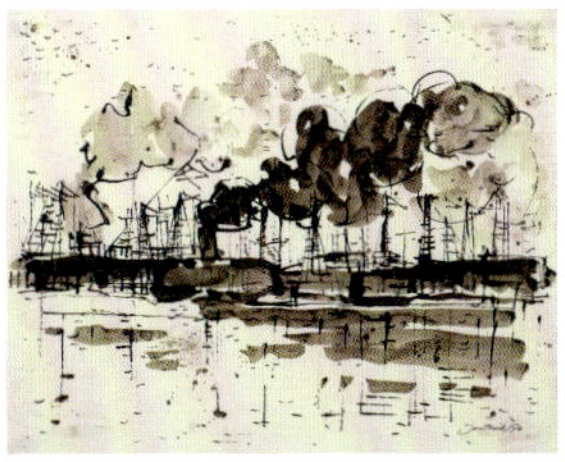

Hafen in Szczecin
Přistaw w Szczecinje
Pśistaw we Szczecinje
Port w Szczecinie
1970, Feder und Pinsel mit Tusche auf Papier,
49,0 × 62,5 cm,
Inv.-Nr. SM VI-007246 K2

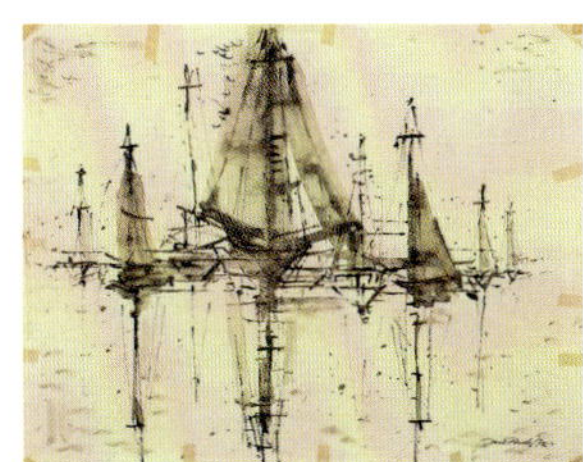

Segelboote
Płachtaki
Płachtate cołny
Żaglówki
1970, Feder mit Pinsel und Tusche auf Papier, aquarelliert,
48,8 × 63,5 cm,
Inv.-Nr. SM VI-003539 K2

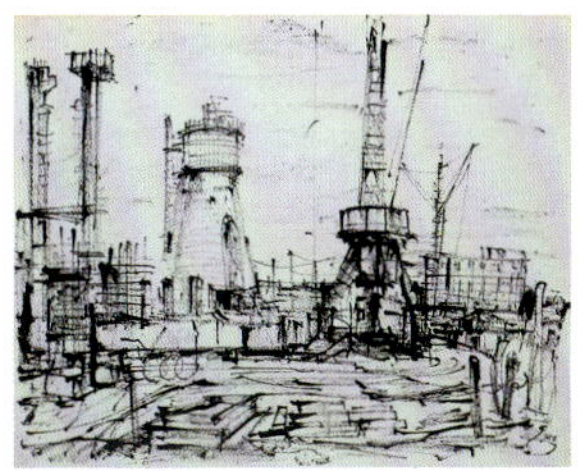

Werft in Szczecin
Łódźnica w Szczecinje
Łoźnica w Szczecinje
Stocznia w Szczecinie
1970, Pinsel mit Tusche auf Papier, 49,0 × 62,5 cm,
Inv.-Nr. SM VI-007245 K2

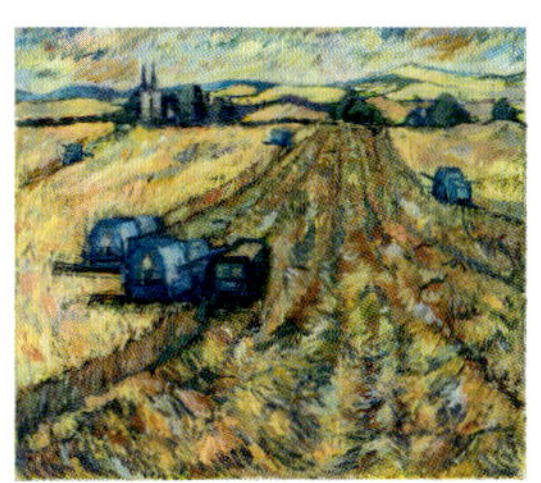

Mähdrescher E 512 im Einsatz
Syčomłóćawa E 512 při dźěle
Secomłośenica E 512 pśi źěle
Kombajn E 512 podczas pracy
1970, Öl auf Leinwand,
89,0 × 100,5 cm,
Inv.-Nr. SM VI-003468 K1

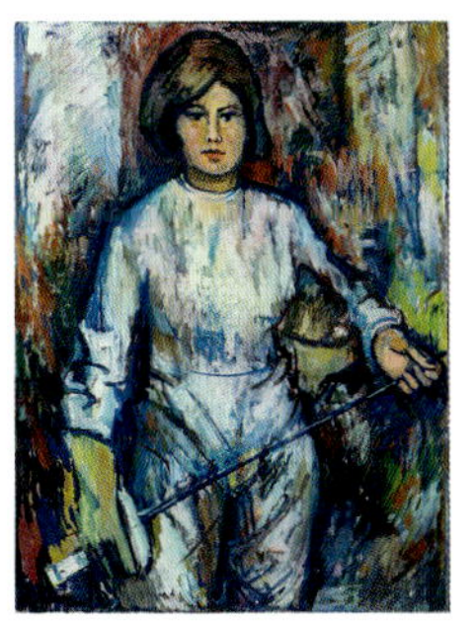

Junge Fechterin
Młoda šermowarka
Młoda fechtaŕka
Młoda kobieta – szermierz
1971, Öl auf Leinwand,
102,2 × 77,7 cm,
Inv.-Nr. SM VI-003741 K1

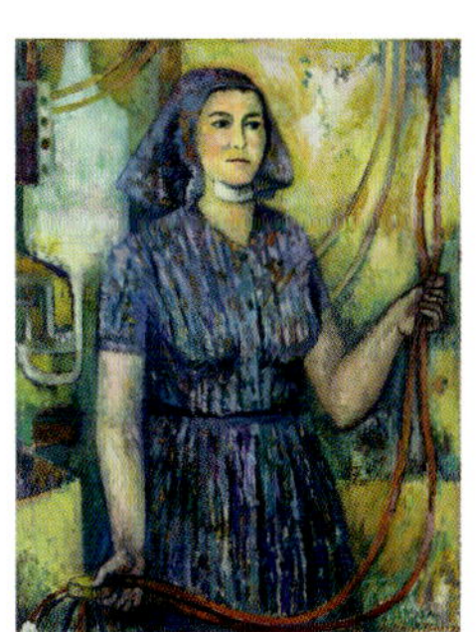

Sorbische Genossenschaftsbäuerin bedient neue Technik
Serbska prodrustwownica posłužuje nowu techniku
Serbska prodrustwownica wobsłužujo nowu techniku
Serbołużycka towarzyszka obsługuje nowe urządzenie
1972, Öl auf Leinwand,
117,0 × 91,2 cm,
Inv.-Nr. SM VI-003595 K1

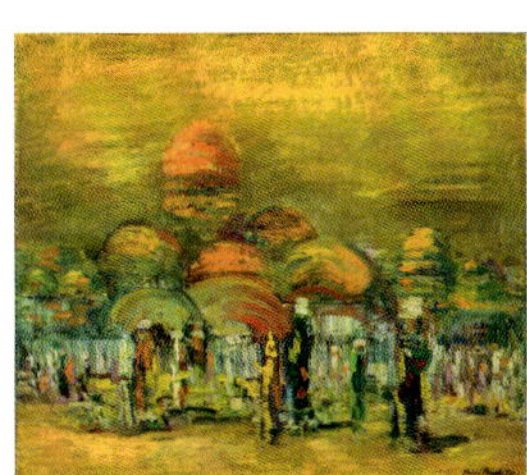

Basar in Buchara
Bazar w Bucharje
Bazar w Bucharje
Bazar w Bucharze
1973, Öl auf Leinwand,
99,4 × 85,8 cm,
Inv.-Nr. SM VI-006272 K1

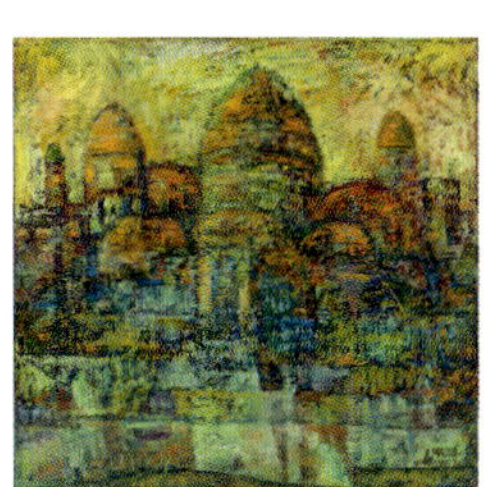

In Samarkand
W Samarkandźe
W Samarkanźe
W Samarkandzie
1973, Öl auf Leinwand,
82,5 × 87,0 cm,
Inv.-Nr. SM VI-006274 K1

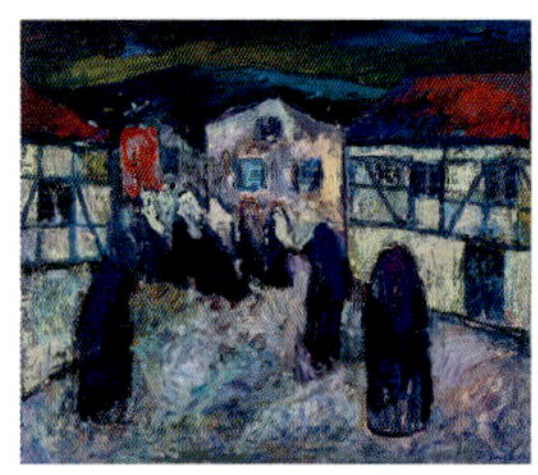

Osternacht in der Lausitz
Jutrowna nóc w Serbach
Jatšowna noc w Serbach
Noc Wielkanocna na Łużycach
1973, Öl auf Leinwand,
80,5 × 94,5 cm,
Inv.-Nr. SM VI-008130 K1

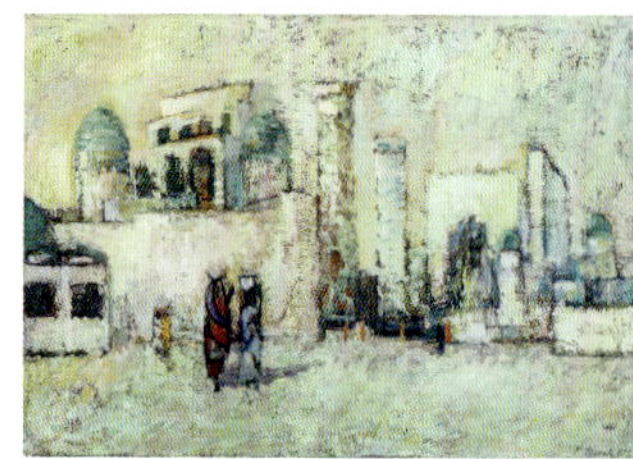

Samarkand
Samarkand
Samarkand
Samarkanda
1973, Öl auf Leinwand,
72,5 × 102,6 cm,
Inv.-Nr. SM VI-003538 K1

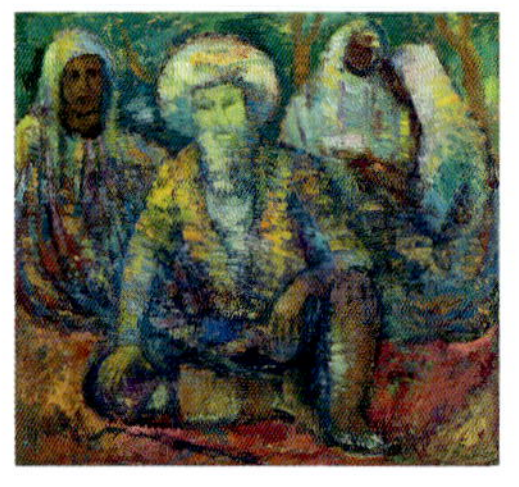

Usbekische Kolchosbauern
Uzbekscy kolchoznicy
Usbekiske kolchoske bury
Uzbeccy kołchoźnicy
1973, Öl auf Leinwand,
75,0 × 83,0 cm,
Inv.-Nr. SM VI-003618 K1

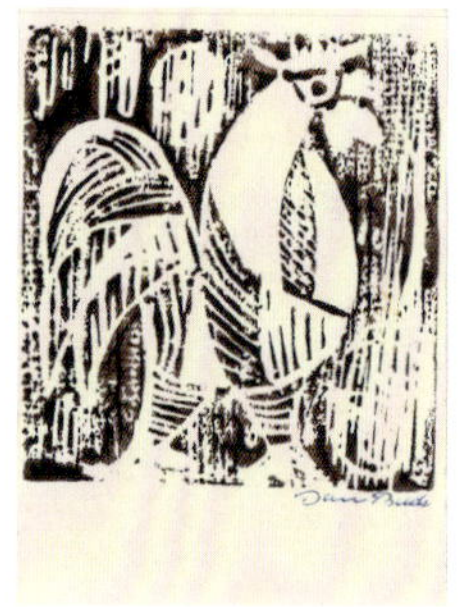

o. T. (Neujahrskarte 1974)
bjez titla
(karta k nowemu lětu 1974)
bźez titela
(nowolětna kórtka 1974)
bez tytułu
(kartka noworoczna 1974)
1973, Linolschnitt auf Papier,
14,6 × 10,6 cm,
Inv.-Nr. SM VI-001250 K2

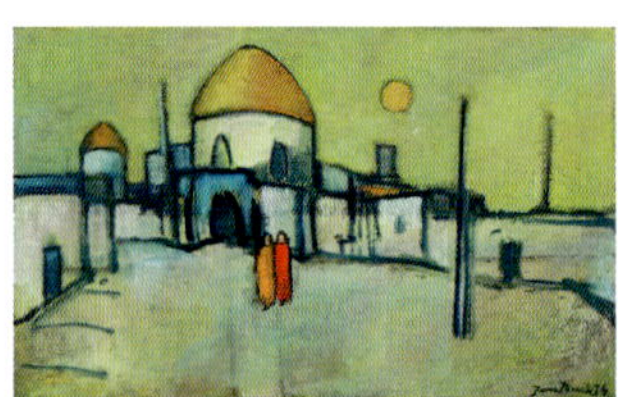

Straße in Buchara
Hasa w Bucharje
Gasa w Bucharje
Ulica w Bucharze
1974, Öl auf Leinwand,
57,0 × 91,5 cm,
Inv.-Nr. SM VI-006273 K1

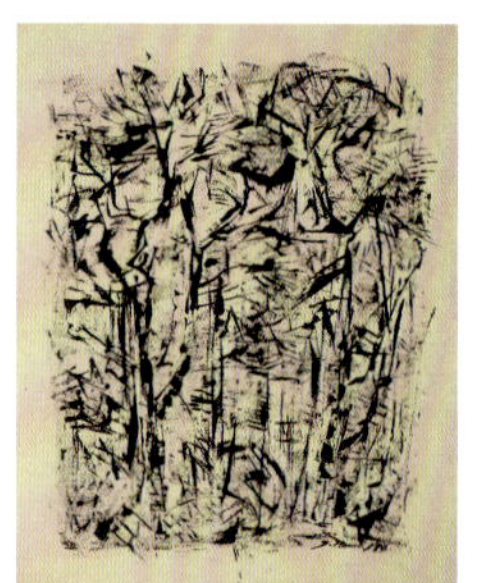

Kiefern
Chójny
Chójce
Sosny
1976, Pinsel mit Tusche auf
Papier, 63,0 × 49,3 cm,
Inv.-Nr. SM VI-007243 K2

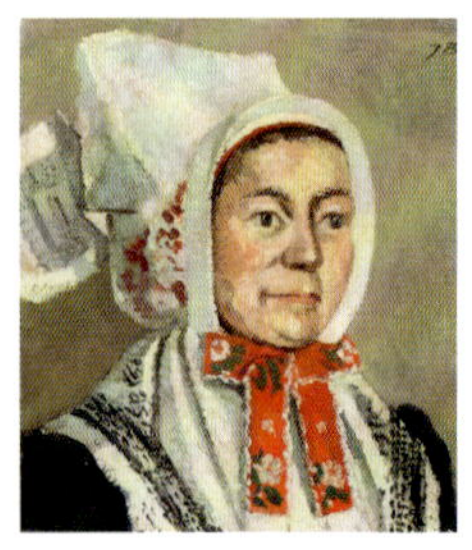

Frau in Schleifer Tracht
Žona w Slepjanskej drasće
Žeńska w slěpjańskej drastwje
Kobieta w stroju ludowym ze Schleife
vor 1978, Öl auf Leinwand,
45,0 × 40,3 cm,
Inv.-Nr. SM VI-003625 K1

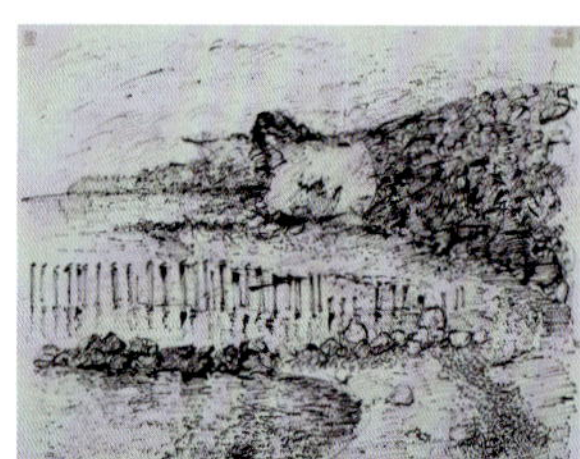

Küste bei Glowe
Pobrjóh pola Glowe
Pśibrjog pla Głowjego, Baltiske mórjo
Wybrzeże w Glowe
1978, Pinsel mit Tusche auf
Papier, 49,0 × 63,0 cm,
Inv.-Nr. SM VI-007242 K2

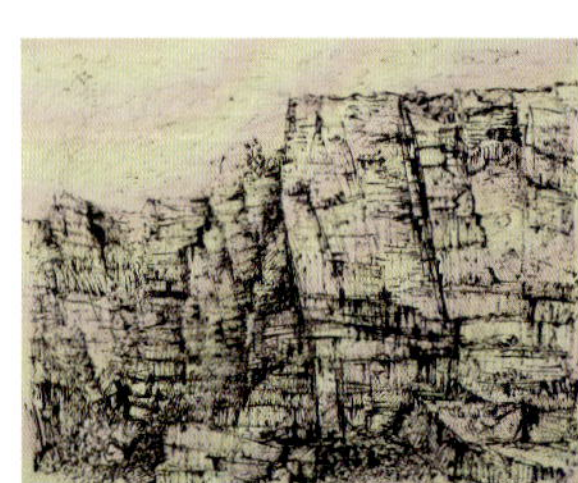

Steinbruch in Horka II
Skała w Hórkach II
Skała w Hórkach II
Kamieniołomy w Horka II
1978, Pinsel mit Tusche auf
Papier, 49,0 × 63,0 cm,
Inv.-Nr. SM VI-007241 K2

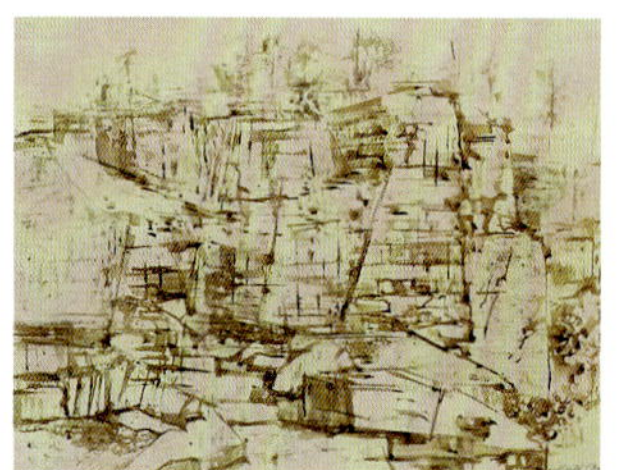

Steinbruch Horka
Hórčan skała
Skała w Hórkach
Kamieniołomy w Horka
1978, Pinsel mit Tusche auf
Papier, 44,0 × 58,0 cm,
Inv.-Nr. SM VI-008063 K2

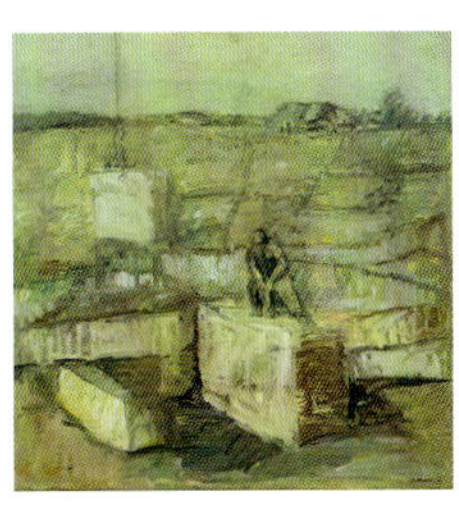

Steinbruch in Horka
Skała w Hórkach
Skała w Hórkach
Kamieniołomy w Horka
1978, Öl auf Leinwand,
92,0 × 91,9 cm,
Inv.-Nr. SM VI-001494 K1

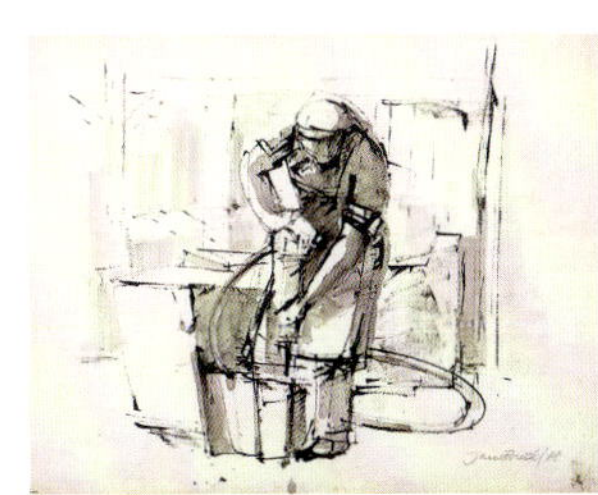

Steinpeller Horka
Hórčan skałar
Wobźěłaŕ kamjenjow w Hórkach
Kamieniarz w Horka
1978, Pinsel mit Tusche auf Papier, 49,0 × 63,0 cm,
Inv.-Nr. SM VI-007240 K2

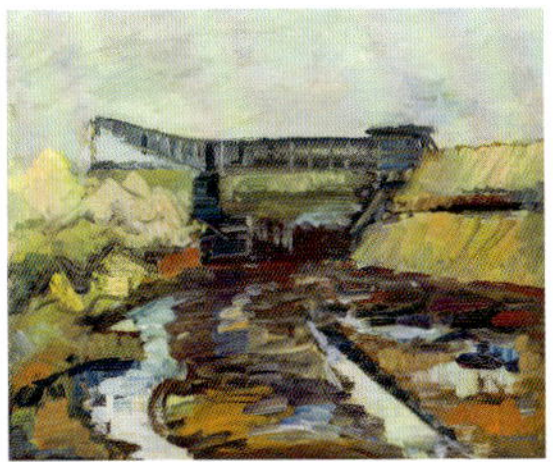

Tagebau Lieske
Brunicowa jama Lěskej
Wótwórjona jama Lěskej
Kopalnia odkrywkowa Lieske
1978, Öl auf Leinwand,
82,5 × 101,8 cm,
Inv.-Nr. SM VI-001261 K1

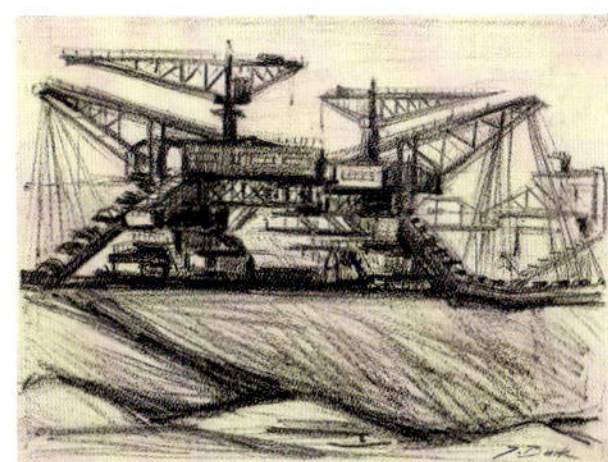

o. T. (Förderbrücke)
bjez titla (wuwozny móst)
bźez titela (pśewózny móst)
bez tytułu (most przenośnika)
1978, Kohle auf Papier,
42,0 × 61,1 cm,
Inv.-Nr. SM VI-001291 K2

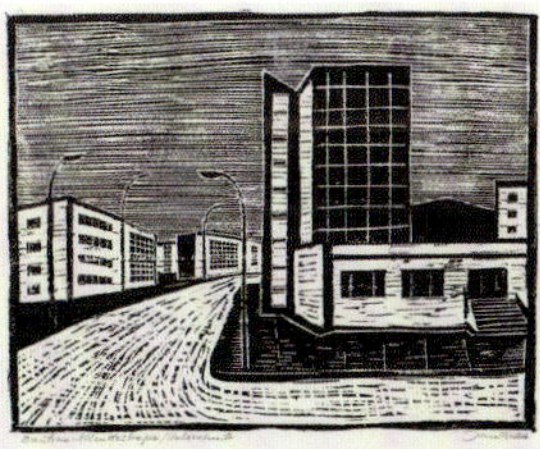

Bautzen – Allendestraße
Budyšin – Allendowa dróha
Budyšyn – droga Allende
Budziszyn – Allendestraße
vor 1979, Holzschnitt auf Papier,
42,0 × 61,2 cm,
Inv.-Nr. SM VI-000780 K2

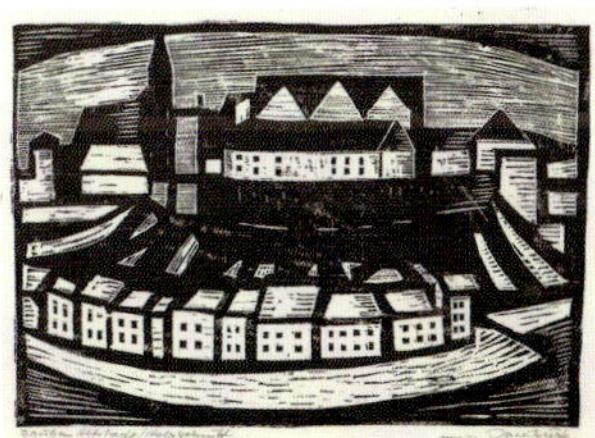

Bautzen – Altstadt
Budyšin – Stare město
Budyšyn – Stare město
Budziszyn – Stare Miasto
vor 1979, Holzschnitt auf Papier,
42,0 × 61,2 cm,
Inv.-Nr. SM VI-000779 K2

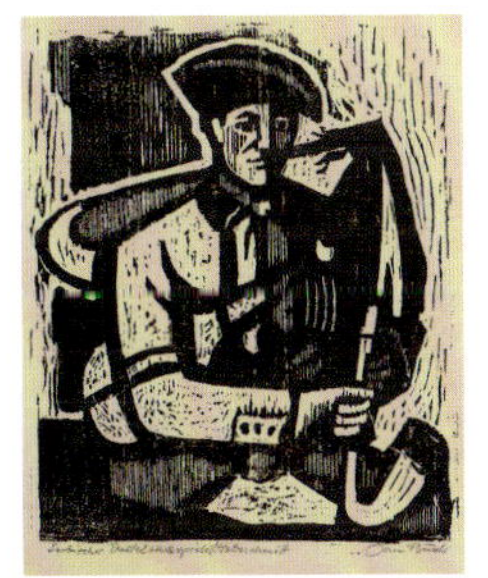

Sorbischer Dudelsackspieler
Serbski dudak
Serbski dudak
Serbołużycki dudziarz
vor 1979, Holzschnitt auf Papier,
61,2 × 41,7 cm,
Inv.-Nr. SM VI-000778 K2

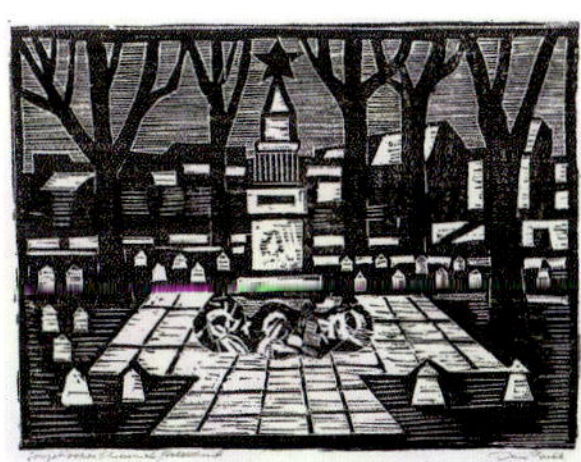

Sowjetisches Ehrenmal
Pomnik za sowjetskich wojakow
Sowjetski cesny pomnik
Sowiecki pomnik
vor 1979, Holzschnitt auf Papier,
42,0 × 61,2 cm,
Inv.-Nr. SM VI-000781 K2

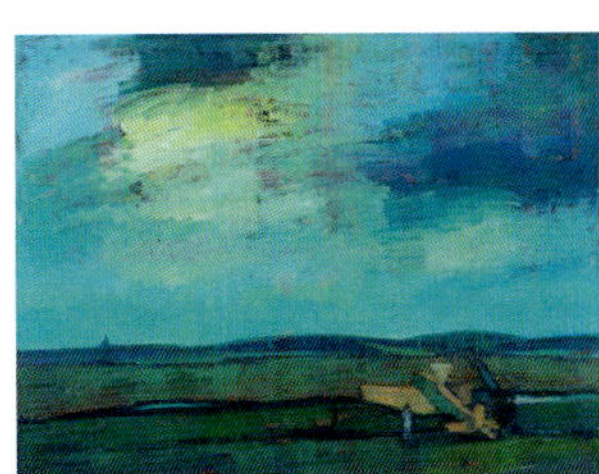

Agrarflugzeug
Ratarske lětadło
Agrarne lětadło
Samolot rolniczy
1979, Öl auf Leinwand,
92,1 × 122,6 cm,
Inv.-Nr. SM VI-001495 K1

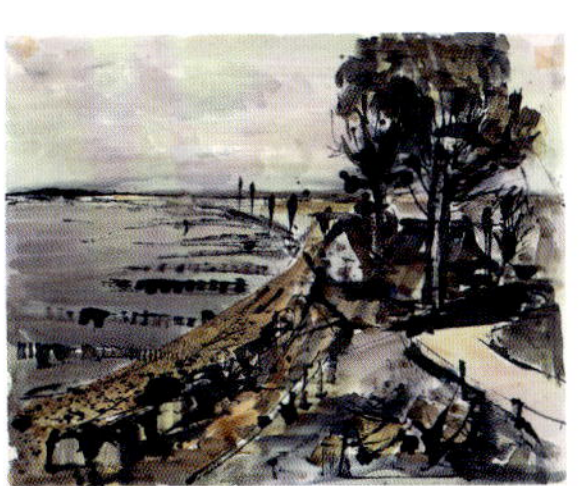

Ahrenshoop
1979, Aquarell auf Papier,
49,3 × 63,1 cm,
Inv.-Nr. SM VI-006215 K2

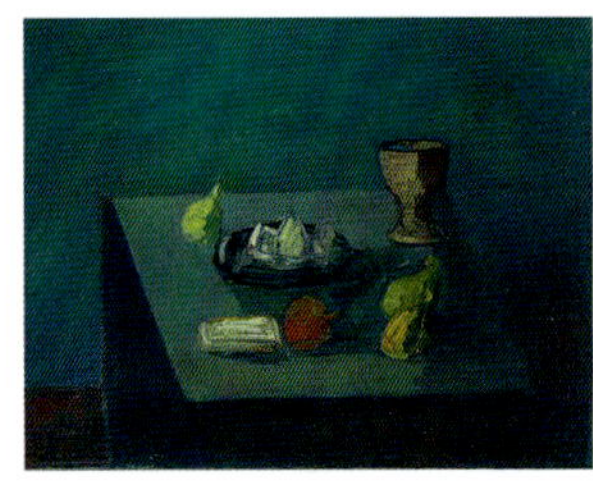

Blaues Stillleben mit Becher
Módre ćišno z nopaškom
Módry śichowobraz z bjacharikom
Błękitna martwa natura z kubkiem
1979, Öl auf Leinwand,
72,2 × 92,0 cm,
Inv.-Nr. SM VI-006258 K1

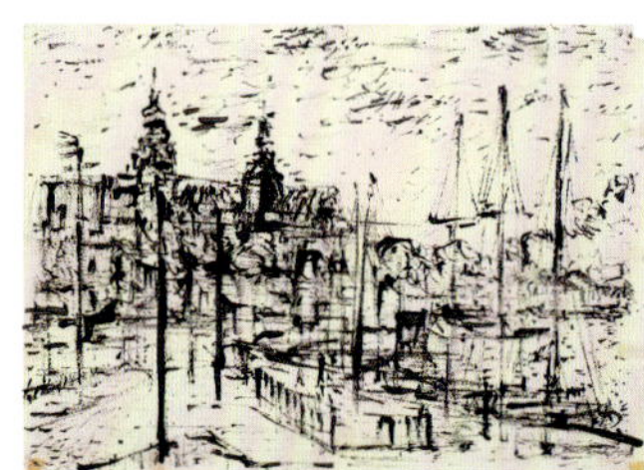

Meereskundemuseum Szczecin
Mórski muzej w Szczecinje
Mórski muzej Szczecin
Muzeum Morskie w Szczecinie
1979, Feder und Pinsel mit Tusche auf Papier,
42,0 × 59,0 cm,
Inv.-Nr. SM VI-007244 K2

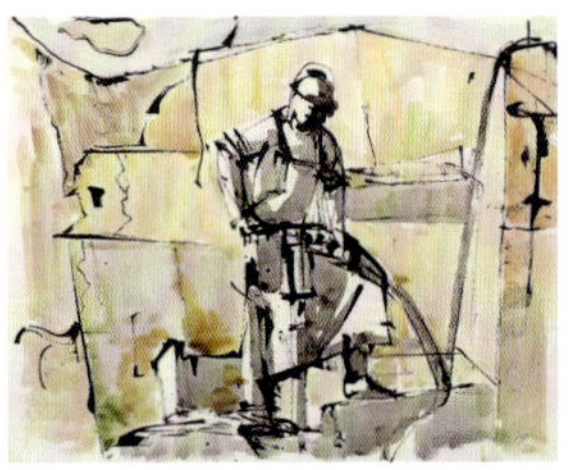

Steinbohrer Horka
Hórčan kamjenjetočer
Kamjenjotocaŕ w Hórkach
Wiercący w kamieniu, Horka
1979, Pinsel mit Tusche und Wasserfarben auf Papier,
49,0 × 63,0 cm,
Inv.-Nr. SM VI-007239 K2

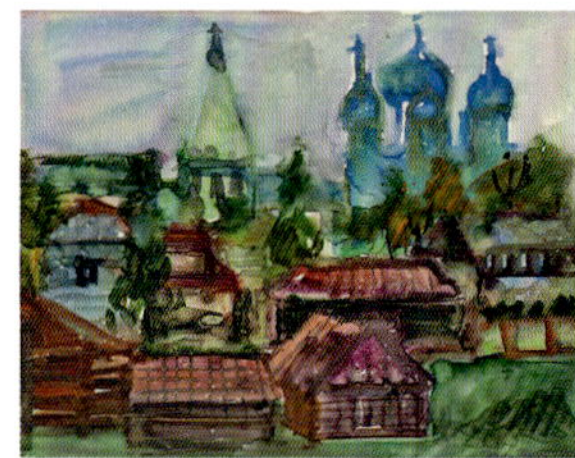

Susdal I
Suzdal I
Suzdal I
Suzdal I
1979, Aquarell auf Papier,
36,6 × 46,9 cm,
Inv.-Nr. SM VI-000920 K2

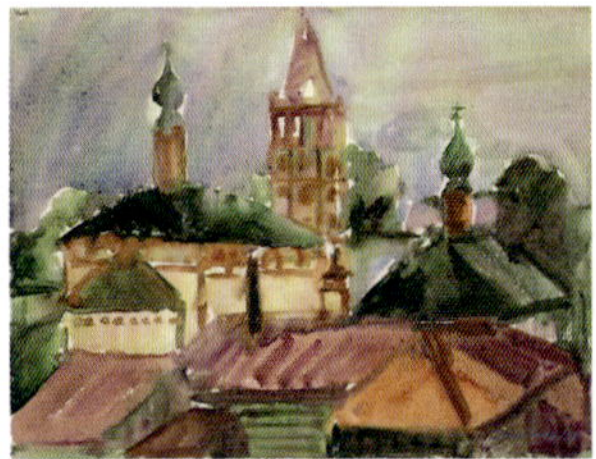

Susdal II
Suzdal II
Suzdal II
Suzdal II
1979, Aquarell auf Papier,
36,0 × 47,9 cm,
Inv.-Nr. SM VI-000921 K2

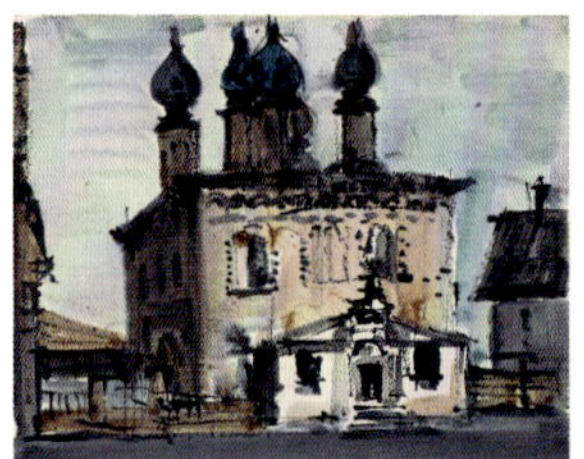

Susdal III
Suzdal III
Suzdal III
Suzdal III
1980, Aquarell auf Papier,
38,9 × 49,5 cm,
Inv.-Nr. SM VI-000922 K2

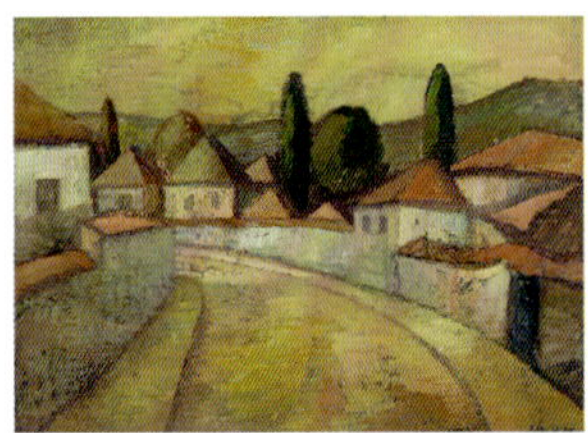

Bulgarisches Dorf
Bołharska wjes
Bulgaŕska wjas
Bułgarska wieś
1980, Öl auf Leinwand,
98,2 × 70,0 cm,
Inv.-Nr. SM VI-002168 K1

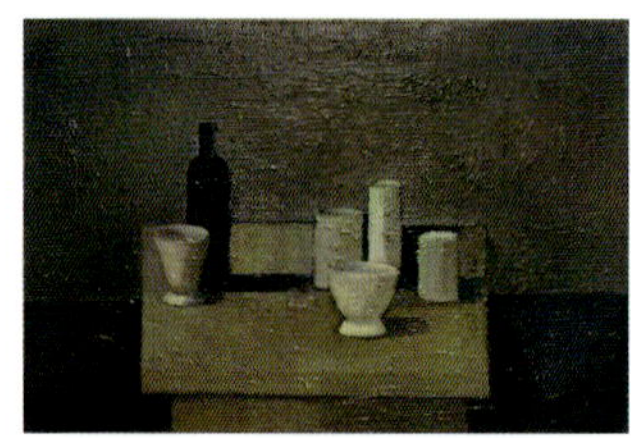

Stillleben mit Gefäßen
Ćišno ze sudobjemi
Śichowobraz ze sudobjami
Martwa natura z naczyniami
1980, Öl auf Leinwand,
95,0 × 140,0 cm,
Inv.-Nr. SM VI-003260 K1

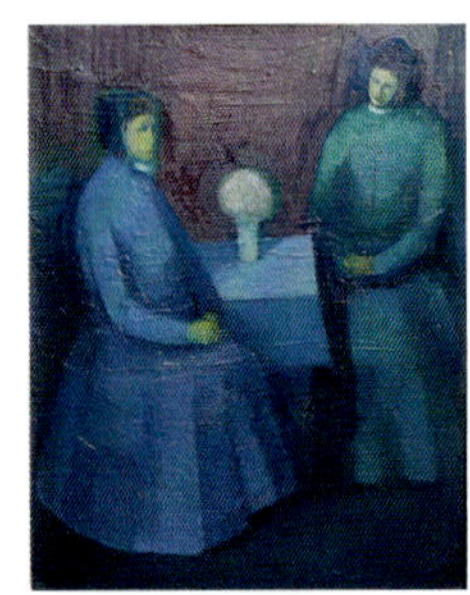

Nachbarinnen
Susodce
Susedki
Sąsiadki
1980, Öl auf Leinwand,
38,2 × 30,2 cm,
Inv.-Nr. SM VI-008061 K1

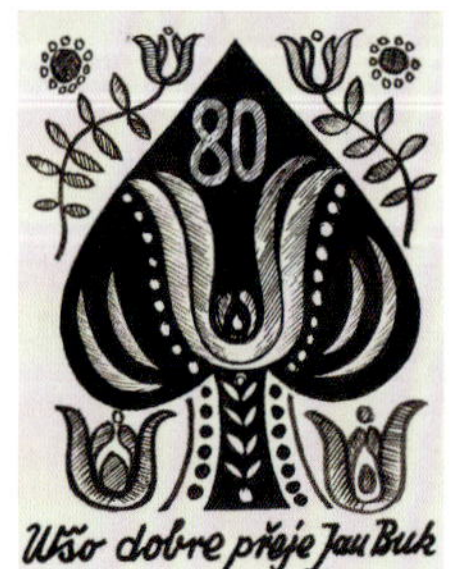

Alles Gute wünscht Jan Buck
Wšo dobre přeje Jan Buk
Wšo dobre žycy Jan Buk
Wszystkiego dobrego życzy Jan Buk
1980, Pinsel und Feder mit Tusche auf Papier,
24,6 × 18,5 cm,
Inv.-Nr. SM VI-002914 K2

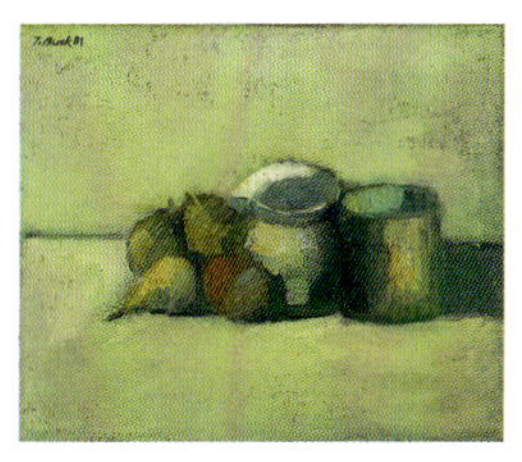

Stillleben mit Krug und Zwiebeln
Čišno z karanom a cyblemi
Šichowobraz z kružkom a cybulu
Martwa natura z dzbanem i cebulą
1981, Öl auf Leinwand,
47,0 × 57,0 cm,
Inv.-Nr. SM VI-003958 K1

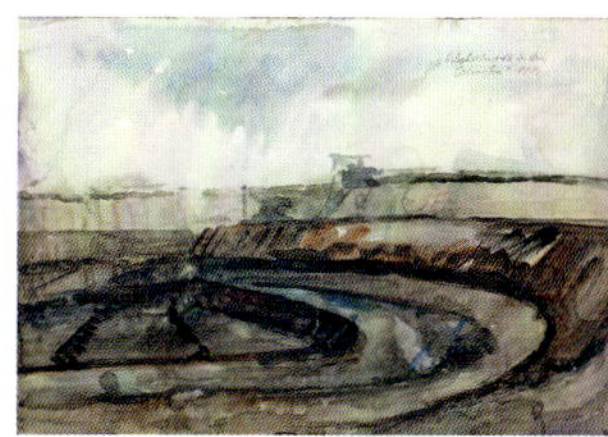

Tagebaumotiv
Motiw z brunicoweje jamy
Motiw wótwórjoneje jamy
Motyw kopalni odkrywkowej
1982, Aquarell auf Papier,
50,2 × 75,0 cm,
Inv.-Nr. SM VI-004153 K2

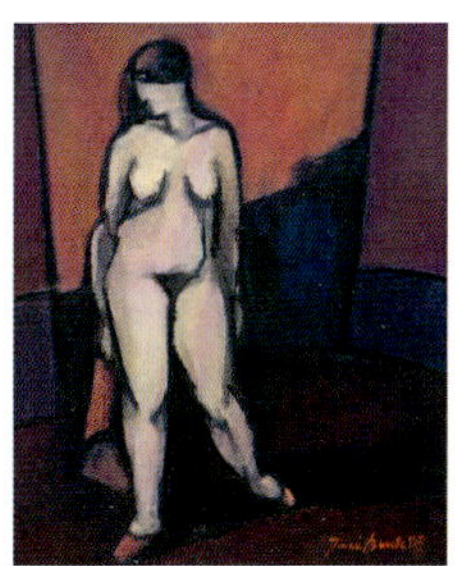

Akt im Raum
Akt w rumje
Akt w rumje
Akt w pomieszczeniu
1983, Öl auf Leinwand,
60,0 × 50,3 cm,
Inv.-Nr. SM VI-006252 K1

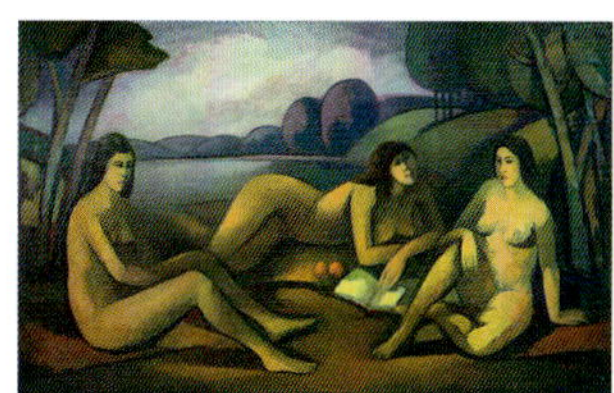

Erholung – Entspannung
Wočerstwjenje – wotpután je
Wódychanje – wótnapinanje
Odpoczynek – relaks
1984, Öl auf Hartfaser,
115,5 × 195,0 cm,
Inv.-Nr. SM VI-003930 K1

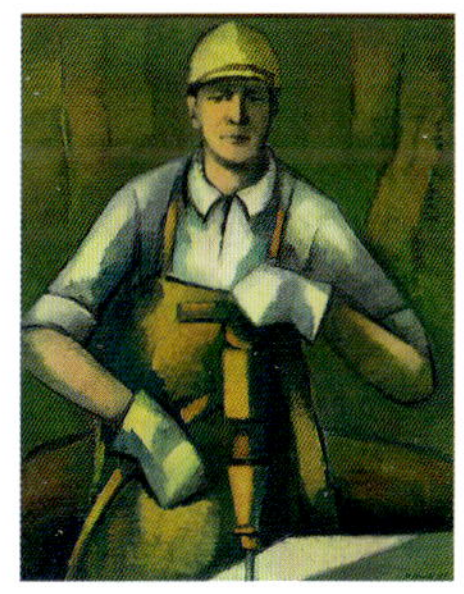

Steinbrucharbeiter
Skałar
Źěłaśeŕ w skale
Pracownik kamieniołomów
1985, Öl auf Leinwand,
100,0 × 80,0 cm,
Inv.-Nr. SM VI-007926 K1

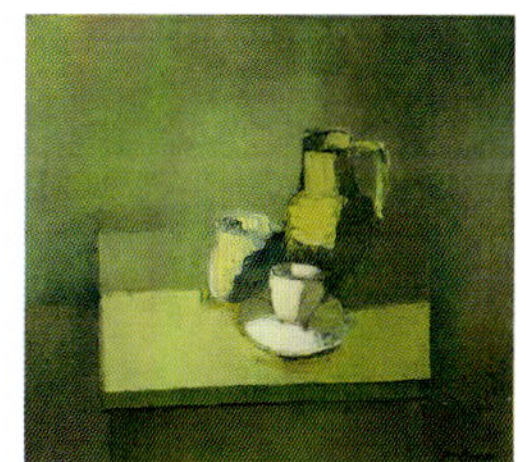

Stillleben mit Krug und Tasse
Ćišno z karanom a šalku
Šichowobraz z kružkom a tasku
Martwa natura z dzbankiem i filiżanką
1985, Öl auf Leinwand,
81,1 × 92,5 cm,
Inv.-Nr. SM VI-006260 K1

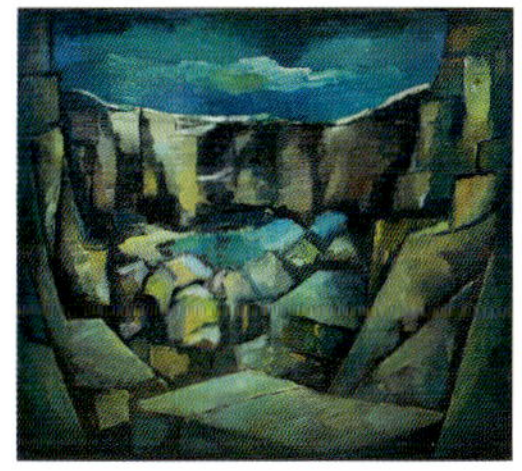

Steinbruch
Skała
Skała
Kamieniołomy
1986, Öl auf Leinwand,
121,5 × 141,5 cm,
Inv.-Nr. SM VI-006275 K1

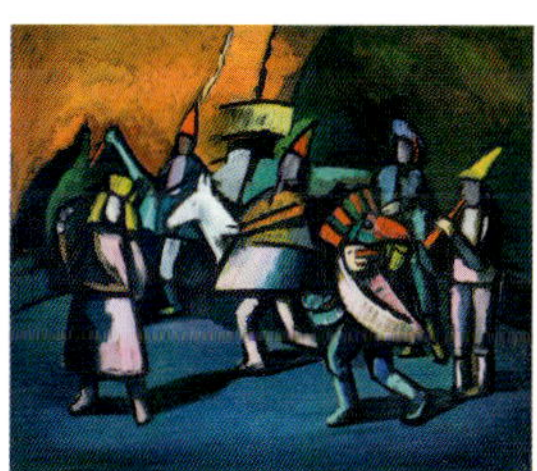

Auftritt der Zamperer
Wustup camprowarjow
Wustup camprowarjow
Występ korowodu przebierańców
(serbołużycki zwyczaj tzw. camprowanja)
1986, Öl auf Leinwand,
101,5 × 121,2 cm,
Inv.-Nr. SM VI-006268 K1

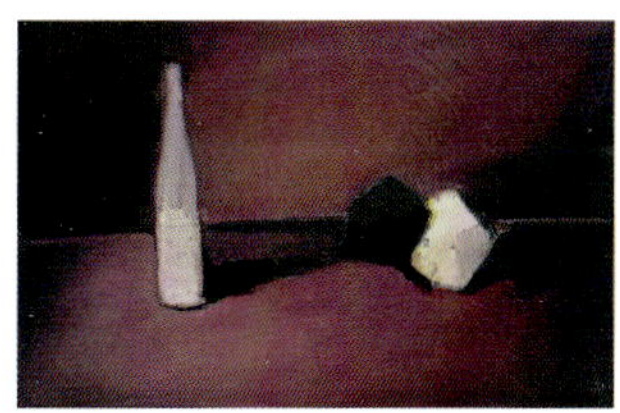

Lila Stillleben mit Steinen
Lila ćišno z kamjenjomaj
Lila šichowobraz z kamjenjoma
Liliowa martwa natura z kamieniami
1987, Öl auf Hartfaser,
54,2 × 86,2 cm,
Inv.-Nr. SM VI-006254 K1

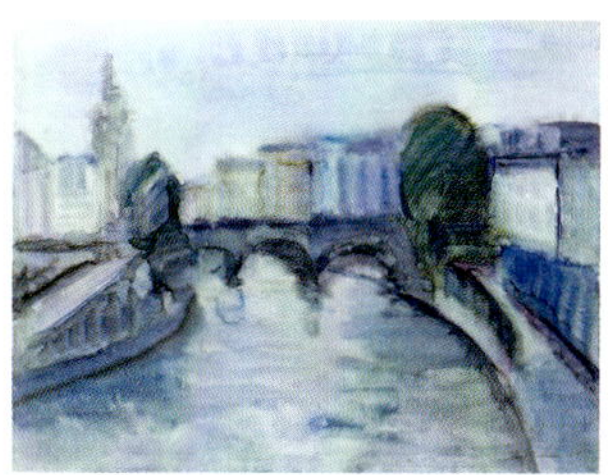

Paris an der Seine
Paris nad rěku Seine
Paris nad Seine
Paryż nad Sekwaną
1987, Aquarell auf Papier,
55,7 × 74,6 cm,
Inv.-Nr. SM VI-003744 K2

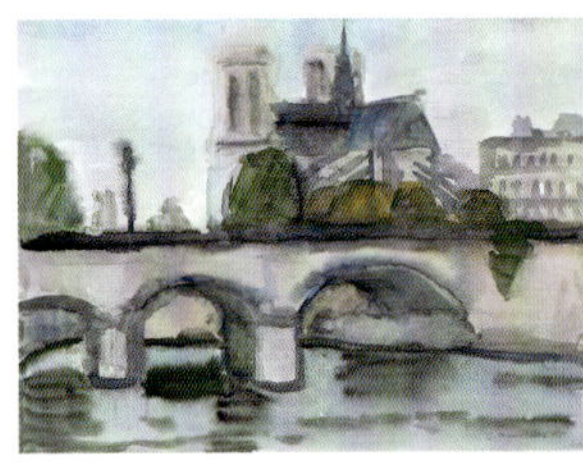

Paris, Notre-Dame
Paris, Notre-Dame
Paris, Notre-Dame
Paryż, Notre-Dame
1987, Aquarell auf Papier,
55,1 × 74,6 cm,
Inv.-Nr. SM VI-003746 K2

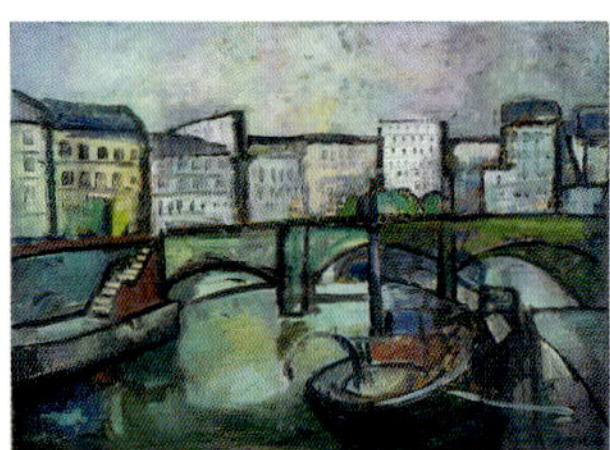

An der Seine
Při rěce Seine
Pśi rěce Seine
Nad Sekwaną
1988, Öl auf Leinwand,
81,0 × 116,0 cm,
Inv.-Nr. SM VI-003262 K1

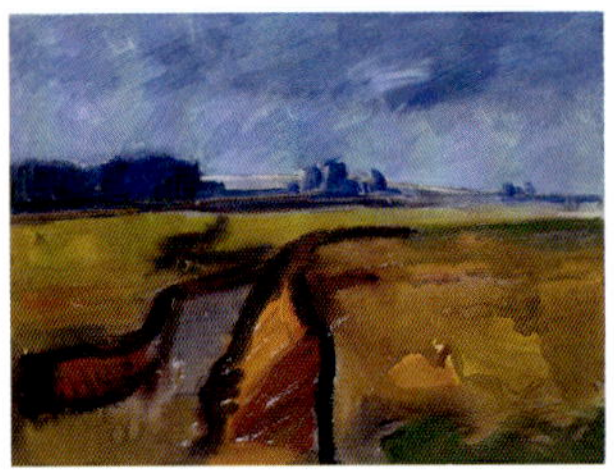

Niederlausitzer Landschaft bei Weißagk
Delnja Łužica pola Wusokeje
Dolnołužyska krajina pla Wusokeje
Krajobraz dolnołużycki w pobliżu Weißagk
1988, Aquarell auf Papier,
54,5 × 75,0 cm,
Inv.-Nr. SM VI-003133 K2

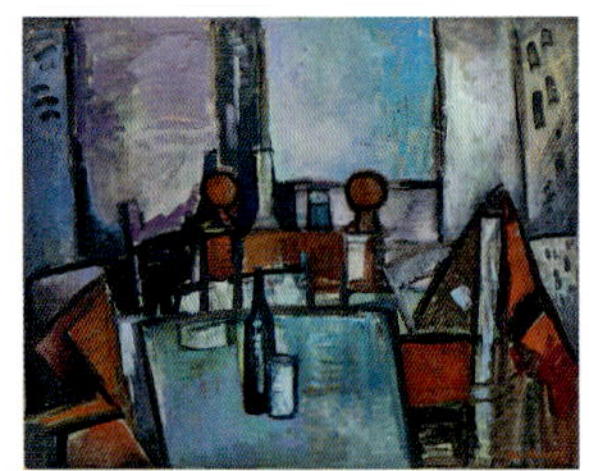

Interieur
Interier
Interier
Wnętrze
1989, Öl auf Hartfaser,
84,8 × 107,6 cm,
Inv.-Nr. SM VI-006265 K1

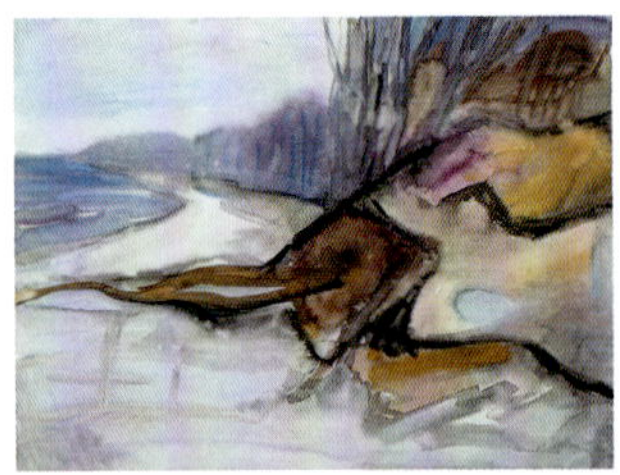

Nach der Sturmflut
Po wulkim přiliwje
Pó wusokej pśilejnicy
Po sztormie
1989, Aquarell auf Papier,
55,0 × 75,0 cm,
Inv.-Nr. SM VI-003743 K2

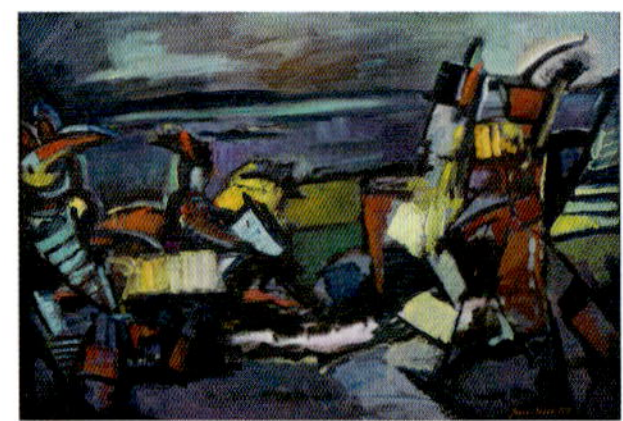

Nächtliches Zampern
Nócne camprowanje
Nocne camprowanje
Nocny korowód przebierańców
(serbołużycki zwyczaj tzw. camprowanja)
1989, Öl auf Hartfaser,
80,0 × 122,0 cm,
Inv.-Nr. SM VI-003264 K1

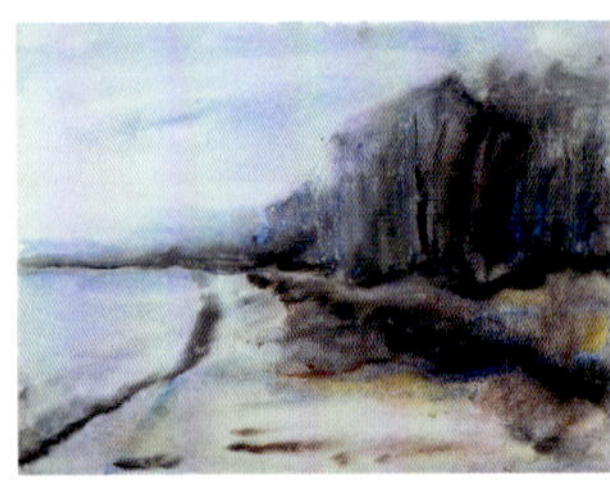

Ostseestrand
Přibrjóh Baltiskeho morja
Pśibrjog Baltiskego mórja
Plaża nad Morzem Bałtyckim
1989, Aquarell auf Papier,
55,5 × 75,1 cm,
Inv.-Nr. SM VI-003750 K2

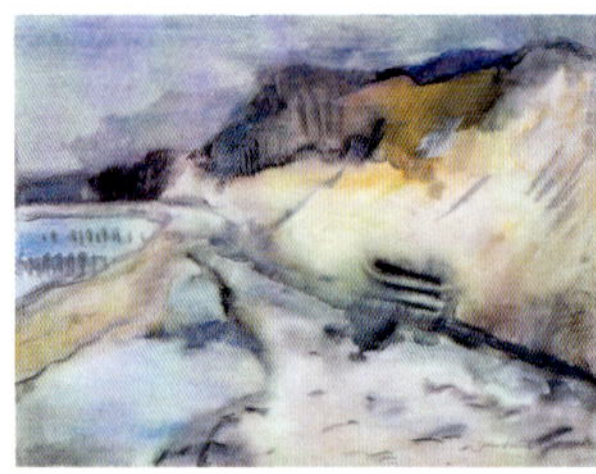

Steilküste bei Ahrenshoop
Nahły brjóh pola Ahrenshoopa
Napśiski pśibrjog pla Ahrenshoopa
Strome wybrzeże w pobliżu Ahrenshoop
1989, Aquarell auf Papier,
55,0 × 75,0 cm,
Inv.-Nr. SM VI-003745 K2

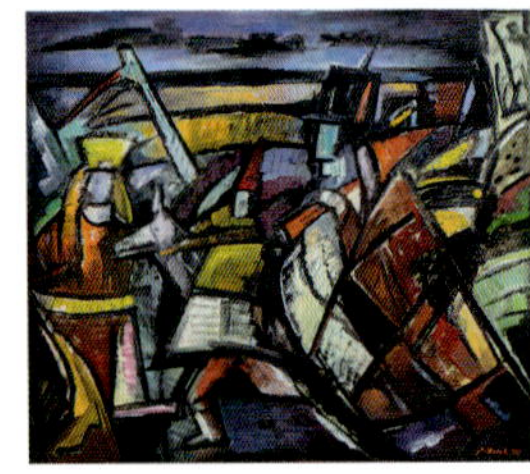

Aufbruch der Zamperer
Wotchad camprowarjow
Wótchad camprowarjow
Wyjście korowodu przebierańców
(serbołużycki zwyczaj tzw. camprowanja)
1990, Öl auf Leinwand,
121,4 × 140,4 cm,
Inv.-Nr. SM VI-006276 K

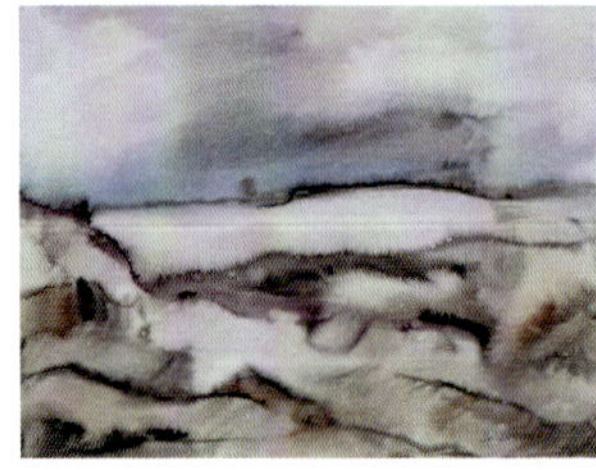

Landschaft im Nebel
Krajina w mlě
Krajina w kurjawje
Krajobraz we mgle
1990, Aquarell auf Papier,
55,1 × 74,4 cm,
Inv.-Nr. SM VI-003748 K2

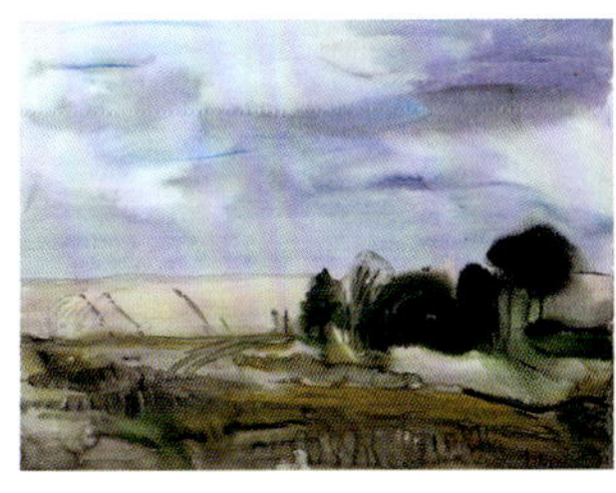

Niederlausitzer Landschaft
Krajina w Delnjej Łužicy
Dolnołužyska krajina
Krajobraz dolnołużycki
1990, Aquarell auf Papier,
55,2 × 74,4 cm,
Inv.-Nr. SM VI-003751 K2

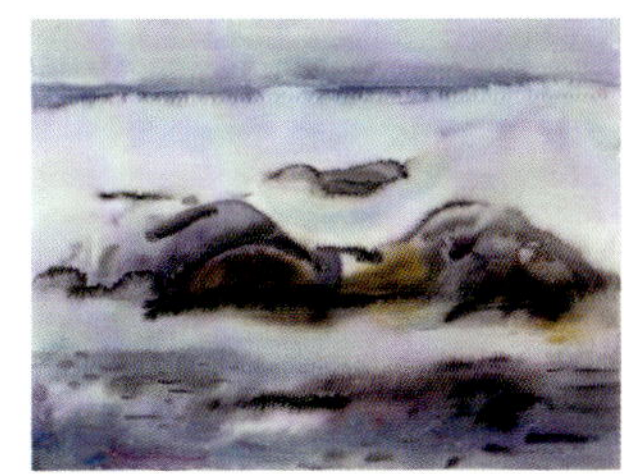

Senftenberger See
Złokomorowski jězor
Złykomorojski jazor
Jezioro w Senftenberg
1990, Aquarell auf Papier,
55,2 × 74,4 cm,
Inv.-Nr. SM VI-003742 K2

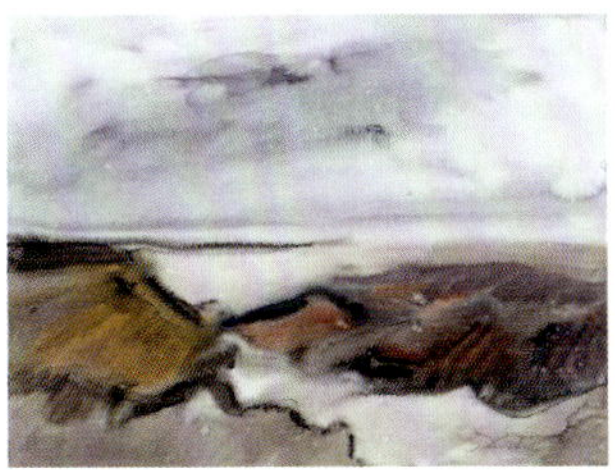

Tagebaulandschaft im Nebel
Brunicowa jama w mlě
Krajina wótwórjoneje jamy w kurjawje
Krajobraz kopalni odkrywkowej we mgle
1990, Aquarell auf Papier,
55,2 × 74,7 cm,
Inv.-Nr. SM VI-003749 K2

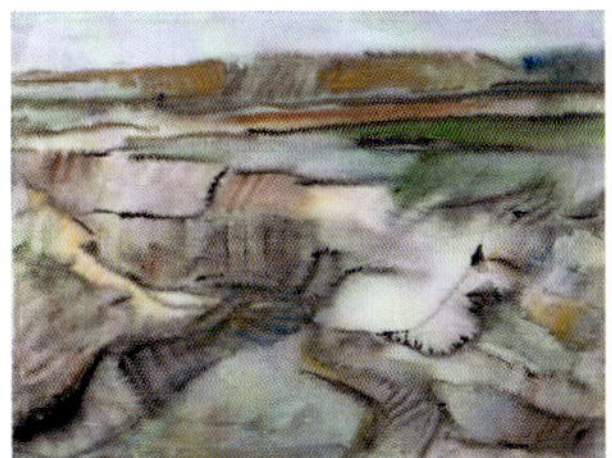

Wassertümpel im Tagebau
Hat w brunicowej jamje
Kališćo we wótwórjonej jamje
Staw wodny w kopalni odkrywkowej
1990, Aquarell auf Papier,
55,2 × 74,9 cm,
Inv.-Nr. SM VI-003747 K2

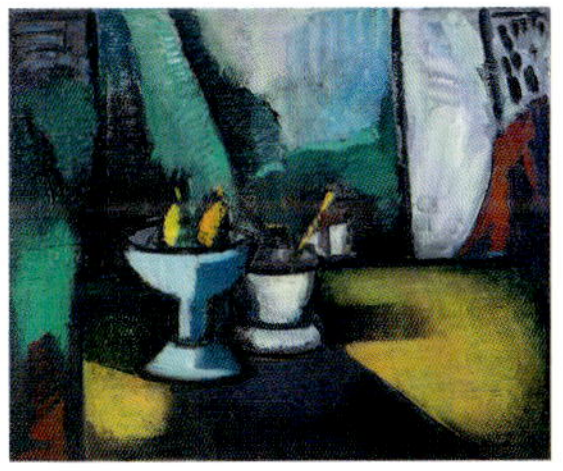

Stillleben
Ćišno
Śichowobraz
Martwa natura
1991, Öl auf Hartfaser,
59,5 × 72,5 cm,
Inv.-Nr. SM VI-003261 K1

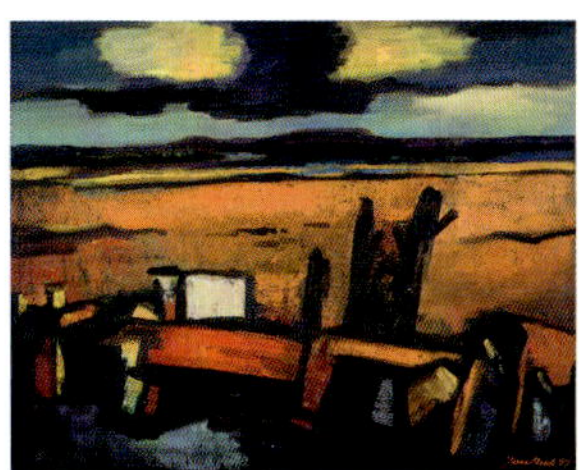

Verlassene Landschaft
Wopušćena krajina
Spušćona krajina
Opuszczony krajobraz
1991, Öl auf Leinwand,
70,5 × 91,0 cm,
Inv.-Nr. SM VI-003263 K1

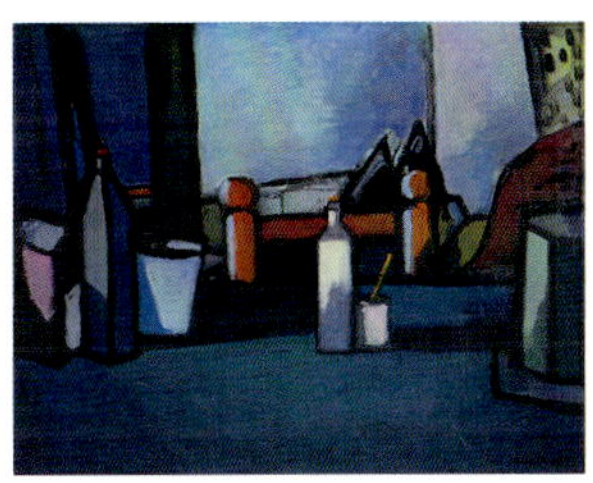

Interieur
Interier
Interier
Wnętrze
1992, Öl auf Leinwand,
71,7 × 92,2 cm,
Inv.-Nr. SM VI-003752 K1

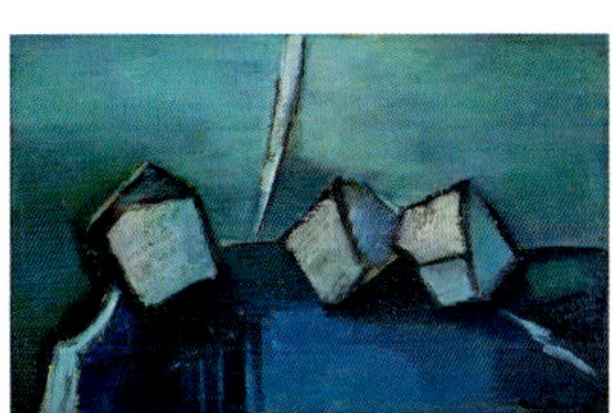

Stillleben mit Steinen
Ćišno z kamjenjemi
Śichowobraz z kamjeniskami
Martwa natura z kamieniami
1992, Öl auf Hartfaser,
51,3 × 81,2 cm,
Inv.-Nr. SM VI-006249 K1

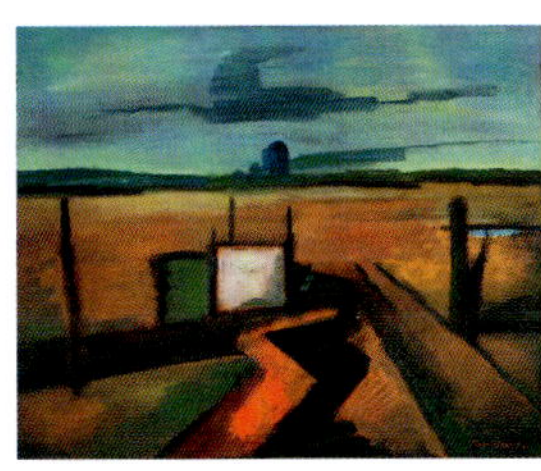

Ende des Weges
Kónc puća
Kóńc drogi
Koniec drogi
1993, Öl auf Leinwand,
82,6 × 102,8 cm,
Inv.-Nr. SM VI-006259 K1

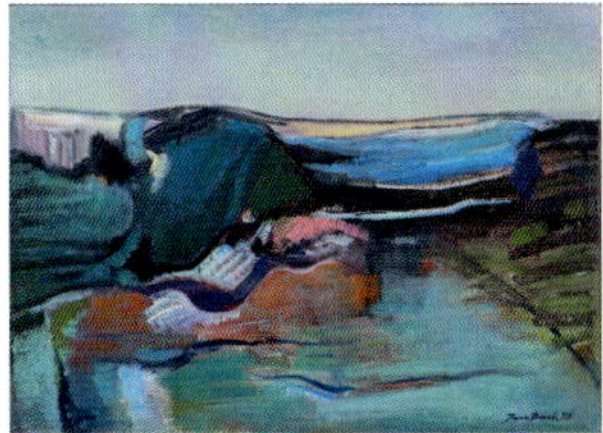

Grubensee
Jězor po brunicowej jamje
Jamowe jazoro
Jezioro w jamie pokopalnianej
1993, Öl auf Leinwand,
73,8 × 104,2 cm,
Inv.-Nr. SM VI-006267 K1

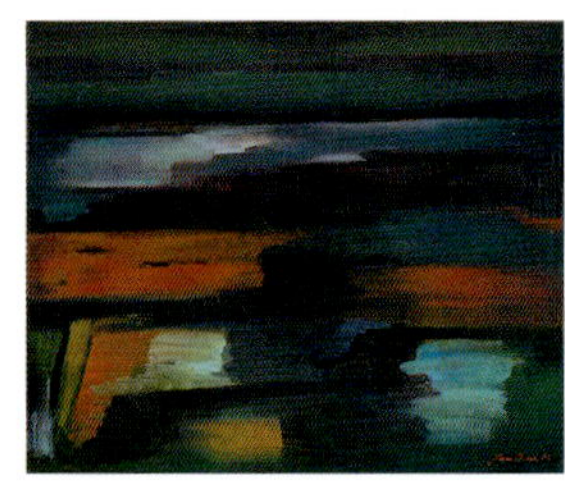

Schwarze Erde
Čorna zemja
Carna zemja
Czarna ziemia
1993, Öl auf Leinwand,
83,2 × 102,3 cm,
Inv.-Nr. SM VI-006264 K1

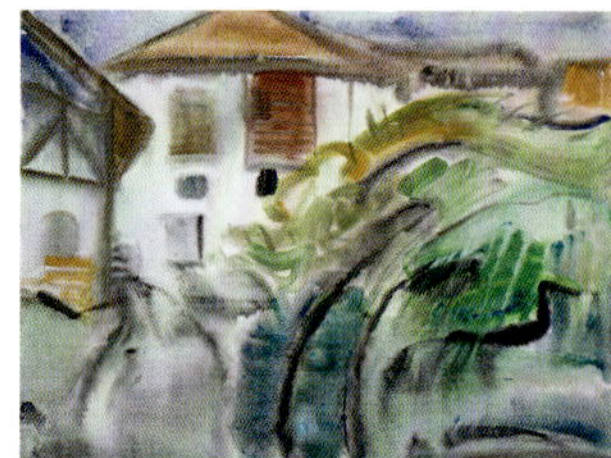

Bauernhäuser in Seo I
Burske domy w Seo I
Burske domy w Seo I
Gospodarstwa wiejskie w Seo I
1994, Aquarell auf Papier,
55,3 × 75,0 cm,
Inv.-Nr. SM VI-004156 K2

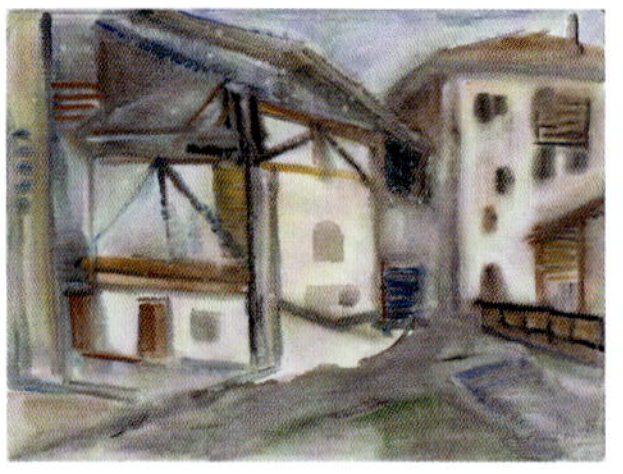

Bauernhäuser in Seo II
Burske domy w Seo II
Burske domy w Seo II
Gospodarstwa wiejskie w Seo II
1994, Aquarell auf Papier,
55,4 × 75,0 cm,
Inv.-Nr. SM VI-004155 K2

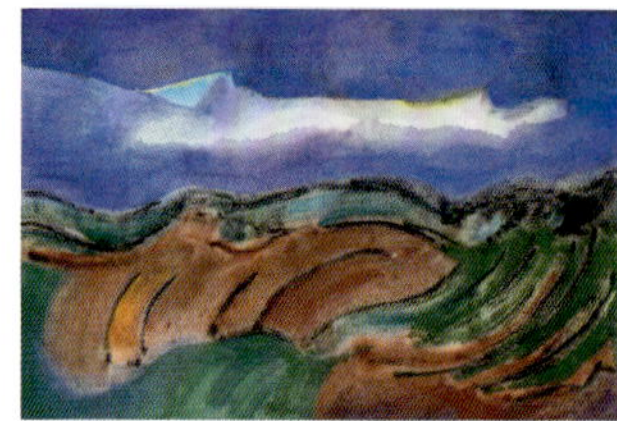

Nebelschwade in den Dolomiten
Mła w Dolomitach
Spuch kurjawy w Dolomitach
Smugi mgły w Dolomitach
1994, Aquarell auf Papier,
50,2 × 75,0 cm,
Inv.-Nr. SM VI-004153 K2

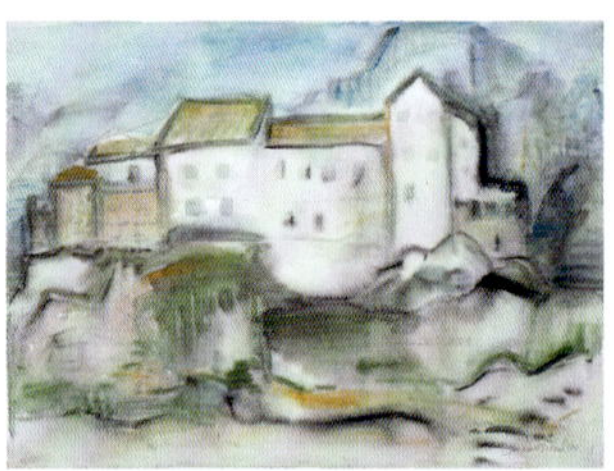

Schloss Stenico
Hród Stenico
Grod Stenico
Zamek Stenico
1994, Aquarell auf Papier,
55,4 × 75,0 cm,
Inv.-Nr. SM VI-004154 K2

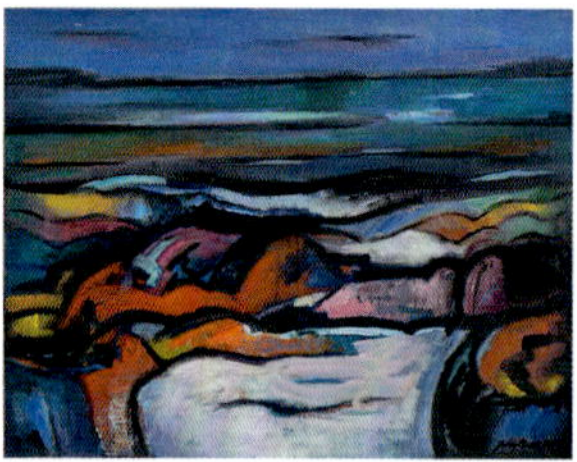

Aufgerissene Landschaft (Tagebau)
Rozdrěta krajina (brunicowa jama)
Rozryta krajina (wótwórjona jama)
Rozdarty krajobraz (kopalnia odkrywkowa)
1995, Öl auf Leinwand,
87,5 × 112,6 cm,
Inv.-Nr. SM VI-006277 K1

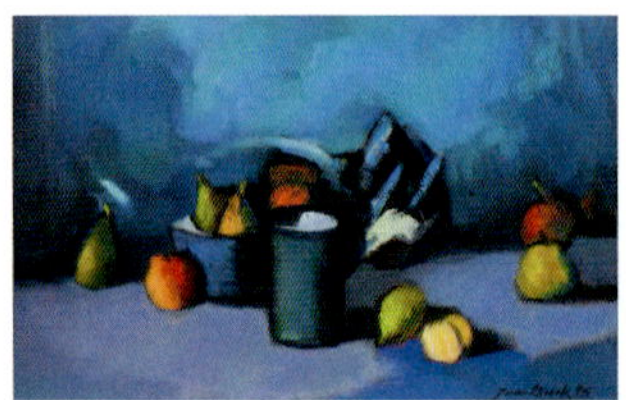

Becher mit Obst
Nopašk z płodami
Bjacharik z płodami
Kubek z owocami
1995, Öl auf Hartfaser,
57,0 × 84,8 cm,
Inv.-Nr. SM VI-006255 K1

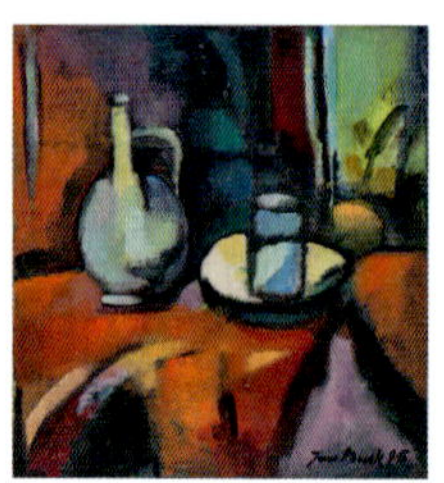

Bulgarischer Krug
Bołharski karan
Bulgaŕski kružk
Bułgarski dzbanek
1995, Öl auf Hartfaser,
49,0 × 47,0 cm,
Inv.-Nr. SM VI-006251 K1

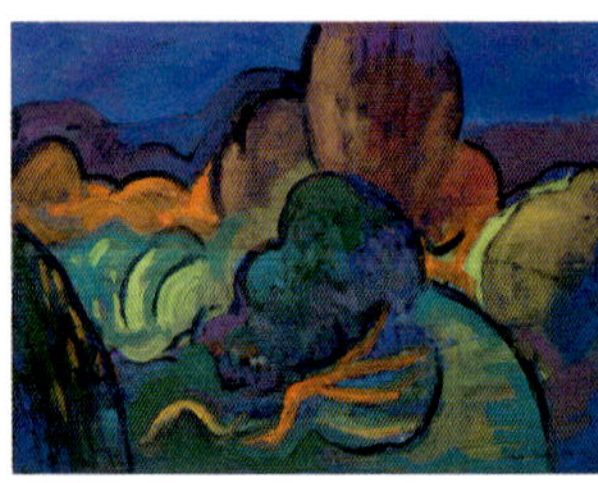

Dubringer Moor
Dubrjenske bahno
Dubrjeńske bagno
Bagna w Dubringu
1995, Aquarell und Tempera auf Papier, 55,0 × 74,0 cm,
Inv.-Nr. SM VI-004532 K2

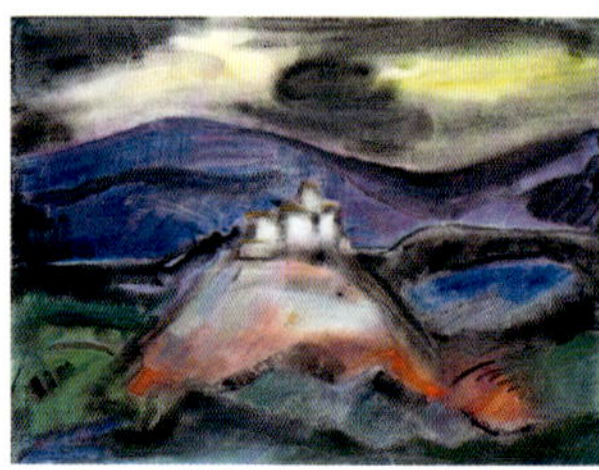

Schloss Stenico am Abend
Hród Stenico zwječora
Grod Stenico wjacor
Zamek Stenico pod wieczór
1995, Aquarell auf Papier,
47,5 × 64,9 cm,
Inv.-Nr. SM VI-004152 K2

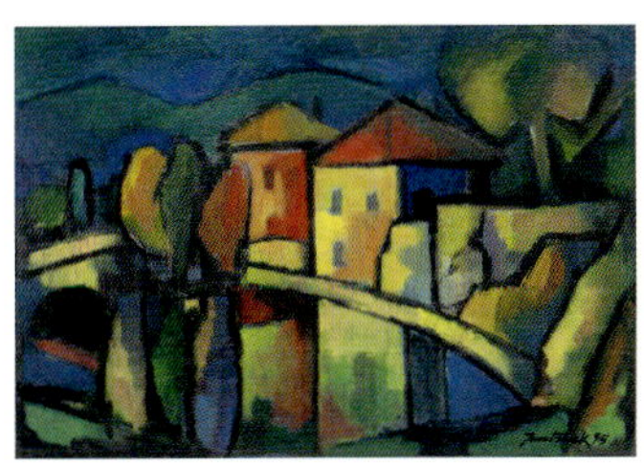

Smoljan
Smoljan
Smoljan
Smolan
1995, Öl auf Hartfaser,
64,0 × 91,0 cm,
Inv.-Nr. SM VI-006262 K1

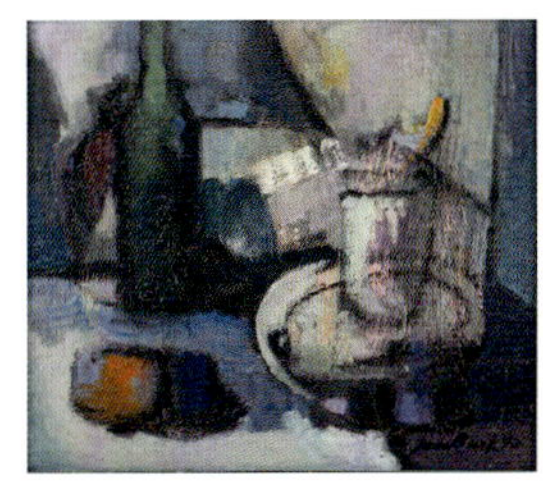

Teeglas mit Zitrone
Čajowa škleńca z citronu
Tejowy głažk z citronu
Szklanka do herbaty z cytryną
1995, Öl auf Leinwand,
30,8 × 35,5 cm,
Inv.-Nr. SM VI-006247 K1

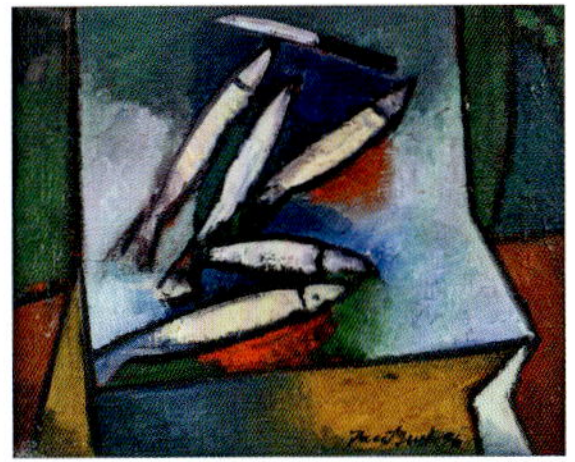

Fische
Ryby
Ryby
Ryby
1996, Öl auf Hartfaser,
44,5 × 57,0 cm,
Inv.-Nr. VI-006248 K1

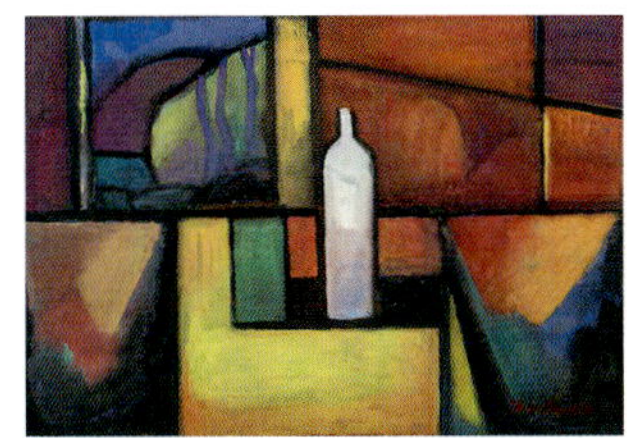

Stillleben
Ćišno
Šichowobraz
Martwa natura
1997, Aquarell auf Papier,
50,0 × 75,0 cm,
Inv.-Nr. SM VI-004581 K2

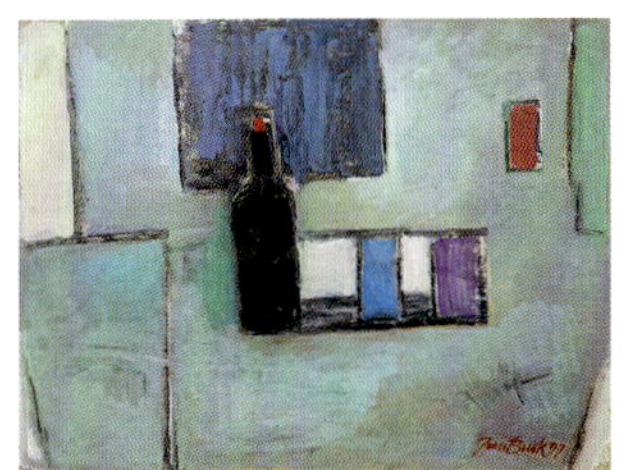

Komposition mit dunkler Flasche
Kompozicija z ćmowej blešu
Kompozicija ze šamneju flašu
Kompozycja z ciemną butelką
1997, Tempera auf Papier,
59,9 × 80,0 cm,
Inv.-Nr. SM VI-006698 K2

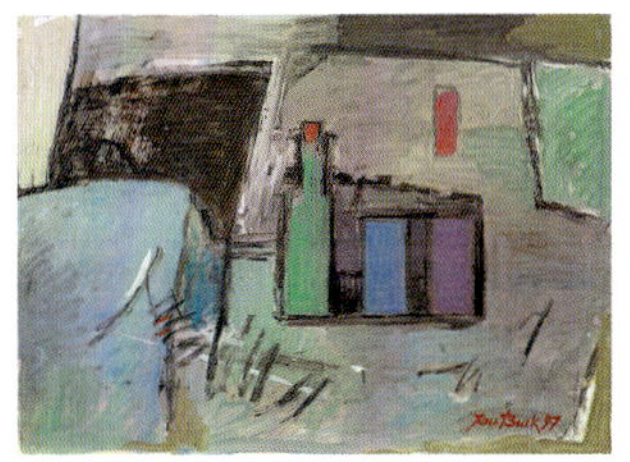

Komposition mit grüner Flasche
Kompozicija ze zelenej blešu
Kompozicija ze zeleneju flašu
Kompozycja z zieloną butelką
1997, Tempera auf Papier,
62,9 × 87,6 cm,
Inv.-Nr. SM VI-006697 K2

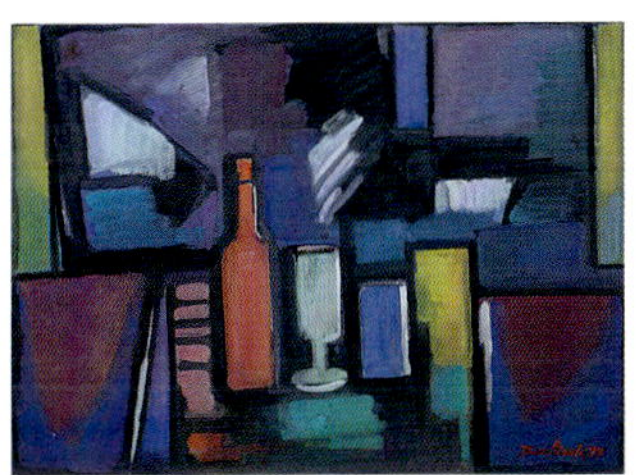

Rote Flasche mit Glas
Čerwjena bleša ze škleńcu
Cerwjena flaša z głažkom
Czerwona butelka z kieliszkiem
1997, Tempera auf Papier,
63,4 × 88,1 cm,
Inv.-Nr. SM VI-006704 K2

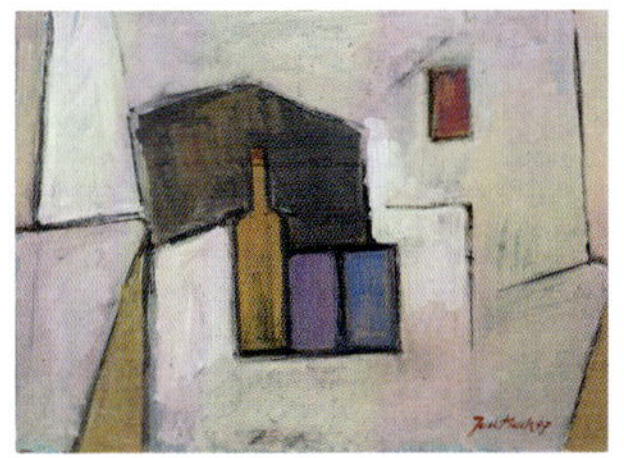

Stillleben mit rotem Fenster
Ćišno z čerwjenym woknom
Šichowobraz z cerwjenym woknom
Martwa natura z czerwonym oknem
1997, Tempera auf Papier,
62,9 × 88,0 cm,
Inv.-Nr. SM VI-006696 K2

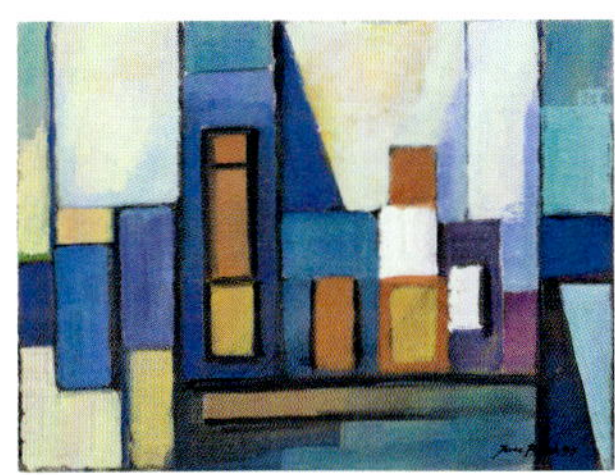

Flächige Komposition I
Kompozicija płonin I
Płoninowa kompozicija I
Kompozycja wielowymiarowa I
1999, Tempera auf Papier,
55,2 × 75,1 cm,
Inv.-Nr. SM VI-006707 K2

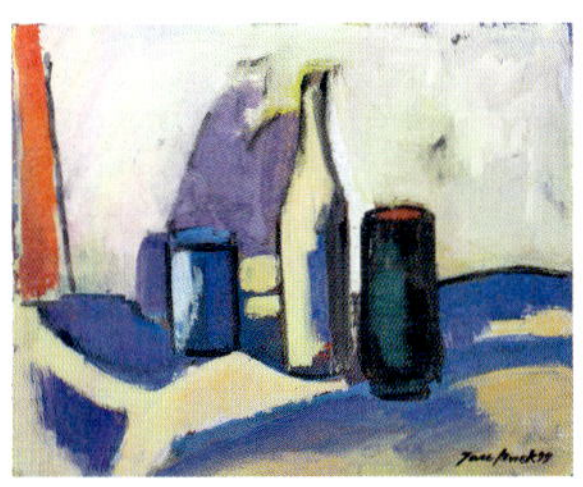

Stillleben mit rotem Streifen
Ćišno z čerwjenej smuhu
Šichowobraz z cerwjeneju smugu
Martwa natura z czerwonym pasmem
1999, Tempera auf Papier,
48,5 × 62,5 cm,
Inv.-Nr. SM VI-006706 K2

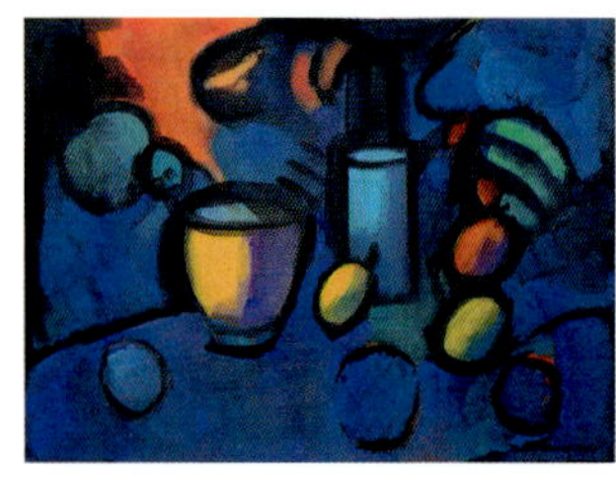

Blaues Stillleben
Módre ćišno
Módry śichowobraz
Błękitna martwa natura
2000, Tempera auf Papier,
54,5 × 74,5 cm,
Inv.-Nr. SM VI-006702 K2

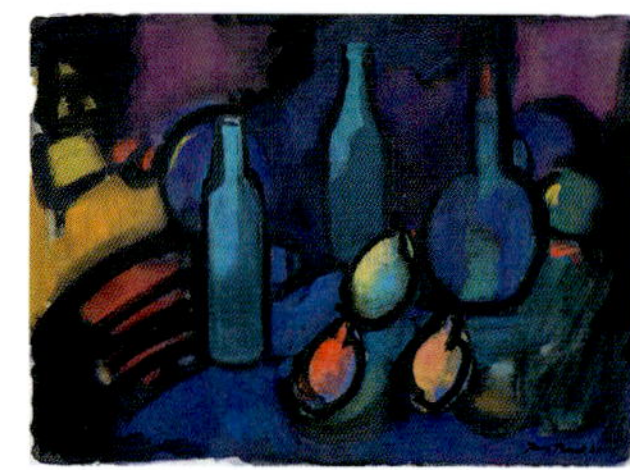

Dreiklang
Trojozynk
Tšojny zuk
Triada
2000, Tempera auf Papier,
54,6 × 74,7 cm,
Inv.-Nr. SM VI-006703 K2

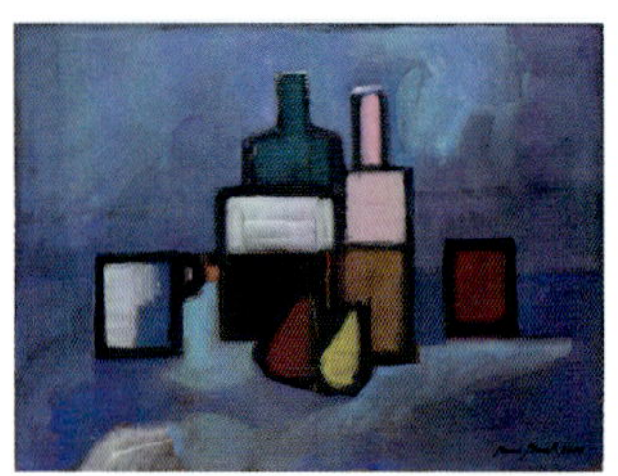

Stillleben mit Birnen
Ćišno z krušwomaj
Śichowobraz z kšuškami
Martwa natura z gruszkami
2000, Tempera auf Papier,
55,0 × 74,5 cm,
Inv.-Nr. SM VI-006705 K2

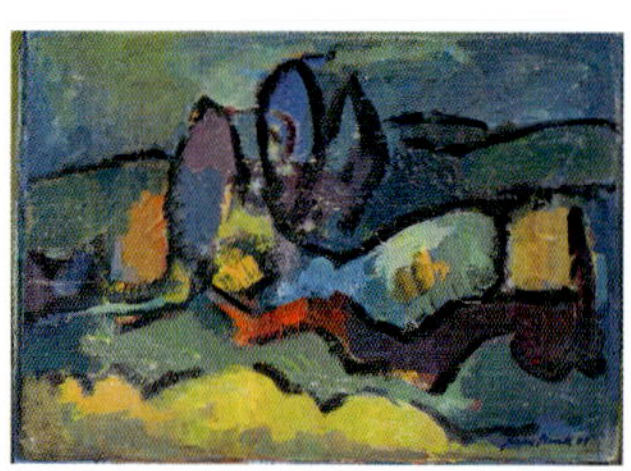

Sommer
Lěćo
Lěśe
Lato
2001, Öl auf Hartfaser,
45,0 × 63,0 cm,
Inv.-Nr. SM VI-006250 K1

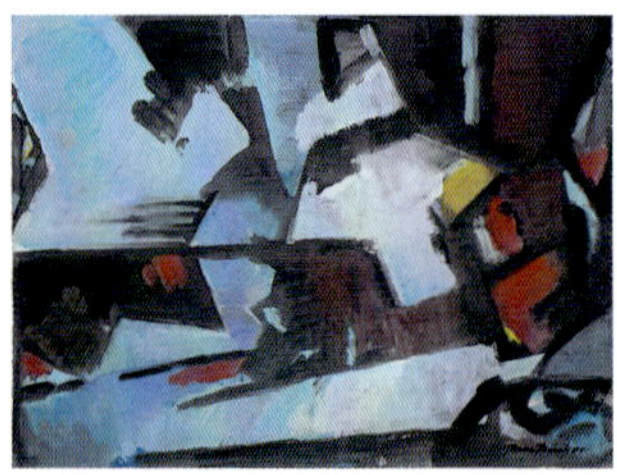

Zerklüftete Landschaft
Rozkwěkana krajina
Rozdorana krajina
Surowy krajobraz
2001, Tempera auf Papier,
54,8 × 75,3 cm,
Inv.-Nr. SM VI-006701 K2

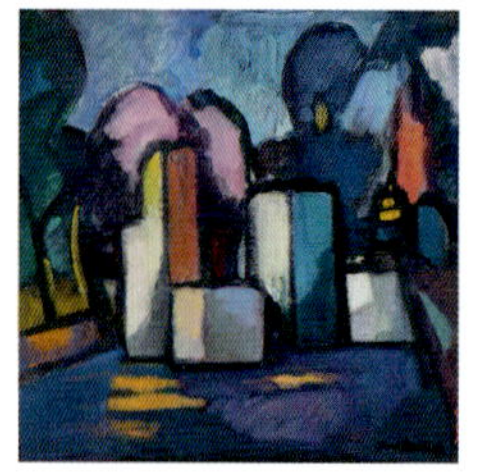

Im Park
W parku
W parku
W parku
2002, Öl auf Leinwand,
66,0 × 64,0 cm,
Inv.-Nr. SM VI-006253 K1

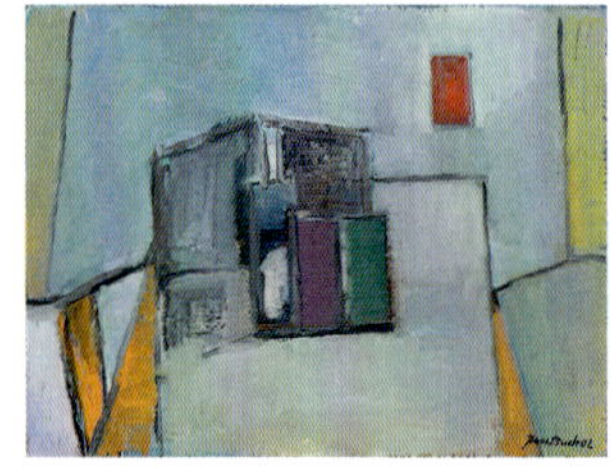

Interieur mit rotem Fenster
Interier z čerwjenym woknom
Interier z cerwjenym woknom
Wnętrze z czerwonym oknem
2002, Öl auf Leinwand,
68,0 × 88,0 cm,
Inv.-Nr. SM VI-006261 K1

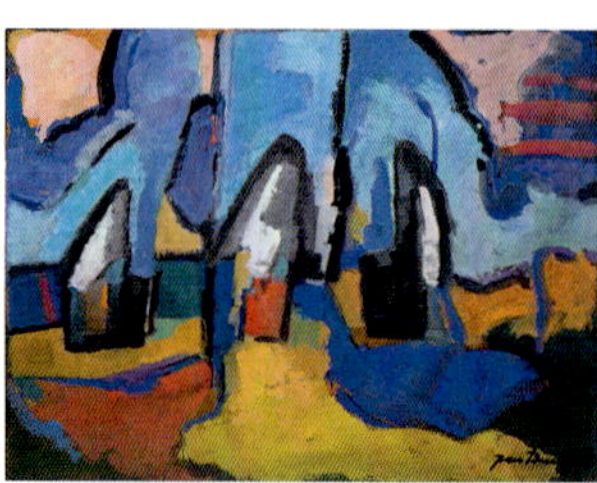

Landschaft mit Figuren
Krajina z postawami
Krajina z póstawami
Krajobraz z postaciami
2002, Tempera auf Papier,
56,9 × 76,0 cm,
Inv.-Nr. SM VI-006700 K2

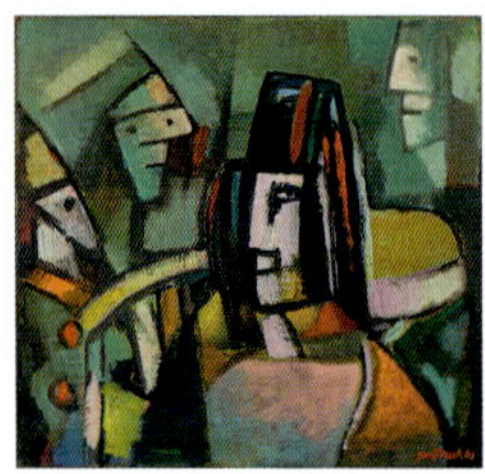

Komödiant
Komediant
Komediant
Komediant
2003, Öl auf Leinwand,
81,7 × 86,9 cm,
Inv.-Nr. SM VI-006256 K1

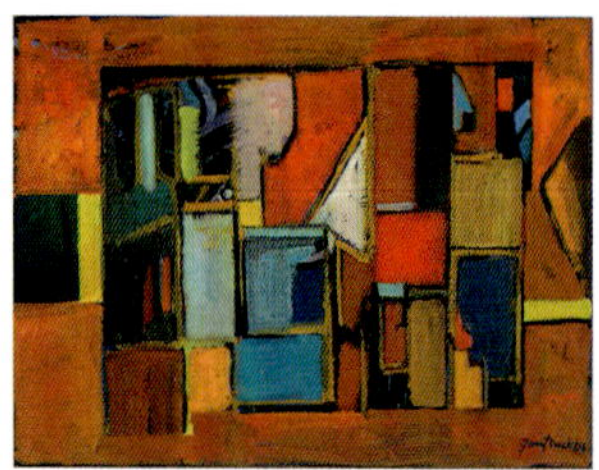

Komposition mit Plastik
Kompozicija z plastiku
Kompozicija z plastiku
Kompozycja z plastyką
2003, Öl auf Leinwand,
77,0 × 102,5 cm,
Inv.-Nr. SM VI-006263 K1

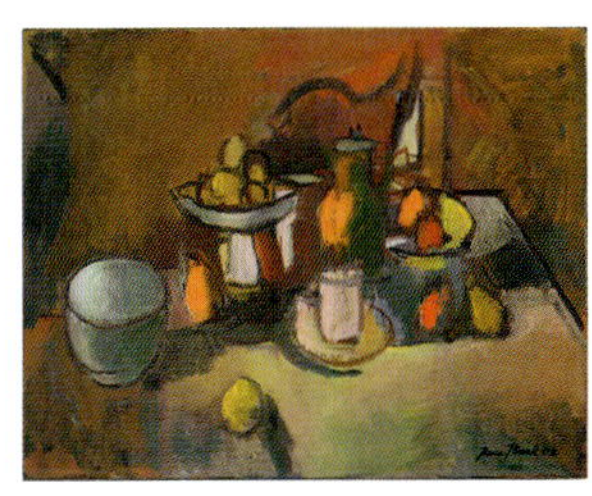

Magisches Licht
Magiske swětło
Magiske swětło
Magiczne światło
2003, Öl auf Leinwand,
72,0 × 91,7 cm,
Inv.-Nr. SM VI-006271 K1

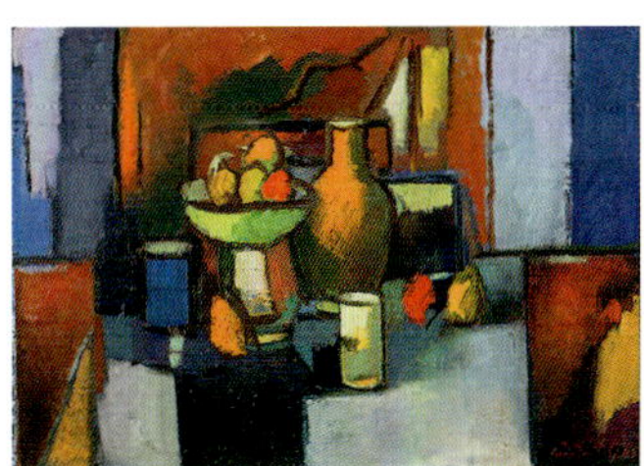

Stillleben mit Früchten
Ćišno z płodami
Śichowobraz ze sadom
Martwa natura z owocami
2003, Öl auf Hartfaser,
70,0 × 99,7 cm,
Inv.-Nr. SM VI-006269 K1

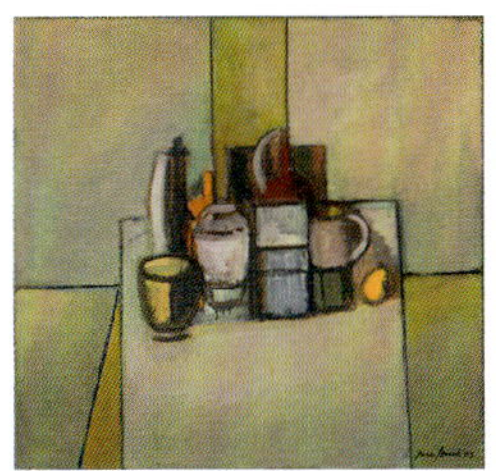

Stillleben mit Gefäßen
Ćišno ze sudobjemi
Śichowobraz ze sudobjami
Martwa natura z naczyniami
2003, Öl auf Leinwand,
92,2 × 97,3 cm,
Inv.-Nr. SM VI-006270 K1

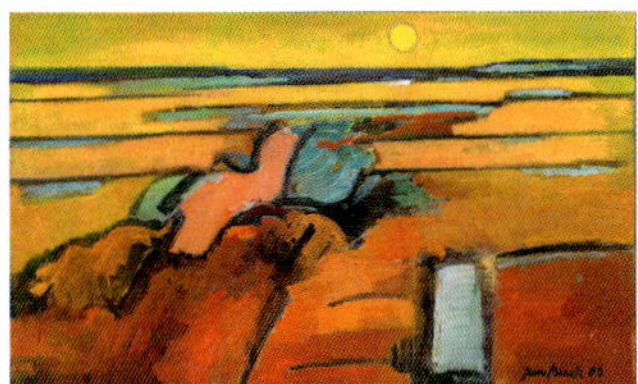

Unfruchtbare Landschaft
Njepłódna krajina
Njepłodna krajina
Jałowy krajobraz
2003, Öl auf Leinwand,
77,5 × 127,0 cm,
Inv.-Nr. SM VI-006266 K1

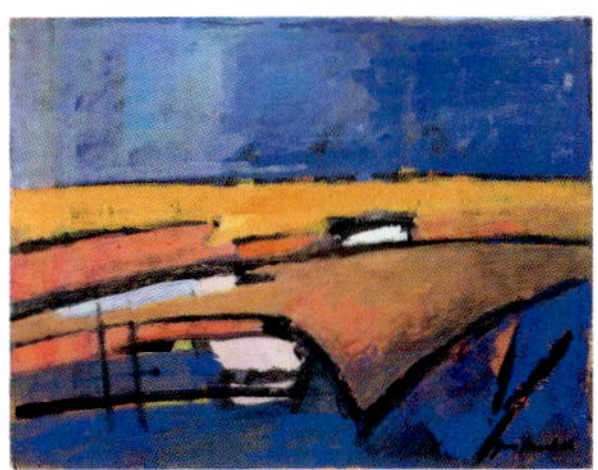

Landschaft am See
Krajina při jězorje
Krajina pśi jazorje
Krajobraz nad jeziorem
2004, Tempera auf Papier,
59,6 × 79,3 cm,
Inv.-Nr. SM VI-006699 K2

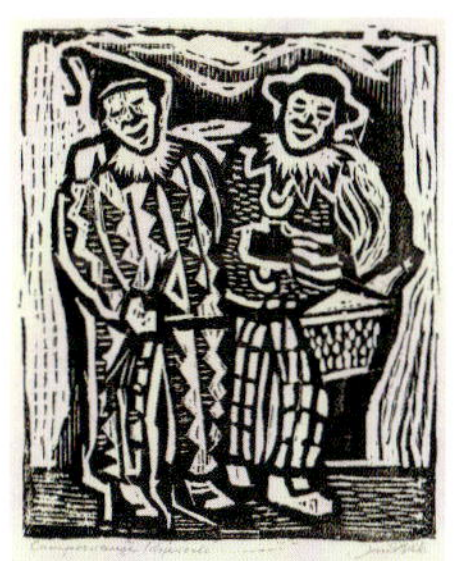

Zampern
Camprowanje
Camprowanje
Camprowanje (korowód przebierańców)
o. J., Holzschnitt auf Papier,
48,0 × 36,0 cm,
Inv.-Nr. SM VI-002901 K2

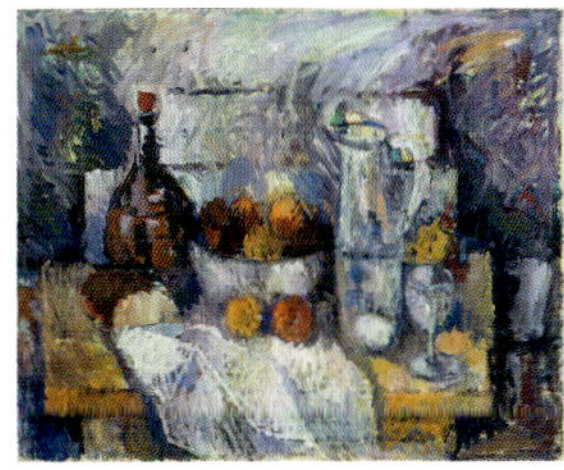

Krug mit Früchten
Karan z płodami
Kružk z płodami
Dzban z owocami
o. J., Öl auf Leinwand,
72,0 × 87,5 cm,
Inv.-Nr. SM VI-003435 K1

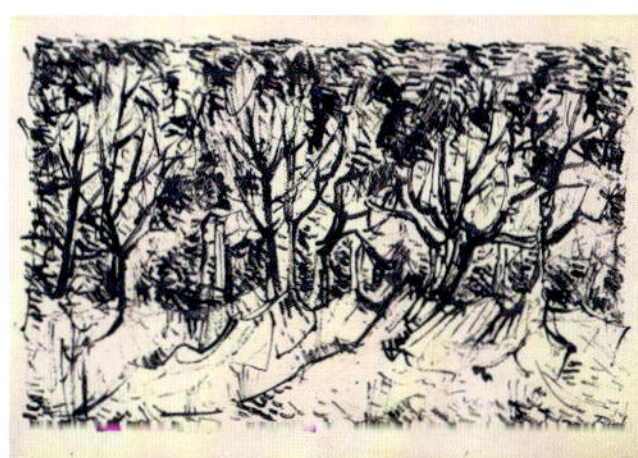

Waldstück am Strand
Lěsk při pobrjoze
Gólka na pśibrjoze
Połać lasu przy plaży
o. J., Pinsel mit Tusche auf Papier,
47,2 × 75,0 cm,
Inv.-Nr. SM VI-007251 K2

Staatliche Kunstsammlungen Dresden, Kunstfonds

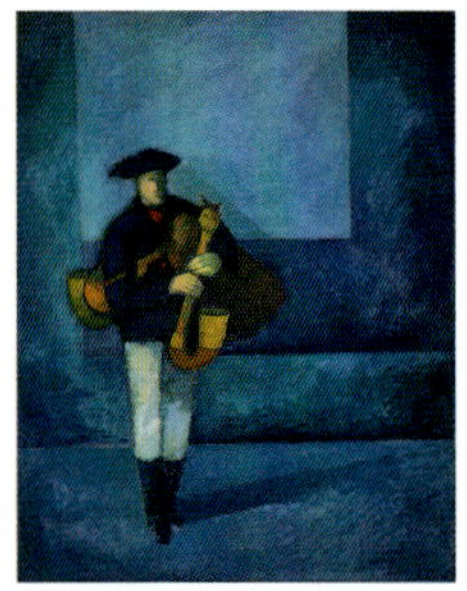

Aus der Arbeit des Sorbischen National-Ensembles: Der Dudelsackspieler
Z dźěła Serbskeho ludoweho ansambla: Dudak
Ze źěła Serbskego ludowego ansambla: Dudak
Z prac Serbołużyckiego Zespołu Narodowego: Dudziarz
1979, Öl auf Leinwand,
115,7 × 91,0 cm,
Inv.-Nr. 34/79

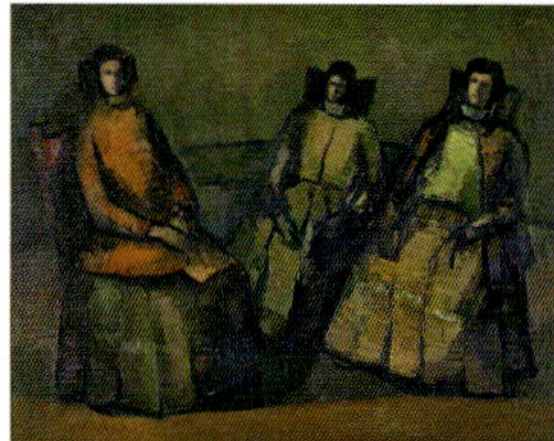

Unterhaltung
Bjesada
Rozgrono
Rozmowa
1984, Öl auf Leinwand,
78,7 × 98,0 cm,
Inv.-Nr. M 16/86

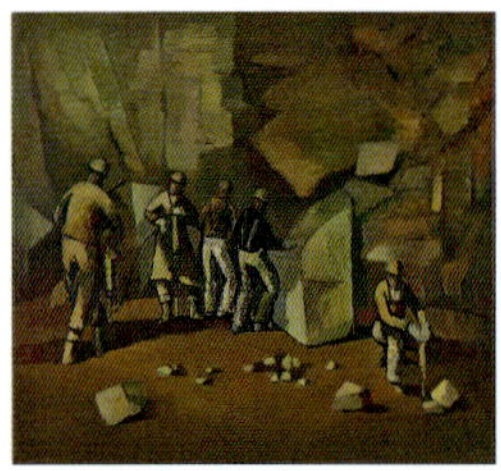

Steinspeller
Skałarjo
Wobźěłarje kamjenjow
Kamieniarze
1984, Öl auf Leinwand,
110,0 × 121,0 cm,
Inv.-Nr. M 19/84

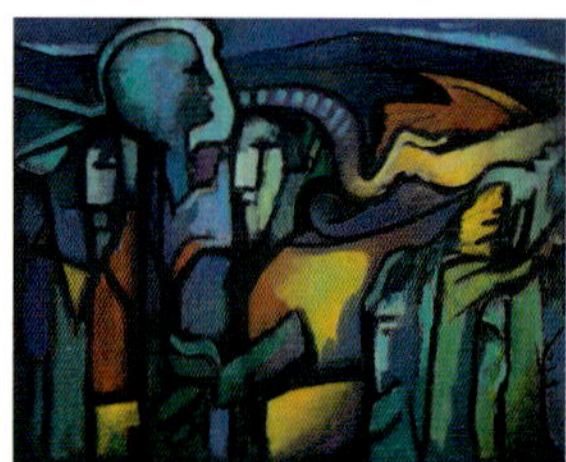

Waldgeist Grab
Lěsny duch grab
Lěsny duch grab
Duch lasu grab
1989, Öl auf Leinwand,
80,0 × 100,0 cm,
Inv.-Nr. M 36/89

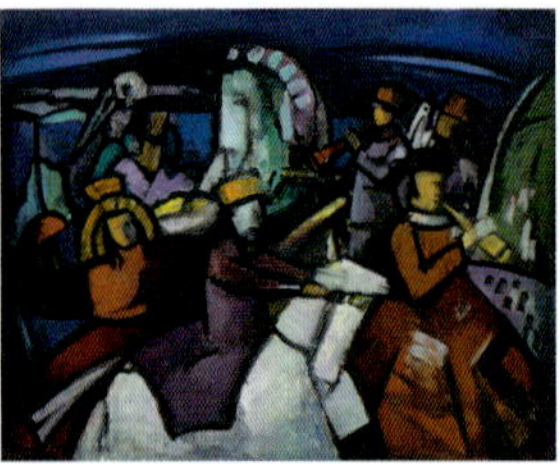

Zamperer in der Landschaft der Struga
Camprowarjo w krajinje Strugi
Camprowarje w krajinje Strugi
Camprowanje (korowód przebierańców) *w krajobrazie Strugi*
1989, Öl auf Leinwand,
80,0 × 100,0 cm,
Inv.-Nr. M 37/89

Städtische Sammlungen Cottbus – Stadtmuseum

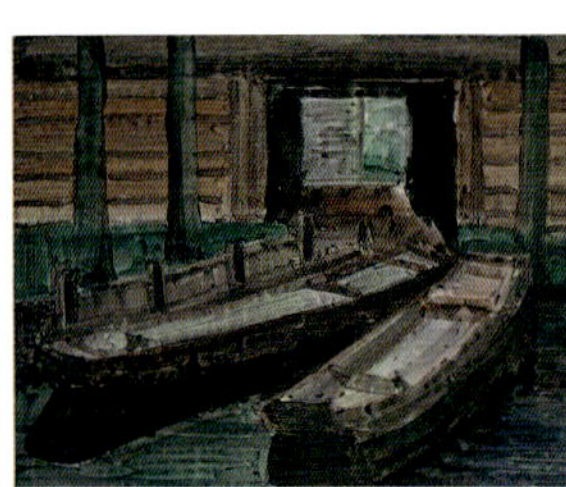

Spreewald, Kähne vor Bootschuppen
Błóta, čołmy před čołmarnju
Błota, cołny pśed cołnańju
Szprewald, czółna przed hangarami na łodzie
1980, Aquarell auf Papier,
48,0 × 62,0 cm,
Inv.-Nr. HP 209, Reg.-Nr. 1658

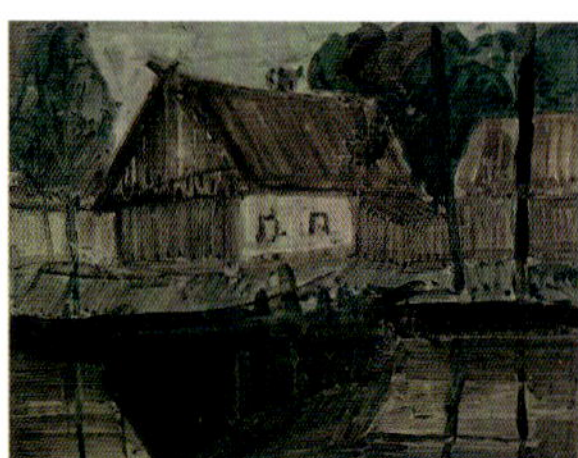

Spreewald, Gehöft am Fließ
Błóta, statok nad groblu
Błota, žynosć pśi tšuze
Szprewald, zagroda nad rzeką
1980, Aquarell auf Papier,
48,5 × 62,0 cm,
Inv.-Nr. HP 210, RMP 99

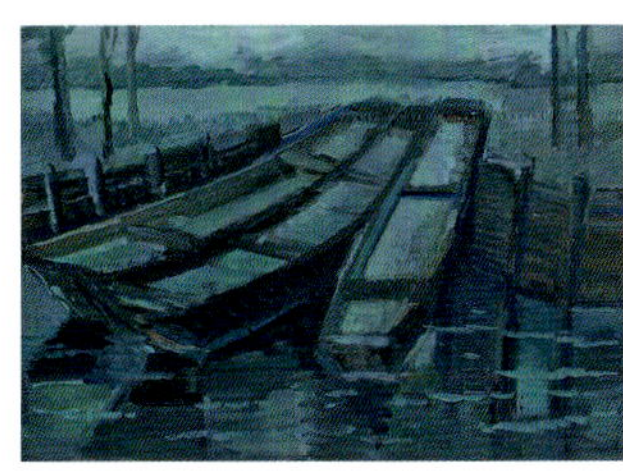

Drei Kähne
Tři čołmy
Tśi cołny
Trzy czółna
1982, Aquarell auf Papier,
51,0 × 73,0 cm,
Inv.-Nr. HP 200, Reg.-Nr. 1659

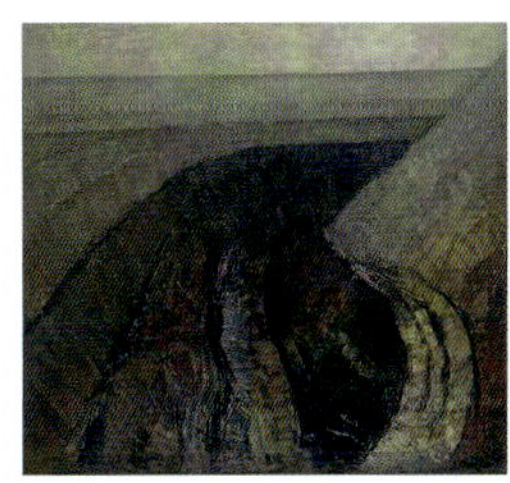

Tagebau
Brunicowa jama
Wótwórjona jama
Kopalnia odkrywkowa
o. J., Öl auf Leinwand,
90,0 × 100,0 cm,
Inv.-Nr. VII K/2065

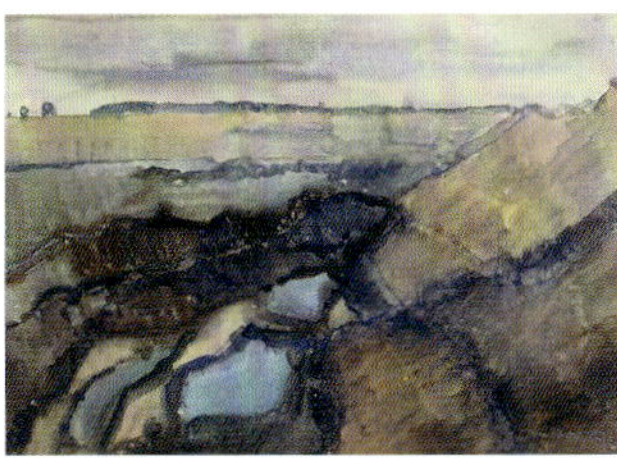

Tagebaulandschaft
Krajina brunicoweje jamy
Krajina wótwórjoneje jamy
Krajobraz kopalni odkrywkowej
1982, Aquarell auf Papier,
50,0 × 73,0 cm,
Inv.-Nr. HP 199, Reg.-Nr. 1657

Städtische Sammlungen Cottbus – Wendisches Museum Cottbus/Serbski muzej Chóśebuz

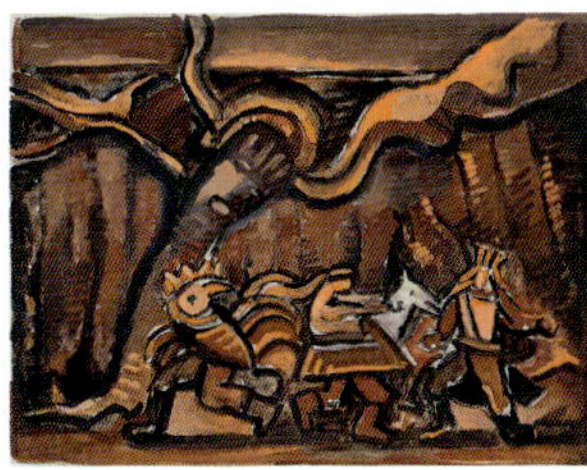

Zampern, Volkstypen,
Geist über dem Tagebau, Hahn,
Schimmelreiter, Strohbär
Camprowanje, ludowe typy
Duch nad brunicowej jamu, kokot,
jěchar na šumjelu, słomjany
mjedwjedź
Camprowanje, ludowe typy
Duch nad wótwórjoneju jamu,
kokot, rejtaŕ na šumjelu, słomjany
mjadwjeź
Camprowanje (korowód
przebierańców), *typy ludowe,*
Duch nad kopalnią, kogut, jeździec
na białym koniu, słomiany
niedźwiedź
1977, Aquarell und Tempera auf
Papier, 44,0 cm × 59,3 cm,
Privatbesitz (Dauerleihgabe)

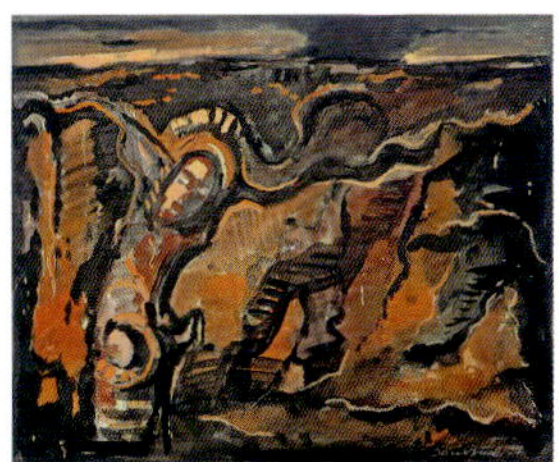

Geist über dem Tagebau
Duch nad brunicowej jamu
Duch nad wótwórjoneju jamu
Duch nad kopalnią
1977, Aquarell und Tempera auf
Papier, 47,0 × 57,5 cm,
Privatbesitz (Dauerleihgabe)

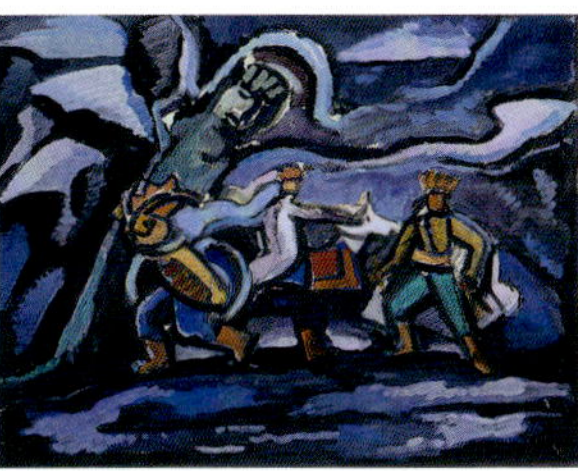

Zampern, Volkstypen,
Geist über dem Tagebau, Hahn,
Schimmelreiter, Strohbär
Camprowanje, ludowe typy
Duch nad brunicowej jamu, kokot,
jěchar na šumjelu, słomjany
mjedwjedź
Camprowanje, ludowe typy
Duch nad wótwórjoneju jamu,
kokot, rejtaŕ na šumjelu, słomjany
mjadwjeź
Camprowanje (korowód
przebierańców), *typy ludowe,*
Duch nad kopalnią, kogut, jeździec
na białym koniu, niedźwiedź
słomiany
o. J., Tempera auf Papier,
44,5 × 59,5 cm,
Privatbesitz (Dauerleihgabe)

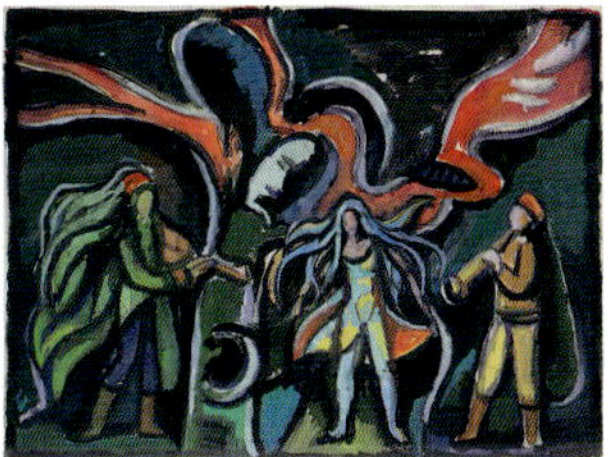

Musikanten
Geigenspieler, Tänzerin,
Tarakawaspieler
Hercy
Husler, rejwarka, tarakawar
Muzikanty
Fidlaŕ, rejowaŕka, grajaŕ
na tarakawje
Muzykanci
Skrzypek, tancerka, grający
na tarakawie
1977, Aquarell und Tempera auf
Papier, 46,5 × 65,0 cm,
Privatbesitz (Dauerleihgabe)

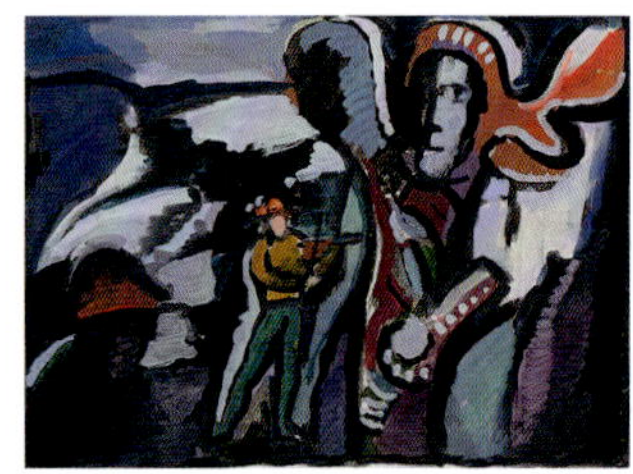

Volkstypen
Geigenspieler mit Geist über Tagebau
Ludowe typy
Husler z duchom nad brunicowej jamu
Ludowe typy
Fidlaŕ z duchom nad wótwórjoneju jamu
Typy ludowe
Skrzypek z duchem nad kopalnią odkrywkową
o. J., Aquarell und Tusche auf Papier, 42,5 × 56,5 cm,
Privatbesitz (Dauerleihgabe)

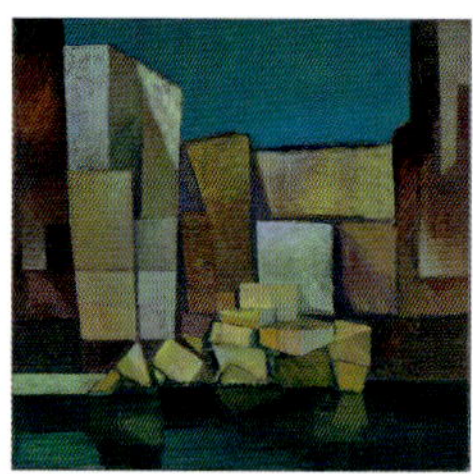

Steinbruch
Skała
Skała
Skała
1979, Öl auf Leinwand, 89,0 × 92,0 cm,
Inv.-Nr. X1390/K1

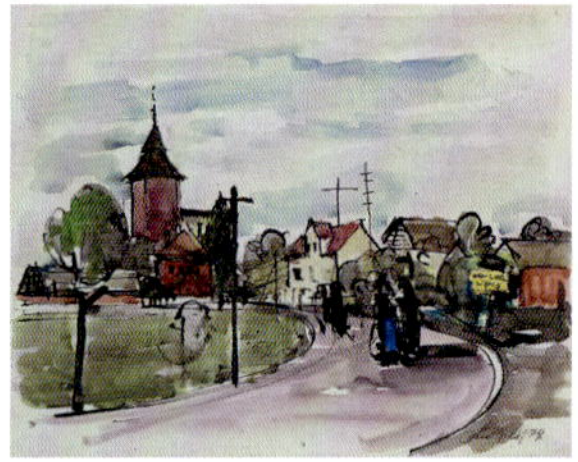

Groß Lieskow
Liškow
Liškow
Groß Lieskow
1979, Aquarell auf Papier, 49,0 × 63,0 cm,
Inv.-Nr. X9836/K1

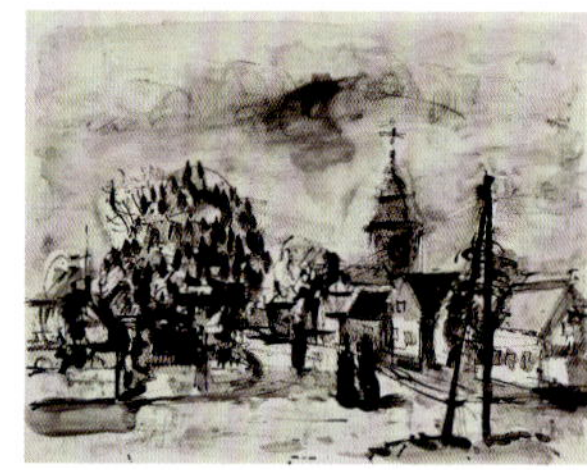

Dorfstraße in Groß Lieskow
Wjesny puć w Liškowje
Wejsna droga w Liškowje
Wiejska ulica w Groß Lieskow
1979, Pinsel mit Tusche auf Papier, 49,0 × 63,0 cm,
Inv.-Nr. X9830/K1

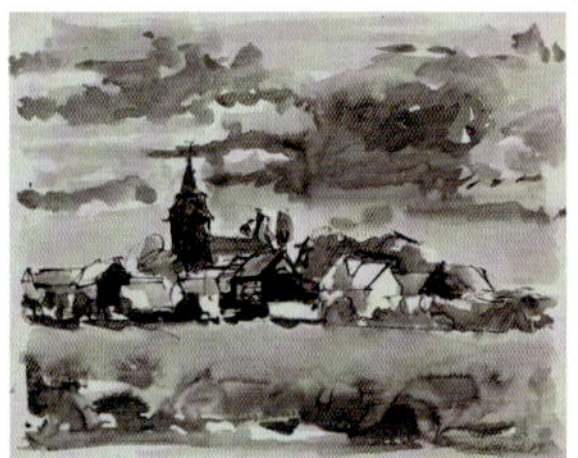

Groß Lieskow
Liškow
Liškow
Groß Lieskow
1979, Pinsel mit Tusche auf Papier, 49,0 × 63,0 cm,
Inv.-Nr. X9835/K1

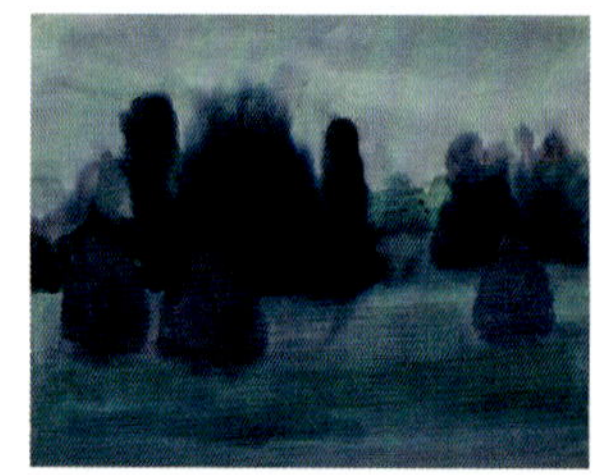

Heuschober im Spreewald
Stogi w Błótach
Stogi w Błotach
Stogi siana w Szprewaldzie
1980, Aquarell auf Papier, 49,0 × 63,0 cm,
Privatbesitz (Dauerleihgabe)

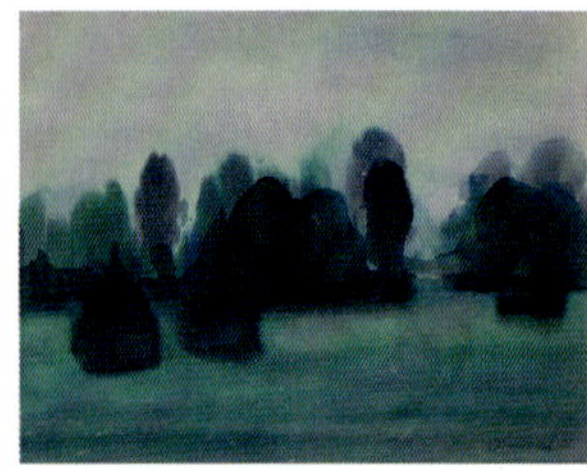

Heuschober im Spreewald
Stogi w Błótach
Stogi w Błotach
Stogi siana w Szprewaldzie
1980, Aquarell auf Papier, 48,5 × 61,0 cm,
Privatbesitz (Dauerleihgabe)

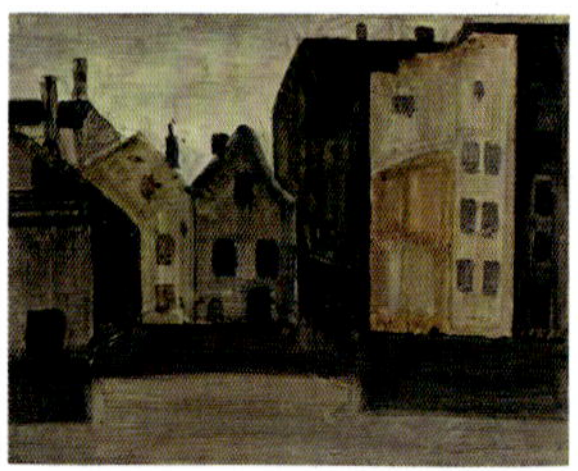

Cottbus – Alte Häuser
Choćebuz – Stare domy
Chóśebuz – Stare domy
Chociebuż –Stare domy
1980, Aquarell auf Papier, 51,0 × 66,0 cm,
Inv.-Nr. X9844/K1

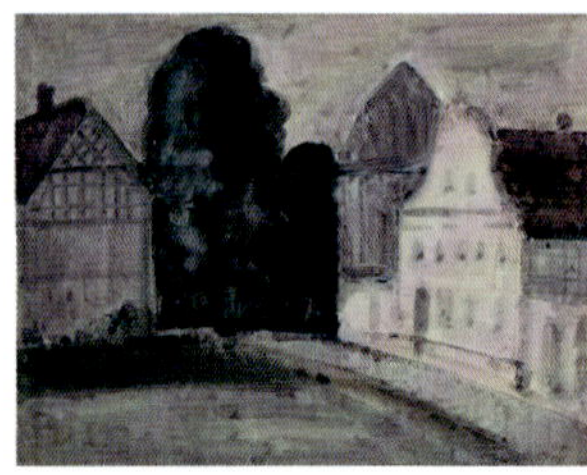

Cottbus – Alte Häuser
Choćebuz – Stare domy
Chóśebuz – Stare domy
Chociebuż – Stare domy
1980, Aquarell auf Papier, 48,0 × 63,0 cm,
Inv.-Nr. X9845/K1

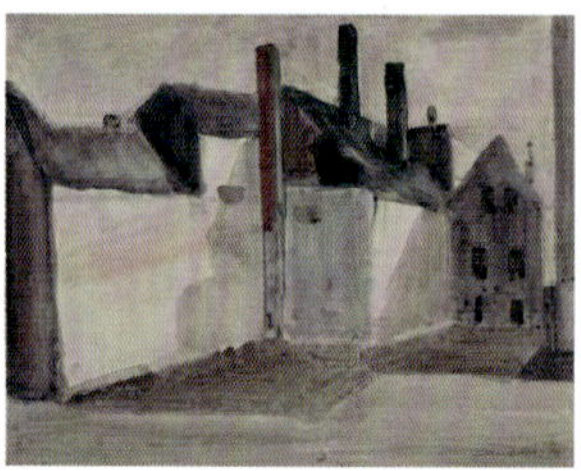

Cottbus – Alte Häuser
Choćebuz – Stare domy
Chóśebuz – Stare domy
Chociebuż – Stare domy
1980, Aquarell auf Papier, 51,0 × 66,0 cm,
Inv.-Nr. X9846/K1

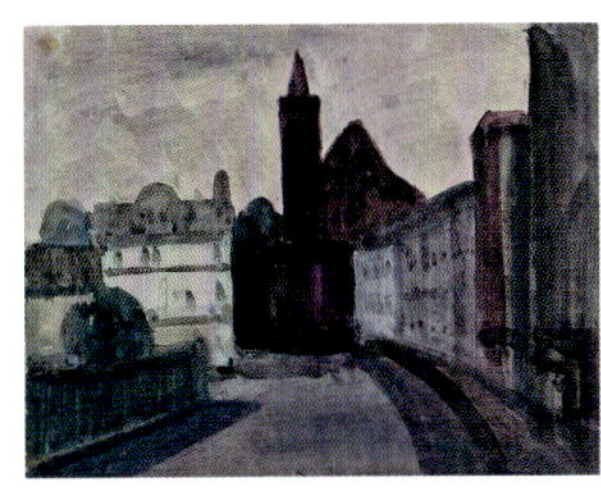

Cottbus – Alte Häuser
Chośebuz – Stare domy
Chóśebuz – Stare domy
Chociebuż – Stare domy
1980, Aquarell auf Papier,
48,0 × 63,0 cm,
Inv.-Nr. X9847/K1

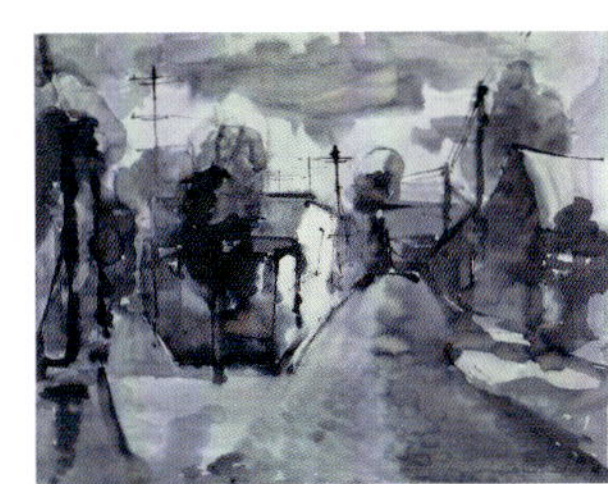

Weißagk
Wusoka
Wusoka
Weißagk
1981, Pinsel mit Tusche auf Papier, 59,0 × 63,0 cm,
Inv.-Nr. X9849/K1

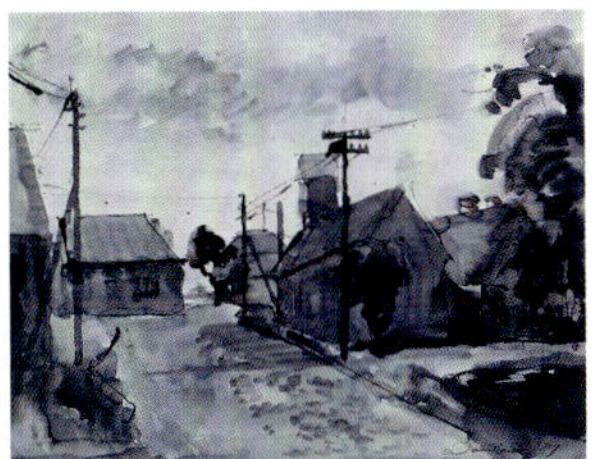

Weißagk
Wusoka
Wusoka
Weißagk
1981, Pinsel mit Tusche auf Papier, 49,0 × 63,0 cm,
Inv.-Nr. X9848/K1

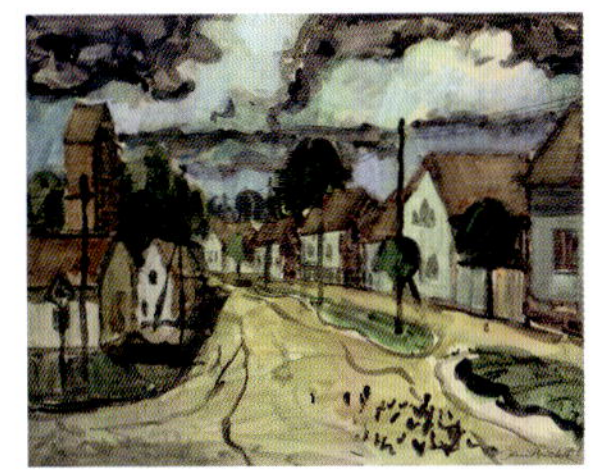

Weißagk
Wusoka
Wusoka
Weißagk
1981, Aquarell auf Papier,
49,0 × 63,0 cm,
Inv.-Nr. X9838/K1

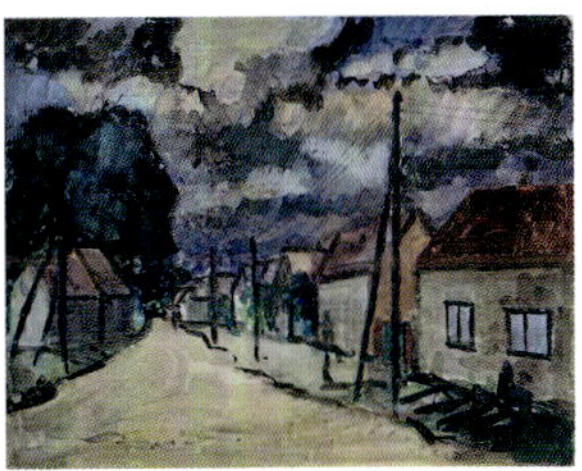

Weißagk, Niederlausitz
Wusoka, Delnja Łužica
Wusoka, Dolna Łužyca
Weißagk, Dolne Łużyce
1981, Aquarell auf Papier,
49,0 × 63,0 cm,
Inv.-Nr. X9824/K1

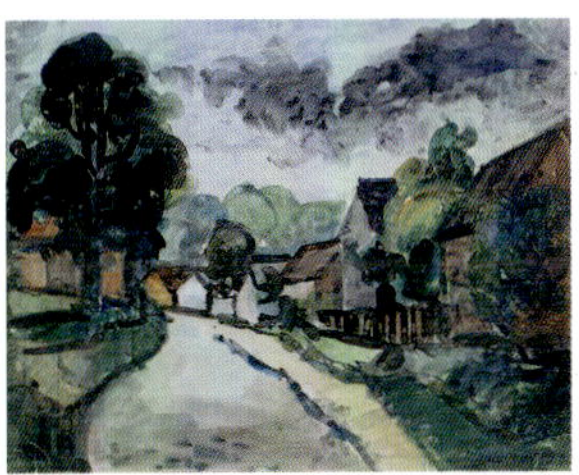

Weißagk
Wusoka
Wusoka
Weißagk
1981, Aquarell auf Papier,
49,0 × 63,0 cm,
Inv.-Nr. X9823/K1

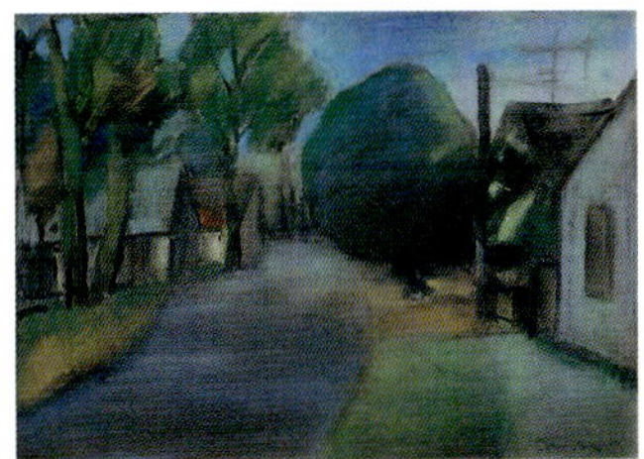

Weißagk
Wusoka
Wusoka
Weißagk
1981, Pastell auf Papier,
51,0 × 73,0 cm,
Inv.-Nr. X9837/K1

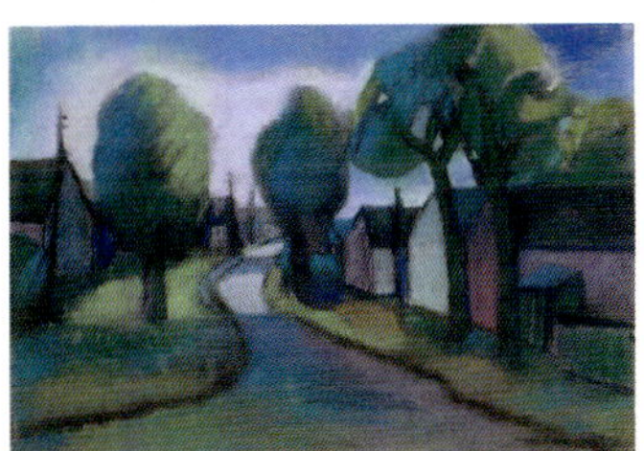

Weißagk
Wusoka
Wusoka
Weißagk
1981, Pastell auf Papier,
51,0 × 73,0 cm,
Inv.-Nr. X9829/K1

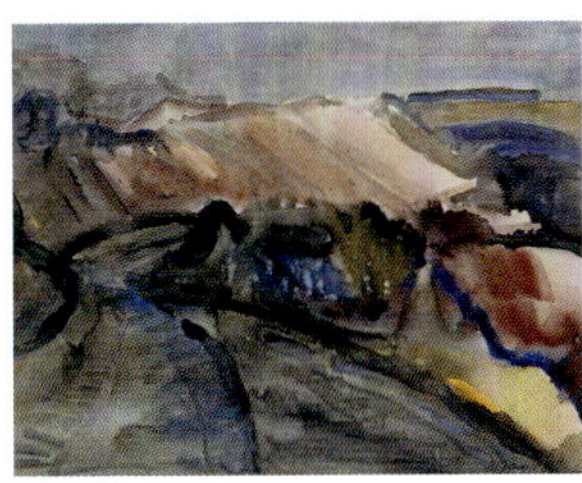

Tagebauhalde
Wotsyp brunicoweje jamy
Nasypanišćo wótwórjoneje jamy
Hałda w kopalni odkrywkowej
1982, Aquarell auf Papier,
44,5 × 67,5 cm,
Inv.-Nr. X9839/K1

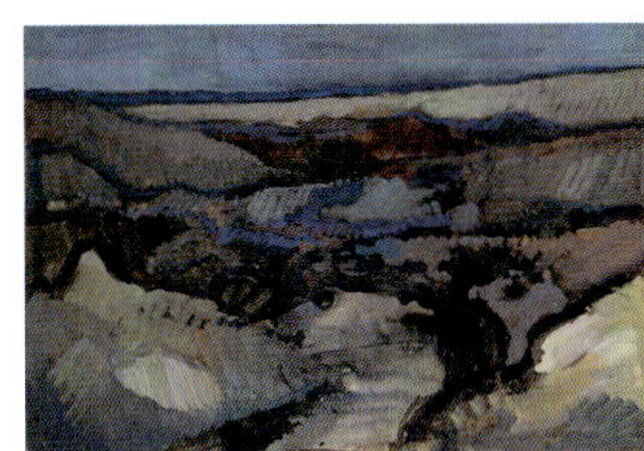

Tagebau
Brunicowa jama
Wótwórjona jama
Kopalnia odkrywkowa
1982, Tempera auf Papier,
50,0 × 75,0 cm,
Inv.-Nr. X9843/K1

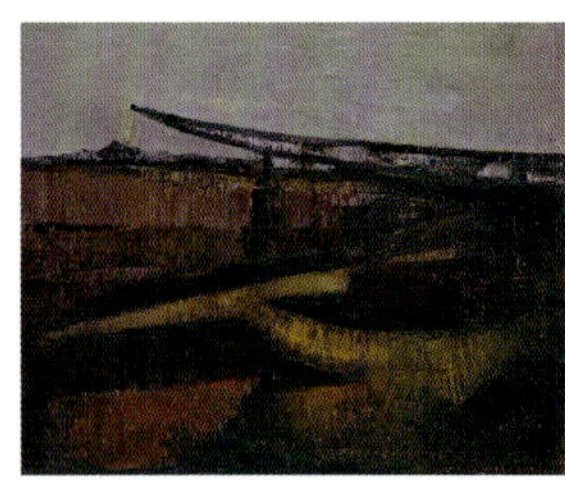

Tagebau (Tagebau Cottbus-Nord)
Brunicowa jama (Choćebuz-sewjer)
Wótwórjona jama (Chóśebuz-pódpołnoc)
Kopalnia odkrywkowa (kopalnia odkrywkowa Cottbus-Nord)
1984, Öl auf Leinwand,
80,0 × 99,5 cm,
Inv.-Nr. X1389/K1

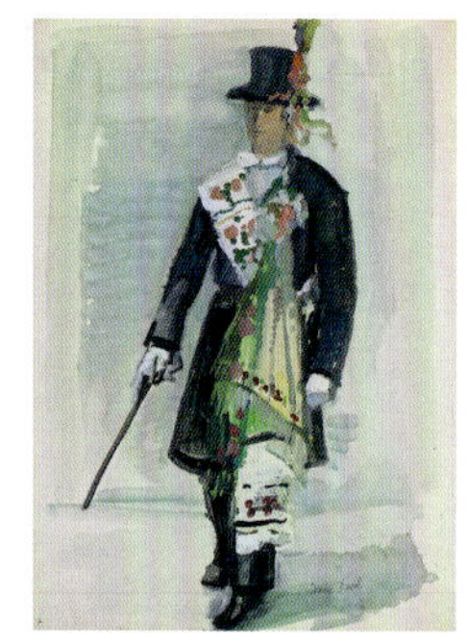

Hochzeitsbitter, Heinersbrücker Hochzeitszug
Braška, Mosćanski kwas
Pódružba, Mósćański swajźbaŕski šěg
Mistrz ceremonii, procesja ślubna w Heinersbrück
1984, Aquarell auf Papier,
73,5 × 51,5 cm,
Inv.-Nr. X9825/K1

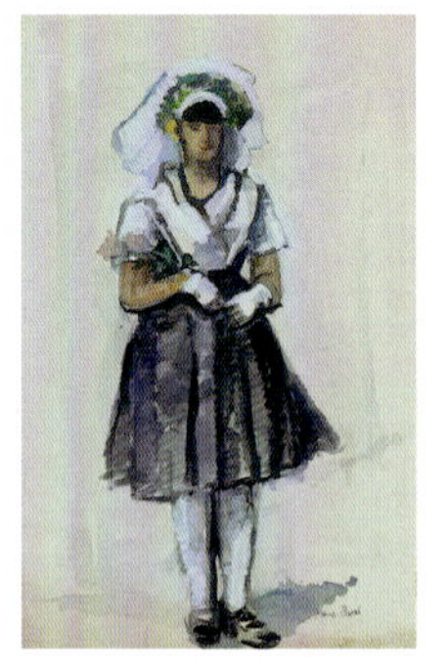

Brautjungfer
Družka
Družka
Druhna
1984, Aquarell auf Papier,
73,5 × 51,5 cm,
Inv.-Nr. X9827/K1

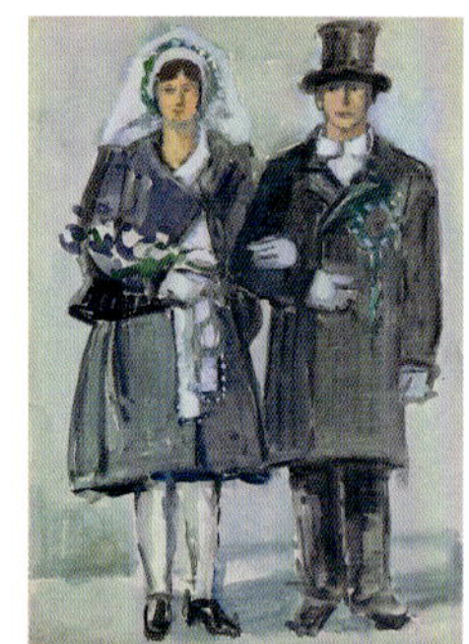

Brautpaar, Heinersbrücker Hochzeitszug
Njewjesta a nawoženja, Mosćanski kwas
Njewjesćinski pórik, Mósćański swajźbaŕski šěg
Para nowożeńców, procesja ślubna w Heinersbrück
1984, Aquarell auf Papier,
73,5 × 51,5 cm,
Inv.-Nr. X9826/K1

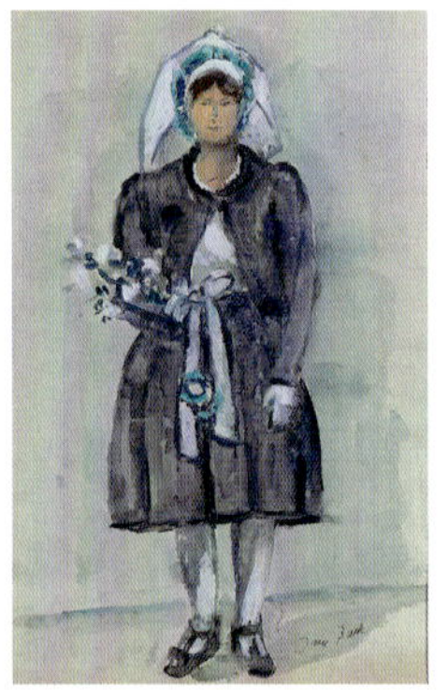

Braut
Njewjesta
Njewjesta
Panna młoda
1984, Aquarell auf Papier,
73,5 × 51,5 cm,
Inv.-Nr. X9828/K1

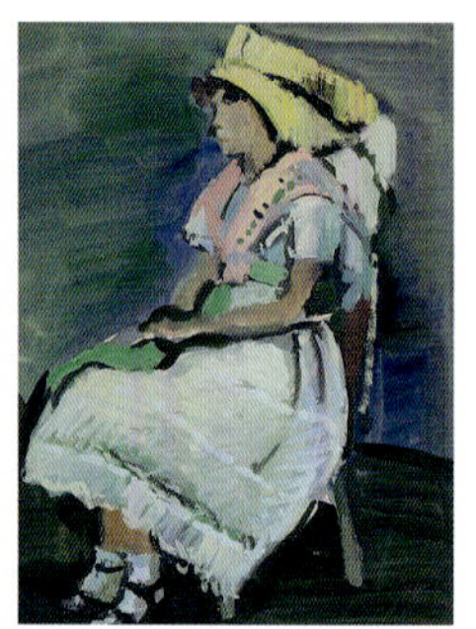

Niedersorbisches Mädchen
Serbska holca
Serbske żowćo
Dolnołużycka dziewczynka
1985, Tempera auf Papier,
48,0 × 36,0 cm,
Privatbesitz (Dauerleihgabe)

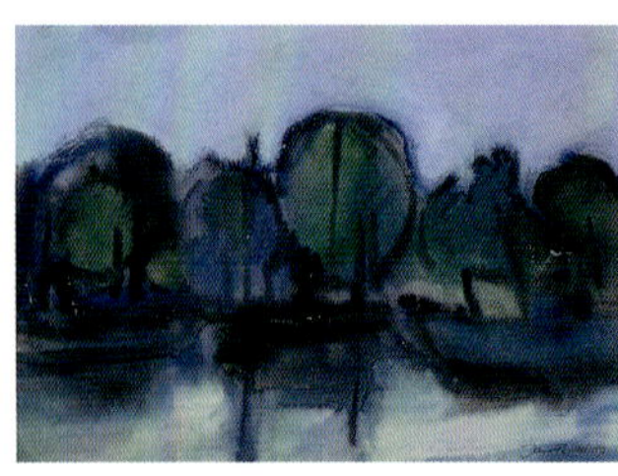

Spreewald
Błóta
Błota
Szprewald
1987, Aquarell auf Papier,
41,0 × 59,0 cm,
Privatbesitz (Dauerleihgabe)

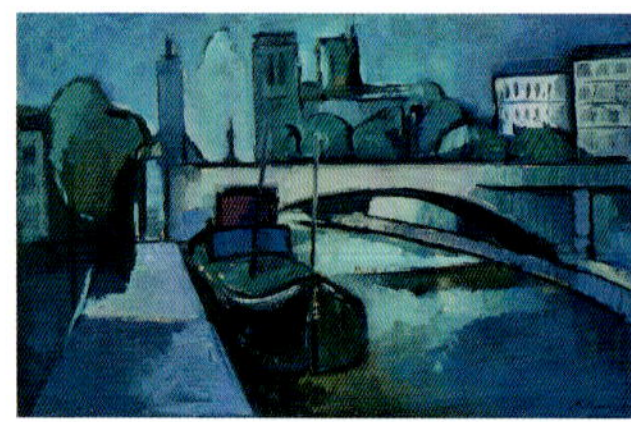

Paris, Notre-Dame
Paris, Notre-Dame
Paris, Notre-Dame
Paryż, Notre-Dame
1988, Öl auf Leinwand,
61,5 × 95,0 cm,
Inv.-Nr. X1388/K1

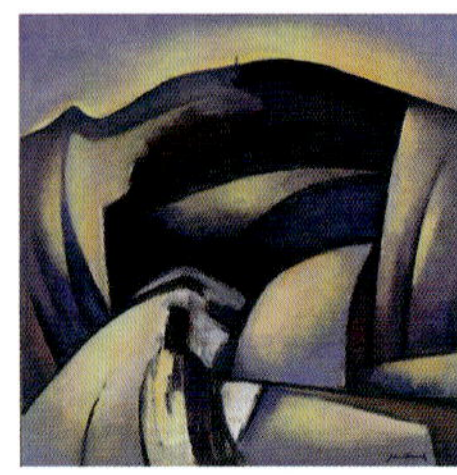

Tagebauhalde
Wotsypnišćo brunicoweje jamy
Nasypanišćo wótwórjoneje jamy
Hałdy kopalni odkrywkowej
1988, Öl auf Leinwand,
80,0 × 80,0 cm,
Inv.-Nr. X9831/K1

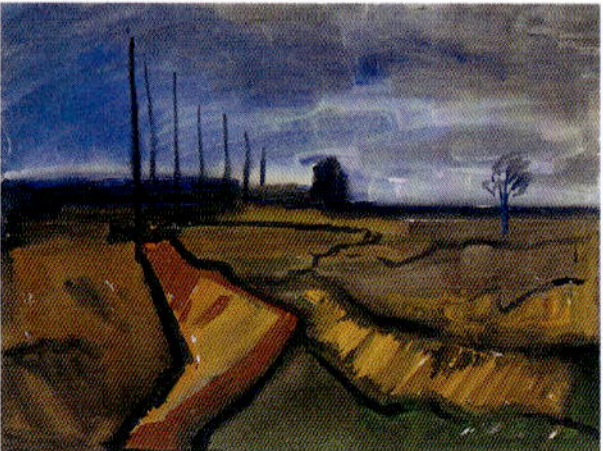

Tagebau (Entwässerung)
Brunicowa jama (wotwodnjowanje)
Wótwórjona jama (wóduwótpušćenje)
Kopalnia odkrywkowa (osuszanie)
1988, Tempera auf Papier,
55,0 × 75,0 cm,
Inv.-Nr. X9833/K1

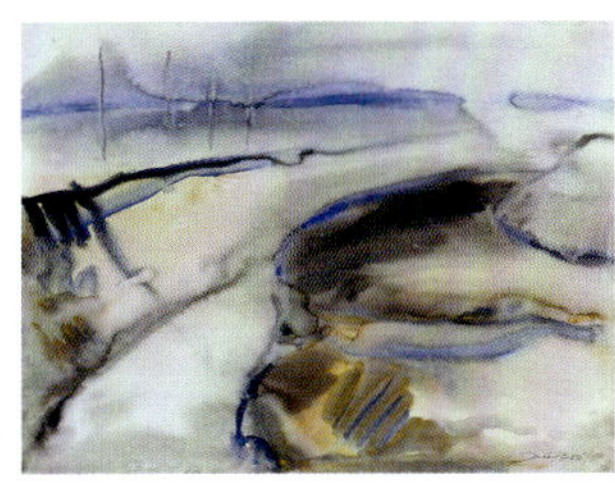

Niederlausitzer Landschaft
Krajina w Delnjej Łužicy
Dolnołužyska krajina
Dolnołużycki krajobraz
1988, Aquarell auf Papier,
55,0 × 75,0 cm,
Inv.-Nr. X9842/K1

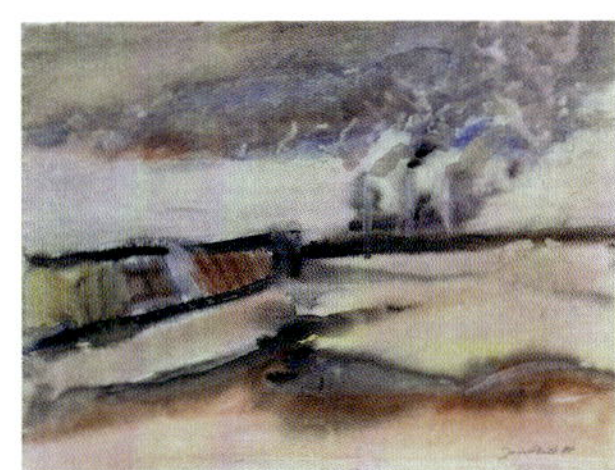

Tagebau Jänschwalde
Brunicowa jama Janšojce
Wótwórjona jama Janšojce
Kopalnia odkrywkowa Jänschwalde
1988, Aquarell auf Papier,
55,0 × 74,5 cm,
Inv.-Nr. X9841/K1

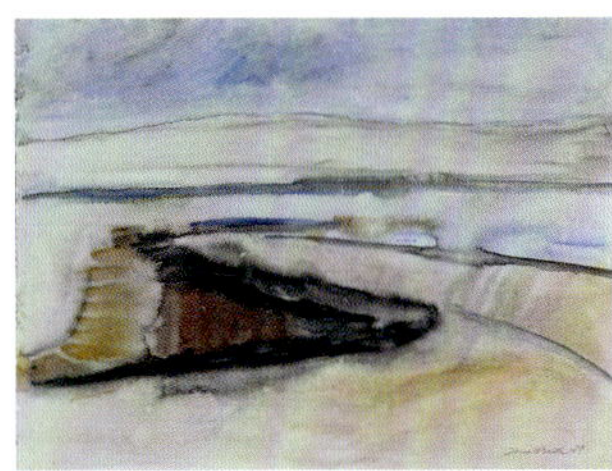

Tagebaulandschaft
Krajina brunicoweje jamy
Krajina wótwórjoneje jamy
Krajobraz kopalni odkrywkowej
1988, Aquarell auf Papier,
55,0 × 74,5 cm,
Inv.-Nr. X9840/K1

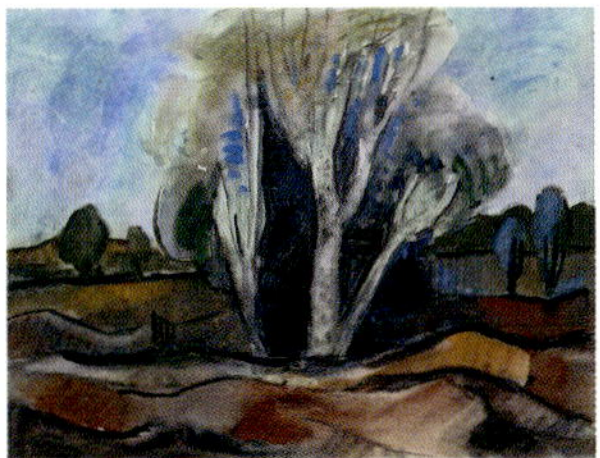

Birken (Im Senftenberger Revier)
Brězy (w Złokomorowskim rewěrje)
Brjaze (w złykomorojskem rewěrje)
Brzozy (w rewirze miasta Senftenberg)
1990, Tempera auf Papier,
55,0 × 75,0 cm,
Inv.-Nr. X9832/K1

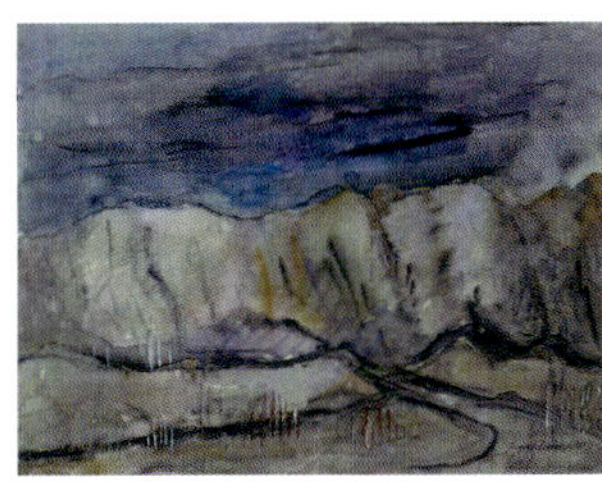

Tagebau Raakow
Brunicowa jama Rakow
Wótwórjona jama Rakow
Kopalnia odkrywkowa Raakow
1990, Tempera auf Papier,
55,0 × 74,5 cm,
Inv.-Nr. X9834/K1

Städtisches Museum der Stadt Eisenhüttenstadt

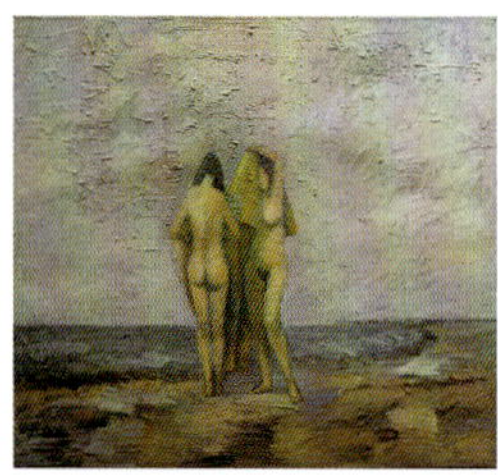

Akte am Strand
Aktaj na přibrjoze
Akta na pśibrjoze
Akty na plaży
1976, Öl auf Leinwand,
118,0 × 106,0 cm,
Inv.-Nr. 74

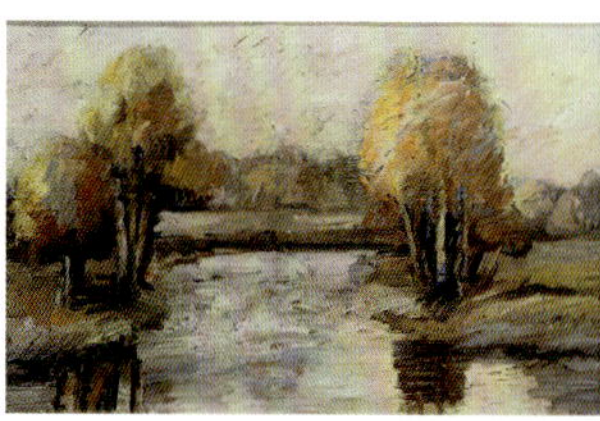

Spree bei Bautzen
Sprjewja pola Budyšina
Sprjewja pla Budyšyna
Szprewa w okolicy Budziszyna
1977, Öl auf Leinwand,
77,0 × 115,0 cm,
Inv.-Nr. 77

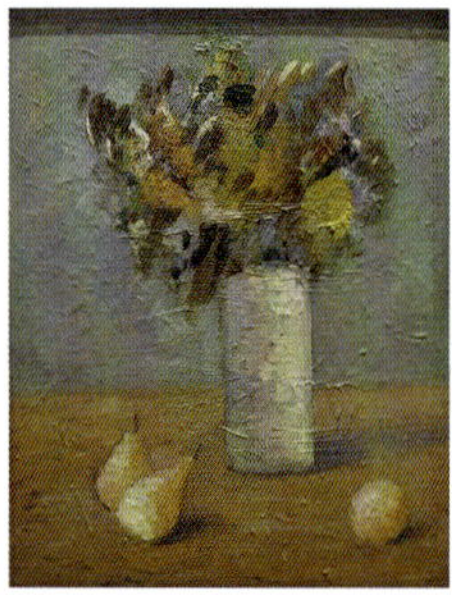

Stillleben mit Birnen
Čišno z krušwami
Śichowobraz z kšuškami
Martwa natura z gruszkami
1980, Öl auf Hartfaser,
57,0 × 46,0 cm,
Inv.-Nr. 75

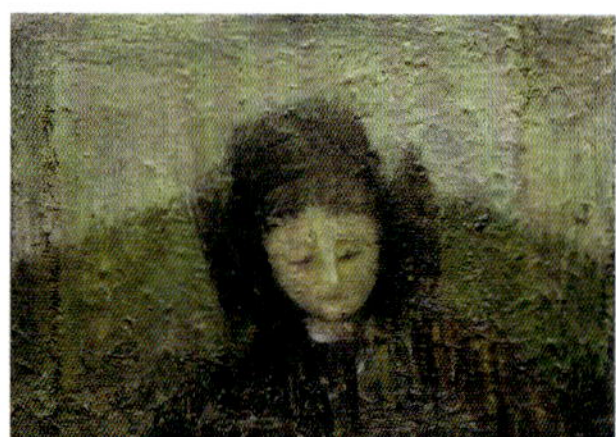

Porträt Sorbin
Portret Serbowki
Portret Serbowki
Portret Serbołużyczanki
o. J., Öl auf Hartfaser,
42,0 × 57,0 cm,
Inv.-Nr. 76

Sämtliche Sammlungen wurden für Recherchezwecke lediglich mit ihren gültigen Eigennamen aufgeführt und nicht übersetzt.

Wšitke zběrki su za rešerše jeničce z płaćiwym swójskim mjenom pomjenowane, kotrež njebu přełožene.

Wšykne zběrki su za rešerše jano ze swójimi płaśecymi swójskimi mjenjami pomjenjone a njejsu pśestajone.

Do celów badawczych poniżej wymienione zostały jedynie oficjalne nazwy kolekcji sztuki, bez ich tłumaczenia.

* Die in vorangegangenen Publikationen aufgeführten öffentlichen Sammlungen, in denen sich Werke des Künstlers befinden sollen, wurden im Zuge der Projektvorbereitung 2021 erneut angefragt. Folgende Sammlungen konnten einen Besitz der Werke von Jan Buck nicht bestätigen: Castello di Stenico, Stenico (Italien), Hermann-Niermann-Stiftung, Düsseldorf, Staatliche Kunstsammlungen Dresden, Kupferstich-Kabinett, Museum der modernen Kunst, Tokio, Neue Galerie Hoyerswerda, Sammlung Voss Willich, Krefeld, St. Franziskus Hospital, Flensburg, Bergbaumuseum Knappenrode (Energiefabrik Knappenrode).
Das Werk aus dem Besitz des Zentrums für Kunstausstellungen, Berlin, ist zwischenzeitlich in den Besitz des Sorbischen Museums in Bautzen übergegangen.
Ein Kontakt zur Galerie der schönen Künste Smoljan und zur Kunstsammlung Stražica (Bulgarien) konnte aufgrund veränderter administrativer Zuständigkeiten nicht hergestellt werden.

* Projekt přihotujo smy so 2021 w zjawnych zběrkach, kotrež so hižo w prjedawšich publikacijach jewja, zo Bukowe twórby maja, znowa za tym prašeli. Slědowace zarjadnišća nam njemóžachu wobkrućić, zo jeho twórby wobsedźa: Castello di Stenico, Stenico (Italska), Załožba Hermanna Niermanna, Düsseldorf, Statne wuměłstwowe zběrki Drježdźany, kabinet koporowych ryćinow, Muzej moderneho wuměłstwa, Tokio, Nowa galerija Wojerecy, zběrka Voss Willich, Krefeld, Hospital swj. Franciskusa, Flensburg, Hórnistwowy muzej, Hórnikecy (Energijowa fabrika Hórnikecy).
Twórba, kotruž bě Centrum za wustajeńcy wuměłstwa w Berlinje wobsedźał, je mjeztym swójstwo Serbskeho muzeja.
Z Galeriju rjaneho wuměłstwa w Smoljanje a Zběrku wuměłstwa w Stražicy (Bołharska) zwisk nawjazać, so dla nowych administratiwnych wobstejnosćow njeje radźiło.

* Pśedstajone zjawne zběrki pśedchadnych publikacijow, w kótarychž by dejali wustupowaś twórby wuměłca, su byli w běgu pśigótowanja projekta 2021 znowotki w srjejźišću napšašowanja. Slědujuce zběrki njejsu mógli wobsejźeństwo twórbow Jana Buka wobkšuśiś: Castello di Stenico, Stenico (Italska), Załožba Hermanna Niermanna, Düsseldorf, Statne wuměłstwowe zběrki Drježdźany, kabinet kuporowych ryšow, Museum modernego wuměłstwa, Tokio, Nowa galerija Wórjejce, Zběrka Voss Willich, Krefeld, chórownja sw. Franziskusa, Flensburg, Górnistwowy muzeum Hórnikecy (Energijowa fabrika Hórnikecy).
Twórba z wobsejźeństwa Centruma za wuměłstwowe wustajeńce, Barliń, jo mjaztym do wobsejźeństwa Serbskego muzeuma w Budyšynje pśejšła.
Kontakt ku Galeriji rědnych wuměłstwow w Smoljanu a k wuměłstwowej zběrce w Stražicy w Bulgaŕskej njejo se mógał nawěžaś změnjonych administratiwnych wobstojnosćow dla.

*Wymienione we wcześniejszych publikacjach publiczne kolekcje sztuki, w których posiadaniu miały znajdować się prace artysty, ponownie zapytano o nie w trakcie przygotowań niniejszego projektu w 2021 roku. Następujące instytucje nie potwierdziły prawa własności do dzieł Jana Bucka: Castello di Stenico, Stenico (Włochy), Fundacja Hermanna Niermanna, Düsseldorf, Drezdeńskie Państwowe Zbiory Sztuki, Kupferstich-Kabinett, Museum of Modern Art, Tokio, Neue Galerie Hoyerswerda, kolekcja Voss Willich, Krefeld, Szpital św. Franciszka, Flensburg, Muzeum Górnictwa Knappenrode (Energiefabrik Knappenrode).
Praca, która należała do Centrum Wystaw Artystycznych w Berlinie, od tamtego czasu trafiła do zbiorów Muzeum Serbołużyckiego w Budziszynie.
Nawiązanie kontaktu z Galerią Sztuk Pięknych w Smolanie i Kolekcją Sztuki Stražica (Bułgaria) okazało się niemożliwe ze względu na zmiany w zakresie obowiązków administracyjnych w tych instytucjach.

Dank | Dźak | Źěk | Podziękowania
Leihgeber | Wupožčowarjo | Póžycowarje | Wypożyczający

Schirmherrschaft | Patronatstwo | Patronatstwo | Patronat

Michael Kretschmer, Ministerpräsident des Freistaates Sachsen
Dr. Dietmar Woidke, Ministerpräsident des Landes Brandenburg
Cezary Przybylski, Marschall der Woiwodschaft Niederschlesien
Elżbieta Anna Polak, Marschallin der Woiwodschaft Lebus

Unser Dank geht im Besonderen an Peter Buck/Pětr Buk und seine Familie

Das Buch erscheint anlässlich des 100. Geburtstages des sorbischen Malers Jan Buck/Jan Buk und begleitet die gleichnamigen Ausstellungen in Bautzen/Budyšin, Cottbus/Chóśebuz, Wrocław, Zielona Góra und Senftenberg/Zły Komorow.

Projektpartner | Projektowi partnerojo | Projektowe partnarje | Partnerzy projektu

Buch und Ausstellungen entstanden unter Leitung des Sorbischen Museums/Serbski muzej als Gemeinschaftsprojekt folgender Einrichtungen:

Sorbisches Museum/
Serbski muzej
Ortenburg 3
02625 Bautzen/Budyšin
Direktorin Christina Bogusz/
Christina Boguszowa
https://sorbisches-museum.de

Städtische Sammlungen Cottbus
– Wendisches Museum Cottbus/
Serbski muzej Chóśebuz
Mühlenstraße 12
03046 Cottbus/Chóśebuz
Leiter Steffen Krestin
https://wendisches-museum.de

Staatliche Kunstsammlungen
Dresden, Kunstfonds
Marienallee 12
01099 Dresden
Leiterin Silke Wagler
https://kunstfonds.skd.museum

Verbindungsbüro des Freistaates
Sachsen in Breslau
Pl. Franciszkanski 5/1
50-070 Wrocław
Leiter Thomas Guddat
www.pl.sk.sachsen.de

Muzeum Miejskie we Wrocławiu
(Museum der Stadt Breslau)
ul. Sukiennice 14–15
50-107 Wrocław
Direktor Dr. Maciej Łagiewski
www.mmw.pl

Muzeum Ziemi Lubuskiej
(Museum des Lebuser Landes)
Al. Niepodległości 15
65-048 Zielona Góra
Direktor Leszek Kania
www.mzl.zgora.pl

Uniwersitet Zielonogórski
Instytut Sztuk Wizualnych
(Universität Zielona Góra,
Institut für Visuelle Künste)
ul. Wiśniowa 10
65-517 Zielona Góra
Direktorin Prof. Paulina
Komerowska-Birger
www.uz.zgora.pl

Museum Schloss und Festung
Senftenberg, Kunstsammlung
Lausitz
Schlossstraße
01968 Senftenberg/
Zły Komorow
Direktor Stefan Heinz
www.museums-entdecker.de

sowie

Peter Buck/Pětr Buk,
Nebelschütz/Njebjelčicy
Dr. Lidia Głuchowska, Berlin/
Zielona Góra
Prof. Klaus Hammer, Berlin
Anna Leniart, Wrocław
Jürgen Matschie, Bautzen/
Budyšin

Förderer | Spěchowarjo | Spěchowarje | Sponsorzy

Kulturraum Oberlausitz-Niederschlesien
Landesdirektion Sachsen
Landkreis Bautzen/Wokrjes Budyšin, Geschäftsbereich 2
Sächsisches Staatsministerium der Justiz und für Demokratie, Europa und Gleichstellung, Verbindungsbüro des Freistaates Sachsen in Breslau
Städtische Sammlungen Cottbus – Wendisches Museum Cottbus/Serbski muzej Chóśebuz
Stiftung für das sorbische Volk/Załožba za serbski lud

Ausstellungsorte | Městna wustajeńcow | Městna wustajeńcow | Miejsca prezentacji wystawy

Sorbisches Museum/Serbski muzej: 2.10.2022–26.2.2023
Kuratorin Christina Bogusz/Christina Boguszowa

Wendisches Museum Cottbus/Serbski muzej Chóśebuz und Kunsthalle Lausitz: 2.6.2023–27.8.2023
Kuratorin Christina Kliem/Christina Kliemowa

Muzeum Miejskie we Wrocławiu: 15.9.2023–31.12.2023
Kuratorin Magdalena Szmida-Połbratek

Muzeum Ziemi Lubuskiej: 2.2.2024–5.5.2024
Kuratorin Marta Gawęda-Szymaniak

Museum Schloss und Festung Senftenberg, Kunstsammlung Lausitz: 16.10.2024–5.1.2025
Kurator Bernd Gork

Leihgeber | Wupožčowarjo | Póžycowarje | Wypożyczający

Brandenburgisches Landesmuseum für moderne Kunst
Domowina, Regionalverband Niederlausitz e.V./Župa Dolna Łužyca z.t.
Kustodie der Hochschule für Bildende Künste Dresden
Landkreis Bautzen/Wokrjes Budyšin
Museum Bautzen/Muzej Budyšin
Museum der Westlausitz Kamenz
Schloss und Festung Senftenberg, Kunstsammlung Lausitz
Sorbisches Museum/Serbski muzej
Albertinum | Galerie Neue Meister, Staatliche Kunstsammlungen Dresden
Staatliche Kunstsammlungen Dresden, Kunstfonds
Städtisches Museum der Stadt Eisenhüttenstadt
Städtische Sammlungen Cottbus – Stadtmuseum
Städtische Sammlungen Cottbus – Wendisches Museum Cottbus/Serbski muzej Chóśebuz
Stiftung für das sorbische Volk/Załožba za serbski lud, Abteilung Cottbus/wótnožka Chóśebuz

Private Leihgeber

Das Sorbische Museum in Bautzen dankt allen recht herzlich für die freundliche Unterstützung und gute Zusammenarbeit.

Serbski muzej w Budyšinje dźakuje so wutrobnje za přećelnu podpěru a dobre zhromadne dźěło.

Serbski muzej w Budyšynje źěkujo se wšym kradu wutšobnje za pśijaśelnu pódpěru a dobre zgromadne źěło.

Muzeum Serbołużyckie w Budziszynie składa wszystkim serdeczne podziękowania za życzliwe wsparcie i owocną współpracę.

Autoren

Christina Bogusz

geb. 1962 in Bautzen, Kunsthistorikerin und Kuratorin. 1983–1988 Studium der Kunstwissenschaften an der Universität Leipzig. Seit 1988 wissenschaftliche Mitarbeiterin am Sorbischen Museum in Bautzen, dabei verantwortliche Kustodin der Kunstsammlung des Museums, seit Mai 2014 dessen Direktorin. Zahlreiche Publikationen vorwiegend zum Thema der sorbischen bildenden Kunst. Kuratorin vieler Kunstausstellungen sowie kulturgeschichtlicher Ausstellungen in Deutschland und im europäischen Raum.

Dr. Lidia Głuchowska

Leiterin der Abteilung Kunstgeschichte und Kunsttheorie der Universität Zielona Góra (Grünberg). Studierte Polnische Philologie, Kulturmanagement und Kunstgeschichte in Warschau und promovierte an der Humboldt-Universität zu Berlin. Forschungsschwerpunkte sind Geschichte und Theorie der Avantgarde und der Moderne, insbesondere die grenzüberschreitende Vernetzung von deren Akteurinnen und Akteuren. Autorin von vier Monografien, mehr als hundert Artikeln und Herausgeberin von elf Sammelbänden, darunter »Maler. Mentor. Magier. Otto Mueller und sein Netzwerk in Breslau« (DE: 2018/ PL: 2019) sowie »Nationalism and the Cosmopolitanism in the Avant-Garde and Modernism: The Impact of WWI« (2022). Kuratorin von über zwanzig Ausstellungen zur Moderne, Avantgarde und zeitgenössischen Kunst, unter anderem in Berlin, Łódź, Wrocław, Dresden, Lviv und Belgrad, sowie Mitorganisatorin internationaler Fachtagungen, unter anderem in Scheersberg, Canterbury, Stockholm, Helsinki, Lissabon, Wrocław und Prag.

Prof. Dr. habil. Klaus Hammer

Literatur- und Kunstwissenschaftler. Tätig (in chronologischer Abfolge) an den Nationalen Forschungs- und Gedenkstätten der klassischen deutschen Literatur in Weimar, an den Universitäten Cluj-Napoca und Bukarest, der Friedrich-Schiller-Universität Jena, der TU Dresden, der Universität Szczecin, der Pommerschen Akademie Slupsk, der TU Koszalin. Publikationen zur Literatur und Kunst des 18. bis 20. Jahrhunderts, zu deutsch-polnischen Beziehungen in der Literatur und Kunst, zu Daniel Chodowiecki, Paul Scheerbart, Ernst Barlach, Thomas Mann, Alfred Döblin, Franz Kafka, Friedrich Wolf, Ludwig Renn, Paul Zech, Rose Ausländer, Christoph Hein, Ludwig von Hofmann, Georges Rouault, Paul Klee, Käthe Kollwitz, Dada, Kurt Schwitters, Wieland Förster, Heinz Zander u. a.; zudem Theaterlexikon, Theorie und Geschichte des Dramas, Kunstmärchen, Roman der Postmoderne, Historische Friedhöfe und Grabmäler, Literatur- und Kunstkritik.

Christina Kliem

geb. 1961 in Cottbus/Chóśebuz, Kulturwissenschaftlerin, Sorabistin und Kuratorin. Studium an der Universität Leipzig. Seit 1986 wissenschaftliche Mitarbeiterin im Bezirksmuseum Cottbus – Niedersorbische Abteilung, seit 1994 Kuratorin im Wendischen Museum und verantwortlich für die Sammlungen Bildende Kunst, Volkskunst und Alltagskultur. Kuratorin von Kunstausstellungen sowie von Ausstellungen mit ethnografischen Themen. Zahlreiche Beiträge zu niedersorbischen volkskundlichen Themen und zur sorbischen bildenden Kunst vorrangig in sorbischen/wendischen Medien.

Dr. Sylwia Świsłocka-Karwot

promovierte Geisteswissenschaftlerin, wissenschaftliche Mitarbeiterin am Institut für Kunstgeschichte der Universität Wrocław (Breslau). Forschungsinteressen: Kunst des 20. und 21. Jahrhunderts – Metakritik sowie Theorien und Methoden der Kunstgeschichte unter besonderer Berücksichtigung von Perspektiven der Neoavantgarde, Kognitionswissenschaft, Heteronomie und der sozialen, politischen und marktwirtschaftlichen Rahmenbedingungen. Autorin und Herausgeberin von Büchern, Katalogen und Beiträgen, unter anderem der Monografien (in polnischer Sprache) über »Kunst in Breslau 1945–1970« (2016), »Tomasz Domański. Denkmäler der Zeit« (2018) und »Jerzy Olek. 1+0 = 10. Dekonstruktion vom Nonsens« (2022). Herausgeberin der Zeitschrift Quart, Kuratorin, Kunstkritikerin, Mitgestalterin der Sammlung der Gegenwartskunst für Wrocław. Seit 2021 Direktorin des Museums für Gegenwartskunst Wrocław (Muzeum Współczesne Wrocław).

Silke Wagler

geb. 1974 in Dresden, Kunsthistorikerin und Kuratorin. Studium der Kunstgeschichte, Geschichte und Kommunikationswissenschaften in Dresden, Florenz und London. Seit 2003 Leiterin des Kunstfonds der Staatlichen Kunstsammlungen Dresden und verantwortlich für die umfangreichen Sammlungsbestände aus der Zeit der DDR und der zeitgenössischen Kunst nach 1990. Kuratorin sammlungsbezogener Ausstellungs-, Ausstattungs-, Vermittlungs- und Publikationsvorhaben. Schwerpunkte sind dabei die realsozialistische, nonkonforme und architekturbezogene Kunst im öffentlichen Raum sowie der öffentliche wie diskursive Umgang damit.

Awtorojo

Christina Boguszowa

rodź. 1962 w Budyšinje, stawiznarka wuměłstwa a kuratorka. 1983–1988 studij stawiznow wuměłstwa na Lipšćanskej uniwersiće. Wot 1988 wědomostna sobudźěłaćerka w Budyskim Serbskim muzeju a za jeho zběrku wuměłstwa zamołwita kustoska; wot meje 2014 direktorka muzeja. Mnohe publikacije předewšěm wo serbskim tworjacym wuměłstwje. Kuratorka mnohich wustajeńcow wuměłstwa kaž tež kulturnostawizniskich wustajeńcow w Němskej a druhdźe w Europje.

dr. Lidia Głuchowska

nawodnica wotrjada stawizny wuměłstwa a teorije wuměłstwa na uniwersiće w Zielonej Górje. Studowaše pólsku filologiju, kulturny management a stawizny wuměłstwa we Waršawje a na Humboldtowej uniwersiće w Berlinje promowowaše. Slědźerske ćežišća: stawizny a teorija awantgardy a moderny, předewšěm mjezy překročace splećenje jich akterkow a akterow do syćow. Spisa štyri monografije, wjace hač 100 artiklow a wuda jědnaće zběrnikow, mj. dr. »Moler. Mentor. Magier. Otto Mueller a jeho syć we Wrócławju« (němsce: 2018; pólsce: 2019) kaž tež »Nationalism and Cosmopolitanism in the Avant-Garde and Modernism: The Impact of WWI« (2022). Kuratorka wjace hač 20 wustajeńcow wo modernje, awantgardźe a načasnym wuměłstwje mjez druhim w Berlinje, Łódźi, Wrócławju, Drježdźanach, Lwowje a Beogradźe. Mjezynarodne fachowe konferency je sobu organizowała, mjez druhim w Scheersbergu, Canterburyju, Stockholmje, Helsinkach, Lissabonje, Wrócławju a Praze.

prof. dr. habil. Klaus Hammer

literarny stawiznar a stawiznar wuměłstwa. Skutkowaše (*w chronologiskim slědźe*) w Narodnych slědźenišćach a wopomnišćach klasiskeje němskeje literatury we Weimaru, na uniwersiće w Cluju-Napoce a w Bukaresće, na Friedricha Schillerowej uniwersiće w Jenje, na TU Drježdźany, Uniwersiće Szczecin, Pomorskej akademiji Slupsk a TU Koszalin. Publikowaše wo literaturje a wuměłstwje 18. do 20. lětstotka, wo němsko-pólskich poćahach w literaturje a wuměłstwje, wo Danielu Chodowieckim, Paulu Scheerbarće, Ernsće Barlachu, Thomasu Mannje, Alfredźe Döblinje, Franzu Kafce, Friedrichu Wolfje, Ludwigu Rennje, Paulu Zechu, Rosy Ausländer, Christophje Heinje, Ludwigu von Hofmannje, Georgesu Rouaulće, Paulu Kleeju, Käthće Kollwitz, Dada, Kurće Schwittersu, Wielandźe Försteru, Heinzu Zanderu a dalšich; nimo toho pisaše za Leksikon dźiwadła, wo teoriji a stawiznach dramy, wuměłskej bajce, romanje postmoderny, historiskich pohrjebnišćach a narownych pomnikach; je literarny kritikar a kritikar wuměłstwa.

Christina Kliemowa

rodź. 1961 w Choćebuzu; kulturna wědomostnica, sorabistka a kuratorka. Studij na uniwersiće w Lipsku. Wot 1986 wědomostna sobudźěłaćerka w delnjoserbskim wotrjedźe Muzeja wobwoda Choćebuza. Wot 1994 kuratorka w Serbskim muzeju w Choćebuzu a zamołwita za zběrki tworjace wuměłstwo, ludowe wuměłstwo a kultura wšědneho dnja. Kuratorka wustajeńcow wuměłstwa kaž tež wustajeńcow z etnografiskimi temami. Publikowaše wjele přinoškow wo delnjoserbskich ludowědnych temach a wo serbskim tworjacym wuměłstwje předewšěm w delnjo- a hornjoserbskich medijach.

dr. Sylwia Świsłocka-Karwot

promowowana duchowna wědomostnica, wědomostna sobudźěłaćerka Instituta za stawizny wuměłstwa Wrócławskeje uniwersity. Slědźerske zajimy: wuměłstwo 20. a 21. lětstotka – metakritika kaž tež teorije a metody stawiznow wuměłstwa wobkedźbujo předewšěm perspektiwy neoawantgardy, kognitiwnych wědomosćow, heteronomije a socialnych, politiskich a wičnohospodarske wobłukowe wuměnjenja. Awtorka a wudawaćelka knihow, katalogow a přinoškow, mjez druhim monografijow (w pólšćinje) »Wuměłstwo we Wrócławju 1945–1970« (2016), »Pomniki doby« Tomasza Domańskeho (2018) a »1+0=10. Dekonstrukcija nonsensa« Jerzyja Oleka (2022). Wudawaćelka časopisa »Quart«, kuratorka, kritikarka wuměłstwa, je zběrku načasneho wuměłstwa za Wrócław sobu wuhotowała. Wot 2021 direktorka Muzeja načasneho wuměłstwa Wrócław (Muzeum Współczesne Wrocław).

Silke Wagler

rodź. 1974 w Drježdźanach, stawiznarka wuměłstwa a kuratorka. Studij stawiznow wuměłstwa, stawiznow a komunikaciskich wědomosćow w Drježdźanach, Florencu a Londonje. Wot 2003 wjednica Fondsa wuměłstwa Statnych wuměłstwowych zběrkow Drježdźany a zamołwita za wobšěrne zwjazki wo zběrkach z časa NDR a načasneho wuměłstwa po lěće 1990. Kuratorka wustajenskich, wuhotowanskich, posrědniskich a publikaciskich projektow za specifiske zběrki. Ćežišća su při tym wuměłstwo realneho socializma, nonkonformne a z architekturu zwisowace wuměłstwo w zjawnym rumje kaž tež wobchadźenje z nim w zjawnym diskursu.

Awtory

Christina Boguszowa

roź. 1962 w Budyšynje, stawiznaŕka wuměłstwa a kuratorka. 1983–1988 studium wuměłskich wědomnosćow na Lipšćańskej uniwersiśe. Wót 1988 wědomostna sobuźěłaśeŕka w Serbskem muzeumje w Budyšynje, pśi tom zagronita kuratorka wuměłskeje zběrki muzeja, wót maja 2014 jogo direktorka. Wšakorake publikacije pśedewšym wó temje serbskego twórjecego wuměłstwa. Kuratorka wjelerakich wuměłskich wustajeńcow ako teke kulturno-stawizniskich wustajeńcow w Nimskej a w europskem rumje.

dr. Lidia Głuchowska

wjednica labora za stawizny a teoriju wuměłstwa na Uniwersiśe w Zelenej Górje w Pólskej. Jo absolwentka pólskich studijow, kulturneje animacije a stawiznow wuměłstwa we Waršawje. Jo promowěrowała na Humboldtowej uniwersiśe w Barlinju. Stipendiatka DAAD, Założby Alfred Toepfer, GFPS, Założby ADAMAS, DLA Marbach, Założba Alexandera a Renaty Camaro, Slěźeńskeje rady Norwegskeje a Města Oslo. Jeje śěžyšćo su stawizny a teorija awantgardy a moderny, wósebnje pśezgranicna seś kreatiwnych kontaktow, teke we zwenkaeuropskem konteksće. Jo awtorka styrich monografijow a wěcej ako 100 pśinoskow a wudawaŕka 11 zběrkow, mjazy drugim »Maler. Mentor. Magier. Otto Mueller a Wuměłske zgromaźeństwo Wrocława« (DE: 2018/PL: 2019) a »Nacionalizm a kosmopolitizm w awantgarźe a modernje: Wustatkowanja Prědneje swětoweje wójny« (ENG: 2022). Jo kuratorka wót wěcej ako 20 wustajeńcow moderny, awantgardy a tencasnego wuměłstwa, mjazy drugim w Barlinju, Łódźi, Wrocławje, Drježdźanach, Lwiwje a Běłogroźe. Jo sobu organizěrowała mjazynarodne konference, mjazy drugim w Scheersbergu, Canterbury, Stockholmje, Helsinkach, Lisabonje, Wrocławje a Praze.

prof. dr. habil. Klaus Hammer

literarny a wuměłstwowy wědomnostnik. Statkujucy (w chronologiskem rěźe) w Narodnych slěžaŕskich institucijach a wopomnišćach klasiskeje nimskeje literatury we Weimarje, na uniwersitoma Cluj-Napoca a Bukarest, na Uniwersiśe Friedrich Schiller w Jenje, na Drježdźańskej techniskej uniwersiśe, na Szczecinskej uniwersiśe, na Pomorskej akademiji Słupsk, na Techniskej uniwersiśe Koszalin. Publikacije k literaturje a wuměłstwu 18. do 20. stolěśa, k nimsko-pólskich póśěgach w literaturje a wuměłstwu, k wósobam: Daniel Chodowiecki, Paul Scheerbart, Ernst Barlach, Thomas Mann, Alfred Döblin, Franz Kafka, Friedrich Wolf, Ludwig Renn, Paul Zech, Rose Ausländer, Christoph Hein, Ludwig von Hofmann, Georges Rouault, Paul Klee, Käthe Kollwitz, Dada, Kurt Schwitters, Wieland Förster, Heinz Zander mjazy drugim; k tomu Źiwadłowy leksikon, teorija a stawizny dramy, wuměłstwowe bajki, roman postmoderny, historiske kjarchoby a rowowe pomniki, literatura a wuměłstwowa kritika.

Christina Kliemowa

roź. 1961 w Chóśebuzu, kulturna wědomnostnica, sorabistka a kuratorka. Studium na Lipšćańskej uniwersiśe. Wót 1986 wědomnostna sobuźěłaśeŕka we Wobwodnem muzeumje Chóśebuz – Dolnoserbske wótźělenje, wót 1994 kuratorka w Serbskem muzeumje a zagronita za zběrki twórjecego wuměłstwa, ludowego wuměłstwa a wšedneje kultury. Kuratorka wuměłskich wustajeńcow ako teke wustajeńcow k etnografiskim temam. Wšakorake pśinoski k dolnoserbskim ludowědnym temam a k serbskemu twórjecemu wuměłstwu, pśedewšym w serbskich medijach.

dr. Sylwia Świsłocka-Karwot

jo doktor duchnych wědomnosćow, wědomnostna sobuźěłaśeŕka na Instituśe za wumělske stawizny Wrocławskeje uniwersity. Jeje slěźeńske zajmy wopśimuju wumělstwo 20. a 21. stolěśa – Metakritika ako teke teorije a metody stawiznow wumělstwa, z wósebnym šěžyšćom na perspektiwu neoawantgardy, kogniciskeje wědomnosći a heteronomije a socialnych, politiskich a wikowych wuměnjenjow. Awtorka a wudawaŕka knigłow, katalogow a pśinoskow, mjazy drugim monografijow (w pólskej rěcy): »Wumělstwo we Wrocławje w lětach 1945 – 1970« (2016), »Tomasz Domański. Pomniki casa« (2018), »Jerzy Olek. 1+0=10. Dekonstrukcija nonsensa« (2022). Jo wudawaŕka casopisa »Quart«, kuratorka, wumělstwowa kritikaŕka, sobuzałožaŕka zběrki tencasnego wumělstwa we Wrocławje (Muzeum Współczesne Wrocław).

Silke Wagler

roź. 1974 w Drježdźanach, historikaŕka wumělstwa a kuratorka. Studium stawiznow wumělstwa, stawiznow a komunikaciskich wědomnosćow w Drježdźanach, Florencu a Londonje. Wót 2003 jo wjednica Fondsa wumělstwa Drježdźańskich statnych wumělskich zběrkow a zagronita za wobšyrne zgromaźone wobstatki z DDRskego casa a nacasne wumělstwo pó 1990. Kuratorka wustajeńcowych, wugótowańskich, pósrědnjańskich a publikaciskich projektow, kótarež zwisuju ze zběrkami. Šěžyšćo jo pśi tom realsocialistiske, njekonformne, na architekturu se póśěgujuce wumělstwo we zjawnem rumje ako teke zjawne a diskursiwne wobchadanje z nim.

Autorzy

Christina Bogusz

ur. w 1962 r. w Budziszynie (Bautzen, Budyšin) – historyczka sztuki i kuratorka. W latach 1983 – 1988 studiowała nauki o sztuce na Uniwersytecie w Lipsku. Od 1988 r. asystentka naukowa w Muzeum Serbołużyckim w Budziszynie, jako kustosz odpowiedzialna za kolekcję sztuki Muzeum, od maja 2014 r. – dyrektorka. Liczne publikacje, głównie na temat serbołużyckiej sztuki wizualnej. Kuratorka licznych wystaw artystycznych oraz kulturalno-historycznych w Niemczech i w Europie.

dr Lidia Głuchowska

kierowniczka Pracowni Historii i Teorii Sztuki Uniwersytetu Zielonogórskiego. Absolwentka polonistyki, animacji kultury i historii sztuki w Warszawie. Doktorat uzyskała na Uniwersytecie im. Humboldtów w Berlinie. Specjalizuje się w historii i teorii awangardy oraz modernizmu, w szczególności transgranicznej sieci kontaktów twórczych. Autorka czterech monografii i ponad stu artykułów oraz redaktorka 11 tomów zbiorowych, w tym »Malarz. Mentor. Mag. Otto Mueller a środowisko artystyczne Wrocławia« (DE: 2018/PL: 2019) oraz »Nationalism and Cosmopolitanism in the Avant-Garde and Modernism. The Impact of WWI« (2022). Kuratorka ponad 20 wystaw modernizmu, awangardy i sztuki współczesnej, m.in. w Berlinie, Łodzi, Wrocławiu, Dreźnie, Lwowie i Belgradzie. Współorganizatorka międzynarodowych konferencji, m.in. w Scheersbergu, Canterbury, Sztokholmie, Helsinkach, Lizbonie, Wrocławiu i Pradze.

prof. dr hab. Klaus Hammer

literaturoznawca i historyk sztuki. Zatrudniony (kolejno) w Narodowym Centrum Badań i Pamięci Klasycznej Literatury Niemieckiej w Weimarze, na Uniwersytetach w Klużu-Napoce (Cluj-Napoca) i Bukareszcie, na Uniwersytecie im. Fryderyka Schillera w Jenie, na Uniwersytecie Technicznym w Dreźnie, Uniwersytecie Szczecińskim, Akademii Pomorskiej w Słupsku i Politechnice w Koszalinie. Jest autorem publikacji dotyczących literatury i sztuki XVIII – XX w., stosunków polsko-niemieckich w literaturze i sztuce, Daniela Chodowieckiego, Paula Scheerbarta, Ernsta Barlacha, Tomasza Manna, Alfreda Döblina, Franza Kafki, Fryderyka Wolfa, Ludwiga Renna, Paula Zecha, Rose Ausländer, Christopha Heina, Ludwiga von Hofmanna, Georgesa Rouaulta, Paula Klee, Käthe Kollwitz, dadaizmu, Kurta Schwittersa, Wielanda Förstera, Heinza Zandera i innych. Opublikował również prace do encyklopedii teatru, oraz na temat teorii i historii dramatu, bajek artystycznych, powieści postmodernistycznej, historycznych cmentarzy i pomników grobowych, a także z zakresu krytyki literackiej i artystycznej.

Christina Kliem

ur. w 1961 r. w Chociebużu (Cottbus, Chóśebuz) – kulturoznawczyni, sorabistka i kuratorka. Studiowała na Uniwersytecie w Lipsku. Od 1986 r. asystentka naukowa w Muzeum Okręgowym w Chociebużu – w oddziale dolnołużyckim, od 1994 r. kustosz w Muzeum Serbołużyckim w Chociebużu – kuratorka odpowiedzialna za zbiory sztuk pięknych, sztuki ludowej i kultury codziennej. Kuratorka wystaw poświęconych sztuce i etnografii. Autorka licznych artykułów o lokalnej tematyce dolnołużyckiej, w tym dotyczących sztuk pięknych na Łużycach, głównie w mediach serbołużyckich/wendyjskich.

dr Sylwia Świsłocka-Karwot

adiunkt, doktor nauk humanistycznych w Instytucie Historii Sztuki Uniwersytetu Wrocławskiego. W obszarze jej zainteresowań badawczych znajduje się sztuka XX i XXI w., metakrytyka oraz teorie i metodologie historii sztuki ze szczególnym uwzględnieniem perspektywy neoawangardy, kognitywistyki, a także heteronomii oraz uwarunkowań społecznych, politycznych i rynkowych. Autorka i redaktorka artykułów, katalogów i książek, m.in. monografii »Sztuka we Wrocławiu w latach 1945 – 1970« (2016), »Tomasz Domański. Pomniki czasu« (2018), »Jerzy Olek. 1+0=10. Dekonstrukcja nonsensu« (2022). Redaktorka czasopisma »Quart«. Kuratorka, krytyk sztuki, współtwórczyni kolekcji sztuki współczesnej dla Wrocławia. Dyrektorka Muzeum Współczesnego Wrocław.

Silke Wagler

ur. w 1974 r. w Dreźnie – historyczka sztuki i kuratorka. Studiowała historię sztuki, historię i nauki o komunikacji w Dreźnie, Florencji i Londynie. Od 2003 r. kierowniczka Fundacje Sztuki Państwowych Zbiorów Sztuki w Dreźnie, odpowiedzialna za obszerne zbiory z czasów NRD i sztuki współczesnej po 1990 roku. Kuratorka wystaw związanych z kolekcjami sztuki oraz przedsięwzięć dotyczących wyposażenia, marketingu i publikacji. Specjalizuje się w socrealistycznej, nonkonformistycznej i związanej z architekturą sztuce w przestrzeni publicznej oraz dyskursie na temat jej recepcji.

Personenregister | Register wosobow | Register wósobow | Indeks osobowy

L

M

N

P

R

S

T

V

W

Z

Impressum | Impresum | Impresum | Stopka redakcyjna

Herausgegeben von Christina Bogusz | Christina Boguszowa für das Sorbische Museum | Serbski muzej

Wissenschaftliche Redaktion | wědomostna redakcija | wědomostna redakcija | redakcja naukowa

Christina Bogusz | Christina Boguszowa unter Mitarbeit von Christina Kliem | Christina Kliemowa und Dr. Lidia Głuchowska

Übersetzung der Essays | přełožk esejow | pśestajenje esejow | tłumaczenie esejów

ins Polnische und aus dem Polnischen Agnieszka Lindenhayn-Fiedorowicz, autorisiert von Dr. Lidia Głuchowska

ins Obersorbische Božena Braumann | Božena Braumanowa

ins Niedersorbische Dr. Viktor Zakar

Übersetzung und Lektorat | přełožk a lektorat | pśestajenje a lektorat | tłumaczenie i korekta

Karin Damaschke (deutsch)

Božena Braumann | Božena Braumanowa, Christina Bogusz | Christina Boguszowa (obersorbisch)

Dr. Viktor Zakar, Christina Kliem | Christina Kliemowa (niedersorbisch)

Justyna Michniuk, Dr. Lidia Głuchowska (polnisch)

Bildredaktion | redakcija wobrazow | redakcija wobrazow | redakcja ilustracji

Alexander Polk | Alexander Pólk

Gestaltung | wuhotowanje | wugótowanje | opracowanie graficzne

Nele Bielenberg, Annett Stoy, Sandstein Verlag

Satz und Reprografie | sadźba a reprografija | sajźba a reprografija | przygotowanie do druku i opracowanie reprodukcji

Christian Werner, Jana Neumann, Sandstein Verlag

Druck und Verarbeitung | ćišć a zhotowjenje | śišć a zgótowjenje | druk i opracowanie

Westermann Druck Zwickau GmbH

Schrift | pismo | pismo | czcionka

Walbaum Grotesk

Papier | papjera | papjera | papier

Magno Satin 135 g/m²

Bildnachweis | žórła wobrazow | žrědło wobrazow | źródła reprodukcji

Hajdúsági Museum Fine Arts Collection/Tamás Horváth: S. 270 erstes links

Kustodie der Hochschule für Bildende Künste Dresden/Kerstin Risse: S. 132, 271 erstes links

MeduSa/Nicole Thies: S. 169, 184, 271 zweites rechts, 280 viertes rechts

Muzeum Narodowe we Wrocławju/Repr. aus: Mariusz Hermansdorfer: *Sztuka polska XX wieku*, Wrocław 2000: S. 51, 52, 55, 57, 62

Muzeum Narodowe w Szczecinie – Muzeum Sztuki Współczesnej/Grzegorz Solecki und Arkadiusz Piętak: S. 149, 273 zweites links

Serbske Nowiny/Matthias Bulang: S. 32, 37, 252 (6)

Serbske Nowiny/Jürgen Matschie: S. 2

Sorbisches Museum/Serbski muzej/Jan Barth: S. 211, 215, 217, 223, 284 viertes links, 285 erstes und drittes links sowie erstes rechts, 286 zweites rechts

Sorbisches Museum/Serbski muzej/Thomas Kläber: S. 80, 81, 114, 126/127, 138, 143, 163, 165, 167, 168, 171, 177, 188, 189, 190, 191, 196, 198, 199, 200, 201, 202, 203, 268 alle außer erstes links, 269 erstes und zweites links sowie erstes und zweites rechts, 270 alle außer erstes links, 272 erstes links und erstes rechts, 273 drittes und viertes links sowie erstes und zweites links, 274 erstes und zweites links sowie erstes rechts, 288 viertes links sowie drittes rechts, 289 erstes, drittes und viertes links sowie erstes und drittes rechts, 290 alle, 291 alle, 292 alle, 293 alle

Sorbisches Museum/Serbski muzej/Jürgen Matschie: Umschlagseite (Ausschnitt), S. 14/15, 17, 18, 21, 22, 24, 25, 26, 27, 29, 31, 35, 36, 50, 58, 61, 73, 75, 76, 78, 83, 84, 91, 92, 93, 95, 96, 97, 98 alle, 99, 101, 102, 111, 113, 117, 118, 121, 128, 129, 130, 131, 133, 134, 135, 136, 137, 139, 140, 141, 142, 144, 145, 146, 147, 148, 150, 151, 152, 153, 154, 155, 156, 157, 158, 159, 160, 161, 162, 164, 166, 170, 172, 173, 174, 175, 176, 178, 179, 180, 186, 187, 192, 193, 197, 204, 205, 206, 207, 208, 209, 210, 212, 213, 214, 216, 218, 219, 220, 221, 222, 224, 225, 226, 227, 228/229, 230 alle, 231, 232 oben und unten (Ausschnitt), 233 (Ausschnitt), 235 (Ausschnitt), 236 (Ausschnitte), 237 alle, 238 (Ausschnitt), 239 (Ausschnitte), 240 alle, 241, 243, 244 (Ausschnitt), 245 (Ausschnitt), 246 oben, links unten und rechts unten (Ausschnitt), 247, 248/249, 251 (2, 3), 252 (4, 5), 255 (7, 8, 9), 256 (10), 259 (12, 13, 14), 261 (15, 16), 262 (17, 18, 19), 265 (20, 22), 266/267, 269 drittes und viertes links und drittes rechts, 271 alle außer erstes links, 272 zweites, drittes und viertes links sowie zweites, drittes und viertes rechts, 273 erstes links, 274 drittes, viertes und fünftes links sowie zweites, drittes und viertes rechts, 275 alle, 276 alle, 277 alle, 278 alle, 279 alle, 280 alle außer viertes rechts, 281 alle, 282 alle, 283 alle, 284 alle außer viertes links, 285 zweites, viertes und fünftes links sowie zweites, drittes, viertes und fünftes rechts, 286 alle außer zweites rechts, 287 alle

Sorbisches Museum/Serbski muzej/Luise Körber: S. 234 (Ausschnitt), 242 oben und unten (Ausschnitt)

Sorbisches Museum/Serbski muzej/Alexander Pólk: S. 47, 251 (1), 256 (11)

Städtisches Museum der Stadt Eisenhüttenstadt/Dominic Mocker: S. 181, 294 alle

Albertinum I Galerie Neue Meister, Staatliche Kunstsammlungen Dresden/Elke Estel und Hans-Peter Klut: S. 182, 268 erstes links

Staatliche Kunstsammlungen Dresden, Kunstfonds/Herbert Boswank: S. 183, 288 erstes rechts und zweites links

Staatliche Kunstsammlungen Dresden, Kunstfonds/Jürgen Matschie: S. 185, 194, 195, 288 erstes und drittes links und zweites rechts

Wendisches Museum Cottbus/Serbski muzej Chóśebuz/Christina Kliem: S. 289 zweites links sowie zweites rechts

Zbiory Ośrodka Dokumentacji Sztuki ASP Wrocław: S. 252 (6)

Die Deutsche Nationalbibliothek verzeichnet diese Publikation in der Deutschen Nationalbibliografie; detaillierte bibliografische Daten sind im Internet über http://dnb.dnb.de abrufbar.

www.sandstein-verlag.de
ISBN 978-3-95498-711-5

Gefördert durch das Sächsische Staatsministerium für Wissenschaft und Kunst / Sächsische Landesstelle für Museumswesen und durch die Stiftung für das sorbische Volk / Załožba za serbski lud. (2007):
S. 118, 152, 172, 173, 209, 211, 214, 215, 217, 223

Gefördert durch das Sächsische Staatsministerium für Wissenschaft und Kunst / Sächsische Landesstelle für Museumswesen und durch die Stiftung für das sorbische Volk / Załožba za serbski lud. (2008):
S. 212, 220, 221, 226, 227

Die Werke wurden mit Hilfe der Ostdeutschen Sparkassenstiftung und der Kreissparkasse Bautzen erworben. Gefördert von der Beauftragten der Bundesregierung für Kultur und Medien (Investitionen für nationale Kultureinrichtungen in Ostdeutschland). Gefördert durch die Stiftung für das sorbische Volk / Załožba za serbski lud.:
S. 140, 145, 146, 147, 164

Diese Maßnahme wird mitfinanziert durch Steuermittel auf der Grundlage des vom Sächsischen Landtag beschlossenen Haushaltes.

Serbski muzej spěchuje so přez Załožbu za serbski lud, kotraž dóstawa lětnje přiražki z dawkowych srědkow na zakładźe hospodarskich planow, wobzamknjenych wot zapósłancow Zwjazkoweho sejma, Krajneho sejma Braniborskeje a Sakskeho krajneho sejma, kaž tež přez Wokrjes Budyšin a Kulturny rum Hornja Łužica-Delnja Šleska. Serbski muzej je zarjadnišćo Wokrjesa Budyšin.

Das Sorbische Museum wird gefördert durch die Stiftung für das sorbische Volk, die jährlich auf der Grundlage der von den Abgeordneten des Deutschen Bundestages, des Landtages Brandenburg und des Sächsischen Landtages beschlossenen Haushalte Zuwendungen aus Steuermitteln erhält, sowie durch den Landkreis Bautzen und den Kulturraum Oberlausitz-Niederschlesien. Das Sorbische Museum ist eine Einrichtung des Landkreises Bautzen.

Umschlagabbildung | wobraz na wobalce | wobraz na wobalce | ilustracja na okładce
Blaues Stillleben
Módre ćišno
Módry śichowobraz
Błękitna martwa natura
2000, Tempera auf Papier, 54,5 × 74,5 cm,
Inv.-Nr. SM VI-006702 K2
Sorbisches Museum | Serbski muzej | Serbski muzej | Muzeum Serbołużyckie

Frontispiz
Jan Buck im Steinbruch Oberkaina
Jan Buk w skale w Hornjej Kinje
Jan Buk w skale w Hornjej Kinje
Jan Buck w kamieniołomach w Oberkaina
o. J. | bjez lěta | bźez lěta | bez daty

S. 14/15
Aufgerissene Landschaft (Tagebau)
Rozdrěta krajina (brunicowa jama)
Rozryta krajina (wótwórjona jama)
Rozdarty krajobraz (kopalnia odkrywkowa)
1995, Öl auf Leinwand, 87,5 × 112,6 cm,
Inv.-Nr. SM VI-006277 K1
Sorbisches Museum | Serbski muzej | Serbski muzej | Muzeum Serbołużyckie

S. 126/127
Weißagk
Wusoka
Wusoka
Weißagk
1981, Pastell auf Papier, 51,0 × 73,0 cm,
Inv.-Nr. X9829/K1
Wendisches Museum Cottbus | Serbski muzej Choćebuz | Serbski muzej Chóśebuz | Muzeum Serbołużyckie w Chociebużu

S. 228/229
Wir lernen und spielen
Wandgestaltung, Eingangshalle der ehemaligen Schule am Auritzer Weg, heute Salvador-Allende-Schule, Bautzen, Detail, 1968
Wuknjemy a sej hrajemy
Wuhotowanje sćěny, foyer něhdyšeje šule při Wuričanskim puću, dźensa šula Salvadora Allende, Budyšin, detail, 1968
Wuknjomy a grajomy
Sćěnowa twórba, foyer něgajšneje šule pśi Wuricojskem pušu, źinsa šula Salvadora Allende, Budyšyn, detail, 1968
Uczymy się i bawimy
Projekt dekoracji naściennej, hol wejściowy dawnej szkoły na Auritzer Weg, dziś szkoła im. Salvadora Allende w Budziszynie, detal, 1968 r.

S. 248
Stillleben mit Steinen
Ćišno z kamjenjemi
Śichowobraz z kamjeniskami
Martwa natura z kamieniami
1992, Öl auf Hartfaser, 51,3 × 81,2 cm,
Inv.-Nr. SM VI-006249 K1
Sorbisches Museum | Serbski muzej | Serbski muzej | Muzeum Serbołużyckie

S. 266
Landschaft am See
Krajina při jězorje
Krajina pśi jazorje
Krajobraz nad jeziorem
2004, Tempera auf Papier, 59,6 × 79,3 cm,
Inv.-Nr. SM VI-006699 K2
Sorbisches Museum | Serbski muzej | Serbski muzej | Muzeum Serbołużyckie

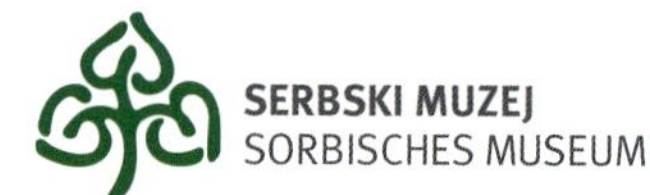

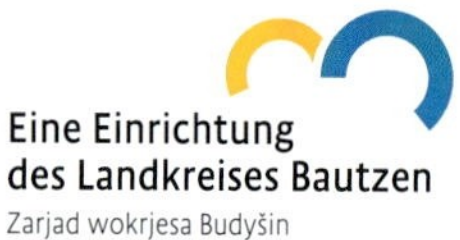

Schirmherrschaft | Patronatstwo | Patronatstwo | Patronat

Förderer und Projektpartner | Spěchowarjo a projektowi partnerojo | Spěchowarje a projektowe partnarje | Sponsorzy i partnerzy projektu

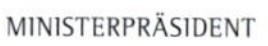

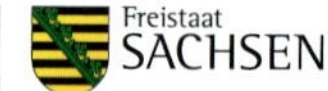

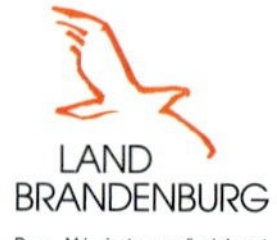

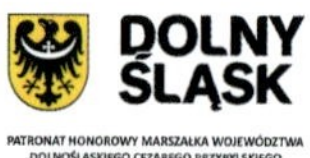

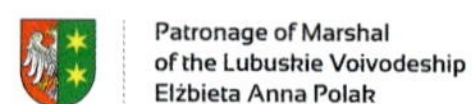

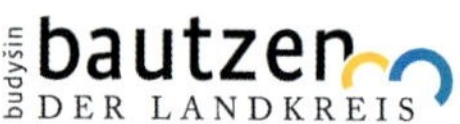

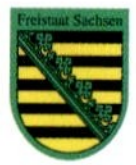

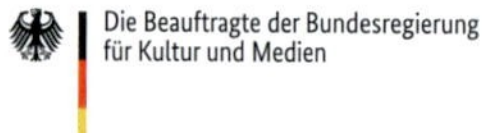

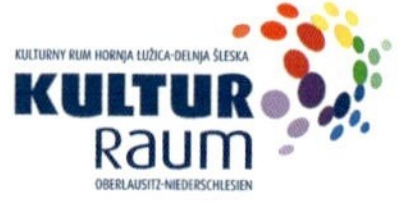

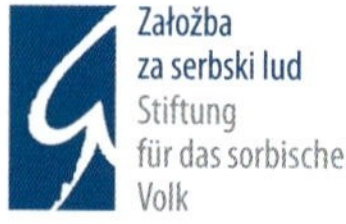

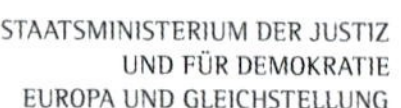

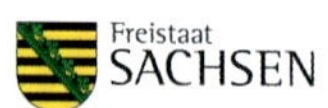

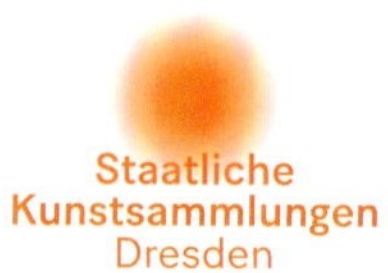

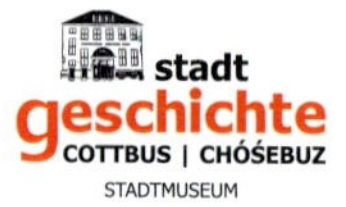

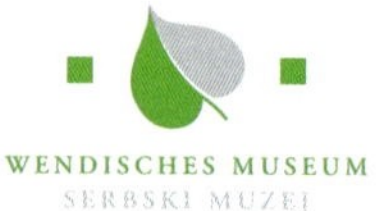

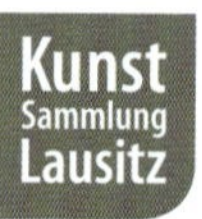

Kunsthalle
Lausitz

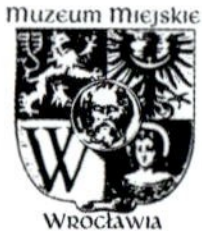

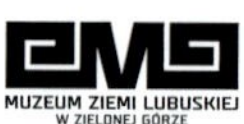

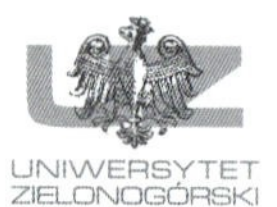

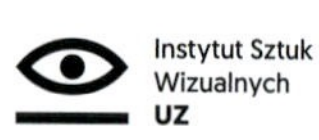

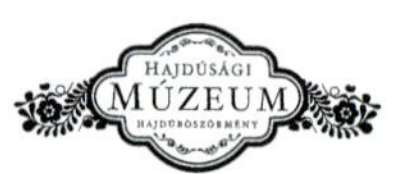